한 권으로 읽는

# 심리학의
# 원리

# 한 권으로 읽는 심리학의 원리

| | |
|---|---|
| 초판 1쇄 발행 | 2018년 9월 25일 |
| 2쇄 발행 | 2019년 6월 10일 |
| 3쇄 발행 | 2022년 4월 10일 |

| | |
|---|---|
| 원제 | Psychology : The Briefer Course |
| 지은이 | 윌리엄 제임스 |
| 옮긴이 | 정명진 |
| 펴낸이 | 정명진 |
| 디자인 | 정다희 |
| 펴낸곳 | 도서출판 부글북스 |
| 등록번호 | 제300-2005-150호 |
| 등록일자 | 2005년 9월 2일 |

| | |
|---|---|
| 주소 | 서울시 노원구 공릉로63길 14, 101동 203호(하계동, 청구빌라) |
| | (139-872) |
| 전화 | 02-948-7289 |
| 팩스 | 02-948-7269 |
| 전자우편 | 00123korea@hanmail.net |

| | |
|---|---|
| ISBN | 979-11-5920-095-3 03180 |

한 권으로 읽는

# 심리학의
# 원리

책을 내면서

방대한 분량(2권)인 나의 저서 『심리학의 원리』(The Principles of Psychlogy)를 한 권으로 압축하는 주된 목적은 강의실에서 조금 더 쉽게 활용하기 위해서다. 이 목적을 위해 나는 몇 개의 장(章)을 통째로 들어내고 몇 개의 장을 완전히 새로 썼다. 2권짜리 책 중에서 논쟁적인 내용이나 역사적인 내용을 다룬 부분을 모두 지우고, 또 형이상학적 논의나 아직 이론으로 내세우기에 불확실한 내용도 전부 지웠다. 또 인용의 대부분과 참고 도서에 관한 부분 전부, 그리고 부적절해 보이는 내용 모두를 삭제했다.

평범한 대학생이 생리학에 대해 잘 모른다는 사실을 익히 잘 알고 있는 터라, 나는 다양한 감각에 대한 장들을 짧게 더했다. 한 권으로 압축한 이 책을 통해서, 나 자신이 '자연과학'(심리학)을 연구하면서 취하는 관점을 보다 선명하게 보여줄 수 있을 것이라고 생각한다. 이 책의 5분의 2 정도는 새로 쓰거나 고쳐 쓴 것이고 나머지는 2권짜리 책에 있던 것을 다시 편집한 것이다. 나는 쾌락과 고통, 미학, 도덕 감각에 대한 장을 담지 못한 것을 안타깝게 생각한다. 이 결함을 보완할 기회가 다시 오리라고 기대한다.

〈책을 내면서〉를 통해서, 2권짜리『심리학의 원리』의 구성에 대해 언급하고 싶다. 나는 나의 책에 대해 비판적 시각을 갖고 있는 사람들에게 솔직히 감사하는 마음을 품고 있다. 비판자들은 한 가지 점에서 똑같은 의견을 보였다. 장의 순서가 무계획적이고 부자연스럽다는 지적이었다. 이에 대해 변명하자면, 그 책은 잡지에 쓴 글을 모은 것이기 때문에 논문만큼 체계적이기 어렵다는 점이다. 비판자들의 질책도, 그에 대한 나의 변명도 문제의 본질을 벗어나 있다. 구성의 순서는 틀림없이 엉성하다. 그렇지 않다면 그렇게 많은 사람들의 눈에 구성이 어수선하게 보였을 리가 없을 것이다.

그러나 구성의 순서를 정하는 데 고민이 없었던 것은 아니다. 왜냐하면 나 자신이 모든 사람들이 두루 잘 아는 구체적인 심리 상태에서 시작해서 점진적으로 심리의 요소, 말하자면 우리가 추상을 통해서 알게 되는 것 쪽으로 나아가는 방식을 일부러 택했기 때문이다. 이와 정반대의 순서, 즉 정신을 구성하는 단위들을 바탕으로 마음을 구축해 나가는 방법은 설명을 간결하게 끌고 갈 수 있고 또 정신의 내용물을 그 하부 단위까지 선명하게 보여줄 수 있다는 이점이 있다. 그러나 그런 방법은 종종 진실을 훼손시키는 대가를 치르게 된다.

나는 나 자신이 택한 '통합적'인 순서가 다소 혼란스럽다는 점을 인정한다. 그러나 다시 말하지만 이는 학생들을 가르치는 데 필요하다는 나 자신의 판단에 따른 결과였다. 많은 비판에도 불구하고, 나는 나의 책이 '체계적이지 못하다'는 비판은 대체로 깊은 내용보다는 겉모양을 근거로 한 것이라고 생각한다. 또 우리 앞에 구체적으로 모습을 드러내는 의식적인 마음 상태에 관심을 가능한 한 오래 쏟는 것이 의식적인 마음의 요소들을 따로따로 부검하듯 연구하는 것보다 인간의 마음을 훨씬 더 생생하게 이해할 수 있다고 생각한다. 정신의 요소를 하나씩 따로 떼어놓고 연구하는 것은 자연 속의 대상을 연구하는 것이 아니라 인위적인 추상 개념을 연구하는 것에 지나지 않는다.

나의 비판자들이 옳든 아니면 내가 옳든, 나의 책이 체계적이지 못하다는 지적에 대해 말하자면, 비판자들은 잡지의 글과 『심리학의 원리』의 관계에 대해 잘못 알고 있다. 단 한 개의 장을 제외한 나머지 모든 장은 책을 염두에 두고 쓰였다. 그런 다음에 그 장들의 일부를 잡지에 보냈다. 왜냐하면 책 전체를 완성하는 것이 아득히 멀어보였기 때문이다. 틀림없이, 나의 능력은 아직 크게 부족하다. 그래도 2권짜리 책의 구성에 나 나름대로 최선을 다하지 않았다는 비난에는 동의하지 않는다.

차례

## Chapter 1

# 서론

## 심리학에 대한 정의

심리학에 대한 정의로는 '의식의 상태들에 대한 묘사와 설명'이라고 한 조지 래드(George Trumbull Ladd:1842-1921) 교수의 정의가 최고인 것 같다. 의식의 상태들이란 곧 감각과 욕망, 감정, 인식, 추론, 결정, 의지 등을 의미한다. 의식의 상태들에 대한 '설명'은 당연히 그 상태의 원인과 조건, 즉각적 영향에 대한 연구를 포함한다.

이 책에서 심리학은 자연 과학으로 다뤄질 것이다. 이에 대한 설명이 필요할 것 같다. 대부분의 사상가들은 기본적으로 모든 것들을 다루는 단 하나의 과학만 있다는 믿음을 갖고 있다. 또 모든 것이 다 알려질 때까지는 그 어느 것도 완전히 알려질 수 없다는 믿음도 갖고 있다. 만일 그런 과학이 실현된다면, 그것은 아마 철학일 것이다. 그러나 이 믿음은 실현과 거리가 아주 멀다. 모든 것이 다 알려지기는커녕 지금도 다양한 분야에서 새로운 지식이 시작되고 있으며, 새로운 지식은 순전히 실용적 편의를 위해 분리되어 있다. 그러다 어느 정도 깊어지면 그 지식은 진리에 합류할 것이다.

이런 배움의 잠정적 시작들을 우리는 복수로 '과학들'이라고 부른다. 모든 과학은 비실제적인 분야가 되지 않기 위해 임의로 선택한 문제에만 매달리고 있으며 나머지 문제는 모두 무시한다. 따라서 모든 과학은 일부 자료를 전혀 의심하지 않고 받아들인다. 그러면서 그 자료의 의미와 진실을 검토하는 일을 철학의 다른 부분들에게로 넘긴다.

예를 들어, 모든 자연 과학은 조금만 깊이 생각하면 관념론에 닿는다는 사실을 잘 알면서도 물질의 세계는 지각하는 정신과 완전히 별도로 존재한다고 생각한다. 역학은 이 물질이 '질량'을 갖고 있고 '힘'을 발휘한다고 생각한다. 그러면서 질량이니 힘이니 하는 용어들을 단지 현상적으로만 정의함으로써, 조금 더 깊이 파고들 경우에 이 용어들이 야기할 수 있는 난해함으로 인해 힘들어할 일을 피하고 있다. 마찬가지로 역학에서는 운동이 정신과 따로 존재하는 것으로 여겨지고 있다. 이 같은 전제에 분명히 문제가 있는데도 말이다.

물리학도 마찬가지이다. 물리학은 원자들과 원격(遠隔) 작용 등을 무비판적으로 가정하고 있다. 화학은 물리학의 모든 자료를 무비판적으로 받아들이고, 생리학은 화학의 모든 자료들을 무비판적으로 채택하고 있다.

하나의 자연 과학으로서, 심리학은 다른 학문과 똑같이 부분적이고 잠정적인 방법으로 사물들을 다룬다. 심리학은 다른 자연 과학이 다루는 '물질 세계' 외에 추가 자료를 특별히 자기 분야의 것으로 여기며, 그 자료의 의미와 진실을 검증하는 일을 철학의 보다 발달한 부분으로 넘기고 있다. 그 자료는 두 가지로 이뤄져 있다.

1) 생각과 감정, 혹은 의식의 다른 일시적인 상태들.
2) 이런 의식 상태들이 다른 것들을 인식하고 있는 내용. 여기서 말하는 다른 것들이란 물질적 대상이나 사건 또는 다른 정신의 상태가 될 수 있다. 물질적 대상은 시간과 공간적으로 멀거나 가까울 수 있으며, 정신의 상태는 다른 사람의 것일 수도 있고 생각하는 사람 본인이 다른 때에 가졌던 것일 수도 있다.

어떤 한 존재가 어떻게 다른 존재를 알 수 있는가 하는 것이 '인식론'이라는 학문이 다루는 문제이다. '정신의 상태' 같은 것이 어떤 것인지를 파고드는 것은 '경험적 심리학'과 구분되는 '이성적 심리학'의 문제이다. 인식론과 이성적 심리학이 알아내야 할 모든 것을 다 밝히기 전까지, 정신의 상태들에 관한 진리가 모두 다 알려질 수는 없다. 정신의 상태들에 관한 잠정적 진리를 모아 놓으면 그 양이 어마어마할 것이다. 이 잠정적 진리들은 보다 큰 진리와 조화를 이룰 것이고 또 때가 되면 보다 큰 진리에 의해 해석될 것이다. 정신의 상태들과 그 상태들의 인식 작용에 관한 주장들이 바로 내가 하나의 자연 과학으로서 심리학이라 부르는 학문이 다루

는 문제들이다. 이런 식으로 이해되는 심리학의 사실들과 법칙들
은 물질과 정신, 인식에 관한 어떤 이론에나 가치를 지니게 될 것이
다. 만일 비평가들이 이 같은 자연과학적 관점을 놓고 문제들을
지나칠 만큼 간단하게 처리한다고 판단한다면, 그들은 그 관점으
로 국한시킨 책을 탓하고 있어서는 안 된다. 그보다는 그들 스스로
가 보다 깊은 사고를 통해서 그 관점을 완성시키려고 노력하는 것
이 더 바람직하다. 실용적인 차원에서 보면 불완전한 주장도 종종
필요하다. 이 경우엔 흔히들 말하는 '과학적' 가설 그 너머로까지
나아가기 위해선 아마 한 권의 책이 아니라 서가 하나를 가득 채울
분량의 책이 필요할 것이다. 나 한 사람으로는 그 만한 책은 절대
로 쓰지 못한다.

　이 책에서 다뤄질 수 있는 것은 인간의 정신이 전부라는 점을 전
하고 싶다. 지난 몇 년 동안에 하등 동물들의 정신생활을 연구해서
약간의 성공을 거두긴 했지만, 그런 동물들의 심리에 관한 이야기
까지 논할 공간은 없다. 이 책에서는 단지 인간의 심리에 관한 이
야기를 들려줄 수 있는 경우에 한해서만 동물들의 정신생활에 관
한 내용도 제시될 것이다.

　정신적 사실들에 대한 연구는 정신이 인지하는 물리적인 환경과
동떨어진 상태에서는 적절히 이뤄질 수 없다. 과거에 이성적 심리
학이 저지른 중대한 실수는 영혼을 그 나름의 기능을 가진 하나의
절대적인 정신적 존재로 여겼다는 점이다. 영혼이 이런 독자적인
능력을 갖고 있는 것으로 짐작되었기 때문에 기억과 상상, 추론, 의
지 같은 일부 작용들은 그것들이 다루는 세상의 특성과 거의 아무

런 상관없이 설명될 수 있는 것으로 받아들여졌다.

그러나 현대 들어서 통찰이 더욱 깊어짐에 따라, 인간의 내면의 기능들은 우리가 살고 있는 세상의 특성에 미리 적응한다는 것이 확인되었다. 그 목적은 세상 속에서 우리의 안전과 번영을 확보하기 위해서이다. 버릇을 새로 들이고, 일의 순서를 기억하고, 사물들의 일반적 특성을 파악하고, 그렇게 파악한 특성을 특정한 사물과 연결시키는 능력, 즉 우리가 서로 일치하는 것들과 변종들이 뒤섞여 있는 이 세상을 헤쳐 나가는 데 필요한 능력만 세상에 적응되어 있는 것은 아니다. 우리의 감정과 본능도 세상의 매우 특별한 특징에 적응되어 있다.

대체로 어떤 현상이 우리의 행복에 중요하다면, 그 현상은 처음 접하는 순간부터 우리의 관심을 끌고 우리를 자극할 것이다. 위험한 것들은 우리의 내면에 부지불식간에 공포를 불러일으키고, 독성 있는 물질은 혐오감을 불러일으키고, 반드시 필요한 음식은 식욕을 일으킬 것이다. 요컨대 정신과 세상은 함께 진화하고 있으며, 따라서 정신과 세상은 서로 조화를 이루게 되어 있다. 세월이 흐름에 따라 외부 세계의 질서와 의식의 질서 사이의 특별한 상호 작용이 이런 조화를 초래했을 것이다. 그런데 외부 세계의 질서와 의식의 질서의 상호 작용은 수많은 진화론적 고찰의 주제가 되어 왔다. 이 진화론적 고찰은 아직 결정적인 단계에 이르렀다고 평가 받을 수 없지만, 적어도 그 주제를 풍성하고 새롭게 가꾸었으며 온갖 종류의 새로운 질문을 제기했다.

보다 현대적인 관점이 낳은 중요한 결과는 정신생활이 기본적으로 목적론적이라는 확신을 점점 더 키웠다는 점이다. 말하자면, 우리가 느끼고 생각하는 방식이 다양하게 변한 것은 그 같은 다양성이 우리가 외부 세계에 반응하는 데 유용하기 때문이라는 생각이 더욱 깊어진 것이다. 대체로 보면, 최근에 발표된 주장들 중에서 정신생활과 육체생활의 본질은 하나라는, 즉 '내부의 관계가 외부의 관계에 적응하는 것'이라는 허버트 스펜서(Herbert Spencer)의 주장보다 심리학에 더 많은 기여를 한 것은 없다. 하등 동물과 영아들의 경우에는 바로 눈앞에 보이는 대상들에 적응하는 것으로 나타난다. 그러다가 정신의 발달이 더욱 많이 이뤄지면, 시간적으로나 공간적으로 거리가 먼 대상들에 대한 적응이 이뤄지게 된다. 이때는 당연히 보다 복잡하고 보다 정확한 추론이 이뤄진다.

그렇다면 근본적으로 정신생활은 일종의 자기 보존 행위를 위한 것이다. 그러다 보면 정신생활이 부차적으로 다른 일도 하게 되는데, 이때 잘못 적응할 경우에 그런 정신의 소유자는 파멸을 맞기도 한다. 최대한 넓게 보면, 심리학은 온갖 종류의 정신적 활동을 연구해야 한다. '적응이 잘 된' 정신적 활동뿐만 아니라 쓸모없고 해로운 정신적 활동까지 연구해야 한다. 그러나 정신생활에 해로운 것들에 대한 연구는 광기의 과학이랄 수 있는 정신의학 분야의 주제가 되었고, 쓸모없는 것들에 대한 연구는 '미학'으로 넘어갔다. 미학과 정신의학은 이 책에서 특별한 조명을 받지 않을 것이다.

모든 정신 상태(그 상태의 유용성의 성격을 불문하고)엔 육체적 활동이 반드시 따르게 되어 있다. 정신 상태는 호흡, 혈액 순환, 근육의 긴장, 내부 장기의 활동에 눈에 띄지 않을 정도의 변화를 일으킨다. 비록 이 변화들이 수의근(隨意筋)을 움직이도록 하지 못할 때도 있지만 말이다. 어떤 특별한 정신 상태(예를 들어, 의지라 불리는 정신 상태)뿐만 아니라 모든 정신 상태, 심지어 단순한 생각과 느낌까지도 어떤 영향력을 일으키는 원동력이 된다. 공부가 깊어질수록, 이 같은 사실이 더욱 세세하게 드러날 것이다. 그때까지는 이 같은 사실을 우리가 다루는 과학의 근본적인 사실 중 하나로 생각하고 그냥 넘어가도록 하자.

앞에서 의식 상태들의 '조건'을 연구해야 한다고 말한 바 있다. 어떤 의식 상태의 직접적인 조건은 뇌 반구에서 어떤 활동이 일어나야 한다는 것이다. 이 같은 주장은 병리학의 수많은 사실들에 의해 뒷받침되고 있으며 또한 수많은 생리학자들의 사고의 바탕을 이루고 있다. 그렇기 때문에 의학을 공부한 사람들에게 이 주장은 아주 자명해 보인다.

그러나 정신의 활동이 전적으로 신경계의 변화에 의존하고 있다는 점을 증명할 근거를 제시하기는 아주 힘들 것이다. 그럼에도 정신의 활동과 신경계의 변화 사이에 어느 정도의 의존 관계가 존재한다는 점을 무시하는 것도 아마 불가능한 일일 것이다. 머리를 둔중한 것으로 한 대 세게 얻어맞거나, 피를 아주 빨리 흘리거나, 간질 환자의 뇌세포에서 전기 방전이 일어나거나, 알코올을 많이 섭취하거나 마약을 많이 복용했을 때 의식이 아주 빨리 사라진다는 사실만을 고려해도, 우리의 정신이 육체적 변화에 얼마나 심하게 휘둘리고 있는지를 확인할 수 있다. 담관(膽管)이 조금이라도 막히거나, 배변 약을 먹거나, 적절하지 않은 시간에 진한 커피를 마시거나 하면 한 동안 엄청난 혼란을 겪게 될 것이다.

　우리의 기분과 결심은 논리적 근거보다 혈액 순환의 상태에 더 많이 좌우된다. 어떤 사람이 영웅이 되는가 아니면 겁쟁이가 되는가 하는 것은 그 사람의 일시적인 '신경'의 문제이다. 광기를 보이는 많은 사람들을 보면, 물론 전부는 아니지만, 뇌세포의 변화가 뚜렷이 확인된다. 뇌 반구 중 특정 부위가 파괴되면 기억력의 상실과 습득된 운동 능력의 상실이 따른다. 이 점에 대해서는 앞으로 '실어증'을 다루는 대목에서 다시 다룰 것이다. 이런 모든 사실들을 종합하면, 간단하면서도 획기적인 어떤 생각이 떠오른다. 정신의 작용은 전적으로 뇌 작용의 한 기능이고 뇌 작용이 변화하면 정신의 작용도 따라서 변화한다는 인식이 생기는 것이다.

　이 같은 인식은 최근의 모든 '생리 심리학'의 바탕을 이루고 있는 작업 가설(作業假說)이며 또한 이 책의 작업 가설이기도 하다. 엄격히 따지면, 이 가설은 실제로 보면 부분적으로만 진리인 것을 지나치게 확장하고 있을 수 있다. 그러나 이 가설의 불충분성을 확인하는 유일한 길은 이 가설을 가능한 모든 경우에 진지하게 적용하는 것이다.

　어떤 가설이 부족하다는 점을 입증하는 유일한 방법은 그 가설이 지니고 있을지 모르는 모든 가치를 놓고 검토해보는 것이다. 그러므로 나는 전혀 양심의 가책을 느끼지 않고 책의 첫 부분부터 뇌의 상태와 정신의 상태 사이의 일정한 상관관계는 자연의 법칙이라고 주장할 것이다. 이 자연의 법칙을 세세하게 해석하다 보면 이 법칙의 강점과 약점이 어디에 있는지 잘 드러날 것이다.

일부 독자들에게는 이런 주장이 정당화될 수 없는 선험적 유물론으로 보일 것이다. 어떤 의미에서 보면 이 같은 주장은 틀림없이 유물론이다. 이 주장은 정신이 육체에 좌우된다고 말하고 있다. 그러나 여기서 이렇게 생각해보자. 우리는 생각의 탄생이 기계적인 법칙들의 결과라고 단정하고 있다. 왜냐하면 생리학의 또 다른 '작업 가설'에 따르면, 뇌 작용의 법칙들은 기본적으로 기계적인 법칙이기 때문이다. 이렇듯 생각이 기계적인 법칙에 따라 일어난다고 단정하고 있을지라도, 우리는 생각의 본질을 이 의존 관계로 설명하지는 않는다. 이런 의미에서 보면, 앞에 제시한 나의 주장은 유물론이 아니다. 우리의 생각이 뇌에 의존하고 있는 것이 사실이라고 무조건적으로 주장하는 저자들은 또한 그 같은 사실에 대한 설명은 불가능하고 또 의식의 본질은 물질적 원인으로는 절대로 설명될 수 없다는 주장에도 목소리를 가장 크게 높이고 있다.

이 의존 가설을 상세하게 검증하기까지는 틀림없이 몇 세대의 심리학자들이 필요할 것이다. 이 가설을 내세우는 책들은 그 바탕에 어느 정도의 추측을 깔고 있다. 그러나 학생들은 과학이 이런 위험을 끊임없이 감수한다는 사실을 기억할 것이다. 또 과학은 언제나 지그재그 걸음으로 앞으로 나아간다. 말하자면 어떤 절대적인 공식이 제기되고, 이어서 그것을 바로잡는 공식이 다시 제기되는 과정을 거치며 어렵사리 나아가는 것이 과학이라는 뜻이다.

지금 심리학은 유물론의 방향을 취하고 있으며, 심리학의 종국적 성공을 위해서 이쪽으로도 충분히 나아가는 것이 허용되어야 할 것이다. 여기서 말할 수 있는 것으로 유일하게 확실한 것이 있다면, 철학이라는 큰 범위로 취합된 심리학의 공식들이 추상적이고 압축적인 '자연 과학'의 관점에서 연구한 심리학의 공식들과는 매우 다른 의미를 지니게 될 것이라는 점이다.

## 심리학의 구분

그렇다면 우리는 의식의 상태들을 가능한 한 그 같은 상태를 낳는 신경계와의 관계 속에서 공부할 것이다. 오늘날엔 신경계에 대한 이해가 아주 잘 이뤄지고 있다. 신경계는 외부 세계로부터 인상을 받고, 이어서 그 개체와 그가 속한 종(種)을 보호할 반응을 방출하는 하나의 기계에 지나지 않는다. 독자 여러분은 앞으로 생리학에 관해 많은 것을 알게 될 것이다. 해부학적으로 보면, 신경계는 3가지 중요한 부분, 즉 1)자극을 받아들이는 신경 섬유와 2)자극의 방향을 조정하는 중추 신체 기관들 3)자극을 방출하는 신경 섬유로 이뤄져 있다.

기능적으로 보면, 우리에겐 이 해부학적 구분에 상응하는 감각과 중추 신경의 반사, 운동이 있다. 심리학에서도 우리는 이와 비슷한 방법으로 구분하고, 의식의 3가지 기본 작용과 그 조건을 차례로 다룰 것이다. 첫째가 감각이고, 둘째가 사고, 즉 이해이며, 셋째가 행동하려는 성향이다. 이 구분도 막연하다. 그러나 이 책과 비슷한 책을 쓸 경우에는 이런 구분도 실용적으로 많은 도움을 준다. 그리고 이 구분에 따른 단점보다 장점이 훨씬 더 많기에 이 책도 이 구분을 따를 것이다.

# 감각 일반

보통 뇌에 영향을 주는 유일한 힘은 뇌로 들어오는 신경 전류이다. 인간의 신경 중추는 두꺼운 외피로 싸여 있으며, 이 외피의 목적은 바깥 세상의 힘으로부터 신경 중추를 보호하는 것이다. 머리카락과 두꺼운 두피, 두개골, 그리고 2개의 막이 뇌를 감싸고 있다. 이 막 중 적어도 하나는 제법 강하다. 게다가, 뇌는 척수처럼 묽은 액체에 흠 뻑 젖은 상태로 이 액체 안에 떠 있다. 이런 환경에서 뇌에선 1)대 단히 단조롭고 약한 자동적인 충격이 일어나고 2)혈액 공급의 양과 질이 변화하고 3)소위 구심성(求心性) 신경(말초에서 얻은 정보를 중 추로 전하는 신경/옮긴이)을 통해서 전류가 흘러들어오는 일밖에 벌 어지지 않는다.

아주 단조롭고 약한 자동적인 충격은 보통 아무런 효과를 일으 키지 않으며, 혈액의 변화에 따른 효과는 대체로 일시적이다. 그러나 신경 전류는 이와 달리 아주 뚜렷한 효과를 낳는다. 신경 전류가 도착하는 순간에도 강력한 효과가 나타나고, 그 뒤에 이 신경전류가 뇌 물질 속의 경로를 따라 빠져나갈 때에도 강력한 효과가 나타난다. 이때 신경 전류가 뇌를 지나간 흔적이 뇌의 물질에 남는데, 이 흔적은 뇌 구조에 거의 영원히 남으면서 미래에 뇌의 작용을 바꿔놓을 수 있다.

각각의 구심성 신경은 말초의 어느 부위에서 시작하며, 외부 세계의 특별한 어떤 힘에 의해 자극을 받고 내향성의 작용을 일으킨다. 대체로 구심성 신경은 다른 힘들에는 무감각하다. 따라서 시신경(視神經)은 공기를 통해 전해지는 파동에는 무감각하고, 피부신경은 빛을 통해 전해지는 파동에 무감각하다. 설(舌)신경은 악취에 무감각하고, 청신경(聽神經)은 열에 영향을 전혀 받지 않는다.

각각의 신경은 외부 세계의 진동 중에서 자신이 반드시 반응해야 할 진동률을 고른다. 그 결과, 우리의 감각들은 하나의 비연속적인 연속을 이루는데, 단절될 때마다 그 간극이 아주 크다. 그렇다고 해서 외부 세계의 진동들의 질서가 우리의 감각들의 질서만큼 비연속적일 것이라고 짐작할 이유는 전혀 없다. 우리가 들을 수 있는 것 중에서 가장 빠른 공기 파동(1초당 4만 회의 진동)에서부터 가장 느린 열파(熱波) 사이 어딘가에, 자연은 우리의 신경에 절대로 지각되지 않을 진동률을 무수히 많이 배치해 놓았음에 틀림없다.

신경 섬유 안에서 벌어지는 작용은 모든 신경에 걸쳐서 매우 비슷하거나 거의 같을 것이다. 이것이 소위 말하는 '전류'이다. 그러나 이 전류는 망막 안에서는 어느 외부 진동의 명령에 의해 시작되고, 귀 안에서는 다른 외부 진동의 명령에 의해 시작된다. 이것은 몇 개의 구심성 신경들이 갖추고 있는 말단 기관이 서로 다르기 때문이다.

예를 들어보자. 우리는 죽을 먹을 때에는 숟가락을 이용하고 스테이크를 먹을 때에는 포크를 이용한다. 이와 크게 다르지 않다. 우리의 신경 섬유도 공기 파동을 잡을 수 있는 말단 기관을 갖춘 것이 있고, 광파를 잡을 수 있는 말단 기관을 갖춘 것이 있다. 말단 기관은 언제나 다양한 모양의 상피세포(上皮細胞: 동물이나 식물의 표면을 덮고 있는 세포를 말한다/옮긴이)로 이뤄져 있으며, 이 세포를 통해 신경 섬유가 서로 연속적으로 연결된다.

신경 섬유 자체는 말단 기관을 건드리는 외부 요인으로부터 직접적으로 자극을 받지 않는다. 시신경 섬유는 햇빛의 자극을 직접 받지 않으며, 피부신경 줄기는 얼음을 건드려도 차가운 느낌을 받지 않을 것이다(그러나 실험 대상자는 이 실험에서 '통증'을 느낄 수 있다. 그리고 말단 기관은 물론이고 모든 종류의 신경 섬유도 기계적인 힘과 전류에 어느 정도 자극을 받는다는 점을 인정해야 한다).

신경 섬유들은 그야말로 단순한 전달자에 지나지 않는다. 말단 기관들은 아주 조악한 전화기와 비슷하다. 그래서 밖의 물질의 세계가 이 전화기들에 대고 말을 하면, 이 전화기들은 그 말 중에서 일부만 받아들일 뿐이다. 그래서 이 신경 세포의 끝에 있는 뇌세포들은 아득히 먼 곳에서 걸려온 전화를 받고 있는 것이나 마찬가지이다.

## 뇌의 각 부위의 '특별한 에너지'

해부학자들은 감각 기관의 신경 섬유들이 중추 신경 안으로 들어온 뒤에 거치는 경로를, 그러니까 신경 섬유들이 뇌의 주름이 있는 회백질(灰白質) 안에 도착하기까지의 경로를 어느 정도 확실히 파악했다. 이 회백질이 자극을 받을 때 일어나는 의식은 회백질의 어느 부위가 자극을 받느냐에 따라 달라진다는 점에 대해서는 나중에 설명할 것이다.

후두엽이 자극을 받을 때에는 의식이 무엇인가를 보고 있다. 측두엽의 윗부분이 자극을 받을 때에는 의식이 무엇인가를 듣고 있다. 피질의 각 부위는 구심성 신경이 갖고 오는 자극에 대해 특별한 종류의 감정이 일어나도록 반응한다. 이것이 바로 신경계의 '특별한 에너지의 법칙'이라 불려온 그것이다.

물론 우리는 이런 법칙의 근거에 대해 대략적 설명조차도 하지 못하고 있다. 심리학자들(루이스(George Henry Lewes)와 분트(Wilhelm Wundt), 이시도르 로젠탈(Isidor Rosenthal)과 알프레드 골트나이더(Alfred Goldscheider) 등)은 감정의 종류가 자극을 받는 대뇌피질의 부위에 따라 달라지는지, 아니면 신경이 전하는 전류의 종류에 따라 달라지는지를 놓고 길게 논쟁을 벌였다. 틀림없이, 말단 기관을 습관적으로 건드리는 외부 힘의 종류가 점진적으로 이 말단 기관을 변화시킬 것이다. 또 말단 기관에서 받은 자극의 종류가 신경 섬유를 변화시킬 것이고, 그런 식으로 변한 신경 섬유가 대뇌피질의 중추 신경으로 보내는 전류의 종류가 중추 신경을 변화시킬 것이다. 이 중추 신경의 변화는 거꾸로 중추 신경에 의해 생기는 의식을 변화시키는 것 같다(왜 그런지, 또 어떤 식으로 그런 일이 벌어지는지에 대해서는 아직 짐작조차 못하고 있다).

그러나 적응에 따른 이 변화는 대단히 느릴 것임에 틀림없다. 그리고 어른에게 실제로 일어나고 있듯이, 피질의 어느 곳에 자극을 받느냐에 따라 그 사람이 느끼는 감정이 달라진다고 해도 무방하다. 우리가 실험 대상자의 망막을 누르거나 아니면 시신경을 찌르거나 자르거나 죄거나 자극할 때, 그 대상자는 언제나 빛이 번쩍거리는 것을 느낀다. 왜냐하면 우리가 실험 대상자에게 한 행위의 최종 결과가 그 사람의 후두부의 피질을 자극하기 때문이다.

따라서 우리가 외부 세계의 일에 대해 습관적으로 어떻게 느끼는가 하는 문제는 그때 외부 세계의 일에 자극을 받은 말단 기관이 피질의 어느 주름과 연결되어 있느냐에 따라 결정된다. 우리가 햇빛과 불을 보는 이유는 긴단하다. 해와 불이 내는 열파를 잡을 수 있는 말단 기관이 시각 중추로 가는 특별한 신경 섬유를 자극하기 때문이다. 만일 우리가 내부의 연결들을 바꿔놓을 수 있다면, 우리는 세상을 완전히 새로운 모습으로 느끼게 될 것이다.

예를 들어 우리의 시신경의 바깥쪽 맨 끝부분을 귀로 연결시키고, 또 청신경의 바깥쪽 맨 끝부분을 눈으로 이을 수 있다면, 우리는 번개를 듣고, 천둥을 보고, 교향악을 보고, 지휘자의 움직임을 들을 수 있을 것이다. 이런 가설이라면 철학을 공부하는 초심자에게 훈련 과정으로 멋지지 않을까?

## 지각과 구별되는 감각

감각에 대해 명쾌하게 정의를 내리는 것은 불가능한 일이다. 그리고 의식이 실제 작동하는 것을 보면, 감각과 지각이 눈에 띄지 않을 정도로 서로 결합하고 있다. 우리가 확실히 말할 수 있는 것은 오직 감각이라고 부르는 것이 의식의 길에 처음 나타나는 것이라는 점뿐이다. 신경 전류가 뇌로 들어가서 암시나 과거 경험과의 연상(혹은 연합)을 일으키기 전에 의식에 일으킨 효과가 바로 감각이다. 그러나 그런 순수한 감각은 삶의 초기 며칠 동안에만 가능한 것이 분명하다. 기억이 있고 습득된 연상을 많이 갖고 있는 성인에게는 그런 순수한 감각이 거의 불가능하다.

인상이 감각 기관에 닿기 전에, 뇌는 깊은 잠에 빠져 있고 의식은 실질적으로 존재하지 않는다. 아기의 경우에는 생후 첫 몇 주를 잠을 자며 보낸다. 아기가 이 깊은 잠에서 깨어나려면, 감각 기관들의 강력한 메시지가 필요하다. 갓 태어난 아기의 뇌에서 감각 기관들의 메시지는 그야말로 순수한 감각을 일으킨다. 그러나 이 첫 번째 경험은 대뇌피질 주름의 물질에 '상상을 초월하는 흔적'을 남긴다.

감각 기관이 그 다음에 전하는 인상은 뇌의 반응을 부르는데, 이때 그 전의 인상이 남긴 흔적도 나름의 역할을 한다. 그 결과, 또 다른 종류의 감정과 보다 높은 수준의 인지가 나타난다. 어떤 대상을 보는 순간, 그 대상에 대한 관념들이 그 대상의 존재에 대한 자각과 결합한다. 그러면 우리는 그 대상에 이름을 붙이고, 분류하고, 비교하고, 그것에 관해 이런저런 서술을 한다. 신경계로 전해오는 전류가 일으키는 의식의 '복잡화'(complication)는 인생이 끝나는 날까지 그런 식으로 계속될 것이다. 이처럼 사물들에 관한 보다 고차원적인 의식은 대체로 지각이라 불린다. 반면 어떤 사물을 보는 순간에 아무런 생각 없이 느끼는 감정은 감각이다. 순수한 의미에서 그런 감정이 가능하다면 말이다. 주의가 완전히 흩어지는 순간에, 우리 성인도 어느 정도는 감각이라 부를 만큼 순수한 느낌을 느끼는 것 같기도 하다.

## 감각은 인지적이다

따라서 순수한 의미에서 말하는 감각이란 거의 실현될 수 없는 추상적인 개념이다. 그리고 어떤 감각이 알고 있는 대상도 존재할 수 없는 하나의 추상적 대상이다. 감각의 대상은 '느낄 수 있는 특성들'이다. 눈의 감각은 사물의 색깔을 알고, 귀의 감각은 사물의 소리와 익숙하다. 또 피부의 간가은 사물의 무게와 예리함, 따스함이나 차가움을 느낀다. 신체의 모든 기관으로부터 우리에게 고통의 특성을 전하는 전류가 올 수 있다. 당연히 쾌락의 특성을 보여주는 전류도 올 수 있다.

끈적끈적함과 울퉁불퉁함 같은 특징은 근육의 감각과 피부 감각의 협동을 통해 느껴질 수 있다. 반대로 사물의 모양과 크기, 거리 같은 기하학적 특징을 파악하는 것은 대부분의 심리학자들로부터 과거의 기억을 일깨우지 않고는 불가능하다는 소리를 듣고 있다. 따라서 이 같은 특징을 아는 것은 순수하고 단순한 감각의 능력 밖인 것으로 여겨지고 있다.

## 습득되는 지식, 무엇인가에 관한 지식

이런 식으로 고려한다면, 감각은 그 대상 또는 내용물이 극도로 단순하다는 점에서만 지각과 다를 뿐이다. 감각의 대상은 아주 단순한 한 가지 특징이기 때문에 꽤 동질적이다. 그리고 감각의 기능은 단지 이처럼 동질적으로 보이는 사실에 익숙해지는 것이다.

한편 지각의 기능은 그 사실에 관해 무엇인가를 아는 것이다. 그러나 우리는 언제나 자신이 어떤 사실을 뜻하는지를 반드시 알아야 하는데, 이런 다양한 사실들이 바로 감각이 우리에게 제공하는 것들이다.

사람이 삶의 초기에 하는 생각은 거의 언제나 감각적이다. 초기에는 온통 이건 무엇이고 저건 무엇인가 하는 생각뿐이다. 달리 말하면 대상이 하나씩 다가올 뿐, 대상들 사이의 관계는 아직 드러나지 않는다. 우리가 처음으로 빛을 보는 순간, 프랑스 철학자 콩디약(Étienne Bonnot de Condillac)의 표현을 빌리면, 우리가 빛을 보는 것이 아니라 우리가 바로 빛이 된다. 그러나 우리가 나중에 얻는 광학에 관한 모든 지식은 바로 이 경험이 준 것에 관한 것이다. 그리고 우리가 처음 빛을 본 순간에 눈이 캄캄해져 놀랐을지라도, 이 주제에 관한 지식은 우리의 기억이 남아 있는 한 근본적인 특징을 절대로 잃지 않을 것이다.

맹아들을 가르치는 교육기관에서도 학생들에게 빛에 대해 보통 학교에서만큼 많이 가르친다. 맹아들도 반사와 굴절, 스펙트럼, 에테르 이론 등을 공부하는 것이다. 그러나 그런 교육기관에서 배우는 맹아들의 경우에는 가장 잘 배운 학생도 아직 배운 것이 거의 없는 아기가 갖춘 지식조차 갖고 있지 못하다. 가장 뛰어난 맹인 학생에게도 사람들은 빛이 어떤 것인지를 결코 보여주지 못한다. 감각을 통해서 얻지 못하는 지식의 상실은 그 어떤 학습으로도 대체하지 못한다. 이 같은 사실은 너무나 명백하다. 그렇기 때문에 우리는 감각으로 제시되는 것이 경험의 한 요소라는 사실을 발견한다.

### 이미지와 구별되는 감각

감각과 지각은 둘 사이에 많은 차이가 있음에도 불구하고, 그 대상이 지금 이 순간에 생생하게 나타난다는 점에서는 비슷하다. 반대로 회상되거나 상상된 대상은 상대적으로 흐릿하거나 자극적이지 않으며 감각의 대상이 갖는 현실감을 결여하고 있다. 감각과 연결된 대뇌피질의 뇌 작용은 육체의 말초에서 오는 전류 때문에 일어난다. 이 감각이 오기 전에 외부의 대상이 귀와 눈 등을 자극한다. 그런 반면에 단순한 생각이나 이미지와 연결된 대뇌피질의 뇌 작용은 거의 틀림없이 뇌의 다른 주름에서 오는 전류 때문일 것이다. 그렇다면 말단 기관에서 오는 전류는 대체로 뇌의 다른 주름에서 생긴 전류들이 일깨우지 못하는 그런 뇌 작용을 일으키는 것 같다. 이런 종류의 뇌 작용과, 대상의 생생함과 존재감, 현실감 같은 특징 사이에 어떤 관계가 있는 것처럼 보인다.

### 감각 대상의 외면성

느껴지는 모든 것, 즉 특징은 외부 공간에서 느껴진다. 육체의 바깥이 아닌 다른 곳에서 밝기나 색깔을 파악하는 것은 불가능하다.

소리도 또한 공간에 나타난다. 접촉은 신체 표면에서 일어난다. 통증에는 언제나 일부 신체 기관이 관련되어 있다. 심리학에서 인기 있는 의견 하나는 지각 가능한 특징들이 먼저 정신 자체 안에서 이해된 다음에 부차적인 지적 또는 초감각적 정신 과정에 의해 정신으로부터 '투영'되거나 '인도'된다는 이론이다. 이 이론을 뒷받침할 근거는 하나도 없다. 이 견해를 뒷받침할 것 같은 유일한 사실도 이 방법이 아닌 다른 방법으로 더 잘 설명된다. 이에 대해서는 뒤에서 살필 것이다.

어떤 아기가 맨 처음 받는 감각은 곧 그 아기에겐 외부의 우주이다. 그리고 이 아기가 훗날 알게 될 우주는 이 첫 번째 싹이 성장한 것에 지나지 않는다. 첫 번째 싹은 한편으로 축적을 통해, 다른 한편으로 섭취를 통해서 아주 크고 복잡하게 확장될 것이다. 그렇게 되면 이제 이 싹이 차지했던 자리는 기억조차 불가능해진다. 저기에 무엇인가가 있다는 것을 어렴풋이 의식하면서, 아이는 모든 '이해의 범주들'을 포함하고 있는 어떤 대상과 조우할 것이다. 이 대상은 외형과 객관성, 통일성, 실재성, 인과성을 충분히 갖추고 있다. 여기서 어린 인식의 주체는 자신의 세상을 만나 인사를 한다. 그리고 볼테르(Voltaire)가 말하듯이, 아이의 서툴기 짝이 없는 감각에서도 인식의 기적은 뉴턴(Isaac Newton)과 같은 과학자의 뇌에서 만큼이나 강력하게 폭발한다.

많은 깨달음을 동반하는 이 첫 번째 경험을 가능하게 하는 생리적 조건은 아마 다양한 말단 기관에서 동시에 쏟아져 들어온 신경전류들일 것이다. 그러나 이처럼 여러 신체 기관이 개입됨에도 불구하고 의식이 하나의 의식이 되지 못하도록 막지 못한다. 앞으로 공부를 하면서 의식이 여러 신체 기관의 협동으로 이뤄지고 또 여러 가지를 한꺼번에 의식하는 경우일 때조차도 의식은 어디까지나 하나라는 것을 보게 될 것이다.

아기에게 쏟아져 들어오는 무수한 전류들이 아기의 의식에 알려주는 대상은 흐릿하고 왁자지껄한 하나의 커다란 혼돈이다. 이 혼돈이 곧 아기의 우주이다. 우리 모두의 우주는 아직도 어느 정도는 그런 혼돈 상태에 있다. 해결될 수 있고 또 해결해 주기를 요구하고 있음에도 불구하고, 아직 부분들로 풀어내지 못하고 있는 혼돈이다. 이 혼돈은 처음부터 끝까지 공간을 차지하는 하나의 대상으로 나타난다. 그것이 분석되지 않고 해결되지 않는 이상, 우리는 그것을 감각적으로만 알고 있다고 할 수밖에 없다. 그러나 이 혼돈 안에서 부분들이 서로 구분되고 우리가 그 부분들의 관계를 알게 되는 순간, 우리의 인식은 지각적이고 심지어 개념적인 것이 된다. 그런 인식에 대해서는 이 장에서 논하지 않아도 된다.

## 감각의 강도

불빛이 너무 희미하여 어둠을 몰아내지 못할 수도 있다. 소리가 너무 낮아서 들리지 않을 수도 있다. 접촉이 너무 약해서 우리가 그것을 느끼지 못할 수도 있다. 달리 말하면, 외부 자극이 그 존재를 알리는 감각을 일으키기 위해서는 강도가 어느 정도는 되어야 한다. 이것은 페히너(Gustav Theodor Fechner)에 의해 '역치(閾値)의 법칙'이라 불리고 있다. 어떤 대상이 정신으로 들어가기 위해서는 무엇인가를 넘어설 수 있어야 한다는 뜻이다. 역치 바로 위의 인상은 '최소 가시력', '최소 가청력' 등으로 불린다. 바로 이 지점에서부터는 줄곧, 인상의 힘이 강할수록, 감각 또한 커진다. 비록 감각이 커지는 속도가 느려지긴 하지만 말이다. 그러다 마침내 감각이 정점에 닿게 된다.

이 정점에 이르면 자극의 어떤 증가도 감각을 더 키우지 못한다. 대체로 이 정점에 닿기 전에 '고통'이 그 감각의 특성에 포함되기 시작한다. 대단한 압력과 뜨거운 열, 추위, 빛, 소리의 경우에 이런 현상이 분명히 관찰된다. 냄새와 맛의 경우에는 이런 현상이 덜 분명하다. 냄새와 맛이 자극 자체를 증가시키는 것이 그리 쉽지 않다는 사실 때문에 그렇다. 반면 모든 감각은 아무리 불쾌한 것일지라도 강도가 아주 약할 때보다 강도가 강해질 때 오히려 더 견딜 만해진다. 쓴 맛이나 지독한 냄새는 적어도 흥미를 자극할 것이다.

## 베버의 법칙

감각의 강도는 그 감각을 일으키는 자극의 증가 속도보다 느리게 증가한다. 만일 역치(閾値)란 것이 없다면, 그리고 외부 자극이 증가하는 만큼 감각의 강도가 증가한다면, 둘 사이의 관계를 그리는 '곡선'은 직선이 될 것이다.

객관적인 자극의 강도를 그래프의 수평축으로 표현하도록 하자. 그러면 0에서 자극은 강도가 전혀 없고 1에서는 1의 강도를 가질 것이다. 비스듬히 올라가는 수평선에서 밑으로 그어진 수직 점선은 자극이 일으킨 감각을 나타내고 있다. 0에서는 감각이 하나

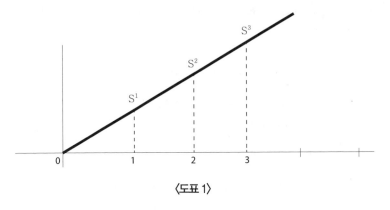

〈도표 1〉

도 없을 것이다. 1에서는 수직선 S¹의 길이로 나타낸 감각을, 2에서
는 S²의 길이로 나타낸 감각을 느낄 것이다. S가 표시된 선은 똑같
은 비율로 올라갈 것이다. 왜냐하면 수직축(감각)이 수평축(자극)
과 똑같은 비율로 증가한다고 전제했기 때문이다. 그러나 자연 속
에서 보면 앞에서 말한 것처럼 감각과 자극이 느린 속도로 증가한
다. 만일 수평축의 각 단계가 마지막까지 똑같다면, 수직축 쪽으로
비스듬히 올라가는 각 단계는 그 폭이 그 전 마지막 단계보다 다소
짧아야 할 것이다. 그러면 감각의 선은 직선이 아니고 맨 위가 볼
록한 선이 될 것이다.

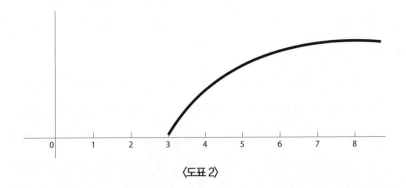

〈도표 2〉

〈도표 2〉는 자연 속에서 실제로 일어나는 상태를 표시하고 있다. 0에는 자극이 하나도 없고, 곡선으로 표시되는 의식적인 감각은 '역치'에 이를 때까지 시작되지 않을 것이다. 여기서는 자극 3이 역치이다. 여기서부터 자극이 증가한다. 그러나 자극의 증가율은 각 단계마다 조금씩 떨어진다. 그러다 마침내 정점에 이르고, 그러면 감각의 선은 갈수록 평평해진다. 이처럼 증가 속도가 떨어지는 것을 '베버의 법칙'이라 부른다. 베버(Ernst Weber)가 무게에서 이런 현상을 처음 관찰했다고 해서 그렇게 부른다. 분트가 이 법칙과 이 법칙이 근거한 사실들에 대해 설명한 부분을 여기에 소개한다.

"고요한 밤이면 낮의 소음 속에서는 들리지 않던 소리들이 많이 들린다는 사실을 누구나 잘 알고 있다. 시계가 일정하게 똑딱거리는 소리, 공기가 굴뚝 안을 소용돌이치는 소리, 방안에서 의자 움직이는 소리 등 온갖 작은 소리들이 우리의 귀를 어지럽힌다. 거리의 소음이나 기차가 달리는 소리가 들리는 가운데서는 우리는 옆 사람의 말도 듣지 못할 뿐만 아니라 자신의 목소리도 듣지 못한다는 사실 또한 잘 알려져 있다. 밤에 아주 밝게 빛나는 별도 낮에는 눈에 보이지 않는다. 달도 보이긴 하지만 밤에 비하면 형편없이 약하다. 무게를 다뤄본 사람이라면 누구나 한 손에 1파운드를 들고 있는데 거기에 1파운드가 더 얹히면 그 차이가 금방 느껴진다는 사실을 안다. 그러나 만약에 100파운드에 1파운드를 더하면, 우리는 그 차이를 거의 느끼지 못한다. …
시계 소리와 별빛, 1파운드의 무게 등은 우리의 감각에 자극이 되며, 이 자극이 밖으로 드러나는 양은 언제나 똑같다. 그렇다면 이 경험은 우리에게 무엇을 가르쳐 주는가? 분명 이 한 가지 가르침 밖에 없다. 즉 똑같은 자극도 환경에 따라서 더 강하게 느껴지기도 하고 더 약하게 느껴지기도 하고 전혀 느껴지지 않기도 한다는 것이다. 도대체 환경에 어떤 변화가 있기에 느낌에 이 같은 변화가 나타나는 것일까? 이 문제를 보다 깊이 고려하기만 하면 우리는 어디서나 이와 비슷한 현상이 나타난다는 사실을 볼 수 있다. 시계의 똑딱거림은 우리의 청력에는 아주 약한 자극이다. 그래서 이 자극만 있을 때에는 우리가 시계 소리를 분명히 듣지만, 시계 소리가 낮의 마차 소리나 다른 소음에 더해지면, 우리는 시계 소리를 듣지 못한다. 별빛도 눈에 하나의 자극이다. 그러나 만일 별빛이 일으키는 자극이 낮의 강력한 자극들에 더해지면, 우리는 별빛에 대해 전혀 느끼지 못한다. 별빛이 황혼의 여린 자극과 결합할 때에는 우리가 별빛을 분명하게 느끼는데도 말이다. 1파운드의 무게는 우리의 피부에 하나의 자극이다. 1파운드를 갖고 있는데 그 위에 1파운드가 더 얹어지면, 우리는 그 무게를 분명히 느낀다. 그러나 1파운드가 1,000배나 큰 자극에 합쳐진다면, 1파운드의 자극은 사라지고 만다. …

그렇다면 여기서 한 가지 일반 법칙을 제시할 수 있다. 만일에 신체 기관에 이미 작용하고 있는 자극이 작다면, 그 위에 작은 자극을 더해도 추가되는 자극이 느껴질 수 있다. 그러나 만일에 신체 기관에 이미 작용하고 있는 자극이 크다면, 추가되는 자극이 느껴지기 위해서는 아주 커야 한다는 것이다. … 가장 단순한 관계는 틀림없이 감각이 자극과 똑같은 비율로 증가하는 것이다. … 그러나 가장 단순한 이 관계가 진리라면, 예를 들어 별빛은 밤하늘의 어둠에 빛을 발하는 것만큼이나 낮에도 빛을 발해야 할 것이다. 그런데 사실은 그렇지 않다는 것을 우리는 잘 알고 있다. … 그렇다면 감각의 강도는 자극의 양과 비례하여 증가하지 않고 더 느리게 증가하는 것이 분명하다. 그러면 이젠 이런 궁금증이 생긴다. 감각의 증가율은 자극의 증가율에 비해 어느 정도로 떨어지는가? 이 물음에 대답하는 데는 일상의 경험으로 충분하지 않다. 다양한 자극의 양과 감각의 강도를 똑같이 정확히 측정할 필요가 있다.

그러나 이 측정을 정확히 하는 방법에 대해서는 일상의 경험이 뭔가를 말해준다. 우리가 본 것처럼, 감각의 강도를 측정하는 것은 불가능하다. 다만 감각들의 차이를 측정할 수 있을 뿐이다. 경험에 따르면, 외부 자극의 차이가 일정해도 그 자극에 따른 감각의 차이는 다를 수 있다.

그러나 이 모든 경험들은 한 가지 사실을 나름대로 표현하고 있다. 그 사실이란 바로 자극의 차이가 어떤 경우에는 느껴지고 어떤 경우에는 전혀 느껴지지 않는다는 점이다. 1파운드에 1파운드를 더하면 그 1파운드의 자극이 고스란히 느껴지지만, 100파운드에 1파운드를 얹으면 추가되는 자극은 거의 느껴지지 않는다. … 우리는 관찰을 통해서도 이런 결론에 쉽게 도달할 수 있다. 이렇게 해보라. 자극의 강도를 임의로 정해서 시작해보라. 이때 그 자극이 어느 정도의 감각을 주는지 측정하라. 그런 다음에 감각이 변한다는 것을 느낄 때까지 자극의 강도를 얼마나 올려야 하는지를 보라.

만일 이때 엄청난 크기의 자극을 갖고 관찰을 시작한다면, 우리는 그 자극에 더하는 자극의 양도 엄청나게 높여야 할 것이다. 그래야 자극이 더 커졌다는 사실이 겨우 느껴질 것이다. 황혼에 지각될 수 있는 빛은 별빛만큼 밝을 필요가 없다. 그러나 낮이라면 겨우 지각되기 위해서라도 별빛보다 훨씬 더 밝아야 할 것이다. 만일 지금 우리가 다양한 자극의 모든 가능한 강도를 대상으로 그런 관찰을 실시하면서 각 강도마다 겨우 느껴질 정도의 감각의 변화를 일으키는 데 어느 정도의 자극을 더해야 하는지를 측정한다면, 우리는 앞에서 말한 법칙을 보여줄 숫자를 확보하게 될 것이다. 자극이 늘어날 때, 감각은 이 법칙에 따라 증가할 것이다."

빛과 소리, 무게의 분야에서 이 방법에 따른 관찰이 특별히 쉽다. 먼저 무게부터 보도록 하지.

"우리는 놀라울 만큼 단순한 결과를 발견한다. 원래의 무게에 겨우 감지될 정도의 무게를 더할 경우에 더해진 무게는 원래의 무게와 일정한 비례를 보인다. 실험을 한 무게가 얼마였든 관계없이 똑같은 비례가 나타난다. 그 비례는 1대 3이다. 즉 살갗에 원래 얼마만한 무게가 주어졌든 관계없이 더하거나 뺀 무게가 원래 그곳에 있던 무게의 3분의 1이 되자마자, 무게의 증가나 감소가 느껴질 것이다."

분트는 이어 근육의 느낌과 열의 느낌, 빛의 느낌, 소리의 느낌에서 관찰한 내용이 어떻게 다른지를 설명한 다음에 이런 식으로 결론을 내리고 있다.

"그렇다면 우리가 그 자극을 정확히 측정할 수 있는 모든 감각은 단 한 가지 법칙을 따른다는 사실이 확인된다. 감각의 종류에 따라서 세부적인 면에서 차이가 날지라도, 다음과 같은 법칙은 모든 감각에 두루 적용된다. 감각의 증가를 낳는 데 필요한 자극의 증가는 전체 자극에 대해 일정 비율을 보인다. 감각별로 이 비율을 보면 다음과 같다.

| | | |
|---|---|---|
| 빛의 감각 | ....... | 1/100 |
| 근육 감각 | ....... | 1/17 |
| 무게의 느낌 | ....... | 1/3 |
| 온도의 느낌 | ....... | 1/3 |
| 소리의 느낌 | ....... | 1/3 |

이 수치는 정확성과는 거리가 멀다. 그럼에도 이 수치는 적어도 감각에 따라 민감도가 서로 다르다는 통념을 전달할 만큼은 정확하다. … 감각과 자극의 관계를 아주 단순한 형태로 보여주는 이 법칙은 생리학자 베버에 의해 처음 발견되었다."

## 페히너의 법칙

베버의 법칙을 나타내는 또 다른 방법은 감각이 커지는 느낌을 똑같이 하려면 자극의 크기를 감각에 따라서 상대적으로 달리 키워야 한다고 말하는 것이다. 라이프치히 대학의 페히너 교수는 베버의 법칙을 바탕으로 감각을 숫자로 측정하는 이론을 제시했다.

이 이론을 놓고 열띤 논쟁이 벌어졌다. 페히너 교수는 자극의 크기를 점진적으로 키울 때, 감각의 증가를 겨우 느끼게 만드는 자극의 증가분이 곧 감각의 단위라고 주장했다. 그는 이 감각의 단위를 모두 동등한 것으로 다루었다. 그러나 현실을 보면 100파운드의 무게를 느끼고 있는 상황에서 무게가 추가되는 느낌을 받으려면 엄청난 파운드를 더해야 하지만, 1파운드를 느끼는 상황에서는 겨우 몇 온스만 더해도 무게가 추가되는 느낌을 받는다.

페히너는 이 같은 사실을 무시했다. 그는 이렇게 생각했다. 어떤 자극을 역치에서부터 강도 s까지 점진적으로 증가시키는 데 자극의 증가가 n번의 단계를 필요로 한다면, s의 감각은 n개의 단위로 이뤄져 있다는 것이다. 이때 각 단위는 똑같은 것으로 여겨졌다.

감각들을 이처럼 수치로 나타낼 수 있다면, 심리학이 '정밀' 과학이 되어 수학적으로 다룰 수 있다고 페히너는 생각했다. 그가 어떠한 감각이나 감각의 단위를 얻을 수 있는 공식으로 제시한 것은 $S = C \log R$이다. 여기서 S는 감각을, R은 숫자로 측정한 자극을, C는 자극을 느끼는 민감도를 측정하는 실험에 의해 결정되는 상수이다. 감각은 자극의 로그에 비례한다. 그리고 만일 앞의 〈도표 2〉가 정확하게 그려진 로그 곡선이고 또 실험을 통해서 역치가 제대로 확인되었다면, 어떤 감각의 연속에서든 그 단위의 절대값은 〈도표 2〉에 그려진 곡선의 세로축 좌표에서 구해질 것이다.

페히너가 '페히너의 정신물리학 공식'이라 부른 이 법칙은 다방면으로 공격을 받았다. 이 공식에서 실용적인 것이 전혀 나오지 않았기 때문에, 여기서는 이 공식에 대해 더 이상 주목하지 않을 것이다. 그의 저서의 주요 효과는 베버의 법칙(이 법칙은 겨우 지각 가능할 정도로 자극을 증가시키는 데에만 관심을 보일 뿐, 감각의 측정에 대해서는 아무런 말을 하지 않는다)의 유효성에 관한 실험적 검증을 불러일으키고 통계적 방법에 대한 논의를 촉발시켰다는 점이다.

우리가 감각들을 연속적으로 받아들일 때 드러나듯이, 베버의 법칙은 대략적으로만 증명된다. 매순간 우리의 민감성이 크게 달라지기 때문에 통계적인 방법에 대한 논의가 필요하다. 다시 말하면, 두 감각의 차이가 겨우 식별 가능한 수준에 가까워질 때, 우리는 어떤 때에는 그 차이를 구분하고 또 어떤 때에는 그 차이를 구분하지 못하게 된다. 우리의 내면이 끊임없이 흔들리고 있기 때문에, 여러 차례 측정을 거친 뒤 그것을 평균하는 방법을 택하지 않고는 식별 가능한 감각의 최소 증가치를 말하는 것은 불가능하다. 우리의 내면을 흔드는 우발적인 일들은 우리의 민감성을 둔하게 만들기도 하고 예민하게 만들기도 한다. 그렇기 때문에 우발적인 오차가 그런 평균을 통해서 제거되어야 한다. 왜냐하면 평균을 이용해야만 그 선 위나 아래의 오차가 서로를 상쇄할 것이고, 만일에 표준적인 민감성(즉 우발적인 원인과 뚜렷이 구별되는 불변의 원인들에 의한 민감성)이란 것이 있다면 그 민감성이 드러날 것이기 때문이다.

평균을 구하는 방법은 저마다 문제와 함정을 갖고 있으며, 이 방법들을 둘러싼 논란이 매우 뜨거워졌다. 통계학적 방법이 얼마나 힘든지, 그리고 독일 연구원들의 인내심이 어느 정도인지를 보여주는 한 예로, 나는 페히너를 들고 싶다. 그는 베버의 법칙을 검증하기 위해 참과 거짓을 가리는 방법으로 무게에 대한 자극과 감각의 관계를 파악하느라 측정을 무려 24,576번이나 실시했다.

## 감각은 합성물이 아니다

페히너의 전반적인 시도에 대한 근본적인 반대는 바로 이것 때문인 것 같다. 비록 우리 감각의 외부 원인이 여러 부분들을 갖고 있을지라도, 감각 자체의 구분 가능한 모든 특성뿐만 아니라 구분 가능한 모든 강도는 저마다 의식의 한 독특한 사실인 것 같다는 점 말이다.

각각의 감각은 그 자체로 하나의 완전체이다. 심리학자 뮌스터베르크(Hugo Münsterberg)가 말하듯이, "강한 감각은 약한 감각의 몇 배이거나 약한 감각들이 여럿 합쳐진 것이 아니다. 그보다는 완전히 새로운 무엇이다. 강력한 감각이 서로 비교될 수 있는 것이 아니기 때문에, 강력한 소리나 빛이나 열의 감각과 약한 소리나 빛이나 열의 감각의 차이를 측정하려고 노력하는 것은 얼핏 보아도 소금과 밀가루 아니면 두통과 치통의 차이를 수학적으로 계산하려 드는 것만큼이나 터무니없어 보인다. 만약에 강력한 빛의 감각에 약한 빛의 감각이 포함되어 있지 않다면, 강력한 빛의 감각이 약한 빛의 감각과 구체적으로 얼마만큼 다르다고 말하는 것은 심리학적이지 않은 것이 분명하다".

분명히 말하지만, 주홍의 감각은 분홍의 감각이 여럿 더해진 분홍의 감각이 아니다. 주홍의 감각은 분홍과는 아주 다른 무엇이다. 전기 불빛의 감각도 마찬가지이다. 전기 불빛의 감각도 흐릿한 촛불들의 감각을 많이 포함하고 있는 것이 아니다. 모든 감각은 그 자체로 나눌 수 없는 하나의 단위이다. 어떤 감각 안에 여러 개의 단위들이 모여 있다는 식의 생각은 불가능하다.

이 같은 주장과, 약한 감각에서 시작하여 감각을 점점 높여갈 때 우리가 그때마다 '더욱' 강하게 느낀다는 사실 사이에는 전혀 아무런 모순이 없다. 말하자면 감각이 강하다고 해서 똑같은 '성분'이 더 많아지는 것이 아니고, 우리가 출발점에 비해 차이와 거리를 더 많이 느낀다는 뜻이다. 구별에 관한 장에서, 단순한 것들 사이의 차이가 어떤 식으로 지각될 수 있는지를 살피게 될 것이다. 또 그 차이 자체가 서로 다르다는 점도 확인할 것이다. 말하자면 차이의 방향도 다양한 것이다. 그리고 일련의 감각들이 어느 한 방향으로 꾸준히 증가할 수도 있다는 것이 확인될 것이다. 한쪽 방향으로 꾸준히 증가하는 일련의 감각들의 경우에는 마지막 감각과 최초 감각의 차이가 중간의 감각과 최초의 감각의 차이보다 더 크다. 감각의 '강도'의 차이가 감각이 증가하는 방향을 결정한다. 그렇기 때문에 감각의 강도를 판단하는 일에 있어서 감각의 강도가 올라갈수록 더 많은 감각의 단위가 더해진다는 가설은 필요하지 않다.

## 상대성의 법칙

베버의 법칙은 단지 그보다 더 광범위한 어떤 법칙, 말하자면 우리가 주의를 넓은 범위로 확장할수록 세부적인 것을 관찰하는 능력이 떨어진다는 법칙의 한 예처럼 보인다. 이 법칙은 대상들의 종류가 서로 다른 곳에서 아주 명백하게 드러난다. 대화가 뜨겁게 달아오를 때, 우리가 육체적 불편을 얼마나 쉽게 망각하는가! 일에 몰입하고 있는 동안에는 방안의 소음조차도 귀에 안 들리지 않는가! 옛날 속담처럼, 여러 가지를 추구하다 보면 한 가지도 제대로 하지 못하는 법이다. 이 속담에다가 이런 말을 덧붙일 수 있을 것 같다. 우리가 주의를 쏟는 대상이 동질성을 보이더라도 그 같은 결과를 바꿔놓지 못한다고. 또 그 전에 이미 똑같은 종류의 강력한 감각을 두 가지 경험한 정신은 그 강도 때문에 두 가지 감각 사이의 차이를 느낄 능력을 빼앗긴다고. 그렇지 않고 두 개의 감각이 약하여 정신을 산만하게 흩뜨려놓는 힘이 덜했다면, 두 감각 사이의 미세한 차이는 그 즉시 느껴졌을 것이다.

이 특별한 아이디어는 충분히 관심을 끌 만하다. 한편, 뇌로 들어오는 전류가 정신에 미치는 효과는 그때 동시에 들어오는 다른 전류들에 따라 달라진다는 것은 의심의 여지가 없는 일반적인 사실이다. 전류가 정신 앞으로 데리고 오는 대상의 지각 가능성뿐만 아니라 그 대상의 특성까지도 다른 전류들에 의해 바뀐다. 이 법칙을 간단히 표현하면, "동시적인(연속적인 것도 똑같이 그런 효과를 일으키지만 보다 쉽게 설명하기 위해 동시적인 것에 대해서만 언급한다) 감각들은 서로를 변화시킨다"고 할 수 있다. 분트는 이 일반적인 '상대성의 법칙'에 대해 다소 모호하게 "우리는 모든 사물을 서로의 관계 속에서 느낀다."고 말하고 있다. 그런데 이 상대성의 법칙은 홉스(Thomas Hobbes: 1588-1679)의 시대 이후로 심리학에서 이런저런 형태로 유행했다. 상대성의 법칙은 신비화된 측면이 있다. 그러나 우리가 상대성의 법칙이 일어나는 과정에 대해서 무지하다 하더라도, 그 과정이 생리학적이고 또 다른 전류의 간섭으로 생기는 것이라는 데에는 의문의 여지가 전혀 없는 것 같다. 어떤 전류가 다른 전류의 간섭을 받게 되면 자연히 변형된 감각을 일으킬 것이다.

문제의 변형을 보여주는 예들은 쉽게 발견된다. 음들이 화음을 이루면 서로를 더 부드럽게 만들고, 색깔들이 조화롭게 어울리면 서로를 더 부드럽게 만든다. 살갗을 따뜻한 물에 어느 정도 깊이 담그면 약간의 열기가 느껴진다. 살갗을 더 깊이 담그면 열기의 강도가 훨씬 더 강해진다. 당연히 물의 온도는 똑같은데도 말이다. 마찬가지로, 대상의 크기에도 최소한의 크기 같은 것이 있다. 대상이 망막에 비치는 이미지는 충분한 수의 신경 섬유를 자극할 필요가 있다. 그렇지 않으면 그 이미지는 색깔 감각을 전혀 주지 못할 것이다. 베버는 이마의 살갗 위에 놓인 탈러(독일의 옛 은화)의 경우에 따뜻할 때보다 차가울 때 더 무겁게 느껴진다는 것을 관찰했다. 루돌프 우르반트쉬트쉬(Rudolf Urbantschitsch)는 우리의 모든 감각 기관이 서로의 감각에 영향을 미친다는 사실을 발견했다. 그의 환자들을 대상으로 실험을 실시한 결과, 거리가 멀어서 분간하기 어려운 천 조각의 색깔도 환자들의 귀 가까운 곳에 소리굽쇠를 울려주는 즉시 구분되었다. 거리 때문에 거의 구분이 어려운 글자도 소리굽쇠를 울려주면 읽을 수 있었다. 이런 현상을 보여주는 가장 익숙한 예는 소음이나 빛에 의한 통증의 증가나, 동시에 일어나는 감각들에 의한 메스꺼움의 증가일 것이다.

## 대조의 효과

한 가지 신경 전류가 다른 신경 전류에 변화를 주는 방식을 보여주는 것으로 가장 잘 알려진 예는 '색의 동시 대비'이다. 서로 다른 밝은 색을 칠한 종이를 여러 장 준비하라. 각각의 종이 위에 작게 자른 회색 종이를 올려라. 그런 다음 그 위에 흰색의 투명한 종이를 덮어라. 이 흰색 종이가 회색 종이와 바닥의 색칠한 종이의 색깔을 부드럽게 만들 것이다. 각각의 회색 종이는 바닥에 깔린 종이 색깔의 보색에 물든 것처럼 보일 것이다. 이때 회색 종이들의 색깔이 크게 달라 보이기 때문에 투명지를 떼기 전까지는 어떠한 관찰자도 회색 종이들이 같은 종이를 자른 것이라는 사실을 믿지 않을 것이다. 헬름홀츠(Hermann von Helmholtz)는 이런 결과에 대해 뿌리깊은 습관을 잘못 적용한 때문이라고 해석했다. 즉 사람들이 사물들을 가리고 있는 그 중간 매체의 색깔을 참작하기 때문이라는 것이다. 똑같은 물건이 맑은 하늘의 밝은 빛 아래에, 촛불의 불그스름한 빛 아래에, 그리고 광택 나는 마호가니 테이블의 짙은 갈색 빛 아래에 차례대로 놓인다고 상상해보자. 이런 경우에 이 물건은 언제나 고유의 색깔을 그대로 가진 것으로 판단된다. 이것은 보는 사람의 마음이 그 물건에 대해 알고 있는 지식을 겉모습에 보태고. 그렇게 함으로써 중간 매체의 왜곡을 바로잡기 때문이다.

그런데 헤링(Ewald Hering)에 의해 이 이론이 성립되지 않는 것으로 드러났다. 이 논란을 둘러싼 사실들은 여기서 논하기에는 지나치게 정밀하다. 그 같은 현상이 생리적인 것으로 확인되었다고 말하는 것으로 충분할 것이다. 말하자면 감각 신경 전류들이 동시에 들어올 때, 각 전류가 의식에 미치는 효과는 그 전류들이 따로 들어올 때와 달라진다는 뜻이다.

'순차적 대비'는 동시 대비와 다르며, 그 차이는 피로 때문인 것으로 여겨진다. 이와 관련 있는 사실들은 시각을 논하는 장에서 '잔상'과 함께 논의될 것이다. 그러나 그 전의 감각에서 생긴 잔상은 현재의 감각과 공존할 수도 있으며, 잔상과 현재의 감각은 서로에게 영향을 미칠 수도 있다. 동시에 존재하는 감각 과정들이 서로에게 영향을 미치듯이 말이다.

시각 외의 다른 감각도 대비 현상을 보여주지만 그 현상은 훨씬 덜 분명하다. 그래서 여기서 다른 감각의 대비 현상에 대해서는 논하지 않을 것이다. 이제 우리는 다양한 감각들을 세부적으로 간단히 돌아볼 준비를 갖추었다.

## Chapter 3
# 시각

## 눈의 구조

눈의 구조는 해부에 관한 모든 책에서 다뤄지고 있다. 그래서 나는
심리학자의 관심을 끌 만한 몇 가지 사항에 대해서만 언급할 것이
다. 눈은 단단한 흰색 막(공막(鞏膜))에 의해 형태를 유지하는, 약
간 평평한 구체이다. 이 막은 신경이 퍼져 있는 표면과 굴절 매체
(수정체와 유리체)를 감싸고 있으며, 이 굴절 매체는 빛을 굴절시
켜 망막에 초점을 모은다.

사실 눈은 하나의 작은 '카메라 옵스큐라'(camera obscura: 라틴어
로 '어두운 방'이라는 뜻을 가진 광학 장치로 현대 카메라의 효시이다. 아
리스토텔레스(Aristotle) 시대부터 바늘 구멍을 통해 들어온 광선이 이미
지를 만든다는 사실이 알려져 있었다/옮긴이)와 비슷한데, 카메라 옵
스큐라 중에서 가장 중요한 부품은 감광판이다. 눈에서 이 감광판

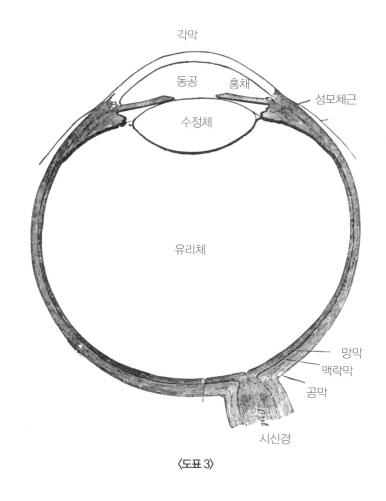

각막

동공　　홍채

수정체

섬모체근

유리체

망막
맥락막
공막

시신경

〈도표 3〉

에 해당하는 것이 망막이다. 시신경은 공막의 껍질을 관통하여 그 안쪽 면 위로 신경 섬유를 사방으로 퍼뜨리면서 반투명의 얇은 막을 형성한다(〈도표 3〉의 망막). 이 신경 섬유들은 세포들과 과립들과 가지들로 이뤄진 복잡한 신체 기관(도표 4)으로 들어가 최종적으로 소위 말하는 막대 세포와 원뿔 세포에서 끝난다. 막대 세포와 원뿔 세포(도표 4,)는 광파(光波)의 영향을 감지하는 특별한 신체 기관들이다. 이상하게 들릴지 모르지만, 이 말단 기관들은 빛이 동공을 통과할 때 그 빛을 향하고 있지 않고 오히려 뒤로 공막 쪽을 향하고 있다. 그렇기 때문에 광파들이 막대 세포와 원뿔 세포에 닿기 전에 반투명의 신경 섬유와 망막의 과립세포층을 통과하게 된다(도표 5).

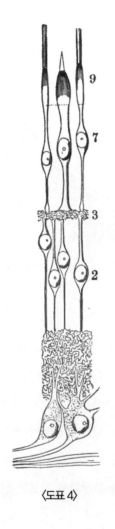

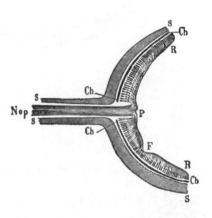

망막신경섬유들을 대략적으로 그린 그림이다. Nop는 시신경, S는 공막, Ch는 맥락막(脈絡膜), R은 망막, P는 맹점, F는 중심와(中心窩)를 뜻한다.

〈도표 4〉                    〈도표 5〉

## 맹점

그렇다면 시신경 섬유들은 빛으로부터 직접 자극을 받지 않는 것이 틀림없다. 신경이 들어오는 지점에선 실제로 아무것도 보이지 않는다. 왜냐하면 그곳에는 신경 섬유만 존재하고, 망막의 다른 층들이 바로 그 입구에서 시작하기 때문이다. 오른쪽 눈을 감고 이 책을 수직으로 똑바로 잡은 채 왼쪽 눈으로만 〈도표 6〉의 십자 표시를 계속 주시하면서 책을 앞뒤로 움직여보라. 그러면 1피트쯤 떨어질 때 왼쪽의 검정색 원이 사라지는 것이 확인될 것이다. 그러나 책이 그보다 더 가깝거나 멀리 떨어져 있을 때에는 검정색 원이 보일 것이다. 이 실험을 하는 동안에는 시선은 언제나 십자에 모아져야 한다. 이 맹점이 시신경이 늘어가는 지점이라는 것을 측정으로 보여주는 것은 쉬운 일이다.

〈도표 6〉

## 중심와(中心窩)

맹점 밖에 있는 망막의 민감도도 부위에 따라 다 다르다. 시신경이 들어오는 입구에서 봐서 바깥쪽에 자리 잡고 있는 오목한 곳인 중심와(中心窩)의 민감도가 가장 예민하다. 신경 섬유들은 이 중심와 위를 지나지 않고 우회한다. 중심와에는 망막 같은 다른 층들도 없다. 그래서 그곳에서는 원뿔 세포들만이 망막을 이루고 있다. 망막의 민감도는 주변으로 갈수록 떨어진다. 그래서 바깥쪽에서는 색깔도, 모양도, 인상의 숫자도 제대로 구분되지 않는다.

2개의 눈을 정상적으로 사용할 때, 주의를 끈 대상의 이미지 2개가 민감성이 가장 예민한 2개의 중심와에 닿도록 안구가 움직인다. 누구나 관찰할 수 있듯이, 이것은 저절로 일어난다. 실제로 보면 주변의 물체들이 우리의 주의를 끄는 순간, 눈을 돌리지 않는 것은 거의 불가능하다. 눈을 돌린다는 말은 곧 중심와를 대상의 이미지를 받을 수 있는 위치에 두도록 안구를 회전시킨다는 것을 달리 표현한 것에 지나지 않는다.

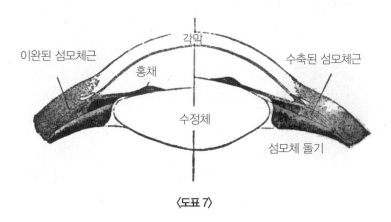

〈도표 7〉

## 원근 조절

이미지의 초점을 맞추는 것은 특별한 장치에 의해 수행된다. 모든 카메라에서, 눈에서 먼 대상일수록 그 이미지는 앞쪽에 맺히고 눈에서 가까운 대상일수록 그 이미지는 뒤쪽에 맺힌다. 사진작가들의 카메라의 경우에 뒷부분을 앞뒤로 움직이도록 제작되어 있으며, 찍을 대상이 가까울 때에는 뒷부분을 렌즈로부터 멀게 하고 찍을 대상이 멀 때에는 뒷부분을 렌즈에 가깝게 한다. 이렇게 하면 사진이 언제나 선명하게 나온다. 그러나 안구에서는 그런 거리의 변화가 전혀 불가능하다. 그래서 다른 방법으로 똑같은 효과를 끌어낸다. 즉 가까운 물체를 볼 때에는 수정체가 더욱 볼록해지고 먼 곳의 물체를 볼 때에는 수정체가 평평해지는 것이다. 이 변화는 수정체를 둘러싸고 있는 원형의 '인대'와 '섬모체근(纖毛體筋)'의 길항작용(拮抗作用: 두 가지 요인이 동시에 작용하면서 그 효과를 상쇄하는 것을 말한다/옮긴이)을 통해 일어난다. 섬모체근이 이완해 있을 때, 인대는 수정체를 평평하게 유지하기 위해 펴진 모양을 취한다. 그러나 수정체는 대단히 탄력적이다. 그래서 섬모체근이 수축하면서 인대가 압박을 풀도록 할 때마다, 수정체는 지극히 자연스럽게 보다 볼록한 형태를 취한다. 섬모체근의 수축은 이런 식으로 수정체가 굴절률을 높이게 함으로써 가까운 것을 볼 수 있도록 눈을 조절한다. 마찬가지로, 섬모체근의 이완은 수정체의 굴절률을 낮춤으로써 먼 것을 보도록 눈을 조절한다. 따라서 가까운 것을 위해 조절하는 것이 보다 능동적인 변화이다. 왜냐하면 거기에는 섬모체근의 수축이 수반되기 때문이다. 먼 곳을 볼 때, 우리는 그냥 눈을 가만 내버려두면 된다. 두 가지 변화의 감각을 서로 비교할 때, 이 노력의 차이가 느껴진다.

## 시선 수렴은 원근 조절을 수반한다

2개의 눈은 마치 하나의 신체 기관처럼 움직인다. 즉 어떤 물체가 주의를 끌 때, 그 물체의 상이 중심와에 닿도록 양쪽 안구가 동시에 움직이는 것이다. 물체가 가까이 있을 때, 자연히 안구들이 안쪽으로 움직이며 수렴한다. 또한 원근 조절도 일어나는데, 이때 수렴과 원근 조절이라는 2가지 운동은 짝을 이뤄 함께 일어난다. 이 운동을 따로 수행하는 것은 힘든 일일 것이다. 동공의 수축도 또한 조절 행위를 수반한다. 입체시(立體視)에 대해 말하자면, 연습을 많이 하면 원근 조절을 통해 수렴하고 시야의 평행축으로 원근을 조절하는 법을 배울 수 있을 것 같다. 이런 능력은 심리학과 광학을 배우는 학생에게 아주 유익한 성취가 될 것이다.

## 두 개의 망막이 엮어내는 한 개의 이미지

우리는 두 개의 귀로 하나의 소리를 듣고, 두 개의 코로 하나의 냄새를 맡고, 두 개의 눈으로 하나의 물체를 본다. 차이점은 어떠한 조건에서도 소리나 냄새를 이중으로 듣거나 맡는 것은 불가능하지만, 어떤 조건에서는 물체를 이중으로 보는 것이 가능하다는 점이다. 우리가 두 개의 눈으로 하나의 이미지를 보는 조건들에 대해 설명하기는 쉽다.

우선 2개의 중심와에 닿는 인상들은 언제나 똑같은 곳에 나타난다. 어떠한 기술로도 이 인상들이 서로 나란히 나타나도록 하지 못한다. 그 결과 하나의 물체는 수렴하는 2개의 안구의 중심와에 이미지를 비추면서 언제나 본래의 모습대로, 말하자면 하나의 물체로 나타난다. 게다가 만일에 안구들이 수렴하지 않고 나란히 그대로 있고 각 안구의 앞에 있는 2개의 비슷한 물체들이 각 눈의 중심와에 맺힌다 하더라도, 2개의 이미지는 하나로 나타나거나 융합될 것이다. 독자 여러분도 이를 쉽게 확인할 수 있다. 〈도표 8〉의 검은 점들을 하나씩 양쪽 눈에 가까이 대고 무한히 먼 곳을 보듯이 응시해 보라. 그러면 2개의 검은 점들이 헤엄을 치듯 모이면서 하나로 결합할 것이다. 하나가 된 점은 원래 있었던 점들 사이에 있는 것처럼 보인다.

〈도표 8〉

결합된 점은 양쪽 눈 앞의 반대쪽에 있는 2개의 점들이 같은 곳에서 보인 결과로 나타나게 되었다. 그러나 각각의 눈은 하나로 결합된 이 점 외에 반대편 눈의 맞은편에 있는 점도 본다. 오른쪽 눈에는 이것이 결합된 점의 왼쪽에 나타나고, 왼쪽 눈에는 이것이 결합된 점의 오른쪽에 나타난다. 그래서 보이는 것은 3개의 점이며, 이 중 가운데의 것이 두 눈이 모두 보고 있는 점이며 그 옆의 점은 각각의 눈이 보는 점이다. 이것이 사실이라는 것도 쉽게 검증된다. 도표 상에 있는 점들이 반대편 눈에 보이지 않도록 불투명한 작은 물체를 그 사이에 끼워놓으면 된다. 종이에서 코까지, 수직으로 나누는 물체를 대면 양쪽 눈이 바로 앞의 점만 보게 될 것이다. 그럴 경우에는 하나로 결합된 점만 나타날 것이다.

만약에 2개의 중심와가 볼 물체로 똑같이 생긴 2개의 점을 이용하지 않고 서로 다른 2개의 형태나 서로 색깔이 다른 2개의 점을 이용한다면, 그래도 그 물체들은 똑같은 장소에 보일 것이다. 그러나 그 물체들이 하나의 물체로 보일 수 없기 때문에, 그것들은 그곳에 번갈아 나타날 것이다. 이것이 '망막 경합'이라 불리는 현상이다.

중심와 주변의 망막 부위들에 대해 말하자면, 거기서도 이와 비슷한 조화가 일어난다. 어느 쪽 눈의 망막이든 반으로 나눠서 위쪽에 나타나는 인상들은 대상의 아랫부분이고, 아래쪽에 나타나는 인상들은 대상의 윗부분이다. 그리고 망막을 좌우로 나눠서 오른쪽 반에 나타나는 인상들은 대상의 왼쪽이고, 왼쪽 반에 나타나는 인상들은 대상의 오른쪽이다. 따라서 한 망막을 4등분한 각각의 4분원은 다른 쪽 망막의 4분원 중에서 기하학적으로 비슷한 4분원과 대체로 일치하게 된다. 그리고 2개의 비슷한 4분원 안에는, 예를 들어 〈도표 9의〉 al과 ar 안에는, 그 조화가 세세하게 이뤄졌다면 기하학적으로 비슷한 지점들이 있을 것이며, 이 지점들은 똑같은 대상이 발산하는 빛에 의해 동시에 자극을 받으면 그 대상이 양쪽 눈에 똑같은 방향으로 나타나게 할 것임에 분명하다.

실험이 이 같은 짐작을 뒷받침한다. 별빛이 쏟아지는 창공을 두 눈으로 올려다보라. 그 별들이 모두 하나로 보일 것이다. 그리고 원

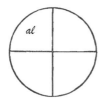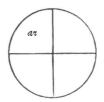

〈도표 9〉

근법에 따르면 그런 상황에서는 각각의 별에서 나오는 평행 광선들이 양쪽 눈의 망막 중에서 기하학적으로 서로 비슷한 지점들에 가 닿는다. 마찬가지로, 눈에서 1인치 정도 떨어진 안경은 좌우 대칭의 큰 유리와 비슷하다. 아니면 우리는 점을 갖고 한 실험과 비슷한 실험을 할 수도 있다. 만일 평범한 입체 슬라이드만한 크기의 아주 비슷한 사진을 2장 찍어서 한쪽 눈으로 각각의 사진을 본다면(양쪽 눈이 건너편 사진을 보지 못하도록 가운데에 차단 장치를 둔다), 우리는 하나의 평면적인 사진을 볼 것이고 사진의 각 부분들은 하나로 보일 것이다. '망막의 똑같은 지점들'이 자극을 받았기 때문에, 양쪽 눈은 각각의 대상을 똑같은 방향으로 보고 그 2개의 대상은 하나로 합쳐질 것이다.

여기서도 만약에 그 사진들이 서로 다르다면 망막 경합이 일어난다. 그리고 이 실험이 처음 실시될 때 결합된 사진이 언제나 선명함과는 거리가 멀다는 사실에 주목해야 한다. 이는 앞에서 설명한 바와 같이 종이의 표면에 가까운 대상의 경우에는 원근 조절이 어렵기 때문이다. 이 경우에는 각각의 눈이 앞에 있는 그림을 보느라 수렴이 풀어진 상태이기 때문에 원근 조절이 더욱 어려워진다.

## 이중상

양쪽의 망막에 기하학적으로 서로 일치하지 않는 지점들에 맺히는 이미지들이 서로 방향이 달라 보이고, 따라서 그 대상들이 두 곳에 있는 것처럼 보이거나 이중으로 보이는 것은 이미지들이 기하학적으로 비슷한 지점들에 맺혀야 한다는 법칙의 결과이다.

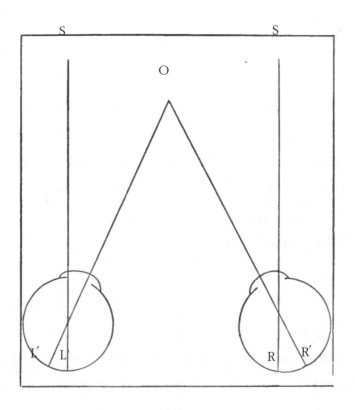

〈도표 10〉

별에서 나오는 평행 광선이 두 눈을 비추고 있고, 이때 두 눈이 앞의 예와 달리 평행으로 보지 않고 가까운 곳에 있는 물체 O로 수렴되고 있다고 하자. 그러면 2개의 중심와는 O의 이미지를 받아들일 것이고, 따라서 O는 하나로 보일 것이다. 만일 〈도표 10〉의 SL과 RS가 평행 광선이라면, 각각의 광선은 코 쪽 망막의 반쪽에 비칠 것이다. 그러나 코 쪽 망막의 반쪽 2개는 서로 같지 않다. 말하자면 기하학적으로 비슷한 것이 아니라 기하학적으로 대칭이다. 따라서 왼쪽 눈의 별의 이미지는 O의 왼쪽에 있는 것처럼 보일 것이고, 오른쪽 눈의 별의 이미지는 O의 오른쪽에 있는 것처럼 보일 것이다. 요약하면 별이 이중으로, 말하자면 똑같이 생긴 것이 이중으로 보일 것이다.

거꾸로, 만일 별들을 평행축으로 직접 본다면, O와 같이 가까이 있는 대상들이 이중으로 보일 것이다. 왜냐하면 이 대상의 이미지가 2개의 망막 중 한쪽 망막에는 코 쪽 반쪽에 맺히고 다른 쪽 망막에는 뺨 쪽 반쪽에 맺히는 것이 아니라 두 개의 망막 모두 뺨 쪽 반쪽에 맺히기 때문이다. 여기서는 이미지들의 위치가 앞의 예와는 반대가 될 것이다. 오른쪽 눈의 이미지는 왼쪽에 나타날 것이고, 왼쪽 눈의 이미지는 오른쪽에 나타날 것이다. 이때 이중의 이미지는 반맹(半盲)의 이미지가 될 것이다.

## 양안시

양안시(兩眼視)에 대한 설명은 소위 '동일점 이론'(theory of identical points)을 따르고 있다. 이 설명은 대체로 사실들을 정확히 공식화하고 있다. 유일하게 이상한 점이 있다면, 우리가 바라보는 어떤 지점에서 가깝거나 먼 물체들이 수없이 많은 이중상을 끊임없이 엮어낼 텐데도 우리가 그다지 어려움을 겪지 않는다는 사실이다. 이에 대한 대답은 우리가 이중상에 대해서는 무관심할 수 있도록 스스로를 훈련시켰다는 것이다. 사물들이 우리의 관심을 끄는 한, 우리는 각자의 중심와를 그 사물들 쪽으로 돌려놓는다. 그러면 당연히 그 사물들은 하나로 보일 것이다. 그렇기 때문에 만일 어떤 물체가 망막의 서로 어긋나는 지점에 맺힌다면, 이는 그 물체가 우리에게 중요하지 않다는 증거로 여겨질 수 있다. 그 물체가 한 곳에 나타나든 두 곳에 나타나든 우리가 신경을 쓰지 않아도 좋다는 뜻이다. 그래도 오랫동안 연습하다 보면 누구나 이중상의 전문가가 될 수 있다. 물론 일이년 만에 완벽하게 배울 수 있는 기술은 아니다.

　두 이미지가 아주 조금만 다르다면, 이중상이라 할지라도 그것을 알아차리기가 거의 불가능하다. 오히려 그 상들은 단단한 어떤 물체가 그곳에 있다는 것을 지각하게 한다. 실제로 그런지, 〈도표 11〉을 통해 확인하도록 하자.

〈도표 11〉

직선 a와 b의 가운데에 있는 점들을, 〈도표 8〉에서 점들을 보았던 것과 같은 방식으로 보도록 하자. 똑같은 결과가 나타날 것이다. 말하자면, 2개의 점들이 직선의 중간에서 하나로 합쳐질 것이지만, 전체 직선은 하나로 합쳐지지 않을 것이다. 왜냐하면 기울기 때문에 직선들의 맨 윗부분은 망막의 관자놀이 쪽 반쪽에, 직선들의 아랫부분은 망막의 코 쪽 반쪽에 맺힌다. 그러면 우리가 보게 되는 것은 중간이 교차되는 2개의 직선이다(도표 12).

〈도표 12〉

그러나 이 직선의 맨 윗부분에 주의를 기울이는 순간, 우리의 중심와는 점을 버리고 위쪽으로 이동한다. 그렇게 함으로써 직선을 따라 다소 수렴을 하고, 그러면 〈도표 13〉에서처럼 직선의 꼭대기가 서로 합쳐지게 된다.

만일 우리가 직선의 맨 아랫부분에 대해 생각한다면, 두 눈은 아래로 내려가며 수렴할 것이고 우리가 보는 것은 〈도표 14〉와 같은 모양이 될 것이다.

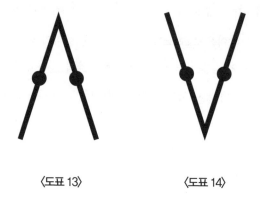

〈도표 13〉　　　　　　　〈도표 14〉

　두 직선을 따라 두 눈을 올라가고 내려가게 하는 것은 곧 두 눈이 수렴하거나 분산하게 하는 것이다. 그것은 두 눈을 꼭대기가 바닥보다 우리 쪽에 더 가까운 하나의 직선을 위아래로 움직이는 것과 똑같다. 만일 직선들의 기울기가 완만하다면, 우리가 점들을 볼 때 그 직선들이 이중으로 보이지 않고 위에서 아래까지 하나로 보일 것이다. 이 조건에서는 직선들의 꼭대기가 밑바닥보다 더 가까이 보인다. 바꿔 말하면, 우리가 그 직선들을 입체적으로 보고 있다는 뜻이다. 심지어 우리의 눈이 움직이지 않을 때조차도 우리는 그 직선들을 입체적으로 본다. 달리 표현하면, 맨 밑바닥에 나타나는 약간의 차이가 중심와를 조금 분산되게 하는데, 바로 이 차이가 우리로 하여금 밑바닥의 끝부분을 조금 멀리 있는 것처럼 보게 만든다. 또 꼭대기에 약간의 차이가 있는 경우에는 중심와들이 수렴하게 하는데, 바로 이 차이가 우리로 하여금 꼭대기가 점보다 더 가까운 것처럼 보게 만든다. 요약하면, 이 차이가 실제로 움직임이 일어나는 것처럼 우리의 지각에 영향을 미친다.

## 거리의 지각

주변의 사물들을 볼 때, 우리의 두 눈은 끊임없이 움직이고, 수렴하고, 분산하고, 조절하고, 이완하고, 훑어본다. 우리의 주위는 3차원적으로 보인다. 어떤 것은 멀어 보이고 어떤 것은 가까워 보인다.

"우리의 눈은 거리의 지각에는 매우 불완전하다. 어떤 사람의 얼굴 앞에 고리를 실에 매달아 드리워놓고 한쪽 눈을 감게 한 다음에 막대기로 고리를 통과시키도록 해 보라. 그러면 거리의 지각이 형편없다는 사실이 확인될 것이다. 어떤 사람의 한 쪽 눈앞에 펜대를 세워놓고 역시 다른 쪽 눈을 감게 한 다음에 손가락으로 펜대를 잡도록 해 보라. 거의 틀림없이 펜대를 잡지 못하는 실수가 일어날 것이다. 그런 경우를 통해서 우리는 눈이 물체를 분명하게 보도록 '조절'하는 데 엄청난 노력이 필요하다는 사실을 짐작할 수 있다.

그러나 양쪽 눈을 다 이용하면, 우리의 거리 지각력은 훨씬 더 나아진다. 우리가 두 눈으로 어떤 물체를 볼 때, 시축(視軸)은 그 물체로 수렴한다. 가까운 대상일수록 수렴이 더욱 커진다. 아주 가까운 점들을 볼 때 눈을 수렴시키는 데 필요한 근육의 노력이 어느 정도인지를 우리는 꽤 정확히 알고 있다. 물체들이 멀리 떨어져 있을 때, 물체의 분명한 크기와 그 물체가 망막에 맺히는 상에 나타나는 변화가 거리를 파악하는 데 도움이 된다.

물체들의 상대적 거리는 눈의 움직임으로 쉽게 확인된다. 이때는 움직이지 않는 모든 물체들이 반대 방향으로 물러나는 것처럼 보이고(예를 들면, 기차의 창으로 바깥 풍경을 볼 때이다) 가장 가까운 것이 가장 빨리 뒤로 밀려나는 것처럼 보이기 때문이다. 이처럼 이동 속도를 바탕으로 우리는 어느 것이 더 멀고 어느 것이 더 가까운지를 알 수 있다."(Newell Martin, 'The Human Body', p. 530.)

거리는 참으로 특이하다. 수렴과 조절, 양안시차(兩眼視差), 크기, 명암 등은 거리감을 파악할 특별한 느낌을 주지, 거리감 자체를 알려주지는 않는다. 그런 것들은 단지 거리를 암시하기만 하는 것이다. 그래도 거리 감각을 가장 확실히 파악할 수 있는 방법은 산등성이에 올라가서 머리를 뒤로 젖히고 보는 것이다. 그렇게 하면 지평선이 아득히 멀리 보인다. 그러다 머리를 다시 세우면 지평선이 가까워진다.

## 크기의 지각

"망막에 맺힌 상의 치수가 크기를 판단하는 바탕이 될 감각을 우선적으로 결정한다. 사물을 보는 각도, 즉 시각(視角)이 클수록, 망막에 맺히는 상도 더 커진다. 시각(視角)이 물체의 거리에 좌우되기 때문에, 크기에 대한 정확한 지각은 주로 거리의 정확한 지각에 의존한다. 우리는 의식적으로나 무의식적으로 거리에 대한 판단을 내린 다음에, 자극을 받는 망막 부위의 범위를 바탕으로 크기에 대한 결정을 내린다. 사람들은 이따금 구름 속을 나는 커다란 새처럼 보였던 것이 눈앞의 작은 벌레였다는 사실을 깨닫고는 놀란다. 사람 같이 크기가 매우 잘 알려진 대상의 존재도 크기를 판단하는 데 도움이 된다. 예술가들은 종종 다른 대상의 크기를 간접적으로 알려줄 목적으로 사람의 형상을 이용한다."(Newell Martin, 'The Human Body', p. 530.)

## 색깔 감각

색깔 체계는 매우 복잡하다. 아무 색깔이나 하나 잡아보라. 초록색도 좋다. 그러면 그 색이 한 방향 이상으로 엷어질 것이다. 이를테면 초록색은 노랑 쪽으로 점점 더 노란색을 띠게 되거나 파랑 쪽으로 점점 더 푸른색을 띠게 될 것이다. 그 결과 만약에 우리가 구분 가능한 다양한 색조를 종이 위에다가 다 담기를 원한다면, 그 배열은 직선적인 배열이 되지 않고 평면을 차지하게 될 것이다. 그런 식으로 색조들을 하나의 평면 위에 배열해 놓는다면, 우리는 어느 색조에서 시작하든 점진적으로 변화하는 중간 단계들을 거쳐 다른 색조에 닿을 수 있다. 〈도표 15〉가 바로 그런 배열이다. 이것은 단지 다르게 느껴지는 정도에 따라 분류한 도표일 뿐이며 실질적 의미는 전혀 지니지 않는다. 검정은 하나의 색깔이다. 그러나 검정은 이 도표의 평면에는 나타나지 않는다. 우리는 검정을 다른 색깔들 옆에 나란히 놓을 수 없다. 왜냐하면 때 묻지 않은 흰색에서 검정으로 직접적으로 이어지는 색조의 변화뿐만 아니라, 각각의 순수한 색깔이 검정 쪽만 아니라 흰색 쪽으로 변하는 것까지 두루 표현해야 하기 때문이다.

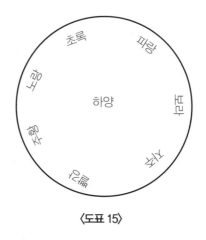

초록

파랑

노랑

하양

빨강

주황

자주

빨강

〈도표 15〉

　최선의 방법은 검정을 〈도표 16〉에서처럼 종이 밑의 3차원에 놓
는 것이다. 그렇게 하면 모든 색조의 변화 과정을 체계적으로 보여
줄 수 있다. 그러면 검정에서 흰색으로 곧장 갈 수도 있고, 아니면
황록색과 초록, 옅은 초록을 거쳐 돌아갈 수도 있다. 아니면 파랑
색에서 초록을 거쳐 노랑까지 갈 수 있고, 하늘색과 흰색, 담황색을
거칠 수도 있다. 어떠한 경우든 색조의 변화는 지속적이며, 따라서
색상 체계는 분트가 3차원의 연속체라 부른 것을 형성한다.

## 색상 혼합

　생리학적으로 고려하면, 색깔은 한 가지 이상한 특성을 갖고 있
다. 색깔들의 짝이 동시에 망막을 자극할 경우에 흰색의 감각을 일
으키는 경우가 많다는 점이다. 이처럼 동시에 망막을 자극할 경우
에 흰색의 감각을 일으키는 색깔들을 우리는 보색이라고 부른다.
그런 보색으로는 빨강과 청록, 노랑과 남색이 있다. 녹색과 자주도

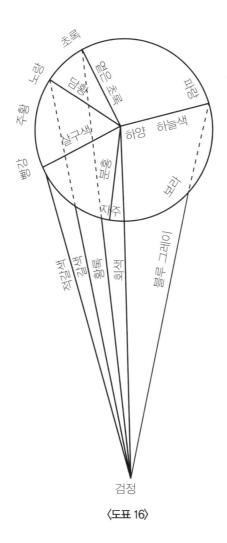

초록

노랑

밝은 초록

녹색

어두운 초록

파랑

주홍

하늘색

살구색

하양

빨강

어두운 빨강

자주

보라

어두운 파랑

검정

〈도표 16〉

보색이다. 스펙트럼의 색깔을 모두 섞으면 흰 빛이 된다. 우리가 매
일 햇빛 속에서 경험하는 그대로이다.

더욱이 동질적인 빛의 파동과 이질적인 빛의 파동이 망막에 닿
을 때에도, 우리는 색깔을 느낀다. 한 예로 초록색 빛이 빨간색 빛
에 더해질 때에 노랑이 느껴지고, 자주색 빛과 초록색 빛이 섞일

때에 파랑이 느껴진다. 빨간색 파동과 보라색 파동이 포개지거나 청색 파동과 주황색 파동이 포개질 때, 분광색이 아닌 자주색이 나타난다.

이 모든 사실들을 근거로 할 때, 우리의 색깔 감각 체계와 그 감각을 일으키는 육체적 자극 사이에 어떤 확립된 관계 같은 것은 전혀 없다고 볼 수 있다. 각각의 색깔 감각은 그 자체로 하나의 '특별한 에너지'이며, 다양한 물리적 원인들이 이런 특별한 에너지를 일으킬 것이다.

헬름홀츠와 헤링을 비롯한 일부 학자들은 생리학적 가설을 바탕으로 색깔과 관련한 복잡한 사실들을 단순화하려고 노력했다. 이들의 가설을 보면 세부적으로는 크게 다르지만 큰 원칙에 있어서는 의견의 일치를 이루고 있다. 그런 식으로 판단하는 이유는 그들 모두가 망막의 기본 작용이 몇 가지 있다고 주장함과 동시에 망막이 단독으로 자극을 받을 경우에 '기본색'이 나타난다는 점을 강조하고 있기 때문이다. 그러나 다양한 육체적 자극이 한꺼번에 이뤄지는 것처럼 망막이 중복적으로 자극을 받게 되면, '혼합색'이라 불리는 다른 색깔이 느껴진다. 혼합색의 감각에 대해 마치 그것이 원색 감각들의 혼합인 것처럼 이야기되고 있지만, 그건 큰 실수이다. 혼합색의 감각은 감각들이 혼합된 것이 아니다. 예를 들어 헬름홀츠의 이론에서 혼합색인 노랑은 노랑을 '구성'하는 것으로 여겨지는 원색인 빨강과 초록만큼이나 독특한 어떤 느낌이다. 혼합되는 것은 망막의 기본 작용뿐이다. 이 망막의 작용이 그 결합에 따라 뇌에 다른 결과를 낳고, 따라서 혼합색이 즉시 의식에 나타나게 된다. 따라서 색상 이론은 심리학적 가설이 아닌 생리학적 가설이며, 그렇기 때문에 색상에 관해 더 많은 정보를 얻기를 원하는 독자는 생리학 책들을 참고해야 한다.

## 잔상

먼저 마틴(Newell Martin)의 『인체』(The Human Body)에서 잔상을 설명한 대목을 보도록 하자. "빛의 감각이 이어지는 시간적 길이는 자극의 길이보다 더 길다. 불꽃놀이가 이 같은 사실을 잘 활용하고 있다. 하늘로 올라가는 로켓이 빛의 꼬리 같은 감각을 낳는데, 이 꼬리는 로켓의 붉은 부분의 위치보다 훨씬 뒤에까지 이어진다. 왜냐하면 로켓이 올라가는 길의 아랫부분에는 로켓의 불이 일으킨 감각이 여전히 남아 있기 때문이다. 그래서 유성은 빛을 발하는 꼬리를 달고 있는 것처럼 보인다. 흰 부분과 검정색 부분이 번갈아 칠해진 원반을 눈앞에 빠르게 돌려보라. 그러면 우리 눈의 망막의 각 지점에 자극(흰색이 칠해진 부분이 통과할 때)과 휴식(검정색이 칠해진 부분이 통과할 때)이 번갈아 일어날 것이다. 만일 회전이 충분히 빠르다면, 그 원반의 회전으로 일어난 감각은 회색의 감각일 것이다. 흰색과 검정색을 섞어서 원반 위에 고르게 뿌렸을 경우에 그 원반으로 생기는 감각과 똑같을 것이다. 원반이 회전할 때마다, 눈은 회색으로 보일 만큼의 빛을 받기 때문에 거기서 검정색과 흰색이 간격을 두고 돌고 있다는 사실을 파악하지 못한다. 한 번의 회전에 의한 자극이 그 다음 회전이 시작할 때까지 이어지고, 따라서 모든 것이 혼합되기 때문이다. 만약에 다른 빛이라곤 하나도 없는 방에서 갑자기 가스등을 끈다면, 등불의 이미지는 불이 꺼진 뒤에도 잠시 이어진다."

만약에 우리가 눈을 뜨면서 어떤 장면을 순간적으로 보았는데 그 다음 순간에 두 눈을 새카만 어둠으로 다시 가린다면, 우리는 마치 시커먼 스크린으로 들어오는 귀신의 불빛 속에서 그 장면을 본 듯한 느낌을 받을 것이다. 그때 우리는 그 장면에서 눈으로 보는 동안에는 알아차리지 못한 세부 사항을 읽어낼 수 있다. 이것이 소위 말하는 양성(陽性) 잔상이다. 헬름홀츠에 따르면, 잔상을 일으키는 데 가장 적절한 노출 시간은 3분의 1초이다.

음성(陰性) 잔상은 보다 복잡한 조건 때문에 일어난다. 망막의 피로가 중요한 원인으로 여겨진다.

"예민한 시각 기관은 쉽게 피로해진다. 평소에는 이런 현상이 관찰되지 않는다. 왜냐하면 시각 기관의 회복이 아주 빠르기 때문이다. 그리고 일상의 삶에서 우리의 눈은 뜨고 있을 때에는 결코 휴식을 취하지 않는다. 우리는 언제나 눈을 이리저리 굴린다. 그렇기 때문에 망막의 각 부위들은 밝은 물체와 어두운 물체로부터 번갈아 빛을 받아들인다. 따라서 번갈아가며 자극을 받고 휴식을 취한다. 눈의 움직임이 얼마나 지속적이고 습관적인지는 쉽게 관찰된다. 짧은 시간 동안 작은 점에 눈길을 고정시켜 보아라. 연습 없이는 단 몇 초도 그렇게 하지 못할 것이다. 만일 어떤 작은 물체에 20초 내지 30초 동안 시선을 고정시킨다면, 전체 시야가 잿빛으로 흐려질 것이다. 왜냐하면 대부분의 빛을 받아들이고 있는 망막의 부분들이 피로해져서 그보다 덜 빛나는 물체들에서 나오는 빛이 일으키는 감각 그 이상의 감각을 일으키지 않기 때문이다. 아니면 검정 물체를, 예를 들어 흰색 종이 위의 검정 얼룩을 20초 동안 본 다음에 눈길을 흰색 벽으로 옮겨보라. 그러면 흰색 벽이 짙은 회색으로 보일 것이다. 짙은 회색 바탕 위에 흰색 조각이 얹힌 것처럼 보일 것이다. 그 전에 검정색을 보면서 휴식을 취했던 망막의 부위들의 민감도가 높아 있기 때문에 나타나는 현상이다. 누구나 이런 현상을 많이 경험했을 것이다.

색깔에도 이와 비슷한 현상이 나타난다. 빨간색 조각을 본 뒤에 흰색 벽을 보면 벽에서 청록색 조각이 보일 것이다. 이때도 빨간색 감각을 일으킨 망막의 요소들이 피로해졌고, 따라서 벽에서 나오는 흰색 빛이 지금 망막의 그 부위에서 다른 원색의 감각들만을 자극하기 때문이다. 색깔의 효과를 최대화하기 위해 색상들을 서로 조화시키는 것은 이 같은 사실에 근거한 것이다. 그런 면에서 보면 빨간색과 초록은 잘 어울리는 색깔이다. 왜냐하면 빨간색과 초록은 상대방 색깔이 흥분시켜 놓은 시각 기관의 부위들을 쉬게 하기 때문이다. 그래서 눈이 이리저리 움직일 때 빨간색과 초록색이 똑같이 밝고 생생하게 보인다. 반면에 빨간색과 주황색을 같이 놓으면, 각각의 색깔이 주로 시각 기관의 똑같은 요소들을 자극하고 피로하게 만들게 된다. 따라서 두 가지 색깔 모두 무디어 보이며 서로를 죽이게 된다.

커다란 검정색 종이 위에 서로 4mm쯤 떨어져 있는 흰색 사각형 사이의 한 점을 30초 동안 직시하다가 눈을 감아보라. 그러면 음성 잔상이 생길 것이다. 밝은 표면에 검정색 사각형 두 개가 있는 그런 잔상일 것이다. 이 표면은 각 사각형의 음성 잔상 주변에 가까워질수록 더 밝아지다가 사각형 사이에서 가장 밝아진다. 이 밝은 경계는 '코로나'(光冠)라 불리며 일반적으로 동시 대비의 효과로 설명된다. 사각형의 검은 잔상 때문에 우리가 판단을 잘못하여 사각형에 가까운 깨끗한 표면이 다른 곳보다 더 밝다고 생각하게 된다는 뜻이다. 검정색 사각형 2개 사이가 가장 밝아 보인다. 장신 두 사람 사이에 선 보통 키의 사람이 장신 한 사람 옆에 서 있을 때보다 더 작아 보이는 현상과 똑같다.

그러나 만약에 잔상을 유심히 살펴보면, 사각형 사이의 빛의 띠가 '망막고유광(網膜固有光)'(곧 설명된다)에 비해 극히 밝은 흰색일 뿐만 아니라 이미지가 사라질 때 사각형의 검은 잔상도 코로나와 함께 사라지는데, 이때도 사각형 사이의 빛의 띠는 회색빛 바탕 위에 여전히 밝은 띠로 보일 것이다. 여기엔 판단의 실수를 낳을 '대비' 같은 것은 전혀 없는데도 말이다. 이 실험을 비롯한 여러 실험을 통해서, 헤링은 망막의 어느 한 부분을 자극하는 빛은 나머지 부분에 그 반대의 변화를 일으키며, 이것이 대비 현상을 낳는 데 중요한 역할을 한다고 결론을 내리고 있다. 색깔이 있는 대상에서도 이와 비슷한 현상이 관찰될 것이다. 이런 경우 음성 잔상에서 각 색상이 그 보색으로 나타난다. 색깔이 없는 경우에 잔상에서 검정색이 흰색으로 나타나듯이 말이다."(Martin, 'Human Body' pp. 525-8)

이 같은 사실은 헤링이 동시 대비에 대해 심리학적 설명을 거부하게 만든 사실들 중 하나이다.

## 빛의 강도

검정색은 하나의 시각적 감각이다. 시각의 영역 밖에서는 어디에도 검정은 없다. 예를 들어, 우리의 위(胃)에서도 검정색을 보지 못하고 우리의 손바닥에서도 검정색을 보지 못한다. 순수한 검정은 '추상적인 개념'일 뿐이다. 왜냐하면 망막 자체가 심지어 절대적 어둠 속에서도 언제나 빛의 감각을 일으키게 하는 변화의 온상이기 때문이다. 이 빛의 감각이 앞에서 '망막고유광'이라고 한 바로 그것이다. 우리가 눈을 감을 때 나타나는 모든 잔상에 바로 이 빛이 결정적 역할을 한다. 어떠한 빛의 자극이든 지각되기 위해서는 이 '망막고유광'을 누르고 감각을 줄 수 있을 만큼 강해야 한다. 자극이 증가하면, 지각되는 광도도 커진다. 그러나 앞에서 본 대로 지각은 자극보다 더 느리게 커진다. 코니그(Arthur Konig)와 오이겐 브로트훈(Eugen Brodhun)은 6가지 색깔의 광도를 측정하려는 노력을 폈다. 그러면서 광도를 임의로 1에서 그것의 10만 배까지로 잡았다. 광도 2,000에서 20,000까지는 베버의 법칙이 그런대로 통했다. 이 범위 아래나 위에서는 광도 차이를 느끼는 민감도가 떨어졌다. 광도의 차이를 느끼게 하는 최소의 광도 증가는 모든 색깔의 빛에 똑같이 적용되며, 자극의 1%에서 2% 사이였다. 그 전의 다른 관찰자들은 이와 다른 결과를 얻었다.

어쨌든 어떤 물체의 색깔을 식별하는 데는 어느 정도의 광도가 있어야만 한다. "어둠 속에서는 모든 고양이들이 회색으로 보인다." 그러나 빛이 강해지면 색깔들이 아주 빨리 드러난다. 어느 정도의 광도까지 청색이 가장 먼저 드러나고 빨간색과 노란색이 맨 나중에 드러난다. 그러다가 각 색깔들이 흰색 쪽으로 점점 바뀐다는 사실 때문에 어느 선에 이르면 다시 불분명해진다. 참을 수 있는 최고 수준의 광도에 이르면 모든 색깔들이 색조를 잃고 눈부신 흰색이 된다. 이 같은 현상에 대해서도 대체로 원래의 색깔 감각과 흰색의 감각이 '혼합'되는 것으로 설명되지만, 두 개의 감각이 혼합되는 것은 절대로 아니다. 그것은 바뀐 신경 과정의 결과로 한 감각이 다른 감각으로 대체되는 현상이다.

# 청각

## 귀

귀에 대해서도 마틴의 『인체』에 나오는, 귀에 관한 부분을 압축하고 싶다.

"사람의 청각기관은 3개 부분으로 이뤄져 있다. 외이(外耳)와 중이(中耳) 즉 고막과, 내이(內耳) 즉 미로로 이뤄져 있다. 내이는 청신경의 말단 기관을 포함하고 있다. 외이는 머리 밖으로 돌출한 귓바퀴(〈도표 17〉의 M)와 귓바퀴에서 고막까지 이어지는 관인 귓구멍(G)으로 이뤄져 있다. 이 통로는 안쪽 끝에 고막(T)으로 막혀 있다. 이 통로는 살갗으로 덮여 있으며, 이 살갗 사이로 수많은 작은 분비선들이 열려 있으면서 귀지를 분비한다.

중이(〈도표 17〉의 P)는 관자놀이뼈 안에 있는 불규칙한 공동(空洞)이며, 바깥쪽이 고막으로 막혀 있다. 중이의 안쪽 면에서 유스

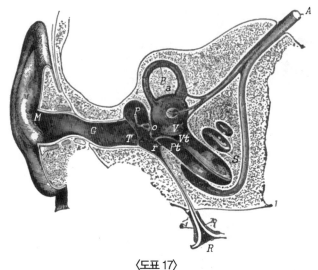

〈도표 17〉

오른쪽 귀의 단면도. M은 귓바퀴, G는 외이도(귓구멍), T는 고막, P는 고실(鼓室), o는 난형 구멍, r은 원형 구멍, R은 유스타키오관, V는 전정, B는 반고리관, S는 달팽이관, Vt는 전정(前庭)계단, Pt는 고실계단, A는 청신경이다.

타키오관(R)이 인두(咽頭) 안으로 이어진다. 중이의 안쪽 벽은 2개의 작은 구멍, 즉 미로로 이어지는 난형과 원형 구멍 o와 r을 제외하고는 뼈로 이뤄져 있다. 원형 구멍은 평생 동안 점막으로 막혀 있고, 난형 구멍은 등골(鐙骨)로 막혀 있다. 중이의 바깥면 전체에 걸쳐 있는 고막 T는 바깥쪽으로 깔때기 형으로 오목한 모양을 하고 있다. 고막은 바깥쪽으로는 외부 공기의 압력을 받고 안쪽으로는 유스타키오관을 통해서 고실(鼓室)로 들어오는 공기의 압력을 받는다. 만약에 유스타키오관이 닫혀 있다면, 이 공기의 압력이 기압 변화에 따라 일정하지 않을 것이며 또 고막에 가해지는 외부 혹

74

은 내부의 압력에 따라 고막이 바깥쪽이나 안쪽으로 불룩해질 것이다. 한편 유스타키오관이 언제나 열려 있다면, 자신의 목소리가 크게 들리며 혼란을 불러일으킬 것이다. 그래서 유스타키오관은 언제나 닫혀 있다가 우리가 무엇인가를 삼킬 때면 늘 열린다. 따라서 공동 안의 기압이 외이도(外耳道)의 기압과 똑같이 유지된다. 깊은 광산 속을 탈것을 타고 급히 오르내릴 때, 외부 기압의 급격한 변화가 고막을 팽팽하게 만들어 아프게 하기도 한다. 이때는 자주 침을 삼키면 고통이 크게 완화된다.

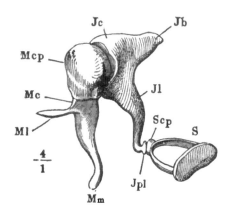

〈도표 18〉

Mcp와 Mc, Ml, Mm은 추골(槌骨)의 각 부분을, Jc와 Jb, Jl, Jpl은 침골(砧骨)의 각 부분을 나타내고 있다. S는 등골(鐙骨)이다.

이소골(耳小骨)이란 것이 있다. 중이의 고막에서부터 난형 구멍까지 연결되어 있는 3개의 작은 뼈들을 일컫는다. 3개의 작은 뼈 중 바깥의 뼈는 망치뼈(추골), 가운데의 뼈는 모루뼈(침골), 안쪽의 뼈는 등자뼈(등골)로 불린다. 이 뼈들은 〈도표 18〉에 그려져 있다.

눈에서뿐만 아니라 귀에서도 조절이 이뤄진다. 1인치 정도 되는 근육인 고막장근(鼓膜張筋)이 측두골(관자놀이뼈)의 추체부에서 시작되어 측두골의 머리 아래에 있는 추골(槌骨) 안으로 삽입된다. 이 근육이 수축하면 고막이 팽팽해진다. 이보다 작은 또 다른 근육인 등자근은 등골의 머리 쪽으로 향하고 있다. 소리가 들릴 때 이 근육들이 수축되는 것이 분명히 느껴진다. 일부 사람들은 자기 마음대로 이 근육들을 수축시키기도 한다. 이런 사실에도 불구하고, 이 근육들이 소리를 듣는 데 맡는 역할은 아직 분명하게 밝혀지지 않고 있다. 짐작컨대 이 근육들은 고막이 어떤 진동률이라도 받아들일 수 있도록 고막의 팽창을 조절해 줄 가능성이 아주 크다. 소리를 들을 때 하등 동물은 그 소리를 가장 잘 받아들이기 위해 머리와 귀를 돌리고, 인간은 머리를 돌린다. 이것 또한 신체 기관의 '적응'이라 불리는 반응의 일부이다."(Martin)

### 내이(內耳)

"미로는 주로 측두골 안의 빈 방들과 관들로 이뤄져 있으며, 난형과 원형의 구멍들과 혈관과 청신경이 들어가는 곳을 제외하고는 사방이 측두골로 둘러싸여 있다. 이 모든 기관들은 물이 들어오지 못하게 평생 동안 이런저런 방식으로 닫혀 있다. 이런 식으로 구성된 골미로(骨迷路) 안에 막미로(膜迷路)가 들어 있는데, 이 막미로는 형태가 골미로와 똑같지만 크기가 작다. 그래서 골미로와 막미로 사이에 공간이 생기게 된다. 이 공간은 '외림프액'이라는 액

체로 채워져 있다. 막성(膜性) 내이는 '내림프'라는 비슷한 액체로 채워져 있다."(Martin)

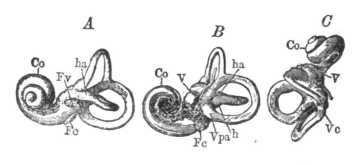

〈도표 19〉

다양한 방향에서 본 골미로(骨迷路). A는 바깥쪽에서 본 왼쪽 미로이고, B는 안쪽에서 본 오른쪽 미로이고, C는 위에서 본 왼쪽 미로이다. Co는 달팽이관, V는 전정, Fc는 원형 구멍, Fv는 난형 구멍, h는 수평반고리관, ha는 수평반고리관의 팽대부, vaa는 앞쪽 수직 반고리관의 팽대부, Vpa는 뒤쪽 수직반고리관의 팽대부, Vc는 2개의 수직반고리관애 연결되는 부분이다.

## 골미로

"골미로는 세 개의 부분으로 묘사된다. 전정(前庭), 반(半)고리관, 달팽이관으로 구성되어 있다. 골미로의 내부 모습이 〈도표 19〉에 다양한 각도에서 그려지고 있다. 전정이 핵심적인 부분이며 바깥에 난형 구멍(Fv)을 갖고 있는데, 이 구멍에 등골의 바탕이 끼어져 있다. 전정 뒤에 3개의 반고리관이 있으며, 이 반고리관들의 끝은 전정의 등과 통하며 한쪽 끝에서 팽창하여 팽대부를 형성한다. 골(骨)달팽이는 달팽이껍질처럼 꼬인 관이며 전정의 앞에 자리 잡고 있다."(Martin)

## 막(膜)미로

"막미로는 좁은 구멍을 통해 서로 통하는 2개의 낭(囊)으로 이뤄져 있다. 뒤의 낭은 '난형 낭'이라 불리며, 막성 반고리관들이 이 난형 낭 안으로 통한다. '구형 낭'이라 불리는 앞의 낭은 관으로 막성 달팽이관과 통한다. 막성 반고리관들은 골(骨) 반고리관들과 아주 비슷하게 생겼으며, 각각의 반고리관은 팽대부를 갖고 있다. 팽대부 안에서 막성 반고리관의 한쪽 면은 뼈로 된 보호 기관에 바짝 붙어 있다. 바로 이 지점에서 신경이 반고리관으로 들어간다. 막성 달팽이관과 골달팽이관의 관계는 더 복잡하다. 청각 기관의 이 부분을 그린 단면도(도표 20)는 골달팽이관이 '달팽이축'이라는, 뼈가 있는 축을 두 바퀴 반을 도는 하나의 관으로 이뤄져 있음을 보여주고 있다. 이 축으로부터 '나선판'이라는, 선반 같이 생긴 것이 튀어나와서 그 관을 부분적으로 나누며 관 아래까지 뻗는다. 뼈로 된 이 판의 바깥쪽 가장자리에 막성 달팽이관(중간 계단)이 붙어 있다. 단면도에서 삼각형으로 그려진 관이 그것이다. 이 막성 달팽이관의 맨 밑은 골달팽이관의 나선의 바깥면에 붙어 있다. 나선판과 막성 달팽이관은 뼈가 있는 그 관의 공동을 전정계(前庭階)인 윗부분과 고실계(鼓室階)인 아랫부분으로 나눈다(도표 21). 전정계와 고실계 사이에 나선판(lso)과 막성 달팽이관(CC)이 자리 잡고 있으며, 막성 달팽이관은 위로는 전정막(R)과 아래로는 기저막(b)과 접해 있다."(Martin)

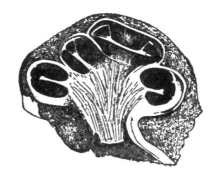

〈도표 20〉 달팽이관의 단면도

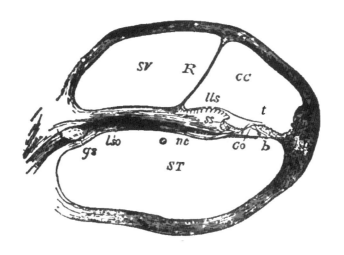

〈도표 21〉

달팽이관의 나선 부분의 단면도. SV는 전정계단, R은 전정막(前庭膜), CC는 막성 달팽이관, lls는 나선판연(螺旋板緣), t는 덮개막, ST는 고실계단, lso는 나선판, Co는 코르티의 막대들(rods of Corti), b는 기저막을 나타내고 있다.


막성 달팽이관은 골달팽이관의 끝까지 이어지지는 않는다. 막성 달팽이관의 꼭대기 위로 전정계단과 고실계단이 서로 통하고 있다. 전정계단과 고실계단은 외림프액으로 채워져 있다. 그렇기 때문에 등골(鐙骨)이 고막에 닿는 공기의 파동의 영향으로 〈도표 17〉의 난형 구멍으로 밀려들어갈 때, 외림프의 파동이 전정계단 꼭대기까지 올라가서 거기서 방향을 바꿔 고실계단으로 들어간다. 이 파동은 고실계단의 소용돌이(나선부)를 따라 내려가며 원형 구멍 r을 밀어내고, 그러면서 아마 고막과 기저막을 떨게 할 것이다.

## 말단 기관

"막성 달팽이관은 기저막 위에 자리 잡고서 '코르티 기관'을 형성하고 있는 단단한 구조들을 포함하고 있다. 막성 달팽이관은 달팽이신경이라는 말단 기관을 포함하고 있다.

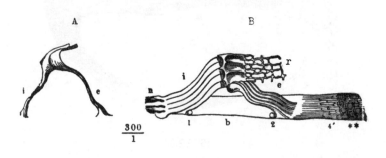

〈도표 22〉

코르티의 막대들. A는 막대 한 쌍을 나머지로부터 떼어놓은 것이다. B는 코르티의 막대 몇 개를 달고 있는 기저막의 일부이며 코르티의 막대들이 코르티 터널 안에 어떤 식으로 덮여 있는지를 보여주고 있다. I는 안쪽 막대들, e는 바깥쪽 막대들, b는 기저막, r은 그물막을 나타내고 있다.

뼈나선판의 가장자리에 고랑처럼 생긴 나선고랑은 입방(立方) 세포들로 덮여 있다. 기저막의 안쪽 가장자리 위에서 입방 세포들은 원주 세포가 되고 그 다음에는 하나의 줄이 이어지는데, 이 줄은 위의 끝부분에 짧은 털들을 갖고 있으며 내이유모(內耳有毛) 세포를 이룬다. 이 내이유모 세포들은 아래쪽의 뾰족한 부분에 의해 기저막에 고정되어 있다. 바로 그곳으로 신경 섬유들이 들어온다. 내이유모 세포들은 '코르티의 기둥들'이라는 기둥(〈도표 21〉의 Co)으로 이어지며, 이 기둥은 〈도표 22〉에 크게 확대되어 그려져 있다.

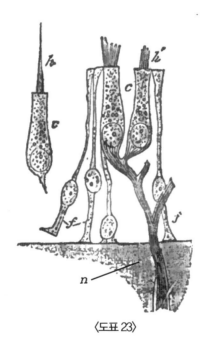

〈도표 23〉

팽대부나 반고리뼈관, 또는 구형 낭의 감각상피(感覺上皮). n에서 신경 섬유가 벽을 뚫고 갈라진 다음에 2개의 유모세포로 들어간다. h에서 긴 털을 가진 하나의 원주세포가 보이고, 신경 섬유가 그 기저에서 떨어져 나온다. f에 있는 가느다란 세포들은 신경과 연결되어 있지 않은 것 같다.

이 기둥들은 뻣뻣하고 두 줄로 이어져 있으며 터널 같은 것 안에 들어 있기 위해서 위쪽 끝부분을 통해 서로 기대고 있다. 이 기둥들은 각각 안 기둥과 바깥 기둥으로 알려져 있으며, 안쪽 기둥이 나선판에 더 가깝다. 안쪽 기둥들의 수가 바깥 기둥들의 수보다 더 많다. 그 수는 각각 6,000개와 4,500개 정도이다. 바깥 기둥들의 머리의 바깥쪽 면에 그물막이 붙어 있으며, 이 그물막은 뻣뻣하고 구멍이 뚫려 있다. 바깥 기둥 쪽으로 네 줄의 외(外)유모 세포가 신경 섬유들과 연결된 채 들어 온다. 이 유모 세포의 센 털들은 그물막의 구멍 속으로 돌출되어 있다. 외유모 세포 그 너머는 정상적인 원주상피(圓柱上皮)이며, 이 원주상피는 막성 달팽이관의 대부분을 덮고 있는 입방 세포들 속으로 점차적으로 들어간다. 나선고랑의 윗부분에서 덮개막이 돌출하여 코르티의 기둥들과 유모 세포들 전체로 뻗어 있다."(Martin)

따라서 유모 세포들은 공기 파동이 단단하거나 부드러운 모든 중간 기관들을 통해 기저고막에 전달하는 진동을 잡아내는 말단 기관처럼 보인다.

유모 세포들은 구형낭(球形囊)과 난형낭(卵形囊), 팽대부의 벽들에 있는 말단의 신경 섬유들을 받아들이고 있다(도표 23).

## 소리의 다양한 특색

물리학적으로 말하면, 소리들은 진동으로 이뤄져 있다. 일반적으로 말하면, 소리들은 공기의 파동이다. 파동이 규칙적이지 않을 때, 소음이 생긴다. 반면에 파동이 규칙적일 때, 소리 또는 음이라 불리는 것이 생긴다. 소리의 세기는 파동의 힘에 따라 결정된다. 파동이 주기적으로 되풀이될 때, 그 빈도의 효과 때문에 음의 고저라는 특별한 성격이 생긴다. 소리는 크기와 고저 외에 그것만의 목소리, 즉 음색을 갖고 있다. 이 음색은 같은 높이에 같은 세기의 소리를 낼지라도 악기에 따라 아주 많이 달라진다. 이 음색은 공기의 파동의 형태에 따라 달라진다.

## 음높이

어떤 이유에서든 공기를 한번 훅 불기만 해도 소리의 감각을 일으킬 수 있다. 그러나 음높이의 감각을 전하기 위해선 최소한 네다섯 번, 아니 그 이상 불 필요가 있다. 예를 들어 c음의 높이가 나오는 것은 1초에 132번의 진동 때문이다. 이 음보다 한 옥타브 높은 c′음은 이보다 배 많은 진동, 즉 264회의 진동으로 생겨난다. 그러나 어느 경우에나 진동이 1초 동안 계속 이어져야만 음높이가 구별되는 것은 아니다. "소리의 진동이 너무 빠르거나 느리면 소리의 감각을 일으키지 못할 수 있다. 태양의 스펙트럼에서 자외선과 적외선이 망막을 자극하지 못하는 것과 똑같다. 들을 수 있는 가장 높은 음은 1초에 38,016회의 진동이다. 그러나 이 능력은 사람에 따라 다 다르다. 많은 사람들은 이 한계선에 가까운 박쥐의 울음소리나 귀뚜라미의 울음소리를 듣지 못한다. 한편, 진동수가 1초에 40회 정도 되는 소리도 잘 들리지 않는다. 이 진동수 밑의 소리는 소리의 느낌으로 들리지 않고 '윙윙거림'으로 들리며 오직 높은 옥타브의 소리와 함께 쓰이면서 그 소리에 깊이를 더한다."(Martin)

음계는 일차원의 연속체를 이룬다. 말하자면 이 높이에서 다른 높이로, 색깔의 경우처럼 한 세트 이상의 매개가 아니라 한 세트의 매개에 의해 옮겨갈 수 있다는 말이다. 음높이 순으로 된 음의 집합은 음계라 불린다. 이 음계 안의 어느 지점을 '음'으로 채택할 것인가 하는 문제는 역사적 설명도 필요하고 동시에 미학적 설명도 필요하다.

음의 색조는 파동의 형태 때문에 생긴다. 파동은 단순하거나(진자적이거나) 복합적이다. 따라서 만일 소리굽쇠가 1초에 132회 진동한다면, 우리는 c음을 들을 것이다. 만일 이와 동시에 1초에 264회 진동하는 소리굽쇠를 쳐서 그 다음 옥타브의 c'를 낸다면, 이때 공기의 운동은 두 개의 소리굽쇠로 일어난 공기 운동의 대수합(代數合)이 될 것이다. 두 개의 소리굽쇠가 공기를 같은 방향으로 밀어낼 때마다, 소리굽쇠들은 공명하며 서로를 상화한다. 반면에 한 소리굽쇠의 반사가 반대로 다른 소리굽쇠의 전진 울림과 일치하면, 두 소리굽쇠는 서로의 효과를 훼손시킨다. 그 결과, 소리의 운동이 일정한 간격을 두고 되풀이되면서 여전히 주기적인 모습을 보이지만 더 이상 진자적인 운동은 아니다. 왜냐하면 그 운동이 곡선의 올라간 부분과 내려간 부분이 비슷하지 않기 때문이다. 따라서 우리는 진자적 진동의 혼합을 통해서, 혹은 전문적인 용어를 빌린다면 진자적 진동의 '구성'을 통해서 비(非)진자적 진동을 엮어낼 수 있다는 사실을 알게 된다.

오케스트라의 악기들처럼, 몇 가지의 악기들이 동시에 소리를 낸다고 상상해보자. 각각의 악기들은 공기 입자에 나름대로 영향을 미치고, 이 공기의 움직임들은 대수합이기 때문에 어느 때라도 매우 복잡할 것임에 틀림없다. 그럼에도, 사람의 귀는 마음대로 어떤 한 악기를 골라서 그 소리만을 따라 들을 수 있다.

악기의 특별한 음색은 이 악기와 저 악기 또는 그 이상의 악기들의 상호 힘에 좌우된다는 점을 헬름홀츠가 보여주었다. 인간의 목소리 중 몇몇 모음의 소리도 그 모음이 불리어지는 음에 수반되는 다양한 배음(倍音)에 따라 달라진다. 앞에 소개한 2개의 소리굽쇠가 동시에 소리를 냈을 때, 새로운 형태의 진동은 낮은 소리를 낸 소리굽쇠와 똑같은 진동 주기를 보였다. 그럼에도 사람의 귀는 여기서 들리는 소리와 낮은 소리를 내는 소리굽쇠의 소리를 명확히 분간할 수 있다. 2개의 소리굽쇠가 함께 내는 소리는 높이는 같지만 음색이 다른 음으로 들린다. 여러 개의 소리가 섞인 상황에서도 훈련이 잘 된 귀는 2개의 소리를 따로 들을 수 있다. 그렇다면 동시에 많은 소리가 들리는 가운데서 어떻게 한 가지 파동 형태가 들릴 수 있을까?

파동 형태가 다양한 소리들을 분석할 수 있는 것은 막성 달팽이관의 다양한 부분들의 공명률이 서로 다르기 때문인 것으로 알려져 있다. 기저막은 달팽이관의 꼭대기에 이르면 기저막이 시작되는 부분보다 넓이가 12배가량 넓어진다. 그리고 이 기저막은 대부분 팽팽하게 당겨진 현(絃)들에 비유될 수 있는 부채살 모양의 신경 섬유들로 이뤄져 있다. 공명의 물리적 원칙에 따르면, 팽팽한 현들이 진동의 원천에 가까이 있을 때, 이 현들 중에서 진동률이 이 원천의 진동률과 일치하는 곳은 진동하고 나머지는 진동하지 않고 가만히 휴식을 취한다. 이 원칙에 따라서, 림프액의 파동은 고실계 단을 일정한 진동수로 내려가면서 기저막의 특별한 신경 섬유들을 진동하도록 건드리고 나머지 신경 섬유들은 가만 내버려둬야 한다. 만약에 이때 진동하는 신경 섬유 각각이 그 위의 유모 세포들을 자극하고 다른 것은 가만둔다면, 또 만약에 각각의 유모 세포가 뇌의 청각 중추에 전류를 보내면서 청각 중추의 특별한 작용을 일깨우는데 이 특별한 작용이 어떤 구체적인 음의 감각과 관련이 있다고 한다면, 음감(音感)에 관한 생리적 조건이 설명될 것이다. 이제 여기서 이렇게 가장해보자. 화음을 내는데, 거기에 20가지의 진동률이 섞여 있다. 그러면 적어도 20개의 다른 유모 세포 혹은 말단 기관이 그 잡음을 받아들일 것이다. 이때 만약에 식별하는 정신적 능력이 최고조에 달해 있다면, 들어야 할 20개의 '대상'이 높낮이가 서로 다른 형태로 우리의 정신 앞에 나타날 것이다.

'코르티의 기둥'은 기저막의 신경 섬유의 '완충기'(緩衝器)로 여겨진다. 추골과 침골, 등골이 고막의 진동을 내이로 전달하는 장치일 뿐만 아니라 고막의 완충기 역할을 하는 것과 똑같이 말이다. 실제로 생리적 진동을 완충하는 일이 벌어짐에 틀림없다. 왜냐하면, 빛의 경우에 망막이 우리에게 보여주었던 것과 달리, 청각에는 그런 양성 잔상 같은 것도 전혀 없고 빠르게 이어지는 음들이 섞이는 현상 같은 것도 전혀 없기 때문이다. 소리의 분석에 관한 헬름홀츠의 이론은 탁월하고 독창적이다.

## 청각에 일어나는 감각들의 융합

한 번으로는 음높이의 느낌을 전혀 주지 않는 파동도 다시 일어날 때에는 음높이의 느낌을 준다는 사실을 설명하는 가장 평범한 방법은 파동의 몇몇 감각들이 하나의 복합적인 감각으로 융합된다고 말하는 것이다. 이보다 더 선호되는 설명은 근육의 수축을 빌리는 것이다. 개구리의 좌골 신경(坐骨神經)으로 긴 간격을 두고 전기 충격을 보내면, 신경과 연결된 근육은 충격이 가해질 때마다 경련을 일으킬 것이다. 그러나 개구리의 좌골 신경에 1초에 30회씩 빠르게 전기 충격을 가하면, 명백한 경련이 전혀 관찰되지 않을 것이다. 대신에 근육이 일정하게 수축되는 상태를 보일 것이다. 이 일정한 수축은 '지속(持續) 강직성 경련'으로 알려져 있다. 이 실험은 근육 섬유 안에서 작용들이 생리적으로 겹치거나 축적되고 있다는 것을 보여준다.

근육 섬유가 첫 번째 전기 충격으로 일어난 경련에서 회복하는데 20분의 1초 이상이 필요하다. 그러나 이완이 일어나기 전에 두 번째 충격이 다시 들어온다. 그 다음에도 충격이 그런 식으로 이어진다. 그렇게 되면 불연속적인 경련 대신에 지속적인 근육 강직이 일어난다.

청각 신경도 이와 비슷하다. 공기의 충격 하나가 청각 신경 안에서 뇌의 청각 중추로 전류를 보내 청각 중추에 영향을 미친다. 그러면 밋밋한 소리 하나가 들린다. 만일 다른 충격들이 천천히 따르면, 뇌의 청각 중추는 그 전의 영향에서 회복하여 평형을 되찾을 것이며 그 다음 충격에 그 전과 똑같이 움직일 것이다. 그 결과 각각의 공기 충격마다 명백한 소리의 감각이 일어난다.

그러나 이 충격이 아주 빨리 들어오면, 새로운 충격은 뇌가 그 전의 충격의 효과에서 깨어나기 전에 다시 뇌에 영향을 미치게 될 것이다. 따라서 청각 중추에서도 작용들의 중복이 일어난다. 근육의 지속적 강직과 비슷한 생리적 조건이 나타나는 것이다. 그러면 완전히 새로운 종류의 느낌이 나타난다. 이 느낌은 여러 개의 소리 감각들이 하나로 융합되어 나타나는 것이 아니라 완전히 새로운 종류의 감각이다. 이 상황에서는 하나의 충격이 낳는 소리의 순수한 감각은 절대로 존재할 수 없다. 왜냐하면 이 충격들의 생리적 조건들이 완전히 바뀌었기 때문이다. 새로운 감각이 닿기 전에 뇌세포 안에서 융합이 벌써 일어났다. 망막을 교대로 아주 빨리 때리는 빨간빛과 초록빛이 노랑의 감각이 직접적으로 반응하게 하는 과정을 중추 신경에 일으키는 깃과 똑같다. 이런 조건에서는 빨강과 초록의 감각은 일어날 기회조차 갖지 못한다. 만일 근육이 느낄 수 있다면, 근육은 경련을 한번 일으킬 때마다 어떤 종류의 느낌을 느낄 것이다. 그러나 근육은 지속적으로 수축되어 있을 때에는 경련과는 완전히 다른 종류의 느낌을 받을 것이다. 그리고 이 같은 지속적인 수축의 느낌은 다수의 경련의 느낌들과는 절대로 같지 않다.

### 협화음과 불협화음

몇 개의 음이 한꺼번에 들릴 때, 즐거운 느낌이 들거나 불쾌한 느낌이 든다. 즐거운 느낌을 주는 음들은 협화음이라 불리고, 불쾌한 느낌을 주는 음들은 불협화음이라 불린다. 음은 한 옥타브 높거나 낮은 음과 가장 잘 어울린다. 한 옥타브 안에서 3번째 음과 5번째 음을, 예를 들어 c-e-g-c'를 낼 때, 최고의 협화음이 가능하다. 이 경우엔 진동의 단순 비율은 4 : 5 : 6 : 8이다. 그래서 보통 사람들은 이 진동 비율이 협화음의 바탕이라고 생각한다. 그러나 c-d의 음정은 진동의 단순비율이 8 : 9로 불협화음이다. 헬름홀츠는 불협화음에 대해 배음(倍音)들이 함께 박자를 맞추는 것이라는 식으로 설명한다. 배음들이 함께 박자를 맞출 때, 신경에 거슬리는 불쾌한 소리가 난다. 헬름홀츠에 따르면, 배음들이 박자를 전혀 맞추지 않거나 그 효과가 지각되지 않을 만큼 아주 빨리 칠 때, 그때는 협화음이 이뤄지지만 이 협화음은 긍정적인 쪽이기보다 부정적인 쪽이다. 분트는 협화음에 대해 조화를 이루는 음들에 강한 배음들이 들어 있는 것이라고 설명한다. 음악적 조화에 대한 설명 중에서 만족스러운 것은 아직 없다.

## 귀의 식별력

베버의 법칙은 소리의 강도에도 어느 정도 적용된다. 상아나 금속으로 만든 공이 나무판이나 철판에 떨어질 때 나는 소리는 공이 무거울수록, 또 높은 곳에서 떨어질수록 더 커진다. 이런 식으로 실험을 하면서, 메르켈(J. Merkel)은 자신이 임의로 만든 척도를 기준으로 강도가 20에서 5,000 사이인 소리의 강도가 커졌다는 것을 감지할 수 있으려면 원래 자극보다 30% 정도 더 커져야 한다는 것을 발견했다. 강도가 20 이하인 경우에는 자극의 증가가 아주 커야 변화가 감지되었다. 그 이상의 경우에는 어떠한 측정도 이뤄지지 않았다.

음높이의 차이에 대한 식별은 그 척도 중 어느 부분에 해당하느냐에 따라 다르다. 초당 진동이 1,000번에 가까운 곳에서는 진동의 5분의 1이 많으냐 적으냐에 따라 예민한 귀에 날카롭거나 무디게 들린다. 그 척도의 다른 부분에서는 그보다 훨씬 더 큰 변화가 가해져야 소리가 날카롭거나 단조롭게 들린다. 반음계 자체가 베버의 법칙을 보여주는 예로 자주 거론되었다. 음들은 서로 똑같이 다른 것 같다. 그러나 각 음의 진동수는 그 전 음의 진동수보다 일정한 배수로 높아진다. 그러나 이것은 자극의 강도나 지각 가능한 차이와는 아무런 관계가 없다. 그래서 일련의 감각과 일련의 외부 자극 사이에 나타나는 특이한 관계는 베버의 일반 법칙을 보여주는 예가 아니고 그것만의 독특한 경우라고 할 수 있다.

## Chapter5

# 촉각과 온도 감각,
# 근육 감각, 통증

## 피부의 말초 신경

"구심성(求心性) 피부 신경 중 많은 것은 털망울과 연결되면서 끝난다. 살갗에서 돌출해 살갗 대부분을 덮고 있는 미세한 털들은 살갗에 가해지는 모든 운동을 증폭시켜 털뿌리 끝의 신경 섬유로 전달한다. 축삭돌기의 미세한 가지들은 또한 표피(表皮)세포들 사이로 침투하여 말단 기관이 없는 그곳에서 끝나는 것으로 묘사되고 있다. 살갗 밑에 몇 가지 특이한 형태의 신경 말단 기관들이 있다. 감각 세포와 파치니 소체(小體)(Pacinian corpuscle), 촉각 소체, 끝망울이 그것들이다."(Martin)

이 부위들은 기본적으로 신경 조직으로 서로 연결된 작은 알갱이들로 이뤄져 있다. 이 연결 조직 안이나 밖에서 한 개 이상의 감각 신경 섬유가 끝난다. 이 부위들은 아마 느낌을 증폭시킬 것이다.

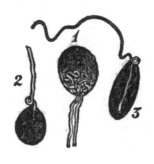

〈도표 24〉

인간의 눈의 결막에 있는 끝망울을 확대하여 그린 것이다.

신발 안에 든 모래알이나 장갑의 손가락 안에 들어 있는 작은 이물질이 느낌을 증폭시키는 것과 똑같다.

### 촉각 또는 압력 감각

"피부를 통하여 몇 가지 종류의 감각을 얻는다. 순수한 촉감이 있고, 열과 추위, 통증을 느끼는 감각이 있다. 우리는 신체 표면에서 그런 감각이 일어나는 곳을 다소 정확하게 찾아낼 수 있다. 입의 안쪽도 3가지 감각을 갖고 있다. 촉감을 통해서 우리는 피부에 가해지는 압력이나 당김을 지각하고 그 압력의 크기를 느낀다. 또한 그 압력이나 당김을 일으키는 물체가 매끈하다든가 거칠다든가 그 상태를 알 수 있고, 물체가 전체를 다 느끼지 못할 만큼 엄청나게 크지 않을 때에는 그 물체의 형태까지도 알 수 있다. 우리가 어떤 물체의 형태를 알기 위해 그 물체 위로 손을 움직일 때, 근육 감각이 촉각과 연결된다. 이런 식으로 두 개의 감각이 결합하는 예는 자주 일어난다. 게다가 우리는 무엇인가를 만질 때마다 거의 틀림없이 온도 감각을 느낀다. 그러므로 순수한 촉감은 무척 드물다. 진화의 관점에서 본다면, 가장 먼저 구별된 감각은 아마 촉각일 것이다. 촉각은 지금도 우리의 정신생활에서 아주 중요한 위치를 차지하고 있다."(Martin)

대상이 우리에게 가장 중요한 때는 우리가 직접 접촉할 때이다. 우리의 눈과 귀가 가진 중요한 기능이 바로 우리로 하여금 다가오는 대상과의 접촉에 필요한 준비를 시키거나 접촉을 피하도록 하는 것이다. 따라서 눈과 귀는 '선행(先行) 촉각'의 신체 기관으로 여겨진다.

"촉감의 민감도는 피부의 부위에 따라 다르다. 이마와 관자놀이, 팔뚝 뒷부분이 가장 예민하다. 이 부위는 $9mm^2$의 넓이에 가해지는 $2mg$의 무게도 느낄 수 있다.

근처의 살갗이 서로 다르게 압력을 받을 때에만 촉감이 자극을 받게 될 것이다. 손을 수은 같은 액체에 담그고 있을 때, 압력 감각은 오직 액체에 잠긴 피부와 잠기지 않은 피부가 만나는 그 선을 따라서만 느껴질 것이다. 그 이유는 액체가 그 손을 그대로 다 받아들이며 액체에 잠긴 부위에 똑같은 무게를 가하고 있기 때문이다."(Martin)

## 자극의 위치를 파악하는 살갗의 능력

"두 눈을 감은 상태에서 살갗의 어느 지점이 건드려지면, 우리는 자극을 받은 부위를 꽤 정확히 알아낼 수 있다. 촉감들은 대체로 서로 성격이 비슷함에도 불구하고 우리가 촉감들을 분간하게 하는 강도 외에 다른 무엇인가에서도 다르다. 의식에는 그다지 뚜렷하게 잡히지 않는 어떤 부(副)감각의 특징이 있음에 틀림없다. 소리의 음색을 결정하는 배음들이 있는 것과 비슷하다. 피부 부위에 따라서 자극이 가해진 힘을 파악하는 정확도가 크게 달라진다. 2개의 물체가 2개로 느껴지기 위해서 떨어져야 하는 최소한의 거리를 관찰함으로써 이 정확도를 측정한다. 그 거리를 각 부위별로 보면 다음과 같다.

| | | |
|---|---|---|
| 혀끝 | ...... | 1.1mm |
| 새끼손가락의 안쪽 부분 | ...... | 2.2mm |
| 입술의 붉은 부분 | ...... | 4.4mm |
| 코끝 | ...... | 6.6mm |
| 검지의 등 | ...... | 11.0mm |
| 발뒤꿈치 | ...... | 22.0mm |
| 손등 | ...... | 30.8mm |
| 팔뚝 | ...... | 39.6mm |
| 흉골 | ...... | 44.0mm |
| 뒷목 | ...... | 52.8mm |
| 등 가운데 | ...... | 66.0mm |

자극의 위치를 알아내는 능력은 팔다리의 긴 축 안쪽보다 바깥쪽이 조금 더 예리하다. 또 압박이 아주 강할 때보다 촉감을 겨우 분명히 야기할 만큼만 강할 때 자극의 위치를 알아내는 정확도가

더 높다. 연습을 하면 이 능력 또한 크게 나아진다."(Martin)

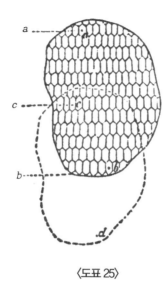

〈도표 25〉

　자극의 위치를 파악하는 능력은 당연히 운동 가능한 신체 부위를 덮고 있는 살갗 쪽에서 더 섬세해지는 것 같다.

　"자극의 위치를 파악하는 능력은 신경 분포와 직결되고, 각 촉각 신경의 한쪽 끝은 뇌의 특별한 중추(이 부분의 자극은 그곳만의 특징적인 신호를 보이는 감각을 낳는다)와 연결되어 있고, 다른 한쪽 끝은 어떤 살갗 부위로 퍼져 있으며, 이 살갗 부위가 넓을수록 서로 멀리 떨어져 있는 두 지점이 여전히 하나의 감각으로 느껴질 가능성이 커지는 것으로 여겨질 수 있다. 그러나 만일 이런 것들이 사실이라면, 말초 촉각 부위들(이 부위는 신경 섬유의 해부학적 분포에 의해 결정된다)은 변하지 않는 한계선을 가져야 할 것이다.

그러나 실험은 말초 촉각 부위들이 그런 한계선을 갖고 있지 않다는 점을 보여주고 있다.

〈도표 25〉에 그려진 작은 부분들이 각 신경 분포의 말초 부분을 나타내고 있다고 생각하자. 만일 c의 어느 지점 2곳이 건드려진다면, 그 이론에 따르면 우리는 단 한 개의 감각을 가져야 한다. 그러나 만일 컴퍼스의 두 점 사이의 거리를 그대로 두거나 더 좁힌 상태에서 한 점은 c에 놓고 다른 한 점은 인접한 부위에 놓는다면, 두 개의 신경 섬유가 자극을 받을 것이고 따라서 우리는 2개의 감각을 느껴야 한다. 그러나 일은 그런 식으로 돌아가지 않는다. 똑같은 피부 부위에서 2개의 뚜렷한 감각을 일으키기 위해선 언제나 그 점들이 똑같은 거리를 유지해야 한다. 이때 그 점들이 어떤 식으로 이동하는가 하는 문제는 중요하지 않다.

아마도 신경 부위가 촉각 부위보다 훨씬 더 좁을 것이다. 또 명백히 구분되는 감각을 일으키기 위해선 자극을 받지 않은 신경 부위가 흥분한 신경 부위 사이에 끼어 있어야 하는지도 모른다. 만일에 〈도표 25〉에서처럼 자극을 받지 않은 12개의 신경 영역이 개입해야 한다고 가정한다면, a와 b는 한 개의 촉각 영역의 한계선에 있을 것이다. 그리고 그 지점들이 어떤 식으로 움직이든 11개 혹은 그보다 더 적은 수의 자극 받지 않은 영역들이 둘 사이에 개입하는 한, 우리는 단 하나의 촉감을 갖게 될 것이다. 이런 식으로 우리는 촉각 영역들이 피부에 정해진 경계선을 갖고 있지 않다는 사실을 설명할 수 있다. 어느 부위에서든 신경 분포는 늘 일정할 것임에도 말이다. 우리는 또한 살갗에 놓인 칼의 등이 명백히 구분되는 많은 신경 지역들을 건드리고 있음에도 불구하고 직선으로 된 하나의 감각을 낳는 이유도 알고 있다. 만일 우리가 이 신경 지역들의 자극과 인접한 신경 지역들의 자극을 구분할 수 있다면, 우리는 일련의 점들이 우리의 몸을 건드리는 듯한 느낌을 받아야만 할 것이다. 그러나 자극받지 않은 신경 지역들이 중간에 개입하지 않는 상황에서 감각들은 서로 융합된다."(Martin)

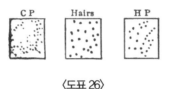

〈도표 26〉

CP 표시가 되어 있는 그림은 골트냐이더의 손가락 피부에 있는 냉점을, HP 표시가 되어 있는 그림은 열점을, Hairs 표시가 되어 있는 그림은 털을 보여주고 있다.

## 온도 감각과 그 말단 기관

"온도 감각은 우리가 차갑고 따뜻한 것을 지각하는 기능을 말한다. 또 이 감각의 도움으로 외부 물체에서 기온의 차이를 지각하는 기능을 말한다. 온도의 감각 기관은 피부 전체와 입과 목구멍, 인두, 식도 등의 점막과 콧구멍의 입구이다. 어떤 감각 신경을 직접적으로 따뜻하게 하거나 차갑게 하면 그 감각 신경을 자극하여 통증을 야기할 수 있지만 진정한 온도 감각을 일으키지는 못한다. 따라서 우리는 온도 말단 기관이 있다는 것을 알 수 있다. 이 말단 기관들은 해부학적으로 아직 확인되지 않았다. 그러나 생리학적으로 보면 피부에 열과 차가움을 느끼는 특별한 지점들이 있다는 사실을 확인한 것이 대단히 흥미로운 발견 중 하나이다. 만일 손바닥이나 뺨 위로 연필심의 끝을 끈다면, 우리는 갑자기 차가워지는 지점들을 알아차릴 것이다. 이 지점이 냉점(冷點)이다. 그러나 열점(熱點)을 찾기는 쉽지 않다. 골트냐이더와 블릭스(Magnus Gustaf Blix), 도널드슨(Henry Donaldson)은 피부의 곳곳을 미세하게 탐험하면서 명확히 구분되는 열점과 냉점들을 찾아냈다. 이 열점과 냉점들 사이의 살갗에는 차갑거나 뜨거운 뾰족한 물체가 닿아도 온도 감각이 전혀 일어나지 않는다."(Martin)

## 온도의 느낌과 피부 상태의 관계

"안온한 방 안에 있으면 육체의 어느 부위도 덥거나 차가운 것을 느끼지 않는다. 육체 표면의 부위에 따라 온도가 다 다른데도 그렇게 된다. 손가락과 코는 옷으로 덮혀 있는 몸통보다 더 차고, 몸통은 입 안보다 더 차다. 온도 기관의 어느 부위가 더위도 느끼지 않고 추위도 느끼지 않는 온도가 바로 '온도 감각 제로'이다. 이 온도는 객관적인 온도와는 관계가 없다. 왜냐하면 우리가 본 바와 같이 이 온도가 기관의 부위에 따라 다르기도 할 뿐만 아니라 같은 부위에서도 시간에 따라 달라지기 때문이다. 피부 부위가 온도 감각 제로보다 더 높은 온도를 갖고 있을 때, 우리는 더위를 느낀다. 그 반대도 마찬가지이다. 피부 온도와 온도 감각 제로인 온도의 차이가 클수록, 또 그 차이가 갑자기 일어날수록, 감각은 더욱 예리해진다. 열전도가 아주 빠른 금속 물체를 만지면 나무토막처럼 열전도가 더딘 물체를 건드릴 때보다 뜨겁거나 차가운 느낌이 훨씬 더 강해진다.

신체 기관의 온도 변화는 순환 기관의 변화(피부로 피가 많이 흐르면 피부가 따뜻해지고 피부로 피가 적게 흐르면 피부가 차가워진다)나 신체 기관과 접촉하고 있는 기체나 액체나 고체의 온도 변화 때문에 일어난다. 간혹 우리는 온도 변화의 원인이 외적인지 혹은 내적인지를 분명하게 분간하지 못하기도 한다. 바람이 많이 부는 날 밖에서 걷다가 실내로 들어오는 사람은 방이 실제로는 그렇지 않은데도 기분 나쁠 만큼 따뜻하다고 느낀다. 이유는 이렇다. 밖에서 운동할 때엔 혈액 순환이 빨라지면서 피부를 따뜻하게 덥히지만 이동하는 바깥 공기가 추가된 열기를 신속히 빼앗아버린다. 그러다 집 안으로 들어서면 방안의 갇힌 공기가 열기를 더디게 빼앗게 된다. 그러면 그 사람의 살갗이 더위를 느끼게 된다. 원인은 방 안의 텁텁한 열기이다. 그런 경우에 사람들은 종종 창문을 열어젖히고 바람을 쐰다. 그렇게 하지 않고 혈액 순환이 정상적인 수준으로 돌아올 때까지 5분 내지 10분 정도 가만히 앉아 있어도 똑같은 목적을 이룰 것이다.

온도 감각의 민감도는 섭씨 30도를 기준으로 몇 도 차이 안에서 가장 예민해진다. 여기서는 0.1도 차이까지도 느껴진다. 그러나 절대 온도를 측정하는 한 수단으로서, 살갗은 신뢰할 만한 것이 못된다. 온도 감각 제로가 변화하기 때문이다. 우리는 촉각처럼 온도 감각이 일어나는 지점을 확인할 수 있다. 그러나 정확도는 촉각보다 떨어진다."(Martin)

## 근육 감각

근육 감각 자체는 힘줄의 감각이나 힘줄이 뼈대에 부착된 부분의 감각과 쉽게 구분되지 않는다. 근육 피로가 일어나는 경우에 고통이 가장 강하게 느껴지는 곳이 부착점이다. 그러나 근육 류머티즘인 경우에는 전체 근육에서 통증이 느껴진다. 전류로 야기되는 것과 같은 강력한 수축이나 경련은 영향이 미치는 근육의 전체 덩어리에 기이한 통증을 유발한다. 색스(Sachs)는 또한 자신이 개구리의 근육을 통해서 운동 신경 섬유와 명백히 다른 특별한 감각 신경 섬유의 존재를 해부학적으로나 심리학적으로 보여주었다고 생각했다. 운동 신경 섬유는 '말단판'(terminal plates)에서 끝나고, 감각 신경 섬유는 어떤 네트워크로 끝난다.

무게와 압력뿐만 아니라 사물들 사이의 공간 관계를 지각하는 데 중요한 한 요소로서, 근육 감각에 대단한 중요성이 부여되어 왔다. 우리의 눈과 손은 공간을 탐험하면서 그 공간의 위나 속으로 이동한다. 물체들 사이를 움직이는 이 감각이 없다면, 우리는 눈에 보이거나 손으로 만져지는 두 개의 점이 어느 정도의 간격을 두고 떨어져 있는지를 알지 못할 것이다. 나는 우리의 공간 지각에 운동 신경이 많은 역할을 한다는 점을 부정하지 않는다. 그러나 근육들이 이런 경험에서 우리를 어떤 식으로 돕는가 하는 문제는 여전히 풀리지 않고 있다. 우리의 감각들을 통해서 돕는지, 아니면 우리의 피부와 망막과 관절 표면에 운동 감각을 일깨움으로써 돕는지가 분명하지 않은 것이다. 나의 경우에는 후자가 더 그럴듯한 견해처럼 보이는데, 독자 여러분도 6장까지 읽고 나면 나와 같은 의견을 갖게 될 것이다.

## 무게 감각

어떤 물체의 무게를 정확히 재기를 원할 때, 우리는 가능하다면 언제나 그 물체를 들어 보면서 근육과 관절의 감각을 촉감과 결합시킨다. 이 방법을 통해서 우리는 무게에 대한 판단을 훨씬 더 잘할 수 있다.

손이 무게의 증가를 느끼기 위해서는 기존 무게의 3분의 1이 더해져야 하는 반면에, 무게를 능동적으로 들어서 측정하는 손은 그전 무게의 17분의 1만 더해져도 그 차이를 알 수 있다는 사실을 베버는 발견했다. 메르켈은 손가락으로 저울대를 누르게 한 다음에 그 반대편에 25그램에서 8,020그램까지 무게를 올리는 실험을 세심하게 실시했다. 그 결과, 200그램에서 2,000그램 사이에서는 그전 무게의 13분의 1정도가 더해지면 무게의 증가가 느껴지는 것으로 확인되었다. 이 수준 위나 아래일 때에는 구별 능력이 점점 떨어졌다.

## 통증

통증의 생리학은 아직 수수께끼로 남아 있다. 자체의 말단 기관을 가진 구심성 신경 섬유들이 아픈 자극을 특별한 통증 중추로 보내는 것으로 짐작된다. 아니면 다른 감각 중추들의 흥분의 강도가 어느 선을 넘을 때, 이 감각 중추들에서 흘러나온 전류들이 그런 특별한 중추에 닿는 것으로 여겨진다. 이것도 아니라면, 극도의 내부 흥분이 모든 중추에서 통증의 느낌을 일으키는 것으로 여겨질 수도 있다. 그러나 모든 종류의 감각이 적당한 수준을 유지할 때에는 유쾌하지만 강도가 지나치게 강해지면 고통스러운 것으로 변하는 것만은 확실하다. 어떤 감각의 강도에 따라서 유쾌함과 불쾌함이 변화하는 속도는 〈도표 27〉에 점선으로 대충 표시되고 있다. 수평축은 감각의 민감도와 쾌감의 민감도의 역치를 나타내고 있다. 이 수평축 밑은 불쾌한 감각이다. 검은 곡선은 베버의 법칙을 나타내고 있다. 점선이 보여주듯이, 최소한의 감각에는 유쾌함이 하나도 없다. 처음에는 유쾌함이 감각의 강도보다 더 천천히 올라간다. 이어 유쾌함이 감각의 강도보다 더 빨리 올라가다가 감각이 정점에 달하기 전에 먼저 절정에 이른다. 유쾌함이 절정에 이른 뒤에는 점선이 급격히 떨어지다가 금방 가로선 아래로 미끄러진다. 불쾌하거나 고통스러운 단계가 된 것이다. 모든 감각은 지나치면 고통이 된다는 것은 잘 알려진 사실이다. 빛과 소리, 냄새, 단맛, 심지어 냉기와 열기 등 모든 피부 감각이 즐거우려면 적당해야 한다.

그러나 감각의 질이 문제를 복잡하게 만든다. 왜냐하면 쓴맛이나 신맛, 짠맛과 일부 냄새 같은 감각들에서는 점으로 된 곡선의 전환점이 그래프가 시작되는 지점과 아주 가까운 곳에 나타날 것이기 때문이다. 피부 속에서 곧 통증의 성격이 아주 강해지면서 자극에 따르는 특성을 완전히 눌러버린다. 열기와 냉기, 압박은 극도로 강해지면 서로 구별이 불가능해진다. 그런 상황에서 사람들은 단지 고통만을 느낀다.

피부 안에 별도의 말단 기관들이 있다는 가설이 최근의 실험에

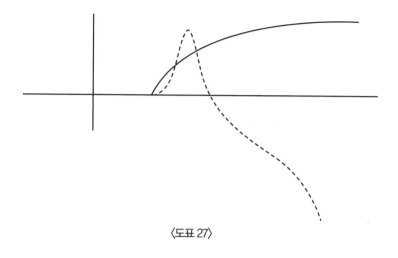

〈도표 27〉

서 증거를 얻고 있다. 왜냐하면 블릭스와 골트냐이더가 피부에서 열점과 냉점과 함께 특별한 '통점'(痛點)을 발견했기 때문이다. 이 통점들 사이에 통증이 꽤 느껴지지 않는 지점도 있다. 또 피부의 고통스런 자극과 단순한 촉각의 자극이 뇌로 전달되는 별도의 경로들이 있다는 점이 몇 가지 사실로 뒷받침되고 있다. 무통(無痛)이라 불리는 병적 조건에서는 감촉은 느껴지지만 아주 심한 꼬집기와 화상, 혹은 섬유 조직을 파괴할 수 있는 전기 불꽃 같은 것은 전혀 감각을 일으키지 않을 것이다. 이런 현상은 척추에 병이 있거나 최면에 걸린 상태에서 암시에 의해서거나 클로로포름 마취의 어느 단계에서 일어난다.

통증은 또한 방어 운동의 부조화를 낳는다. 통증이 클수록 방어 운동의 시작도 더욱 맹렬해진다. 하등 동물의 경우에는 통증이 거의 유일한 자극이다. 오늘날 통증이 인간에게도 아주 격한 반응을 일으키는 자극이라는 점에서 본다면, 우리 인간도 아직까지 이 특성을 간직하고 있다.

굶주림과 갈증, 메스꺼움뿐만 아니라 맛과 냄새 등 '보통' 감각들은 이 책에서 다룰 필요가 없다. 왜냐하면 이런 감각들과 관련해서는 심리학적 관심을 불러일으키는 것이 전혀 없기 때문이다.

**Chapter 6**

# 운동 감각

나는 운동 감각의 중요성을 강조하기 위해 운동 감각을 별도의 장으로 다룰 생각이다. 운동 감각의 종류는 두 가지이다. 하나는 우리의 감각 표면 위를 움직이는 물체들에 대한 감각이고, 다른 하나는 우리라는 존재가 공간을 이동하는 것에 대한 감각이다.

## 피부 위의 운동 감각

생리학자들에겐 '출발점'과 '종착점'의 위치가 따로 인지될 때까지 피부 위의 운동 감각은 불가능한 것으로 여겨졌다. 그리고 움직이는 물체가 이 위치들을 연속적으로 차지한다는 사실은 명백한 시간적 차이를 통해 인지된다. 그러나 우리가 알 수 있는 것은 실은 이처럼 매우 느린 운동뿐이다. 시계 바늘이 12를 가리키고 또 한참 지난 뒤에 6을 가리키는 것을 보면서, 나는 시계 바늘이 그 시간적 간격에 움직였다고 판단한다. 태양이 동쪽에 있다가 다시 서쪽에 있는 것을 보면서, 나는 태양이 내 머리 위를 지나갔다고 추론한다. 그러나 우리는 이미 직접적인 방법으로 알고 있는 것들만을 추론할 수 있을 뿐이다. 그리고 우리가 운동의 느낌을 직접적이고 단순한 감각으로 받아들인다는 것이 실험을 통해 확인된다.

요한 네포무크 체마르크(Johann Nepomuk Czermak)는 우리가 시계 초침을 주시하면서 초침의 움직임을 보는 것과 시선을 시계 문자판의 다른 곳에 둔 상태에서 시계 초침이 위치를 바꿨다는 사실을 인지하는 것 사이의 차이를 오래 전에 지적했다. 시계 초침의 움직임을 직접 보는 첫 번째 경험의 경우에, 우리는 두 번째 경험에는 없는 특별한 성격의 어떤 감각을 갖게 된다. 만약에 독자가 자신의 피부, 예를 들어 팔의 어느 부분에서 1인치 벌어진 컴퍼스의 뾰족한 끝 2개가 하나의 인상으로 느껴지는 곳을 발견하고 바로 그 지점에서 연필로 10분의 1인치 정도 선을 그어본다면, 독자는 그 지점의 운동을 명확히 알 것이고 또 운동 방향에 대해서도 희미하게 알게 될 것이다. 여기서 운동에 대한 지각은 그 운동의 시작점과 종착점이 공간적으로 떨어진 지점이라는 기존의 지식에서 끌어낸 것이 아니다. 왜냐하면 10배 더 넓은 공간 속의 위치들도 컴퍼스의 뾰족한 끝에 의해 자극받을 때 구별되지 않기 때문이다. 망막도 마찬가지다. 손가락들의 상이 망막의 주변부에 맺힐 때에는 손가락을 헤아리지 못한다. 말하자면, 손가락이 차지하고 있는 망막의 5개 경로들이 정신에 의해 공간에서 5개의 별도의 위치로 명확히 파악되지 않는 것이다. 그럼에도 손가락들의 아주 작은 움직임마저도 아주 생생하게 운동으로 지각된다. 따라서 우리의 운동 감각은 위치 감각보다 훨씬 더 섬세하기 때문에 위치 감각에서 비롯될 수 없는 것이 확실하다.

비에로트(Karl von Vierordt)는 지속되는 몇 가지 착각에 주의를 기울일 것을 요구했다. 그 중엔 이런 것들이 포함되어 있다. 어떤 사람이 가만히 있는 우리의 팔목이나 손가락 위로 어떤 선을 부드럽게 긋는다면, 우리에겐 마치 팔목이나 손가락이 그 선과 반대 방향으로 움직이는 것처럼 느껴질 것이다. 반대로 우리가 고정되어 있는 어떤 점 그 너머까지 자신의 다리를 움직이면, 그 점도 마찬가지로 움직이는 것처럼 보일 것이다. 만약 독자가 이마에 집게손가락을 고정시킨 다음에 이마의 살갗이 그 손가락의 끝부분을 지나도록 머리를 돌린다면, 독자는 자신의 집게손가락이 머리와 반대 방향으로 움직인다는 감각을 느낄 것이다. 이제는 손가락들을 편 채 쫙 벌린다고 생각해보자. 이런 경우에 일부 손가락만 움직이고 나머지는 가만히 있을 것이다. 그러나 가만히 있는 손가락도 마치 나머지 손가락으로부터 떨어지는 것처럼 느껴질 것이다. 비에로트에 따르면, 이 착각들은 원시적인 형태의 지각의 잔재이다. 말하자면, 우리가 운동의 원인을 의식의 전체 '내용물'로 돌릴 줄만 알 뿐 의식의 일부로 돌릴 줄을 몰라서 운동이 그런 식으로 느껴지던 때의 잔재라는 것이다.

지각이 충분히 발달할 때, 우리는 사물과 배경의 단순한 상대적 운동에서 벗어나서 사물과 배경 중 어느 하나에게 절대 운동의 원인을 돌리고 다른 하나에게 절대 정지의 원인을 돌릴 수 있게 된다. 예를 들어서 시각에서 전체 시야가 함께 움직이는 것처럼 보일 때, 우리는 움직이고 있는 것이 우리 자신이거나 눈이라고 생각한다. 그러나 이 같은 식별이 완벽하게 이뤄지지는 않는다.

운동 감각은 우리가 보고 있는 모든 것으로 퍼지며 거기에 영향을 미친다. 대상과 망막의 상대적 운동은 어떤 것이든 대상이 움직이는 것처럼 보이게도 하고 우리 자신이 운동 중인 것처럼 느끼게 만들기도 한다. 우리의 시야 전체가 정말로 움직이지 않는 때조차도, 우리는 어질어질한 느낌을 받으며 마치 우리가 움직이고 있는 것처럼 느낀다. 머리와 눈을 갑자기 돌리거나 머리와 눈을 앞뒤로 빨리 움직일 때마다, 우리는 전체 시야가 움직이는 것을 본다. 우리의 안구를 눌러도 똑같은 착각을 일으킬 수 있다.

이런 모든 경우에 무슨 일이 벌어지고 있는지를 우리는 잘 알고 있다. 그러나 그 조건들이 특별나다. 그래서 우리의 원시적 감각이 사라지지 않고 남아 있는 것이다. 구름이 달을 지나 흘러갈 때에도 원시적 감각이 발동한다. 우리는 달이 가만히 있다는 것을 알고 있다. 그러나 우리는 달이 구름보다 더 빨리 움직이는 것을 본다. 우리가 눈을 천천히 움직일 때조차도, 원시적 감각이 나타난다. 그 경험에 주의를 기울인다면, 우리는 우리가 보는 물체는 어떤 것이든 우리의 눈과 마주치기 위해서 움직이는 것 같다는 사실을 발견할 것이다.

그러나 이 주제에 가장 소중한 기여를 한 것은 슈나이더(G. H. Schneider)의 논문이다. 슈나이더는 이 문제에 동물학적으로 접근하면서 동물 왕국의 예를 통해서 운동은 동물들이 서로의 주의를 가장 쉽게 끄는 데 필요한 한 특성이라는 점을 보여주고 있다. '죽은 척하는' 본능은 절대로 죽음을 가장하는 것이 아니다. 그보다는 공포 때문에 일어나는 마비이다. 이것이 곤충과 갑각류를 비롯한 생명체들이 적에게 발각되지 않도록 구해준다. 인간으로 치면 술래잡기 놀이를 하다가 술래가 가까이 다가오면 숨을 죽이며 움직이지 않는 것과 비슷하다.

죽은 척하는 것과 반대되는 측면은 인간의 경우에는 멀리 있는 누군가의 주의를 끌기를 원할 때 팔을 무의식적으로 흔들거나 깡충깡충 뛰는 행동으로 나타난다. 먹잇감에 살금살금 접근하는 생명체와 추격자로부터 몸을 숨기는 생명체들은 똑같이 부동(不動)이 상대방의 눈에 띄지 않는 최선의 방법임을 잘 보여주고 있다.

숲속에서 움직이지 말고 가만히 앉아 있어 보라. 그러면 다람쥐와 새들이 정말로 당신을 건드릴 것이다. 파리도 박제한 새와 움직이지 않는 개구리 위에 앉을 것이다. 한편, 우리가 깔고 앉아 있던 것이 갑자기 움직이기 시작할 때 느끼는 그 엄청난 충격, 어떤 벌레가 갑자기 우리의 살갗 위를 기어갈 때 우리가 느끼는 과도한 놀람, 고양이가 살며시 다가와 우리의 손을 핥을 때 느껴지는 간질임에 대한 과도한 반사적 움직임 등은 운동 감각이 자극을 얼마나 쉽게 받는지를 잘 보여준다. 새끼 고양이는 구르는 공을 보면 따라가지 않고는 못 배긴다. 아주 미세하여 전혀 눈치를 채지 못할 인상들도 움직이기만 하면 그 즉시 느껴진다. 파리가 살갗에 앉는 것은 눈치 채지 못할 수 있다. 그러나 그것이 걸어다니기 시작하는 순간 우리는 파리를 느낀다. 그림자는 너무 옅어서 지각되지 않을 수 있다. 우리가 햇살 아래에서 눈을 감고 눈 가까이에 손가락을 대면, 우리는 손가락의 존재를 알지 못한다. 그러나 손가락을 앞뒤로 움직이는 순간, 우리는 금방 손가락을 구별한다.

우리 인간의 경우에 망막 주변부의 중요한 기능은 보초의 기능이다. 광선이 그곳을 따라 움직이면 '거기 누구야?'라고 외치며 중심와를 그곳으로 불러내는 그런 역할을 한다는 뜻이다. 살갗의 대부분도 손가락 끝을 위해 똑같은 일을 한다. 물론 물체 아랫부분을 이동하는 살갗 표면의 운동은 (자극 목적이라는 측면에서 보면) 살갗 표면 위에서 일어나는 물체의 운동과 동일하다. 눈이나 살갗은 물체들의 모양과 크기를 탐구하면서 끊임없이 움직이고 있으며, 이런 운동을 억제하는 것은 불가능한 일이다. 이런 모든 운동은 살갗 표면 위로 물체의 점들과 선들을 그리고, 그 점들과 선들을 백배 더 예리하게 각인시키며, 그런 것들로 주의를 기울이게 한다.

운동이 우리의 지각에서 맡는 엄청난 역할은 많은 심리학자들에게 근육 자체가 공간을 지각하는 신체 기관이라는 점을 입증하는 증거로 받아들여지고 있다. 이런 심리학자들에게는 살갗 표면의 감각이 아니라 '근육 감각'이 공간을 객관적으로 파악하는 유일한 감각으로 받아들여진다. 그러나 이 심리학자들은 모두 근육 운동이 살갗 표면의 민감성을 어느 정도 요구하는지, 또 인상들에 대한 인식이 그 인상이 닿는 표면의 운동성에 어느 정도 좌우되는지에 대해서는 주목하지 않았다.

## 공간 속의 운동 감각

이 운동 감각은 회전 감각과 이동 감각으로 구분될 수 있다. 귀에 관한 장의 말미에서 언급한 것처럼, 내이(內耳: 반고리관과 난형낭과 구형낭)는 청각과 아무런 관계가 없는 것 같다. 오늘날에는 반고리관이 여섯 번째 특별한 감각, 즉 회전 감각의 기관이라는 것이 정설로 여겨지고 있다. 이 기관이 자극을 받게 될 때 나타나는 감각은 어지러움으로 알려져 있다. 이 감각은 재빨리 메스꺼움의 느낌을 낳는다. 내이를 자극하는 질병은 심각한 어지러움을 야기한다(메니에르 병).

새와 포유류를 대상으로 실험을 하면서 반고리관을 자극해보라. 그러면 그 동물은 비틀거리면서 넘어지지 않으려고 발버둥칠 것이다. 그런 모습을 보고 있으면 그 동물이 넘어질 것 같은 엉터리 감각으로 인해 고통을 받고 있다는 설명이 가장 적절해 보인다. 동물이 넘어지는 감각에 몸을 반대 방향으로 던지는 조건반사적인 행위로 대처하고 있는 것으로 보인다. 비둘기의 막성관(반고리관의 한 구성 요소)을 전기로 자극해도 비둘기의 머리와 눈은 비둘기가 실제로 몸을 돌릴 때처럼 움직인다. 귀가 들리지 않아 말을 못하는 사람들(이들 중 많은 사람들은 청각을 앗아간 바로 그 질병 때문에 청신경 또는 내이가 파괴되었음에 틀림없다) 중에는 회전을 해도 어지럼을 느끼지 않는 사람들이 많다. 푸르키녜(Jan Evangelista Purkinje)와 마흐(Ernst Mach)는 어떤 것이 회전 감각 기관이든 그 기관은 머리에 자리 잡고 있음에 틀림없다는 것을 보여주었다. 마흐의 정교한 실험에서 동물의 몸통에 회전 감각 기관이 있지 않은 것으로 확인되고 있다.

고리 모양의 반고리관은 3개의 평면에 배열된 6개의 수준기(水準器: 평면이 수평인지를 재는 기구/옮긴이)와 같아서 회전 감각 기관으로 아주 잘 어울린다. 이런 식으로 생각하면 이해가 쉽다. 머리를 돌린다. 그러면 내림프 액의 상대적 관성이 팽대부에 있는 신경종말(神經終末)에 일시적으로 압력을 가한다. 이 압력이 현기증을 느끼는 중추 기관으로 가는 전류를 일으킨다. 현기증을 느끼는 기관은 소뇌인 것 같고, 소뇌의 목적은 신체의 평형을 유지하는 일인 것 같다. 만일 어떤 사람이 눈을 감고 서서 자신의 신체에 주의를 쏟는다면, 그 사람은 자신이 잠시도 균형 상태를 유지하기가 어렵다는 사실을 깨달을 것이다. 사방으로 연속적으로 넘어지려 할 것이고, 그러면 넘어지려는 자세는 몸의 균형을 잡아주는 근육의 수축에 의해 끊임없이 수정된다. 힘줄과 인대, 발바닥, 관절에 각인되는 인상들이 틀림없이 자세를 바로잡는 수축의 원인들에 포함될 것이지만, 가장 강력하고 가장 특별한 반사궁(反射弓: 신경 자극이 감각 신경에서 운동 신경으로 직접 전달되는 신경 회로를 일컫는다/옮긴이)은 초기의 현기증을 감지하는 능력을 가진 반사궁일 것이다. 이 감각은 다른 감각들에 비해 훨씬 더 쉽게 자극을 받는다는 것이 실험적으로도 확인된다.

소뇌에 문제가 생기면, 조건 반사가 제대로 일어나지 않고 그 결과 평형의 상실이 일어난다. 소뇌에 문제가 생기면, 어지럼과 균형의 상실, 메스꺼움이 일어난다. 그리고 머리에 전류를 통하게 하면 방향과 관련 있는 어지럼증을 다양하게 일으킨다. 소뇌를 직접 자극하는 것이 이런 느낌들을 일으키는 것 같다. 회전 감각은 이런 육체적 반사 행동 외에도 안구가 반대 방향으로 구르도록 한다. 규칙적인 회전은 어떠한 감각도 일으키지 않는다. 팽대부에 있는 말단 기관을 자극하는 것은 오직 시작이나 끝, 즉 속도를 높이거나 떨어뜨리는 것 뿐이다. 그러나 그 감각은 언제나 약간의 지속 기간을 갖는다. 빠르게 회전하다가 설 경우에 반대 방향으로 움직이는 듯한 느낌은 거의 1분 동안 지속되면서 서서히 사라진다.

이동 감각(앞으로나 뒤로 움직이는 것)의 원인에 대해서는 아직 논란이 많다. 이 감각이 일어나는 곳은 전류를 뇌로 보내는 반고리관으로 여겨졌다. 최근에 실험을 실시한 들라주(Yves Delage)는 이동 감각이 머리에서 일어날 수 없다고 생각하며 전체 몸에 있을 것으로 짐작하고 있다. 이동 운동이 시작될 때, 신체 부위들(혈관과 내장 등)이 서로 부딪치며 움직일 수 있고 관성 때문에 마찰이나 압력을 받게 된다는 점에서 그렇게 본 것이다. 그러나 내이(內耳)를 이동 감각에서 배제한 들라주의 견해는 아직 정설로 받아들여지기 어렵다.

Chapter 7
# 뇌의 구조

## 발생학적 스케치

뇌는 해부학에서 아주 어려운 것으로 여겨진다. 그러나 뇌에 대한 일반적인 개념을 확실히 알고 나면 그것이 열쇠가 되어 뇌도 그다지 어렵지 않게 다가온다. 그러면 복잡해 보이기만 하던 뇌도 비교적 간단한 문제가 된다. 모든 척추동물의 발달을 보면 어느 순간에 액체가 담긴 빈 관에 의해 뇌척수 축(軸)이 형성된다. 이 뇌척수 축의 앞부분은 커짐과 동시에 좌우로 협착이 이뤄지면서 3개의 '뇌포'(腦胞)로 나뉜다(도표 28). 이 뇌포들의 벽은 대부분이 두꺼우며, 두껍지 않은 벽 중 일부는 얇은 혈관 조직으로 바뀌고 또 다른 곳은 추가 분리가 이뤄질 작용들을 일으킨다. 중앙의 뇌포 혹은 중앙뇌(각 도표 상에 Mb로 표시)는 이 변화의 영향을 가장 적게 받는다. 중앙 뇌포의 위쪽 벽들은 두꺼워지면서 시엽(視葉) 혹은 인

간의 경우에 부르는 이름을 빌리면 '사구체'가 된다. 중앙 뇌포의
아래쪽 벽들은 뇌각(腦脚), 소위 말하는 뇌의 다리가 된다. 중앙 뇌
포의 공동은 점점 줄어 실비우스 수도관이 된다. 〈도표 31〉은 어른
의 중앙뇌의 단면도이다.

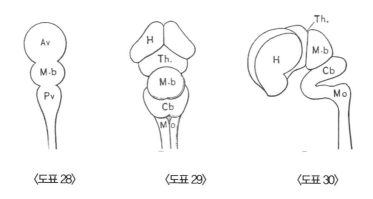

〈도표 28〉    〈도표 29〉    〈도표 30〉

　앞쪽 뇌포와 뒤쪽 뇌포는 훨씬 더 큰 변화를 겪는다. 뒤쪽 뇌포의
벽들은 앞 부분이 엄청나게 두꺼워지면서 꼭대기에서 소뇌(각 도
표에 Cb로 표시)를 형성하고 아래쪽에서 뇌교(〈도표 33〉의 P.V.)
를 형성한다. 뒤쪽 뇌포 중에서도 가장 뒷 부분은 아래로 두꺼워지
면서 연수(延髓: 숨골: 각 도표에 Mo로 표시)가 된다. 반면에 맨 꼭
대기에서는 이 뇌포의 벽들이 얇아지면서 녹는다.
　그렇기 때문에 탐침이 신경 조직을 파괴하지 않고 공동 속으
로 들어갈 수 있다. 외부에서 이런 식으로 탐침이 들어갈 수 있는
공동은 '제4뇌실'(〈도표 32〉와 〈도표 33〉에 4로 표시된 부분)이
라 불린다. 탐침은 이 뇌실을 통과하여 그 다음에는 소뇌 밑으로,

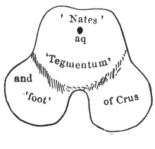

〈도표 31〉

'Nates'로 되어 있는 곳은 중뇌의 등 쪽에 있는 사구체(四丘體) 중 위쪽의 두 부분이며, aq 바로 위의 점은 실비우스 수도관(중뇌수도)의 한 부분이다. 중뇌피개(中腦皮蓋)(tegmentum)와 2개의 발(foot)은 뇌궁각(腦弓脚)을 만든다. <도표 32>에 이는 C.G로, 실비우스 수도관은 +로 각각 표시되고 있다.

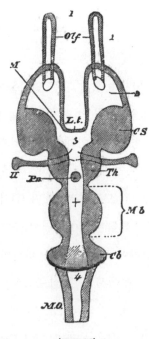

〈도표 32〉

116

또 그 다음에는 신경 조직으로 이뤄진 얇은 막(뇌상의 판(valve of Vieussens)) 밑으로 실비우스 수도관까지 닿을 수 있다. 탐침은 이곳을 통과하여 한때 뒤쪽 뇌포의 공동이었던 곳으로 들어간다. 그러나 외피는 여기서 녹아 없어졌으며, 지금 그 공동은 뇌포의 두 벽 사이에 깊은 홈을 형성하고 있으며 '제3뇌실'이라 불린다. 실비우스 수도관은 '제3뇌실에서 제4뇌실로 가는 경로'라 불리는 이 연결의 결과로 생긴 것이다. 이 뇌포의 벽들은 시상(視床)(여러 도표에 Th로 표시)을 형성한다.

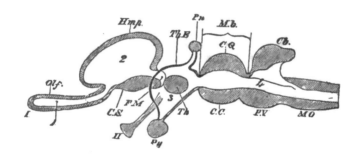

〈도표 33〉

시상 바로 앞에 있는 앞쪽 뇌포의 양쪽에서 확장이 이뤄진다. 이렇게 확장된 곳 안으로 뇌포의 공동이 이어지고, 이 확장은 그쪽의 반구가 된다. 사람의 경우에는 앞쪽 뇌포의 벽들이 엄청나게 두꺼워지면서 표면에 소위 '뇌회'(腦回)라 불리는 주름을 형성한다. 동시에 뇌포의 벽들은 시상 바로 앞인 출발점에서 앞쪽보다는 뒤쪽으로 성장한다. 맨 윗부분을 따라서 가장 빨리 성장하면서, 이 뇌포의 벽들은 아래로 굽었다가 시상의 뒤쪽 끝부분을 통과하면서 다시 앞으로 나아간다. 충분히 발달하게 되면, 이 뇌포의 벽들은 뇌의 바깥 부분 모두를 덮게 된다. 여기서 생기는 공동은 '측뇌실'을 이룬다. 이에 대한 이해는 말로 하는 것보다 그림을 보는 것이 훨씬 더 쉽다. 이 뇌포의 벽들도 어느 선을 따라 녹으면서 긴 틈을 만든다. 반구가 바깥쪽과 뒤쪽, 그 다음에 아래쪽으로 성장하기 때문에, 이 틈은 안으로 모이다가 반구의 표면 아래로 사라진다.

처음에는 2개의 반구가 따로 시상하고만 연결된다. 그러나 임신 4개월째와 5개월째 동안에 2개의 반구는 시상 위로 다리처럼 두 반구를 가로지르는, '뇌량'(腦梁)이라 불리는 신경 섬유의 성장을 통해서 서로 연결된다. 가로지르는 이 신경 섬유는 양쪽 반구의 벽들에서 방사형으로 뻗으면서 오른편의 주름과 왼쪽편의 주름을 직접 연결한다. 뇌량 밑으로 원개(圓蓋)라 불리는 또 다른 섬유 조직이 형성된다. 이 원개와 교량 사이에 특이한 연결이 있다. 반구가 성장을 시작하는 곳인 시상 바로 앞에서는 선조체(線條體)(〈도표 32〉와 〈도표 33〉의 C.S.)가 형성된다. 선조체는 구조가 복잡하며 각각 '렌즈핵'과 '미상핵'(尾狀核)이라 불리는 2개의 중요한 부분으로 이뤄져 있다.

도표를 곁들여 아무리 쉽게 설명해도 뇌 구조를 이해하는 것은 결코 쉬운 일이 아니다. 뇌의 구조에 대해 어느 정도 알려면 배우고 까먹기를 몇 차례 해야 한다. 그러나 어떤 일에서나 마찬가지로 인내와 반복만이 보다 완벽한 결실을 맺게 할 것이다.

## Chapter**8**
# 뇌의 기능

## 신경의 기능

내가 어느 나무의 밑동을 도끼로 찍기 시작하더라도, 그 나무의 가지들은 나의 행동에 전혀 움직이지 않을 것이고 잎들은 바람에 일렁이듯 그저 평화롭게 하늘거릴 것이다. 그러나 반대로 내가 어떤 사람의 발을 세게 밟는다면, 그 사람의 나머지 신체는 즉각 나의 공격에 경계나 방어의 행동으로 대응할 것이다. 이처럼 반응에 큰 차이가 나는 이유는 사람에겐 신경 체계가 있는데 반해 나무에는 그런 것이 전혀 없기 때문이다.

신경 체계의 기능은 신체의 각 부위가 나머지 신체 부위들과 조화롭게 협동하도록 만드는 것이다. 구심성(求心性) 신경들은 도끼질같이 명백한 것이든 아니면 광선처럼 섬세한 것이든 불문하고 물리적 자극에 의해 흥분된다. 그러면 구심성 신경들은 즉각 그 흥분을 신경 중추로 전달한다. 이리하여 신경 중추 안에서 일어나게 된 소요는 거기서 멈추지 않고 원심성(遠心性) 신경을 통해 방출되면서 운동을 일으키는데, 이때 운동은 동물과 자극의 종류에 따라 달라진다.

이 반응의 행위들은 대체로 그 동물을 이롭게 한다는 공통점을 갖고 있다. 이 행위들은 해로운 자극을 물리치게 하고 이로운 자극을 지지하게 한다. 반면에 어떤 자극이 그 자체로는 아무런 의미를 지니지 않지만 미래에 실질적 중요성을 지닐 어떤 환경의 신호라면, 이때 동물의 행위는 이 환경에 초점을 맞추게 된다. 늘 그렇듯, 환경의 위험을 피하거나 환경의 혜택을 누리는 쪽으로 행위가 일어날 것이다.

아주 흔한 예를 하나 들어보자. 내가 기차를 타려고 막 역에 들어서는데 기차의 차장이 "승차 완료!"라고 외치는 소리가 들린다. 순간 나의 심장은 멎는 듯하다가 이어 두근거린다. 두 다리는 나의 고막에 닿는 공기 파동에 대해 운동을 빨리 하는 것으로 대응한다. 만약에 내가 달리다가 비틀거리기라도 하면, 넘어지려는 감각 때문에 손이 넘어지려는 쪽으로 움직일 것이다. 손을 그쪽으로 뻗는 효과는 나의 몸이 지나치게 급작스런 충격을 피하도록 하는 것이다. 그때 만약에 티끌이 나의 눈에 들어간다면, 눈꺼풀이 저절로 닫히고 눈물이 충분히 나와서 티끌을 씻어낼 것이다.

그러나 하나의 감각적 자극에 대한 이 3가지 반응은 많은 점에서 다르다. 눈을 감는 것과 눈물이 흘러나오는 것은 상당히 반사적이고, 심장의 요동도 반사적이다. 이런 반사적인 반응을 우리는 반사 행동으로 알고 있다. 넘어지는 데 따른 충격을 완화하기 위한 팔의 움직임도 또한 반사 행동이라고 불릴 수 있다. 왜냐하면 그 움직임이 아주 신속히 일어나서 의도적으로 생각하고 할 시간이 없었기 때문이다. 그렇다 하더라도 팔을 뻗는 행위는 앞의 여러 행위들보다는 덜 자동적이다. 왜냐하면 사람이 의식적인 노력을 통해서 그 행위를 보다 노련하게 수행하거나 아예 그 행위 자체를 하지 않을 수도 있기 때문이다. 본능과 의지가 비슷하게 개입하는 이런 종류의 행위는 반(半)반사 행동이라 불린다. 반면에 기차를 향해서 달리는 행위에는 본능적인 요소가 전혀 없다. 그것은 순전히 교육의 결과이며 목적 의식과 의지가 반드시 수반된다. 그것은 '자발적 행위'이다. 따라서 동물의 반사 행동과 자발적 수행은 서로 점점 가까워지다가 마지막에는 자동적으로 일어나면서도 의식적 지능에 의해 변화가 가능한 행위들에 의해 서로 연결된다.

## 개구리의 신경 중추

신경이 어떤 식으로 작동하는지를 조금 더 세밀하게 보자.

이 주제를 공부하는 최선의 방법은 개구리 같은 하등 동물을 이용하여 생체 해부를 함으로써 다양한 신경 중추의 기능을 연구하는 것이다. 개구리의 신경 중추를 그림으로 그렸는데, 이에 대해서는 추가 설명이 필요하지 않을 것이다. 먼저 나는 다양한 개구리들을 이용하여 학생들이 일반적으로 하는 식으로 뇌 부위를 제거할 때 어떤 현상이 나타나는지에 대해 설명할 것이다. 학생들이 하는 식으로 한다는 말은 해부 과정에 대해서는 지나치게 신경을 쓰지 않겠다는 뜻이다.

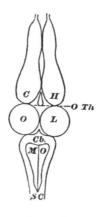

〈도표 34〉

C와 H는 뇌 반구, O Th는 시상, O와 L은 시엽(視葉), Cb는 대뇌, M과 O
는 숨뇌, S C는 척수이다.

우선 개구리의 신경 체계 중에서 척수만 남겨 놓도록 하자. 두개
골의 기저 뒤쪽에 있는 척수와 연수(延髓)를 절개하면 된다. 그렇
게 하면 뇌와 신체의 나머지 부위들 사이의 연결이 모두 끊어진다.
이런 상태에서도 개구리는 계속 살아 있을 것이다. 그러나 매우 기
이하게 변화된 행동을 보일 것이다. 개구리는 숨을 쉬거나 삼키는
것을 중단한다. 개구리는 배를 깔고 납작하게 엎드리고 있다. 그러
나 정상적인 개구리처럼 앞발로 앉지는 못한다. 뒷다리는 평소처
럼 몸통 밑으로 접은 채 있을 것이며 강제로 펴면 즉시 다시 접어
질 것이다. 뒤로 눕히면, 개구리는 그렇게 가만히 있을 것이다. 정
상적인 개구리와 달리 뒤집으려 하지 않는다. 이동 능력과 소리
가 완전히 사라진 것처럼 보인다. 그 개구리의 코를 잡고 들어 올

린 채 살갗의 다른 부위를 산(酸)으로 자극하면, 개구리는 그 자극을 물리치기 위해 일련의 '방어적인' 운동을 할 것이다. 그래서 가슴 부분을 건드리면, 개구리는 앞발로 가슴 부분을 세게 비빌 것이다. 팔꿈치 바깥 부분을 건드리면, 바깥 부분의 뒷발이 직접 그 부분을 건드리며 닦아낼 것이다. 무릎을 건드리면, 개구리는 뒷발의 등으로 무릎을 문지를 것이다. 발을 완전히 잘라 내면, 잘리고 남은 부분이 쓸데없는 움직임을 보이다가 많은 개구리들의 경우에 마치 깊은 생각에 잠기듯 멈춘 다음에 반대편의 잘리지 않은 발을 산으로 자극한 부위에 급히 갖다 댈 것이다.

이 모든 운동에는 두드러진 특징이 보인다. 가장 중요한 것이 목적론적인 측면에서 운동이 상당히 적절하다는 점이다. 그 다음으로는 운동의 정확성이다. 개구리마다 민감도가 다르고 자극의 강도도 다를 것이지만, 그에 따른 운동에는 거의 변화가 없다. 힘줄을 당기면 어김없이 개구리의 다리가 움직였다. 그렇다면 개구리의 척수는 살갗의 자극을 방어 운동으로 전환시키는 세포와 신경 섬유의 배열을 갖고 있다는 뜻이 된다. 개구리의 경우에 척수를 '방어 운동 중추'라고 부를 수 있다. 여기서 더욱 깊이 들어갈 수도 있을 것이다. 다양한 지점들의 척수를 끊음으로써, 우리는 척수의 각 부분이 머리와 팔과 다리에 적절한 행동을 일으키는 독립적인 메커니즘이라는 사실을 발견할 것이다. 팔을 관장하는 부분은 수컷 개구리에서, 그리고 특히 번식기에 더 활동적이다. 이제는 이 부분들이 관장하는 가슴과 등을 비롯하여 척수 외의 모든 것을 잘라 보라. 이런 상태에서도 이 부분들은 사람의 손가락을 한동안 세게 움켜쥐고 있을 것이다.

개구리의 척수와 뇌 반구들 사이에 있는 연수(延髓)와 시엽(視葉)과 다른 중추들에도 이와 비슷한 현상이 나타난다. 이 기관들 각각은 명백한 자극에 대해 특별한 행동을 정확히 실행하는 어떤 메커니즘을 갖고 있다는 것이 실험에 의해 확인된다. 예를 들면, 동물은 연수로 삼키고, 연수와 소뇌로 뛰어오르거나 수영을 하거나 몸을 뒤집고, 누군가가 꼬집을 때 시상으로 운다. 훈련이 많이 되지 않은 관찰자라면 뇌의 반구들을 잃은 개구리와 정상적인 개구리를 잘 구분하지 못한다.

뇌의 반구들을 상실한 개구리도 적절한 자극을 받으면 앞에서 설명한 행동을 모두 할 수 있을 뿐만 아니라 시각으로 앞으로 나아갈 수도 있다. 그렇기 때문에 만일 개구리와 빛 사이에 어떤 장애물이 있는데 개구리를 강제로 앞으로 가게 하면, 개구리는 장애물을 뛰어넘거나 한쪽으로 비켜갈 것이다. 이 개구리는 번식기가 되면 성적 본능을 표출하고 개구리 중에서 암컷과 수컷을 분간할 줄도 안다. 요약하면 이 개구리가 모든 면에서 정상적인 개구리와 아주 비슷하기 때문에 이 개구리를 보고 잘못된 것이나 결여된 것을 알아채기 위해서는 개구리를 아주 많이 알아야 할 것이다.

그러나 개구리를 잘 아는 사람은 이 개구리가 자발적 운동을 전혀 하지 않는다는 사실을 금방 알게 될 것이다. 즉 감각의 자극이 따르지 않는 행동이 전혀 보이지 않는다는 뜻이다. 물속에서 개구리가 지속적으로 하는 운동인 헤엄은 액체와 개구리의 살갗의 접촉에 따른 숙명적인 결과인 것 같다. 예를 들어 막대기가 이 개구리의 손을 건드리면, 그 순간 개구리는 헤엄을 멈춘다. 막대기로 건드리는 것 자체가 개구리의 발이 반사 운동에 의해 저절로 막대기로 뻗게 만드는 민감한 자극이다. 이 개구리는 허기도 전혀 보이지 않고 파리가 코 위를 기어 다녀도 잡지 못하고 그냥 당하고만 있을 것이다. 공포 역시 이 개구리에서 사라진 것 같다.

한마디로 요약하면, 이 개구리는 극도로 복잡한 기계와 비슷하며, 그 기계는 작동이 계속되는 한 자기 보존에 치중하는 것 같다. 그러나 이 기계에는 예상할 수 없는 요소는 전혀 없는 것 같다. 이 개구리에 적절한 감각 자극을 적용하면, 우리는 일정한 반응을 거의 확실히 얻을 수 있다. 오르간의 건반 중 어느 하나를 계속 누르면 똑같은 음이 들리는 것이나 마찬가지이다.

그러나 여기서 만일 뇌의 반구들에 손을 대지 않은 동물을, 이를테면 온전한 동물을 관찰의 대상으로 삼는다면, 모든 것이 바뀐다. 앞에서 말한 반응 외에도, 온전한 개구리는 복잡한 운동 행위들을 자발적으로 보일 것이다. 마치 우리 인간이라면 생각이라고 부를 수 있는 것을 근거로 움직이는 것 같다. 외부 자극에 반응하는 행태도 달라진다. 온전한 개구리는 건드리면 머리가 없는 개구리처럼 뒷다리로 단순히 방어적인 운동을 하지 않고 또 뇌 반구가 없는 개구리처럼 한두 번 뛰다가 가만히 앉아 있지 않고 달아나려는 행동을 다양하게, 또 끈질기게 보일 것이다. 그 모습을 지켜보고 있으면 개구리가 단순히 생리학자의 손의 건드림에 반응을 하는 것이 아니라 위험이 닥쳤다는 생각에 반응하는 것처럼 보인다. 이 개구리는 또 허기를 느끼고 벌레와 물고기, 작은 개구리들을 잡으려고 나서고 먹잇감의 종류에다가 잡는 방법까지 바꾼다.

생리학자는 조작으로는 이 개구리가 울도록 하지도 못하고, 널빤지를 기어오르도록 하지도 못하고, 헤엄을 치거나 중단하도록 하지도 못한다. 개구리의 행동은 예측 불가능하게 된다. 이제 우리는 더 이상 개구리의 행동을 정확히 예측하지 못한다. 달아나려는 노력이 개구리의 지배적인 반응이다. 그러나 개구리는 그 외의 다른 행동도 무엇이든 할 것이며 심지어 몸을 부풀리기도 하고 우리의 손 안에서 완전히 죽은 듯 있기도 한다.

이런 것은 흔히들 관찰되는 현상이며, 우리가 자연스레 받는 인상이다. 대체적인 결론은 이렇다.

모든 중추들의 작용은 똑같은 근육의 사용을 수반한다. 뇌가 없었던 개구리가 뒷다리로 자기 몸에 묻은 산을 닦아낼 때, 그 개구리는 연수와 소뇌를 온전하게 다 갖춘 개구리가 몸을 뒤집을 때 사용하는 다리 근육을 모두 동원한다. 그러나 이때 각 개구리의 근육 수축은 달리 결합된다. 그래서 결과가 아주 다르게 나타난다. 따라서 우리는 개구리가 몸에 묻은 산을 닦아낼 때 필요한 세포와 신경 섬유의 특별한 배열은 척수에 존재하고, 몸을 뒤집는 데 필요한 세포와 신경 섬유의 배열은 연수에 있다고 결론을 내려야 한다. 마찬가지로, 장애물을 볼 때 그것을 뛰어넘고 이동한 다음에 몸의 균형을 다시 잡는 데 필요한 세포와 신경 섬유의 배열은 시상에 있다. 또 뒤로 기는 데 필요한 세포와 신경 섬유의 배열은 시엽에 있다. 그러나 뇌 반구에는 근육의 수축을 직접 조정하는 그런 기계 장치 같은 것은 전혀 존재하지 않는다고 봐야 한다. 왜냐하면 이런 신체 기관들이 있어도 새로운 형태의 운동이 나타나지는 않고 단지 일상의 자극을 덜 치명적인 것으로 받아들이는 현상만 나타나기 때문이다. 그보다는 몸에 묻은 산을 닦으라는 지령이 반구에서 나올 때, 어떤 전류가 척수에 있는, 몸을 닦는 세포와 신경 섬유의 배열을 직접 자극한다고 결론을 내리는 것이 더 타당할 것 같다. 마찬가지로, 정상적인 개구리가 점프하길 원한다면, 이때 개구리에게 필요한 것은 반구를 통해 시상에 있는 점프 중추를 흥분시키는 것뿐이다. 그러면 점프 중추가 점프에 필요한 세부적인 것을 제시할 것이다. 이것은 마치 장군이 대령에게 어떤 작전을 전개하라고 명령하면서 그 작전을 어떤 식으로 수행할 것인지에 대해서는 말을 하지 않는 것과 비슷하다.

그렇다면 똑같은 근육이 다양한 목적에 동원되고 있다고 볼 수 있다. 이 근육은 목적에 따라서 다양한 근육과 결합하여 특별한 형태의 조화로운 운동을 엮어낸다.

## 비둘기의 하위 중추

개구리 대신에 비둘기의 반구를 조심스럽게 떼어내고 비둘기가 수술에서 회복할 때까지 기다려보라. 그러면 똑같은 효과가 나타날 것이다. 자연 발생적인 운동 중에서 뇌가 없는 이 비둘기가 할 수 없는 운동은 없다. 이 비둘기도 며칠 지나면 내부의 자극을 받아 움직이는 것처럼 보인다. 왜냐하면 비둘기가 자연적으로 움직이기 때문이다. 그러나 이 비둘기의 감정과 본능은 더 이상 존재하지 않는다. 슈레이더(Schrader)의 멋진 글을 보자.

"뇌 반구가 없는 동물은 자신에게 똑같은 가치를 지니는 육체들이 모여 있는 그런 세상을 돌아다닌다. … 골츠(Friedrich Goltz)의 적절한 표현을 빌리면, 이런 동물은 무감정의 동물이다. … 이 동물들에게 모든 대상은 단지 공간을 차지하고 있는 질량에 불과하다. 뇌가 없는 비둘기는 길에서 자기와 같은 비둘기를 만나도 마치 바위 대하듯 한다. 이 비둘기는 바위도 올라가려 하고 자기와 똑같은 비둘기 위로도 올라가려 할 것이다. 이와 비슷한 연구를 한 모든 과학자들은 자신이 연구 대상으로 삼은 비둘기가 자기 앞에 나타나는 것이 무생물이든 고양이든, 강아지든, 아니면 맹금이든 아무런 차이를 느끼지 않는다는 데 의견의 일치를 보인다. 이 비둘기는 친구도 몰라보고 적도 몰라본다. 비둘기는 수많은 동물의 무리 속에서 마치 은둔자처럼 산다. 수컷이 자기를 사모하며 구구 울어도 비둘기는 아무런 인상을 받지 않는다. 뇌 반구를 떼어내기 전에는 콩을 던져주기만 하면 쏜살같이 달려왔는데도 이제는 콩을 봐도 멀뚱하다. 다른 관찰자들과 마찬가지로 나도 뇌 반구를 떼어낸 암컷 비둘기가 수컷의 구애에 응답하는 경우를 거의 보지 못했다. 뇌 반구가 없는 수컷은 하루 종일 구구 울면서 성적 흥분의 조짐을 명백히 보일 것이다. 그러나 수컷의 행동에 목적이 전혀 없다. 암컷 비둘기가 있는지 여부는 이 수컷에게는 완전히 무관심한 일이다. 암컷 비둘기를 가까이 데려다 놓아도, 수컷은 암컷을 그냥 내버려둘 것이다. … 수컷 비둘기가 암컷에게 전혀 관심을 두지 않듯이, 뇌 반구가 없는 암컷 비둘기는 새끼에게 전혀 관심을 두지 않는다. 새끼가 어미를 끊임없이 따라다니며 먹을 것을 달라고 조를 것이다. 그러나 이 새끼들은 차라리 바위에게 먹을 것을 달라고 애걸하는 것이 더 나을 것이다. … 뇌 반구가 없는 비둘기는 더없이 온순하고 사람을 보아도 겁을 먹지 않고 고양이나 맹금류 앞에서도 겁을 먹지 않는다."

## 뇌 반구에 대한 이해

이 모든 사실들을 바탕으로 광범위한 이론으로 다듬도록 하자. 그러면 이런 결론에 도달하게 될 것이다. 하위 중추들은 순간의 감각적 자극만을 근거로 작용하고, 반구들은 숙고를 바탕으로 움직인다. 그런데 왜 이런저런 식으로 느껴질 감각을 예상하는 것이 아니고 숙고인가? 만약에 내가 방울뱀을 보자마자 뒷걸음질을 치면서 그 뱀이 아주 위험하다고 생각한다면, 그때 내가 사려 깊은 생각을 하도록 하는 마음의 자료들은 뱀의 머리 움직임이나 나의 다리가 느낄 통증, 공포의 상태, 다리가 부어오르거나, 내가 죽거나, 그 일로 인해 깨어질 나의 희망들에 관한 다소 생생한 이미지들이다. 그러나 이 모든 이미지들은 나의 과거 경험을 바탕으로 구성된 것이다. 이 이미지들은 내가 느꼈거나 목격한 것들의 재생이다. 요약하면 이 이미지들은 먼 과거의 감각들이다.

뇌 반구를 잃은 동물과 온전한 동물의 차이는 이런 식으로 요약될 것이다. 뇌 반구를 잃은 동물은 눈앞의 대상만 따르고, 뇌가 온전한 동물은 지금 눈 앞에 없는 대상들에 따라 행동한다.

그렇다면 뇌 반구들은 기억이 저장되는 중요한 자리인 것 같다. 과거 경험의 흔적은 어떤 식으로든 반구들 안에 저장될 것임에 틀

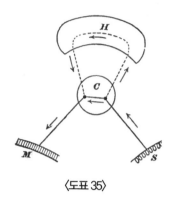

〈도표 35〉

림없다. 그리고 그 흔적들은 현재의 자극에 의해 일깨워질 때 가장
먼저 옛날의 선과 악의 대표로 나타나고, 이어서 악은 물리치고 선
의 혜택은 확보하는 쪽으로 적절한 운동 경로로 방출된다. 만약에
신경 전류를 전기 전류와 비슷한 것으로 여긴다면, 우리는 반구들
아래의 신경 체계 C를, 감각 기관에서 〈도표 35〉의 S- C - M의 선
을 따라 근육으로 가는 직류 회로와 비교할 수 있을 것이다. 반구
H는 어떤 이유에서든 직류 회로가 쓰이지 못하게 될 때 전류가 흐
를 수 있는, 환상선(環狀線) 같은 회로를 하나 더하고 있다.

　예를 들어, 더운 날에 지친 어떤 나그네가 단풍나무 아래 축축한
땅에 눕는다. 직류 회로를 타고 흐르는 달콤한 휴식과 냉기의 감각
이 자연히 전체 근육으로 방전될 것이다. 그러면 이 나그네는 위험
스런 휴식에 자신을 그대로 노출시키는 셈이 될 것이다. 그러나 환
상선이 열려 있기 때문에 전류의 일부가 그 선을 따라 흐르며 류
머티즘이나 감기의 기억을 일깨울 것이다. 그러면 남자는 일어나
서 보다 안전하게 휴식을 취할 수 있는 곳을 찾아 자리를 옮길 것

이다. 지금 우리는 반구의 환상선이 어떤 식으로 이 같은 기억들의 저수지 역할을 할 수 있는지를 살필 것이다. 나는 독자 여러분에게 반구들이 그런 저수지가 될 경우에 나타날 결과에 주목해 달라고 부탁하고 싶다.

첫째, 그런 저수지가 없는 동물은 어떤 동물이든 깊이 생각하지도 못하고, 중단하지도 못하고, 미루지도 못하고, 이 동기와 저 동기를 놓고 서로 비중을 따져가며 비교하지도 못한다. 한마디로, 신중은 그런 동물에게는 불가능한 미덕이다. 따라서 우리는 자연이 신중을 하나의 미덕으로 만드는 그런 기능들을 하위 중추에서 제거하여 대뇌로 넘겼다는 것을 알 수 있다. 생명체가 환경의 복잡한 특성을 다뤄야 할 때마다, 신중은 미덕이다. 고등 동물들은 그런 환경을 다뤄야 한다. 복잡한 환경을 다루는 동물을 우리는 고등 동물이라고 부른다. 그렇다면 행동이 적은 동물일수록 지금 우리가 다루고 있는 신체 기관들의 도움 없이도 환경을 제대로 처리할 수 있다. 개구리의 경우에는 많은 행동을 전적으로 하위 중추에 맡기고 있고, 새의 경우에는 그보다 조금 적게, 설치류의 경우에는 새보다 더 적게 맡기고 있다. 개의 경우에는 하위 중추에 맡기고 있는 행동이 매우 적으며, 원숭이와 인간의 경우에는 거의 없다.

이에 따른 장점은 명백하다. 예를 들어, 먹이를 찾는 것을 하위 중추의 반사적인 수행이라고 생각해보자. 동물은 어떠한 환경에서든 먹이가 보이기만 하면 그것을 낚아챌 것이다. 동물이 먹이의 유혹을 뿌리치지 못하는 것은 물이 뜨거운 불 위에서 끓지 않을 수 없는 것이나 마찬가지이다. 동물은 대식(大食)에 대한 대가로 목숨을 내놓아야 할 것이다. 복수와 다른 적들, 올가미, 독, 포식의 위험에 노출되는 것이 존재의 일상이 될 것이다. 미끼의 유혹과 위험을 따지는 생각의 결여와 조금 더 오래 굶겠다는 의지의 결여는 곧 그 동물의 정신적 하등을 말해주는 직접적인 척도이다. 낚싯바늘을 물었다가 맘씨 좋은 강태공 덕에 다시 물로 던져져 놓고는 방금 물었던 그 낚싯바늘을 자동적으로 다시 덥석 무는 물고기는 지능의 열등에 대해 멸종으로 속죄하게 될 것이다. 따라서 식욕과 그에 따른 행위들은 모든 고등 척추동물에서 대뇌의 기능이 되었다. 생리학자들의 칼이 하위 중추만을 남겨놓으면, 그 행동들은 사라진다. 뇌가 없는 비둘기는 곡식 더미 위에서도 굶어죽을 것이다.

이제는 성적 기능을 보도록 하자. 새들은 이 기능을 전적으로 반구들의 역할로 넘겼다. 그렇기 때문에 반구를 떼어내 버리자, 비둘기는 쪽의 구애에 전혀 아무런 관심을 주지 않았다. 골츠에 따르면, 대뇌의 조직 상당 부분을 상실한 수컷 개의 경우에도 마찬가지이다. 다윈(Charles Darwin)의 『인간의 유래』(Descent of Man)를 읽은 사람들은 다윈이 새들의 종의 향상에 있어서 성선택에 대단한 중요성을 부여했다는 사실을 기억할 것이다. 암컷들은 자연히 수줍어한다. 수컷들의 화려한 깃털의 과시와 거들먹거리는 걸음걸이나 싸움에서의 다양한 성취가 암컷들이 수줍음을 극복하도록 만들어야 한다. 반면 성적 본능이 하위 중추에 맡겨져 있는 개구리와 두꺼비는 감각의 현재 자극에 기계처럼 복종하는 것이 확인된다. 선택의 여지가 전혀 없는 것처럼 보인다. 그 결과, 해마다 봄이면 양서류의 맹목적인 성적 충동 때문에 양서류의 생명에 엄청난 낭비가 일어난다.

성적 금욕이 인간의 모든 사회적 향상에 크게 기여했다는 점은 새삼 강조할 필요도 없다. 문명과 야만을 가르는 요소로 성적 금욕보다 더 나은 것은 없다. 생리학적으로 해석한다면, 성적 금욕이란 현재의 환경이 대뇌에 일깨우는 미학적·도덕적 적합성에 대한 판단이 당장의 감각을 누르고 있다는 사실을 의미할 뿐이다.

정신생활 안에서도 대뇌 자체 때문에 보다 즉각적인 것에 대한 고려와 보다 먼 것에 대한 고려 사이에 똑같은 구분이 생긴다. 어느 시대든 결정의 근거를 먼 미래의 목적에 두는 사람이 가장 높은 지능을 가진 것으로 여겨졌다. 시간 단위로 살아가는 떠돌이, 하루 단위로 계약을 하는 보헤미안, 혼자만의 삶을 계획하는 총각, 또 다른 세대를 생각하며 행동하는 아버지, 전체 공동체와 여러 세대를 생각하는 애국자, 그리고 마지막으로 인류와 영원을 고민하는 철학자와 성자가 있다. 이들 모두는 서로 연결되어 하나의 상하 계급 조직을 이루는데, 이 조직 안에서 계급은 특별한 형태의 행위를 얼마나 많이 보이느냐에 따라 정해진다. 이 특별한 형태의 행위 때문에 대뇌의 중추들이 그 아래의 모든 중추와 구분된다.

## 자동장치 이론

먼 과거의 기억과 생각이 남아 있는 것으로 여겨지는 '환상선'에서, 행동은 육체적인 작용인 한 하위 중추들의 행동 유형에 따라 해석되어야 한다. 만일 하위 중추의 반사 작용으로 여겨지는 행동이라면, 그 행동은 환상선에서도 마찬가지로 반사 작용이어야 한다. 두 곳의 전류는 먼저 그곳으로 흘러 들어온 다음에 근육으로 흘러들어간다. 그러나 하위 중추에서는 전류가 흘러나가는 경로가 세포 배열들 사이에 고착된 몇 가지의 반사 작용에 의해 결정되는 반면, 반구들 안에서는 반사 작용이 다양하고 유동적이다. 이것은 정도의 차이일 뿐 종류의 차이는 아니며 또 반사 작용의 유형을 바꿔놓지 않는 것처럼 보일 것이다.

모든 행동을 이 유형과 일치하는 것으로 보는 것이 현대 신경생리학의 기본적인 인식이다. 이 같은 인식은 신경 기능과 의식의 관계에 관한 상반되는 이론을 2가지 낳았다. 일부 전문가들은 보다 고등한 자발적 기능도 감각의 안내를 필요로 하는 것 같다는 점을 확인하면서 아주 저급한 반사 작용도 그런 감각의 지배를 받는다고 결론을 내리고 있다. 이 감각이 척수와 연결되어 있는 감각일 수도 있고, 따라서 뇌의 반구들과 연결된 보다 고등한 의식적인 자아가 모르고 있는 감각일 수 있는데도 말이다. 다른 전문가들은 반사 작용과 반(半)자동적인 행동이 그 적절성에도 불구하고 무의식에서 일어난다는 것을 발견하면서 앞의 경우와 정반대의 입장을 취하며, 뇌 반구들과 연결된 보다 고등한 자발적 행동의 적절성은 의식이 그 행동에 수반된다는 사실과는 전혀 아무런 관계가 없다고 주장한다. 이런 견해를 펴는 전문가들에 따르면, 그런 행동은 순수하고 단순한 생리학적 메커니즘의 결과이다.

후자의 견해를 완전히 이해하기 위해선 그 견해를 예들에 직접 적용해봐야 한다. 대화 중에 일어나는 우리의 혀와 펜의 움직임, 눈의 깜박거림은 물론 생리적 명령에 따른 사건들이며, 그러한 것으로서 그 사건들보다 인과적으로 선행하는 것들은 전적으로 기계적일 것이다. 그렇다면 만일에 우리가 셰익스피어(Shakespeare)의 신경 체계를 완벽하게 알고 있고 그의 환경적 조건을 마찬가지로 완벽하게 알고 있다면, 우리는 자동성의 이론에 따라서 셰익스피어의 손이 그의 인생 중 특정한 어느 시기에 '햄릿'의 원고지에 검은색 흔적들을 남기게 된 이유를 보여줄 수 있어야 할 것이다. 우리는 셰익스피어가 원고지의 글을 지우거나 고쳐 쓴 이유를 알 수 있어야 하고, 이 모든 것을 셰익스피어의 정신에 생각이 존재한다는 것을 조금도 인정하지 않는 가운데서 이해할 수 있어야 한다. 단어와 문장들은 글 그 이상의 다른 무엇인가를 의미하는 기호가 아니라 밖으로 나타나고 있는 순수하고 단순한 사실들로만 여겨져야 할 것이다. 자동성의 이론에 따르면, 마찬가지로 우리는 마르틴 루터(Martin Luther)라 불리는, 무게가 90kg 나가는 따스한 물질 덩어리의 전기(傳記)를 이 물질 덩어리가 느낄 줄 안다는 사실조차 암시하지 않고 속속들이 쓸 수 있어야 할 것이다.

그러나 이 모든 것들 중에서 그 어떤 것도 우리가 루터의 정신적 역사나 셰익스피어의 정신적 역사에 대해 똑같이 완벽하게 설명하는 것을 막지 못한다. 이들의 사상과 감정의 모든 흔적이 적절한 자리를 찾는 그런 설명을 말이다. 모든 사람의 정신의 역사는 그 사람의 육체의 역사와 나란히 달릴 것이며, 정신의 역사의 각 지점은 육체의 역사의 어느 지점에 반응하는 것이 아니라 그 지점에 부합할 것이다. 그렇듯, 하프의 현에서 멜로디가 흘러나오지만, 그 멜로디는 현의 진동을 늦추지도 않고 촉진하지도 않는다. 또 그림자가 보행자를 따라 다니지만, 그것이 그 사람의 걸음에는 아무런 영향을 주지 않는다.

우리의 관심을 신경 중추 자체로만 국한시킨다면, 하나의 단순한 개념으로서, 신경 중추의 행위를 근본적으로 기계적인 것으로 보는 이 이론보다 더 유혹적인 것도 별로 없다. 그럼에도 우리의 의식이 있으며 또 의식이 어떤 목적을 위해 개입할 가능성이 아주 크다. 의식의 목적은 선택에 있는 것 같다. 그러나 선택하기 위해서는, 의식 자체가 효율적이어야 한다. 옳은 것으로 느껴지는 의식 상태들에는 강하게 집착하게 될 것이고, 나쁜 것으로 느껴지는 의식 상태들은 멀리하려 할 것이다. 만약에 의식의 상태를 놓고 이처럼 매달리려 하거나 멀리하려는 것이 그 의식 상태와 관련 있는 신경 작용들을 효과적으로 강화하거나 억제하는 것을 의미한다면, 정신의 상태라는 것이 있는 것 자체가 신경 체계를 조종하고 또 신경 체계가 의식의 눈에 가장 훌륭해 보이는 경로를 따르도록 도와줄 것 같다.

대체로 봐서 의식에게 가장 훌륭해 보이는 것들은 정말로 그 생명체에게 가장 이롭다. 쾌락은 일반적으로 이로운 경험과 연결되어 있고, 고통은 대체로 해로운 경험과 연결되어 있다는 것은 아주 잘 알려진 사실이다. 목숨이 걸린 근본적인 작용들은 예외 없이 이 법칙을 보여주고 있다. 주린 배를 채우거나, 휴식을 즐기거나, 피로를 느낀 끝에 잠을 자거나, 휴식 뒤에 운동을 하거나, 피부와 뼈를 건강하게 유지하는 것은 유쾌한 일이다. 반면에 굶주림과 질식, 식량과 물과 수면(睡眠)의 박탈, 피곤한 상태에서 하는 노동, 화상, 상처, 염증, 독극물의 효과 같은 것은 대단히 불쾌하다.

스펜서를 비롯한 전문가들은 이 우연의 일치는 기존에 확립된 어떤 조화 때문에 일어나는 것이 아니라, 장기적으로 볼 때 해로운 경험을 즐거운 경험으로 받아들이는 생명체들이 결국에는 죽게 만드는 자연 선택 때문이라고 주장한다. 질식의 느낌에서 쾌감을 얻는 동물은, 만일 그 쾌감이 이 동물로 하여금 머리를 계속 물속에 처박고 있도록 만든다면, 4분 내지 5분밖에 살지 못할 것이다. 그러나 만약에 의식적인 쾌락이 어떠한 것도 강화하지 않고 또 의식적인 고통이 어떠한 것도 억제하지 못한다면, 불에 타는 것과 같은 가장 해로운 일이 환희의 스릴을 주지 못하고 또 호흡과 같은 가장 필요한 일이 고통을 주지 않는 이유를 알 길이 없어진다. 우리의 느낌들이 이처럼 양분되는 이유를 유일하게 설명하려고 시도한 인물은 『생리학적 미학』(Physiological Aesthetics)이라는 자그마한 책을 쓴 그랜트 앨런(Grant Allen)이었다. 그의 추론은 순수한 자동성을 옹호하는 사람들이 강력히 부정하는 쾌락과 고통의 인과적 효과에 전적으로 바탕을 두고 있다.

따라서 확률이나 환경 속의 증거는 우리의 행동이 인과관계 측면에서 보면 순전히 기계적이라는 이론과 완전히 배치된다. 기술심리학(記述心理學)의 관점에서 보면, 감각들이 그 감각을 일으키는 과정들을 강화하거나 저지하는 쪽으로 반응할 것이라는 점에 의문을 제기할 명백한 이유가 아직 하나도 없다. 따라서 나는 이 책에서 상식의 언어를 사용하는 데 조금도 주저하지 않을 것이다. 나는 마치 의식이 목적을 성취하는 방향으로 신경 중추들을 능동적으로 압박하는 것처럼 말할 것이며, 또한 의식이 우리의 삶의 게임을 무력하게 그냥 지켜보고만 있는 방관자가 아니라는 식으로 말할 것이다.

## 뇌 반구들 안의 기능의 분화

뇌의 반구들은 기억의 기관이며 어떤 식으로든 과거 전류들의 흔적을 간직하고 있음에 틀림없다. 이 흔적을 통해서, 어떤 행동이 취해지기 전에 과거의 경험을 바탕으로 한 고려가 이뤄진다. 생리학자들의 생체 해부와 의사들의 관찰이 이 같은 주장을 강력히 뒷받침하고 있다.

뇌의 다양한 주름은 근육 체계의 이런저런 부위뿐만 아니라 감각 기관들과도 연결을 맺은 가운데 각자 특별한 기능을 갖고 있다. 이 책의 목적상 여기서 그 증거들을 세세하게 파고들 필요는 없을 것 같다. 그래서 나는 현재 가장 믿을 만한 것으로 받아들여지고 있는 결론들을 단순히 제시할 것이다.

## 정신의 요소와 뇌의 요소

우선, 생리학자들이 뇌 기능을 분석한 내용과 '분석적인' 심리학자들이 정신의 기능을 분석한 내용 사이에 비슷한 점이 아주 뚜렷하게 나타나고 있다.

골상학에서는 뇌를 '기관들'로 나누며, 각 기관은 어떤 편파적인 태도를 취하고 있는 사람을 상징했다. '자식 사랑'의 기관은 거기에 필요한 의식을 갖추고 있으면서 자식들을 사랑하는 사람이나 마찬가지이고, '숭배'의 기관은 숭배하고 있는 사람이나 마찬가지이다. 정신을 파고드는 심리학도 마음을 '기능'으로 나눴는데, 이 기능 역시 한정된 태도에서 완벽한 정신적인 사람들이다. 그러나 '기능'이 정신적인 요소가 아닌 것은 '기관'이 뇌의 요소가 아닌 것과 똑같다. 분석은 기능과 기관을 보다 기본적인 구성 요소로 쪼갠다.

　뇌와 정신은 똑같이 단순한 요소들, 말하자면 감각 요소와 운동 요소로 이뤄져 있다. 영국 신경학자 잭슨(Hughlings Jackson)은 이렇게 말한다. "가장 열등한 것에서부터 가장 고등한 것까지, 모든 신경 중추들은 인상과 운동을 나타내는 신경의 배열로 이뤄져 있다. … 나는 뇌를 구성할 수 있는 그 외의 다른 물질에 대해선 모른다." 오스트리아 정신신경학자 마이네르트(Theodor Hermann Meynert)는 뇌 반구들의 피질(皮質)을 육체의 모든 근육과 모든 감각점(感覺點)들이 반영되는 표면이라고 말한다. 각각의 근육과 감각점은 피질의 한 점에 나타나며, 뇌는 피질의 이 모든 점들의 총합에 지나지 않는다. 정신의 측면에서 보면, 이 피질의 점들에 상응하는 수많은 감각과 관념이 있다. 분석적인 심리학에 따르면, 이 감각들과 감각에 관한 관념들과 운동에 관한 관념들이 마음을 이루는 요소들이다. 대상들 사이의 관계는 관념들 사이의 '연결'에 의해 설명되고, 정서적 및 본능적 성향들은 관념들과 운동들 사이의 연결에 의해 설명된다. 이와 똑같은 도표가 내부 세계와 외부 세계를 동시에 상징적으로 표현할 수 있다. 점이나 원은 따로따로 세포 또는 관념을 상징하고, 점을 잇는 선은 신경 섬유나 연합을 상징한다. 관념 연합설을 주장하는 전문가가 말하는 관념이라는 표현이 진리를 표현하고 있는지는 의문스럽다. 그러나 관념이라는 표현은 언제나 지적 효용을 지닐 것이다. 여하튼 생리학적 분석이 관념 연합설을 주장하는 사람들에게 아주 이롭게 작용하는 것을 지켜보는 것은 흥미로운 일이다. 조금 더 자세히 들여다보도록 하자.

### 운동 영역

완벽하게 잘 확립되어 있는 것이 바로 이 운동 영역이다. 롤란도(Rolando) 고랑(전두엽과 두정엽 사이의 고랑/옮긴이)의 한쪽 면에 있는 '중앙'의 주름들과 뇌량 주변의 주름들이 운동 영역을 이룬다. 피질을 떠나는 모든 운동 자극들은 이 운동 영역에 의해 밖으로 나가 뇌교(腦橋)와 연수와 척수의 영역에 있는 실행 중추로 향하며, 이 실행 중추에서 근육 수축이 마지막으로 방출된다. '운동 영역'의 존재는 생체 실험과 병리학적 증거뿐만 아니라 해부학적 증거로도 확고히 입증되고 있다.

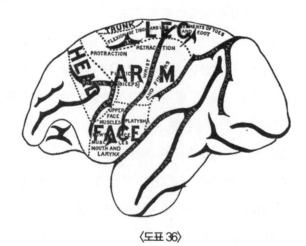

〈도표 36〉

원숭이 뇌의 왼쪽 반구의 바깥쪽 표면을 그린 그림이다.

그림(〈도표 36〉과 〈도표 37〉)들은 원숭이의 운동 영역의 배열을
다른 어떤 설명보다 더 명확히 보여주고 있다.

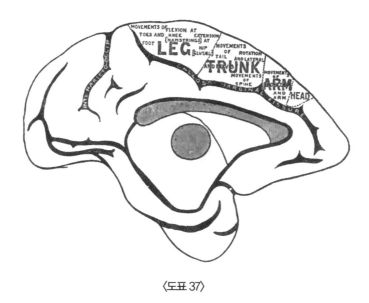

〈도표 37〉

원숭이의 뇌의 왼쪽 반구의 안쪽면을 그린 그림이다.

〈도표 38〉은 신경 섬유들이 어떤 식으로 아래쪽으로 내려가는지
를 보여주고 있다. 반구들로 들어가는 모든 신경 전류들은 롤란도
영역을 빠져나간다. 따라서 롤란도 영역은 깔때기 모양으로 생긴
일종의 탈출 기관으로 여겨질 수 있으며, 표면 밑으로 내려갈수록
더욱 좁아지며 안쪽의 피막(皮膜)과 뇌교 등을 가로지른다. 〈도표
38〉의 그림 왼쪽에 나타난 검은 부분은 출혈이나 종양을 나타내고
있으며, 독자 여러분은 신경 섬유들의 경로를 따름으로써 출혈이
나 종양들이 운동 전류를 방해할 경우에 나타나는 결과를 쉽게 확

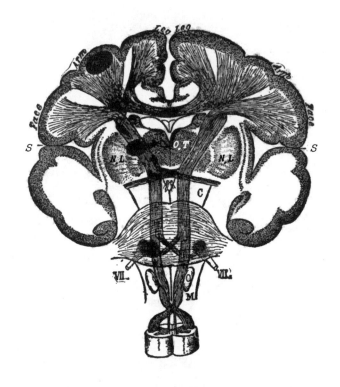

〈도표 38〉

인간의 뇌를, 롤란도 영역을 가로지르는 횡단면으로 그린 그림이다. S 는 실비우스 수도관, N.L.은 기저핵(基底核), O.T.는 시상(視床), C는 뇌 궁각, M은 숨뇌, Ⅶ은 안면 신경이다. O.T와 N.L. 사이를 통과하는 신경 섬유들은 소위 말하는 내포(內包)를 이룬다.


인할 수 있다.

　피질에 운동 영역이 존재한다는 점을 입증하는 가장 확실한 증 거는 '운동성 실어증'이라 불리는 병이 제시하는 증거이다. 운동 성 실어증은 목소리의 상실도 아니고 혀나 입술의 마비도 아니다.

환자의 목소리는 예전만큼 강하다. 혓바닥 밑의 신경과 얼굴 신경의 자극 전달도 말을 하는 데 필요한 자극 전달만을 제외하고는 완벽하다. 환자는 웃거나 울 수 있으며, 심지어 노래를 부를 수도 있다. 그러나 환자는 단어는 한마디도 내뱉지 못한다. 아니면 의미 없는 표현 몇 마디만 말할 수 있을 뿐이다. 또는 환자는 일관성 없이 뒤죽박죽 말을 하며, 단어들을 엉뚱한 데 배치하거나 잘못 사용한다. 환자의 말이 알아들을 수 없는 음절에 지나지 않을 때도 간혹

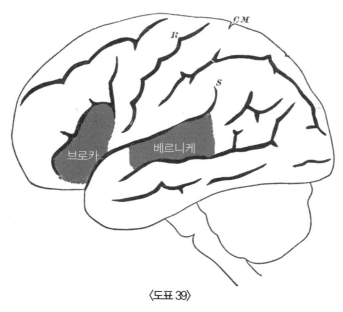

〈도표 39〉

왼쪽 뇌반구의 그림이다. 검은색으로 표시한 부분이 파괴되면 운동성 실어증(브로카의 영역)과 감각성 실어증(베르니케의 영역)이 생긴다.

있다. 운동성 실어증 환자들의 경우를 보면, 환자는 자신의 실수를 알아차리고 있기에 고통을 더 많이 겪는다. 이런 병에 걸린 환자가

죽은 뒤 뇌를 검사하는 것이 허용될 때마다, 아래쪽 전두엽의 고랑에 부상이 있는 것이 확인된다. 브로카(Paul Brocca)가 1861년에 처음으로 이 사실을 알아냈다. 그 이후로 전두엽의 그 부분은 '브로카의 영역'이라 불리고 있다. 오른손잡이인 경우에는 부상이 왼쪽 반구에서 발견되고, 왼손잡이인 경우에는 부상이 오른쪽 반구에서 발견된다.

사실 대부분의 사람들은 '좌뇌잡이', 즉 섬세하고 전문화된 모든 운동을 왼쪽 반구의 책임으로 넘긴 사람들이다. 그런 운동에 보통 오른손을 즐겨 쓰는 것은 단지 좌뇌잡이라는 사실에 따른 당연한 결과일 뿐이다. 이것은 〈그림 38〉에서 보듯 글자 M 밑에서 신경 섬유들이 왼쪽 반구에서 몸의 오른쪽 반으로 광범위하게 넘어가는 현상 때문이다. 그러나 '좌뇌잡이'가 겉으로 드러나지 않을 수 있다. 신체의 양쪽 기관 모두가 왼쪽 뇌 반구의 지휘를 받는 곳마다 이런 현상이 일어날 수 있다. 그런 예를 발성 기관이 제시할 것이다. 매우 섬세하고 특별한 운동이 말하는 것을 도울 수 있다는 점에서 보면 그렇다. 어느 뇌 반구라도 발성 기관을 자극할 수 있다. 어느 뇌 반구라도 몸통과 늑골, 횡격막을 자극할 수 있는 것과 똑같다. 그러나 말의 특별한 운동들에 대한 책임은 대부분의 사람들의 경우에 전적으로 왼쪽 반구에 맡겨지는 것 같다. 그런 왼쪽 반구가 작동하지 않으면, 말이 불가능해진다. 오른쪽 반구가 먹는 행위에 필요한 다양한 운동 같은 덜 전문적인 행동을 실행하고 있는 상황에서도 그런 일이 벌어진다.

시각 중추는 후두엽(後頭葉)에 있다. 이것 또한 3가지 종류의 증

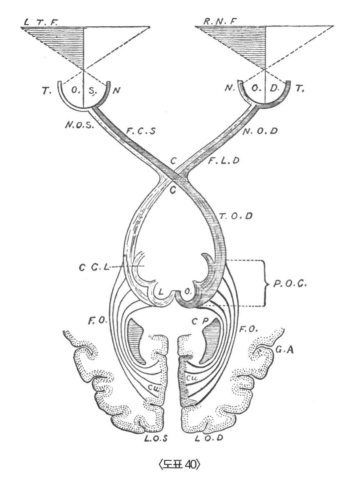

〈도표 40〉

시각의 메커니즘을 그린 그림이다. 오른쪽 후두엽의 주름이 부상을 입을 수 있다. 그 주름과 연결된 모든 부분을 선으로 표시했다. 기능을 제대로 발휘하지 못하게 된다는 점을 보여주기 위해서이다. F.O.는 각 반구 내의 신경섬유들이다. P.O.C.는 시각중추이다. T.O.D.는 오른쪽 시신경로이고, C는 시신경이 교차하는 곳이며, F.L.D.는 오른쪽 망막의 관자놀이 쪽 반인 T로 가는 신경섬유이고, F.C.S.는 왼쪽 망막의 코 쪽 반으로 가는 신경 섬유이다. O.D.는 오른쪽 안구이고 O.S.는 왼쪽 안구이다. 그러므로 Cu에 부상을 입은 사람은 각 안구의 오른쪽 반이 보이지 않게 된다.

거로 입증되고 있다. 양쪽 망막의 왼쪽 반에서 나온 신경 섬유들은 뇌의 왼쪽 반구로 연결되고, 오른쪽 반에서 나온 신경 섬유들은 오른쪽 반구로 연결되는 것 같다. 그 결과, 예를 들어 오른쪽 후두엽에 부상을 입으면 반맹(半盲) 현상이 양쪽 눈 모두에 나타난다. 다시 말하면, 양쪽 망막의 오른쪽 반이 상을 맺지 못하게 되고, 환자는 시야의 왼쪽 반을 보지 못하게 된다. 〈그림 40〉이 이를 쉽게 보여줄 것이다.

셰이퍼(Schaefer)와 멍크(Munk)는 원숭이와 개의 시각 피질을 전기로 자극하여 그에 따른 안구의 움직임을 연구하면서 망막의 윗부분 및 아랫부분과 시각 피질의 부위들 사이에도 이와 비슷한 관계가 있다는 것을 뒷받침할 근거를 발견했다. 만약에 양쪽 후두엽이 모두 파괴된다면, 이중 반맹이 나타나야 한다. 달리 말하면, 앞이 전혀 보이지 않아야 한다. 인간의 반맹에서는 시야의 반이 빛에 무감각한 현상이 나타난다. 그러나 앞에 보이는 대상의 마음속 이미지는 그대로 남는다. 이중 반맹의 경우에는 빛의 감각도 없어져야 할 뿐만 아니라 어떤 시각적 상태의 기억과 이미지마저도 모두 사라져야 한다고 믿을 이유가 많다. 이중 반맹인 사람은 시각적 '관념들'을 잃는다. 그러나 '대뇌피질'의 문제로 일어난 시력 상실일 때에만 관념들에 이런 결과가 나타난다. 망막의 훼손이나 대뇌 피질과 눈 사이의 시각 경로 어딘가의 파손은 망막의 광선 민감도를 훼손시키지만 시각적 상상력까지 훼손시키지는 않는다.

## 심맹(心盲)

대뇌피질의 장애로 인해 나타나는 결과 중에서 가장 흥미로운 것은 심맹이다. 이는 빛의 자극에 대한 무감각 때문이 아니라 빛의 자극을 이해하지 못하는 무능력 때문에 나타난다. 심리학적으로 말하면, 심맹은 시각적 감각들과 그 감각들이 의미하는 것을 서로 연결시키는 능력을 상실한 데 따른 것으로 해석된다. 시각 중추들과 다른 관념들의 중추들 사이에 있는 경로가 방해를 받을 때 심맹이 일어남에 틀림없다. 한 예로, 인쇄된 글자들은 어떤 소리와 발음상의 어떤 운동을 동시에 의미한다. 그러나 발성 혹은 청각 중추와 시각 중추 사이의 연결이 방해를 받으면, 우리는 단어들의 모양이 그 소리에 대한 관념이나 그 단어들을 발음하는 운동에 대한 관념을 일깨우지 못할 것이라고 짐작해야 한다. 간단히 말해, 우리는 독서불능증을 보여야 한다. 전두측두엽에 부상을 입은 많은 환자들에게서 나타나는 실어증의 결과로 생기는 것이 바로 그런 것이다.

어떤 대상을 눈으로 알아보지 못하는 환자도 그것을 손으로 만지자마자 그 대상을 알아보고 이름을 제시할 수 있을 것이다. 이는 언어의 경로를 통해 우리에게로 들어와 뇌에서 끝나는 경로들이 아주 많다는 점을 매우 흥미로운 방식으로 보여주고 있다. 눈의 경로는 막혀 있어도 손의 경로는 열려 있다. 심맹이 거의 100%에 가까운 때에는 시각도, 촉각도, 청각도 환자에게 도움이 되지 않으며 그 결과 실상증(失象症) 혹은 실행증(失行症)이라 불리는 일종의 치매 현상이 나타난다. 그러면 가장 흔한 물건조차도 이해하지 못하게 된다. 그런 환자는 바지를 한쪽 어깨에 걸치고, 모자를 다른

〈도표 41〉

피질의 중추들을 서로 연결하는 신경 섬유들.

쪽 어깨에 쓸 것이며 비누를 베어 물고 신발을 테이블 위에 놓거나 음식을 손으로 쥐었다가 도로 놓곤 할 것이다. 환자는 그런 것들을 갖고 어떻게 해야 할지를 모르는 것이다. 이런 장애는 광범위한 뇌 손상으로 인해서만 생길 수 있다.

청각 중추는 사람의 경우에 측두골의 위쪽 주름 속에 자리 잡고 있다(〈도표 39〉에 '베르니케'로 표시되어 있다). 실어증이 이 같은 사실을 보여주고 있다. 우리는 앞에서 운동성 실어증에 대해 공부 했다. 이젠 '감각성 실어증'을 배워야 한다. 실어증에 대한 지식은 3단계로 되어 있다. 우리는 브로카의 단계에 대해, 베르니케(Carl Wernicke)의 단계에 대해, 그리고 샤르코(Jean-Martin Charcot)의 단계에 대해 논할 것이다. 브로카의 발견에 대해서는 앞에서 살펴 보았다. 베르니케는 말을 이해조차 못하는 환자와 말은 이해하면서도 말을 하지 못하는 환자를 처음으로 구분한 사람이다. 베르니케는 말을 이해조차 하지 못하는 원인을 측두엽의 장애 탓으로 돌렸다. 문제의 상태는 '단어농'(單語聾)이라 불리며, 질병은 '청각성 실어증'이라 불린다.

이 주제를 최근에 통계학적으로 조사한 것은 앨런 스타(Allen Starr)의 연구였다. 단어농 상태를 보이는 환자 7명(이들은 읽고 말하고 쓸 수 있지만 다른 사람들의 말을 이해하지 못했다)에서, 장애는 첫 번째와 두 번째 측두엽 뇌 주름에 한정되었다. 운동성 실어증에서와 마찬가지로, 이 장애는 언제나 왼쪽 반구에 있다. 왼쪽의 청각 중추가 다 파괴되더라도, 청력이 완전히 사라지지는 않을 것이다. 왜냐하면 오른쪽 중추가 아직 그 기능을 제공할 것이기 때문이다.

그러나 청각을 언어에 활용하는 것은 다소 왼쪽 중추의 완전성하고만 관계가 있는 것 같다. 이 대목에서 우리는 밖에서 들린 단어들이 한쪽으로는 그것들이 의미하는 대상과 연결되고 다른 한쪽으로는 그것들을 발음하는 데 필요한 운동과 연결된다고 말할 수 있다. 대부분의 사람들을 보면 청각적 자극을 바탕으로 말을 계속함에 틀림없다. 말하자면 우리의 시각적, 촉각적 혹은 다른 관념들은 우리의 운동 중추를 곧장 자극하지 않고, 먼저 마음속에서 단어들의 소리를 일깨운 다음에 운동 중추를 자극한다는 뜻이다. 이 운동 중추의 자극이 발음을 하게 하는 것이다.

왼쪽 측두엽에 있는 경로의 파괴로 인해 이 가능성이 사라질 때, 발음이 힘들어짐에 틀림없다. 이 경로가 파괴되었음에도 불구하고 언어에 나쁜 영향이 전혀 발견되지 않는 극소수의 환자들에 대해서는 우리는 특이한 경우로 보아야 할 것이다. 이런 환자는 청각 영역에 기대지 않고 다른 뇌 반구의 상응하는 영역을 통하거나 아니면 시각과 촉각 중추들을 통해서 자신의 발성 기관을 자극해야 한다. 샤르코가 이 주제를 더욱 명쾌하게 밝힌 부분은 바로 이런 환자들과 같은 개인적 차이를 더 세세하게 분석한 점이다.

이름을 붙일 수 있는 모든 물체는 수많은 특성과 품질 혹은 양상을 갖고 있다. 우리의 마음속에서 이 특성들은 이름과 함께 하나의 연상 집단을 형성한다. 만약에 뇌의 다양한 부위들이 몇 가지 특성과 서로 연결되어 있고, 또 조금 먼 부위가 그 이름을 듣는 것과 관계있고 또 다른 부위가 이름을 발음하는 것과 관계가 있다면, 이런 경우에는 불가피하게 이 모든 뇌 부위 중에서 (다음에 배우게 될 연합의 법칙에 따라서) 나머지 뇌의 모든 활동을 일깨울 어떤 연결을 끌어내야 한다. 이때의 연결은 어느 한 뇌 부위의 활동이 나머지 뇌 부위의 활동을 일깨울 수 있는 그런 연결이어야 한다. 우리가 생각하면서 말을 하고 있을 때, 그때 종국적인 과정은 말을 하는 것이다. 만일 말을 하는 뇌 부위가 부상을 입는다면, 말은 불가능하거나 무질서해질 것이다. 나머지 뇌 부위가 멀쩡하더라도 그런 현상이 나타날 것이다. 앞에서 배운 대로, 브로카의 영역에 손상을 입었을 때 초래되는 상태가 바로 그런 것이다. 그러나 그런 행동의 이면에서, 그러니까 말을 하는 사람의 관념들의 연상 속에서는 다양한 순서의 연결이 가능하다. 보다 평범한 순서는 생각하고 있는 물체들의 촉각적, 시각적 또는 다른 특징에서 시작하여 그 이름의 소리로, 그 다음에 그 이름의 발음으로 이어진다. 그러나 만약에 어떤 개인의 마음속에서 어떤 대상의 모양이나 그 이름의 모양이 발음에 앞서서 습관적으로 떠오른다면, 그러면 청각 중추의 상실이 그 사람의 말이나 읽기에 그다지 심각한 영향을 미치지 않을 것이다. 그 사람은 정신적으로는 농아일 것이다. 즉 인간의 목소리를 이해하는 능력이 타격을 받을 것이다. 그러나 그는 실어증을 보이지는 않을 것이다. 이런 식이라면, 스타의 연구 논문에 등장한 7명의 환자들이 운동성 실어증 없이도 단어농 증세를 보이는 이유에 대한 설명이 가능해진다.

만일 이 연결의 순서가 그 개인에게 뿌리깊은 습관이라면, 시각 중추에 부상이 있을 경우에 그 사람은 단어농이 될 뿐만 아니라 실어증까지 보일 것이다. 그 사람의 말은 후두엽의 장애 때문에 무질서해질 것이다. 독일 병리학자 나우닌(Bernhard Naunyn)은 반구의 그림 위에다가 실어증 환자 71명이 부상을 입은 부분을 일일이 표시한 결과 장애를 일으키는 부위가 3곳에 집중된다는 사실을 발견했다. 첫 번째는 브로카의 중추이고, 두 번째는 베르니케의 중추이고, 세 번째는 시각 중추와 뇌의 나머지 부분을 연결하는 신경 섬유들이 지나가는 곳 바로 위의 주름이었다(〈그림 42〉 참조). 이 결과는 스타가 감각성 실어증 환자들을 대상으로 한 분석과 일치한다.

'상상'에 관한 장에서 개인에 따라 감각 영역에 나타나는 차이를 논할 때, 이 문제에 대해 다시 이야기할 것이다. 수많은 연구원들의 예지와 인내가 이루 말할 수 없는 혼돈 속에서 질서를 찾아내는 그 과정을, 실어증에 관한 지식이 지나 온 과정보다 더 아름답게 보여

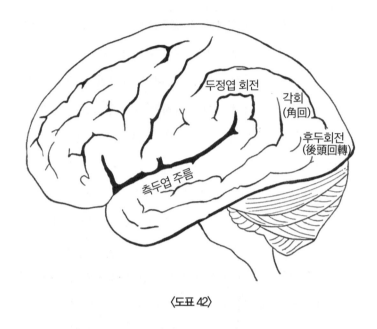

〈도표 42〉

주는 섯도 없다. 뇌에 언어 '기관'이 전혀 없는 것은 우리의 정신에 언어 '기능'이 없는 것과 똑같다. 언어를 사용하는 경우에는 전체 정신과 전체 뇌가 두루 작동한다. 〈그림 43〉은 가장 활발하게 연결되어 있는 4개의 부위를 보여주고 있다. 이 책의 맥락에서 본다면, 추가 설명은 필요하지 않다.

### 후각, 미각, 촉각 중추

다른 감각 중추들은 아직 명확하게 알려져 있지 않다. 후각과 미각 중추에 대해서는 나는 전혀 언급하지 않을 것이다. 근육과 살갗의 느낌에 대해서는 이렇게만 말하고 싶다. 근육과 살갗의 감각 중추는 운동 영역에 자리 잡고 있을 확률이 아주 높다고. 우리 몸으

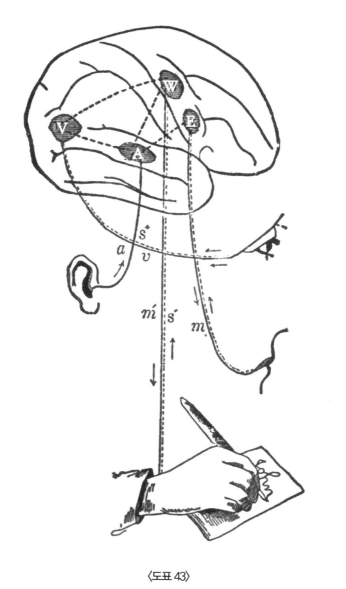

〈도표 43〉

A는 청각 중추이고, V는 시각 중추이고, W는 글쓰기 중추이고, E는 언어 중추이다.

로 들어오는 촉각 전류들은 신경 섬유를 통해 이 영역의 세포들 안으로 들어가야 하고 다른 신경 섬유에 의해 방출되어야 한다. 그러나 이 부분의 해부학적 측면에 대해서는 현재로선 알려진 것이 전혀 없다.

## 결론

지금까지 우리는 앞에서 '정신의 요소와 뇌의 요소'에 관한 논의를 시작하면서 먼저 제시한 마이네르트와 잭슨의 주장이 객관적인 연구에 의해 대체로 뒷받침되고 있다는 것을 확인하고 있다. 가장 고등한 중추들은 아마 인상과 운동을 나타내는 배열만을, 그리고 이 배열들의 활동을 서로 결합시키는 다른 배열들만을 포함한다. 감각 기관들에서 쏟아져 들어오는 전류들은 먼저 일부 배열을 자극하고, 그러고 나면 이 자극이 다른 배열들을 자극할 것이다. 그러다 마침내 아래로 향하는 어떤 방출이 일어난다.

여기까지 확실히 이해가 되기만 하면, 운동 영역이 전적으로 운동인지 아니면 감각적이기도 한지에 대한 의문은 거의 남지 않을 것이다. 전체 피질은 거기에 전류가 흐르는 한 운동이기도 하고 감각이기도 하다. 모든 전류는 아마 느낌을 싣고 있을 것이며 조만간 운동을 일으킬 것이다. 그렇다면 한 측면에서 보면 모든 중추는 구심성이고, 또 다른 측면에서 보면 원심성이다. 척수의 운동 세포들에서도 이 두 가지 측면이 떼어놓을 수 없게 결합되어 있다.

마리크(Louis Marique)와 엑스너(Sigmund Exner), 파네스(Josef Paneth)는 '운동' 중추 주위를 끊어서 피질의 다른 부위의 영향으로부터 분리시켜도 운동 중추를 제거할 때와 똑같은 장애가 일어나난다는 점을 보여주었다. 그렇다면 운동 중추는 내가 말한 그대로이다. 다른 어딘가에서 시작한 신경 자극이 탈출하는 깔때기 같은 것이 운동 중추인 것이다. 의식이 이 신경 자극의 흐름에 동행하고, 만약에 그 흐름이 후두부에서 가장 강해진다면 주로 사물들이 보일 것이고, 만약에 그 흐름이 측두부에서 가장 강해진다면 사물들이 들릴 것이고, 만약에 그 흐름이 '운동 영역'에서 가장 강해진다면 사물들이 느껴질 것이다. 내가 볼 때에는 이처럼 광범위하고 또 모호하게 서술하는 것이 과학의 현 단계에서 가장 안전할 것 같다.

그러나 어떤 생각이 마음에 떠오를 때 우리의 뇌에서 어떤 일이 일어나는지에 대해 세부적으로 말할 수 있는 것이 매우 적은 것은 분명하다. 똑같다든지 닮았다든지 정반대라든지 하는 사물들 사이에 나타나는 일반적인 관계의 형태들, 주의를 기울이든가 주의를 기울이지 않든가 또 즐겁든가 불쾌하든가 하는 의식의 형태들, 그리고 관심과 선택의 현상 등은 모두 어느 한 중추와 다른 중추를 연결하는 전류들과 관련 있는 효과로 여겨진다. 이런 식의 설명만큼 모호한 것도 없다. 더욱이 전두엽 아랫부분 같은 뇌의 일부는 그런 모호한 설명마저도 허락하지 않는다. 전두엽 아랫부분이 파괴되더라도 개들의 경우에는 운동이나 감각에 아무런 문제가 발생하지 않는다. 원숭이들의 경우에는 이 부분을 자극하거나 절제해도 어떠한 징후도 나타나지 않는다. 영국의 생리학자 호슬리(Victor Horsley)와 셰이퍼(Edward Albert Schaefer)가 연구 대상으로 삼은 원숭이는 그 부분을 절제한 뒤에도 절제 전 만큼이나 유순하고 재주도 마찬가지로 잘 부렸다.

　요약하면, 우리의 정신 상태에 대한 지식이 그 정신 상태가 수반하는 대뇌의 조건에 대한 지식보다 월등히 더 많은 것은 틀림없다. 한 예로, 언어의 정신적 요소들에 대한 깊은 분석이 없었더라면, 생리학에서 가장 빛나는 보석인 실어증 이론은 완전히 불가능했을 것이다. 그러므로 정신의 상태는 전적으로 뇌의 조건에 좌우된다는 우리의 가설은 아직 단순한 가설로 이해되어야만 한다. 우리는 이 가설이 진리임에 틀림없다는 믿음을 갖고 있지만, 그것이 어떻게 해서 진리인가 하는 문제 앞에서는 그에 대한 통찰이 아직 멀다는 점을 인정하지 않을 수 없다.

　의식의 상태들에 대한 공부에 들어가기 전에, 나는 별도의 장에서 뇌의 기능에 대해 조금 더 설명할 것이다. 우리의 정신에 중요한 역할을 하는 기능들이다.

# 신경 활성의
# 일반적 조건들

## 신경 방출

'방출'이라는 단어가 끊임없이 쓰이고 있다. 이 책에서 이 단어는 전류가 근육이나 내부의 다른 신체 기관으로 배출되는 것을 의미한다. 독자 여러분은 이 단어를 비유적으로 이해해서는 안 된다. 역학의 관점에서 보면, 전류가 운동 세포를 통과하는 것이 아마 총의 격발과 비슷할 것이다.

세포의 물질은 긴장 상태에 있다. 이 긴장을 세포로 들어오는 전류가 풀어준다. 이때 전류는 분자들을 흔들어 보다 안정적인 평형을 찾도록 하면서 동시에 에너지를 방출한다. 이 에너지가 외향 신경 섬유의 전류를 일으킨다. 이 전류는 내향 신경 섬유의 전류보다 더 강하다. 이 전류가 근육에 닿아서 거기서 억눌려 있던 분자들을 풀어놓는다. 그 결과 효과가 더욱 크게 나타난다. 이탈리아 신경생리학자 마테우치(Carlo Matteucci)는 근육 수축이 일으킨 힘이 운동 신경을 자극하는 직류의 힘보다 27,000배 더 크다는 것을 발견했다. 개구리의 다리 근육을 처음에는 운동 신경을 직접 건드려서 수축시키고 그 다음에는 감각 신경의 자극을 통해 반사적으로 수축시켜 보면, 반사 작용을 이용하는 방법이 더 강한 전류를 필요로 하고 또 더 느리긴 하지만 수축이 일어날 때 그 수축력은 훨씬 더 크다는 것이 확인된다. 이 같은 사실은 반사 행동이 통과하는 척수의 세포들이 어떤 저항을 일으킨다는 점을 보여준다. 이 저항을 극복하면 이 세포들로부터 상대적으로 강력한 외향 전류가 나온다. 이것을 작은 폭발이라 부르지 않고 달리 뭐라고 부를 수 있을까?

## 반응 시간

방출에 필요한 시간의 측정이 지난 몇 년 동안 많은 실험의 주제가 되었다. 헬름홀츠가 개구리의 좌골 신경에서 외향 전류의 속도를 발견함으로써 이 실험을 주도했다. 헬름홀츠가 이용한 방법들은 곧 감각의 반응에 적용되었다. 그 결과가 '생각의 속도'의 측정으로 묘사되면서 대중의 경탄을 불러일으켰다. 'quick as thought'(순식간에)라는 표현은 아주 오랜 옛날부터 측정하지 못할 만큼 빠른 속도를 묘사할 때 즐겨 쓰였다. 과학이 이런 신비에 손을 댈 때의 그 불길함은 많은 사람들에게, 프랭클린(Benjamin Franklin)이 보다 새롭고 보다 냉정한 부류의 신들의 통치를 예상하면서 '하늘로부터 번개를 빼앗았던' 그 날을 상기시켰다. 그러나 나는 '생각의 속도'라는 표현이 오해를 부르고 있다는 점을 밝히고 싶다.

왜냐하면 어떠한 경우든 측정되는 시간 동안에 어떤 구체적인 사고 행위가 일어나는지가 절대로 명확하지 않기 때문이다. 여기서 문제가 되고 있는 시간이 진정으로 의미하는 것은 자극에 대한 반응이 지속되는 전체 시간이다. 그 반응의 조건들 일부는 사전에 준비되어 있다. 우리가 '대기 상태'라고 부르는, 운동 신경과 감각 신경의 긴장이 그런 준비에 해당한다. 반응이 일어나는 동안에 무슨 일이 일어나는지에 대해서는 현재로선 전혀 알려진 것이 없다. 신경의 관점에서도 그렇고, 정신의 관점에서도 그렇다.

이런 조사에 동원되는 방법은 기본적으로 똑같다. 어떤 신호가 실험 대상에게 전달된다. 그와 동시에 이 신호는 시간을 측정하는 장치에 기록된다. 그러면 실험 대상이 일종의 근육 운동을 일으킨다. 이것이 반응이며, 이 또한 자동적으로 장치에 기록된다. 두 차례의 기록 사이의 시간이 그 반응의 전체 시간이 된다. 시간을 기록하는 도구는 유형이 다양하다. 한 가지 유형은 그을린 종이로 싼 회전 원통을 이용하는 장치이다. 이 종이 위에 전기펜이 신호가 시작될 때부터 반응이 일어날 때까지를 선으로 그린다. 그 사이에 다른 전기펜(미리 정해진 비율로 진동하는 금속 막대에 연결되어 있다)은 앞의 전기펜이 그린 선 옆에 시간선을 그린다. 이 선의 각 파동은 1초의 몇 분의 1을 의미한다. 이것을 기준으로 반응선의 끊어진 부분의 시간을 계산한다.

〈도표 44〉를 보라. 위의 직선은 첫 번째 화살표에서 신호에 의해 끊어졌다가 두 번째 화살표에서 반응에 의해 다시 이어지고 있다. 가장 자주 이용되고 있는 기계는 히프(Matthias Hipp)가 개발한 크

로노스코프(초(秒)시계)이다. 시계 바늘은 0에 놓이며, 신호가 (전기 연결에 의해) 시계 바늘을 작동시키고 반응이 시계 바늘을 멈추게 한다. 시계 바늘의 움직임은 1,000분의 1초 단위까지 문자판에 나타난다.

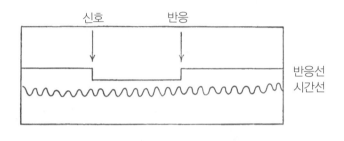

〈도표 44〉

## 단순 반응

같은 사람인 경우에도 그 사람이 주의의 방향을 어디로 돌리고 있느냐에 따라서 반응 시간이 달라지는 것이 확인된다. 만일 그 사람이 자신이 할 운동에 대해 가급적 생각하지 않으면서 앞으로 받게 될 신호에만 정신을 집중하고 있다면, 반응 시간이 조금 길어진다. 반대로 그 사람이 마음을 전적으로 근육의 반응에만 쏟고 있다면, 반응 시간은 더 짧아진다. 분트의 실험실에서 일하는 동안에 이 같은 사실을 처음으로 알아챈 랑게(Carl Georg Lange)는 자신의 근육의 반응 시간은 평균 0.123초인 반면에 자신의 감각의 반응 시간은 평균 0.230이나 된다는 것을 확인했다. 근육의 반응 시간은 대체로 0.1초와 0.2초 사이이다. 내가 볼 때, 이런 상황에서 그 같은 반응은 기본적으로 반사 행동이다. 운동을 위해 근육을 사전에 준비시킨다는 것은 신호가 들어오기 전에 방출 경로를 실제 방출이 일어나기 직전 상태로 흥분시킨다는 것을 의미한다. 달리 표현하면, 사전 준비는 중추들에 진짜 반사궁(反射弓)을 일시적으로 형성하고 이 반사궁을 통해서 내향 전류가 즉시 통과할 수 있도록 한다는 것을 의미한다. 그러나 주의가 전적으로 신호에만 쏟아지고 있을 때에는, 운동 경로의 흥분은 신호가 들어온 뒤에야 시작할 수 있으며 이런 조건에서는 반응에 시간이 더 많이 걸린다. 근육을 사전에 준비시킴으로써 방아쇠를 잡아당길 태세를 갖춘 조건에서 우리는 간혹 엉터리 신호에 반응한다. 그런 경우에 신호는 미리 대기하고 있던 기차를 움직이게 하는 전기 불꽃에 지나지 않는다. 거기에는 생각이라곤 전혀 없다.

따라서 이 실험들은 어떤 의미에서도 생각의 속도를 측정하는 것이 아니다. 이 실험들을 더 복잡하게 다듬을 수 있을 때에만 지적 작용이 일어날 기회가 있을 것이다. 실험을 다양하게 다듬을 수 있을 것이다. 신호가 의식적으로 명백한 어떤 관념을 일깨울 수 있을 때까지는 반응이 일어나지 않도록 막아야 한다. 반응은 그 다음에 일어나야 한다. 아니면 실험 대상자들에게 전할 신호들을 다양하게 만들 수도 있다. 각 신호마다 다른 반응이 나오도록 설계해야 한다. 실험 대상자는 자신이 어떤 신호를 받게 될 것인지를 몰라야 한다. 그렇게 하면 반응은 사전 인식이나 선택 없이 일어날 수 있을 것이다. 그러나 이런 경우에도 그 식별과 선택은 우리가 평소에 식별과 선택으로 알고 있는 지적 활동과는 크게 다르다.

반응 시간은 개인과 나이에 따라 다르다. 나이가 많고 교육 수준이 낮은 사람은 반응 시간이 길다(엑스너가 관찰한 늙은 거지의 경우에는 거의 1초나 걸렸다). 어린이들의 반응 시간도 길다(헤르첸(Herzen)에 따르면 0.5초이다).

연습을 하면 반응 시간이 짧아지지만, 개인마다 더 이상 짧아지지 않는 최소한의 시간이 있다. 앞에서 말한 늙은 거지의 경우에 연습을 한 다음에는 반응 시간이 0.1866초로 줄어들었다.

피로는 반응 시간을 길게 만들고, 주의의 집중은 반응 시간을 짧게 만든다. 신호의 성격에 따라서도 반응 시간이 많이 달라진다. 여기에 여러 관찰자들이 확인한 평균을 제시한다.

| | 히르쉬 | 한켈 | 엑스너 | 분트 |
|---|---|---|---|---|
| 소리 | 0.149 | 0.1505 | 0.1360 | 0.167 |
| 빛 | 0.200 | 0.2246 | 0.1506 | 0.222 |
| 촉각 | 0.182 | 0.1546 | 0.1337 | 0.213 |

소리에 대한 반응이 시각이나 촉각에 대한 반응보다 더 빠르다. 맛과 냄새에 대한 반응은 시각이나 촉각보다 느리다. 신호의 강도에 따라서도 반응 시간이 달라진다. 자극이 강할수록, 반응 시간이 짧아진다. 헤르첸은 똑같은 사람을 놓고 발가락의 티눈과 손의 피부의 반응을 비교했다. 2곳에 동시에 자극을 가했다. 그랬더니 실험 대상자는 손과 발로 동시에 반응하려고 노력했지만 언제나 발의 반응이 빨랐다. 그 다음에는 발의 티눈이 아닌 정상적인 살갗에 자극을 가했다. 이때는 언제나 손의 반응이 빨랐다. 흥분성이 있는

물질은 대체로 반응 시간을 늦추지만 중요한 것은 양이다.

## 복합적 반응

반응에 지적 작업이 수반될 때, 복합적 반응이 일어난다. 그렇기 때문에 복합적 반응에 대한 논의는 다양한 지적 작용을 논할 때 같이 하는 것이 바람직하다. 그러나 일부 사람들은 맥락을 무시하고 이 모든 측정을 한 묶음으로 다루길 원한다. 그래서 그들의 의견을 받아들여, 나도 여기서 복합적 반응에 대해 논할 것이다.

만약에 반응을 하기 전에 반드시 생각을 해야 한다면, 거기에는 우리가 논할 수 있는 그런 반응 시간 같은 것은 절대로 있을 수 없다. 이때의 반응 시간은 전적으로 사람이 얼마나 오랫동안 생각하느냐에 좌우되기 때문이다. 우리가 측정할 수 있는 유일한 시간은 매우 간단한 지적 작용에 걸리는 최소 시간뿐이다. 따라서 구별에 필요한 시간이 실험의 주제가 된다.

분트는 실험에 참여한 사람들에게 2개 이상의 신호를 보고 그것을 구별하는 순간에 어떤 움직임을 보여 달라고 부탁했다. 분트에 따르면, 여기서 얻는 반응 시간과 미리 알려준 단 한 개의 신호에 반응하는 시간을 빼면 그것이 구별 행위에 걸리는 시간이다. 2개의 신호만을 사용할 때보다 4개의 신호를 불규칙적으로 사용할 때의 반응 시간이 훨씬 더 긴 것으로 확인되었다. 2개의 신호가 사용되었을 때(이 경우 신호는 검정색과 흰색 물체를 갑자기 보여주는 것이었다), 3명의 관찰자의 평균 반응 시간은 각각 0.050, 0.047, 0.079초였다. 여기에다가 빨간색과 초록색 물체를 더해서 4가지 신호를 사용했을 때, 똑같은 관찰자들의 평균 반응 시간은 각각 0.157, 0.073, 0.132초였다.

미국 심리학자 카텔(James McKeen Cattell) 교수는 이런 방법으로는 어떠한 결과도 얻지 못한다는 것을 알고는 분트 이전의 관찰자들이 사용한 방법을 채택했다. 이 방법은 이런 식으로 진행된다. 실험 대상자는 신호를 기다리다가 나타난 신호가 같은 종류이면 반응하고 다른 종류이면 반응하지 않는다. 따라서 반응 자체가 구별한 뒤에 일어난다. 카텔 교수는 2명의 관찰자가 제시한 자료에서 흰색 신호와 신호가 전혀 없는 것을 분간하는 데 추가로 더 필요한 시간이 각각 0.030초와 0.050초라는 것을 확인했다. 또 한 색깔과 다른 색깔을 분간하는 데는 각각 0.100초와 0.110초가 걸리고, 10가지 색깔에서 어떤 한 가지 색깔을 구별하는 데는 0.105초와 0.117초가 걸렸다. 글자 A와 글자 Z를 구별하는 데는 0.142초와 0.137초가 걸렸다. 나머지 모든 알파벳과 어떤 한 글자를 구별하는 데는 0.119초와 0.116초 걸렸다. 어떤 한 단어와 25개의 다른 단어들을 놓고 구별하는 데는 0.118초와 0.158초 걸렸다. 이 경우에 반응 시간은 단어들의 길이와 익숙함의 정도에 따라 달라졌다.

카텔 교수는 단어 하나를 구별하는 데 걸리는 시간과 글자 하나를 구별하는 데 걸리는 시간에 거의 차이가 없다는 사실에 주목할 것을 요구한다. 카텔 교수는 "그러므로 우리는 단어를 이루는 글자들을 하나하나 구별하지 않고 단어를 하나의 덩어리로 보고 구별한다. 아이들에게 글을 가르치는 일에 이 원리를 적용해야 한다."고 말한다.

카텔 교수는 다양한 글자들을 구별하는 데도 시간 차이가 많이 난다는 사실을 발견하고 있다. E를 구별하는 데 특별히 더 오랜 시간이 걸린다.

어떤 생각과 다른 생각의 연결에 필요한 시간도 측정되었다. 골턴(Francis Galton)은 예측하지 않은 단어를 보게 될 때 그것과 함께 연상되는 '생각'을 떠올리는 데 6분의 5초가 걸린다는 것을 매우 간단한 도구를 이용해 알아냈다. 분트도 색다른 측정 방법을 한 가지 고안했다. 이 실험에서는 실험 보조자가 한 음절로 된 단어를 제시하는 것으로 '신호'를 주게 되어 있었다. 실험 대상이 된 사람은 그 단어의 소리가 어떤 관념을 떠올리게 하는 순간에 버튼을 눌러야 했다. 단어의 제시와 반응은 크로노스코프를 이용해 기록되었다. 4명의 관찰자가 단어를 보고 거기에 반응하기까지 걸린 시간은 각각 1.009, 0.896, 1.037, 1.154초로 다 달랐다. 연상되는 생각이 떠오르는 데 필요한 시간을 구하려면, 이 숫자에서 단어의 소리를 확인하는 단순 반응에 걸린 시간을 빼야 한다. 그렇게 해서 얻은 숫자를 보면 차례로 0.706, 0.723, 0.752, 0.874초가 된다. 마지막 숫자가 큰 것은 그 사람이 미국인이었기 때문이다. 미국인의 경우에는 독일어 단어를 갖고 어떤 생각을 연상하는 것이 당연히 독일인보다 늦게 마련이다.

독일 태생의 영국 생리학자 로메인스(George Romanes)는 개인들 사이에 읽기 능력에 놀라운 차이가 있다는 사실을 발견했다. 로메인스의 연구 대상이 된 사람들은 모두 독서를 즐기는 사람들이었다. 독서의 속도 차이는 4대 1까지 날 수도 있다. 달리 말하면, 주어진 시간 안에 어떤 사람은 다른 사람보다 4배나 더 많이 읽을 수 있다는 뜻이다. 게다가 읽기의 느림과 이해력 사이에는 아무런 관계가 없는 것처럼 보였다. 오히려 주어진 시간 안에 모든 노력을 이해에 쏟을 때, 글을 빨리 읽는 사람들은 글을 천천히 읽는 사람들보다 읽은 내용에 대해 설명을 더 잘 하는 것으로 나타났다. 글을 빨리 읽는 사람은 글의 내용도 더 잘 이해한다. 로메인스는 이렇게 덧붙인다. "이런 식으로 측정된 이해의 속도와 지적 노력의 일반적인 결과로 측정하는 지적 활동 사이에는 전혀 아무런 관계가 없다. 왜냐하면 나의 경우에 실험 대상자로 과학과 문학 쪽에서 이름을 날리는 사람들을 주로 택하기 때문이다. 그들 대부분은 글을 천천히 읽는 사람들이다."

주의의 집중도 반응 시간에 상당히 많은 영향을 미친다. 신호에 앞서서 우리를 당황하게 만들거나 산만하게 만드는 일이 벌어지거나 아니면 신호가 우리를 놀라게 만드는 것일 때에도 반응 시간이 꽤 늦어진다.

### 자극의 가중(加重)

신경 중추들 전반에 걸쳐, 그 자체로는 신경 중추가 효과적으로 전류를 방출하게 할 만큼 신경 중추를 충분히 자극하지 못하는 자극도 한 개 이상의 다른 자극과 함께 작용함으로써 방출을 초래할 수 있다는 것은 하나의 법칙으로 통한다. 이 같은 현상을 설명하는 한 방법은 긴장의 가중을 고려하는 것이다. 최초의 긴장은 '잠재적 자극'을 낳고, 그런 식으로 나가다 보면 마지막 긴장은 낙타의 등을 부러뜨리는 그런 지푸라기가 될 것이다.

이것은 많은 생리학적 실험들에 의해 입증되지만 그 실험들을 여기서 세세하게 다룰 수는 없다. 그러나 실험실 밖에서 우리는 일상에서 끊임없이 이 가중의 법칙을 응용하고 있다. 만일 마차를 몰던 말이 갑자기 선다면, 말을 다시 가게 하는 최종적인 방법은 한꺼번에 다수의 자극을 동원하는 것이다. 마차꾼이 고삐와 소리를 이용하고, 한 구경꾼이 말의 머리를 잡아당기고 또 다른 구경꾼이 말의 뒷다리를 때리고, 마차꾼이 종을 흔들고, 승객들이 내려 마차를 민다면, 다시 말해 한꺼번에 여러 가지 자극을 이용한다면, 말도 고집을 꺾고 길을 다시 걸을 것이다. 어떤 사람의 이름이나 사건을 기억해내려 할 때, 우리는 가능한 한 많은 단서에 대해 생각한다. 그러면 그 단서들이 서로 결합하면서 한 가지 단서만으로는 떠올리지 못할 것을 떠올리게 된다. 죽은 먹잇감의 모습은 맹수를 자극하지 못한다. 그러나 거기에 움직이는 모습만 더해 보라. 그 순간 맹수의 추격이 시작될 것이다.

독일 생리학자 브뤼케(Ernst Brucke)는 자신의 실험 대상이 되었던 뇌 없는 암탉이 눈앞의 곡식을 쪼려고조차 하지 않다가도 소리를 내어 곡식을 땅바닥에 힘껏 던지자 그걸 쪼기 시작했다고 보고했다. 스코틀랜드 해부학자 앨런 톰슨(Allen Thomson)은 카펫 위에서 며칠에 걸쳐서 병아리를 몇 마리 부화시켰다. 이 병아리들은 발로 바닥을 긁으려는 태도를 전혀 보이지 않았다. 그러나 톰슨이 카펫 위에 약간의 모래를 뿌려놓자 병아리들은 금방 발로 바닥을 긁기 시작했다. 낯선 사람과 어둠이 결합하면 개에게는 두려

움과 불신의 자극이 된다(이 문제에 있어서는 인간도 마찬가지이
다). 환경만으로는 외적 표현을 끌어내지 못할 수 있다. 그러나 환
경에다가 다른 것이 결합되면, 예를 들어 낯선 사람을 어둠 속에서
만나면, 개는 무섭게 저항하고 나설 것이다. 거리의 행상은 가중의
효과를 매우 잘 알고 있다. 왜냐하면 그들이 길 옆에 일렬로 앉아
있는데도 통행인이 맨 마지막 행상으로부터 사는 경우가 종종 있
기 때문이다. 첫 번째 행상에게 사기를 거부했던 사람이 유혹을 여
러 차례 느낀 결과이다.

## 뇌의 혈액 공급

대뇌피질의 모든 부위는 전기 자극을 받으면 호흡과 혈액 순환
에 변화를 일으킨다. 대뇌에 자극이 이뤄지는 부위가 어디든 관
계없이, 대체로 몸 전체에서 혈압이 다소 높아진다. 심장 박동이
빨라지거나 늦어지는 현상도 관찰된다. 이탈리아 생리학자 모소
(Angelo Mosso)는 자신의 '혈류량 측정법'을 이용해 연구하면서
지적 활동을 하는 동안에는 팔의 혈액 공급이 줄어들고, 또 이 부
위의 동맥압(맥박 기록기에 의해 확인된다)도 증가한다는 사실을
발견했다(〈도표 45〉 참조). 스승인 루트비히(Carl Ludwig) 교수가
실험실에 들어올 때 생기는 것과 같은 약한 감정도 즉시 모소의 팔
에 근육 수축을 일으켰다.

뇌 자체는 사실 피로 가득한 스펀지와 비슷하며, 혈관이 아주 많
은 신체 기관이다. 모소의 또 다른 발명품은 다리에 피가 적게 갈
때 머리로 더 많은 피가 간다는 것을 보여주었다. 실험 대상자를

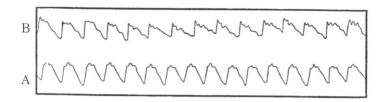

〈도표 45〉

맥박 기록기에 나타난 기록. A는 지적 휴식을 취하는 동안의 기록이고 B
는 지적 활동이 이뤄지는 동안의 기록이다.


균형이 잘 맞춰진 테이블 위에 눕게 했다. 이 테이블은 머리 쪽이
든 발쪽이든 무게가 무거워지면 기울어지게 되어 있었다. 실험 내
상자가 감정적 혹은 지적 활동을 시작하는 순간, 머리 쪽이 아래로
내려갔다. 혈액의 분배가 다시 이뤄진 결과이다. 그러나 정신적 활
동이 이뤄지는 즉시 혈액이 뇌로 유입된다는 사실을 보여주는 가
장 멋진 증거는 모소가 두개골의 손상 때문에 뇌가 드러난 채로 있
던 환자 3명을 관찰한 내용이다.

　이 생리학자는 자신의 책에 소개한 장치를 이용하여 뇌의 맥박
을 직접 기록할 수 있었다. 실험 대상자에게 말을 건넬 때마다, 그
즉시 두개내(頭蓋內)의 혈압이 높아졌다. 아니면 실험 대상자가
암산 문제를 푼다든지 하면서 생각을 적극적으로 하기 시작할 때
에도 그런 현상이 나타났다. 모소는 연구서를 통해서 정신적 활동
이 지적 또는 감정적 이유로 인해 빨라질 때에도 혈액 공급에 변화
가 나타난다는 사실을 보여주고 있다. 어느 여성 실험 대상자의 경
우에는 외적으로나 내적으로 분명한 이유가 없는데도 갑자기 뇌의

맥박이 높아지는 것이 관찰되었다. 그러나 그녀는 그 순간에 방 안의 가구 위에 놓인 두개골을 보았으며, 그것이 그녀의 감정에 약간의 영향을 미쳤다고 털어놓았다.

# 습관

## 습관이 심리학에 중요한 이유

너무나 중요한 까닭에 한 개의 장을 별도로 할애해야 할 신경 작용이 한 가지 있다. 신경 중추들, 특히 뇌 반구들이 습관을 잘 들이는 성격을 두고 하는 말이다. 생리학적 관점에서 보면, 습득된 하나의 습관은 새로운 방출 경로가 뇌에 하나 형성된 것에 지나지 않는다. 내향 전류는 이 경로를 지나려는 경향을 보인다. 이것이 이 장에서 다룰 주제이다. 우리는 앞으로 다루게 될 심리학에 관한 장들을 통해서 생각의 연상과 지각, 기억, 추론, 의지의 교육 같은 기능들을 방출 경로가 새롭게 형성된 결과로 보면 이해가 가장 쉽다는 사실을 확인하게 될 것이다.

습관은 물리학적 바탕을 갖고 있다. 습관을 정의하려 드는 순간, 물질의 근본적인 특성을 마주하게 된다. 자연의 법칙은 다양한 종류의 물질들이 스스로 행동하고 또 서로에게 반응하며 따르는 불변의 습관에 지나지 않는다. 그러나 생물의 세계에서는 습관이 이보다 훨씬 더 변덕스럽다. 본능조차도 종(種)에 따라, 개체에 따라 다 다르다. 또 본능은 같은 개체 안에서도 상황에 맞게 변화할 수 있다. 이 점에 대해서는 뒤에서 살필 것이다.

원자론 철학에 따르면, 물질의 입자의 습관은 변화할 수 없다. 왜냐하면 그 입자 자체가 변화할 수 없는 것이기 때문이다. 그러나 물질의 혼합인 덩어리의 습관은 변화할 수 있다. 왜냐하면 이 혼합물이 어쨌든 혼합의 구조 때문에 생겨난 것이고, 바깥쪽으로 향하는 힘이나 안쪽으로 향하는 장력이 수시로 그 구조를 옛날과 다른 무엇인가로 바꿔놓을 수 있기 때문이다. 여기서 말하는 구조의 변화는 굳이 외형의 변화를 수반할 필요까지는 없다. 쇠막대기가 어떤 외부의 원인이 작용한 결과 자성을 띨 때처럼, 아니면 지우개가 부서지거나 딱딱해질 때처럼, 구조의 변화는 눈에 보이지 않게 분자에만 나타날 수도 있다.

이 모든 변화는 대체로 느리다. 왜냐하면 문제의 물질이 변화의 원인에 저항하고, 이 저항을 극복하는 데 시간이 걸리기 때문이다. 그러나 저항에 점진적으로 굴복하는 것이 종종 물질을 붕괴로부터 구해준다. 그렇다면 유연성은 이 단어의 폭넓은 의미에서 어떤 영향에 굴복할 만큼 허약하면서도 단번에 굴복하지 않을 만큼은 강한 구조를 갖고 있다는 뜻이다. 그런 구조 안에서 상대적으로 평형을 유지하는 안정된 단계를 보면 새로운 습관이라 부를 만한 것이 많이 보인다. 생명체의 물질, 특히 신경 섬유는 이런 종류의 유연성을 부여받은 것 같다. 그래서 우리는 주저하지 않고 이렇게 제안한다. 생명체들에게 나타나는 습관은 육체를 이루는 유기적인 물질들의 유연성 때문에 나타나는 현상이라고 말이다.

따라서 습관의 원리는 우선 생리학이나 심리학보다 물리학에 속한다. 습관은 물리적 원칙이라는 것이 최근에 이 주제를 연구한 전문가들의 의견이다. 이 전문가들은 생명이 없는 물질이 보여주는 습득된 습관에 주의를 기울일 것을 주문한다. 한 예로, 프랑스 심리학자 레옹 뒤몽(Léon Dumont)의 글을 보도록 하자.

"옷을 보자. 어느 정도 입고 나면 새 것일 때보다 몸에 더 잘 맞는다는 사실을 누구나 알 것이다. 옷감의 조직에 변화가 있었고, 이 변화는 결합의 새로운 습관이다. 자물쇠도 어느 정도 사용한 다음에 더 쉽게 작동한다. 새로운 자물쇠를 잠그거나 열 때 훨씬 더 많은 힘이 필요한 것이다. 그 저항을 극복하는 것이 곧 습관화 현상이다. 종이도 한번 접힌 부분이 더 쉽게 접힌다. … 신경 체계에도 마찬가지 현상이 나타난다. 외부 대상의 인상은 스스로 적절한 경로를 만들어 간다. 외부에서 들어오는 자극의 경우에도 이 같은 결정적인 현상이 일어난다."

신경 체계에서만 그런 것이 아니다. 피부에 난 흉터는 어느 부위에 있든 '저항이 약한 곳'이며, 다른 피부에 비해 쉽게 벗겨지고 쉽게 곪고 통증과 추위에도 더 약하다. 한번 삔 발목은 다시 쉽게 삐게 되며, 한번 탈구한 팔은 쉽게 다시 탈구한다. 류머티즘이나 통풍에 걸린 관절이나 감기의 온상이었던 점막은 쉽게 다시 아프게 된다. 병적인 상태가 건강한 상태로 대체되기 전까지는 그런 현상이 만성적으로 나타날 것이다. 신경 계통에서는 소위 말하는 기능적 장애가 어쩌다 시작되었다는 이유만으로 계속 이어진다는 사실은 아주 잘 알려져 있다. 또 의학적으로 장애를 몇 차례 차단하기만 하면 생리적 힘들이 그 분야를 다시 장악하고 기관들이 건강한 기능을 다시 찾게 된다는 사실도 잘 알려져 있다.

그런 예를 들자면, 간질과 신경통, 다양한 종류의 경련성 질병, 불면증 등 많다. 더욱 명백한 습관을 본다면, 마약을 끊게 할 때 동원하는 치료법이 불건전한 열정이나 단순한 불만 또는 성급한 성질로 힘들어 하는 사람에게도 성공적으로 적용될 수 있다는 사실은 병적 징후 자체가 신경 기관들의 단순한 타성 때문인 경우가 많다는 점을 보여주고 있다.

## 습관과 신경 경로

습관은 신경 중추들을 통과하는 경로들 때문에 생긴다. 만약에 습관이란 것이 뇌 물질이 외부의 요소들을 대하는 그 유연성 때문에 생기는 것이라면, 우리는 뇌의 물질이 어떤 외부 영향에 유연한지를 쉽게 볼 수 있을 것이다. 그러나 뇌의 물질은 물리적 압력에도, 온도의 변화에도, 우리 신체의 다른 모든 기관이 노출되는 어떤 힘에도 유연하지 않다. 왜냐하면 이 책의 앞부분에서 본 바와 같이 자연이 뇌를 너무나 잘 싸두었기 때문이다. 그래서 뇌에 남길 수 있는 인상들은 한쪽으로는 피를 통하고 다른 한쪽으로는 감각 신경 뿌리를 통하는 것들뿐이다. 그리고 반구의 피질이 매우 예민하게 반응하는 대상은 감각 신경 경로를 통해 들어오는 무한히 약한 전류이다. 전류들은 들어오기만 하면 반드시 출구를 찾아야 한다. 전류들은 빠져나가면서 지나온 경로에 흔적을 남긴다. 전류가 할 수 있는 유일한 일은 한마디로 요약하면 옛날의 경로를 더욱 깊게 하거나 새로운 경로를 만드는 것이다. 물론 코를 킁킁거리거나 손을 주머니에 넣거나 아니면 손톱을 이빨로 물어뜯는 것과 같은 단순한 습관은 물리적으로 보면 반사 행동의 방출에 지나지 않으며, 그런 습관의 해부학적 바탕은 그 체계 안의 경로임에 틀림없다. 조금 있다가 세세하게 다룰 아주 복잡한 습관도 똑같은 관점에서 본다면 신경 중추들에서 일어나는 '연쇄' 방출에 지나지 않는다. 이 때는 어느 한 근육의 수축으로 인해 형성된 인상이 다시 자극으로 작용하면서 그 다음 근육 수축을 일으킨다. 그러다 마지막 인상이 그 과정을 억제하며 연결의 고리를 끊는다.

살아 있는 물질에서 일어나는 구조적 변화의 성장이 생명이 없는 덩어리에서 일어나는 구조적 변화의 성장보다 훨씬 더 빠르다는 점에 주목해야 한다. 왜 그런가 하면, 생명 있는 물질 안에서 지속적으로 일어나는 영양(營養)의 회복이 인상이 새겨진 신경 조직의 원래 구성을 복원시켜 그 변형을 바로잡으려 하지 않고 인상이 새겨진 경로의 변형을 확증하고 고착시키려는 경향을 강하게 보이기 때문이다. 따라서 다음과 같은 일이 벌어질 수 있다. 근육이나 뇌를 새로운 방식으로 힘들게 훈련시키고 나면, 우리는 그 즉시에는 더 이상 그런 방식으로 근육이나 뇌를 움직이지 못할 것 같다는 생각이 든다. 그러나 하루나 이틀 휴식을 취하고 그 훈련을 다시 시작할 때면 우리는 새로운 기술이 이미 자신의 것이 되어 있다는 사실을 깨닫게 된다. 이제 그 기술은 더 이상 우리를 놀라게 만들지 못한다. 나는 노랫가락을 익히면서 종종 이 같은 사실을 경험했다. 어느 독일 저자는 이 같은 현상에 대해 "우리는 겨울 동안에 수영을 배우고 여름 동안에 스케이트를 배운다."는 식으로 극단적인 예를 들며 설명하고 있다.

## 습관의 실용적 효과

첫째, 습관은 우리의 움직임을 단순화하고 정확하게 해주고 피로를 줄여준다. 사람은 신경 중추에 있는 세포와 신경의 배열을 갖고 할 수 있는 것보다 훨씬 더 많은 것을 하려는 성향을 타고난다. 다른 동물들의 동작을 보면 대부분이 자동적이다. 그러나 인간의 경우에는 행동의 수가 엄청나게 많기 때문에 행동의 대부분이 힘든 공부의 결실임에 틀림없다. 만약에 연습을 통해 완벽해지지 못하고 또 습관이 신경과 근육 에너지를 효율적으로 지출하지 않았다면, 사람은 심각한 곤경에 처했을 것이다. 영국의 정신과의사 모즐리(Henry Maudsley)는 이렇게 말한다.

"만약에 몇 차례 연습을 했는데도 어떤 행동이 전혀 쉬워지지 않고 또 행동을 할 때마다 의식의 집중이 필요하다면, 일생 동안 활동은 한두 가지로 제한되었을 것이다. 어떤 사람은 옷을 입고 벗는 일로 하루 종일을 보내야 할지도 모른다. 자신의 몸을 돌보는 일만으로도 그 사람의 주의와 에너지가 다 소진될 것이다. 손을 씻거나 단추를 다는 일도 그에게는 엄청난 임무가 될 것이다. 아이에게 똑바로 서는 방법을 가르칠 때의 어려움을 생각해보라. 아이는 정말로 대단한 노력을 기울여야 한다. 그러다 마침내 일어서기만 하면 그 이후로는 아이는 아무런 노력을 하지 않고도 일어선다. 부차적이고 자동적인 행동은 힘들이지 않고 할 수 있지만, 이 점에서 보면 이런 행동은 반사 운동에 가까운데, 의지의 의식적 노력은 곧 피로를 부를 것이다. 기억이 없는 척수라면 단지 바보 척수에 지나지 않을 것이다. … 사람은 병에 걸려 자동적인 기능을 잃을 때까지는 이런 기능의 덕을 너무나 많이 보고 있다는 사실을 제대로 깨닫지 못한다."

둘째, 습관이 된 행동의 수행에는 의식적인 주의를 많이 기울이지 않아도 된다.

이를 이런 식으로 말할 수도 있다. 어떤 행동이 행해질 때, 신경에 A, B, C, D, E, F, G 등의 사건이 연속적으로 일어나야 한다고 가정하자. 그런데 당신이 이 행동을 처음 하려 한다. 그럴 경우에 당신의 의식은 A, B, C 등 사건을 거칠 때마다 엉터리를 포함한 여러 가지 대안들 중에서 하나를 선택해야 한다. 그러나 곧 습관이 붙게 되면 그때는 습관이 사건을 선택할 것이고, 한 사건은 저절로 적절한 다음 사건을 불러내게 될 것이다. 이때는 대안도 제시되지 않고 의식적인 의지에 자문을 구하는 일도 일어나지 않는다. 그러다 마침내는 A가 일어나자마자 A, B, C, D, E, F, G로 이어지는 사슬이 저절로 철커덕거리며 연결되게 된다. 이제 A와 사슬의 나머지들은 하나의 연속체처럼 움직인다. 걷기나 승마, 수영, 스케이트, 펜싱, 글쓰기, 연극이나 노래를 배울 때, 우리는 각 단계마다 불필요한 동작과 엉터리 내용으로 비틀거리게 된다. 반대로, 우리가 그런 것들에 익숙하게 될 때, 근육의 행동도 아주 적어질 뿐만 아니라 단 하나의 '신호'만 있어도 필요한 근육 행동이 줄줄이 나오게 된다.

명사수는 새를 보면 그것이 새라는 사실을 알기도 전에 조준부터 하고 총을 쏜다. 상형문자로 쓴 것 같은 악보를 슬쩍 보기만 해도 피아니스트들은 손가락으로 아름다운 선율을 엮어낸다. 우리가 이런 식으로 무의식적으로 하는 일이 모두 옳은 일인 것만은 아니다. 습관이 되면 나쁜 일도 무의식적으로 하게 된다. 낮 시간에 양복조끼를 벗으면서 혁대에 묶어 주머니에 넣어둔 시계부터 먼저 풀어야 한다는 사실을 절대로 기억하지 못하는 사람도 있지 않은가? 또 친구 집을 방문해 놓고는 자기 집 열쇠로 문을 열려고 하는 사람도 있지 않은가? 저녁 식사를 앞두고 옷을 갈아입으러 침실로 들어갔다가 엉뚱하게도 옷을 벗고 침대 속으로 들어갔다는 사람도 있다. 그런 식으로 엉뚱한 행동을 할 수 있는 이유는 늦은 시간에 옷을 벗는 습관이 되어 있었기 때문이다. 우리 모두에겐 화장실과 관련된 일이나 익숙한 찬장 문을 열고 닫는 일 등 일상의 일을 수행하는 데 나름대로 특별한 방식이 있다. 그러나 고등한 사고 중추들은 그런 일에 대해서는 거의 아무것도 모른다. 양말이나 신발을 신거나 바지를 입을 때 어느 쪽부터 먼저 끼우는지에 대해 즉석에서 말할 수 있는 사람은 드물다. 사람들은 먼저 그 행동을 머릿속으로 그려보아야 한다. 그것만으로 충분하지 않을 때도 종종 있다. 그럴 때에는 그 행동을 직접 해보아야 한다. 덧문은 어느 문짝부터 먼저 열리는가? 집의 문은 어느 쪽으로 열리는가? 나는 이 같은 질문에 대답하지 못한다. 그럼에도 나의 손은 실수를 한 적이 한 번도 없었다. 빗질이나 칫솔질을 하는 순서에 대해 설명할 수 있는 사람은 아무도 없다. 그럼에도 그 순서는 상당히 고착되어 있다.

이 같은 결과에 대해서는 다음과 같이 설명할 수 있다.

점점 습관이 되고 있는 행동의 경우에, 각각의 새로운 근육 수축이 일정한 순서로 일어나도록 하는 것은 사고나 지각이 아니고 그 전에 끝난 근육 수축이 일으킨 감각이다. 철저히 의도적인 행동은 그 과정 내내 관념과 지각과 의지의 안내를 받아야 한다. 그러나 습관적인 행동에 있어서는 감각만으로도 충분한 안내가 된다. 이 때는 뇌와 정신의 상층부 영역들은 비교적 자유로운 상태이다. 도표를 빌려 설명하면 이해가 더 쉬울 것이다.

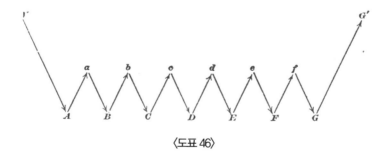

〈도표 46〉

A, B, C, D, E, F, G는 근육 수축의 습관적 연속을 나타내고, a, b, c,

d, e, f는 이 근육 수축이 연속적으로 이뤄질 때 우리의 내면에서 일어나는 감각을 나타낸다. 이 감각들은 대체로 근육 수축이 일어난 부위에 나타날 것이지만 눈이나 귀의 움직임의 영향을 받을 수도 있다. 이 감각들을 통해서만 우리는 근육 수축이 일어났는지 여부를 알 수 있다. A, B, C, D, E, F, G로 이어지는 연속적 움직임이 학습되고 있을 때, 이 감각들 하나하나는 마음이 쏟는 주의의 목표가 된다. 우리는 그 다음 움직임으로 넘어가기 전에 각각의 움직임이 제대로 수행되고 있는지 확인하기 위해 그 움직임을 지적으로 점검한다. 우리는 망설이고, 비교하고, 선택하고, 취소하고, 거부하기도 한다. 그리고 그 다음 운동이 방출되는 것은 이처럼 숙고가 이뤄진 뒤에 관념 중추에서 내려지는 명백한 명령에 따른 것이다.

습관적인 행동의 경우에는 이와 반대로 일련의 근육 수축을 시작하게 하는 자극이 지적 중추들에서 나오기만 하면 된다. 이 자극은 도표에 V로 표시되어 있다. 이 자극은 첫 번째 운동에 대한 생각일 수도 있고 마지막 결과에 대한 생각일 수도 있다. 아니면 예를 들어 가까이 있는 피아노 건반처럼, 연속적인 습관적 조건을 일깨우는 것도 그런 자극이 될 수 있다. 앞의 도표에 소개된 예를 보면 이런 의식적인 생각이나 의지가 운동 A를 자극하자마자, A는 자체 운동에 따른 감각 a를 통해서 반사적으로 B를 일깨운다. 그러면 B는 감각 b를 통해서 C를 자극한다. 그런 식으로 고리가 이어진다. 그러다가 이해력이 최종적 결과를 알아차릴 때, 그 고리는 끝난다. 맨 마지막의 지적 이해는 도표에서 운동 G의 감각적 효과 G'로 암시되고 있으며, 지적 이해는 단순한 감각보다 상위인 관념 중추들에서 일어난다. 감각적 인상 a, b, c, d, e, f는 모두 관념 중추보다 아래에 자리 잡고 있는 것으로 여겨진다.

습관은 주의를 기울이지 않는 감각들에 달려 있다. 우리는 a, b, c, d, e, f를 감각이라고 불렀다. 만일 감각이라면, 그것들은 우리가 평소에 주의를 쏟지 않는 것들이다. 그러나 그것들이 무의식적 신경 전류 그 이상인 것은 확실한 것 같다. 왜냐하면 그것들이 잘못될 경우에 우리의 주의를 잡아끌기 때문이다. 여기서 슈나이더가 이 감각들을 설명한 내용을 보자. 인용할 가치가 충분하다. "걷는 행위가 이뤄지는 동안에는 우리의 주의가 완전히 다른 곳에 빠져 있어도, 말하자면 우리의 육체의 움직임에 대한 감각이 전혀 없어도 우리는 쉽게 몸의 균형을 유지한다. 그리고 다리의 운동에 대한 감각이 전혀 없어도 우리는 다리를 쉽게 앞으로 떼어놓는다. 뜨개질도 아주 기계적인 것처럼 보인다. 뜨개질하는 부인은 무엇인가를 읽거나 대화를 하면서도 뜨개질을 계속한다. 그러나 그녀에게 어떻게 그럴 수 있는지에 대해 물으면, 그녀는 뜨개질이 저절로 이뤄진다는 식으로 대답하지 않을 것이다. 그보다는 뜨개질을 하는 느낌을 받고 있고, 손으로 뜨개질을 한다는 것을 느끼고 있으며, 또 어떤 식으로 뜨개질을 해야 하는지를 잘 알고 있다고 대답할 것이다. 주의가 다른 곳에 가 있는 동안에도 뜨개질의 운동을 다 불러내고 그것과 연관된 감각들로 그 운동을 조정까지 하고 있는 것이다. … 어떤 학생이 바이올린을 배우기 시작할 때, 연주 중에 팔꿈치를 들지 않도록 하기 위해 오른쪽 겨드랑이에 책을 끼운다. 그러면 학생은 상박 부분을 몸 쪽으로 바짝 당겨야 한다. 근육의 느낌과 책과 접촉하는 느낌이 책을 바짝 누르게 하는 자극을 일으킨다. 그러나 초보자의 경우에 음을 맞추는 데 주의를 기울이다 보면 책을 떨어뜨리기 쉽다. 그러나 조금 지나면 절대로 책을 떨어뜨리지 않게 된다. 접촉의 감각만으로도 책을 겨드랑이에 꼭 끼게 하는 자극을 일깨우기에 충분한 것이다. 그때 학생의 주의는 음표와 왼쪽 손가락의 움직임에 완전히 쏟아지고 있을 것이다. 따라서 여러 운동들을 동시에 결합하는 것은 우선적으로 그 운동의 용이함에 좌우된다. 바로 이 용이함 때문에, 주의를 기울이지 않는 행위도 계속 수행될 수 있는 것이다."

## 습관의 교육학적 중요성

"습관은 제2의 천성이고, 습관은 천성의 10배이다."라고 웰링턴 공작(Duke of Wellington)이 강조한 것으로 전해진다. 이 말이 진리라는 것을 노련한 군인이었던 웰링턴 공작만큼 더 잘 알 수 있었던 사람도 없을 것이다. 몇 년 동안 엄격한 규율과 훈련 속에서 지내다 보면 누구나 완전히 다른 사람이 될 수 있다.

헉슬리(Thomas Henry Huxley)의 말을 들어보자. "사실이 아닐지도 모르지만, 충분히 믿을 만한 농담이 있다. 어떤 사람이 이제 막 제대한 군인이 집에서 식사를 하기 위해 접시를 들고 가는 모습을 보고 큰 소리로 '차렷!'이라고 외쳤다. 그 소리에 전역 군인은 두 손을 아래로 내렸고, 양고기와 감자튀김 등 맛있는 음식이 바닥으로 내동댕이처졌다. 훈련은 완벽했으며, 훈련 효과는 이 사람의 신경 구조 안에 녹아 있었다."

기병대의 말도 전쟁터에서 나팔소리가 들리면 병사가 타지 않은 상태에서도 함께 모여 평소의 훈련 과정을 거치는 것이 목격되기도 한다. 대부분의 애완동물은 배운 대로 자신의 임무를 조금도 망설이지 않고 정확히 수행하면서 마치 기계 같은 모습을 보인다. 그런 애완동물을 보고 있으면, 애완동물의 마음엔 다른 대안적인 생각은 전혀 없는 것이 아닌가 하는 생각도 든다. 교도소에서 인생을 보낸 사람들은 자유의 몸이 되어도 다시 교도소로 들어가기를 원한다. 다른 곳으로 수송되던 동물원의 호랑이가 철도 사고 덕에 쇠창살 밖으로 나왔다. 그러나 이 호랑이는 새로 떠안게 될 책임이 두려웠는지 즉시 다시 쇠창살 속으로 돌아갔다.

이렇듯 습관은 사회의 변화 속도를 조절하는 거대한 기계이다. 사회의 요소들 중에서 가장 보수적인 요소가 바로 습관이다. 습관 하나만으로도 우리 모두를 법률의 테두리 안에 묶어둘 수 있고, 부잣집 아이들을 가난한 사람들의 폭동으로부터 보호할 수도 있다. 습관은 또 힘들고 고된 노동을 절대로 하지 않는 사람이 되라는 소리를 들으며 자란 청년이 그런 노동에서 벗어나지 못하도록 만들기도 한다. 습관은 어부와 선원이 겨울에도 바다를 떠나지 않도록 만든다. 습관은 광부를 컴컴한 광산에 묶어두고, 시골 사람을 눈 내리는 겨울 동안에도 통나무집과 농장을 떠나지 못하게 한다. 습관은 우리를 사막과 동토의 원주민들의 침략으로부터 보호해준다. 습관은 우리 모두로 하여금 초기에 선택하거나 어쩌다 터를 잡게 된 그곳에서 삶의 전투를 벌이게 하고 맘에 들지 않는 일을 계속 하도록 만든다. 왜냐하면 우리에게 어울리는 것이 달리 없거나 다시 시작하기에는 이미 너무 늦었기 때문이다. 습관은 다양한 사회적 계급들이 서로 섞이지 못하도록 막기도 한다. 이제 겨우 30대 초반인 의사나 판매사원, 변호사들에게도 직업상의 매너리즘이 보인다. 또 성격에도 갈라진 금들이 보이고, 사고에도 버릇이 보이고, 편견이 보인다. 그런데 그런 젊은이들은 그런 것들로부터 벗어나기가 갈수록 어려워진다. 대체로 보면 젊은이가 그런 것에서 벗어나지 않는 것이 최선이다. 우리 대부분의 경우를 보면 30세가 되면 성격이 마치 석고처럼 단단해져서 다시는 물렁해지지 않는데, 그것이 어떻게 보면 세상에 이로울 수 있다.

스무 살에서 서른 살까지가 지적 및 직업적 습관의 형성에 결정적인 시기라고 한다면, 스무 살 이전의 시기는 목소리와 발음, 몸짓, 행동, 태도 등과 같은 개인적 버릇을 정착시키는 데 중요한 시기이다. 스무 살이 넘으면, 언어를 외국인의 악센트 없이 배우는 것이 거의 불가능해진다. 다른 사회로 옮겨 살게 된 젊은이는 성장의 시기에 익힌 언어의 콧소리 같은 특성을 좀처럼 버리지 못한다. 스무 살을 넘긴 사람은 주머니에 아무리 돈이 많아도 태생이 신사인 것처럼 옷을 입는 법을 좀처럼 배우지 못한다. 상인들이 이 사람에게 온갖 물건을 제시하며 달콤한 말로 유혹해도, 그는 제대로 된 것을 사지 못한다. 중력만큼이나 강한, 눈에 보이지 않는 어떤 법칙이 그를 자신의 궤도 안에 묶어놓으면서 올해도 작년처럼 살도록 만든다. 그러면 옷을 잘 입는 그의 지인들은 어떤 식으로 옷을 구할까 하는 문제는 그에겐 죽는 날까지 미스터리로 남을 것이다.

그렇다면 교육에서 가장 위대한 것은 우리의 신경 체계를 우리의 적이 아닌 동맹군으로 만드는 것이다. 습득에 많은 투자를 한 다음에 그 투자에서 나오는 이익으로 편하게 살아가는 것이 최고의 방법이다. 이를 위해 우리는 유익한 행동을 가급적 많이, 그리고 가능한 한 일찍부터 습관화하고 또 우리에게 불리해 보이는 길로 들어가지 않도록 경계해야 한다. 전염병에 걸리지 않도록 조심해야 하는 것과 똑같다. 우리가 일상의 세세한 행동 중에서 노력이 필요 없는 자동성에 맡기는 것이 많을수록, 우리의 마음의 힘은 더욱 자유로워져서 고유의 임무에 더 열심히 임하게 될 것이다. 습관적으로 이뤄지는 행동이 하나도 없이 우유부단하게 구는 사람보다 더 비참한 사람은 없다. 이런 사람들에게는 담배에 불을 붙이는 것도, 한 잔의 물을 마시는 것도, 매일 잠자리에 들고 잠자리에서 일어나는 것도, 모든 일의 시작도 숙고의 대상이 된다. 이런 사람들은 실제로 보면 이미 그의 내면에 깊이 스며들어 그의 의식에는 존재하지도 않아야 할 일들을 놓고 결정하거나 후회하면서 인생의 반을 허비한다. 이 책을 읽는 독자들 중에서도 자잘한 일상의 의무들이 아직 자동화되지 않은 사람이 있다면, 지금 이 시간부터 문제를 바로잡도록 해보자.

스코틀랜드 철학자 베인(Alexander Bain)이 '도덕적 습관'에 대해 쓴 장을 보면, 실질적 도움이 될 내용이 보인다. 그의 글에서 2가지 위대한 가르침을 얻을 수 있다. 첫 번째 가르침은 새로운 습관을 얻거나 낡은 습관을 버릴 때에는 먼저 최대한 강력한 의지로 강하게 시작해야 한다는 점이다. 올바른 동기를 강화할 환경을 가능한 한 많이 축적하라. 그리고 당신이 새로운 방법을 고무할 환경

안에 있도록 최대한 노력하라. 그리고 옛날의 버릇과 양립할 수 없는 다짐을 하고, 사정이 허락한다면 공개적으로 선언하라. 요약하면 당신이 결심을 실행할 수 있도록 도울 조건을 많이 찾으라는 뜻이다. 그러면 시작 단계에서 추진력이 아주 강하게 형성되기 때문에 결심을 깨고 싶은 유혹이 빨리 일어나지 않을 것이다. 결심을 깨는 날을 뒤로 미룰수록, 결심을 포기할 가능성이 그만큼 더 낮아진다.

두 번째 가르침은 새로운 습관이 당신의 삶에 확고히 뿌리를 내리기 전까지는 예외를 절대로 허용하지 말라는 것이다. 예외가 한 번 일어날 때마다 조심스레 감고 있던 실타래를 떨어뜨리는 것과 똑같은 현상이 나타난다. 단 한 번 떨어뜨렸을 뿐인데도 실타래를 원래대로 돌리려면 다시 아주 많이 감아야 할 것이다. 신경 체계가 오류 없이 정확하게 행동하도록 만드는 최고의 수단은 바로 훈련의 연속성이다. 베인 교수는 이렇게 말한다. "도덕적 습관이 지적 습관과 다른 한 가지 특징은 2개의 적대적인 힘이 존재한다는 점이다. 이 힘 중 하나가 다른 힘을 점진적으로 누르게 되어 있다. 그런 상황에서는 전투에서 패배하지 않는 것이 반드시 필요하다. 잘못된 쪽의 승리는 올바른 쪽의 승리의 효과를 많이 지워버린다. 그러므로 정말 조심해야 할 점은 올바른 쪽이 지속적으로 승리를 거두도록 관리하는 것이다. 반복적인 승리를 통해서 올바른 쪽을 크게 강화하여 어떠한 상황에서도 잘못된 쪽과 맞서 싸울 수 있도록 해야 한다. 이것이 이론적으로 가장 훌륭한 정신적 진보이다."

처음에는 반드시 성공해야 한다. 처음부터 실패하게 되면 미래에 다시 시도하게 될 때 추진력을 잃게 된다. 반면에 과거 성공의 경험은 미래에 힘을 더욱 북돋워줄 것이다.

이쯤에서 음주나 아편 중독 같은 버릇을 점진적으로 포기하는 문제에 대해 언급해야 한다. 이 문제에 대해서는 전문가들이 서로 다른 의견을 보이고 있다. 그러나 모든 전문가들은 실천할 수만 있다면 새로운 습관을 습득하는 것이 최선의 방법이라는 데 동의한다. 자신의 의지를 지나치게 믿으며 너무 센 결심을 해서 출발부터 실패를 하는 일이 없도록 조심해야 한다. 그러나 의지력으로 실천할 수 있는 범위 안이라면, 아편을 복용하는 습관을 버리는 것이든 아니면 단순히 기상 시간이나 일하는 시간에 변화를 주는 것이든, 처음에 조금 힘든 시간을 갖고 그 다음에 좀 자유로운 시간을 갖도록 목표를 잡는 것이 가장 좋다. 욕망이란 것도 채워지지 않게 되면 영양 실조로 인해 아주 빨리 사라지게 마련이다.

"처음에는 왼쪽도 보지 말고 오른쪽도 보지 말고 좁고 곧은 길을 똑바로 걸어야 한다. 그러다 보면 언젠가는 자신을 새롭게 다듬을 수 있는 날이 올 것이다. 매일 새로운 결심을 하는 사람은 건너야 할 도랑가에 왔다가 말을 멈추고 돌아섰다가 또 다시 오는 사람이나 마찬가지이다. 지속적인 전진이 없는 곳에는 도덕적 힘의 축적 같은 것은 절대로 기대할 수 없다. 힘의 축적을 가능하게 하고 또 그 힘을 발휘하며 그 힘에 버릇을 들이는 것이야말로 규칙적인 일을 통해 누릴 수 있는 최대의 축복이다."(Julius Bahnsen, 'Beiträge zu Charakterologie')

앞의 두 가지 가르침에 한 가지를 더 더하고 싶다. 당신의 결심을 처음 실천할 기회를 잘 잡아라. 그렇게 실천하고 나면 당신은 목표로 잡은 습관 쪽으로 더욱 가까이 다가설 힘을 얻게 될 것이다. 결심과 포부가 새로운 '태도'를 뇌에 전하는 것은 결심이 형성될 때가 아니고 결심이 운동 신경에 효과를 일으킬 때이다. 베인의 글을 보자. "실제로 실천할 기회만이 지렛대를 올릴 받침이 되어준다. 이 지레 받침을 통해서 도덕은 힘을 증식시키고 스스로 높이 올라갈 것이다. 지렛대를 누를 단단한 받침을 갖지 못한 사람은 공허한 몸짓의 단계 그 이상으로는 절대로 나아가지 못할 것이다."

어떤 사람이 이런 교훈들을 긁어모아 싸놓은 보따리가 아무리 크다 하더라도, 그리고 그 사람의 심성이 아무리 선하다 하더라도, 만일 그 사람이 행동으로 실천할 구체적인 기회를 잡지 못한다면, 그의 성격은 절대로 향상되지 않을 것이다. 빗대어 말하자면, 지옥으로 가는 길은 행동이 따르지 않은 선의(善意)로 포장되어 있다. 이것은 우리가 원칙들을 버린 결과이다. 밀(John Stuart Mill)이 말하듯이, "성격은 완전히 형성된 하나의 의지이다". 그리고 밀이 의미하는 바에 따르면, 의지는 어떤 사람이 인생의 중요한 사건들 앞에서 행동하려는 성향들의 집합체이다. 행동의 성향은 단지 행동이 끊어지지 않고 실제로 일어난 빈도와 비례하여 우리의 내면에 효과적으로 각인된다. 또 뇌도 그에 비례하여 그 행동에 적합하도록 '성장'한다.

어떤 결심이나 느낌이 아무런 결실을 맺지 못하고 사라지게 하는 것은 기회를 잃는 그 이상으로 나쁘다. 그런 행태는 미래의 결심이나 정서가 정상적인 방출의 경로를 찾지 못하도록 막을 수 있다. 인간의 성격 유형 중에서 가장 경멸스런 유형은 평생 감정과 감각의 바다에 빠져 지내면서 구체적으로 인간다운 행동을 보이지 않는 감상주의자나 몽상가이다. 루소(Jean-Jacques Rousseau)는 유창한 화술로 프랑스의 모든 엄마들에게 자연을 따르며 직접 아이들을 키우라고 자극해놓고는 정작 자기 아이들은 양육원으로 보냈다. 루소 같은 사람이야말로 내가 말하는 뜻을 아주 잘 보여주는 예이다. 그러나 우리도 추상적으로 선(善)에 대해 떠들어놓고 행동으로 실천하지 않을 때마다 루소의 길을 걷게 된다.

일상에서 모든 선은 거기에 수반되는 통속적인 것들에 가려진다. 그러나 순수하고 추상적인 형태로만 선을 생각하는 사람은 뭔가 잘못되어 있다. 과도하게 소설을 많이 읽거나 연극을 많이 보러 다니는 습관은 이런 맥락에서 진짜 괴물을 낳을 수 있다. 어떤 러시아 부인은 연극에 등장하는 가상의 인물을 놓고 눈물을 짜고 있다. 그 사이에 그녀의 마부는 마차 안에 앉아서 추위에 덜덜 떨고 있는데도 말이다. 이와 비슷한 일이 어디서나 일어나고 있다. 음악에 과도하게 심취하는 습관마저도 연주자가 아니거나 음악을 순수하게 지적으로 감상할 정도로 음악적 재능을 타고나지 않은 사람에게는 아마 성격을 느슨하게 풀어놓는 결과를 낳을 것이다. 음악에 몰입한 사람은 감정으로 가득 채워지지만, 이 감정은 어떠한 행동도 자극하지 않은 채 습관적으로 흘러갈 것이다. 그렇게 되면 무력하고 감상적인 조건이 계속 이어질 것이다. 이에 대한 치료는 콘서트에서 어떤 감정을 느꼈다면 그 감정을 반드시 뒤에 다소 적극적으로 표현하는 것이다. 그 표현이 거창해야 할 필요도 없다. 소소한 것도 괜찮다. 할머니에게 공손하게 대하거나, 마차 안에서 자리를 양보하는 행위로도 충분하다. 그러나 꼭 그런 식으로 행동으로 옮기는 것을 잊지 않도록 하라.

앞의 사례들은 습관이 구체적인 방출의 선(線)을 남길 뿐만 아니라 일반적인 형태의 방출을 통해서도 뇌에 그 흔적으로 홈을 남긴다는 점을 우리에게 일깨워준다. 우리가 감정이 사라지도록 가만 내버려두면 그 감정이 사라지는 것에 익숙해지는 것과 똑같이, 우리가 노력을 자주 피하게 될 경우에 자신이 깨닫지도 못하는 사이에 노력을 기울이는 능력이 사라지게 될 것이라고 믿을 이유가 있다. 또 만약에 우리가 주의의 분산으로 힘들어하다 보면 주의가 언제나 떠돌게 될 것이라고 믿을 이유도 있다. 앞으로 살피게 되겠지만, 주의와 노력은 똑같은 심리적 사건을 부르는 두 개의 이름이다. 주의와 노력이 뇌의 어떤 작용과 연결되어 있는지, 우리는 아직 모른다. 주의와 노력이 순수한 정신의 행위가 아니고 뇌의 작용에 따른 것이라고 믿어야 할 강력한 이유는 바로 그것이 물리적인 법칙인 습관의 법칙을 어느 정도 따르고 있다는 사실에 있다.

마지막 실질적인 가르침으로, 의지의 이런 습관과 관련하여 다음과 같은 것을 제시할 수 있다. 유익한 연습을 매일 조금씩 함으로써 당신의 내면에 노력의 기능을 살아 있게 만들어라. 다시 말하면, 매일 또는 이틀마다 불필요하다 싶은 생각이 들더라도 다소 영웅적이거나 금욕적인 모습을 체계적으로 보이도록 노력하라는 뜻이다. 그러면 어쩌다 힘든 시기가 닥칠 경우에 당신이 그 시련을 보다 잘 극복할 수 있을 것이기 때문이다. 이런 종류의 금욕은 사람이 집이나 재화를 보험에 드는 것과 비슷하다. 보험료는 어쩌면 그 사람에게 아무것도 안겨주지 않을 수 있다. 그러나 만약에 화재가 일어난다면, 보험료가 그 사람을 폐허에서 구해줄 것이다. 주의 집중과 강한 의지, 불필요한 것들에 대한 자제 등의 습관을 들이려 매일 노력하는 사람도 마찬가지이다. 주변의 모든 것이 흔들리고 연약한 동료들이 광풍에 낙엽처럼 이리저리 쓸릴 때, 그는 거대한 탑처럼 우뚝 서 있을 것이다.

따라서 정신적 조건에 대한 생리학적 연구가 가장 막강한 동맹이 될 것이다. 신학에서 말하는 사후의 지옥도 우리가 습관적으로 성격을 잘못 다듬은 탓에 이 세상에 짓는 지옥보다 더 나쁘지 않다. 만약에 젊은이들이 자신이 걸어 다니는 습관의 뭉치에 지나지 않는다는 사실을 깨닫는다면, 그들은 유연성을 유지하는 가운데 자신의 행동에 주의를 더 많이 기울일 것이다. 우리 인간은 좋든 나쁘든 운명을 자신의 손으로 직접 짜고 있다. 미덕이든 악덕이든 아무리 작은 것일지라도 결코 작지 않은 흔적을 남긴다.

제퍼슨(Joseph Jefferson)의 희곡에 나오는 주정뱅이 립 반 윙클은 실수를 할 때마다 '이번만 봐주겠어!'라고 말한다. 그는 실수 횟수를 헤아리지 않고 자신을 봐줄 수 있다. 아마 천국도 그의 실수를 헤아리지 않을 것이다. 그럼에도 불구하고, 실수는 헤아려지고 있다. 신경 세포와 신경 섬유의 분자들이 그의 실수를 헤아리고, 등록하고, 저장하고 있다. 다음 유혹이 나타날 때, 그에게 불리하게 사용하기 위해서이다.

과학적인 의미에서 엄격히 보면, 우리가 하는 행동은 절대로 지워지지 않는다. 물론 이처럼 지워지지 않는 것에는 나쁜 점만 있는 것이 아니라 좋은 점도 있다. 술을 거듭해서 수없이 마시면 주정뱅이가 되는 것처럼, 우리는 수많은 작은 행동과 노력의 시간을 통해서 도덕의 영역에서 성자가 될 수도 있고 과학의 영역에서 권위자가 될 수도 있다. 어떠한 젊은이도 자신의 교육의 결과에 대해 걱정할 필요가 없다. 만일 하루하루 충실하게 노력했다면, 그는 최종 결과에 대해 불안해하지 않아도 될 것이다. 그는 아침 이른 시간을 충실하게 이용할 수 있을 것이며 어느 분야에 종사하든 자신의 세대 중에서 능력 있는 인물이 될 것이다. 그러는 과정에 그의 내면에 판단력이 생겨날 것이고, 이 능력은 결코 사라지지 않을 것이다. 젊은이들은 이 같은 진리를 일찍 알아야 한다. 그러면 매사에 열정적으로 임할 수 있을 테니까.

# Chapter 11
# 의식의 흐름

우리의 공부 순서는 분석적이어야 한다. 이제 우리는 스스로 자신의 내면을 들여다보면서 인간 성체(成體)의 의식 자체를 공부할 준비를 갖추었다. 대부분의 책들은 소위 통합적 방법을 택하고 있다. '감각에 대한 단순한 관념들'로 시작해 이 관념들을 수많은 원자로 여기면서 관념들의 '연합'과 '통합'을 통해 보다 고차원적인 정신의 상태를 구축하려고 노력하고 있는 것이다. 집들이 벽돌의 연결로 지어지듯이 말이다.

이 같은 접근법은 통합적 방법이 대체로 갖는 교훈적인 이점을 누린다. 그러나 이 접근법은 매우 의문스런 어떤 이론을, 즉 인간의 고차원적인 의식의 상태들이 단위들의 합성물이라는 이론을 사전에 지지하는 잘못을 저지르고 있다. 또 이 접근법은 독자가 직접적으로 아는 것들, 말하자면 독자가 갖고 있는 구체적인 정신 상태들에 대한 논의부터 하지 않고 독자가 절대로 쉽게 이해하지 못할 '단순한 관념들'부터 먼저 다루고 있다. 간단한 것에서부터 복합적인 것으로 나아가는 방법은 사람들에게 환상을 심어준다. 그래서 현학자들과 추상주의자들은 당연히 그 방법을 포기하길 꺼린다. 그러나 인간 본성의 충만함을 사랑하는 학생은 '분석적인' 방법을 따르면서 자신의 내면 생활을 통해서 매일 확인되는 매우 구체적인 사실들에서부터 시작하길 더 선호할 것이다. 분석적인 방법은 무모한 가정을 내세울 위험을 안지 않고도 만약에 기본적인 부분이라는 것이 존재한다면 어느 정도 진도가 나갈 경우에 자연스레 그것들을 발견하게 될 것이다. 독자 여러분은 감각에 관한 장들은 주로 감각의 생리학적 조건을 다뤘다는 것을 알고 있다. 감각의 생리학적 조건을 먼저 다룬 이유는 단순히 편의를 위해서였다. 왜냐하면 내향의 전류가 가장 먼저 들어오기 때문이다. 심리학적으로 보면 내향의 전류가 가장 마지막에 올지도 모른다. 앞에서 순수한 감각은 성인의 삶에는 거의 알려지지 않은 과정으로 설명되었다. 거기서도 독자로 하여금 그런 순수한 감각들이 보다 고차원적인 마음의 상태들을 구성하는 요소라고 믿게 만들 말은 한마디도 하지 않았다.

## 근본적인 사실

누구나 자신의 내면 경험을 통해서 구체적으로 확인할 수 있는 대단히 중요한 사실은 어떤 종류의 것이든 의식은 계속된다는 점이다. '정신 상태들'이 모두의 내면에서 계속해서 이어지고 있는 것이다.

그렇다면 의식은 어떤 식으로 계속되는가? 우리는 즉시 의식의 작용에서 4가지 중요한 특징을 알아차리게 된다. 그 특징을 대략적으로 살피는 것이 이 장의 임무이다. 4가지 특징은 다음과 같다.

1) 모든 '정신 상태'는 그 사람의 개인적 의식의 일부가 되는 경향이 있다.
2) 각자의 개인적 의식 안에서 정신 상태는 늘 변화하고 있다.
3) 각자의 개인적 의식은 눈에 두드러질 정도로 연속적이다.
4) 각자의 의식은 대상의 일부분에 관심을 두고 나머지는 배제하려 든다. 다시 말해 각자의 의식은 언제나 대상의 부분들을 환영하거나 거부하면서 선택을 한다.

이 4가지 특징을 차례대로 고려하면서, 우리는 사건의 한가운데로 직접 파고들어가야 하며, 그런 가운데 사용하게 되는 심리학적 용어에 대한 설명은 이 책의 다른 장에서 이뤄질 것이다. 그러나 누구나 그 용어들이 의미하는 바는 대충 알고 있다. 이 장에서는 그 정도만 알고 있으면 충분하다. 이 장은 말하자면 화가가 캔버스에 목탄으로 그리는 스케치와 비슷하다. 이 장에는 세세한 사항은 조금도 나타나지 않을 것이다.

내가 모든 '상태'나 '생각'이 개인의 의식의 일부라고 말할 때, '개인의 의식'이 문제가 되는 용어 중 하나이다. 아무도 이 용어에 대한 정의를 요구하지 않는다는 점에서 보면, 우리는 이미 그 의미를 알고 있다고 할 수 있다. 그러나 개인의 의식에 대해 정확히 설명하는 것은 철학적 과제 중에서도 가장 어려운 편에 속한다. 이 어려운 과제를 우리는 다음 장에서 직면해야 한다. 여기서는 예비적인 설명으로도 충분할 것이다.

이 방에, 말하자면 이 강의실에는 다수의 생각들이 있다. 당신의 생각도 있고 나의 생각도 있다. 그 생각들 중 일부는 서로 일치하고, 일부는 그렇지 않다. 나의 생각은 나의 다른 생각들과 조화를 이루고, 당신의 생각은 당신의 다른 생각들과 조화를 이룬다. 이 방 안의 어디에 어느 누구의 것도 아닌 어떤 '순수한' 생각이 있는지, 우리는 그걸 확인할 수단을 전혀 갖고 있지 않다. 왜냐하면 우리에겐 그와 비슷한 경험이 전혀 없기 때문이다. 우리가 자연스럽게 다루는 유일한 의식의 상태들은 개인의 의식과 정신과 자아에서, 나와 당신의 특별한 내면에서 발견된다.

이 정신들 각각은 자신만의 생각들을 갖고 있다. 이 생각들 사이에는 주거나 교환하는 행위가 전혀 일어나지 않는다. 어떠한 생각도 다른 사람의 의식에 들어 있는 생각에 직접적으로 보여질 수 없다. 절대 고립, 즉 환원 불가능한 다원론이 원칙이다. 근본적인 정신적 사실은 이 생각 혹은 저 생각이 아니고 나의 생각인 것 같다. 동시대성이나 공간적 근접, 질(質)과 내용의 유사성은 서로 다른 개인들의 마음에 속하는, 분리되어 있는 생각들을 융합시키지 못한다. 그런 생각들 사이의 단절은 절대적인 단절이다. 모든 사람은 이것이 사실이라고 인정할 것이다. '개인의 정신'이라는 표현에 상응하는 무엇인가가 존재한다는 것이 일반적으로 받아들여지고 있다는 점에서 본다면, 그게 맞는 말이다. 이런 점들을 고려한다면,

심리학에서는 생각보다는 개인의 자아가 기준이 될 수 있다. 보편적인 의식적 사실은 '느낌과 생각이 존재한다'는 것이 아니라 '내가 느끼고 생각한다'는 것이다. 여하튼 어떠한 심리학도 개인의 자아가 존재한다는 데 대해서는 의문을 제기하지 못한다. 우리가 생각들이 연결되어 있다고 느낄 때, 그 연결된 생각들이 바로 개인의 자아이다. 심리학이 저지를 수 있는 최악의 짓은 이 자아의 가치를 강탈하는 쪽으로 자아의 본질을 해석하는 것이다.

## 항상 변화하는 의식

의식은 지속적으로 변화한다. 그렇다고 해서 어떠한 정신 상태도 지속 기간을 갖지 않는다는 뜻은 아니다. 그러나 정신 상태가 지속 기간을 갖는 것이 진리라 하더라도, 그것을 확인하기는 매우 어려울 것이다. 내가 여기서 강조하고 싶은 것은 이것이다. 어떤 상태도 한 번 흘러가기만 하면 다시는 재발하지 못하며, 그 전의 상태와는 절대로 똑같을 수 없다는 점이다.

지금 우리는 보고 있다. 지금 우리는 듣고 있다. 지금 우리는 추론하고 있다. 지금 우리는 의지를 발휘하고 있다. 지금 우리는 회고하고 있다. 지금 우리는 기대하고 있다. 지금 우리는 사랑하고 있다. 지금 우리는 미워하고 있다. 우리는 우리의 마음이 수백 가지 방향으로 움직이고 있다는 것을 잘 알고 있다. 그러나 이 모든 것은 단순한 상태들의 결합으로 생겨난 복합적인 상태라고 말할 수 있을 것이다. 하지만 단순한 상태는 다른 법칙을 따르는 것은 아닐까? 그리고 예를 들어서 우리가 똑같은 대상에서 받는 감각들은 언제나 똑같은 것이 아닐까? 똑같은 피아노 건반을 똑같은 힘으로 두드릴 경우에 우리에게 똑같은 소리로 들려야 하지 않는가? 똑같은 풀은 똑같은 초록색의 느낌을 주지 않는가? 또 똑같은 하늘은 똑같은 청색의 느낌을 줘야 하는 것이 아닌가? 우리가 향수에 코를 제아무리 자주 갖다 대더라도 언제나 똑같은 후각을 받아야 하는 것이 아닌가? 우리가 똑같은 감각을 받지 않는다고 주장하는 것이 오히려 궤변처럼 들릴 것 같다. 그럼에도 이 문제를 더 깊이 들여다보면, 내향의 어떤 전류가 똑같은 육체적 감각을 두 번 줄 수 있다는 증거는 전혀 없다는 것이 드러난다.

우리에게 두 번 받아들여진 것은 똑같은 대상이다. 우리는 똑같은 음을 여러 번 반복해서 듣는다. 우리는 초록의 똑같은 특징을 보거나 똑같은 향기를 맡거나 똑같은 종류의 통증을 경험한다. 구체적이고 추상적인, 물리적이고 관념적인 실체들이 우리의 생각 앞에 끊임없이 떠오른다. 그러다 보니 우리는 부주의하게도 그 실체들에 대한 우리의 '생각들'이 똑같은 생각이라고 단정하게 된다. 곧 '지각'에 대해 논하는 장에서, 우리는 우리 앞에 나타나는 현실을 판단하는 일에 우리가 축적하고 있는 인상을 이용하는 습관의 뿌리가 얼마나 깊은지를 확인하게 될 것이다.

창 밖의 풀밭은 지금 나에겐 햇빛 아래 있는 것이나 응달에 있는 것이나 똑같이 초록색으로 보인다. 그럼에도 화가는 감각적 효과를 살리기 위해 풀밭의 일부는 짙은 갈색으로, 다른 일부는 연한 노랑으로 그려야 할 것이다. 우리는 대체로 똑같은 물체가 거리와 환경에 따라 다르게 보이고 다르게 들리고 다른 냄새를 풍긴다는 것에 대해 전혀 주의를 기울이지 않는다. 우리가 관심을 두는 것은 사물들의 동일성이며, 동일성을 느끼게 하는 감각들은 어떤 것이든 대충 서로 똑같은 것으로 여겨질 것이다. 이런 경향 때문에, 다른 감각에 대해 주관적으로 동일하다고 판단하는 증언이 그 같은 사실에 대한 증거로 아무런 가치를 지니지 못하게 된다. 감각이라 불리는 것의 역사는 곧 별도로 받은 2개의 감각적 특성이 똑같은지 여부를 밝히지 못하는 우리의 무능력에 관한 논평의 역사이다. 우리의 주의에 어떤 인상의 절대적인 특성보다 훨씬 더 강한 호소력을 발휘하는 것은 그때 그 인상과 동시에 받은 다른 인상의 '비율'이다. 모든 것이 시커멓게 보일 때, 약간 덜 시커먼 감각은 우리에게 흰색으로 보인다. 헬름홀츠는 그림 속에서 달빛에 젖은 건물의 벽으로 그려진 흰색 대리석은 진짜 달빛을 받은 대리석보다 10배에서 20,000배까지 더 밝다고 계산하고 있다.

이 같은 차이를 감각으로 알아낼 수는 없었을 것이다. 일련의 간접적 고려를 통해서 추론해야 했다. 이를 근거로 할 때, 우리의 감수성은 언제나 바뀌고 있다고 말할 수 있다. 그래서 똑같은 대상도 우리에게 똑같은 감각을 두 번 주지는 못한다. 잠에 취해 있나 아니면 깨어 있나, 배가 고프냐 아니면 배가 부르냐, 생기가 팔팔하냐 아니면 피곤하냐에 따라서 우리는 사물을 달리 느낀다. 밤이냐 아침이냐에 따라서도 달리 느낀다. 여름이냐 겨울이냐에 따라서도 달리 느낀다. 무엇보다도 어린 시절이냐 성인기냐 노년기냐에 따라 달리 느낀다. 시대에 따라서 사물들에 대해 느끼는 감정이 얼마나 달라지는지를 본다면, 민감도의 차이가 확실하게 드러날 것이다. 아니면 기분에 따라서도 민감도의 차이가 확연히 달라진다. 밝고 자극적이었던 것이 단조롭고 재미없어진다. 새의 노래가 신경에 거슬리고, 미풍이 애처롭게 느껴지고, 하늘이 슬퍼 보인다.

우리의 감각이 감정을 느끼는 능력의 변화에 따라 언제나 변화하고 있다는 점을 보여주는 이런 간접적인 추정에다가 뇌에서 일어나는 일에 근거한 또 다른 추정을 더해야 한다. 모든 감각은 뇌의 작용에 따라 일어난다. 똑같은 감각이 다시 일어나려면, 변형되지 않은 뇌에서 그 감각이 두 번 일어나야만 할 것이다. 그러나 엄격히 말하면 이런 일이 생리학적으로 불가능하듯이, 변화하지 않은 감정도 불가능하다. 왜냐하면 아무리 작은 것일지라도 뇌에서 일어나는 모든 변화는 뇌가 일으키는 의식에도 그와 똑같은 변화를 반드시 일으키기 때문이다.

그러나 '단순한 감각들'이 불변의 형태로 다시 일어난다는 가정이 이처럼 쉽게 근거 없는 것으로 드러난다면, 우리 생각의 보다 큰 덩어리들의 불변성을 가정하는 것은 얼마나 더 근거 없는 일이겠는가!

우리의 정신 상태가 절대로 두 번 다시 똑같을 수 없다는 것은 너무나 확실하다. 엄격히 말하면, 주어진 어떤 사실에 대해 우리가 품는 생각은 모두 독특하며 똑같은 그 사실에 대한 다른 생각들과도 그저 비슷하게만 보일 뿐이다. 똑같은 사실이 다시 일어날 때, 우리는 그 사실에 대해 새롭게 생각하고 또 다소 다른 각도에서 보며 그 전과 다른 관계 속에서 이해한다. 그리고 우리가 그 사실을 알고 있다고 생각하는 것은 관계들 속에서 그 사실에 대해 생각하고 있다는 뜻이다.

우리 스스로도 똑같은 것을 연속적으로 보면서 이상한 차이점에 놀랄 때가 종종 있다. 어떤 문제에 대해 지난달에 제시한 의견을 놓고 어떻게 그런 식으로 생각할 수 있었지, 하며 의아해하기도 한다. 우리가 지난달의 그런 정신 상태보다 훌쩍 더 성장해버린 것이다. 그러나 우리의 정신이 어떤 식으로 성장하는지에 대해서는 아는 바가 없다. 나이가 들면, 세상사를 보는 관점도 달라지게 마련이다. 비현실적이었던 것이 현실적인 것이 되고, 크게 흥분하게 만들었던 것이 시들해진다. 이 세상과도 바꾸지 않을 것 같던 친구들이 시큰둥한 존재가 된다. 한때 천사 같았던 여인도, 별도, 숲도, 물도 너무나 단조롭고 평범해 보이지 않는가! 영원한 후광을 둘렀던 어린 소녀들이 지금은 전혀 두드러지지 않는 그런 존재가 되어 버렸다. 그림도 너무나 공허해 보인다. 책도 그렇다. 괴테의 글이 그렇게 감동적이고 존 스튜어트 밀의 글이 그렇게 중요해 보인 이유가 무엇이었을까? 지금은 그런 것들이 소중해 보이는 것이 아니라 일이 소중해 보인다. 평범한 의무와 평범한 것들이 더 충만해 보이고 더 깊어 보인다.

마음의 변화를 보는 방법은 이런 식으로 총체적으로 보는 방법밖에 없다고 나는 생각한다. 마음의 변화가 어떤 식으로 일어나는지 세부적으로 분석하는 것은 어려운 일이기 때문이다. 만일 이 문제를 둘러싸고 무엇이라도 불분명한 것이 있다면, 그것은 우리가 가까이 다가갈수록 점점 더 선명해질 것이다. 만약에 그게 진실이라면, 우리가 입증하려 했던 명제, 즉 서로 똑같은 '생각'은 절대로 있을 수 없다는 것 또한 진리이다. 이 명제는 보기보다 이론적으로 훨씬 더 중요하다. 왜냐하면 그것을 받아들일 경우에 우리가 독일에서 절대적 영향력을 행사한 로크(John Locke)나 헤르바르트(Johann Friedrich Herbart) 학파의 뒤를 따르는 것이 불가능해지기 때문이다. 분명히 말하지만, 정신의 사실들을 원자론적인 방법으로 설명하는 것이 편리할 때가 종종 있다. 그리고 고차원적인 의식의 상태를 마치 그 상태가 흘러갔다가 다시 돌아오는, 불변하는 단순 관념들로 형성된 것으로 다루는 것이 편리할 때가 종종 있다. 곡선들을 마치 짧은 직선들로 이뤄진 것처럼 다루고, 또 전기와 신경의 힘을 마치 그것들이 액체인 것처럼 다루는 것도 종종 편리하다. 그러나 우리는 앞에 제시한 모든 예에서 우리가 상징적으로 말하고 있으며 자연에는 그런 말에 상응하는 것이 전혀 없다는 사실을 명심해야 한다. 주기적으로 우리의 의식의 각광에 모습을 드러내는, 영원히 존재하는 '관념' 같은 것은 스페이드라는 카드놀이의 잭만큼이나 신비한 실체이다.

개인의 의식 안에서, 생각은 우리가 느낄 수 있을 만큼 지속적이다. 여기서 '지속적'이라는 표현은 단절이나 틈 또는 구분이 없다는 뜻이다. 하나의 마음 안에서 일어날 수 있는 유일한 단절은 중단이나 시간의 공백일 것이다. 중단이나 시간의 공백이 일어나는 동안에는 의식이 사라진다. 아니면 생각의 내용물에 단절이 있을 수 있다. 이 단절이 너무 돌발적이어서 그 다음 생각이 그 전의 생각과 전혀 아무런 관계가 없을 수도 있다. 의식이 지속적이라는 명제는 2가지를 의미한다.

1) 시간의 공백이 있었던 곳에서조차도, 시간의 공백이 있은 후의 의식은 마치 똑같은 자아의 또 다른 부분으로서 시간의 공백이 있기 전의 의식에 속했던 것처럼 느낀다.

2) 이 순간과 그 다음 순간에 의식의 특성에 나타나는 변화는 절대로 돌연한 것이 아니다.

시간의 공백에 대해 아주 간단한 예를 빌려 설명할 생각이다.

폴과 피터가 같은 침대에서 깨어나면서 자신들이 잠을 잤다는 사실을 깨달을 때, 그들 각자는 마음속으로 과거로 돌아가면서 잠자는 시간에 의해 단절되었던 생각의 두 흐름 중 하나하고만 연결한다. 땅에 묻힌 전극봉의 전류가 마찬가지로 땅에 묻힌 자기 짝에게 가는 길을 정확히 발견하듯이, 피터의 현재는 즉각 피터의 과거를 발견할 것이며 실수로 폴의 과거와 짝을 짓는 경우는 절대로 없다. 폴의 생각도 마찬가지로 거의 길을 잃지 않는다. 피터의 과거 생각은 피터의 현재 생각하고만 연결된다. 피터는 폴이 잠에 빠질 때 희미했던 마지막 마음의 상태에 대한 지식을, 그것도 정확한 지식을 갖고 있을 수 있다. 그러나 그 지식은 피터가 자신의 마지막 정신 상태에 대해 갖고 있는 지식과는 차원이 완전히 다르다. 피터는 자신의 상태들을 기억할 수 있다. 그러나 그는 폴의 상태에 대해서는 단지 짐작만 할 뿐이다. 기억은 직접적인 감각과 비슷하다. 기억의 대상은 단순한 인식의 대상이 절대로 가질 수 없는 온기와 친밀로 넘친다. 온기와 친밀과 직접성이라는 특성은 피터의 현재 생각도 갖고 있는 특성이다. 이 현재의 생각만큼 확실한 것이 나

(me)이고 나의 것(mine)이다. 온기와 친밀과 직접성이라 불리는 특성들은 미래에 각각 하나의 주제로 고려되어야 할 것이다. 그러나 그런 특성을 갖고 나타나는 과거의 상태라면 어떤 것이든 현재의 정신 상태에 환영을 받고, 받아들여지고, 소유된다는 점을 인정해야 한다. 말하자면, 과거의 상태와 현재의 상태가 똑같은 자아의 것으로 받아들여져야 한다는 뜻이다. 자아의 이 같은 공통성은 시간의 공백이 절대로 둘로 쪼갤 수 없는 것이다. 또 현재의 생각이 시간의 공백을 알고 있으면서도 스스로를 과거의 일부와 연속되는 것으로 여기는 이유도 바로 거기에 있다.

그렇다면 의식은 조각으로 잘라진 것 같지 않다. '사슬'이니 '기차'니 하는 단어들은 의식이 처음 모습을 드러내는 상황을 적절히 묘사하지 못한다. 의식은 서로 연결된 것은 절대로 아니다. 의식은 흐르고 있다. '강'이나 '흐름'이 의식을 가장 잘 설명하는 은유이다. 앞으로 의식에 대해 이야기할 때에는 의식을 생각의 흐름이나 의식의 흐름이나 주관적인 삶의 흐름이라고 부르도록 하자.

그러나 같은 자아의 한계 안에서도, 그리고 이처럼 일체감이 느껴지는 생각들 사이에서도, 부분들 사이에 일종의 결합과 분리가 나타나는 것 같다. 지금 나는 생각의 흐름에서 연속적인 부분들에 돌연 나타나는, 특성의 대비에 의한 단절에 대해 언급하고 있다. 만약에 '사슬'이나 '기차'라는 단어들이 사고의 흐름과 전혀 어울리지 않는다면, 어떻게 그런 단어들이 쓰일 수 있었겠는가? 의식에 어떤 큰 폭발이 일어나 의식을 둘로 찢어 놓을 수는 없는가? 절대로 그런 일은 없다. 왜냐하면 천둥에 대한 우리의 자각 속으로도 그 전의 고요에 대한 자각이 스며들기 때문이다. 또 천둥이 칠 때 우리가 듣는 것은 순수한 천둥이 아니고 '고요를 깨뜨리면서 고요와 대조를 이루는 천둥'이기 때문이다. 똑같은 객관적인 천둥에 대한 우리의 감각이 이런 식으로 일어나기 때문에, 그 느낌은 천둥에 천둥이 이어지는 그런 천둥의 느낌과는 아주 다를 것이다. 천둥 자체가 고요를 깨뜨리고 배제한다고 우리는 믿고 있다. 그러나 천둥에 대한 느낌은 또한 직전에 사라진 고요의 어떤 느낌이기도 하다. 그리고 구체적인 의식이나 사람의 내면에서 그 직전에 사라진 무엇인가의 흔적을 전혀 갖지 않을 만큼 현재에만 국한된 어떤 느낌을 발견하기는 어려울 것이다.

## '실질적' 정신 상태와 '과도적' 정신 상태

우리의 경이로운 의식의 흐름을 개관할 때, 가장 먼저 우리를 놀라게 만드는 것은 그 흐름을 이루는 부분들의 속도가 다르다는 점이다. 새의 삶처럼, 의식의 흐름에 비상(飛翔)과 내려앉기가 반복적으로 일어나는 것 같다. 모든 생각이 하나의 문장으로 표현되고 또 모든 문장이 마침표로 끝나는 곳에서, 그 언어의 리듬이 이 비상과 내려앉기의 변화를 잘 표현하고 있다. 휴식의 장소는 대체로 감각적인 상상이 차지하고 있으며, 이 상상의 특이성은 무한히 오랫동안 정신 앞에 제시되고 오랫동안 생각되어도 전혀 아무런 변화가 없을 수 있다는 점이다. 비상(飛翔)의 장소는 정적이거나 동적인 관계에 관한 생각들로 가득하며, 이 관계는 대부분 휴식의 기간에 여러 가지 일들에 대해 깊이 생각한 결과 얻어진 것이다.

생각의 흐름에서 휴식의 장소들을 '실질적 부분'이라고 부르고, 비상의 장소들을 '과도적 부분'이라고 부르도록 하자. 그러면 우리의 사고는 언제나 이제 방금 빠져나온 그 실질적 부분이 아닌 다른 실질적 부분으로 향하려 드는 것처럼 보인다. 과도적 부분의 중요한 효용은 우리를 이 실질적 결론에서 다른 실질적 결론으로 이끄는 데 있다.

자신의 내면을 들여다보면서 과도적인 부분들이 과연 어떤 것인지를 자기 반성적으로 파악하는 것은 매우 어려운 작업이다. 만일 과도적인 부분들이 단지 어떤 결론으로 비상(飛翔)하는 것에 지나지 않는다면, 결론이 내려지기 전에 그 부분들을 살피기 위해 멈추게 할 경우에 그것들을 파괴해 버리는 꼴이 될 것이다. 반면에 우리가 결론이 내려질 때까지 기다린다면, 그 결론이 힘과 안정성의 면에서 과도적인 부분들을 압도하며 휘황찬란한 빛을 발하면서 그것들을 가리고 삼켜버릴 것이다.

어떤 생각을 도중에 멈춘 뒤 거기까지 진행된 생각을 잘라서 그 단면을 보려고 노력해 보라. 그러면 과도적인 부분을 관찰하는 것이 얼마나 어려운지를 깨닫게 될 것이다. 사고(思考)의 돌진은 대단히 저돌적이다. 그렇기 때문에 우리가 결론을 내리고 휴식을 취하기 무섭게 거의 언제나 생각이 우리를 다시 흔들어 깨운다. 또는 우리의 목표가 아주 민첩하여 생각을 정지시킨다면, 그 생각은 그 즉시 생각이기를 포기할 것이다. 따스한 손에 떨어진 눈송이의 결정체가 더 이상 결정체가 아니고 한 방울의 물이듯이, 그렇게 되면 우리는 자연스레 움직이는 관계의 느낌을 포착하지 못하고, 대신에 실질적인 어떤 것을, 말하자면 우리가 말하고 있던 마지막 단어를 정적(靜的)으로 포착하고 있다는 사실을 깨닫게 된다. 여기서 정적이라고 하는 이유는 그 단어가 문장 속에서 지녔던 기능과 경향, 특별한 의미를 잃기 때문이다. 이런 경우에 성찰적으로 분석하려는 시도는 사실상 팽이의 운동을 잡기 위해서 팽이를 정지시키거나 어둠이 어떻게 생겼는지 보겠다고 가스등을 재빨리 켜는 것이나 다를 바가 없다. 그리고 이 같은 의식의 과도적 상태를 만들어내 보라는 식으로 도전하는 사람은 엘리아의 제논(Zeno)이 운동 개념을 옹호하는 사람들에게 화살이 날아갈 때 움직이는 지점이 어딘지를 가리켜 보라고 요구한 것과 비슷하다. 의식의 과도적 상태가 존재한다는 점을 의심하는 심리학자들은 그런 식으로 주장하는 사람들에게 틀림없이 그 사실을 증명해 보이라고 요구할 것이다. 제논도 당시에 운동 개념을 주장하는 사람들에게 그런 식으로 요구해 놓고는 상대방이 너무나 터무니없는 물음에 즉시 답을 하지 못하는 것을 근거로 운동 개념이 엉터리라고 주장했다.

이런 식으로 내면을 성찰적으로 살피는 노력이 어렵다는 점이 나쁜 결과를 낳고 있다. 만약에 생각의 흐름 중에서 과도적인 부분을 관찰하는 것이 그렇게나 어려운 일이라면, 모든 학파들이 그 부분을 파악하지 못하고 생각의 흐름 중에서 실질적인 부분을 필요 이상으로 강조하는 중대한 실수를 저지를 것임에 틀림없다. 그 실수는 역사적으로 두 가지 방향으로 영향을 미쳤다. 일단의 사상가들은 그 실수 때문에 감각주의로 흘렀다. 이 세상에 존재하는 분별 가능한 대상들 사이에서 확인되는 무수히 많은 관계와 연결의 형태와 일치하는 실질적인 감각들을 발견할 수 없었기 때문에, 이 사상가들은 대부분 그런 상태들이 존재한다는 것을 부정했다. 흄(David Hume) 같은 일부 사상가들은 더 나아가 정신 안에서뿐만 아니라 정신 밖에서 이뤄지는 대부분의 관계들의 실체까지 부정하기에 이르렀다. 이 관점의 결론은 이렇다. 실질적인 단순 '관념'들과 감각들은 도미노처럼 나란히 세워져 있지만 실제로 보면 서로 분리되어 있으며 그 외의 다른 모든 것은 말의 환상에 불과하다는 것이다.

한편, 주지주의자들은 정신 밖의 관계들의 실체를 포기할 수 없었으나 감각주의자들과 마찬가지로 실질적인 감각을 찾아낼 수 없었던 터라 그런 감각은 존재하지 않는다고 주장하기에 이르렀다. 그러나 주지주의자들은 감각주의자와 정반대의 결론을 끌어냈다. 그 관계들은 감각도 아니고 정신의 상태도 아닌 무엇인가에서 알려지는 것임에 틀림없다고 주지주의자들은 말한다. 그 관계들은 완전히 다른 차원에 있는 무엇인가에 의해서, 즉 '사고'와 '지성' 혹은 '이성'의 순수한 작용에 의해 알려지는 것임에 틀림없다는 것이다. 여기서 사고와 지성, 이성을 작은따옴표로 강조하고 있는데, 그것은 이런 것들이 덧없이 변화하기만 하는 감각의 사실보다 월등히 더 탁월한 것으로 떠받들어진다는 뜻을 전하기 위해서이다.

그러나 우리의 관점에서 보면, 주지주의자들과 감각주의자들의 견해는 모두 틀렸다. 만약에 감각 같은 것이 있다면, 대상들 사이의 관계는 원래부터 확실히 존재하고, 이 관계들에 대한 감각은 그보다 더 확실히 존재한다. 우리의 말에 쓰인 접속사와 전치사, 부사,

구문의 형태 혹은 목소리의 억양 중에서, 우리가 생각하는 대상들 사이에 존재하는 관계의 미묘한 차이를 표현하지 않는 것은 없다. 만약에 우리가 객관적으로 말을 하고 있다면, 그때 우리의 말을 통해서 드러나는 것은 이 관계들이다. 만약에 우리가 주관적으로 말을 하고 있다면, 그 관계들 각각에 나름의 색깔을 입히고 있는 것이 바로 의식의 흐름이다. 어떠한 경우든, 관계들은 무수히 많으며 기존의 어떠한 언어도 이 관계들의 미묘한 차이를 고스란히 담아내지 못한다.

청색의 느낌이나 차가운 느낌에 대해 말하듯, 우리는 '그리고'(and)의 느낌과 '만약에'(if)의 느낌, '그러나'(but)의 느낌에 대해서도 말해야 한다. 그럼에도 우리는 이런 것에 대해 별로 논하지 않는다. 실질적인 부분만을 인정하는 우리의 습관이 너무 깊어진 나머지, 언어는 이제 다른 쓰임새에 알맞게 변화하기를 거부하기에 이르렀다.

여기서 다시 뇌와 비교해가며 이야기를 풀어가도록 하자. 우리는 뇌에 대해 내부 평형 상태가 언제나 변화하는 상태에 있는 신체 기관으로 여기고 있다. 이 변화는 모든 부분에 영향을 미친다. 변화의 파동이 다른 곳에 비해 특별히 더 강한 곳이 틀림없이 있다. 또 변화의 리듬도 시간에 따라 달라진다. 일정한 속도로 돌아가는 만화경을 보자. 그림들이 언제나 똑같은 속도로 다시 배열되고 있음에도 불구하고, 거기에는 변화가 거의 일어나지 않는 것처럼 보이는 순간도 있고 급박하게 변화하는 것처럼 보이는 순간도 있다. 그렇듯, 뇌 안에서도 지속적인 재배열이 일부 형태의 긴장을 상대적으로 오래 남게 만들고 다른 긴장은 왔다가 그냥 흘러가게 만들고 있음에 틀림없다. 그러나 만약에 의식이 재배열의 사실과 일치한다면, 재배열이 멈추지 않는데 의식이 멈춰야 할 이유가 있을까? 또 만약에 오래 머무는 어떤 재배열이 어떤 종류의 의식을 불러낸다면, 신속히 흘러가는 어떤 재배열이 그 재배열만큼이나 특이한 또 다른 종류의 의식을 불러내지 않아야 할 이유가 있을까?

정신 앞에 나타나는 대상은 언제나 '프린지'(가장자리)를 갖고 있다. 의식의 변화 중에는 과도적 정신 상태만큼이나 중요하고 또 그것만큼 분명히 알려져 있음에도 불구하고 아직 이름이 붙여지지 않은 변화들이 있다. 내가 의미하는 바를 예를 들어 설명하겠다.

3명의 사람이 우리를 향해서 연이어 '기다려!' '들어!' '보라!'라고 외친다고 가정하자. 이때 우리의 의식은 3가지 아주 다른 태도를 취하게 된다. 3가지 예 중 어느 경우에도 우리의 의식 앞에 확실히 제시되는 대상이 전혀 없음에도 불구하고 우리는 그렇게 해야 한다. 여기서 의식이 선호하는 것이 있다는 점을 누구도 부정하지 못할 것이다. 여기서 말하는 의식의 선호란 어떤 인상이 올 방향에 대한 감각을 뜻한다. 거기에 구체적인 인상이 아직 전혀 보이지 않는데도 말이다.

잊어버린 어떤 이름을 기억해내려고 애를 쓰고 있다고 가정하자. 이때 당신의 의식 상태는 조금 색다르다. 거기에 빈틈이 있다. 그러나 절대로 단순한 빈틈이 아니다. 그것은 매우 능동적인 빈틈이다. 그 빈틈 안에는 그 이름의 유령 같은 것이 있다. 거기서 이 유령은 우리를 향해 일정한 방향을 가리키고, 간혹 이름을 기억날 듯 말듯하게 하여 우리를 안달하게 만들고, 그러다가 오랫동안 애쓴 보람도 없이 다시 우리를 실망하게 만든다.

만약에 엉터리 이름이 우리 앞에 나타난다면, 이 색다른 빈틈이 즉시 활동하면서 당신이 그것을 거부하도록 만들 것이다. 엉터리 이름은 이 빈틈의 틀과 맞아떨어지지 않는다. 그리고 이 단어의 빈틈은 다른 단어의 빈틈과 달리 느껴진다. 내가 스폴딩이라는 이름을 떠올리려고 애를 쓰고 있을 때, 그때 나의 의식은 볼스라는 이름을 떠올리려고 할 때와는 많이 다른 상태에 있다. 거기에는 '결핍'에 대한 의식이 무수히 많으며, 이 의식들 중 어느 것도 그 자체로 이름을 갖고 있지 않으며 서로 모두 다르다. 이런 경우에 말하는 결핍의 감정은 감정의 결핍과는 거리가 아주 멀다. 오히려 이 결핍의 감정은 치열한 감정이다. 잊힌 단어의 리듬이 소리를 얻지 못한 상태로 그곳에 있을 수 있다. 아니면 첫 모음 또는 자음의 희미한 소리가 그 이상으로 분명하게 들리지 않으면서 당신을 조롱하고 있을 수도 있다. 망각한 어떤 시구의 리듬이 단어로 채워줄 것을 기다리며 입 안을 맴돌던 때를 누구나 다 경험했을 것이다.

우리가 생활 속에서 누군가와 대화하다가 "알았어."라고 말할 때, 우리는 상대방의 말을 한 번 들어놓고는 도대체 그 사람의 뜻 중에서 무엇을 파악했다는 것일까? 그것은 분명히 우리 자신의 마음이 특별히 선호하는 것이다. 독자 여러분은 무엇인가를 말하기에 앞서서 그 말을 하려는 의도가 무엇인지 자문해본 적이 없는가? 그 의도는 다른 의도들과 분명히 구분된다. 그러므로 그 의도는 매우 명확한 의식의 상태이다. 그럼에도 그 의식 상태 중 어느 정도가 단어 또는 사물의 감각적 이미지로 구성되어 있는가? 그런 이미지는 거의 없다. 잠깐 머뭇거리며 있어 보라. 그러면 단어와 사물들이 마음속에 많이 떠오를 것이다. 거기에 선행(先行) 의도, 즉 예지(豫知) 같은 것은 더 이상 없다. 그러나 선행 의도를 대신할 단어들이 떠오를 때, 선행 의도는 자신과 조화를 이루는 단어들은 연이어 받아들이고 조화를 이루지 못하는 단어들은 거절한다. 이렇게 볼 때, 우리의 정신생활 중 3분의 1정도가 아직 굳어지지 않은 생각들을 놓고 이처럼 사전에 점검하는 일로 채워지고 있다고 말해도 무방할 것이다. 어떤 글을 큰 소리로 처음 읽고 있는 사람이 강조할 곳을 제대로 강조하면서 그 모든 단어들을 어떻게 정확히 읽어낼 수 있을까? 맨 처음부터 이 사람이 자신이 읽게 될 문장의 형태에 대해 아는 바가 없었다면, 이것이야말로 정말로 신기한 일이 아닌가? 매 순간 단어를 읽으면서 아직 읽지도 않은 문장의 구조까지 파악하고 문장의 악센트까지 정확히 처리하고 있으니 말이다. 여기서 말하는 강조는 거의 대부분 문법적 구조에 의존한다. 만일 'no more'를 읽는다면, 우리는 곧 'than'이 나올 것이라고 예상한다. 만일 'however'를 읽는다면, 우리가 예상할 수 있는 단어는 'yet'이나 'still'이나 'nevertheless'이다. 그리고 곧 나올 동사나 문법 구조에 대한 예상이 실질적으로 매우 정확하기 때문에, 자신이 큰 소리로 읽고 있는 책의 4가지 사상을 이해하지 못하는 독자도 매우 지적인 분위기를 풍기며 읽을 수 있다.

　내가 간곡히 부탁하는 바는 바로 모호하고 불확실한 것들에게도 우리의 정신생활에서 합당한 자리를 찾아주자는 것이다. 상상에 관한 장에서 살피게 되겠지만, 골턴과 헉슬리는 흄과 버클리 (George Berkeley)의 엉터리 이론, 즉 우리 인간은 명확한 사물들의 이미지만을 떠올릴 수 있을 뿐이라는 이론을 반박하는 데 어느 정도 성취를 이뤘다. 만일 우리가 그것 못지않게 우스꽝스러운 견해, 즉 '의식의 상태들' 안에서 단순하고 객관적인 특성은 우리의 지식에 드러나지만 관계들은 드러나지 않는다는 주장을 버린다면, 또 다른 성취가 이뤄질 것이다. 그러나 이런 수정만으로는 절대로 충분하지 않다.

전통적인 심리학이 말하는 명확한 이미지들은 우리 정신 중에서 아주 작은 일부를 구성할 뿐이라는 점을 반드시 인정해야 한다. 전통적인 심리학은 강이 양동이와 단지, 통 등 다양한 용기로 담을 수 있는 물로만 이뤄져 있다고 말하는 사람이나 비슷하다. 양동이와 단지를 강물 속에 실제로 넣어 보라. 그러면 그 사이를 물이 자유로이 흐를 것이다. 심리학자들이 간과하고 있는 것이 바로 의식 안에서 자유로이 흐르고 있는 물이다. 정신 속의 모든 명확한 이미지들은 주변을 자유로이 흐르는 물에 흠뻑 젖어 있고 물까지 들어 있다. 그 이미지와 함께 멀거나 가까운 관계들의 감각이 흘러간다. 그러면 그 이미지가 우리에게 왔을 때의 메아리는 사라지고, 그것이 향하고 있는 곳이 어디인지를 말해주는 감각이 남는다. 그 이미지의 의미와 가치는 모두 그 이미지를 둘러싼 채 동행하고 있는, 자유로이 흐르는 이 물의 후광 또는 주변부에 있다. 그 이미지를 둘러싸고 있는 이 관계들의 후광에 관한 의식을 '정신적 배음(倍音)' 또는 '프린지'라고 부르도록 하자.

## '프린지'의 뇌 조건

이런 사실들을 뇌의 활동을 빌려 나타내는 것보다 더 쉬운 방법은 없다. 기원(起源)의 메아리, 즉 우리의 생각의 출발점에 대한 감각이 과정들의 죽어가는 흥분 때문이지만 생생하게 일깨워진 이후의 어느 한 순간이듯이, 목적지의 감각, 즉 종착점에 대한 예지(豫知)는 경로나 과정의 점점 커지는 흥분 때문임에 틀림없다. 이를 곡선으로 그린다면, 의식은 어느 순간에든 이런 식이어야 한다.

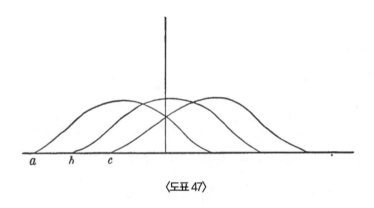

〈도표 47〉

〈도표 47〉의 가로축은 시간을 나타낸다. a와 b, c에서 시작하는 3개의 곡선은 각각 이 3개의 글자에 대한 생각과 관계있는 신경 작용을 나타내고 있다. 각 작용은 어느 정도의 시간을 요구하며, 이 시간 동안에 신경 작용의 강도가 커지고, 절정에 달하고, 약해진다. b의 작용이 절정에 달할 때, a의 작용은 아직 끝나지 않았으며 c의 작용은 이미 시작되었다. 세로축으로 표시되는 시간을 보면 3개의 과정 모두가 현재 진행 중이며 그 강도는 곡선으로 표시되고 있다.

c의 정점 앞에 있는 것들은 한 순간 전에 더 강했으며, c의 정점 뒤에 있는 것들은 한 순간 뒤에 더 강해질 것이다. 만약에 내가 a, b, c를 말한다면, b를 말하는 순간에는 a도 c도 나의 의식 밖에 있지 않지만 두 글자는 보다 강력한 b와 흐릿하게 빛을 섞고 있다. 왜냐하면 a와 c의 작용이 그때까지도 어느 정도 살아 있기 때문이다.

이것은 음악의 '배음'(倍音)과 아주 비슷하다. 그 소리들은 귀에 따로 들리지는 않는다. 그것들은 밑음과 섞이고, 밑음을 채우고, 밑음을 변화시킨다. 그렇듯 매 순간 강해지거나 약해지는 뇌의 작용들도 정점에 올라서 있는 작용들의 정신적 효과와 결합하면서 그 효과를 변화시킨다.

## 생각의 주제

만일 다양한 정신 상태의 인지 기능을 고려한다면, '단순히 뭔가를 아는' 정신 상태와 '뭔가에 대해 아는' 정신 상태 사이의 차이가 심리적 배음, 즉 프린지의 존재 여부로 압축될 것이다. 어떤 사물에 관한 지식은 그 사물의 관계들에 관한 지식이다. 어떤 사물을 안다는 것은 그 사물이 주는 인상에 국한된다. 그 사물의 관계들 대부분을 우리는 단지 그것과 유사한 성격들이 있는 경계 영역인 '프린지' 안에서만 알 수 있다. 다음 주제로 넘어가기 전에 나는 순서상 이 유사성의 느낌에 대해 약간 논해야 한다. 나는 유사성의 느낌을 주관적인 의식의 흐름의 가장 인상적인 특징 중 하나로 본다.

생각은 어떠한 종류의 것이든 똑같이 이성적일 수 있다. 우리의 모든 자발적 사고에는 주제가 있다. 이 주제에 생각의 모든 요소들이 초점을 맞춘다. 이 주제 또는 관심사의 관계는 프린지에서 끊임없이 느껴지는데, 특히 조화와 불화의 관계, 즉 주제를 촉진하거나 방해하는 관계가 많이 느껴진다. 어떤 생각의 프린지가 우리에게 '괜찮다'는 느낌을 준다면, 그 생각은 주제를 촉진하는 생각으로 고려될 수 있다. 그 생각의 대상이 그 주제와 같은 맥락 안에 있다는 느낌이 든다면, 그 같은 사실 하나만으로도 우리는 그 생각을 우리의 생각의 기차 중 일부로 적절하다고 여긴다.

지금 우리는 주제에 대해 주로 단어로 생각할 것이다. 아니면 시각적 혹은 다른 이미지로 생각할 수도 있다. 그러나 단어로 생각하는가 이미지로 생각하는가 하는 문제는 주제에 관한 우리의 지식을 촉진하는 것과는 아무런 관계가 없다. 만약에 우리가 어떠한 형식의 표현을 통해서든 서로 그 주제와 관련해 유사성의 프린지를 느낀다면, 그리고 만약에 우리가 어떤 결론에 가까워지고 있다는 점을 의식하게 된다면, 우리는 우리의 생각이 이성적이고 옳다고 느낀다. 모든 언어의 단어들은 오랜 세월 동안의 연합을 통해서 상호 반감 또는 상호 친화의 프린지를 좁혀왔다. 그런데 언어에 나타나는 프린지도 시각적, 촉각적 관념에 나타나는 프린지와 아주 비슷하다. 이 프린지들의 가장 중요한 요소는 단지 생각의 방향이 옳거나 그른 느낌, 일치 또는 불일치의 느낌이라는 점을 나는 다시 강조한다.

만약에 우리가 영어와 프랑스를 알고 있으면서 어떤 문장을 프랑스어로 시작한다면, 그 뒤에 오는 단어들은 모두 프랑스어일 것이다. 프랑스어로 시작한 문장을 돌연 영어로 전환하기가 어렵기 때문이다. 그리고 프랑스어 단어들이 서로에게 느끼는 유사성은 뇌의 법칙처럼 단순히 기계적으로 작동하는 것이 아니다. 그 유사성은 순간순간 우리가 느끼게 되는 그 무엇이다. 프랑스 문장에 대한 우리의 이해가 아무리 형편없다 하더라도, 어떤 사람이 프랑스어를 말하는 것을 들으면서 그 단어들이 언어적으로 같은 언어에 속하지 않는다고 판단하는 일은 절대로 벌어지지 않는다. 우리의 주의가 산만하지 않기 때문에, 만일에 영어 단어가 하나 갑자기 튀어나온다 하더라도 우리는 그 변화에 움찔하지 않을 것이다.

이처럼 단어들이 서로 같은 집단에 속하는 것 같다는 막연한 느낌이 곧 단어들에 따를 수 있는 최소한의 프린지이다. 우리가 듣는 모든 단어들이 같은 언어에 속하고 그 문법적 연결이 익숙하다고 막연히 지각하는 것은 우리가 듣는 것이 감각이라는 점을 인정하는 것이나 마찬가지이다. 그러나 만약에 낯선 외국어 단어가 나오거나 문법이 틀리거나 성격이 다른 어휘가 별안간 나타난다면, 예를 들어 철학적 논의에 '쥐덫'이나 '배관공의 청구서' 같은 표현이 튀어나온다면, 우리는 그 부조화에 깜짝 놀랄 것이고, 부드럽던 조화가 완전히 깨어지고 말 것이다. 이런 예들에서 합리성의 느낌은 단지 생각의 술어들 사이에 충격 또는 부조화의 부재이기 때문에 긍정적이기보다는 오히려 부정적인 것처럼 보인다.

거꾸로, 만약에 단어들이 같은 어휘에 속하고 또 문법적 구조가 정확하다면, 전혀 아무런 의미를 지니지 않는 문장도 자신감 있게 말해지고 또 별다른 항의를 받지 않고 넘어갈 것이다. 기도 모임에서 오가는 말, 유행어, 삼류작가들, 신문기자들의 기사가 이런 예를 보여준다. 나는 뉴욕 주 웨스트체스터 카운티의 포드햄에 있는 제롬 파크에서 운동 연습을 하는 장면을 전하는 기사 중에서 "새들이 대기를 촉촉하고 시원하고 유쾌하게 만들면서 나무 꼭대기를 아침 노래로 채웠다."라는 문장을 읽은 기억이 있다. 이 문장은 아마 시간에 쫓기던 기자가 무의식적으로 쓴 것임에 틀림없으며 많은 독자들에게 무비판적으로 읽혔을 것이다.

그렇다면 여기서 우리는 정신의 재료가 어떤 것이고 상상의 질이 어느 정도 탁월한가 하는 문제는 별로 중요하지 않다는 점을 확인하고 있다. 정신의 재료니 상상의 질이니 하는 문제와 상관없이, 우리의 사고는 계속되고 있다. 유일하게 본질적으로 중요한 이미지들은 생각이 멈추는 곳, 즉 잠정적인 결론이나 최종적인 결론을 내리는 곳이다. 사고의 흐름 중 그 나머지에서는 관계의 느낌이 전부이고 관련 술어는 거의 아무런 중요성을 지니지 못한다. 이 관계의 느낌들과 이 정신의 배음들, 후광, 혹은 언어의 프린지는 다른

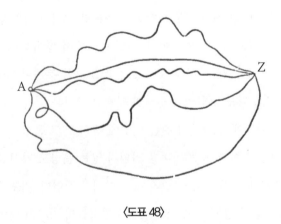

〈도표 48〉

상상 체계에서도 똑같을 것이다. 〈도표 48〉은 끝이 똑같을 경우에는 방금 말한 것처럼 거기에 이르게 한 정신적 수단은 전혀 중요하지 않은 현상을 쉽게 보여주고 있다.

A는 어떤 경험을 나타내고, 다수의 사상가들이 이 경험에서 시작한다. Z는 이 경험에서 합리적으로 추론해낼 수 있는 실질적 결론이다. 한 사상가는 그 중 한 길을 이용해 이 결론에 도달하고, 다른 사상가는 다른 길을 이용해 이 결론에 도달한다. 한 사상가는 영어로 생각하고, 다른 사상가는 독일어로 생각한다. 한 사상가는 시각적 이미지를 많이 이용하고, 다른 사상가는 촉각적 이미지를 주로 이용한다. 일부 기차는 감정에 푹 젖어 있고, 다른 기차는 그렇지 않다. 일부는 매우 압축적이고 빠르며, 다른 것들은 머뭇거리며 많은 단계로 나눠져 있다. 그러나 모든 기차들이 과정이야 어떻든 동일한 목적지에 도달한다면, 우리는 모든 사상가들이 실질적으로 똑같은 생각을 가졌다고 말한다. 이 사상가들이 서로의 정신을 들여다본다면, 아마 그들은 다른 사상가의 내면 풍경이 자신의 것과 판이하다는 사실에 깜짝 놀랄 것이다.

생각의 흐름에 대해 대략적으로 설명할 때, 마지막으로 주의를 기울여야 할 특성은 이것이다. 의식은 언제나 대상의 여러 측면들 중에서 일부 측면에 관심을 더 많이 기울이고 또 생각하는 동안에 줄곧 대상을 환영하거나 거절하면서 선택한다는 점이다.

선택적인 주의나 신중한 의지 같은 현상은 당연히 이 같은 선택 활동이 이뤄지고 있음을 보여주는 명백한 예들이다. 그러나 선택적 주의나 신중한 의지로 불리지 않는 작용에서도 이와 같은 선택이 아주 활발히 이뤄지고 있다는 사실을 아는 사람은 별로 없다. 우리의 모든 지각에는 강조가 있다. 우리는 수많은 인상에 주의를 골고루 기울이는 것이 불가능하다는 사실을 잘 알고 있다. 단조로운 소리의 연속은 서로 다른 악센트에 의해서 다양한 리듬으로 바뀐다. 가장 단순한 리듬은 똑딱 똑딱 똑딱 하는 소리이다. 어떤 표면에 흩어진 점들은 열(列)과 집단으로 지각된다. 선들은 다양한 도형으로 바뀐다. 이것과 저것, 여기와 저기, 지금과 그때처럼 우리의 정신에서 구분이 끊임없이 이뤄지는 것은 장소와 시간을 선택적으로 강조한 결과이다.

그러나 우리는 사물들을 강조하는 그 이상의 행위를 하며 어떤 사물은 서로 통합시키고 어떤 사물은 서로 찢어놓기도 한다. 실제로 보면 우리는 우리 앞의 사물 대부분을 무시한다. 이런 현상이 어떤 식으로 진행되는지를 간단히 보도록 하자.

그 바닥부터 본다면, 우리의 감각 기관들 자체가 이 책 첫 부분에서 살핀 대로 선택의 기관이 아니고 무엇인가? 물리학이 가르치는 대로 운동으로 가득한 무한한 카오스 중에서, 우리의 감각 기관은 저마다 자신이 잡아낼 속도 안에 들어오는 운동을 포착한다. 감각 기관은 이런 운동에 반응하고 그 나머지에 대해서는 마치 존재도 하지 않는 것처럼 철저히 무시한다. 구분이나 강조가 전혀 없는, 그 자체로는 구분이 불가능한 '연속체' 중에서, 우리의 감각은 이 운동에 신경을 쓰고 다른 운동을 깡그리 무시함으로써 우리를 위해서 대비와 강조, 돌발적인 변화와 회화적인 빛과 그림자로 가득한 세상을 엮어낸다.

우리가 어떤 신체 기관을 통해 받아들이는 감각들이 그 신체 기관의 말단의 구조에 의해 선택될 나름의 이유들을 갖고 있는 한편, 주의는 제시된 모든 감각들 중에서 주목할 만한 가치가 있는 것만을 고르고 나머지는 모두 무시해 버린다. 우리는 실용적으로나 미학적으로 우리의 관심을 끌 만한 것들의 신호가 될 만한 그런 감각들에만 주목한다. 그러면서 우리는 이 감각들에게 이름을 붙여주고 독립과 존엄의 지위를 부여한다. 그러나 바람 부는 날의 흙먼지도 나의 관심과는 상관없이 그 자체로 독특한 것이며, 나의 육체만큼이나 개별적인 이름으로 불릴 자격이 있다.

그러면 우리가 개별적 사물로부터 받는 감각들 사이에는 어떤 일이 벌어지는가? 여기서도 정신이 다시 선택한다. 정신은 그 사물을 최대한 진실하게 표현할 감각들을 선택하고 나머지에 대해서는 순간의 조건에 의해 변형된, 그 사물의 겉모습으로 여긴다. 이리하여 나의 테이블의 윗면은 그것이 일으키는 무수히 많은 망막의 감각들 중 하나가 선택되면서 사각형이라는 이름을 얻는다. 나머지 감각들은 2개의 예리한 모서리와 2개의 뭉툭한 모서리를 가진 것에 관한 감각이 된다. 마찬가지로 원의 진정한 형태는 시선(視線)이 원의 중심과 직각을 이룰 때 원이 주는 감각으로 여겨진다. 그 외의 다른 모든 감각들은 이 감각의 신호인 것이다. 대포의 진짜 소리는 대포가 귀 바로 옆에서 내는 감각이다. 벽돌의 진짜 색깔은 눈이 햇빛을 벗어나 있으면서도 어둡지 않은 가까운 곳에서 정면으로 바라볼 때 벽돌이 주는 감각이다. 이와 다른 환경이라면 벽돌은 우리에게 벽돌의 진짜 색깔을 말해주는 신호에 불과한 다른 색깔 감각을 준다. 그러면 우리는 원래 색깔보다 더 붉거나 더 푸른 벽돌을 볼 것이다. 독자 여러분은 마음속으로 전형적인 성격이나 정상적인 크기, 특징적인 거리, 표준적인 색깔 등에 대해 특별히 정해놓지 않은 대상이 하나도 없다는 사실을 깨달을 것이다. 그러나 우리에게 사물의 객관적인 성격으로 받아들여지는 이런 근본적인 특징들도 이와 대비되는 다른 주관적인 감각들과 똑같이 단순한 감각에 지나지 않는다. 우리의 마음이 자기 편할 대로 어떤 특별한 감각을 선택해놓고는 그것이 나머지 감각들보다 더 진정하고 더 유효할 것이라고 결정하는 것이다.

이제 다음 주제로 넘어가자. 우리 정신의 선택적 노력에 의해 이런 식으로 개별화되는 대상들의 세상에서, '경험'이라 불리는 것은 거의 전적으로 우리의 주의의 습관에 의해 결정된다. 예를 들어 보자. 어떤 한 사물이 어떤 사람에게 백번 이상 제시될 수 있다. 그런 가운데서도 그 사람이 그걸 계속 알아차리지 못한다면, 그것은 그 사람의 경험 속으로 들어가지 못할 것이다. 우리 모두는 파리와 나방과 딱정벌레를 수도 없이 많이 보고 있다. 그러나 곤충학자들을 제외하고는 누가 이 곤충들에 주의를 기울이겠는가? 그런 한편, 일생에 딱 한 번 접한 것이 기억에 지워지지 않는 경험을 남길 수 있다. 4명의 남자가 유럽을 여행한다고 가정하자. 한 사람은 의상과 색깔, 공원, 풍경, 건축물, 그림과 동상 같은 회화적인 인상만을 안고 올 것이다. 다른 한 사람에겐 이런 것들은 존재하지 않는 대상이나 마찬가지일 것이다. 거리와 가격, 인구, 배수 시설, 문과 창문의 잠금 장치, 그리고 다른 유용한 통계들이 그 자리를 대신 차지할 것이다. 세 번째 남자는 극장과 식당, 공회당에 대한 정보를 많이 내놓을 것이고, 네 번째 남자는 아마 개인적인 생각에 잠긴 나머지 자신이 지나친 장소들의 이름 몇 개를 아는 데서만 그칠 수도 있다. 각자는 자기 앞에 제시된 똑같은 대상 중에서 개인적 관심과 맞아떨어지는 것만을 선택하고 그것으로 자신의 경험을 쌓았다.

여기서 만약에 우리의 정신이 경험들을 어떤 식으로 서로 '이성적으로' 연결시키는가 하는 문제를 던진다면, 우리는 다시 어디서나 선택이 이뤄지고 있다는 사실을 확인할 것이다. 뒤의 어느 장에서 우리는 모든 추론은 마음이 전체 현상을 부분으로 쪼개는 능력에 좌우된다는 사실을 발견할 것이다. 또한 추론은 이 부분들 중에서 어떤 환경에서 적절한 결론을 내리게 만들 특별한 것을 선택하는 능력에 좌우된다는 사실도 발견할 것이다. 천재는 그 부분들 중에서 언제나 적절한 부분을 찾아서 적절한 요소를 갖고, 말하자면 당면한 문제가 이론적인 것이라면 '이성'을 갖고 또 당면한 문제가 실용적인 것이라면 '수단'을 갖고 그 부분을 집중적으로 파고들 수 있는 사람이다.

여기서 미학의 영역으로 넘어간다면, 우리의 법칙은 조금 더 명백해진다. 예술가들은 추구할 대상을 선택하는 것으로 악명이 높다. 서로 조화를 이루지 않거나 자신의 목표와 조화를 이루지 않는 음색이나 색깔, 모양은 모조리 무시한다. 예술 작품을 자연의 작품보다 우월하게 만든다는 그 통일성과 조화, 그리고 프랑스 비평가 테느(Hippolyte Taine)가 말한 '특성들의 수렴'은 전적으로 배제의 덕분이다. 만일 예술가가 자연 속의 대상 하나를 잡고 어떤 특성을 그 대상의 대표적 특징으로 만들고 이 특징과 부합하지 않는 모든 특성을 무시할 정도의 지성을 갖고 있다면, 자연 속의 어떤 것이라도 그의 뜻대로 될 것이다.

이보다 조금 더 거슬러 올라가면, 우리는 윤리학에 닿는다. 여기서는 선택이 모든 것을 지배한다. 어떠한 행위든 똑같이 가능한 몇 가지 행위들 중에서 선택된 것이 아니라면, 그 행위는 윤리적 자질을 전혀 갖지 못한다. 선한 길을 추구하고, 화려한 길을 걷고픈 욕망을 억누르고, 험한 가시밭길도 마다하지 않고 걷는 것이 윤리적인 힘의 특징이다. 그러나 윤리학은 이런 것들 이상이다. 왜냐하면 이런 것들은 사람에 의해 이미 탁월하다고 느껴진 것들을 성취하는 수단을 다루는 데서 그치기 때문이다. 윤리적인 힘은 특별히 더 앞으로 나아가서 똑같이 강압적인 몇 가지 관심사 중에서 가장 탁월할 것 같은 관심사를 선택해야 한다.

여기서 이슈가 되는 것은 의미가 가장 큰 관심사가 어느 것인가 하는 점이다. 왜냐하면 그것이 한 사람의 인생을 결정하기 때문이다. 어떤 사람이 이 범죄를 저질러야 할까, 저 직업을 선택해야 할까, 그 자리를 받아들여야 할까, 아니면 이 사람과 결혼해야 할까 하고 고민을 하고 있다면, 그의 선택이야말로 똑같이 가능한 미래의 인격들 중 하나를 선택하는 결과가 될 것이다. 그 사람이 미래에 어떤 존재가 될 것인지는 이 순간의 행동에 달려 있다. 쇼펜하우어(Arthur Schopenhauer)는 고착된 성격을 가진 사람은 주어진 환경에서 단 한 가지 반응만을 보일 것이라고 주장하면서 자신의 결정론(決定論)을 강화하고 있다. 그러나 쇼펜하우어는 결정적인 윤리적 순간에 매우 중요한 것은 사람이 인격 자체를 보는 태도라는 사실을 망각하고 있다. 사람에게는 지금 어떤 행동을 하겠다고 결정하는 것보다 미래에 어떤 존재가 되겠다고 선택하는 것이 훨씬 더 중요하다.

인간의 경험에 대해 대체적으로 말하면, 사람들의 선택은 상당 부분 똑같다. 사람들은 중요하게 여기고 주목해야 할 것들이 어떤 것인지에 대해 대체로 동의한다. 그리고 주목할 부분들 중에서도 또 다시 상당히 비슷한 방법으로 강조할 것과 선호할 것, 혹은 경시할 것과 싫어할 것을 선택한다. 그러나 한 가지 특별한 것이 있다. 서로 똑같은 선택의 길을 걷는 사람은 절대로 없다는 점이다.

전체 우주를 반으로 나누는 행위는 우리 모두에 의해 행해지고 있다. 그리고 우리 각자에게 이로운 것들 거의 모두는 그 반쪽 중 어느 하나에 속한다. 그러나 우리는 다른 곳에서도 두 반쪽 사이에 구분선을 그린다. 우리 모두는 그 반쪽들을 똑같은 이름으로 부르며, 또 그 이름이 '아'(我: me)와 '비아'((非我)not-me)라고 하면, 당신은 내가 의미하는 바를 쉽게 알 수 있을 것이다. 모든 인간의 마음이 'me'나 'mine'이라 불리는 그 부분에 대해 느끼는 독특한 관심은 도덕적 수수께끼일 수 있다. 그러나 심리학적으로 본다면 그것은 하나의 근본적인 사실이다. 어떠한 사람의 마음도 자신의 '나'에게 쏟는 만큼의 관심을 이웃의 '나'에게 주지 못한다. 이웃의 '나'는 나 자신의 '나'가 맞서고 있는 나머지에 속한다. 사람의 발에 밟힌 벌레마저도, 독일 철학자 로체(Hermann Lotze)가 어디선가 말했듯이, 고통을 당하는 자신의 자아와 나머지 우주를 대비시킨다. 비록 그 벌레가 자기 자신이나 우주가 어떤 것인지에 대해 명확히 알지 못하고 있을지라도 말이다. 나에게 있어서 그 벌레는 세상의 단순한 일부이다. 그 벌레에게는 내가 세상의 단순한 일부이다. 벌레와 나는 다른 곳에서 우주를 두 갈래로 나누고 있다.

이제 대체적인 스케치에서 벗어나 보다 세세하게 파고들 것이다. 다음 장에서는 자의식을 공부할 것이다.

## Chapter 12
# 자아

## Me와 I

나 자신이 무엇인가에 대해 생각하고 있을 때면, 나는 동시에 언제나 나 자신에 대해, 나의 개인적 존재에 대해 다소 자각하고 있다. 이때 자각하고 있는 것은 나이다. 이렇듯 나의 전체 자아는 이중적이다. 부분적으로는 인식의 대상이 되고, 또 부분적으로는 인식의 주체가 된다. 말하자면 부분적으로 객체임과 동시에 부분적으로 주체인 것이다. 그렇기 때문에 나의 전체 자아는 그 안에 서로 뚜렷이 구별되는 2가지 양상을 포함하고 있음에 틀림없다. 우리는 이 양상 중 하나를 간단히 'Me'라고 부르고 다른 하나를 'I'라고 부를 것이다. 나는 이것들을 분리된 것이 아닌 '구별된 양상'이라고 부른다. 왜냐하면 I와 Me의 동일성은 그 구별의 행위에서조차도 엄연한 상식으로 통하고 있고 또 그 동일성이 공부를 시작하는 단계에서부터 우리의 용어에 의해 훼손되어서는 안 되기 때문이다. 우리가 공부를 끝내는 시점에 이 동일성의 타당성에 대해 어떤 생각을 품게 될지 모르지만, 일단 여기서는 I와 Me의 동일성을 받아들이도록 하자.

그래서 나는 인식의 대상으로서, 즉 Me로서, 혹은 가끔 불리는 대로 '경험적 자아'로서 자아를 다루고, 이어서 인식의 주체로서, 즉 I로서, 일부 저자들이 말하는 '순수한 자아'로서의 자아를 다룰 것이다.

## 인식 대상으로서의 자아

어떤 사람이 me라고 부르는 것과 mine이라고 부르는 것 사이에 구분선을 그리기가 어렵다. 우리는 우리의 것인 어떤 것에 대해서는 우리 자신에 대해 느끼고 행동하는 것과 비슷하게 느끼고 행동한다. 우리의 명예, 우리의 자식들, 우리의 손으로 만든 작품들은 우리에게 우리의 신체만큼이나 소중하며, 어쩌다 그런 것들이 공격을 당하기라도 하면 똑같은 보복의 느낌과 행동이 일어난다.

그리고 우리의 육체에 대해 말하자면, 그 육체가 우리의 것인가 아니면 육체가 바로 우리인가? 분명히, 사람들은 자신의 육체와의 관계를 끊고 육체를 의상 정도로 여길 자세가 되어 있다. 혹은 언제든 벗어던져야 할, 흙으로 만든 감옥 정도로 여기기도 한다.

그렇다면 우리가 지속적으로 변하는 어떤 물질을 다루고 있다고 말할 수도 있을 것이다. 똑같은 대상이 어떤 때는 나의 일부로 여겨지고, 또 어떤 때는 단순히 나의 것으로 여겨지고, 그러다 다시 나와는 아무런 상관이 없는 것처럼 여겨지기도 하니 말이다.

그러나 넓은 의미로 보면, 어느 사람의 Me는 그가 자신의 것이라고 부를 수 있는 것들 모두, 말하자면 자신의 육체와 정신뿐만 아니라 자신의 의상과 주택, 아내와 자식, 조상과 친구, 명예와 작품, 땅과 말과 요트와 예금까지 포함한 모든 것의 총합이다. 이 모든 것은 그 사람에게 똑같은 감정을 안겨준다. 만일 그런 것들이 커가고 번창한다면, 그는 의기양양해 할 것이다. 그런 것들이 쇠퇴하거나 죽거나 하면, 그는 의기소침해 할 것이다. 무엇이 번창하고 쇠퇴하느냐에 따라 그 정도는 다르겠지만 느낌만은 똑같다. 넓은 의미에서 Me를 이해하려 노력하면서, 우리는 Me의 역사를 3부분으로 나누는 것으로 시작할 것이다. Me의 구성 요소들, 이 구성 요소들이 일으키는 감각과 감정, 즉 자기 평가, 그리고 구성 요소들이 촉진하는 행위들, 즉 자기 추구와 자기 보존 등이 그 3가지 부분이다. Me의 구성 요소들은 3가지 종류, 즉 육체적인 Me와 사회적인 Me, 영적인 Me로 이뤄져 있다.

## 육체적인 Me

우리 모두에게 있어서 육체는 육체적인 Me 중에서 가장 깊은 부분이다. 육체의 각 부위 중에서 다른 부위에 비해 특별히 우리의 것이라는 인상을 주면서 친숙하게 느껴지는 부위가 있다. 인간은 3부분, 즉 영혼과 육체와 의상으로 이뤄져 있다는 옛말은 농담 이상의 진리를 담고 있다. 우리는 의상을 소유하고 있으면서 의상과 자신을 동일시하는 성향을 매우 강하게 보인다. 그렇기 때문에 누군가가 지저분한 누더기를 걸친 아름다운 육체와 멋진 옷을 걸친 추한 육체 중에서 선택하라고 하면, 우리 중에서 대답을 내놓기 전에 잠깐 망설이지 않을 사람이 거의 없을 것이다.

그 다음으로는, 우리의 직계 가족이 우리 자신의 일부이다. 우리의 아버지와 어머니, 아내와 자식들은 우리의 뼈 중의 뼈이고 우리의 살 중의 살이다. 그들이 죽을 때, 우리의 자아 중 일부가 사라지게 된다. 만일 그들이 나쁜 행위를 한다면, 그것은 곧 우리의 수치이다. 만일 그들이 모욕을 당한다면, 마치 우리가 당하듯 분노가 폭발한다.

그 다음은 우리의 가정이다. 가정의 장면들은 우리의 삶의 일부이다. 가정의 장면들은 깊고 그윽한 애정의 느낌을 일깨운다. 우리는 이방인이 우리 집을 방문하면서 집안의 배치에 대해 결함을 발견하거나 경멸하는 태도를 보이기라도 하면 그 사람을 쉽게 용서하지 못한다. 이 모든 것들은 우리가 본능적으로 선호하게 되는 대상이며, 동시에 우리의 인생에 가장 중요한 관심사들이다. 우리 모두는 화려한 장식이 있는 의상으로 자신의 육체를 가꾸고, 부모와 아내와 자식을 사랑하고, 그들과 함께 살면서 삶을 개척해 나갈 집을 마련하려는 맹목적 충동을 갖고 있다.

똑같이 본능적인 충동이 우리로 하여금 재산을 모으도록 만든다. 이런 식으로 모은 재산은 애착에 정도의 차이가 있긴 하지만 역시 우리의 경험적 자아의 일부가 된다. 우리의 부(富) 중에서 가장 애착이 가는 부분은 우리의 땀이 배어 있는 것들이다. 만약에 평생 동안 자신의 손이나 두뇌로 구축해온 결과물이, 예를 들어 평생 손으로 써온 원고가 별안간 사라져 버린다면, 개인적으로 절멸되는 듯한 느낌을 받지 않을 사람이 없을 것이다. 수전노는 자신의 황금에 대해 비슷한 감정을 느낀다. 소유물의 상실 앞에서 느끼는 우리의 낙담 중 일부는 우리가 앞으로 그런 것을 누리지 못하는 가운데 살아야 한다는 감정 때문인 것은 사실이다. 그 소유물이 기차처럼 뒤에 더 많은 것을 달고 나타날 것으로 기대했으니 그럴 만도 하다.

그럼에도 그 상실에는 그 이상의 것이 있다. 우리의 인격이 위축되는 느낌과 우리 자신의 일부가 무(無)로 돌아가 버린 듯한 느낌, 그러니까 그 자체에 심리학적인 현상이 있는 것이다. 우리는 갑자기 평소에 그렇게나 경멸하던 떠돌이나 가난뱅이 같은 존재가 되어 버렸고 또 동시에 육지와 바다와 인간을 지배하는 이 땅의 행복한 아들들로부터 더욱 멀어지는 느낌을 받는다. 이제 부와 권력을 쥔 사람 앞에만 서면 자세가 부자연스러워지고 존경과 공포의 감정에서 벗어나지 못한다.

## 사회적인 Me

어떤 사람의 사회적 Me는 그 사람이 동료들로부터 받는 인정이다. 우리 인간은 다른 동료들과 함께 있기를 좋아하는 군집성 동물일 뿐만 아니라 자신과 비슷한 사람들에게 호의적으로 주목받기를 좋아하는 성향을 타고났다. 가능하기만 하다면, 어떤 사람에게 그가 속한 사회 안에서 마음대로 행동하게 내버려두고 사회의 구성원들 모두가 그 사람을 외면하는 것 이상으로 더 가혹한 처벌은 없다. 우리가 어떤 공간에 들어가는데 아무도 고개를 돌리지 않거나, 우리가 말을 하는데도 아무도 대꾸를 하지 않고 자기 일에만 신경을 쓰거나, 우리가 만나는 사람들이 모두 우리를 죽은 사람 대하듯 하며 마치 우리가 거기에 없다는 듯이 행동한다면, 곧 일종의 분노와 무력한 절망감이 우리의 내면에 부글부글 끓어오를 것이다. 거기에 비하면 잔혹한 육체적 고문은 위안으로 여겨질 것이다. 왜냐하면 육체적 고문은 아무리 고통스럽더라도 우리로 하여금 그래도 타인의 관심을 끌지 못할 만큼 깊이 추락하지는 않았다는 느낌을 갖게 하기 때문이다.

정확히 말하면, 사람은 자신을 알아봐주는 개인들의 숫자만큼 많은 사회적 자아를 갖고 있다. 다른 사람들이 그 사람에 대해 품고 있는 이미지에 상처를 입히는 것은 곧 그에게 상처를 입히는 것이나 마찬가지이다. 그러나 그 사람의 이미지를 품고 있는 개인들이 자연히 계급으로 분류되기 때문에, 그 사람은 자신에 대해 평가하는 집단의 숫자만큼 다양한 사회적 자아를 갖고 있다. 그 사람은 대체로 집단에 따라서 자신의 다양한 측면을 보여준다.

부모와 선생 앞에서 얌전한 청년들 중에도 '거친' 친구들 사이에서는 해적처럼 맹세를 하고 거드럭거리는 청년이 많다. 우리는 자식들 앞에서는 클럽 동료들에게 하는 그런 행동을 보이지 않는다. 또 고객들에게는 직원을 대하는 그런 모습을 보이지 않는다. 또 사장과 직원들에게는 친한 친구들에게 하는 그런 행동을 하지 않는다. 이 같은 사실을 근거로 한다면, 사람이 몇 개의 자아로 구분된다는 결과가 나온다. 이 구분은 서로 조화를 이루지 못할 수도 있다. 왜냐하면 이 집단의 사람에게 보여주고 싶은 것도 다른 집단의 사람에게는 보여주고 싶지 않을 수 있기 때문이다. 아니면 이 구분이 노동의 분화처럼 완벽하게 조화를 이룰 수도 있다. 예를 들면, 자기 자식에게는 부드럽게 대하고, 자신의 명령을 따라야 할 군인이나 죄수들에게는 엄격하게 대하는 경우이다.

사람이 갖는 사회적 자아 중에서 가장 특이한 것은 사랑하는 사람의 마음 안에 있다. 이 자아의 행운이나 불운은 극도의 환희나 낙담의 원인이 된다. 이 환희나 낙담은 그 사람 본인의 신체 기관의 느낌 외의 다른 기준으로 보면 터무니없을 만큼 비합리적이다. 이 특별한 사회적 자아가 인정을 받지 못하는 한, 그 사람의 의식에 자신은 존재하지 않는 것이나 마찬가지이다. 반대로 이 특별한 사회적 자아가 인정을 받기만 하면, 그의 만족감은 모든 한계를 벗어나 하늘을 찌를 듯해진다.

어떤 사람의 좋거나 나쁜 명성과 그의 명예와 불명예는 그 사람의 사회적 자아들 중 하나에 붙은 이름들이다. 명예라 불리는, 그 사람의 특별한 사회적 자아는 대체로 우리가 앞에서 말한 분열 중 하나의 결과이다. 그가 어떤 요구 조건에 부합하거나 부합하지 않을 때 그가 칭송의 소리를 듣거나 비난의 소리를 듣게 만드는 것은 일단의 사람들의 눈에 비친 그의 이미지이다. 여기서 강조해야 할 것은 그가 다른 삶의 길을 걷는다면 이 요구 조건의 내용이 달라진다는 사실이다. 따라서 평범한 사람은 콜레라가 창궐하는 도시를 포기할 수 있다. 그러나 성직자나 의사는 그런 행동이 자신의 명예와 부합하지 않는다고 생각할 것이다. 군인의 명예는 군인에게 다른 사람이라면 핑계를 대거나 사회적 자아에 어떠한 오점도 남기지 않고 달아날 수 있는 상황에서도 과감히 맞서 싸우거나 죽을 것을 요구한다. 판사와 정치가도 마찬가지로 명예 때문에 민간인과 금전적 관계를 갖는 것이 금지된다.

사람들이 자신의 다양한 자아들을 구별하는 소리를 우리는 주변에서 자주 듣는다. "인간으로서는 당신에게 동정심을 느끼지만, 공무원으로서 나는 당신에게 어떠한 자비도 베풀지 못해.""나는 정치인으로서는 그를 동맹으로 여기지만 도덕주의자로서는 그를 혐오해."'클럽의 평판'은 삶에서 매우 강력한 힘을 발휘하는 요소이다. 도둑은 다른 도둑의 것을 훔쳐서는 안 된다. 도박꾼은 다른 빚을 갚지 않는 한이 있더라도 도박 빚만은 꼭 갚아야 한다. 상류사회의 명예의 규범은 역사를 내려오면서 거부해야 할 것들뿐만 아니라 허용하는 것들에 관한 내용으로 가득해졌다. 이 규범을 따르는 유일한 이유는 그렇게 할 경우에 우리의 사회적 자아 중 하나에 이롭기 때문이다. 당신은 대체로 거짓말을 해서는 안 된다. 그러나 어떤 부인과의 관계에 대한 질문 앞에서는 거짓말을 할 수도 있다. 이런 것이 명예의 예이다.

## 정신적인 Me

'정신적 Me'가 경험적인 자아에 속하는 한, 나는 정신적 Me라는 표현을, 변화하는 나의 의식의 상태를 뜻하는 것으로는 절대로 쓰지 않는다. 그보다는 나의 의식의 상태들과 정신적 기능들과 구체적인 성향들을 모두 모은 집합체를 의미하는 것으로 쓴다. 이 집합체는 어떤 순간에나 나의 생각의 대상이 될 수 있으며, 또 Me의 다른 부분이 감정을 일깨우듯, 이 집합체도 감정을 일깨울 수 있다.

우리가 스스로를 사상가로 여길 때, 그때 우리의 Me의 다른 구성 요소들 모두는 상대적으로 외적 소유물처럼 보인다. 심지어 정신적인 Me 안에서조차도, 일부 구성 요소들은 다른 요소들에 비해 더 외적인 것처럼 보인다. 예를 들어, 우리의 감각 능력은 우리의 감정과 욕망에 비해 덜 친숙하다. 그리고 지적 작용은 의지가 따르는 결정보다 덜 친숙하다. 따라서 의식의 감정 상태가 능동적으로 느껴질수록, 그 감정 상태가 정신적인 Me의 핵심을 차지하게 된다.

모두가 잘 알고 있듯이, 우리의 자아의 핵심, 즉 우리의 삶의 성역(聖域)은 내면의 어떤 상태들이 작동하고 있다는 감각이다. 이 작동 감각은 종종 우리 '영혼'의 살아 있는 실체가 직접적으로 드러난 것으로 여겨진다. 이것이 사실인지 여부는 앞으로 풀어야 할 문제이다. 지금으로선 나는 능동적인 이런 작동 감각을 가진 상태가 어떤 것이든 그 상태가 지닌 내적 성격을 확실히 제시할 수 있기를 바란다. 마치 그 상태들은 우리의 경험의 다른 모든 요소들을 맞이하려 나오는 것 같다. 그 상태들에 대해 이런 식으로 느끼는데 대해서는 아마 모두가 동의할 것이다. 지금까지 Me의 구성 요소들을 살폈으니, 이젠 이 구성 요소가 일으키는 자아의 감각과 감정들을 검토할 차례이다.

## 자기 평가

자기 평가는 2가지 종류, 즉 자기 만족과 자기 불만으로 이뤄져 있다. '자기 사랑'에 대해서는 자기 평가 다음에 논하는 것이 적당할 것 같다. 왜냐하면 사람들이 자기 사랑이라는 표현으로 뜻하는 것이 어떤 감정이 아니고 행동의 어떤 성향이기 때문이다.

자기 평가의 두 가지 종류를 충분히 전할 동의어들이 있다. 한쪽에 긍지와 자부심, 허영, 자긍심, 거만, 과시 등이 있고, 다른 쪽에 소박과 겸손, 혼동, 자신 없음, 수치, 금욕, 뉘우침, 불명예의 느낌, 개인적 낙담 등이 있다. 서로 상반되는 이런 감정들은 기본적으로 자연이 우리에게 직접적으로 부여하는 것 같다.

반면에 관념 연합설을 주장하는 사람들은 아마 이런 감정을 감각적 쾌락이나 고통을 신속히 계산한 결과 생겨나는 부차적인 현상으로 볼 것이다. 또 번창하거나 쇠락한 우리의 개인적인 상태가 쾌락이나 고통을 낳으며, 쾌락의 총계는 자기 만족을 형성하고 고통의 총계는 그 반대인 수치의 감정을 일으킨다는 것이 관념 연합설을 주장하는 사람들의 주장이다. 스스로에게 만족할 때, 우리는 자신의 공적(功績)에 대하여 온갖 가능한 보상을 다 열거한다. 또 자신에게 절망하고 있을 때, 우리는 악을 예상할 것이다. 틀림없는 일이다. 그러나 단순히 보상을 기대하는 것은 자기 만족이 아니다. 또 악에 대한 걱정 또한 자기 혐오가 아니다. 왜냐하면 우리 모두에겐 자기 본위로 생각하는 자기 감정이 있으며, 이 감정은 우리가 만족이나 불만을 품는 객관적인 원인과 무관하기 때문이다. 말하자면, 매우 비열한 환경에서 살아온 사람도 자만심을 크게 키울 수 있고, 인생의 성공이 보장되고 모든 사람들로부터 존경을 받는 사람도 끝까지 자신의 권력 앞에서 겸손한 모습을 보일 수 있다.

그러나 정상적으로 자기 감정을 유발하는 것은 그 사람의 실질적 성공이나 실패, 그 사람이 이 세상에서 갖고 있는 좋거나 나쁜 지위라고 말할 수 있다. "엄지손가락으로 찔러 자두를 꺼내더니 '난 참 착한 아이야!'라고 외쳤다."(영어 동요 '꼬마 잭 호너'의 한 구절/옮긴이) 크게 확장된 경험적 자아를 갖고 있고, 또 자신에게 성공을 안겨준 권력이 있고, 부와 친구와 명성이 있는 사람이라면 병적 수줍음이나 소년 시절에 자신에게 품었던 회의(懷疑) 때문에 힘들어할 확률이 낮다. "이것이 내가 공들여 세운 위대한 바빌론이 아닌가?" 반면에 실수를 연발하고, 인생의 중년에도 실패를 하고 있는 사람은 자기 불신으로 인해 약해지기 쉽고 자신의 힘으로는 한 번도 성공을 이뤄보지 못했기 때문에 무엇이든 시도조차 하지 않으려 들 수 있다.

자기 만족과 자기 불만의 감정은 독특한 감정이다. 각 감정은 예를 들어 분노나 고통처럼 원초적인 감정으로 분류될 만하다. 자기 만족과 자기 불만은 각자 특이한 얼굴 표정을 갖고 있다. 자기 만족을 느끼는 동안에는 신근(伸筋: 척추동물이 팔다리를 뻗을 때 쓰는 모든 근육/옮긴이)이 자극을 받고, 눈이 강렬한 빛을 발하며, 걸음걸이가 가볍고 유연하며, 콧구멍이 벌어지고, 입술에 특이한 웃음이 피어난다. 자기 불만을 겪고 있는 사람의 예를 든다면 자신이 용서받지 못할 죄를 저질렀다고 자책하는 사람이 될 것이다. 이런 사람은 사람들을 피하려 들고 말을 할 때에도 상대방의 눈을 똑바로 보지 못하고 또 큰소리를 내지 않는다. 이와 비슷한 병적 조건인 공포와 분노처럼, 자기 만족을 느낄 때와 정반대의 느낌이 부적절한 원인에 의해 일어날 수 있다. 실제로 우리는 이성적인 원인보다는 본능적인 원인이 자신의 자긍심과 자신감의 수치를 올리기도 하고 떨어뜨리기도 한다는 것을 잘 알고 있다.

이제 자기 추구와 자기 보존을 공부할 것이다. 이 단어들은 다수의 본능적인 충동을 가리킨다. 여기서도 우리는 육체적 자기 추구의 충동과, 사회적 자기 추구의 충동, 정신적 자기 추구의 충동을 보게 될 것이다.

## 육체적 자기 추구

모든 일상적인 반사 행동과 영양(營養)과 방어의 행동은 육체적 자기 보존의 행동이다. 공포와 화는 자기 보존을 위한 행동을 일으킨다. 만약에 자기 추구라는 표현을 현재 상태를 유지하려는 행동과 구분되는 것으로서 미래를 위한 노력으로 받아들인다면, 우리는 화와 공포를, 사냥하거나 획득하고, 집을 짓거나 도구를 제작하는 본능과 함께 육체적인 자기 추구의 충동으로 분류해야 한다. 그러나 엄밀히 따지면 후자의 본능은 연애와 부모의 애정, 호기심, 경쟁과 더불어 육체적인 Me의 발달뿐만 아니라 가장 넓은 의미의 물질적인 Me의 발달을 추구한다.

## 사회적 자기 추구

사회적 자기 추구는 연애와 우정, 남을 즐겁게 해주고 남의 주목과 감탄을 받으려는 욕망, 경쟁과 질투, 영광과 영향력과 권력에 대한 집착을 통해서 직접적으로 수행되는 한편, 사회적 목적을 이룰 수단이 될 물질적 자기 추구의 충동을 통해서 간접적으로도 수행된다. 직접적으로 자기를 추구하려는 충동이 순수한 본능이라는 점은 쉽게 드러난다. 다른 사람들에게 '인정'받고 싶은 욕망과 관련해서 언급해야 할 것은 그 욕망의 크기가 욕망을 감각적으로나 이성적으로 계산한 가치와는 거의 아무런 관계가 없다는 점이다.

우리는 자신을 방문해줄 사람들의 목록이 길기를 간절히 바라고, 또 사람의 이름이 오르내릴 때마다 "나, 저 사람 잘 알아!"라고 말할 수 있기를 바라고, 또 거리에서 만나는 사람들의 반 정도로부터 인사를 받기를 원한다. 물론 유명한 친구와 타인의 인정은 아주 매력적이다. 영국 소설가 새커리(William Makepeace Thackeray)는 어느 대목에서 독자들에게 양팔에 공작(公爵)을 끼고 런던의 폴몰 거리를 걷다가 아는 사람을 만나는 것이 즐거운 일인지 여부를 묻는다. 그러나 일부 사람들에게는 공작과 팔짱을 끼지 않고 주위의 부러운 시선이 없어도 아무런 문제가 되지 않을 것이다.

오늘날 신문에 자기 이름을 올리는 일에 목을 매는 족속들이 있다. 어떤 제목으로 자기 이름이 거론되든 상관하지 않는다. '동정란'도 좋고 '말, 말, 말' 코너도 좋고 '인터뷰'도 좋다. 가십, 심지어 스캔들도 좋을 것이다. 제임스 가필드(James A. Garfield) 미국 대통령의 암살범인 기토(Charles Julius Guiteau)가 매체를 통한 평판에 대한 욕망이 병적인 방향으로 흐를 수 있다는 점을 보여주는 극단적인 예이다. 신문들이 그의 정신적 지평을 좁혀 버렸다. 이 비열한 인간이 교수대에서 한 기도 중에서 가장 진솔한 표현은 이것이었다. "주여, 이 땅의 신문은 주님에게 갚아야 할 것이 참으로 많습니다."

　사람들뿐만 아니라 내가 알고 있는 장소와 사물까지도 일종의 비유적인 사회적 방법으로 나의 자아를 확장시킨다. 노동자들이 자신이 잘 다룰 줄 아는 도구를 보면 "나, 저것 잘 알아!"라고 말하는 데서도 자아의 확장이 보인다. 그렇기 때문에 우리는 형편없는 의견을 가진 사람들로부터도 주목을 받기를 원한다. 따라서 진정으로 훌륭한 많은 남자들과 여러 면에서 진정으로 세심한 많은 여자들은 속으로 경멸할 만한 성격을 가진 비천한 인간들을 감탄하게 만드느라 힘들어 할 것이다.

## 정신적 자기 추구

　지적인 것이든 도덕적인 것이든 정신적인 것이든, 정신적 성숙을 추구하려는 모든 충동은 정신적 자기 추구에 포함되어야 한다. 그러나 좁은 의미에서 정신적 자기 추구로 통하는 것들 중 많은 것이 단지 사후(死後)를 위한 물질적 및 사회적 자기 추구에 지나지 않는다는 점을 인정해야 한다. 이슬람교 교도가 천국에 가고 싶어하는 욕망과 기독교인들이 지옥의 벌을 받지 않기를 바라는 욕망에는 추구하는 것의 물질성이 노골적으로 드러나고 있다. 보다 긍정적이고 보다 세련된 천국관(天國觀)에서 보면, 천국의 많은 것들, 성자들과의 연대, 사자(死者)들과의 연대, 신의 현존 등은 아주 고귀한 종류의 사회적 재화에 지나지 않는다. 순수한 정신적 자기 추구로 여겨질 수 있는 것은 이승에서든 사후에서든 한 점의 죄도 없는 내면의 본성을 찾으려는 노력뿐이다.

그러나 Me의 삶의 사실들에 대한 폭넓은 검토를 마무리하려면 다양한 Me들의 경쟁과 갈등에 대한 설명이 반드시 필요하다.

## 다양한 Me들의 경쟁과 갈등

욕망의 대상들 대부분을 보면, 육체적 본성이 우리로 하여금 많은 것 중 하나를 선택하도록 제한하는데, 여기서도 마찬가지이다. 나는 나의 경험적 자아들 중 하나를 지키고 나머지 것들을 포기해야 하는 상황에 종종 직면한다. 그렇다고 해서 내가 할 수 있는 상황에서도 굳이 멋지지 않고, 옷을 잘 차려 입지 않고, 운동을 잘 하지 않고, 1년에 백만 달러를 벌지 않고, 철학자뿐만 아니라 재주꾼과 미식가, 바람둥이가 되지 않고, 또 시인과 성자뿐만 아니라 자선가와 정치가, 전사, 아프리카 탐험가가 되지 않으려 한다는 뜻은 아니다. 그러나 그런 일은 그저 불가능할 뿐이다. 백만장자의 길은 성자의 길과 배치될 것이다. 미식가와 자선가는 서로 충돌을 빚을 것이다. 철학자와 바람둥이는 같은 지붕 아래에서 살지 못할 것이다.

인생을 시작할 때에는 누구나 그런 다양한 성격들이 가능해 보인다. 그러나 그 중 하나를 현실로 추구하기 위해선, 나머지 성격들은 다소 억눌러져야 한다. 그렇기 때문에 진정하고 강력하고 깊은 자아를 찾고자 하는 사람은 그 목록을 주의 깊게 검토하면서 자신의 인생을 걸 만한 것을 하나 골라야 한다. 그러면 다른 자아들은 비현실적인 것이 되지만 선택한 자아의 운명은 현실이 된다. 이 자아의 실패는 현실의 실패이며, 이 자아의 성공은 현실의 성공이다. 따라서 실패와 성공에 수치와 기쁨이 수반된다. 이는 우리의 마음이 끊임없이 선택을 하고 있다는 나의 주장을 뒷받침하는 예이기도 하다. 비슷한 종류의 많은 것들 중에서 현실로 추구할 것을 끊임없이 결정하고 있는 우리의 생각은 여기서 수많은 잠재적 자아 혹은 인격 중 하나를 선택하며, 따라서 여기서 선택되지 않은 것들에서 실패하는 것을 전혀 수치로 여기지 않게 된다.

여기서 세계에서 2등이라는 이유로 극도의 수치심을 느끼는 어떤 권투 선수의 역설을 만난다. 그가 단 한 사람만 빼고 이 세상의 모든 사람을 이길 수 있다는 사실은 전혀 중요하지 않다. 그가 그 한 사람을 이기기 위해 싸워 왔다는 사실이 중요하기 때문이다. 이 권투 선수가 그 한 사람을 이기지 못하는 한, 그 외의 나머지 사람들은 전혀 중요하지 않다. 이 선수의 입장에서 보면, 그가 1등을 이기지 못하는 한 자신의 존재가 아주 불만스럽다. 그러나 나약한 그의 다른 동료는 자신이 이길 수 있는 사람이 하나도 없는데도 그 같은 사실에 전혀 고민을 하지 않는다. 왜냐하면 이 동료의 경우에는 오래 전에 그 쪽으로 자아를 추구하길 포기했기 때문이다. 시도가 없는 곳에는 실패도 있을 수 없고, 실패가 없는 곳에는 수치도 있을 수 없다. 그렇기 때문에 우리가 이 세상을 살면서 자신에게 느끼는 감정은 전적으로 우리 자신이 추구하고 행동하려는 것이 무엇이냐에 좌우된다. 자신에 대한 감정은 우리가 짐작하는 잠재력과 그것을 현실로 실현한 것 사이의 비율로 결정된다. 이를 분수로 표시하면 다음과 같다. 우리가 스스로 갖고 있다고 주장하는 잠재력은 분모가 되고, 우리의 성공은 분자가 된다.

자부심 = 성공/잠재력

이 분수의 값은 분모를 줄여도 올라가고 분자를 늘려도 올라갈 것이다. 잠재력에 대한 주장을 포기하는 것도 잠재력을 충족시키는 것 못지않은 축복이다. 그리고 실망이 끊이지 않고 발버둥이 끝나지 않는 곳에서, 사람들이 늘 하고 있는 것이 바로 이 같은 포기이다. 이런 예를 극단적으로 보여주는 것이 바로 원죄에 대한 확신과 자기 낙담, 선행을 통한 구원의 포기 등을 보인 복음주의 신학의 역사이다. 그러나 우리는 삶의 모든 분야에서 이 같은 예를 만난다.

어떤 특별한 분야에서 자신이 정말 아무런 존재가 아니라는 사실을 진정으로 인정할 때, 그때 그 사람의 가슴은 무한히 가벼워진다. 연인이 사랑하던 사람으로부터 최종적으로 퇴짜를 맞을 때에도 거기에 통렬한 아픔만 있는 것은 아니다. 경험을 중시하는 많은 보스턴 시민들은 음악적 자아를 높은 수준으로 유지하려는 노력을 포기한다면 훨씬 더 행복한 사람이 될 것이다. 우리가 젊어지기를 포기하거나 날씬해지기를 포기할 때에 얼마나 마음이 홀가분해지는가! 그러면 망상들이 사라지기 때문이다. 자아에 더해진 모든 것은 긍지임과 동시에 짐이다. 미국 남북전쟁 동안에 가진 재산을 몽땅 잃은 어떤 사람은 태어난 이래로 그때처럼 자유롭고 행복했던 적이 없었다고 외치면서 흙구덩이 위를 마구 뒹굴기도 했다.

다시 말하지만, 자신에 대한 느낌은 마음먹기에 달려 있다. 칼라일(Thomas Carlyle)은 이렇게 말한다. "당신의 노임에 대한 요구를 제로로 해보라. 그러면 세상이 당신의 발 아래로 보일 것이다. 우리 시대의 현명한 어느 작가가 말했듯이, 인생은 포기를 통해서만 다시 시작할 수 있다."

어떤 사람의 잠재적 또는 실제적 자아를 건드리지 못하는 것이라면, 어떠한 협박이나 해명도 그 사람을 움직이지 못한다. 대체로 보면 다른 사람의 마음을 살 수 있는 때는 그 사람의 자아를 건드릴 때뿐이다. 따라서 외교관과 군주를 포함하여, 통치하거나 영향력을 행사하길 원하는 모든 사람들이 가장 먼저 신경을 쓰는 것이 바로 통치나 영향력 행사의 대상이 될 사람들이 자존심에 대해 품고 있는 원칙을 찾아내는 것이다. 그 원칙을 모든 호소의 지레 받침으로 삼기 위해서이다. 그러나 만약에 어떤 사람이 외부의 운명에 좌우되는 것들을 포기하고 그것들을 더 이상 자신의 일부로 여기지 않게 된다면, 우리는 그 사람에게 거의 아무런 힘을 발휘하지 못하게 된다.

금욕적인 방식으로 만족을 추구하는 것은 곧 자신의 능력 밖에 있는 모든 것을 스스로 사전에 박탈하는 것이다. 그렇게 되면 운명의 충격도 느껴지지 않을 것이다. 에픽테토스(Epictetus)는 우리들에게 이런 식으로 욕망을 줄이고 동시에 자아를 강화함으로써 자아가 어떠한 것에도 흔들리지 않게 하라고 권한다. "나는 죽음을 피하지 못한다. 그런데 왜 군이 투덜거리며 죽어야 하는가? 그래도 나는 옳은 말은 반드시 하고 말 것이다. 만약에 폭군이 '당신을 사형에 처하겠네.'라고 말한다면, 나는 이렇게 대답할 것이다. '내가 언제 불멸이라고 말한 적이 있소? 당신은 당신 할 일을 하고, 나는 내 할 일을 하고 있소. 죽이는 것은 당신의 일이고, 용감하게 죽는 것은 나의 일이오. 사형에 처하는 것은 당신의 일이고, 마음을 흩트리지 않고 떠나는 것은 나의 일이오.' 항해를 떠날 때 우리는 어떻게 행동하는가? 내가 선장과 선원과 시간을 선택한다. 그런 후에 폭풍이 닥친다. 그러면 나는 무엇에 신경을 써야 하는가? 내가 할 일은 이미 다 했다. 그 일은 선장의 몫이다. 그러나 배가 가라앉고 있다. 그때 내가 할 일은 무엇인가? 내가 할 수 있는 일이라곤 공포를 느끼지 않고, 아우성을 치거나 신에게 저주를 퍼붓는 일 없이, 이 세상에 태어난 사람은 반드시 죽게 되어 있다는 진리를 아는 사람처럼 초연하게 죽음을 받아들이는 것이다."

이 같은 금욕적인 태도는 그런 장소와 때에 효과가 있고 또 충분히 영웅적이지만, 영혼이 습관적으로 냉담한 성격을 키워왔을 때에만 가능하다. 금욕적인 태도는 언제나 배제를 바탕으로 하고 있다. 만일 내가 금욕주의자라면, 내가 가질 수 없는 재화는 더 이상 내가 원하는 재화가 아닐 것이다. 우리는 이런 식으로 배제와 거부로 자아를 보호하는 것이 금욕주의자가 아닌 사람에게도 매우 흔하다는 사실을 발견한다. 경제적 여유가 없는 사람들은 자신이 확실히 소유하지 못한 영역으로부터 자신의 Me를 거둬들임으로써 스스로를 보호한다. 그들은 자신과 비슷하지 않거나 자신에게 무관심한 사람들을, 또 자신이 전혀 아무런 영향력을 미칠 수 없는 사람들을 냉담한 시선으로 보게 된다. 나와 함께 어울리지 않을 사람들을 나는 존재 자체에서 아예 배제해 버릴 것이다. 말하자면, 그런 사람들을 마치 존재하지 않는 것처럼 본다는 뜻이다. 그러면 나에게는 Me의 윤곽에 드러나는 어떤 절대성과 명확성이 Me의 내용물이 적다는 사실에 위안으로 작용할 것이다.

반대로 동정심이 많은 사람들은 확장과 포용이라는 정반대의 방법으로 삶을 살아간다. 그런 사람들의 자아의 윤곽은 종종 불명확하다. 그러나 내용물의 확장은 그 불명확성을 보상하는 그 이상이다. 그들은 인간에 관한 것은 어떠한 것이든 남의 일로 여기지 않는다. 그런 그들이 옹졸한 나의 인격을 경멸하며 나를 개 대하듯해도, 나의 육체에 영혼이 있는 한, 나는 그들을 부정하지 않을 것이다. 그들도 나만큼이나 분명한 현실이기 때문이다. 이처럼 확장적인 천성을 가진 사람의 아량이 감동적일 때가 종종 있다. 그런 사람들은 자신이 아무리 병들고 못나고 처지가 좋지 않고 버림받았다 하더라도 여전히 이 용감한 세상의 일부를 이루고 있으며또 젊은이들의 행복과 현명한 사람들의 지혜에 일정 부분 기여하고 있다고 생각하면서 일종의 황홀경을 느낄 수 있다. 따라서 자아는 부정이나 확장을 통해서 현실 속에 스스로를 확립하려 노력할수 있다. 마르쿠스 아우렐리우스(Marcus Aurelius)와 함께 "오, 우주여, 그대가 원하는 모든 것을 나도 원하오."라고 진정으로 말할수 있는 사람은 부정과 폐쇄의 흔적이 다 지워진 그런 자아를 갖고있다. 그런 자아를 가진 사람은 한 줄기 바람에도 민감하게 반응할것이다.

### Me들의 상하 분류 체계

사람이 가질 수 있는 다양한 자아들을 분류하는 데 있어서 의견의 일치가 꽤 이뤄지고 있다. 이 분류는 계급 조직의 형태를 취하고 있다. 육체적인 Me가 맨 아래에 자리 잡고, 정신적인 Me가 맨 위를 차지하고 있다. 그 중간에 물질적인 자아와 다양한 사회적 자아가 자리 잡고 있다. 타고난 자기 추구 본능 때문에 우리는 이 모든 자아들을 강화한다. 우리는 이 자아들 중에서 지킬 수 없다고 확인되는 것들만을 의도적으로 포기한다. 그리하여 이타심이 '필연적인 미덕'이 되며, 냉소적인 사람이 인간의 이타심의 발달을 묘사하면서 여우와 신포도의 우화를 인용하는 것도 전혀 터무니없는 것이 아니다. 그러나 이것은 인간을 위한 도덕 교육이며, 대체로 우리가 지킬 수 있는 자아가 본질적으로 최선의 자아라는 점에 동의한다면, 그런 자아들의 우월한 가치를 그런 얄미운 방식으로 깨닫게 한다고 불평할 필요도 없다.

물론 이것이 우리가 열등한 자아들을 고등한 자아들에게 종속시키는 방법을 배우는 유일한 방법은 아니다. 직접적인 도덕적 판단도 분명히 나름의 역할을 하며, 마지막으로, 우리는 자신의 인격에도 다른 사람들의 행동에 들이댔던 판단 기준을 적용해야 한다. 우리가 마음속으로 꽤 만족하고 있는 많은 것들은 다른 사람들에게 나타나면 이상하게도 우리에게 혐오감을 불러일으킨다. 이 같은 현상은 자연의 가장 이상한 법칙 중 하나이다. 다른 사람의 육체적 더러움을 보면 거의 모든 사람이 혐오감을 느낀다. 다른 사람의 탐욕과 사회적 허영, 질투, 압제, 거만도 마찬가지로 혐오감을 불러일으킨다. 철저히 나 혼자였다면, 아마 나는 이 모든 성향들을 나의 내면에 무성하게 키웠을 것이다. 그러나 나는 오래 전에 이런 성향들은 종속적인 위치에 있다는 사실을 깨달았다. 그리고 나는 동료들을 두고 끊임없이 판단을 내리는 까닭에 곧 다른 사람들의 욕망의 거울에서 나 자신의 욕망을 보았으며, 그렇게 함으로써 그 욕망에 대해 다른 방향으로 생각하게 되었다. 물론 어린 시절부터 나의 내면에 스며든 도덕적 원칙이 나 자신에 대한 이런 성찰적 판단을 크게 향상시키고 있다.

그렇다면 앞에서 말한 대로 인간들은 다양한 자아를 갖고 있으며, 이 자아들을 그 가치에 따라 차등적으로 추구한다고 볼 수 있다. 어느 정도의 육체적 이기심은 다른 자아들을 추구하는 바탕으로 필요하다. 그러나 지나친 관능은 멸시를 당하거나 아니면 그 사람 개인의 다른 자질 덕분에 겨우 묵과될 수 있을 것이다. 보다 광범위한 물질적 자아들이 육체보다 더 높은 것으로 여겨진다. 이 세상 속에서 제대로 살아가기 위해서 약간의 육류와 술과 온기와 수면을 삼가지 못하는 사람은 불쌍한 인간으로 여겨진다. 사회적 자아는 대체로 물질적 자아보다 위인 것으로 통한다. 우리는 아름다운 피부나 부(富)보다 명예와 친구, 인간성을 더 소중히 여겨야 한다. 정신적 자아는 아주 소중하다. 그렇기 때문에 사람은 정신적 자아를 잃느니 차라리 친구와 명성과 재산, 그리고 목숨까지 버릴 자세가 되어 있어야 한다.

물질적, 사회적, 정신적 Me 등 모든 종류의 Me들에서, 사람들은 즉각적이고 실질적인 것과 멀고 잠재적인 것을, 그리고 좁은 관점과 보다 넓은 관점을 구분한다. 이런 경우에 즉각적이고 실질적인 것과 좁은 관점이 경시되고, 멀고 잠재적인 것과 넓은 관점이 중시된다. 사람은 누구나 자신의 전반적인 건강을 위하여 당장의 육체적 쾌락을 삼갈 수 있어야 한다. 사람은 미래의 100달러를 위해 지금 손 안에 든 1달러를 포기할 줄 알아야 한다. 사람은 지금 얼굴을 마주하고 앉아 대화하는 사람을 적으로 만듦으로써 더 소중한 집단의 사람들을 친구로 만들 수 있다면 그 대화자를 적으로 만들어야 한다.

보다 광범위하고 보다 잠재적인 자아들 중에서, 잠재적인 사회적 Me가 가장 흥미롭다. 이 잠재적 사회적 Me가 행동에 모순을 낳고 또 우리의 도덕적 및 종교적 생활과 관계가 있다는 측면에서 하는 말이다. 내가 명예와 양심을 지키기 위해 나 자신의 가족과 클럽과 집단을 비난하고 나설 때, 프로테스탄트이던 내가 가톨릭 신자가 될 때, 가톨릭 신자인 내가 자유사상가가 될 때, 나는 이 과정에 언제나 사회적 자아의 상실을 겪으면서 오히려 내적으로 더욱 강화되고 더욱 단련되는 것을 느꼈다. 따라서 내가 추구하는 이상적인 사회적 자아는 아득히 멀리 있을 수 있다. 어쩌면 이상적인 사회적 자아는 하나의 가능성으로만 존재할지도 모른다. 나는 내 평생에 이상적인 사회적 자아의 실현을 기대하지 못할 수도 있다. 그럼에도 나를 유혹하는 정서는 틀림없이 이상적인 사회적 자아, 즉 최고의 심판관으로부터 인정받을 만한 가치가 있는 그런 자아를 추구하는 것이다. 이 자아는 내가 찾고 있는, 진정하고 친밀하고 종국적이고 영원한 Me이다. 이 심판관은 바로 절대적인 정신이자 위대한 동반자인 신이다.

과학적 계몽이 이뤄지는 이 시대에, 기도의 효과를 둘러싼 논란이 자주 들린다. 기도할 필요가 없는 이유도 많이 제시되었고, 기도를 해야 하는 이유도 많이 제시되었다. 그러나 우리가 기도를 하는 이유, 그러니까 우리가 기도를 하지 않을 수 없는 이유에 대한 논의는 별로 없었다. 인간의 심리적 본질이 뭔가를 기대하지 않는 쪽으로 바뀌지 않는 한, 과학이 기도의 효과에 대해 반대의 입장을 취한다 하더라도 사람들은 시간이 멎을 때까지 기도를 계속할 것이다. 어떤 사람의 경험적 자아들의 가장 깊은 부분이 사회적인 어떤 '자아'인데, 이 자아는 이상적인 세계에서만 적절한 동료를 발견할 수 있다. 이 같은 사실 때문에 생겨난 것이 바로 기도의 충동이지 않은가.

사회적 자아 안에서 일어나는 모든 발전은 하급 법정을 상급 법정으로 대체하는 것이다. 이상적인 법정이 가장 높은 법정이며, 대부분의 사람들은 지속적으로, 또는 간혹 자신의 가슴에 그런 법정을 두고 있다. 이 땅에서 가장 미천한 존재도 이 같은 최고 법정의 인정을 통해서 스스로 정당한 존재라는 느낌을 받을 수 있다. 한편, 외적인 사회적 자아가 실패하고 우리로부터 떨어져나갈 때 그런 내면의 피난처가 전혀 없는 세상은 우리 대부분에게 공포의 지옥이 될 것이다. 여기서 내가 '우리 대부분에게'라고 말하는 이유는 개인들에 따라서 이상적인 목격자라는 존재에 대한 느낌이 상당히 다르기 때문이다.

일부 사람들의 경우에는 다른 사람들에 비해 이상적인 목격자라는 존재가 의식에서 훨씬 더 근본적인 부분을 이루고 있다. 이상적인 목격자를 가장 중요하게 여기는 사람들은 아마 가장 종교적인 사람일 것이다. 그러나 이상적인 목격자의 존재에 전혀 신경을 쓰지 않는다고 말하는 사람들은 자신을 속이고 있으며, 그들도 어느 정도는 그런 존재에 대한 느낌을 내면에 품고 있다고 나는 믿는다. 군집성이 없는 동물만 그런 느낌을 갖지 않고도 살아갈 수 있을 것이다. 아무리 옳은 원칙이라 할지라도 그것이 어느 정도 상징화되지 않고 또 그 원칙을 위해 희생할 경우에 그에 대한 보상이 기대되지 않는다면, 아마 어느 누구도 그 원칙을 위해 희생하려 하지 않을 것이다. 달리 말하면, 완전한 사회적 이타심은 거의 존재하지 않는다. 왜냐하면 완전한 사회적 자살이 인간의 마음에 좀처럼 떠오르지 않기 때문이다.

성경의 '욥기'에 나오는 "그가 나를 죽일지라도 나는 그를 믿을 것이오."라는 부분이나 "만일 신들이 나와 나의 자식들을 미워한다면, 거기엔 그만한 이유가 있소."라고 한 마르쿠스 아우렐리우스의 말도 그 반대를 증명하는 것으로 인용될 수는 없다. 왜냐하면 욥은 그 살해가 있은 뒤에 틀림없이 여호와가 자신의 신앙심을 인정해 줄 것이라는 생각에 빠져 있었을 것이고, 로마 황제 아우렐리우스는 자신이 신의 미움을 인정했다는 사실을 절대 이성이 무시하지 않을 것이라고 느끼고 있었기 때문이다. "당신은 신의 영광을 위해 목숨을 기꺼이 내놓을 것인가?"라는 옛날식 신앙심 테스트에 "그렇다."라고 대답할 수 있는 사람은 아마 가슴 깊은 곳에서 신이 그 희생에 대해 틀림없이 보상해줄 것이라고 확신하는 사람일 것이다.

## 이기심의 목적론적 활용

동물학적 원칙들을 근거로 보면, 우리가 자기 추구의 충동과 자기 만족과 자기 불만의 감정을 타고나는 이유가 더 쉽게 보인다. 만약에 우리의 의식이 인식적인 그 이상의 무엇이 아니었다면, 또 의식이 연속적으로 의식의 영역을 차지하는 대상들의 부분성을 확실히 경험하지 않았다면, 의식은 오랫동안 존재하지 못했을 것이다. 왜냐하면 어떤 불가해한 필요 때문에 이 땅 위에서 인간의 정신은 그 정신이 속한 육체의 보존에, 그 육체가 다른 것들에 의해 다뤄지는 방식에, 또 정신을 도구로 사용하는 성향에 크게 좌우될 수 밖에 없기 때문이다. 그렇다면 인간 정신이 관심을 최대한으로 쏟는 대상은 첫째가 자신의 육체이고, 둘째가 그 육체의 친구들이고, 마지막이 그 육체의 정신적 성향이다.

먼저 정신은 생존하기 위해서 최소한의 이기심을 가져야 한다. 이 이기심이 바로 육체적 자기 추구의 본능으로 나타난다. 모든 추가적인 의식 작용의 바탕으로, 최소한의 이기심이 반드시 있어야 한다. 모든 정신은 적자 생존의 방법을 통해서 각 정신이 멍에처럼 지고 있는 육체에 지대한 관심을 갖게 되었음에 틀림없다. 정신이 갖고 있는 순수한 자아에 대한 관심과는 별도로 말이다.

각자의 정신이 다른 사람들의 정신에 비칠 이미지에 신경을 쏟게 된 것도 이와 비슷한 이치일 것이다. 만약에 나 자신이 나의 삶을 지켜보는 사람들의 얼굴에 스치듯 지나가는 찬성 또는 반대의 표정에 민감하지 않았더라면, 나는 지금 존재하지 않을지도 모른다. 다른 사람들의 얼굴에 나타나는 경멸의 표정이 그런 특이한 방식으로 나에게 영향을 미칠 필요가 전혀 없을 수도 있다. 다시 말하지만, 나의 정신적 힘들이 다른 사람들의 정신적 힘보다 나의 관심을 더 많이 끌어야 한다. 만일 내가 정신적 힘들을 가꾸면서 그것들이 썩지 않도록 지키지 못했다면, 나는 지금 여기에 없을 수도 있다. 그리고 나로 하여금 그 정신적 힘들을 돌보게 한 그 법칙은 지금도 여전히 내가 정신적 힘들에 신경을 쓰도록 만들고 있다.

이 3가지, 즉 물질적, 사회적, 정신적 Me가 자연적인 Me를 형성한다. 그러나 이 3가지 모두는 말하자면 사고의 대상들이다. 만약에 동물학적 및 진화론적 관점이 맞다면, 이 중 어느 한 대상이 다른 대상들만큼 열정과 관심을 원초적이고 본능적으로 불러일으키지 않아야 할 이유가 전혀 없을 것이다.

열정의 현상은, 그 열정이 향하는 표적이 무엇이든, 그 기원이나 핵심에 있어서는 똑같다. 그 표적이 실제로 어떤 것이 되는가 하는 것만이 문제일 뿐이다. 나는 이웃의 육체를 보살피는 일에도 나 자신의 육체를 보살피는 일 못지않게 마음을 빼앗길 수 있다.

한 예로, 나는 나의 아이의 육체를 보살피는 일에 매료된다. 뜨겁고 비(非)이기적인 그런 관심을 유일하게 억제할 수 있는 것은 바로 개인이나 종(種)에 매우 해로운 것을 제거해 버리는 자연 선택이다. 그러나 그런 관심들 중에도 많은 것이 제거되지 않고 남아 있다. 예를 들면 이성(異性)에 대한 관심이 있다. 이 관심은 인간의 경우 실용적인 필요보다 훨씬 더 강하다. 그런 관심 외에 술과 음악에 대한 관심 같은 것이 남아 있다. 이런 관심도 아마 효용의 측면에서 보면 아무것도 아닐 것이다. 따라서 동정적인 본능과 이기적인 본능이 대등해진다. 동정적인 본능과 이기적인 본능은 심리적으로 똑같은 차원에서 일어난다. 두 가지 본능의 유일한 차이는 이기적 본능이 훨씬 더 많다는 점이다.

지금까지 말한 내용을 다음의 도표처럼 요약할 수 있다. 자아의 경험적인 삶은 다음과 같이 나눠진다.

| | 육체적 | 사회적 | 정신적 |
|---|---|---|---|
| 자기추구 | · 육체적 탐욕과 본능 · 장식과 겉치레, 획득에 대한 사랑 · 가정에 대한 사랑 | · 즐겁게 해주고 싶은 욕망, 주목받고 또 공경받고 싶은 욕망 · 사교성, 경쟁, 시기, 사랑, 명예의 추구, 야망 | · 지적, 도덕적, 종교적 포부, 양심적임 |
| 자기평가 | · 개인적 허영, 겸손 · 부에 대한 긍지, 빈곤에 대한 공포 | · 사회적 긍지, 가족에 대한 긍지, 자만심, 속물근성, 수치, 겸손 | · 도덕감각, 정신적 우월감, 순수 · 열등감, 죄의식 |

## 인식 주체로서의 자아

I, 즉 '순수한 자아'는 Me보다 공부하기에 훨씬 더 어려운 주제이다. I는 어떠한 순간에라도 의식하고 있는 것인 반면, Me는 I가 의식하는 것들 중 하나에 지나지 않는다. 달리 말하면, I는 '사상가'이다. 그러면 즉시 이런 질문이 떠오른다. 이 사상가는 도대체 어떤 사상가인가? 그것은 흘러가는 의식의 상태 그 자체인가, 아니면 더 깊고 덜 변덕스런 그 무엇인가? 우리는 흘러가는 상태가 바로 변화의 구현이라는 것을 보았다. 그럼에도 우리 모두는 'I'라는 표현이 언제나 똑같은 무엇인가를 의미한다고 무의식적으로 생각한다. 그래서 대부분의 철학자들은 흘러가는 의식의 상태 뒤에 영원한 '본질' 혹은 영원한 '동인' 같은 것이 있다고 생각했다. 이 본질 혹은

동인의 변형이나 작용이 바로 의식으로 나타난다는 것이다. 이 동인이 사상가이고, '상태'는 사상가의 도구이거나 수단에 지나지 않는다. '영혼'과 '초월적 자아' '정신'은 영원한 이 사상가를 부르는 이름들이다. 이런 것들에 대한 구분은 잠시 접어두고, 흘러가는 의식의 상태라는 개념을 더욱 명확히 정의하도록 하자.

## 흘러가는 생각의 단위

감각을 측정한다는 페히너의 관점에서 감각들에 대해 논하면서, 우리는 이미 감각들을 혼합물이라고 부를 근거가 전혀 없다는 점을 확인했다. 그러나 단순한 특징을 지각하는 감각에게 진실로 통하는 것은 여러 부분으로 구성된 복합적인 대상을 갖고 있는 생각에도 또한 진실로 통한다. 이 명제는 불행히도 널리 퍼진 어떤 편견과 충돌을 빚는데, 그래서 길게 설명할 필요가 있다. 거의 모든 학파의 심리학자들은 생각의 한 대상이 많은 요소를 포함하고 있을 때 그에 대한 생각 자체도 그 요소만큼 많은 수의 관념들로 이뤄져야 한다는 데 동의했다. 상식적으로도 그 말이 맞을 것 같다. 또 각 요소마다 하나의 관념이 있으며, 이 관념들은 얼핏 보기에 한꺼번에 융합되어 있는 것 같지만 실제로는 분리되어 있는 것으로 여겨진다.

제임스 밀(James Mill)은 이렇게 말한다. "연합이 무한히 많은 개별적인 관념들을 하나의 복합적인 관념으로 만들어낸다는 점을 인정하는 데는 전혀 어려움이 없다. 왜냐하면 그것이 널리 인정받고 있는 사실이기 때문이다. 우리는 군대에 대한 관념을 갖고 있지 않은가? 그리고 그 관념은 무한히 많은 사람들에 대한 관념들이 모여 형성한 것이 아닌가?"

이와 비슷한 인용은 무수히 많이 제시될 수 있다. 그리고 독자 여러분이 받는 첫 인상도 이 같은 인용을 지지하는 쪽일 것이다. 예를 들어, 독자가 "탁자 위에 카드가 한 벌 있네."라고 생각한다고 가정해보자. 만약에 독자가 그걸 놓고 생각하기 시작한다면, 그는 이런 식으로 말하지는 않을 것이다. "아니, 이것은 카드 한 벌에 대한 생각이 아닌가? 카드 한 벌에 들어 있는 카드들에 대한 생각이 아닌가? 테이블에 대한 생각이 아닌가? 그리고 마찬가지로 테이블 다리에 대한 생각이 아닌가? 그렇다면 나의 생각은 이 모든 부분들을 다 갖고 있는 것이 아닌가? 어느 한 부분은 한 벌의 카드에 관한 것이고, 다른 한 부분은 테이블에 관한 것이 아닌가? 그리고 카드에 관한 부분 안에도 각각의 카드에 대한 부분이 있지 않은가? 마찬가지로 테이블에 관한 부분 안에도 각각의 다리에 관한 부분이 있지 않은가? 그리고 이 부분들 각각은 하나의 관념이 아닌가? 그렇다면 생각은 관념들의 집합에 지나지 않는 것이 아닌가?"

이런 고려들이 그럴듯해 보이는데도 힘을 별로 발휘하지 못한다는 사실이 놀랍다. 일단의 생각들을 가정하고, 또 각각의 생각은 그 사람이 파악한 사실의 한 요소를 알고 있다고 가정할 때, 거기엔 전체 사실을 한꺼번에 아는 것에 대한 전제는 아무것도 없다. 생각들의 집합이라는 가설에 따르면, 예를 들어 카드의 에이스를 아는 생각은 테이블의 다리를 모르고 있음에 틀림없다. 왜냐하면 그 지식을 설명하기 위해선 똑같은 가설에 의해서 또 다른 특별한 생각이 일깨워져야 하기 때문이다. 그 생각들의 나머지도 마찬가지다. 모두가 똑같이 서로의 대상들에 대해 모르고 있다. 그럼에도 실제로 살아 있는 인간의 정신 안에서 카드를 알고 있는 그것은 또한 테이블과 테이블의 다리도 알고 있다. 왜냐하면 이 모든 사물들이 서로의 관계 속에서 한꺼번에 알려지기 때문이다.

추상적인 숫자들인 8과 4와 2에 대한 우리의 생각은 단순한 개체에 대한 생각들과 똑같이 우리의 정신에서는 단 하나의 감각이다. 어떤 짝에 대한 우리의 생각은 한 짝의 생각이 아니다. 이 대목에서 독자 여러분은 이렇게 말할지도 모르겠다. "하지만 레모네이드의 맛은 레몬의 맛과 설탕의 맛이 합쳐진 것이 아닌가?" 절대로 그렇지 않다. 물리적인 레모네이드는 레몬과 설탕을 포함하고 있다. 그러나 그 맛은 레몬의 맛과 설탕의 맛을 포함하고 있지 않다. 왜냐하면 레모네이드의 맛에 확실히 없는 것이 두 가지 있다면, 그것은 순수한 레몬의 신맛과 순수한 설탕의 달콤한 맛이다. 레모네이드의 맛에는 이런 맛들이 절대로 없다. 이 두 가지 맛과 비슷한 것은 있다. 그러나 그것은 별개의 정신 상태이다.

## 별개의 정신 상태

우리의 생각들이 더 작은 생각들의 결합이라는 식의 이해는 가능하지도 않을 뿐만 아니라 논리적으로도 말이 되지 않는다. 그 같은 이해는 우리가 실제로 알고 있는 모든 결합들의 근본적인 특성을 무시하고 있다.

우리가 실제로 알고 있는 모든 결합들은 '결합'되었다는 소리를 듣고 있는 단위들이 그 단위가 아닌 다른 어떤 새로운 실체에 미친 효과들이다. 어떤 매개물이 이런 특성을 갖지 않는다면, 결합이라는 개념은 아무런 의미를 지니지 못한다. 달리 말하면, 어떤 실체(편할 대로 힘들이나 물질의 분자들, 혹은 정신적 원소들이라 불러도 좋다)도 그 자체로는 서로 결합하지 못한다. 그 자체로 남을 경우에 각 실체는 총합 안에서 언제나 같은 모습으로 남는다. 그러면 그 총합은 어쩌다 각 단위들을 내려다보면서 그런 식으로 이해하게 된 목격자에게만 총합으로 존재한다. 결합이 이뤄지면 각 요소는 총합 자체와는 무관한 어떤 실체에 미친 다른 효과의 형태로 존재한다. H와 O가 '물'로 결합하여 그 이후로 새로운 특성을 보인다고 할 때, '물'은 단지 옛날의 원자들이 H-O-H라는 새로운 위치에 서 있는 것에 지나지 않는다. '새로운 특성'은 H와 O가 새로운 위치에서 서로 결합하면서 우리의 감각 기관이나 다양한 반응물 같은 외부 매개체에 미치는 효과이다. 많은 남자들이 로프를 잡아당길 때 그들의 힘이 결합하듯이, 많은 근육 섬유들이 하나의 힘줄을 잡아당길 때에도 그 섬유들의 힘이 결합된다.

힘의 평행사변형에서, '힘들'이 스스로 결합하여 대각선의 결과를 낳는 것이 아니다. 그 힘들이 작용하고 또 그에 따른 효과를 보여줄 어떤 물체가 필요하다. 마찬가지로 음악의 소리들도 그 자체로 합성하여 협화음이나 불협화음을 내는 것이 아니다. 협화음과 불협화음은 그 음들이 합성하여 외부 매체, 즉 귀에 미치는 효과를 가리키는 이름이다.

기본 단위가 감각인 경우에도 이 말은 그대로 통한다. 100개의 감각을 잡아서 이리저리 뒤섞은 다음에 그것들을 최대한 밀착시켜 보라. 그래도 각각의 감각은 여전히 예전 모습 그대로일 것이다. 다른 감각들이 어떤 것인지 또 무슨 의미인지에 대해 전혀 모르는 가운데 창문도 없는 피부 속에 그대로 갇혀 있을 것이다. 만일에 그런 감각들의 집단이 하나 형성되고 그 집단에 상응하는 의식이 생겨난다면, 거기엔 101번째 감각이 생겨날 것이며 이 101번째 감각은 완전히 새로운 사실일 것이다. 100개의 원래 감각들은 서로 함께 모일 때 어떤 신기한 물리적 법칙에 의해 101번째 감각의 창조를 예고하는 신호가 될 수 있다. 그러나 원래 있던 100개의 감각들은 새로운 감각과 같은 것이 하나도 없다. 새로 생긴 감각도 또한 원래의 감각들과 실질적으로 똑같은 것이 하나도 없다. 그래서 새로 생긴 감각을 근거로 원래의 감각들을 추론하지 못한다. 아니면 새로운 감각이 원래의 감각들에서 나왔다고도 말하지 못한다.

12개의 단어로 된 문장을 하나 골라서 12명의 사람들에게 단어 하나씩 말하도록 해보라. 그런 다음에 그 사람들을 일렬로 세우거나 한자리에 모아라. 이어서 각자에게 자신의 단어에 대해 치열하게 생각하도록 하라. 그때 거기에는 전체 문장에 대한 의식은 전혀 없다. 우리는 '시대정신'이 어떻다느니 '사람들의 정서'가 어떻다느니 한다. 그리고 다양한 방법으로 우리는 '공적 의견(여론)'을 실체화한다. 그러나 우리는 이것이 상징적인 언어라는 것을 잘 알고 있다. 정신이나 의견 혹은 정서가 '시대' '사람들' 혹은 '공적'이라는 단어들이 상징하는 몇몇 개인들의 의식 외의 다른 의식을 이룰 것이라고는 꿈도 꾸지 않는다. 개별적인 마음들이 덩어리를 이룬다고 해서 보다 고차원적인 마음이 되지 못한다. 이는 심리학에서 정신주의자가 관념 연합설을 주장하는 사람들과 맞서 싸울 때 반드시 제시하는 무적(無敵)의 주장이었다. 관념 연합설을 주장하는 사람들은 정신은 다수의 '관념들'이 하나의 단위로 연합한 것이라고 주장한다. 그들은 이런 식으로 설명한다. a라는 관념이 있고 b라는 관념이 있다. 그러므로 거기에는 a + b, 즉 a와 b가 합성된 것의 관념이 있다. 이는 a의 제곱 더하기 b의 제곱은 a + b의 제곱과 같다고 말하는 것과 비슷하다. 엉터리다. a의 관념 더하기 b의 관념은 (a + b)의 관념과 같지 않다. (a + b)의 관념은 한 개이고, 그 앞의 관념은 2개이다. (a + b)의 관념에서는 a를 아는 것은 b도 안다. 그러나 앞의 것에서는 a를 아는 것은 틀림없이 b를 알지 못하는 곳에 위치해 있다. 요약하면, 2개의 개별적 관념들은 어떠한 논리로도 하나의 관념을 대표하도록 만들 수 없다. 만일 하나의 관념(예를 들면, a + b의 관념)이 실제로 2개의 별도의 관념(a의 관념과 b의 관념) 다음에 온다면, 우리는 새로 생긴 관념을 그 후의 조건에 따른 직접적 산물로 여겨야 한다.

그러므로 만일 우리가 의식의 흐름이라는 것을 사실로 받아들인다면, 함께 알려지는 것들은 그 흐름 속에서 하나의 펄스에 의해 동시에 알려지게 된다는 주장을 받아들이기가 아주 쉬워진다. 함께 알려지는 것이 수적으로 많을 수도 있으며, 또 뇌에 많은 전류를 일으킬 수도 있다. 그러나 이 많은 전류에 상응하는 정신적 현상은 과도적이거나 실질적인 하나의 완전한 '상태'이며, 이 상태에 많은 것들이 동시에 나타난다.

## 결합하는 매개체, 영혼

철학의 정신주의자들은 동시에 함께 알려지는 것들은 하나의 무엇인가에 의해 알려진다고 보았다. 그러나 그 무엇인가는 흘러가는 생각이 아니라 단순하고 영원한 정신적 존재이며, 바로 이 존재에 많은 관념들이 함께 영향을 미친다고 정신주의자들은 말한다. 이 맥락에서, 이 존재가 영혼으로 불리든 자아라 불리든 정신이라 불리든 아무런 차이가 없다. 어느 경우든 이 존재의 주요 기능은 매개체의 기능이다. 이는 직전에 말한 것과는 다른 인식의 매개체이다. 앞서 말한 인식의 매개체는 동시에 아는 것의 신비가 담겨있을 수 있는 그런 매개체였다.

그렇다면 누가 진정한 인식의 주체일까? 이 영원한 존재일까, 아니면 흘러가는 의식의 상태일까? 만약에 아직 고려되지는 않았지만 영혼을 심리학으로 받아들일 바탕이 있다면, 영혼은 이 바탕 위에 등장하면서 인식의 주체로서 모습을 드러낼 것이다. 그러나 만약에 영혼을 받아들일 다른 바탕이 전혀 없다면, 우리는 흘러가는 의식의 '상태들'을 인식을 일으키는 독점적인 행위자로 보는 것이 타당할 것이다. 왜냐하면 어쨌든 심리에 그런 동인의 존재를 인정해야 하고 또 많은 사물들을 한꺼번에 아는 것을 흘러가는 의식의 상태들의 기능으로 볼 때, 여러 사물들을 동시에 아는 것에 대한 설명이 그것을 영혼의 반응으로 볼 때만큼이나 쉬워지기 때문이다. 만약 어떠한 개념으로도 설명되지 않는다면, 동시에 여러 가지를 아는 것은 심리학의 궁극적 원리로 받아들여져야 한다.

그러나 영혼을 심리학으로 받아들일 다른 근거들이 있으며, 그

근거들 중 가장 중요한 것이 바로 개인의 정체성이다.

## 개인의 정체성

앞 장에서, 우리가 실제로 존재하고 있는 것으로 알고 있는 생각들은 제멋대로 이리저리 떠돌아다니지 않으며, 또 각각의 생각은 특정한 어떤 '사상가'의 것처럼 보이지 다른 사상가의 것처럼 보이지 않는다는 식의 언급이 있었다. 각각의 생각은 그 사상가가 떠올리는 다수의 생각들 중에서 그 사상가의 것인 생각과 그 사상가의 것이 아닌 생각을 구분할 수 있다. 그 사상가의 것인 생각은 온기와 친밀감을 갖고 있는 한편, 그 사상가의 것이 아닌 생각은 온기와 친밀감이 전혀 없다. 그래서 어제의 Me는 매우 미묘한 의미에서, 지금 이 같은 판단을 하고 있는 I와 같은 것으로 여겨진다. 하나의 단순한 주관적 현상으로서 이 같은 판단에는 미심쩍은 구석이 하나도 없다. 이 판단은 크게 보아 동일성의 판단에 속한다. 이인칭도 아니고 삼인칭도 아닌 일인칭이 자신을 놓고 동일성에 대해 판단을 내리는 데는 특별할 게 하나도 없다. 내가 "지금의 나는 어제의 나와 똑같다."라고 할 때나 "이 펜은 어제의 펜과 똑같다."라고 할 때나, 지적 작용은 기본적으로 비슷해 보인다. 이런 식으로 생각하는 것은 정반대로 "우리 중 똑같은 사람은 하나도 없다."라고 생각하는 것만큼이나 쉬운 일이다. 여기서 우리가 고려해야 할 유일한 물음은 그것이 옳은 판단인가 하는 점이다. 거기에 정말로 동일성이 존재하는가?

## 인식 대상으로서 자아에 나타나는 동일성

'지금의 나는 옛날의 나와 똑같다'는 문장 속의 '나(I)'를 넓은 의미로 받아들인다면, 지금의 나는 많은 점에서 옛날의 나와 같지 않은 것이 확실하다. 하나의 구체적인 Me로서 나는 옛날의 나와 다소 다르다. 그때는 배가 고팠는데 지금은 배가 부르다. 그때는 걷고 있었는데 지금은 휴식을 취하고 있다. 그때는 가난했는데 지금은 부유하다. 그때는 젊었는데 지금은 나이가 들었다.

그럼에도 다른 측면으로 보면 나는 그때나 지금이나 똑같다. 우리는 이 측면을 근본적인 측면이라고 부를 수 있다. 나의 이름과 직업, 그리고 세계와의 관계는 똑같다. 나의 얼굴과 나의 능력과 기억의 저장은 사실 지금이나 그때나 구별이 불가능하다. 게다가 지금의 Me와 그때의 Me는 연속적이다. 변화는 점진적이었으며 전체 Me에 한꺼번에 영향을 미치지는 않았다. 그렇다면 지금까지 나의 개인적 정체성은 다른 집합적인 것들의 동일성과 다를 바가 없다. 이것은 근본적인 측면의 유사성이나 비교되는 현상들의 연속성을 근거로 내린 결론이다. 이것을 이런 정당한 근거들 이상의 의미로 받아들여서도 안 되고 또 모든 차이를 압도하는, 일종의 형이상학적 또는 절대적 '통일체'로 여겨서도 안 된다. 서로 비교되는 과거의 자아들과 현재의 자아들은 똑같은 한에서만 똑같고 그 이상은 절대로 아니다. 말하자면 과거의 자아들과 현재의 자아들은 종(種)이 같다. 그러나 이처럼 종의 차원에 나타나는 동일성은 역시 종의 차원에 나타나는 다름과 현실에서 공존한다. 그리고 만약에 어느 한 관점에서 내가 하나의 자아라면, 또 다른 관점에서 보면 나는 마찬가지로 진실하면서 여러 개의 자아이다. 연속성이라는 특성에 대해서도 비슷하게 말할 수 있다. 연속성은 자아에 끊어지지 않는 통일성을 부여한다. 그러나 연속성은 그 이상의 것은 절대로 부여하지 않는다.

## 인식 주체로서 자아에 나타나는 동일성

그러나 이 모든 것은 오직 인식 대상으로서의 자아, 즉 Me에 대한 이야기일 뿐이다. '나는 똑같다'라는 판단에서, 'I'는 구체적인 개인으로서 넓게 인식되고 있다. 그러나 우리가 나를 '사상가'로, 말하자면 Me의 모든 구체적인 결정들을 내리는 주체로 좁게 받아들인다고 가정해보자. 그러면 거기에 시간과 관계없이 어떤 절대적 동일성 같은 것이 나타나지 않는가? 매순간 밖으로 나와 과거의 Me를 알아보면서 Me가 아닌 것을 낯선 것으로 던져버리는 그 무엇, 바로 그것이 어디에서나 똑같이 적용되는 정신 작용의 영원한 원칙이 아닌가?

그것이 그런 원칙이라는 점은 철학과 상식에서 널리 받아들여지고 있다. 그럼에도 사고를 통해서 이 원칙의 정당성을 밝히는 것은 어려운 작업이다. 만약에 흘러가는 의식의 상태 같은 것이 전혀 없다면, 우리는 영구적인 어떤 한 가지 원칙이 우리 각자의 내면에서 쉬지 않는 사상가로 활동하고 있다고 가정할 수 있을 것이다. 그러나 의식의 상태들이 현실에 따라 변화하면서 조화를 이룬다면, 사상가에게 그런 '실체적' 동일성을 부여할 필요가 없을 것이다. 어제의 의식 상태들과 오늘의 의식 상태들은 실체적 동일성을 전혀 갖고 있지 않다. 왜냐하면 오늘의 의식 상태들이 여기 있을 때, 어제의 의식 상태들은 이미 죽어서 사라져 버렸기 때문이다. 그러나 오늘의 의식 상태들과 어제의 의식 상태들은 어떤 기능적 동일성을 갖고 있다. 오늘의 의식 상태들과 어제의 의식 상태들이 똑같은 대상들을 알고 있고, 흘러간 Me가 그런 대상 중 하나인 한 오늘과 어제의 의식 상태들이 흘러간 Me를 반갑게 맞고 그것을 'mine'이라고 부르고 또 각자가 알고 있는 다른 모든 것들에 그것을 비춰보면서 흘러간 Me에 똑같이 반응할 것이기 때문이다.

사실들을 근거로 볼 때, 이 같은 기능적 동일성이 그 사상가에게서 확인되는 유일한 동일성인 것 같다. 연속적으로 나타나는 '사상가'들은 그 숫자만큼이나 서로 뚜렷이 구분되지만 똑같은 과거를 똑같은 방법으로 알고 있다. 그렇기 때문에 '사상가'들은 우리가 실제로 갖고 있는 개인적 통일성과 동일성의 모든 경험을 끌어낼 적절한 매개체가 되어 준다. 그리고 연속적으로 나타나는 사상가들의 기차가 바로 정신 상태들(각각의 정신 상태에는 인식된 복합적인 대상이 있고 또 이 대상에 대한 선택적인 감정적 반응이 들어 있다)의 흐름이며, 이 상태들의 흐름을 심리학은 자연 과학적인 방법으로 다뤘다.

그렇다면 여기서 논리적으로 끌어낼 수 있는 결론은 심리학이 다뤄야 하는 것은 의식의 상태들뿐이라는 것이다. 형이상학이나 신학은 영혼이 존재한다는 것을 증명할지 모르지만, 심리학의 입장에서 보면 그런 실체적 통일성의 원칙이라는 가설은 필요하지도 않다.

## I는 Me를 어떻게 아는가?

그러나 연속적으로 이어지는 각각의 정신 상태가 왜 똑같은 과거의 Me를 이용해야 하는가? 나는 앞에서 '온기와 친밀감'을 갖고 나에게 나타나는 나 자신의 과거 경험들에 대한 이야기를 들려주었다. 다른 사람에게 일어난 것으로 여겨지는 경험에서는 이 온기와 친밀감이 느껴지지 않는다. 이 같은 사실이 우리가 찾고 있는 대답이 어떤 것인지를 암시한다. 나의 현재의 Me는 온기와 친밀감이 느껴진다. 거기엔 무겁고 따뜻한 덩어리인 나의 육체가 있고, 또 '정신적 Me'의 핵심인 친숙한 정신작용의 느낌이 있다. 우리는 이 두 가지를 동시에 느끼지 않고는 현재의 자아를 깨닫지 못한다. 이 두 가지를 함께 의식으로 끌어내는 생각의 대상은 어떤 것이든 온기와 친밀감과 더불어 생각될 것이다. 현재의 Me에 속하는 대상들처럼 말이다.

이 조건을 충족시키는 대상이라면 시간적으로 아주 먼 것이라도 그런 온기와 친밀감을 느끼게 하면서 떠올려질 것이다. 하지만 어떤 먼 대상이 이 조건을 충족시키는가?

분명히, 기억이 생생하게 살아 있었을 때 이 조건을 충족시켰던 대상들일 것이다. 그런 대상들만이 지금도 이 조건을 충족시킬 수 있기 때문이다. 그런 대상들을 우리는 지금도 여전히 온기를 품고 있는 것으로 상상한다. 또 옛날에 일어날 당시에 우리의 내면에 피어났던 그 정취도 아직 그 대상에 묻어 있을 것이다.

그에 따른 당연한 결과로 다음과 같은 현상이 나타난다. 우리는 그 대상들을 서로 동화시키고 또 우리의 내면에서 느껴지는 따스

266

하고 친밀한 자아와도 동화시키고, 그런 특징을 갖지 않은 대상들과 분리시킨다. 미국 서부의 넓은 초원에서 겨울 동안에 가축을 방목할 때 자신의 가축에게만 특별히 낙인을 찍어두는 것과 비슷하다. 목장 주인은 봄이 되어 가축을 불러들일 때가 되면 수많은 가축들 중에서 자신이 특별히 낙인을 찍은 가축만을 찾아낸다. 여기서 찾아낸 가축들은 지금 내가 'mine'이라고 부르는 과거의 경험과 아주 비슷하다. 다른 사람들의 경험에는 내가 그 사람들에 대해 아무리 많이 알더라도 이 특별한 낙인이 절대로 찍혀 있지 않다. 피터가 폴과 같은 침대에서 눈을 뜨며 잠자리에 들기 전에 한 생각을 떠올리면서 '따스한' 생각들을 자신의 생각으로 여기는 한편으로 폴의 것으로 여겨지는 냉담하고 창백한 생각들과는 절대로 혼동하지 않는 이유도 바로 거기에 있다. 피터가 자신의 생각과 폴의 생각을 혼동하지 않는 것은 피터가 보기만 하는 폴의 몸과 보기도 하고 느끼기도 하는 자신의 몸을 혼동하지 않는 것이나 마찬가지이다. 우리 모두는 아침에 잠자리에서 일어나면서 어제의 Me가 다시 있구나 하고 말한다. 어제의 침대와 어제의 방, 어제의 세계가 똑같이 있다고 말하는 것이나 다를 게 하나도 없다.

이와 비슷하게, 우리가 깨어 있는 동안에 의식의 펄스가 나타났다가 사라지면서 다른 펄스로 대체되고 있음에도 불구하고, 각 의식의 펄스가 알고 있는 것들 중에는 그 전의 의식의 펄스도 포함되어 있다. 각 의식의 펄스는 앞에서 묘사한 대로 그 전의 의식이 '따스하다'는 것을 깨달으면서 "너는 나의 것이고 나와 똑같은 자아의 일부야."라며 그것과 반가이 인사를 나눌 것이다. 이렇듯 뒤에 일어나는 생각은 저마다 그 전에 있었던 생각들을 알고 또 포용하고 있으며, 그 결과 뒤의 생각은 그 전의 다른 생각들이 품었던 모든 것들의 종국적 저장소가 된다.

칸트(Immanuel Kant)가 말하듯이, 그것은 마치 고무공들이 운동성을 갖고 있을 뿐만 아니라 운동에 대한 지식까지 갖고 있는 것과 같다. 처음의 공은 자신의 운동과 의식을 두 번째 공에게 전하고, 그러면 두 번째 공은 첫 번째 공의 운동과 의식을 자신의 의식으로 받아들여 세 번째 공으로 넘긴다. 그러다 보면 마지막의 공은 다른 공들이 가졌던 모든 것을 갖게 되며 그것을 자신의 것으로 소화시킨다. 지금 생겨나고 있는 생각이 즉시 그 전의 생각을 받아들이게 되는 것은 바로 이런 이치 때문이다. 이리하여 새로운 생각은 자아의 아득한 옛날의 구성 요소까지 대부분 끌어들이게 된다. 그래서 마지막 자아를 소유한 사람은 그 마지막 자아 앞에 있었던 자아들까지 소유하게 된다. 왜냐하면 소유자를 소유한다는 것은 그 소유자가 가진 것들까지 소유한다는 뜻이기 때문이다. 의식의 흐름이 이런 식의 결과를 엮어낸다고 보는 외에는 그것을 달리 설명할 길이 없다. 개인의 정체성 안에서 지금까지 개략적으로 설명한 내용에 포함되지 않은 특징을 발견하는 것도 불가능하고, 어떤 초월적인 통합의 원칙이 물질을 다듬어 어떤 결과를 엮어낸다고 상상하는 것도 불가능하다. 여하튼 의식의 흐름이 대단히 중요하다. 연속적으로 이어지는 의식의 흐름의 각 부분은 그 전에 흘러간 모든 의식을 다 알고 있다. 따라서 이 흐름의 각 부분은 과거 전체 흐름의 대표로 우뚝 서 있다. 그러면서도 이 흐름의 각 부분은 과거의 전체 흐름과 결코 동일하지 않다.

## 자아의 변화와 증식

　Me도 다른 모든 집합체처럼 성장하면서 변화한다. 흘러가는 의식의 상태들은 과거의 지식을 지켜나가야 하는데도 간혹 그 임무를 소홀히 한다. 그리하여 그 지식 중에서 상당한 부분이 의식의 범위 밖으로 빠져나가도록 내버려 두는 한편, 엉터리 지식을 끌어안고 있게 된다. 따라서 우리가 의식의 긴 행렬을 조사하면서 확인하는 그 동일성은 단지 변화가 느리게 일어나는 가운데서의 상대적 동일성에 지나지 않을 수 있다. 이 느린 변화의 과정에도 몇 가지 공통적인 요소들은 언제나 간직되고 있다. 이 요소들 중에서 가장 흔한 요소는 공통적인 기억의 소유이다. 어떤 사람이 젊을 때와 비교해 제아무리 많이 변했다 할지라도, 지금의 그 사람이나 젊은 시절의 그 사람은 똑같은 어린 시절을 돌아보면서 그것을 자신의 것이라고 말한다.

　따라서 I가 Me 안에서 발견한 동일성은 단지 느슨한 동일성, 즉 '대체적인' 동일성에 지나지 않는다. 외부 관찰자가 똑같은 사실들의 집합에서 발견할 수 있는 그런 동일성과 비슷하다. 우리는 어떤 사람을 보면서 "저 사람, 몰라보게 변했네."라는 말을 자주 한다. 그런데 그 사람도 자기 자신에 대해 그런 식으로 말한다. 물론 그렇게 말하는 횟수는 적겠지만 말이다. I에 의해, 혹은 외부의 관찰자에 의해 인식되는 Me의 이런 변화는 클 수도 있고 작을 수도 있다. 여기서 이 변화에 대해 주목할 필요가 있다.

자아의 변화는 두 가지 종류로 나뉜다.

1) 기억의 변질
2) 현재의 육체적 및 정신적 자아의 변질

기억의 변질에 대해서는 여기서 굳이 논할 필요가 없을 것 같다. 그런 예는 너무나 흔하다. 기억 상실은 삶에서 일어나는 정상적인 일이다. 특히 나이가 들수록 더 심해진다. 그러면 그 사람의 Me도 사실들이 사라지는 만큼 쪼그라든다. 꿈에 관한 기억과 최면 상태의 경험에 관한 기억은 거의 남지 않는다.

엉터리 기억도 결코 드물지 않다. 엉터리 기억이 일어날 때마다, 그 기억은 Me에 대한 우리의 의식을 왜곡시킨다. 대부분의 사람들은 아마 자신의 과거로 돌려진 어떤 일에 대해 의심을 품을 것이다. 그들이 그 일을 보았거나 그 일에 대해 말을 했거나 그 일을 했을 수 있지만, 그렇게 했다고 꿈을 꾸거나 상상할 수도 있는 것이다. 어떤 꿈의 내용이 현실 생활의 흐름 속에 끼어들어 당혹스럽게 만드는 경우도 간혹 있다. 엉터리 기억이 가장 빈번하게 생겨나는 원천은 바로 우리가 다른 사람들에게 들려주는 경험담이다. 경험담은 거의 언제나 진실보다 더 단순하거나 더 극적이다. 우리는 자신이 한 행동이나 한 말을 전하지 않고, 했어야 했던 행동이나 했어야 했던 말을 전한다. 우리는 처음에 어떤 일에 대해 말할 때엔 그런 차이를 분명히 느낄 수 있지만, 머지않아 픽션이 기억에서 사실을 몰아내고 사실의 자리를 대신 차지하게 된다. 상당히 정직해야 할 증거에 오류가 일어날 수 있는 이유도 바로 거기에 있다. 특히 초자연적인 일에 관한 것일 때, 이야기는 더욱 신비한 쪽으로 기울고 그렇게 되면 이야기가 이제 새로운 기억으로 뇌리에 각인된다.

기억의 변질에 대해선 이 정도로 끝내고, 현재의 자아에 일어나고 있는 비정상적인 변질로 넘어가자. 이제 우리는 앞의 예보다 더 심각한 혼란을 겪게 될 것이다. 이 변질은 3가지 중요한 형태로 구분된다. 그러나 성격에 나타나는 이 3가지 변화의 요소와 원인들에 대해 우리가 아는 것은 별로 없다. 그렇기 때문에 이 변질을 유형으로 구분하는 것에 큰 의미를 부여할 필요는 없다. 그 유형을 보면 다음과 같다.

1) 광기 어린 망상
2) 자아 분열
3) 홀림

광기에 빠지면 사람들은 종종 망상을 과거로 투영한다. 이 망상은 질환의 성격에 따라서 우울하기도 하고 잔인하기도 하다. 그러나 최악의 자아 변질은 현재의 감수성과 충동의 일탈에서 비롯되며, 이 일탈은 과거는 가만 내버려두지만 환자가 현재의 Me를 완전히 새로운 인물로 생각하도록 만든다. 사춘기 이후에 전체 성격에 급속한 확장이 일어날 때에도 이런 현상이 간혹 나타나는데, 그것은 지극히 정상이다. 그러나 병적인 예들에 대해서도 논의하는 것이 바람직하다.

프랑스 심리학자 리보(Armand Ribot)가 말하듯이, 우리의 인격의 바탕은 생명력의 감정이며, 이 생명력은 언제나 존재하기 때문에 우리의 의식의 배경에도 늘 자리 잡고 있다.

"생명력이 바탕이 되는 것은 생명력이 언제나 거기에 있으면서 쉬지 않고 작용하고 있고, 잠도 모르고 의기소침할 줄도 모르고, 생명이 이어지는 한 지속될 것이기 때문이다. 생명력은 기억으로 이뤄진 자의식 강한 Me를 떠받치고 또 의식 안의 각 부분들 사이에서 이뤄지는 연합의 매개체 역할을 한다. … 지금 여기서 우리의 육체를 다른 육체로 바꾸는 것이 가능하다고 가정해보자. 뼈대와 혈관, 창자, 근육, 피부 등, 과거의 기억이 저장된 신경 계통을 제외한 모든 것을 새롭게 만든다고 가정해보자. 그럴 경우엔 틀림없이 낯선 생명력의 유입으로 인해 심각한 무질서가 일어날 것이다. 신경계에 각인된 옛날의 존재의 의미와 새로운 존재의 의미 사이에 양립할 수 없는 모순이 나타날 것이다."

이런 모순을 낳는 육체적 민감성의 특이한 일탈이 어떤 것인지는 건전한 정신의 소유자에겐 상상조차 불가능하다. 어느 환자는 또 다른 자아를 갖고 있는데, 이 자아가 그를 대신해서 그의 모든 생각을 거듭 되풀이한다. 또 다른 환자는 내면의 악마와 끊임없이 대화를 나눈다. 또 다른 환자는 누군가가 자기를 대신해서 생각을 엮어낸다고 느낀다. 또 다른 환자는 자신이 각기 다른 침대에 누운 육체를 2개 갖고 있다고 생각한다. 일부 환자들은 마치 이빨과 뇌와 위 등 신체의 일부를 잃은 것처럼 느끼고 있다. 또 신체가 나무나 유리, 버터 같은 것으로 만들어졌다고 생각하는 환자도 있다. 어떤 환자에게는 자신의 신체가 더 이상 존재하지 않거나, 이미 죽었거나, 말을 하는 자신과는 완전히 동떨어진 대상으로 여겨지고 있다. 이따금 신체 부위가 나머지와의 연결을 잃는 것처럼 느끼는 환자도 있다. 이때 그 신체 부위는 다른 사람의 것으로 여겨지고 본인의 뜻과 반대로 움직인다. 따라서 오른쪽 손이 마치 왼쪽 손을 적(敵)으로 여기듯 싸우게 된다. 혹은 자신의 울음을 자신이 동정하고 있는 다른 사람의 울음으로 느끼는 환자도 있다. 광인의 예를 기록한 문헌은 이 같은 이야기로 가득하다. 테느는 크리샤베(Maurice Krishaber) 박사의 환자가 겪은 고통을 인용하고 있다. 이 글을 보면 사람의 경험이 어떤 식으로 한 순간에 정상적인 경험과 완전히 동떨어지게 되는지가 확인될 것이다.

"첫날과 이튿날이 지난 뒤로는 몇 주일 동안 나 자신을 관찰하거나 분석하는 것이 불가능했다. 협심증의 통증이 정말로 나를 압도하고 있었다. 나 자신의 경험에 대해 설명할 수 있었던 것은 겨우 1월로 접어들어서였다. … 내가 뚜렷하게 기억하고 있는 첫 번째 일에 대해 여기 적는다. 나는 혼자였고 이미 시각적인 문제로 괴로워하던 터였다. 그러다 나는 갑자기 그보다 훨씬 더 심한 시력 문제를 겪게 되었다. 물체들이 점점 작아지다가 아주 먼 곳으로 사라졌다. 사람도 그랬고 사물도 그랬다. 나 자신도 아득히 먼 곳에 떨어져 있었다. 나는 공포와 놀람으로 주위를 두리번거렸다. 세상이 나로부터 달아나고 있었다. … 나는 동시에 나의 목소리도

나로부터 아주 멀리 벗어나 있다는 것을 알았다. 목소리도 더 이상 나의 목소리처럼 들리지 않았다. 나는 땅을 발로 차보았다. 저항이 느껴졌다. 그러나 저항이 착각인 것 같았다. 땅이 부드러웠다는 말이 아니다. 나의 몸의 무게가 거의 느껴지지 않았다. … 무게가 없다는 느낌이 들었다."

이런 예들을 보면, I는 Me가 변화하는 만큼은 변하지 않는 것이 확실하다. 말하자면, 환자의 현재 생각은 옛날의 Me와 새로운 Me 둘 다를 알고 있다. 단지 예전에 인식적 판단과 이기적 활용에 쉽게 자리를 내줬던 객관적 영역 안에서만, 이상한 혼란이 일어났다. 그 안에 함께 나타나는 현재와 과거가 제대로 연결되지 않을 것이다. 옛날의 나의 Me는 어디 있어? 이 새로운 건 뭐야? 이것들은 서로 똑같은 거야? 아니면 서로 다른 거야? 어떠한 이론으로도 대답이 불가능한 이런 질문들을 환자는 광기를 보이는 초기 단계부터 떠올린다.

인격이 번갈아 나타나는 현상은 가장 단순한 단계에서 보면 기억의 착오 때문인 것처럼 보인다. 누구라도 약속이나 서약, 지식, 습관을 망각하게 되면 자기 자신과 불일치하는 모습을 보이게 된다. 그리고 어떤 사람을 두고 어느 시점에 인격이 변했다고 말하는 것은 정도의 문제일 뿐이다. 그러나 이중인격으로 알려진 병적인 예들을 보면, 기억 상실은 돌발적으로 일어나거나 졸도가 상당한 기간 계속된 다음에 일어난다.

최면 상태에서 우리는 그 대상자에게 언제 이후로 일어난 일을 깡그리 잊어버리라고 말하거나 상상 속의 어떤 인간이 되라고 함으로써 인격의 변화를 끌어낼 수 있다. 최면 대상자에게 일을 잊으라고 할 경우에 그 대상자는 어린 시절로도 돌아갈 수 있고, 다른 인간이 되라고 할 경우에는 그 대상자에 관한 모든 사실들이 한 동안 그의 마음에서 빠져나갈 것이다. 그러나 병적인 경우에는 이 같은 변화가 저절로 일어난다.

기록으로 남겨진 환자들 중에서 가장 유명한 사람은 아마 보르도의 아잠(Azam of Bordeaux) 박사가 보고한 펠리다 X일 것이다. 이 부인은 14세에 전반적인 성향과 인격의 변화가 두드러지게 나타나는 '제2'의 인격 상태로 빠져들곤 했다. 마치 그 전에 존재했던 어떤 억제가 갑자기 제거된 것처럼 보였다. '제2'의 인격 상태에 있는 동안에 그녀는 제1의 인격 상태를 기억했지만 제2의 인격 상태에서 빠져나와 제1의 인격 상태로 들어가기만 하면 제2의 인격 상태에 대해서는 아무것도 기억하지 못했다. 45세가 되어서는 대부분의 시간 동안 그녀는 제2의 인격을 보였다. 그 기간에 그녀는 원래의 인격 상태에서 일어난 사건들을 기억할 수 있었다. 그러나 원래의 인격 상태로 돌아갈 때 제2의 인격 상태를 깡그리 망각하는 것이 그녀에게는 매우 비참한 일이었다. 예를 들어, 어느 장례식에 가는 도중에 그런 전환이 이뤄지면, 그녀는 친구가 죽었는지조차 모르게 되었다. 그녀는 제2의 인격 상태가 일어나던 초기에 임신을 하게 되었는데, 원래의 상태에 있을 때에는 어쩌다 임신을 하게 되었는지에 대해 아무것도 몰랐다. 이 같은 기억의 공백에 대한 절망감이 너무 큰 나머지 그녀는 자살을 기도하기도 했다.

홀림의 경우에는 제2의 인격 상태의 공격과 사라짐이 비교적 돌발적이며 그 상태가 지속하는 기간도 대체로 짧다. 몇 분에서 몇 시간 정도이다. 제2의 인격 상태가 잘 발달할 때마다, 그 기간에 일어난 일들에 관한 기억은 원래의 의식이 돌아온 뒤에 하나도 남지 않는다. 제2의 인격 동안에 환자는 다른 사람에게 고무된 듯이 말하거나 쓰거나 행동하며 다른 사람의 이름과 역사까지 말한다. 옛날에는 이런 환자를 지배하고 있는 것이 마귀로 여겨졌으며 지금도 그런 믿음을 지키고 있는 공동체에서는 그렇게 통하고 있다. 대체로 마귀는 현재의 사람이 알거나 모르는 사자(死者)의 혼으로 여겨지며, 환자는 우리가 '영매'라고 부르는 그런 존재이다. 이런 식으로 홀림이 일어나는 경우에는 이중인격이 나타나는 것 같다. 이 같은 현상은 매우 복잡하며 이제 막 과학적으로 연구되기 시작했다.

가장 낮은 단계의 홀림은 무의식적 글쓰기이며, 그 중에서도 또 가장 낮은 단계는 영매가 어떤 단어가 나올지를 알아맞히는 것이다. 이때에도 영매는 외부의 어떤 존재의 부름을 받은 듯이 글을 쓰게 된다. 그 다음 단계는 글을 읽거나 말을 하는 가운데 무의식적으로 글을 쓰는 것이다. 다른 존재의 영감을 받아 말을 하는 행위와 악기를 연주하는 것도 비교적 낮은 단계의 홀림에 속한다. 이 단계에서는 정상적인 자아도 연주에서 배제되지 않는다. 물론 이때도 주도권은 외부의 어떤 존재가 쥐는 것 같다. 가장 높은 단계에서는 무아지경이 완벽하게 이뤄진다. 목소리와 언어를 포함한 모든 것이 변화한다. 이 상태가 풀리고 나면 아무런 기억이 남지 않는다. 무아지경에서 하는 말과 관련해서 한 가지 신기한 것은 영매들이 서로 다른데도 내용이 대체로 비슷하다는 점이다. 미국에서는 영매를 지배하는 영들이 상스럽고, 기괴하고, 경박한 특징을 보인다. 아니면 지적으로 보이는 영매들은 모호하고 낙천적인 표현을 자주 쓴다. 정신, 조화, 아름다움, 법, 진척, 발달 등에 관한 표현이 연이어 나온다. 영매들을 보고 있으면, 영매들이 무아지경에서 하는 말의 반 이상을 같은 작가가 구성했다는 느낌이 든다. 어느 영매든 관계없이 그런 인상을 받게 된다.

　모든 잠재의식적 자아들이 시대정신의 어떤 요소에 특별히 민감하여 그것으로부터 어떤 영감을 받는지 나는 모르겠다. 그러나 정신적 영역 안에서 발달하게 된 제2의 자아들인 경우에는 그 말이 맞는 것 같다. 그런 경우에는 영매의 무아지경이 시작되면 최면의 암시 효과와 구별되지 않는다. 최면의 대상자는 단지 사람들이 현재 상황에서 자신에게 영매의 역할을 기대한다는 이유만으로 그 역할을 받아들이고 자신의 타고난 연기 재능에 따라 다소 다르게 그것을 실행한다. 그러나 이상한 것은 강령술 전통에 노출되지 않은 사람도 무아지경에 빠진 것처럼 행동하고, 죽은 사람들의 이름으로 말을 하고, 죽을 때의 고통을 몸으로 표현하고, 여름 휴가지에서 보낸 행복했던 날과 살아 있는 사람들의 고민에 대해서도 언급한다는 점이다. 나에게는 이런 예들을 설명할 이론이 전혀 없다. 그러나 나는 심리학이 이 같은 무아지경의 현상을 연구할 필요성이 있다고 생각한다. 과학자들이 대체로 탐구하길 꺼리는 이 분야를 연구하겠다고 나서는 사람이 있기를 바란다.

## 심리학적 결론

지금까지 길게 논한 이 장을 요약할 때가 되었다. 자아의 의식은 생각의 흐름을 수반하고, 이 흐름의 각 부분은 'I'로서 그 전에 흘러간 것들을 기억할 수 있고, 그 흘러간 것들이 알았던 것들을 알고 있고, 그것들 중에서 어떤 것들을 'Me'로 영원히 돌본다. 이 Me는 객관적으로 경험된 것들의 집합이다. 이 경험된 것들을 아는 I 자체는 하나의 집합일 수 없다. I는 심리학적 목적을 위해서도 영혼과 같은 불변의 추상적인 실체가 될 필요가 없으며, 시간을 벗어난 초월적인 에고 같은 어떤 원칙일 필요도 없다. I는 하나의 생각이다. 매 순간 그 전 순간의 생각과 다르지만, 그 전 순간의 생각은 물론이고 그 전 순간의 생각이 자신의 것이라고 주장하는 모든 것을 포용하고 있는 그런 생각이다. 경험적인 모든 사실들은 이 같은 묘사 안에 다 포함된다. 그리고 이 사실들은 흘러가는 생각들 또는 마음의 상태들이 존재한다는 가설 외에는 어떠한 가설도 필요로 하지 않는다.

만약에 흘러가는 생각들이 심리학의 어느 학파도 의심하지 않는, 직접적으로 존재를 입증할 수 있는 것이라면, 자연 과학으로 대접받는 심리학이 주목할 필요가 있는 유일한 '인식 주체'는 바로 이 흘러가는 생각들이다. 내가 초월적인 어떤 '사상가'를 불러들일 수 있는 유일한 길은, 상식이 우리가 의식의 상태들을 갖고 있다고 분명히 말하고 있음에도 불구하고 우리가 '의식의 상태들'에 대해 직접적으로 알 수 있다는 점을 부정하는 길뿐이다. 그러면 문제의 '상태들'이 존재한다는 것은 하나의 단순한 가설이거나, 아니면

278

알려진 이 모든 것들과 관련 있는 어떤 인식 주체가 있음에 틀림없다고 주장하는 한 방법이 될 것이다. 그러나 '이 인식 주체가 누구인가' 하는 문제는 형이상학적인 문제가 되어 버릴 것이다. 문제를 이런 식으로 언급한다면, 우리를 통해서 생각하는 세상의 어떤 '정신' 또는 개인의 영혼 같은 개념도 우리 자신의 '심리학적' 분해와 마찬가지로 명백한 것으로 여겨지고 또 공정하게 논의되어야 한다. 나 자신은 미래에 이쪽 방향으로 논의될 여지가 많이 남아 있다고 믿는다. 만약에 '정신의 상태들'을 그 대상들과 따로 떼어놓는다면, 모든 심리학자들이 믿고 있는 정신의 상태도 절대로 명쾌하게 이해되지 못한다. 그러나 정신의 상태들에 대해 의문을 제기하는 것은 우리가 취한 자연과학적인 관점을 벗어나는 일이다. 이 책에서는 우리가 도달한 잠정적 결론에 만족하는 수밖에 없다. 생각들 자체가 사상가라는 결론 말이다.

## Chapter 13

# 주의

## 좁은 의식

우리의 삶에 관한 가장 두드러진 사실 하나는 매 순간 전체 감각 표면으로부터 인상들의 집중 포화를 받고 있으면서도 우리가 알아차리는 인상은 극히 일부라는 점이다. 그 인상들 전부가 우리의 '경험' 안으로 의식적으로 들어오는 일은 절대로 일어나지 않는다. 우리의 경험은 넓디넓은 초원을 가로질러 흐르고 있는 가느다란 실개천처럼 인상들 속을 흐르고 있다. 그럼에도 우리가 의식하지 않는 육체적 인상들은 거기서 우리의 감각 기관에 영향을 강하게 미친다. 이 인상들이 정신을 침투하지 못하는 이유는 아직 미스터리로 남아 있다. 우리가 그걸 근거로 '좁은 의식'이라는 식으로 부르지만, 이 현상에 대한 설명은 아직 이뤄지지 않고 있다.

## 생리학적 근거

우리의 의식은 분명히 좁다. 우리의 감각 표면의 넓이와 언제나 우리에게로 쏟아져 들어오고 있는 내향 전류들의 규모와 비교하면 틀림없이 그렇다. 만약에 전류가 뇌의 반구로 침투하여 작용을 일으키며 경로를 채우지 않는다면, 어떠한 전류도 의식적 경험에 기록되지 못한다. 한 예로, 어떤 내향 전류가 작용을 일으키며 뇌의 반구를 차지하고 있을 때, 그 사이에 다른 전류들은 뇌로 들어오지 못한다. 이 전류들은 문으로 얼굴을 내밀 수는 있지만 뇌의 그곳을 차지하고 있는 것들이 피곤해질 때까지 출입을 거절당할 것이다. 그렇다면 생리학적으로 본다면 의식이 좁은 이유는 뇌 반구들의 활동이 언제나 통합적으로 확실히 처리하려는 경향을 보이기 때문인 것 같다. 그때그때 일어나는 뇌의 작용에 끌리는 관념들은 그 당시에 우리의 관심을 강하게 끌고 있는 관념들이다. 따라서 우리의 주의가 드러내는 그 선택적인 성격은 생리학적 근거를 갖고 있는 것 같다. 그러나 뇌에는 매 순간 세력을 떨치고 있는 작용을 붕괴시키려는 경향이 있다. 뇌의 작용이 통합을 완벽히 이루는 예는 드물다. 배제된 전류들이 완전히 실패하는 것은 아니기 때문이다. 또 배제된 전류들의 존재 자체가 우리의 생각의 '프린지'에 영향을 미치기 때문이다.

## 주의의 분산

정상적인 집중이 거의 존재하지 않는 것처럼 보일 때가 간혹 있다. 그런 순간에는 뇌의 작용이 최소한으로 가라앉았을 수 있다. 우리 대부분은 아마 하루에도 몇 차례씩 이와 비슷한 상태에 빠진다. 두 눈의 초점이 허공에 맞춰지고, 세상의 소리들이 뒤죽박죽 뒤섞여 카오스를 이루고, 주의가 심하게 흩어지며 몸 전체가 무겁게 가라앉고, 의식의 전경(前景)이 시간의 공허한 흐름에 엄숙하게 굴복하는 느낌으로 가득 채워진다.

그 사이에 우리는 마음의 어둑한 배경에서 자신이 해야 할 일을 희미하게 알고 있다. 잠자리에서 일어나거나, 옷을 입거나, 말을 걸어오는 사람에게 대답을 하거나, 추론의 다음 단계로 넘어가려 한다. 그러나 우리는 도무지 일을 시작하지 못하고 있다. 마음의 뒤쪽에 남아 있는 생각이 우리의 의식 상태를 둘러싸고 있는 무기력의 껍질을 뚫지 못하고 있기 때문이다. 매순간 우리는 마법이 그 껍질을 깨뜨려주길 기대하고 있다. 왜냐하면 우리로서는 무기력이 계속되는 이유를 전혀 알지 못하기 때문이다. 하지만 무기력은 계속된다. 시간이 지나도 좀처럼 나아지지 않는다. 우리는 무기력을 느끼며 붕 떠 있다. 그러다 알지 못하는 이유로 어떤 에너지가 주어진다. 역시 알 수 없는 무엇인가가 우리로 하여금 자신을 추스르도록 만든다. 그러면 우리는 눈을 깜빡거리고, 머리를 흔든다. 정신의 깊은 곳에 있던 관념들이 힘을 얻는다. 삶의 바퀴가 다시 돌기 시작하는 것이다.

이것은 주의 분산의 극단적인 예이다. 이 극단과, 순간의 관심에 대한 몰입이 너무나 철저하여 심각한 육체적 상처도 느껴지지 않는 주의 집중의 극단 사이에, 중간 정도의 주의 집중이 있으며 이에 대한 연구가 실험을 통해 실시되었다. 이 문제는 '의식의 폭'으로 알려져 있다.

## 의식의 폭

같은 개념 체계에 속하지 않는 대상들에게 한꺼번에 주의를 기울일 경우에 몇 개까지 가능할까? 카텔 교수는 글자를 결합시킨 단어들을 갖고 실험을 실시했다. 단어들을 사람들의 눈에 아주 짧은 시간 동안 노출시킴으로써 글자 하나하나에 연속적으로 주의를 쏟는 것을 원천적으로 차단시켰다. 그랬더니 익숙한 단어를 제시할 때, 실험 대상자들은 무의미한 단어를 제시할 때보다 단어들을 3배 더 많이 알아맞혔다. 만약에 그 단어들이 하나의 문장을 이룬다면, 실험 대상자들은 문장을 이루는 단어들을 그렇지 않은 단어들보다 2배 더 많이 맞혔다. "그렇다면 문장은 전체 덩어리로 이해되었다고 할 수 있다. 만약 이런 식으로 이해되지 않는다면, 7개의 단어로 된 문장을 이해할 수 있는 길은 전혀 없다. 그러나 문장이 덩어리로 이해될 경우에, 단어들의 의미도 더욱 분명해진다."

하나의 단어는 그 자체로 하나의 개념 체계인 셈이다. 각 글자들이 별도로 의식의 세계로 들어가지 않고 한꺼번에 통째로 들어가는 것이다. 눈에 한꺼번에 노출된 하나의 문장은 단어들과의 관계라는 측면에서 보면 역시 하나의 개념 체계이다. 하나의 개념 체계는 여러 개의 지각 가능한 대상을 의미할 수 있고, 또 후에 그 대상들로 전환될 수 있지만, 실제로 존재하는 하나의 정신 상태로서 개념 체계는 이 대상들에 대한 의식으로 이뤄져 있지 않다. 예를 들어, 내가 'man'이라는 단어에 대해 생각할 때, 나의 마음속에 들어 있는 것은 내가 그 단어를 이루는 글자들, 즉 m과 a, n을 서로 연결되지 않은 자료로 생각할 때 나의 마음속에 들어 있는 것과는 아주 많이 다르다.

자료들이 서로 연결되어 있지 않은 까닭에 우리가 그 자료들을 두루 포용할 개념을 전혀 갖고 있지 못할 때, 그 자료 중 몇 개를 한꺼번에 이해하는 것은 더욱 어렵다. 이런 경우에 우리의 정신이 이 자료에 주의를 쏟는 동안에 다른 자료에 주의를 기울이기가 쉽지 않기 때문이다. 그래도 제한적이나마 이런 분산을 피할 수는 있다. 프랑스 철학자 폴랑(Frédéric Paulhan)은 정신으로 다른 것을 되풀이하면서 시를 큰 소리로 낭송하거나, 문장을 말로 하면서 다른 문장을 글로 쓰거나, 시를 암송하면서 계산 문제를 푸는 방법으로 이 문제를 실험했다. 그 결과, 그는 "마음을 이중으로 쓰는 데 가장 좋은 조건은 이질적인 일을 동시에 수행하는 것이다. 같은 종류의 2가지 일이나 2가지의 곱셈, 2가지의 암송, 혹은 시 한 편을 암송하면서 다른 시를 쓰는 일은 더욱 어렵고 불확실해진다."는 사실을 발견했다.

폴랑은 두 가지 일을 동시에 수행하거나 연속적으로 수행할 때의 시간을 서로 비교하면서 동시에 일을 수행하는 것이 시간적으로 상당히 유리하다는 사실을 확인했다. 예를 들면 이렇다. "나는 421,312, 212를 2로 곱한다. 시간은 6초 걸린다. 4개의 시구를 암송하는 데 6초 걸린다. 그러나 이 두 가지 일을 동시에 수행해도 6초밖에 걸리지 않는다. 그렇다면 두 가지 일을 결합해도 시간 손실이 거의 일어나지 않는다는 뜻이다."

'같은 개념 체계에 속하지 않는 대상에 한꺼번에 주의를 기울일 경우에 몇 개까지 가능할까?'라는 원래의 질문이 완전히 다른 체계나 과정을 동시에 몇 개를 수행할 수 있는지를 묻는 것이라면, 이에 대한 대답은 '과정이 매우 습관적인 것이 아니라면 2개 이상을 처리하기가 쉽지 않지만 주의의 동요가 심하지 않다면 2개 혹은 3개 이상도 처리할 수 있다'는 것이다. 그러나 4통의 편지를 동시에 구술하면서 자신도 직접 편지를 한 통 썼다는 율리우스 카이사르의 이야기에서처럼 그 과정이 덜 자동적인 곳에서는, 마음이 이곳에서 저곳으로 급하게 이동할 것임에 틀림없고 따라서 시간적 이익도 전혀 없을 것이다.

주의를 기울일 대상이 미묘한 감각들일 때, 그리고 감각들을 주시하는 노력이 정확해야 할 때, 한 감각에 대한 주의는 다른 감각에 대한 지각을 상당히 많이 간섭하는 것으로 드러난다. 이 분야의 연구는 분트 교수가 주도했다. 분트 교수는 급히 회전하는 바늘이 종소리가 들리는 순간에 가리키는 지점을 정확히 파악하려고 노력했다. 여기엔 주목해야 할 감각이 두 가지이다. 하나는 시각이고 하나는 청각이다. 그러나 긴 시간과 인내심을 발휘한 연구에서 종이 울린 바로 그 순간에는 눈의 인상에 거의 또는 결코 주목하지 못한다는 것이 드러났다. 종이 울리기 전이나 울린 후의 지점만 보일 뿐이다.

## 주의의 종류
주의는 다양한 방식으로 분류될 수 있다.

주의는 a)감각의 대상으로 쏠을 수도 있고(감각적 주의), b)이상(理想)이나 묘사되는 대상으로 기울일 수도 있다(지적 주의).

주의는 c)직접적일 수도 있고 d)파생적일 수도 있다. 주제나 자극이 그 자체로 흥미롭거나 그 외의 다른 것과 아무런 관련이 없을 때, 그 주의는 직접적이다. 반면에 즉시적으로 관심을 불러일으키는 다른 것과 연합을 이뤄야만 흥미를 일으킬 수 있는 주의는 파생적이다. 내가 파생적 주의라고 부르는 것은 '통각(統覺)적' 주의라는 이름으로 불려왔다.

게다가, 주의는 e)수동적이고, 조건적이고, 무의식적이고, 노력이 필요하지 않을 수도 있는 한편, f)능동적이고 자발적일 수도 있다. 자발적인 주의는 언제나 파생된 주의이다. 우리는 약간의 이익이라도 안겨주지 않을 것 같은 대상에는 주의를 기울이려는 노력을 절대로 하지 않는 것이다. 그러나 감각적 주의와 지적 주의는 수동적일 수도 있고 자발적일 수도 있다.

즉시적으로 일어나는 감각에 대해 비자발적으로 주의를 쏠는 경우에, 그 자극은 매우 강렬하고, 크고, 갑작스런 감각 인상이거나 본능적인 자극일 수 있다. 이때 자극은 힘보다는 그 성격 때문에 우리의 타고난 충동에 호소력을 발휘하고 직접적으로 흥분시키는 특성을 가진 하나의 지각이다. 본능을 논하는 장에서 우리는 이 자극들이 동물에 따라 어떻게 다른지, 인간에게는 어떤 자극들이 있는지를 살필 것이다. 움직이는 물체, 낯선 물체, 야생 동물, 밝은 물체, 예쁜 물체, 금속, 언어, 피 등이 인간에겐 중요한 자극이 된다.

어린 시절과 청년기의 주의의 특징은 즉각적으로 흥분시키는 감각 자극에 민감하다는 점이다. 성숙기로 접어들면 우리는 일반적으로 소위 말하는 한두 가지 영원한 관심사와 연결된 자극들을 선택하고, 그러면 우리의 주의는 나머지에는 반응하지 않게 된다. 그러나 어린 시절에는 대단히 능동적인 에너지가 특징이며, 그때는 새로운 인상을 접할 때 주목할 만한 가치가 있는지 여부를 결정할 기준이 거의 없다. 따라서 우리가 아이들을 통해서 확인하듯이, 아이들은 주의의 이동을 아주 심하게 보인다. 강력한 감각은 어떤 것이든 그것을 지각하는 신체 기관의 적응을 낳으며, 그 순간에 하고 있던 임무를 당분간 완전히 망각하도록 만든다. 이 같은 주의의 반사적이고 수동적인 특징 때문에 어느 프랑스 저자가 말하듯이 어린이들은 주목을 끄는 것을 발견하기만 하면 자신의 존재를 잊은 듯 거기에 푹 빠져 버린다. 학교 교사들이 가장 먼저 신경써야 할 문제가 바로 이것이다. 이 문제를 죽을 때까지 극복하지 못하는 사람도 있다. 그런 사람들은 마음이 방황하다 잠시 멈추는 사이에만 일을 한다.

강렬하지 않거나 본능을 자극할 성격이 없는 어떤 인상이 강렬했거나 본능을 자극했던 옛날의 경험이나 교육과 연결될 때, 그때 수동적인 감각적 주의가 생겨난다. 이런 경우에 옛날의 경험과 교육이 주의의 동인이라 불릴 수 있다. 이때는 그 인상이 과거의 경험이나 교육에서 어떤 관심을 끌어내거나 아니면 경험이나 교육과 결합하여 하나의 복합적인 대상이 된다. 그러면 인상이 마음의 초점 안으로 들어가는 결과가 나타난다. 약하게 두드리는 소리 자체는 흥미로운 소리가 절대로 아니다. 그런 소리는 세상의 온갖 소음에 묻혀 버릴 것이다. 그러나 그것이 어떤 신호가 될 때에는 이야기는 달라진다. 연인이 창을 두드리는 소리가 들려지 않는 경우는 절대로 없다. 헤르바르트는 이렇게 쓰고 있다.

"약간 틀린 문법도 순수한 귀에는 얼마나 거슬리는지 모른다. 엉터리 음이 음악가의 마음에 얼마나 큰 상처를 입히는지 모른다. 아니면 예절에 어긋난 행위도 세상사에 신경을 쓰는 사람에게는 정말 큰 상처가 된다. 우리에게 강력한 인상을 남기는 제1원리들을 갖춘 학문의 경우에, 우리가 그 원리들을 마음속으로 반복해서 외우면 진도가 얼마나 빨리 나갈 수 있는지 모른다. 반면에 주제와 관계있는 기본적인 개념들이 익숙하지 않아서 우리 정신에 아직 어떤 방향을 제시하지 못하는 학문의 경우에는 기본적인 원리를 배우는 것 자체가 얼마나 더디고 힘든지 모른다.

통각적 주의는 매우 어린 아이들에게서 잘 관찰될 것이다. 아이들은 제대로 이해되지도 않는 어른들의 말을 주워들으면서 여기저기서 아는 단어를 하나씩 잡아내어 그걸 되풀이한다. 개에게도 이름을 불러주면 우리를 바라보는 눈빛에 그런 통각적 주의가 나타난다. 소년들이 수업 시간에 머릿속으로 이곳저곳 떠돌다가도 선생이 이야기를 시작하는 순간 귀신같이 그걸 알아차리는 재능도 통각적 주의와 크게 다르지 않다. 나에게도 그런 경험이 있다. 수업시간에 가르치는 내용이 지루하고 규율이 느슨해지면 언제나 웅성거림이 들렸다. 그러다가도 선생이 어떤 이야기를 꺼내기만 하면 웅성거림이 뚝 끊겼다. 아무것도 듣지 않는 것처럼 여겨졌던 소년들이 이야기가 시작된다는 것을 어떻게 알 수 있을까? 틀림없이 대부분의 소년들은 교사의 말을 언제나 듣고 있다. 그러나 교사의 말이 소년들의 그 전 지식이나 놀이와 아무런 관계가 없기 때문에 아이들의 의식 안으로 빨리 들어가지 못한다. 그러다가 교사의 말이 그 전의 생각을 일깨우는 순간, 새로운 인상이 즉각 그 생각과 강하게 결합되면서 강렬한 관심을 불러일으킨다. 이 관심이 의식의 문턱 아래에서 떠돌고 있던 관념들을 몰아내고 그 자리로 주의를 끌어들인다.”

　우리가 생각을 하면서 그 자체로 재미있거나 자극적인 이미지들의 기차를 따를 때, 그 즉시 비자발적인 지적 주의가 일어난다. 또 그 이미지들이 먼 목적을 이루는 수단으로서만 흥미롭거나 소중한 무엇인가와 연결되어 있을 때, 그때는 비자발적인 지적 주의가 파생된다. 이때 뇌의 전류들은 통일된 어떤 체계를 형성할 수 있으며, 또 대상에 대한 몰입이 아주 깊어서 일상적인 감각들뿐만 아니라 아주 격렬한 통증까지도 사라지게 만들 수 있다. 파스칼(Blaise Pascal)과 웨슬리(John Wesley), 로버트 홀(Robert Hall) 등이 이런 능력을 가졌다는 소리가 들린다. 카펜터(William Benjamin Carpenter) 박사는 자신에 대해 이런 이야기를 들려준다. “아주 심각한 신경통으로 힘들어 하는 가운데 강의를 시작했던 적이 자주 있었다. 통증이 아주 심해 강의가 불가능하다는 생각이 들 정도였다. 그러나 마음을 다잡으려고 노력하면서 나 자신이 생각의 흐름 속으로 빠져들기만 하면 그때부터는 주의가 흩어지는 일은 결코 없었다. 강의가 끝날 때까지 아무 일이 없었다. 그러다 강의가 끝나고 주의가 풀어지기만 하면 통증이 다시 찾아왔다. 이때 통증의 힘은 어떤 저항도 쉽게 짓눌러버린다. 그러면 통증을 절대로 끊을 수 없을 것 같은 예감이 든다."

## 자발적 주의

카펜터 박사는 결연한 노력으로 스스로를 다잡는 데 대해 말하고 있다. 이 노력은 능동적이거나 자발적인 주의의 특징을 보여주고 있다. 누구나 다 아는 느낌인데도 대부분의 사람들은 이 노력에 대해 제대로 설명하지 못한다. 시각이든 청각이든, 냄새든 아니면 촉각이든 아주 희미한 인상을 잡으려고 노력할 때마다, 우리는 감각의 영역에서 자발적 주의를 기울이게 된다. 또 비슷한 다른 감각들에 뒤섞여 있는 어떤 감각을 찾아내려고 노력할 때에도 그런 주의가 기울여진다. 또 보다 강력한 자극의 끌림에 저항하면서 우리의 마음을 그보다 덜 인상적인 어떤 대상에 고정시키려 노력할 때에도 그런 주의가 기울여진다.

이런 조건과 아주 비슷한 상황에서 지적 영역에서도 그런 주의가 나타난다. 우리가 모호하게 알고 있는 어떤 관념을 명쾌하게 다듬으려고 노력하거나, 비슷한 의미들 사이에서 미묘한 차이를 찾아내려고 애를 쓰거나, 우리의 충동과 아주 달라서 가만 내버려두면 자극적인 이미지에 밀려날 것 같은 어떤 생각에 결사적으로 매달릴 때가 바로 그런 예들이다. 디너파티에서 주위의 모든 손님들이 각자 관심사에 대한 이야기를 나누며 왁자지껄하게 떠들고 있는 가운데 어떤 사람이 가까이 있던 손님으로부터 나직한 소리로 재미없는 조언을 들을 때, 이 사람은 주의를 기울이려고 온갖 형태의 노력을 한꺼번에 벌일 것이다.

자발적 주의가 한 번에 몇 초 이상 지속되는 경우는 절대로 없다. '지속적인 자발적 주의'라 불리는 것도 알고 보면 그 주제를 계속 떠올리려는 노력을 연속적으로 반복하는 것에 지나지 않는다. 이때 떠올려진 주제가 마음에 들면 발달할 것이고, 또 이 전개가 흥미롭다면 그 주제는 한동안 수동적 주의를 끌 것이다. 조금 전의 예에서 카펜터 박사는 생각의 흐름 속으로 들어가기만 하면 그 흐름이 그를 계속 끌고 간다고 설명한다. 이 수동적인 관심사는 짧을 수도 있고 길 수도 있다. 이 관심이 시들해지기만 하면, 주의가 다른 곳으로 돌려지게 되고 그렇게 되면 자발적으로 노력을 기울여야만 다시 주의를 그 주제로 끌어들일 수 있을 것이다. 호의적인 조건에서는 이런 상황이 몇 시간 동안 이어질 수 있다. 그러나 그동안에 주의의 대상이 되었던 것은 심리학적인 의미에서 동일한 대상이 아니고 서로 관련 있는 대상들의 연속이라는 점을 알아야 한다. 이 대상들이 한 가지 주제를 이루고 있을 뿐이다. 그 어떤 사람도 변화하지 않는 한 가지 대상에 지속적으로 주의를 기울이지 못한다.

당장은 발달하지 않을 대상들도 언제나 있기 마련이다. 그런 대상들은 그냥 사라진다. 그렇기 때문에 그런 대상과 관련 있는 어떤 것에라도 정신을 집중하려면 노력을 끊임없이 되풀이하겠다는 각오가 필요하다. 또 모든 사람에겐 놀란 말처럼 꽁무니를 빼려 들거나 보고 싶어 하지 않는 주제가 있다. 낭비벽이 심한 사람이 한창 흥청망청 즐기고 있는 상황에서, 하루가 다르게 줄어들고 있는 그 사람의 재산이 바로 그런 주제에 속할 것이다. 그런데 왜 낭비벽이 있는 사람만 꼬집어 말하는가? 열정에 휩싸인 모든 사람에게도 그 열정을 부정할 생각은 단 한 순간도 떠오르지 않는다. 열정을 부정한다는 생각은 삶의 절정에 듣는 '죽음을 기억하라'는 경고와 비슷하다. 그런 경고가 나오면 자연이 일어나서 그 경고를 시야에 보이지 않도록 가려버린다. 건강한 독자들이여, 그대들은 자신의 무덤에 대한 생각을 얼마나 오랫동안 할 수 있는가? 뇌가 혹사당하고 있는 상황에서는 자신의 무덤을 생각하는 능력이 특히 더 떨어진다. 사람은 지금 하고 있는 일에 대한 증오에서 벗어나기 위해서라면 어떠한 핑계든 붙잡으려 든다. 내가 아는 사람 중에 이런 예도 있다. 형식논리학을 가르치는 사람인데 그는 오후에 있는 강의를 너무나 귀찮아한다. 그러다 보니 그는 난롯불을 쑤셔 불을 키우고, 의자들을 바로 놓고, 바닥의 먼지를 털고, 테이블을 정돈하고, 신문을 집어 들거나 눈길이 가는 책을 뽑아 들고 손톱을 정리하면서 오전 시간을 허비한다. 요약하면 이런 모든 일을 별 생각 없이 하는 것이다. 그가 주의를 쏟아야 할 유일한 것이 강의 준비라는 한 가지 이유 때문에 말이다. 강의만 아니라면 무엇이든!

또 다시 강조하지만, 대상은 변화해야만 한다. 만일 우리가 어떤 대상에 꼼짝 않고 주의를 기울이고 있다면, 시각적인 대상은 사실 눈에 보이지 않게 될 것이고 청각적인 대상은 귀에 들리지 않게 될 것이다. 세밀한 실험에 감각적 주의를 기울이곤 했던 헬름홀츠는 일상의 삶에서 대체로 간과되는 대상들을 유심히 살피면서 실험을 했으며 망막 경합에 관한 대목에서 아주 흥미로운 글을 남기고 있다. 망막 경합이라는 이름으로 불리는 그 현상은 이런 것을 말한다.

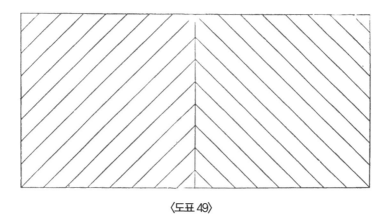

⟨도표 49⟩

우리가 양쪽 눈으로 서로 다른 그림을 본다면, 어떤 때는 이 그림이 또 다른 때는 저 그림이, 아니면 어떤 때는 두 그림의 일부가 의식으로 들어올 것이다. 그러나 두 그림이 결합되는 경우는 극히 드물다. 헬름홀츠는 이렇게 말한다.

"나 자신이 자발적으로 이번에는 이 선들에, 다음에는 다른 선들에 주의를 줄 수 있다는 사실이 확인된다. 그러다 한동안 한쪽의 선들만 보인다. 이때는 다른 쪽의 선들은 완전히 사라져버린다. 예를 들어, 한쪽 선들의 숫자부터 먼저 헤아리고 그 다음에 다른 쪽 선들의 숫자를 헤아리려고 할 때, 이런 현상이 나타난다. … 그러나 주의를 한쪽 선들에만 오랫동안 쏟는 것은 극히 어려운 일이다. 거기에 어떤 명백한 목적이, 그러니까 주의를 계속해서 새롭게 일으킬 목적이 부여되지 않는다면 그렇게 된다. 그런 목적을 예로 든다면, 줄들을 그 폭을 비교해가며 헤아리는 것이 되겠다. 주의의 평형, 즉 오랫동안 주의를 지속적으로 기울이는 것은 어떠한 상황에서도 불가능하다. 주의는 가만 내버려두면 자연히 새로운 것으로 향하게 되어 있다. 그것이 주의의 본질이다. 그러다가 대상에 대한 관심이 끝나자마자, 그리고 그곳에서 새로운 것이 전혀 눈에 띄지 않게 되자마자, 주의는 우리의 의지에도 불구하고 다른 곳으로 옮겨간다. 만약에 주의를 한 가지 똑같은 주제에 지속적으로 묶어두길 원한다면, 우리는 그 주제에 대해 새로운 무엇인가를 끊임없이 발굴하려고 노력해야 한다. 만약에 다른 막강한 인상들이 우리를 끌어당기고 있다면, 그런 노력이 특별히 더 많이 필요하다."

헬름홀츠의 이 말은 대단히 중요하다. 그리고 감각적 주의에 맞는 말이라면, 지적 주의에는 더욱더 맞는 말이다. 주어진 어떤 사고의 주제에 주의를 지속적으로 쏟을 수 있으려면, 우리는 그 주제를 이리저리 돌려가며 다른 각도에서 보고 다양한 관계 속에서 고려하려는 노력을 끊임없이 펼쳐야 한다. 어떤 한 가지 생각이 마음을 사로잡는 경우는 오직 병적인 상태에서만 가능할 뿐이다.

### 천재와 주의
이제 우리는 습득하는 것이 많을수록, 그리고 정신이 신선하고 독창적일수록 소위 말하는 지속적 주의가 더 쉬워지는 이유를 알게 되었다. 신선하고 독창적인 정신 안에서 주제가 쉽게 생겨나 싹을 틔우고 자란다. 주제는 어느 순간에든 새로운 결과로 자극을 받고 따라서 주의를 새롭게 집중시킨다. 그러나 재료를 제공받지 못하고 고여 있어서 독창적이지 못한 사고는 어떠한 주제든 오랫동안 고려하지 못할 것이다. 그저 한번 훑어보기만 해도 그 주제는 흥미의 가능성을 다 잃어버린다. 천재들은 대체로 주의를 지속시킬 수 있는 힘에서 다른 사람들을 능가하는 것으로 믿어진다. 그러나 대부분의 천재들의 경우에 이 힘이 수동적이라는 우려가 있다. 천재들의 사고는 빛을 번득이고, 모든 주제들이 그들의 비옥한 정신에서 마구 가지를 치고 있다. 그들은 그런 식으로 몇 시간 동안 넋을 놓을 수 있다. 그러나 천재들이 주의를 집중할 수 있도록 하는 것은 그들의 천재성이다. 그들의 주의가 그들을 천재로 만드는 것이 아니다. 이 문제의 뿌리까지 파고든다면, 우리는 천재들이 보통 사람들과 다른 점이 주의의 성격에 있기보다는 주의를 연속적으로 쏟는 대상들의 본질에 있다는 것을 확인한다. 천재들의 내면에서 이 대상들은 일종의 사슬 같은 것을 이룬다. 이는 곧 각 대상이 어떤 합리적인 법칙에 의해 서로 연결되어 있다는 뜻이다. 그래서 우리는 그런 주의에 대해 '떠받쳐지고 있다'는 식으로 말하고, 몇 시간 동안 이뤄지는 숙고의 주제를 '동일 주제'라고 부른다. 보통 사람들의 경우에는 이 사슬이 대부분 일관되지 못하고, 대상들은 합리적인 연결을 전혀 갖지 못한다. 그래서 우리는 그런 주의를 고정되지 않고 떠도는 주의라고 부른다.

천재성이 그 사람으로 하여금 자발적 주의를 습관으로 들이지 못하도록 막고 있을지도 모른다. 그리고 다른 곳에서와 마찬가지로 여기서도 의지의 미덕들이 가장 풍성하게 자라기를 기대할 수 있는 토양은 지적 소질을 적당히 물려받은 정신일지도 모른다. 그러나 주의가 천재성의 덕분에 생기든 의지의 힘에 의해 생기든, 어떤 주제에 관심을 오래 기울일수록 그 주제를 더 깊이 통달할 수 있게 된다. 그리고 떠돌려는 주의를 거듭해서 자발적으로 끌어내는 능력이 바로 판단력과 성격과 의지의 뿌리이다. 만약에 그런 능력을 갖추지 않았다면, 그 어떤 사람도 자기 자신의 주인이 되지 못할 것이다. 이 능력을 향상시키는 교육이 훌륭한 교육일 것이다. 그러나 이 이상(理想)에 대한 정의를 내리기는 쉬워도 그 능력을 키울 수 있는 실질적 방향을 제시하기는 어렵다. 주의의 능력을 배양하는 것과 관련해 제시할 수 있는 유일한 가르침은 아이가 이미 관심을 갖고 있는 주제일수록 아이의 주의를 더 쉽게 끌게 된다는 것이다. 그러니 아이가 이미 습득한 내용에 새로 배운 것을 녹여 더 멋진 무엇인가를 엮어내도록 유도하는 노력을 기울이도록 하라. 그리하여 호기심이 일깨워진다면, 그 새로운 것은 아이의 마음을 맴돌고 있던 어떤 의문에 대한 대답이 되거나 대답의 일부가 될 것이다.

## 주의의 생리학적 조건

주의를 기울이는 데 필요한 생리학적 조건은 다음과 같다.

1) 어떤 대상에 대한 주의가 일어나려면, 그 전에 미리 피질의 적

절한 중추들이 감각적으로뿐만 아니라 관념적으로도 자극되어 있어야 한다.

2) 그런 다음에 감각 기관이 근육 기관의 조절을 통해서 그 대상을 가장 분명하게 수용할 수 있도록 스스로를 적응시켜야 한다.

3) 피질의 중추들로 혈액의 유입이 있어야 한다.

세 번째 조건에 대해서는 더 이상 논하지 않을 것이다. 왜냐하면 그 점을 세세하게 증명할 근거가 전혀 없기 때문이다. 그러나 조건 1)과 2)는 입증이 가능하다. 최선의 순서는 2)를 먼저 다루는 것이다.

## 감각 기관의 적응

감각 기관의 적응은 어떤 대상에 감각적 주의를 기울일 때 뿐만 아니라 지적 주의를 기울일 때에도 일어난다.

우리가 식별 가능한 물체들에 주의를 주고 있을 때, 감각 기관의 적응이 명백히 확인된다. 어떤 물체를 보거나 들을 때, 우리는 자동적으로 눈과 귀를 조절하고 마찬가지로 머리와 몸을 돌린다. 맛을 보거나 냄새를 맡을 때에는 혀와 입술과 호흡을 그 대상 쪽으로 맞춘다. 어떤 표면을 느낄 때, 우리는 촉각 기관을 적절히 움직인다. 이 모든 행동을 보면, 근육 수축이 저절로 일어나는 외에 다른 신체 기관들이 끼어들지 않도록 막는 노력도 벌어지고 있다. 예를 들면, 맛을 볼 때 우리는 지긋이 눈을 감는다. 그리고 들을 때에는 호흡을 멈춘다. 그 결과, 우리는 주의가 쏟아지고 있다는 느낌을 신체 기관을 통해 더 강하게 받게 된다. 이 신체 기관의 느낌을 우리는 언제나 우리 자신의 활동에 대한 감각의 일부로 다룬다. 비록 그 느낌이 조절된 우리의 신체 기관을 통해서 우리에게 전달되는 것이긴 하지만 말이다. 그렇다면 어떠한 대상이든 즉시적으로 자극을 받아 흥분하게 되면 감각 기관에 조건반사적인 조절을 야기하며, 이 조절은 2가지 결과를 낳는다. 한 가지 결과는 그 대상이 활동하고 있다는 느낌을 낳는 것이고, 다른 한 결과는 대상의 명료성을 높이는 것이다.

그러나 지적 주의에서도 비슷한 활동의 느낌들이 일어난다. 이런 느낌을 분석하고 또 강력한 느낌과 구분하려고 처음 노력한 사람이 바로 페히너였다. 그는 이렇게 쓰고 있다.

"주의를 이 감각의 대상에서 다른 감각의 대상으로 옮길 때, 우리는 방향의 전환이나 긴장이 일어나고 있는 곳이 변하고 있다는 느낌을 아주 약하게 받는다. 우리는 눈에서 한 줄기 긴장이 앞쪽으로 향하고 또 다른 긴장이 귀 쪽으로 향하는 것을 느낀다. 덩달아 주의의 강도도 높아지고, 어떤 대상을 보는가 아니면 듣는가에 따라 긴장도 달라진다. 따라서 우리는 지금 '주의를 팽팽하게 긴장시키는' 것에 대해 말하고 있다. 주의가 눈과 귀 사이를 신속히 오갈 때, 그 차이가 가장 두드러지게 느껴진다.

그러나 기억 속의 어떤 사진이나 공상을 생생하게 떠올리려고 노력할 때에도, 나는 어떤 사물을 눈이나 귀로 이해하려고 노력할 때 경험하는 것과 아주 비슷한 느낌을 받는다. 그리고 이 느낌은 앞의 느낌과 아주 다른 곳에서 느껴진다. 실물에 주의를 예리하게 쏟는 경우에는 그 긴장이 대체로 앞으로 향하고 또 몇몇 외부의 감각 기관들 사이에서만 방향을 바꾸고 머리의 나머지는 긴장으로부터 자유롭도록 내버려두는 것 같다. 그러나 기억이나 공상의 경우에는 이야기가 많이 달라진다. 여기선 느낌이 외부 감각 기관들로부터 완전히 철수하고 뇌가 들어 있는 머리에서 그 안식처를 찾는 것처럼 보인다. 예를 들어, 만약에 내가 어떤 장소나 사람을 떠올리길 원한다면, 나의 주의를 앞 쪽으로 긴장시킬 때가 아니라 나의 주의를 뒤로 후퇴시킬 때에 그 대상이 나타날 것이다."

나의 경우에는 옛날의 기억에 주의를 기울이는 동안에 느껴지는 '뒤쪽으로의 철회'는 원칙적으로 잠을 잘 때처럼 안구를 위와 옆으로 실제로 굴리는 느낌 때문인 것으로 보인다. 또 이 철회는 우리가 실물을 볼 때 나타나는 안구의 움직임과는 정반대이다.

그러나 감각적 주의에서조차도 감각 기관이 이런 식으로 조절하는 것이 근본적인 과정은 아니다. 일부 관찰들이 보여주는 것처럼, 그것은 일어나지 않도록 막을 수 있는 하나의 부차적인 결과이다. 대체로 보면, 시야의 귀퉁이에 있는 대상은 어떤 것이든 우리의 눈을 사로잡지 않고는 우리의 주의를 끌지 못한다. 즉 이미지를 중심와에 모아줄 회전과 조절 같은 운동을 반드시 촉발시켜야 한다는 뜻이다. 그러나 연습을 하고 노력을 기울이면 눈이 움직이지 않는 가운데서도 시야의 가장자리에 있는 대상에도 주의를 기울일 수 있다. 이런 상황에서는 절대로 대상이 명백하게 구분되지 않는다. 망막 안에서 상이 맺히는 위치 때문에 명확해지는 것이 불가능하다.

그러나 노력하기만 하면 우리는 그런 노력을 기울이기 전보다 훨씬 더 명료하게 그 대상을 볼 수 있다. 한 예로, 교사들은 교실을 다 보지 않고도 아이들의 행동을 알 수 있다. 대체로 보면 여자들이 남자들에 비해 시야의 가장자리에 있는 것에 주의를 더 많이 기울인다.

헬름홀츠가 이 같은 사실을 아주 재미있게 언급하고 있기 때문에, 나는 그의 관찰을 그대로 인용할 것이다. 그는 한 쌍의 입체적인 사진들을 전기 불빛으로 동시에 밝히는 방식으로 하나의 지각 대상으로 결합하려고 노력하고 있었다. 그 사진들은 깜깜한 상자 안에 있었고, 전기 불빛이 수시로 깜빡거렸다. 두 눈길이 그 사이에 다른 곳으로 옮겨가는 것을 막기 위해 각 사진의 한가운데에 핀으로 구멍을 뚫어 그 구멍으로 방안의 불빛이 새어 들어오도록 했다. 그러면 두 눈은 전기 불빛이 꺼진 순간에도 밝은 점을 보게 될 것이다. 이 점들이 평행인 시축(視軸)을 통해서 하나의 이미지로 결합된다. 이 이미지가 이중으로 나타난다는 것은 곧 안구에 움직임이 있었다는 뜻이 된다. 헬름홀츠는 이런 식으로 두 눈이 움직이지 않을 때 단순한 직선적인 형상들은 한 차례의 전기 불빛의 깜빡임에도 입체로 지각된다는 사실을 발견했다. 그러나 형상들이 복잡한 사진일 때에는, 전체를 파악하기 위해 불빛을 연속적으로 비출 필요가 있었다. 헬름홀츠는 이렇게 말한다.

"바늘구멍에 시선을 지속적으로 고정시킨 채 결합된 이미지가 2개로 흩어지도록 내버려두지 않는데도 불구하고, 우리가 불빛이 들어오기 전에 어두운 곳 어디로든 주의를 마음대로 돌릴 수 있다는 것이 흥미롭다. 그래서 불빛이 들어올 때, 그 그림 중에서 어두운 곳에 있던 부분에서만 인상을 받으니 말이다. 이 점에서 보면, 우리의 주의는 눈들의 위치와 조절, 그리고 눈 안에서 일어나는 변화와 상당히 무관하며, 의식적이고 자발적인 노력에 의해 어두운 시야의 어느 부분으로도 움직일 수 있다. 이는 미래의 주의 이론에 아주 중요한 관찰이다."

## 관념의 신경 중추 자극

그러나 만일에 이 실험에 쓰인 사진의 주변부를 볼 수 있도록 육체적 조절이 이뤄지지 않았는데도 주변부가 우리의 주의를 끌었다는 사실은 과연 무엇을 의미하는가? 우리가 특별히 육체적으로 조절해가며 볼 뜻이 없는 어떤 물체로 주의를 '분산시킬' 때, 거기엔 과연 무슨 일이 벌어지고 있는가? 이 의문이 우리를 그 작용에 나타나는 두 번째 특징으로 안내한다. 이미 말한 바가 있는 '관념의 자극'이다.

그 사진의 주변부로 주의를 기울이려 하는 노력은 거기에 묘사된 것을 더욱 명료하게 파악하려고 노력하는 그 이상도 아니고 그 이하도 아니다. 그 같은 생각 자체가 감각을 도우며 감각을 더욱 명확하게 할 것이다.

여기서, 우리가 주의를 기울일 대상에 대해 이런 식으로 미리 생각하는 것이 얼마나 보편적인지를 보도록 하자. 어떤 경험이 일어나기 전에 그 경험에 대해 이처럼 상상하는 것을 가장 잘 보여주는 것이 영국 철학자 루이스의 '전지각'(前知覺: preperception)이다.

지적 주의일 때, 거기엔 당연히 전지각이 있어야 한다. 왜냐하면 주의를 기울일 대상이 하나의 관념 또는 생각에 지나지 않기 때문이다. 이때 만약에 우리가 그 대상의 이상적인 구성이 감각적 주의 안에 있다는 것을 증명한다면, 그 대상은 어디에나 있을 것이다. 그러나 감각적 주의가 최고조에 달할 때, 그 지각 중에서 어느 정도가 외부에서 온 것이며 또 어느 정도가 내부에서 온 것인지에 대해 말하는 것은 불가능하다. 그러나 만약에 우리가 그 대상을 위해 미리 준비한 것이 언제나 마음속에서 그 대상의 이미지를 복제하는 데 어떤 역할을 한다면, 그것만으로도 전지각 같은 것이 있다는 주장을 충분히 뒷받침할 수 있을 것이다.

반응 시간을 측정하는 실험에서, 우리의 마음이 곧 일어날 운동에 집중하고 있으면 반응 시간이 짧아지는 것으로 확인된다. 이 시간 단축의 원인을 우리는 8장에서 운동 중추가 신호가 나타나기도 전에 이미 폭발 직전의 단계로 자극을 받은 상태에 있다는 사실로 돌렸다. 이렇듯 어떤 반응을 예상하며 주의를 쏟는 것 자체가 관련 중추를 자극하게 된다. 포착해야 할 인상이 매우 약할 때, 그 인상을 놓치지 않는 한 가지 방법은 사전에 보다 강력한 형태의 인상을 접촉함으로써 우리의 주의를 예리하게 다듬는 것이다. 분트는 이렇게 말한다. "어떤 그림을 시간 차이를 두고 전기 불빛으로 비춰 보라. 첫 번째 불빛 다음에는 그림에서 거의 아무것도 알아보지 못할 것이다. 두 번째 불빛과 세 번째 불빛이 비친 다음까지도 그런 경우가 간혹 있다. 그러나 혼란스런 그 이미지는 기억에 꽤 단단히 각인되어 있다. 불빛을 비추는 횟수가 늘어날수록 그 이미지는 조금씩 분명해진다. 그러다 마침내 우리는 그 그림을 명확하게 보게 된다. 소리도 마찬가지이다. 우리는 어떤 소리를 들을 경우에 연상을 통해서 그 소리에 배음이 있는 것이 아닌가 하고 의심한다. 그 다음에는 기억 속에서 배음을 떠올리는 일이 벌어진다. 그러다 마침내 그 소리에서 배음을 잡아낸다."

이 모든 것을 이해하는 자연스런 방법은 두 방향으로 영향을 받는 뇌 세포의 상징적인 형태에 숨어 있다. 대상이 밖에서 뇌세포를 자극하는 동안에, 안에서는 다른 뇌세포들이 그 뇌세포를 일깨운다. 그 뇌세포가 에너지를 온전히 발산하는 데는 이 두 가지 요소의 협력이 반드시 필요하다. 두 가지 요소가 단순히 거기에 있는 것만으로는 안 된다. 두 가지 요소가 있고 또 내적으로 상상될 때에만, 그 대상이 주의를 충분히 끌면서 온전히 지각될 것이다.

몇 가지 추가적인 경험은 이제 아주 명확히 설명된다. 예를 들어, 헬름홀츠는 전기 불빛으로 밝힌 천연색 사진과 관련하여 이런 관찰을 덧붙인다. "아주 단순하여서 이중으로 보기가 비교적 어려운 그런 사진들을 대상으로 한 실험에서도 나는 그것들을 이중으로 볼 수 있다. 불빛을 비춘 시간이 아주 짧은 때조차도, 사진들이 어떻게 보일 것이라는 식으로 생생하게 상상하려고 노력하면 그것들이 이중으로 보였다. 여기서는 순전히 주의의 영향만 작용하고 있다. 왜냐하면 안구의 모든 움직임이 배제되었기 때문이다."

헬름홀츠는 망막 경합에 대해 쓰면서 다시 이렇게 말한다. "그것은 2개의 감각 사이의 힘의 대결이 아니라, 주의를 고정시키는 데 성공하는지 여부에 좌우된다. 정말로, 주의를 결정하는 원인들을 연구할 현상으로는 망막 경합보다 더 적절한 것은 없다. 처음에는 이 쪽 눈으로, 다음에는 다른 쪽 눈으로 보는 식으로 의도를 의식적으로 일으키는 것으로는 주의를 결정하는 원인을 연구하는 데 충분하지 않다. 우리가 보기를 원하는 것이 무엇인지에 대한 생각부터 최대한 명확하게 정리해야 한다. 그러면 그것이 실제로 나타날 것이다."

다소 모호해 보이는 그림인 〈도표 50〉과 〈도표 51〉에서, 우리는 자신이 보고자 하는 형태를 사전에 강하게 상상함으로써 이 형태의 도형에서 다른 형태의 도형으로 바꿔놓을 수 있다. 이와 비슷하게, 그림 속의 선들을 서로 연결하면 그 그림이 명백히 나타내고 있는 것과 전혀 아무런 관련이 없는 대상이 되는 그런 수수께끼 그림이나 아니면 어떤 대상이 뚜렷하지 않아 배경과 구별하기 어려운 모든 예에서도, 우리는 한참 들여다봐도 그 대상을 보지 못할 수 있다. 그러나 그것을 한번 보기만 하면, 그 다음에는 언제든 그걸 알아낼 수 있다. 이제 그 대상이 우리의 상상 속에 들어 와 있기 때문이다.

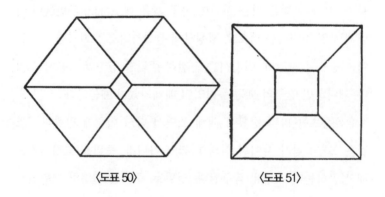

〈도표 50〉            〈도표 51〉

아무 의미를 지니지 않는 프랑스어 단어들인 'pas de lieu Rhône que nous'를 보면서 누가 그 즉시 영어 문장 'paddle your own canoe'를 떠올리겠는가? 그러나 이 프랑스어 단어들과 영어 문장의 발음이 똑같다는 사실을 한번 알아차린 사람은 그 뒤로는 그걸 놓치려 해도 놓쳐지지 않을 것이다. 먼 곳의 시계가 종을 치길 기다릴 때, 우리의 마음은 그 이미지로 가득해진다. 그래서 우리는 시계를 떠올릴 때마다 외경심을 불러일으키는 그 소리를 듣는다. 누군가의 발자국을 기다리고 있을 때에도 그런 현상이 나타난다. 숲속의 바스락거리는 소리는 사냥꾼에겐 사냥감이다. 반면에 도망자에게는 그 소리가 자신을 추적하고 있는 경찰이다. 사랑에 빠진 사람에게 길거리의 모든 보닛 모자는 순간적으로 자신의 연인의 머리를 감싸고 있다는 착각을 일으킨다. 마음속의 이미지는 주의이고, 전지각은 고대하고 있는 대상에 대한 지각의 반(半)이다.

사람들이 사물들을 보면서 미리 구별하도록 교육을 받은 양상만을 보는 이유도 바로 거기에 있다. 우리 모두는 누군가가 한 마디만 힌트를 주면 풀 수 있는 뻔한 문제인데도 자신의 힘으로는 좀처럼 풀지 못한 경험을 갖고 있을 것이다. 시나 그림에 대해서조차도 누가 와서 주의 깊게 봐야 할 사항을 알려줘야 할 것이다. 유치원에 가면 교사들이 아이들에게 꽃이나 박제된 새와 같은 대상을 놓고 눈에 보이는 것을 말하라고 한다. 그러면 아이들은 잎과 꼬리, 부리, 다리 같이 이미 아는 것들을 말한다. 그러나 아이들은 몇 시간 동안 대상들을 지켜보아도 콧구멍이나 발톱, 비늘 같은 것을 찾아내지 못한다. 이런 세세한 것에까지 주의를 기울이라는 지시가 내려질 때까지는 아이들은 깊이 들여다보지 않는다. 그러나 그런 것을 확인하기만 하면 아이들은 그것을 절대로 놓치지 않는다. 요약하면 우리가 평소에 보는 것들은 우리가 지각하는 것들뿐이고, 우리가 지각하는 것은 우리를 위해 이미 이름표가 붙여진 것들뿐이며, 그 이름표는 우리의 마음에 각인되어 있다. 만일 우리가 이름표들이 든 창고를 잃어버린다면, 우리는 세상의 한 가운데서 지적으로 길을 잃고 방황해야 한다.

## 교육을 위한 추론

첫째, 아이들의 주의를 강화하라. 아이들은 공부하고 있는 주제가 재미없으면 금방 정신을 딴 곳에 판다. 교사가 공부와 연결시킨 것에서 흥미가 도출되어야 한다. 아무리 해도 아이디어가 떠오르지 않으면 상이나 벌이라도 연결시켜야 한다. 만일 어떤 주제가 즉시적인 관심을 전혀 불러일으키지 못한다면, 그 주제는 다른 곳에서 관심을 끌어내야 한다. 그러나 가장 중요한 관심은 어디까지나 내면적인 관심이다. 아이들을 가르칠 때면 언제나 재미있고 진기한 것들을 아이들이 이미 어느 정도 알고 있는 것들과 이성적으로 잘 연결시킬 수 있어야 한다. 익숙한 옛것에는 쉽게 관심을 보인다. 그러니 그런 것들을 이용하여 아이들에게 새로운 것을 소개해야 한다. 물론 교사의 재능은 이때 동원하는 아이디어에 크게 좌우된다. 심리학은 단지 일반적인 법칙만을 제시할 뿐이다.

둘째, 주의가 산만하게 흩어지는 것을 바로 잡아주라. 주의 산만이 버릇이 되면 훗날 글을 읽거나 강의를 들을 때 힘들어할 수 있다. 단순히 눈으로만 읽거나 귀로만 듣지 않고, 보거나 듣는 단어들을 가슴 속 깊이 새긴다면, 공부의 효과가 배가 될 것이다. 경험에 따르면 이것이 진리이다. 나는 강의를 듣거나 대화를 할 때 상대방의 말을 그냥 듣고만 있지 않고 그것을 능동적으로 마음속으로 다시 반복할 때 강의나 대화에 주의를 훨씬 더 집중할 수 있다는 사실을 확인한다. 나의 학생 중에도 자발적으로 이와 비슷한 과정을 채택하여 덕을 보고 있는 학생이 많다.

## 주의와 자유 의지

나는 마치 우리의 주의가 전적으로 신경계의 조건에 의해 결정되는 것처럼 이야기했다. 나는 우리가 주의를 기울이는 것들은 신경계의 조건에 의해 결정된다고 믿는다. 어떠한 대상도 신경계를 통하지 않고는 우리의 주의를 끌지 못한다. 그러나 어떤 대상이 우리의 정신적 눈을 잡아끈 뒤에 받는 주의의 양은 이와 다른 문제이다. 정신을 어떤 대상에 집중하려면 종종 노력이 필요하다. 우리는 선택에 따라서 그 노력을 적게 하거나 많이 할 수 있다는 것을 느낀다. 만약에 이 느낌이 우리를 속이지 않고 또 우리의 노력이 정신적인 힘이고 크기가 정해지지 않은 힘이라면, 당연히 이 느낌은 뇌의 조건과 함께 결과에 영향을 미친다. 비록 이 느낌이 전혀 새로운 관념을 소개하지 않더라도, 그것은 무수히 많은 관념들이 의식에 머무는 것을 깊게 하고 연장시킬 것이다. 그렇게 하지 않으면, 이 관념들은 빨리 사라질 것이다. 이런 식으로 확보하는 지연도 그 지속 기간은 1초를 넘지 않을 것이다. 그러나 이 1초가 결정적이다. 왜냐하면 정신에서 수없이 많은 생각들이 일어났다가 사라지는 상황에서는 처음에 관심을 1초 더 받느냐 덜 받느냐 하는 것이 아주 중요하기 때문이다.

정신에서는 대체로 2가지 종류의 감각 체계가 동시에 일어나고 있다. 이런 가운데서 한 체계가 마음을 지배하며 더욱 발달할 기회를 누린다면, 자연히 다른 체계는 배제될 위험이 있다. 여기서 1초의 주의를 더 받아 발달한 자극은 우리를 행동하게 만들 것이다. 그리고 그 행동이 우리의 운명을 좌우할 것이다.

의지에 대해 논하는 장에서, 우리는 자발적인 삶의 드라마는 전적으로 경쟁적인 운동 관념들 중에서 어떤 것이 주의를 조금 더 혹은 조금 덜 받느냐에 달려 있다는 사실을 확인할 것이다. 그러나 현실에 대한 전반적인 느낌, 즉 우리의 능동적인 삶의 자극과 흥분은 삶 속에서 사건들이 매순간 결정되고 있다는 느낌에, 그리고 삶이란 것이 그저 이미 정해진 어떤 사슬에서 풀려나오는 것이 아니라는 느낌에 크게 좌우된다.

인생과 역사를 뜨겁게 살도록 만드는 이런 가르침은 아마 착각이 아닐 것이다. 노력은 하나의 독창적인 힘이며 단순한 효과가 아니다. 노력의 크기에는 아마 한계가 없을 것이다. 여기서, 맑은 정신의 통찰에서 제시하는 마지막 단어는 '무지'이다. 왜냐하면 정신적 사건에 개입하는 힘들이 너무나 섬세한 까닭에 세세한 측정이 불가능하기 때문이다. 그러나 심리학은 미래의 '과학'으로서 다른 모든 과학처럼 사실들에 있어서는 결정론의 입장을 취하고, 따라서 설령 자유 의지라는 힘이 존재한다 하더라도 그 효과를 배제해야 한다. 나도 이 책에서 다른 심리학자들처럼 그렇게 할 것이다. 그러나 나는 그런 방법으로도 자유 의지라는 문제의 종국적 진리를 제대로 찾아내지 못한다는 것을 잘 알고 있다.

# Chapter 14
# 개념

다양한 정신 상태들이 똑같은 것을 의미할 수 있다. 우리가 구별하고, 식별하고, 동그라미로 경계선을 표시하고, 어떤 대화의 주제를 찾아내는 기능은 개념 작용이라 불린다. 똑같은 정신 상태가 여러 가지 사물에 대해 생각할 때마다, 당연히 그 정신 상태는 많은 개념들의 매개체임에 틀림없다. 만일 정신 상태가 그처럼 다수의 개념을 처리하는 기능을 갖고 있다면, 그 정신 상태는 복합적인 개념 작용의 상태라 불릴 수 있을 것이다.

우리는 정신을 초월하는 것으로 여겨지는 실체들을 증기기관으로, 허구들을 인어(人魚)로 각각 상상할 수 있다. 그러나 우리가 어떤 식으로 상상하든, 우리의 개념 작용은 우리가 생각하는 바로 그 것에 관한 것이지 그 외의 다른 것에 관한 것은 절대로 아니다. 개념 작용의 각 활동은 우리의 주의가 세상이 제시하는 큰 덩어리의

310

생각할 거리 중에서 어느 한 부분을 골라내어 다른 것과 혼동을 일으키지 않고 거기에만 매달리는 것이다. 혼동이 일어나는 경우는 우리가 자신에게 제시된 어떤 대상이 우리가 생각하고 있는 의미들 중 하나와 똑같은지 여부를 알지 못할 때이다. 그렇기 때문에 개념 작용이 완벽하게 이뤄지려면, 그 생각은 '나는 이것을 의미한다'고 말해야 할 뿐만 아니라 '나는 저것을 의미하지 않는다'는 말까지 할 수 있어야 한다.

따라서 각각의 개념은 영원히 지금의 모습 그대로 남으며 절대로 다른 모습이 되지 못한다. 마음은 시간에 따라 그 상태를 변화시킬 수 있고 또 그 정신 상태의 의미도 시간에 따라 이 개념을 버리고 다른 개념을 취할 수 있다. 그러나 버려진 개념 자체가 어떠한 지적 의미로도 새로 취해진 그 개념으로 바뀌었다고 말할 수는 없다. 얼마 전에 흰색이었던 종이가 지금 보니 그을려 검게 변해 있다. 그렇다고 '흰색'에 대한 나의 개념이 '검정'의 개념으로 바뀐 것은 아니다. 반대로 흰색의 개념은 나의 마음 안에 다른 의미로서 객관적인 검정의 개념과 나란히 존재하고 있다. 그렇게 있으면서 흰색의 개념은 나로 하여금 그 검정에 대해 종이의 변화라고 판단하도록 만든다. 만약에 흰색의 개념이 나의 마음속에 있지 않다면, 나는 그냥 '검정'이라고 말해야 하며 그 이상의 내용에 대해서는 알지 못한다. 따라서 의견과 사물들의 흐름 속에서도, 개념들의 세계는 플라톤(Plato)의 이데아 영역처럼 꼿꼿이 서서 전혀 움직이지 않는다.

어떤 개념은 사물에 관한 것이고, 또 어떤 개념은 사건에 관한 것이고, 또 어떤 개념은 특성에 관한 것이다. 사물과 사건 혹은 특성에 관한 어떤 사실이라도 다른 것들과 분리시키기 위해 특별히 선별되어 구분되기만 하면, 그 사실은 식별을 위해 충분히 고려될 것이다. 그 사실을 간단히 '이것' 혹은 '저것'이라고만 불러도 충분할 것이다. 전문적인 용어로 말하면, 하나의 주제는 함축적 의미가 전혀 없거나 최소한만 있는 상태에서도 명시적 의미를 바탕으로 생각될 수 있다. 중요한 것은 그 주제가 논의되고 있는 바로 그 주제라는 것이 우리에 의해 다시 확인될 수 있어야 한다는 점이다. 이때 이 재확인을 위해 그 주제를 완벽하게 다시 표현할 필요는 없다. 완벽하게 표현될 수 있는 주제일 때조차도 그럴 필요는 없다.

이런 의미에서 본다면, 지적 능력이 극히 낮은 생명체도 개념을 갖고 있을 수 있다. 필요한 것이라곤 생명체가 똑같은 경험을 다시 알아보는 것밖에 없다. 한 마리의 자포동물(刺胞動物)까지도 "아니, 저게 또 나타났네!" 하는 느낌을 갖기만 해도 개념 작용을 하는 사상가일 것이다. 이 같은 동일성에 대한 감각이 우리의 의식의 등뼈인 셈이다. 똑같은 것에 대한 생각이 다양한 정신 상태에서도 가능하며, 일부 정신 상태들은 다른 정신 상태들이 의미하는 것과 똑같은 것을 의미하고 있다는 것을 알 수 있다. 달리 표현하면, 정신은 똑같은 것을 생각하려는 뜻을 언제나 품을 수 있으며 또 똑같은 것을 생각하고자 하는 때를 잘 알 수 있다.

### 추상적, 보편적, 불확실한 대상들의 개념

우리의 의미의 감각은 생각의 매우 특이한 요소이다. 의미의 감각은 항상 변화하고 흘러가는, 정신의 사실들 중 하나이다. 곤충학자는 곤충을 핀으로 고정시킨 다음에 이곳저곳 살피며 관찰할 수 있지만, 성찰은 마음을 이리저리 돌려가며 보지도 못하고 검사를 위해 한 순간이라도 마음을 붙들어 두지도 못한다. 내가 사용하는 다소 어색한 용어 속에서, 의미의 감각은 대상의 '프린지'와 관계 있으며 일종의 '경향의 느낌'이다. 이 느낌의 신경 쪽 짝을 찾는다면, 너무 희미하고 복잡하여서 추적이 어려운, 끊임없이 나타났다가 사라지는 수많은 과정임에 틀림없다.

자기 앞에 명백한 도형을 놓고 있는 기하학자는 자신의 생각들이 무수히 많은 다른 도형에도 똑같이 적용된다는 것을 완벽히 알고 있다. 또 그는 구체적인 크기와 방향, 색깔 등을 가진 선들을 보고 있음에도 불구하고, 자신이 이 세부적인 것들 중 어느 하나를 의미하는 것이 아니라는 점을 잘 알고 있다. 내가 2개의 다른 문장에서 'man'이라는 단어를 사용할 때, 나는 두 번 다 입으로 똑같은 소리를 내고 마음의 눈으로 똑같은 그림을 보고 있을 것이지만, 그 단어를 발음하고 그 그림을 상상하는 바로 그 순간에는 2개의 완전히 다른 대상을 의미할 수 있다. 따라서 내가 "존스는 정말 멋진 사람(man)이야!"라고 말할 때, 나는 man이라는 단어가 나폴레옹 보나파르트나 스미스씨 같은 개별적인 사람을 배제하고 있다는 것을 완벽히 잘 알고 있다. 그러나 내가 "인간(man)이란 얼마나 경이로운 존재인가!"라고 말할 때, 나는 man이라는 단어가 어떠한 사람도 배제하지 않는다는 것을 마찬가지로 잘 알고 있다. 이런 식으로 더해진 의식은 어떤 확실한 종류의 느낌이다. 이 같은 느낌이 있기에, 그렇지 않았더라면 소음이나 환영(幻影)이 되었을 것이 이해 가능한 무엇인가가 된다. 그리고 이 느낌은 나의 사고의 추이, 즉 그 뒤의 단어와 이미지를 결정한다.

어떤 마음이 습관적으로 떠올리는 이미지가 아무리 구체적이고 명확하다 하더라도, 그 이미지로 대표되는 대상은 언제나 관계들의 프린지로 둘러싸여 있으며 이 프린지도 마음의 일부로서 그 대상들 못지않게 중요하다. 우리는 익숙한 단계들을 밟아가며 하나의 표본뿐만 아니라 사물의 전체 부류에 대해서도 생각하고, 또 그 전체 사물들뿐만 아니라 그 사물들의 특성에 대해서도 생각한다. 달리 표현하면, 우리는 논리학자들이 말하는 대로 대상들에 대한 보편 개념과 추상 개념을 갖게 된다. 우리는 또한 세세하게 상상되는 대상들뿐만 아니라 아직 명확히 상상되지 않는 불확실한 대상들에 대해서까지 생각하게 된다. 불확실한 어떤 대상은 관계들에 의해서만 정의된다. 우리는 어떤 사실들이 반드시 성취해야만 하는 어떤 것에 대해 생각한다. 그러나 우리는 그것이 성취될 경우에 어떤 모습일지에 대해서는 아직 모른다. 그럼에도, 우리는 우리의 주제를 특별하게 만들어 우리의 정신에 있는 다른 모든 의미들과 구별시킬 수 있는 것들을 그 관계들 속에 충분히 많이 갖고 있다. 한 예로, 우리는 영원히 작동하는 기계 같은 것을 상상할 수 있다. 그런 기계라면 아주 명확한 목표가 될 수 있다. 우리는 자신에게 제시된 기계들이 목표로 상상하고 있는 그 기계와 일치하는지 여부에 대해 언제든 말할 수 있다. 우리가 상상하는 기계의 실현 가능성 혹은 실현 불가능성은 그 기계가 이처럼 불확실한 방법으로 상상될 수 있는가 하는 문제와는 완전히 별개의 문제이다. '둥근 사각형' 혹은 '검은 흰 물건'은 아주 명확한 개념들이다. 개념에 관한 한, '둥근 사각형'이나 '검은 흰 물건'이 자연이 절대로 보여줄 수 없는 것들을 의미하고, 따라서 우리가 그런 것들에 대한 그림을 전혀 그리지 못하는 것은 그냥 우연일 뿐이다.

유명론자(唯名論者)와 개념론자는 "마음이 추상적 관념이나 보편적 관념을 만들어낼 수 있는가?" 하는 문제를 놓고 논쟁을 벌이고 있다. 추상적 또는 보편적 대상들에 대한 관념이라고 해야 옳다. 그러나 우리의 생각들이 제아무리 서로 다르더라도 여전히 똑같은 것에 대해 생각할 수 있다는 경이로운 사실과 비교한다면, 똑같은 그것이 하나의 사물인가 아니면 사물들의 전체 종류인가, 하나의 추상적인 특징인가 아니면 상상 불가능한 그 무엇인가 하는 문제는 세부 사항에 관한 무의미한 문제일 뿐이다.

우리의 의미들은 온갖 방법으로 결합하면서 독특해지기도 하고, 특별해지기도 하고, 모호해지기도 하고, 불확실해지기도 하고, 보편적인 것이 되기도 한다. 어떠한 관점에서 보더라도, 보편 개념에 압도적인 성격을 부여하고 있다는 사실은 그저 놀라울 따름이다. 소크라테스(Socrates) 이후로 지금까지, 왜 모든 철학자들이 구체적인 것에 대한 지식을 경멸하고 일반적인 것에 대한 지식을 칭송하면서 서로 경쟁을 벌이는지 그 이유를 이해하기가 어렵다. 더욱 칭송할 만한 지식은 역시 더욱 칭송할 만한 것들에 관한 지식이어야 하고 또 가치 있는 모든 것들은 구체적이고 특이한 것들이라는 사실을 고려한다면, 그런 의문이 들지 않을 수 없다. 보편적인 성격들이 지니는 유일한 가치는 그 성격들이 우리가 추론을 통해서 개별적인 것들에 대한 새로운 지식을 얻을 수 있도록 돕는다는 데 있다. 게다가, 어떤 의미를 한 가지 개별적인 사물로 한정할 경우에 뇌의 작용은 그 의미를 같은 종류의 모든 예들로 확장할 때보다 훨씬 더 복잡해진다. 그런 측면에서 보면, 지식의 신비는 그것이 보편적인 것에 관한 것이든 아니면 구체적인 것에 관한 것이든 똑같이 위대하다. 따라서 전통처럼 내려오는, 보편 개념에 대한 숭배는 단지 괴팍한 감상주의의 재갈, 즉 철학에서 말하는 '동굴의 우상'이라 불릴 만하다.

어떠한 것도 새로운 정신 상태에서 인식되지 않고는 동일한 것으로 인식될 수 없다. 11장에서 '의식의 흐름'에 대해 논했기 때문에, 굳이 이 말을 더할 필요는 없을 것 같다. 예를 들어 설명하고 싶다. 나의 안락의자는 내가 그 본질을 잘 알고 있는 사물 중 하나이다. 나는 어제도 안락의자를 알았으며 그것을 보자 그것이 안락의자라는 것을 알아보았다. 그러나 만일 내가 오늘 그 안락의자에 대해 어제 보았던 것과 똑같은 안락의자라고 생각한다면, 그 안락의자가 어제의 것과 똑같다는 인식 자체가 그 생각에 복잡한 요소를 더하는 것이 분명하다. 그런 인식에 따라서 생각의 내적 구성에 변화가 있었을 것이기 때문이다. 요약하면, 시간적 차이를 두고 똑같은 사물에 대해 두 번 생각했을 경우에 두 개의 생각이 똑같을 수 있는 것은 논리적으로 불가능한 일이다. 우리는 그것을 실질적인 것으로 생각하기도 하고 과도적인 것으로 생각하기도 한다. 또 그것을 직접적인 이미지로 생각하기도 하고 하나의 상징으로 생각하기도 하고 또 다른 때에는 다른 상징으로 생각하기도 한다. 그럼에도 불구하고, 우리는 가능한 온갖 주제들 중에서 어떤 것에 대해 생각하고 있는지를 언제나 알고 있다. 여기서 내성(內省)의 심리학(introspective psychology)은 패배를 인정해야 한다. 주관적인 삶의 변화가 매우 미묘하기 때문에 그 변화를 조악한 용어로는 절대로 제대로 묘사하지 못하기 때문이다. 내성의 심리학은 온갖 종류의 주관적인 정신 상태들이 똑같은 것을 아는 매개체가 될 수 있다는 사실을 증명하는 선에서 그쳐야 한다. 내성의 심리학은 이와 다른 관점에는 당연히 반대해야 한다.

## Chapter **15**
# 구별

## 구별과 연합

이 책 앞부분에서 나는 아기의 첫 번째 목표가 배(胚)가 되는 것이며, 이 배로부터 밖에서 새로운 부분들을 더하고 안에서 다른 것들을 구별함으로써 훗날 아기의 우주가 발달한다고 말했다. 달리 말하면, 연합과 분리를 통해 경험이 쌓인다는 뜻이다. 그렇기 때문에 심리학은 통합적 용어와 분석적 용어로 쓰여야 한다. 원래 감각 가능했던 우리의 전체는 한편으로는 구별을 추구하는 주의에 의해 분리되고 또 한편으로는 다른 전체들과 통합된다. 이 같은 구별과 통합은 감각들을 이쪽 공간에서 저쪽 공간으로 옮기는 우리 자신의 운동을 통해서 일어나기도 하고, 또 새로운 대상이 연속적으로 나타나며 그보다 앞서 우리에게 인상을 주었던 대상을 대체하기 때문에 일어나기도 한다. 데이비드 흄의 '단순 인상'이나 존 로크의 '단순 관념'은 추상적 개념일 뿐, 절대로 경험으로 실현될 수는 없다.

삶은 처음부터 우리에게 구체적인 대상을 제시한다. 이 대상들은 공간과 시간의 면에서 세상의 나머지와 모호하게 연결되어 있으며, 내적인 요소와 부분들로 구분이 가능하다. 이 대상들을 우리는 분리시키고 재결합시킨다. 우리는 이 대상들에 대한 지식을 키우기 위해 그것들을 분리시키고 결합시켜야 한다. 분리와 결합 중 대체로 어느 것을 더 많이 하는지는 말하기가 어렵다. 그러나 전통적인 관념 연합이 연합을 수행할 때 근거로 삼는 요소들, 즉 '단순 감각들'은 모두 치열하게 행해진 구별의 산물들이기 때문에, 우리는 분석적인 주의와 구별이라는 주제를 먼저 논해야 할 것 같다.

### 구별의 정의

대상의 어느 부분이든 그것을 알아보는 것은 구별 행위이다. '주의'에 대해 논하는 부분에서 나는 우리가 이미 구별하는 방법을 배운 대상까지도 자기도 모르게 구별하지 않은 상태로 보게 되는 과정에 대해 설명한 바 있다. 클로로포름과 일산화질소 같은 마취제는 마취 상태를 광범위하게 일으킨다. 그런 상태에 놓이면 수많은 구별이 사라진다. 왜냐하면 사람이 빛을 보고 소리를 듣긴 하지만 그 빛과 소리가 하나인지 아니면 여럿인지를 분간하는 것이 불가능해지기 때문이다. 어떤 대상의 각 부분들이 이미 식별되었고 또 그 부분들 하나하나가 특별한 구별 행위의 대상이 된 곳에서, 우리가 그 대상을 본래의 통합된 모습으로 다시 느끼려면 엄청난 노력

을 기울여야 한다. 또 그 대상이 합성물이라는 사실에 대한 자각이
워낙 강하기 때문에 우리는 그것이 분할되지 않은 모습으로 보일
수 있다는 사실 자체를 좀처럼 믿지 않을 수도 있다.

그러나 이것은 잘못된 견해이다. 왜냐하면 아무리 많은 감각의
원천에서 아무리 많은 인상이 나올지라도 그 인상들이 그때까지
그것들을 개별적으로 경험하지 않은 마음에 동시에 쏟아진다면,
그 마음에는 그 인상들이 구분되지 않은 단 하나의 대상으로 다가
올 것이기 때문이다. 이것은 부정할 수 없는 진리이다. 융합할 수
있는 모든 것은 융합하고, 분리되어야 할 것을 제외하고는 그 어떤
것도 분리되지 않는 것이 원칙이다. 인상들을 분리시키는 정신 과
정이 바로 우리가 이 장에서 공부할 주제이다.

### 구별에 유리한 조건

나는 1)직접적으로 느껴지는 차이, 2)추론을 통해 끌어내는 차
이, 3)합성물 속에서 찾아내는 차이를 차례로 다룰 것이다.

먼저 직접 느껴지는 차이부터 논하자. 첫 번째 조건은 구별되어
야 할 사물들이 시간과 장소 또는 특성에서 반드시 달라야 한다는
점이다. 생리학적으로 말하면, 그 사물들은 뚜렷이 구별되는 신경
작용을 일으켜야 한다. 그러나 방금 보았듯이 이것은 필요조건이
긴 하지만 충분조건은 아니다. 먼저, 몇 개의 신경 작용이 충분히
명확해야 한다. 어느 누구도 흰색 바탕에서 검정색 줄을 보지 않을
수 없다. 또 어느 누구도 저음과 그 직후에 들리는 고음의 대조를
듣지 못할 수 없다. 이런 경우엔 구별이 저절로 일어난다. 그러나

객관적 차이가 덜한 경우에는 그 대상들에 상당한 주의를 기울여야만 구별이 가능해진다.

둘째, 서로 다른 대상들이 일으킨 자극이 같은 신체 기관에 동시에 작용하지 않고 연속적으로 작용해야 한다. 동시에 들리는 소리보다 연속적으로 들리는 소리를 비교하기가 더 쉽다. 2개의 무게나 온도도 양손을 이용하여 동시에 비교하는 것보다 한 손으로 차례차례 비교하는 것이 차이를 파악하기가 훨씬 더 쉽다. 마찬가지로, 빛이나 색깔의 음영도 눈을 이쪽 저쪽으로 움직이며 구분하는 것이 더 쉽다. 그렇게 하면 빛이나 색깔이 망막의 똑같은 지점을 연속적으로 자극할 것이기 때문이다.

컴퍼스의 바늘을 이용하여 피부의 각 부위가 자극을 어느 정도 민감하게 구분할 수 있는지를 테스트해보라. 그러면 뾰족한 부분 2개를 동시에 피부에 댈 때보다 뾰족한 부분을 차례로 피부에 댈 때 그 느낌의 차이가 더 잘 파악된다는 사실이 확인될 것이다. 컴퍼스의 뾰족한 부분 2개를 2인치 내지 3인치 정도 거리를 두고 등이나 허벅지에 동시에 댈 경우에 컴퍼스의 뾰족한 부분이 같은 자리에 닿는 느낌이 들 것이다.

마지막으로, 냄새와 맛의 경우에는 동시적인 인상을 서로 비교하는 것이 거의 불가능하다. 연속적인 인상을 구별하기가 더 쉬운 이유는 거기에 진짜 '차이의 감각'이 있기 때문인 것 같다. 말하자면 하나의 지각에서 이 지각과는 다른 또 하나의 지각으로 이동하는 데 따르는 일종의 충격 같은 것이 정말로 어떤 감각을 일으키는 것 같다. 이 차이의 감각은 나름의 특성을 갖고 있다. 요약하면, 차이의 느낌은 내가 '의식의 흐름'을 논하던 대목에서 다룬 그 과도적 느낌 혹은 관계의 느낌들 중 하나이다. 차이의 감각이 일어나기만 하면, 그 감각의 대상은 기억에 오래 남아서 비교 판단을 가능하게 만든다.

연속적 감각들 사이의 차이가 아주 희미한 경우에는 그 감각들을 가능한 한 즉시적으로 일어나게 만들어야 하고 또 최고의 비교 결과를 얻기 위해서는 기억 속에서 비교되어야 한다. 비슷한 맛을 지닌 포도주를 예로 들어보자. 두 번째 포도주가 아직 입 안에 남아 있는 상태에서는 2가지 포도주를 서로 비교하지 못한다. 소리와 온기도 마찬가지이다. 우리가 비교하고자 하는 한 쌍의 감각 모두가 사라지는 단계를 거쳐야만 비교가 가능해진다. 그러나 차이가 뚜렷한 경우에는 이 같은 조건도 중요하지 않다. 이때는 어떤 감각을 기억 속의 다른 감각과 비교하는 것이 가능해진다. 이 감각들 사이의 시간적 거리가 멀수록, 구별은 더욱 불확실해진다.

2개의 감각 사이에 이처럼 즉시적으로 느껴지는 차이는 그 감각들 자체에 관한 우리의 지식과는 무관하다. 예를 들어, 나는 나의 피부 2곳이 무엇인가에 의해 건드려지고 있다는 것을 느낄 수는 있지만 어느 것이 위이고 어느 것이 밑인지에 대해서는 잘 알지 못한다. 나는 이웃한 2개의 음이 서로 다르다는 것을 알 수 있지만 그 중에서 어느 것이 높은 음인지는 잘 알지 못할 수 있다. 마찬가지로 나는 2개의 비슷한 색조를 구분할 수 있지만 그 중 어느 것이 더 파랗거나 더 노란지에 대해서는 모를 수 있다.

감각 m에 이어 감각 n이 즉시적으로 나타날 경우에 두 감각 사이의 차이에 따른 충격이 느껴진다. m 감각과 n 감각을 오갈 때마다, 그 충격은 거듭해서 느껴진다. 충격이 지각하기 어려울 만큼 약할 때마다, 우리는 그런 식으로 감각을 되풀이해서 느낀다. 그러나 그 차이는 이 감각에서 다른 감각으로 옮기는 전환의 짧은 순간에 느껴지는 외에도 마치 두 번째 감각을 느끼는 그 '기간'에 흡수되는 것처럼 느껴지기도 한다. 두 번째 '기간'에는 '첫 번째 감각과 다른' 감각이 느껴진다. 이 경우에 마음은 순수한 n을 느끼고 있는 것이 아니라 하나의 매우 복잡한 대상을 느끼고 있는 것이 분명하다. 그리고 그 순서는 먼저 감각 m이 있고 그 다음에 '차이'가 있고 이어 감각 n이 나타나는 것이 아니라, 먼저 감각 m이 있고 그 다음에 '차이'가 있고 이어 'm과 다른 n'이 나타난다. 첫 번째와 세 번째의 정신 상태들은 실체적이고, 두 번째 정신 상태는 과도적이다. 우리의 뇌와 마음이 언제나 새롭게 만들어지고 있기 때문에, m의 뇌와 마음, 그리고 n의 뇌와 마음을 연속적으로 확보하여 그것을 순수하게 지키는 것은 불가능하다. 만일 그 뇌와 마음이 순수하게 지켜졌다면, 그것은 곧 그것들이 비교되지 않은 채 남았다는 의미일 것이다. 우리가 아직 제대로 이해하지 못하고 있는 어떤 심리작용 때문에 감각들 사이에 차이가 느껴진다. 그리고 두 번째 대상은 순수한 n이 아니고 'm과 다른 것으로서의 n'이다. m이 아주 사라져 버린 마당에, n에 대한 순수한 관념도 절대로 마음에 있을 수 없다.

## 추론으로 끌어내는 차이

이런 식으로 차이를 직접적으로 지각하는 경우와 추론을 통해 차이를 끌어내는 경우를 혼동하지 않도록 조심해야 한다. 2개의 사물을 서로 다른 항목으로 분류할 수 있을 만큼 충분히 알고 있다면, 우리는 그 사물들이 서로 다르다고 추론할 수 있다. 2가지 경험 사이의 시간적 거리가 멀다면, 우리는 종종 그 전 경험의 이미지 또는 복사를 바탕으로 하기보다는 그 경험에 관한 사실들에 대한 회상을 바탕으로 판단을 내린다.

한 예로, 나는 지난 주 어느 날 햇살이 눈부시다고 한 말을 근거로 오늘의 햇살이 그날만큼 따사롭지 않다는 것을 알 수 있다. 오늘은 내가 그날과 달리 눈이 부신다고 말하지 않을 것이기 때문이다. 아니면 나는 지난 여름에는 그렇게 하질 못했는데 오늘은 심리학적으로 고찰할 수 있다는 이유로 오늘 나 자신이 그때보다 더 활달하다는 것을 알 수 있다. 이렇듯 우리는 당시에 우리의 상상력이 전혀 모르고 있는 어떤 특성, 예를 들어 쾌감이나 통증을 수반하는 감정들을 끊임없이 비교하고 있다. 이런 종류의 감정을 상상 속에서 생생하게 떠올리는 것은 매우 어려운 일이다. 관념 연합설을 주장하는 사람들은 쾌감에 관한 생각은 쾌감의 관념이고 통증에 관한 생각은 통증의 관념이라는 식으로 말할 수 있을 것이다. 그러나 인간의 순수한 감각은 그처럼 단선적인 이론에 맞서고 있다. 인간의 순수한 감각은 흘러간 비탄에 관한 기억이 행복이 될 수 있다는 호메로스의 말에, 또 슬픔에 빠진 상태에서 행복했던 과거를 떠올릴 때보다 더 큰 슬픔은 없다는 단테(Dante Alighieri)의 말에 대체로 동의한다.

## 합성물에서 요소들을 찾아내기

정신에 새겨진 완전한 인상이라면 어떤 것이든, 그 인상의 요소들이 한 번도 따로 경험되지 않았거나 다른 곳에서 다른 결합으로 경험되지 않았을 경우에는 분석 자체가 불가능하다는 것을 하나의 근본 원칙으로 여겨도 무방하다. 다른 곳에서 전혀 일어나지 않는 특성을 가진, 변화 불가능한 집단의 요소들은 절대로 분리될 수 없다. 만약에 차가운 모든 사물들이 물에 젖어 있고 물에 젖은 모든 것이 차갑다면, 그리고 만약에 단단한 모든 것이 우리의 살갗을 찌르고 다른 것들은 전혀 그렇지 않다면, 우리는 차가운 것과 젖은 것, 단단한 것과 찌르는 것을 구분할 수 있어야 하지 않는가? 만약에 모든 액체가 투명하고 액체가 아닌 것 중에는 투명한 것이 하나도 없다면, 우리는 오래 전에 유동성과 투명성을 일컫는 이름을 별도로 갖게 되었을 것이다. 만약에 열기가 지표 위의 위치에 따른 결과여서 어떤 물체가 높은 곳에 올라갈수록 더 뜨거워진다면, 아마 어떤 단어가 열기와 높이를 동시에 말해주었을 것이다. 사실, 우리는 언제나 함께 붙어다니는 감각들을 여럿 알고 있다. 따라서 우리는 그 감각들이 발견되는 전체에서 그것들을 떼어내서 분석하는 것이 불가능하다는 사실을 깨닫는다. 횡격막의 수축과 폐의 팽창, 어떤 근육의 수축과 어떤 관절의 회전이 그런 예들이다. 우리는 그런 느낌을 일으키는 원인이 다수라는 것을 배우고 있다. 따라서 우리는 그 느낌의 구성에 관한 이론을 '융합'이나 '통합', '종합'의 맥락에서 다듬으려고 노력한다. 그러나 우리의 내부를 직접 성찰함으로써 그런 느낌을 분석하려는 노력은 지금까지 한 번도 이뤄지지 않았다. 우리가 감정을 다스리려 할 때, 두드러진 한 예가 나타날 것이다. 모든 감정은 나름의 '표현'을 갖고 있다. 호흡이 빨라진다든가, 가슴이 두근거린다든가, 얼굴이 붉어지는 등의 현상이 나타나는 것이다. 이 같은 감정의 '표현'은 육체적 느낌을 낳는다. 감정은 불가피하게 육체적 느낌을 수반한다. 따라서 감정을 정신적 상태로만 이해하거나 저급한 느낌들과 따로 떼어내 분석하는 것이 불가능하다. 사실 감정이 하나의 명백한 정신적 사실로 존재한다는 점을 증명하는 것은 불가능한 일이다. 나는 감정이 하나의 정신적 사실로 존재한다는 점에 대해 의문을 강하게 제기하는 쪽이다.

대체로 볼 때 만약에 어떤 대상이 동시에 다양한 방법으로, 즉 abcd의 방법으로 우리에게 영향을 미친다면, 우리는 어떤 통합적인 인상을 받는다. 그 이후로 이 인상은 우리의 마음에 그 대상의 개성으로 각인되고, 그 대상이 거기 있다는 것을 알려주는 신호로 작용한다. 또 그 인상은 나중에 더 많은 경험의 도움을 받아 a와 b, c, d로 분해될 것이다. 여기서 이런 현상에 대해 알아보자.

만약에 어떤 대상의 한 가지 특성 혹은 구성 요소 a가 그 전까지 우리에게 개별적으로 알려져 있었거나 다른 길로 그것 하나로 완전한 한 대상으로 경험된 까닭에 우리의 마음 안에서 bcd와 따로 분명하거나 모호한 어떤 이미지를 갖게 되었다면, 이 구성 요소 a는 전체 인상에서 추출되어 분석될 수 있을 것이다. 어떤 사물을 분석한다는 것은 곧 그 부분들 하나하나에 별도의 주의를 기울인다는 뜻이 아닌가. 주의를 논한 13장에서 우리는 어떤 사물에 주의를 기울이게 되는 조건 하나가 마음속으로 그 사물의 이미지를 별도로 형성하고 이 이미지가 마음으로 들어오는 인상을 맞으러 나가는 것이라는 점을 보았다. 주의는 분석을 위한 조건이고 개별적인 상상은 주의를 기울이는 조건이다. 그렇다면 개별적인 상상은 곧 분석을 위한 조건이다. 하나의 종합적인 감각 인상 안에서는 우리가 익히 잘 알고 있고 또 따로 상상할 수 있는 요소들만 구별 가능하다. 우리가 개별적으로 상상한 이미지가 그 혼합물 중에서 자신의 친구를 환영하고 또 그것을 다른 구성 요소와 분리시키는 것 같다. 따라서 그 혼합물은 우리의 의식을 위해서 부분들로 쪼개지게 된다.

13장에서 주의가 내면적 재생을 수반한다는 점을 입증하기 위해 언급한 모든 사실은 구별도 마찬가지로 내면적 재생을 수반한다는 점을 증명한다. 예를 들어, 방 안에서 어떤 대상을 찾거나 도서관에서 어떤 책을 찾을 때, 우리는 그 대상의 이름이나 책의 제목 외에 겉표지의 이미지까지 알고 있다면 그것을 훨씬 더 빨리 찾아낼 것이다. '우스터셔 소스' 속에 들어 있는 아위(阿魏)라는 식물은 아위 자체를 맛보지 않은 사람에게는 분명하지 않다. 어떤 화가가 과거에 청색과 친숙하지 않았다면 아마 어떤 '차가운' 색깔에서 청색의 존재를 결코 분석해내지 못할 것이다. 우리가 경험하는 모든 색깔은 사실상 혼합색이다. 가장 순수한 원색마저도 언제나 어느 정도 흰색을 갖고 있다. 100% 순수한 빨강이나 초록이나 자주는 절대로 경험하지 못한다. 흔히 말하는 원색에서도 마찬가지로 100%

순수한 색깔은 불가능하다. 그래서 그런 색깔이 그냥 원색으로 통한다.

  분리 불가능한 요소들도 부수적인 변화가 생기면 구별이 가능해질 것이다. 현실의 요소들 중에서 우리에게 절대 고립의 상태에서만 경험되는 요소들은 거의 없다. abcd라는 복합적인 현상의 한 구성 요소인 a에게 대체로 일어나는 일 중에서 가장 중요한 것은 a의 힘이 bcd와 비교하여 최대에서 최소로 변하는 것이다. 아니면 a가 다른 혼합물, 즉 aefg나 ahik에서 다른 특징들과 연결되어 나타나는 것이다. a에 대한 우리의 경험에 나타난 이런 변화들은 호의적인 상황에서 우리가 a와 a에 부수하는 현상 사이의 차이를 느끼게 하여 a가 한 부분을 이루고 있는 그 혼합물을 분석할 수 있도록 만든다. 그렇다면 한 가지 요소를 골라내는 이 과정은 추상(抽象)이라 불리고, 이때 분리된 요소는 추상적 개념이라 불린다.

  어떤 특성을 추상하는 작업에는 그 특성의 강도에 나타나는 차이보다는 그 특성이 나타나는 결합을 다양하게 살피는 것이 더 많은 도움을 준다. 지금 이 사물과 연합하고 그 다음에 다른 사물과 연합하는 것은 그것들로부터 분리되어 추상적 숙고의 대상이 되는 경향이 있다. 이것을 '변화하는 부대 상황에 의한 분리의 법칙'이라 불러도 좋을 것이다. 이 법칙이 작용하는 결과, 이미 자체적인 수단으로 어떤 특성을 분리하고 추상한 정신은 그 후론 그 특성을 만날 때마다 어떤 혼합물에서나 그것을 분리해낼 수 있게 된다.

  영국 사회학자 마티노(Harriet Martineau)가 이 법칙의 좋은 예를 제시하고 있다. "빨간색 상아 볼을 처음으로 보여주었다가 거둬들이면, 그 볼은 마음에 어떤 표상을 남길 것이다. 이때 그 볼이 동시에 우리에게 주었던 다른 모든 것도 그 볼과 구별되지 않는 가운데 함께 존재할 것이다. 그 다음에 흰색 볼을 보여주라. 그러면 이젠, 조금 전엔 그렇지 않았는데 볼에 어떤 특성이 붙게 될 것이다. 말하자면 색깔이 대비의 힘에 의해 전면으로 부각될 것이다. 이젠 흰색 공 대신에 달걀을 보여주었다고 가정해보자. 그러면 이 새로운 차이 때문에 그 동안 잠잠히 있던 볼의 형태가 주목을 받게 될 것이다. 그렇다면 단지 주변의 장면과 두드러진다는 이유로 주목을 받게 된 그것은 처음에는 빨간색 대상이었다가 그 다음에는 빨간색의 둥근 대상이 된다.”

어떤 특성을 다양한 완전체들과 거듭 결합시킬 경우에 나중에 그 특성이 완전체들 모두와의 결합을 끊고 홀로 의식에 모습을 두드러지게 드러내는 이유가 참으로 신기하다. 그러나 이 점에 대해 여기서 논할 필요까지는 없을 것 같다.


## 연습을 하면 구별 능력이 커진다

구별의 결과에 대해 개인적이거나 실용적인 관심을 갖고 있는 사람이라면 누구나 차이를 탐지해내는 능력을 크게 키울 수 있다. 그리고 구별을 오랫동안 훈련하고 연습해도 개인적 관심을 가질 때와 똑같은 효과를 얻을 수 있다.

‘연습하면 완벽해진다’는 말은 운동의 성취 분야에서 유명하다. 그러나 운동의 성취는 부분적으로 감각적 구별에 좌우된다. 당구, 사격, 줄타기 곡예는 근육이 아주 정확하게 반응하는 능력뿐만 아니라 감각의 미세한 불균형까지 정밀하게 평가하는 능력까지 요구한다. 순수하게 감각적인 영역에서 온갖 종류의 상품을 전문적으로 구입하는 사람들과 분석자들의 탁월한 감식력을 우리는 잘 알고 있다. 어떤 사람은 오래된 포르투갈산 마데이라 와인 병을 놓고 위쪽 와인의 맛과 아래쪽 와인의 맛까지 구별할 것이다. 또 다른 사람은 통에 담긴 밀가루를 만져보고 그것이 미국 아이오와 주의 밀을 빻은 것인지 테네시 주의 밀을 빻은 것인지를 알아낼 것이다. 앞을 보지도 못하고 듣지도 못했던 로라 브리지먼(Laura Bridgman)은 촉각을 크게 발달시킨 덕분에 자신과 악수를 한 사람의 손을 1년이 지난 뒤에도 알아볼 수 있었다. 역시 불운을 겪었던 그녀의 언니 줄리아 브레이스(Julia Brace)는 하트포드 어사일럼이라는 보호시설에 취직하여 침대보를 분류하는 일을 후각을 이용해 훌륭하게 처리해냈다.

이 같은 사실이 매우 흔하기 때문에 별도로 설명할 필요성을 느끼는 심리학자는 거의 없다. 심리학자들은 연습을 하면 식별력이 크게 향상되는 것은 당연한 일이라는 식으로 생각하는 것 같다. 그러면서 그런 문제를 가만 내버려두는 것 같다. 기껏 심리학자들은 "주의가 그걸 설명해준다. 습관적으로 수행하는 일에 주의를 많이 기울일수록, 우리가 그 일을 더 세세하게 지각하게 된다."고 말한다. 이 말은 사실이긴 하지만 지나치게 일반적이다. 그래도 이 문제에 대해 여기서 그 이상으로 해줄 말은 없다.

**Chapter 16**
# 연합

## 생각의 순서

구별에 대해 논했으니, 이젠 연합에 대해 논할 계획이다. 지식 분야
의 모든 전진은 두 가지 작용으로 인해 일어나는 것임에 분명하다.
왜냐하면 우리의 교육 과정을 보면 처음에 전체로 나타나는 대상
을 부분들로 분석하고 또 따로 나타나는 대상들을 함께 모아서 마
음에 복합적인 새로운 전체로 나타나도록 하기 때문이다. 따라서
분석과 통합은 번갈아가며 끊임없이 일어나는 정신 작용이다. 분
석은 통합이 일어날 길을 닦아주고, 통합은 분석이 일어날 길을 닦
아준다. 걸을 때 두 다리가 끊임없이 사용되는 것과 똑같다. 분석과
통합은 조화로운 전진에 반드시 필요한 요소들이다.

이미지와 생각의 기차가 우리의 사고를 통해서 서로를 따르는
방식, 한 가지 생각이 그 다음 생각 앞에서 마구 날아다니는 그 비

상(飛翔), 남극과 북극을 오가듯 하는 우리 마음의 변화, 처음 얼핏 보면 그 비약으로 놀라게 하지만 찬찬히 들여다보면 완벽할 정도로 자연스럽고 적절한 것으로 드러나는 우리 마음의 전환 등등. 이 모든 신비한 흐름은 아주 오랜 옛날부터 이 흐름의 신비에 끌린 사람들의 경탄을 자아냈다. 이 신비는 더 나아가 철학자들에게 그 작용을 보다 간단하게 풀어냄으로써 신비의 일부를 벗겨줄 것을 요구하고 나섰다. 철학자들이 스스로 떠안은 문제는 어느 한 생각이 다른 생각을 싹트게 하는 것처럼 보이는 생각들 사이에서, 그 생각들의 특별한 연속이나 공존을 설명해 줄 수 있는 연결의 원칙들을 찾아내는 것이다.

그러나 그 즉시 애매한 의문이 한 가지 일어난다. 어떤 종류의 연결을 뜻한단 말인가? 생각되는 것들 사이의 연결인가, 아니면 생각들 사이의 연결인가? 이 둘은 완전히 다른 문제이다. 그리고 이 문제들 중 어느 하나에서만 '원칙들'을 발견할 희망이 있다. 생각되는 것들 사이의 연결이라는 정글은 절대로 간단히 정리되지 않는다. 생각되는 것들 사이의 연결 중에서 상상 가능한 것으로는 다음과 같은 것이 있다. 공존, 연속, 유사, 대조, 모순, 원인과 결과, 수단과 목적, 속(屬)과 종(種), 부분과 전체, 내용과 특성, 초기와 말기, 크거나 작음, 지주와 소작농, 주인과 하인 등이 있다. 그러나 생각되는 것들 사이의 연결과 관련해 고려해야 할 리스트를 모으자면 끝이 없다. 여기서 목표로 잡을 수 있는 유일한 단순화는 이 관계들을 소수의 유형으로 압축하는 것밖에 없다. 일부 학자들이 이해의 '카테고리'라 부르는 것이 그런 단순화에 속할 것이다. 이 카테고리를 따르느냐 저 카테고리를 따르느냐에 따라서, 우리는 생각의 대상을 이런저런 식으로 이 대상에서 저 대상으로 확 바꿔놓게 될 것이다. 만일에 이 순간의 우리의 사고와 다음 순간의 우리의 사고 사이에서 찾아내려는 연결이 이런 것이라면, 우리는 여기서 이 장을 끝낼 수 있을 것이다. 왜냐하면 이런 카테고리들에 대한 유일한 설명은 그 카테고리들이 모두 생각 가능한 관계들이며 또 마음은 어떤 지적 경로를 통해 이 대상에서 저 대상으로 옮겨 간다고 하는 수밖에 없기 때문이다.

마음이 이 대상에서 저 대상으로 옮겨가는 경로는 어떤 법칙에 의해 결정되는가? 무엇이 그 특별한 경로를 결정하는가? 주어진 어떤 시간과 장소에서 우리가 그 직전에 a에 대해 생각했다면 b에 대해 생각하게 되거나 아니면 또 다른 시간과 장소에서 b가 아닌 c에 대해 생각하게 되는 이유는 무엇인가? 우리가 과학적이거나 실용적인 어떤 문제를 풀려고 몇 년 동안 머리를 싸매는데도 우리가 바라는 해답은 쉽게 모습을 드러내지 않고 노력은 언제나 물거품이 되는 이유는 무엇인가? 그러다가도 그 문제에 대해 신경을 끊은 채 거리를 걷다가 우리 앞에 걷고 있는 여인의 모자에 꽂힌 꽃을 보는 순간 번개처럼 그 문제의 해답이 우리의 뇌리를 때리는 이유는 무엇인가?

먼저 생각이 이상한 조건에서 작동하고 있다는 진리를 인정해야 한다. 순수한 '이성'은 우리의 사고에 일어날 수 있는 수많은 가능성 중 하나일 뿐이다. 어느 누가 자신이 하루 종일 하는 지각없는 공상과 기괴한 짐작, 엉뚱하기 짝이 없는 생각들을 두루 다 헤아릴 수 있겠는가? 누가 자신의 정신 중에서 편견과 비이성적인 의견이 차지하는 비중이 확실한 믿음에 비해 더 작다고 자신 있게 말할 수 있겠는가? 그럼에도 우리의 사고를 보면 가치 있고 가치 없는 것이 생겨나는 방식은 똑같은 것 같다.

그 법칙은 바로 뇌의 법칙이다. 사고가 의존하는 기계적인 조건들이 있는 것처럼 보인다. 그리고 사고의 비교와 선택을 위해 대상들이 제시되는 순서를 결정하는 기계적인 조건도 있는 것 같다. 존 로크와 유럽 대륙의 많은 심리학자들이 사고의 일탈과 사고를 방해하는 선입관, 이성의 실패 등을 설명하기 위해 어떤 무의식적 작용을 제시해야 한다는 의무감을 느꼈다는 사실은 시사하는 바가 크다. 그들은 이 작용을 습관의 법칙 혹은 우리가 지금 '근접성 연합'이라고 부르는 것에서 발견했다. 그러나 이 저자들은 마음에서 어떤 관념과 그 연속물을 실제로 일으키는 작용은 다른 것들도 일으킬 수 있다고 믿어야 한다는 데까지는 생각이 미치지 않았다. 또한 사고를 촉진하는 이 습관적인 연합이 사고를 방해하는 습관적인 연합과 똑같은 무의식적인 원천에서 비롯될 수 있다는 생각도 이 저자들에겐 떠오르지 않았다. 따라서 영국 철학자 하틀리(David Hartley)는 습관이 우리의 생각들의 연속에 대해 충분히 설명한다고 주장했다. 그러면서 하틀리는 문제의 인과관계에 초점을 맞추며 합리적인 연합과 비합리적인 연합을 똑같은 관점에서 다루려고 노력했다. 어떤 사람이 A를 생각한 그 다음 순간에 B를 생각하게 되는 이유는 무엇인가? 아니면 그 사람이 A와 B를 언제나 함께 생각하는 이유는 무엇인가? 이런 것들이 하틀리가 뇌 생리학을 빌려서 설명하려고 애를 썼던 현상들이었다. 나는 그가 기본적으로는 옳은 길을 택했다고 믿으며 그가 추구하지 않았던 구별의 도움으로 그의 결론을 수정하려고 한다.

대상은 연합되지만 관념들은 연합되지 않는다. 만약에 우리가 연합을 어떤 효과를 뜻하는 것으로 받아들이면서 그것을 생각되어지는 사물들 사이에 이뤄지는 것으로 일관되게 여길 수 있다면, 말하자면 마음속에서 연합되는 것이 관념이 아니고 대상인 것처럼 말할 수 있다면, 우리는 혼동을 피할 수 있을 것이다. 그러면 우리는 관념들의 연합이 아니라 대상들의 연합에 대해 논할 것이다. 그리고 연합이 하나의 원인을 의미하는 한, 연합은 뇌의 작용들 사이에 일어난다. 어떤 식의 연합을 통해서 다음에 생각할 대상을 결정하는 것은 뇌의 작용들이다.

## 기본 원리

이제 나는 연합의 인과적 법칙에는 신경의 습관의 법칙 외에 다른 기본 법칙은 하나도 없다는 점을 보여줄 것이다. 모든 생각의 재료들은 뇌 반구들의 어떤 기본적인 작용의 영향을 강하게 받는다. 그 기본적 작용이란 바로 뇌 반구들이 그 전에 자극한 적이 있는 과정을 다시 자극하려는 경향을 강하게 보인다는 점이다. 그러나 작동 중인 기본 과정들의 숫자와 언제라도 다른 기본 과정들을 일깨울 준비가 충분히 되어 있는 기본 과정들의 본질이 전체 뇌 활동의 성격을 결정한다. 이에 따른 당연한 결과로, 기본 과정들이 그때그때 생각할 대상을 결정한다. 이때 결과적으로 나타나는 대상이 어떤. 것이냐에 따라서, 우리는 그것을 근접성 연합의 산물이거나 대조성 연합의 산물이라고 말한다. 그러나 연합의 산물은 어느 경우나 기본적인 뇌 과정들 중에서 습관의 법칙에 따라 일시적으로 작동하고 있는 과정들에 나타난 양적 변화로 설명될 것이다.

지금까지 간단히 언급한 나의 주장은 곧 명료해질 것이다. 동시에 신경의 습관의 법칙과 공조하는 어떤 불온한 요인들도 나타날 것이다.

그렇다면, 앞으로 계속할 추론의 바탕으로 다음 법칙을 받아들이도록 하자. 즉 2개의 기본적인 뇌 과정이 함께 활성화하거나 연이어 활성화될 때, 그 중 하나는 다시 일어나자마자 그 자극을 다른 과정에게로 전하려는 성향을 갖고 있다는 점을 말이다.

그러나 사실은 모든 기본적인 과정은 불가피하게 다른 많은 과정들과의 연결 속에서 다양한 시간에 자신이 활성화된다는 사실을 확인한다. 여기서 문제가 되는 것은 이 기본적인 과정이 다른 과정들 중에서 어느 과정을 일깨우는가 하는 것이다. 현재의 과정 a에 의해서 b가 자극을 받을까 아니면 c가 자극을 받을까? 이 질문에 대답하기 위해, 우리는 가설을 하나 더 제시해야 한다. 신경 섬유가 긴장한다는 사실과 자극이 가중된다는 사실에 근거한 가설이다. 그 자체로는 각각 불완전하거나 잠재적인 신경 섬유의 긴장과 자극의 가중이 동시에 서로 맞물려 작용하면서 예상하기 어려운 결과를 낳는다. 만약에 현재 진동하고 있는 경로 a 외에 d라는 다른 경로가 반쯤 자극을 받은 상태에 있고 이 d가 그 전에 a가 아닌 b하고만 흥분이 되었다면, c보다는 b가 자극을 받게 될 것이다.

간단히 말하면 이렇다. '뇌의 피질의 어느 한 지점에서 일어나는 활동의 양은 다른 모든 지점들이 그 지점으로 방출하려 하는 성향들의 총계이다. 이 성향들은 1)다른 지점들의 자극이 문제의 그 지점의 자극을 수반한 횟수 2)그 자극의 강도, 3)방출이 우회할 수도 있는 첫 번째 지점과 기능적으로 연결되지 않는, 경쟁 지점의 부재(不在) 등과 비례한다.'

기본 법칙을 이처럼 아주 복잡하게 설명하는 것이 오히려 결과적으로 보면 가장 단순한 길로 안내할 것이다. 당분간 생각과 관념의 기차를 오직 몽상이나 명상 같은 경우에 일어나는 것으로만 다루도록 하자. 어떤 목적을 위한 자발적인 사고의 예는 다음에 소개될 것이다.

## 자동적인 사고의 기차들

우리의 생각을 고정시키기 위해 앨프리드 테니슨(Aflred Tennyson)의 시 '록슬리 홀'(Locksley Hall)에서 두 구절만 인용하자. "나, 시간의 대열 맨 앞에 선 모든 시대의 상속자."(I, the heir of all the ages in the foremost files of time,) 그리고 "왜냐하면 세월이 흐를수록 한 가지 목적이 점점 커져간다는 것을 의심하지 않기 때문이다."(For I doubt not through the ages one increasing purpose runs.)라는 구절이다.

우리가 기억을 더듬으며 이 시구들 중 어느 하나를 암송하며 'the ages'라는 단어에 이르렀을 때, 다른 구절 속의 'the ages'의 뒤에 나오는 부분이 우리의 기억에서 튀어나와 우리의 단어 감각을 혼동시키지 않는 이유는 무엇인가? 대답은 간단하다. 'the ages' 다음에 나오는 단어는 'the ages'의 뇌 작용에 의해서만 일깨워지는 것이 아니라 그 뇌 작용에다가 'the ages'보다 앞에 나온 모든 단어들의 뇌 작용까지 결합한 뇌 작용에 의해서 일깨워지기 때문이다. 활동이 최고 수준에 이른 순간에 단어 'ages'는 무심하게 흥분을 각각 'in'이나 'one'으로 방출한다. 그렇듯 그 앞의 단어들(이 단어들의 흥분은 ages의 흥분보다 훨씬 약하다)도 저마다 다른 시간에 결합했던 다른 단어들 쪽으로 무심하게 흥분을 방출할 것이다. 그러나 'I, the heir of all the ages'의 작용들이 동시에 뇌 안에서 진동할 때, 그 작용들 중 맨 마지막의 작용은 흥분이 최고 단계에 있고 다른 작용들은 흥분이 약해지는 과정에 있을 것이다. 'one'이나 다른 단어가 아니라 'in'이 그 다음에 자극을 받는 단어가 될 것이다. 왜냐하면 'in'의 뇌 작용이 앞서 'ages'의 뇌 작용뿐만 아니라 지금 활동이 시들어가고 있는 다른 모든 단어들의 뇌 작용들과 조화를 이루며 공명했기 때문이다. 이는 '의식의 흐름'을 논할 때 '프린지'라고 불렀던 것이 생각에 미치는 효과를 잘 보여주는 예이다.

그러나 만일에 'ages'보다 앞에 나오는 단어들 중 어느 하나가, 예를 들어 'heir'라는 단어가 '록슬리 홀'의 시와는 완전히 다른 경험에 따랐던 어떤 뇌 경로들과 강력히 연합한다면, 예를 들어 시를 낭송하는 사람이 자신을 백만장자로 만들 유언장의 공개를 간절히 기다리고 있는 중이라면, 시의 단어들을 통한 방출의 경로가 갑자기 'heir'(상속인)라는 단어에서 방해를 받을 수도 있을 것이다. 이 단어에 대한 그 사람의 관심이 워낙 강하기 때문에 이 단어 자체의 특별한 연합이 다른 단어들의 연합을 압도해버릴 것이다. 그는 갑자기 자신의 개인적 상황을 떠올리게 될 것이며, 그 순간 시는 그의 생각 밖으로 밀려나게 될 것이다.

나는 해마다 강의실에 알파벳 순서대로 앉는 많은 학생들의 이름을 외워야 했다. 학생들이 언제나 같은 곳에 앉았기 때문에, 나는 마침내 학생들의 이름을 부를 수 있게 되었다. 그러나 학기 초에 학생들을 거리에서 만나면 이야기는 달라진다. 학생들의 얼굴은 나에게 학생들의 이름을 거의 상기시켜주지 못하고 강의실의 자리만 떠올려 줄 뿐이다. 학생의 얼굴만 아니라 근처 앉았던 학생들의 얼굴까지, 따라서 그 학생의 알파벳 이름의 자리까지 떠올리게 한다. 그러다가 이 모든 자료가 함께 작용하며 마침내 학생의 이름이 나의 머리에 떠오르게 된다.

어떤 아버지가 다소 둔한 자기 아이가 유치원에서 배운 것을 손님들에게 보여주고 싶어 했다. 그는 식탁 위의 나이프를 똑바로 들고 아래위를 가리키며 아이에게 "애야, 이걸 뭐라고 하지?"라고 물었다. 그러자 아이는 "나이프."라고 대답했다. 아버지는 자신이 원하는 대답을 끌어내려고 질문을 온갖 방식으로 바꿔보았지만 그 대답은 끝내 나오지 않았다. 그러다 아버지는 유치원에서는 나이프가 아니라 연필을 이용한다는 사실을 떠올리면서 주머니에서 긴 연필을 하나 끄집어내 똑같이 잡고 물어서 아이로부터 "수직선!" 이라는 대답을 끌어냈다. 이렇듯 아이에겐 유치원 경험에 부수된 모든 것들이 서로 결합하며 효과를 발휘해야만 '수직선'이라는 단어가 일깨워질 수 있는 것이다.

## 전체 회상

앨릭잰더 베인이 '복합 연합'(compound association)의 법칙이라고 부른 것을 이상적으로 작동시키는 방법은 우리의 마음을 기억을 떠올리며 영원히 도는 물레방아 상태로 두는 것이다. 그러면서 세부적인 것까지 잊지 않도록 노력하는 것이 바람직하다. 예를 들어 어떤 디너파티에 대해 생각하는 것으로 시작한다고 가정하자. 디너파티의 모든 요소들을 떠올리게 할 수 있는 유일한 것은 디너파티에서 가장 먼저 일어난 구체적인 일일 것이다. 이 일의 모든 세부 사항들이 서로 결합하여 그 다음 일을 일깨울 것이다. 예를 들어, 만약에 a와 b, c, d, e가 디너파티의 마지막 행위 A에 의해 자극을 받은 기초적인 신경 경로들이고, l과 m, n, o, p가 서리 내린 밤에 집까지 걷던 행위 B에 의해 자극을 받은 신경 경로들이라면, A의 생각은 B의 생각을 일깨워야 한다. 왜냐하면 신경 경로 a와 b, c, d, e가 원래의 방출이 일어났던 그 경로들을 통해서 l로 방출할 것이기 때문이다. 마찬가지로 a, b, c, d, e는 m, n, o, p로도 방출할 것이며, 후자의 신경 경로들은 전자의 신경 경로들까지 강화할 것이다. 왜냐하면 경험 B에서 후자의 신경 경로들이 이미 공명했기 때문이다. 〈도표 52〉의 선들은 B의 요소들 각각으로 흘러가는 방출의 가중과 그에 따라서 B를 일깨우는 영향들의 통합된 힘을 상징적으로 보여주고 있다.

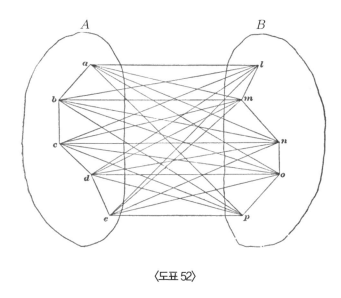

〈도표 52〉

　해밀턴(William Hamilton)은 모든 연합을 나타내는 말로 '재생' (redintegration)이라는 단어를 처음 사용했다. 내가 방금 설명한 것과 같은 작용들은 재생으로 불릴 수 있을 것이다. 왜냐하면 그 작용들이 방해를 받지 않는다면 과거 경험의 기다란 기차들에 실린 전체 내용물을 떠올려줄 것이기 때문이다. 새롭고 강력한 현재의 감각적 인상들의 침입 때문이거나 기본적인 뇌 경로들 중 어느 것이 개별적으로 뇌의 다른 곳으로 방출하려는 성향 때문이 아니라면 이 완전한 재생으로부터 달아날 길은 전혀 없다. 첫 번째 예로 제시했던 '록슬리 홀'의 시구 중에서 'heir'라는 단어가 그런 성향을 갖고 있다. 그런 성향이 어떻게 생겨나는지에 대해서는 곧 세세하게 살피게 될 것이다. 만약에 그런 성향이 거기에 없다면, 또 만약에 외부의 소리나 시야 혹은 촉각이 사고의 흐름을 다른 방향으로 돌려놓지 않는다면, 과거의 파노라마는 한 번 열리기만 하면 그야말로 끝까지 저절로 펼쳐질 것이다.

이 과정을 '완전한 재생' 혹은 전체 회상이라고 부르도록 하자. 이 재생이나 회상이 절대적으로 완벽하게 이뤄지는지는 의문스럽다. 그러나 생각의 흐름이 이런 형태를 취하려는 경향이 다른 정신에 비해 특별히 더 강한 정신이 있다는 것을 우리 모두는 쉽게 확인할 수 있다. 말이 대단히 많은 늙은 여인들, 자신이 들려줄 사실의 세부 사항까지 하나도 빼먹지 않는 무미건조한 사람들, 사실들의 노예들, 사고(思考)의 아주 사소한 돌발적인 비틀거림에도 곧잘 넘어지는 사람들을 우리 모두 잘 알고 있다.

## 부분 회상

일상에서 우리의 생각의 자연스런 흐름을 보면 전체 회상의 법칙을 따르지 않는다. 과거 경험을 떠올릴 때, 우리 생각의 모든 아이템들이 옛날과 똑같이 작용하면서 그 다음 생각을 결정하는 예는 절대로 없다. 언제나 어떤 요소가 나머지를 지배하고 있다. 이런 경우에 이 요소의 특별한 암시 또는 연합은 그것이 전체 아이템들 안에서 가졌던 암시 또는 연합과 종종 달라질 것이다. 이처럼 이 요소가 엉뚱한 연상을 일깨우려는 경향이 우리의 회상의 경로를 편향시킬 것이다. 원래의 감각 경험에서 우리의 주의가 우리 앞에 펼쳐지는 장면의 인상들 중 몇 가지에만 초점을 맞춘 것과 똑같이, 그 인상들을 재생하는 데도 똑같이 편파적인 면이 나타나면서 일부 아이템들이 나머지보다 특별히 강조되고 있다. 대부분의 무의식적 회상의 경우에 강조될 아이템들이 어떤 것이 될 것인지를 미리 결정하기는 어렵다. 대충 말한다면, 특별히 두드러질 아이템은 우리의 관심을 가장 많이 끄는 아이템이라고 할 수 있다.

뇌의 작용을 빌려서 표현한다면, 관심의 법칙이란 동시에 일어나는 수많은 뇌의 작용들 중에서 유독 어느 한 뇌 작용이 나머지를 지배하게 되면서 그 사람의 행동에 영향을 미치는 것을 말한다.

영국 철학자 허지슨(Shadworth Hollway Hodgson)은 이렇게 말한다. "재생에는 두 가지 작용이 끊임없이 이뤄지고 있다. 하나는 침식과 용해와 부식의 작용이고, 다른 하나는 새롭게 가꾸고 일어나고 성장하는 작용이다. … 표상의 어떠한 대상도 똑같은 상태에서 의식에 남지 못하며 약해지고, 쇠퇴하고, 희미해진다. 그러나 대상 중에서 관심을 끄는 부분들은 이런 경향에 저항한다. … 대상에 나타나는 이런 불균형, 즉 일부 부분들은 관심을 끌지 못해 쇠퇴하는데 반해 다른 부분들은 관심을 끌면서 쇠퇴에 저항하는 그런 불균형은 어느 정도 이어지면 결국 새로운 어떤 대상을 낳는 것으로 끝난다."

관심이 모든 부분들에 똑같이 고르게 분산되어 있는 곳에서만 이 법칙이 적용되지 않는다. 이 법칙은 또한 관심의 다양성이 아주 적고 강도가 아주 약한 마음들에도 제대로 통하지 않을 것이다. 말하자면, 미학적 감각이 부족하고 밋밋하여서 개인사가 거듭해서 되풀이되는 경향이 있는 사람들에겐 이 법칙이 제대로 적용되지 않는다.

그러나 우리 대부분은 이런 사람들보다 더 잘 조직되어 있으며,

따라서 우리의 생각은 엉뚱한 길을 추구하면서 새로운 방향으로 지속적으로 벗어나려 한다. 그 결과, 우리는 종종 거의 같은 순간에도 시간적으로나 공간적으로 아주 동떨어진 일들에 대해 생각하게 된다. 그렇기 때문에 사고의 각 단계를 주의 깊게 회상하기 전까지는 우리가 허지슨의 법칙에 따라서 이 생각에서 저 생각으로 아주 자연스럽게 건너뛰고 있다는 사실을 좀처럼 깨닫지 못한다.

그 한 예로, 나는 지금 이 순간(1879년)에 나의 시계를 본 직후 나 자신이 상원에서 있었던 법정 화폐에 관한 결정에 대해 생각하고 있다는 사실을 깨닫고 있다. 왜 그럴까? 시계가 그 시계의 벨을 고쳐주었던 사람의 이미지를 떠올려주었다. 그 사람은 내가 그를 마지막으로 보았던 보석 가게를 떠올리게 했고, 그 보석 가게는 내가 그곳에서 산 와이셔츠의 장식 단추를 떠올리게 했다. 이어서 장식 단추는 금값과 금의 가치 하락을, 금의 가치 하락은 달러의 안정적인 가치를, 달러의 안정적인 가치는 자연히 그것이 얼마나 지속될 것인지에 대해서, 그리고 미국 정치인 베이어드(Thomas Francis Bayard)의 제안에 대해 생각하게 만들었다.

이 이미지들 각각은 다양한 관심사를 건드렸다. 나의 사고에서 전환점을 이룬 것이 무엇인지는 쉽게 확인된다. 그 순간엔 시계 벨이 시계에서 가장 관심을 끄는 부분이었다. 왜냐하면 시계 벨이 아름다운 선율로 시작해서 불협화음을 일으키다가 실망감을 불러일으켰기 때문이다. 그러나 시계 벨 소리가 아니었더라면 아마 시계는 그것을 나에게 준 친구를 떠올리게 했거나 시계와 관련 있는 수많은 다른 상황 중 하나를 떠올리게 했을 것이다. 보석 가게는 셔츠의 장식 단추들을 떠올리게 만들었다. 왜냐하면 장식 단추에 소유욕이라는 이기적인 관심이 녹아 있기 때문이었다. 장신 단추에 대한 이런 관심, 즉 장식 단추의 가치는 나로 하여금 금을 떠올리게 만들었다. 어느 한 순간에 갑자기 생각을 멈추면서 "내가 왜 이런 생각을 하고 있지?"라고 혼잣말을 하는 독자는 '근접성'과 관심사가 서로 결합하여 일으키는 표상의 열차를 찾아낼 것이다. 이것이 관념들의 연합이 일반적으로 이뤄지는 과정이다. 평범한 사람들의 마음에서 무의식적으로 이런 연합의 과정이 흔히 일어난다. 우리는 그것을 '혼합 연합' 혹은 '부분 회상'이라고 부를 것이다.

## 부분 회상에서 떠오르는 연상

부분 회상에서 어떤 연상들이 떠오를까? 계속 이어지는 사고 중에서 어느 한 대목이 관심을 끌며 앞으로의 사고에 영향을 미칠 정도로 힘을 발휘하게 될 때, 우리가 그 대목과 관련 있는 연상들 중에서 어떤 연상이 자극될 것인지를 알 수 있을까? 연상들이 아주 많기 때문에 품게 되는 의문이다. 허지슨의 말을 들어보자. "쇠퇴하고 있는 대상들 중에서 흥미로운 부분들은 예전에 한번 결합한 경험이 있는 대상들이나 대상의 부분들과 언제든 자유롭게 결합한다. 이 부분들의 옛 결합이 의식에 다시 나타날 것이다. 그러나 어떤 결합이 의식 속으로 다시 돌아오는가?" 이에 대해 허지슨은 이렇게 대답하고 있다. "한 가지 대답밖에 없다. 옛날에 그 부분과 가장 자주 이뤄졌던 결합이 다시 나타날 것이다. 이 새로운 대상은 의식 안에 스스로를 형성시키기 시작함과 동시에 그 전의 대상 중에서 아직 남아 있는 부분의 주변으로 자신의 부분들을 모으기 시작한다. 부분이 하나씩 차례로 나와서 옛날의 위치에 따라 정렬한다. 그러나 이 과정이 시작되자마자 원래의 관심의 법칙이 이 새로운 형성에 작용하기 시작하며 관심을 끄는 부분들에 주목한다. 그러면 전체 작용이 완전히 다른 모습으로 되풀이된다. 이것을 나는 감히 재생의 전체 과정에 대한 설명으로 제시하고자 한다."

관심을 끄는 아이템의 방출을 단지 빈번하게 일어난다는 의미에서만 가장 습관적인 경로로 제한하는 허지슨의 설명은 분명히 불완전하다. 어떤 이미지가 가장 빈번하게 연합되었던 것을 언제나 떠올리게 하는 것은 절대로 아니다. 비록 빈도가 부활을 결정하는 중요한 요소의 하나임에는 틀림없지만 말이다.

여기서 내가 불쑥 'swallow'라는 단어를 말한다고 가정하자. 조류학자라면 이 단어를 들으며 습관적으로 제비를 떠올릴 것이다. 또 생리학자이거나 목 관련 질병에 전문인 의사라면 이 단어를 들으며 삼킴에 대해 생각할 것이다. 다시 내가 불쑥 'date'라는 단어를 내뱉는다고 하자. 과일 상인이거나 아라비아 여행객이라면 이 단어를 듣고 대추야자나무에 열리는 열매를 생각할 것이다. 역사를 공부하는 학생이라면 A.D.나 B.C.가 붙은 숫자부터 먼저 머릿속에 떠올릴 것이다. 만일 내가 'bed' 'bath' 'morning'이라는 단어를 말한다면, 사람들은 대체로 이 3개의 단어가 습관적으로 연상시키는 화장실을 떠올릴 것이다.

그러나 빈번한 결합들이 무시되는 경우가 종종 있다. 어떤 책을 볼 경우에 나의 마음에서는 그 안에 담긴 의견들이 가장 빈번하게 떠올려진다. 책을 보면서 자살에 대해서는 절대로 생각하지 않을 것이다. 그러나 얼마 뒤 나의 눈길이 그 책에 다시 꽂혔을 때, 나의 마음에 떠오른 생각은 자살이었다. 왜 그랬을까? 왜냐하면 바로 어제 내가 최근에 있었던 그 저자의 죽음이 자살이었음을 알려주는 편지를 한 통 받았기 때문이다. 그렇다면 생각들은 가장 습관적인 연상들뿐만 아니라 가장 최근의 연상을 일깨우는 경향을 갖고 있다. 이것은 결코 긍정적이지만은 않은 경험이다. 사실은 부정적으로 작용할 수도 있는 경험이기 때문에 여기서 조금 더 자세히 들여다볼 필요가 있다. 만일 우리가 오늘 아침에 어떤 친구를 보았다면, 지금 그 친구의 이름에 대해 언급하는 것은 그와 관련한 옛날의 디테일보다는 그 만남의 상황을 떠올리게 할 것이다. 만일 셰익스피어의 연극들이 언급되고 있고 우리가 간밤에 '리처드 2세'를 읽고 있었다면, '햄릿'이나 '오셀로'보다 '리처드 2세'의 흔적들이 우리의 마음을 떠돌 것이다. 뇌 안에서 일어나는 자극이나 특별한 경로들 혹은 자극의 특이한 양식들은 뒤에 일종의 예리한 민감성을 남기며, 이 민감성은 사라지는 데 며칠 걸릴 수도 있다. 예민한 민감성이 지속되는 한, 그 경로들이나 특이한 양식들은 다른 때였다면 그대로 잠자코 있었을 원인들에도 쉽게 자극을 받으며 활성화되는 경향을 보인다. 따라서 경험의 '신선함'은 생각의 부활을 결정하는 중요한 요소이다.

원래의 경험의 생생함도 또한 생각의 부활 가능성과 관련하여 습관이나 신선함 같은 효과를 발휘할 것이다. 만일 우리가 언젠가 처형을 목격한 적이 있다면, 그 뒤에 사형에 관한 대화를 하거나 글을 읽을 경우에는 거의 틀림없이 그 특별한 장면이 떠오를 것이다. 따라서 젊었을 적에 오직 한 번밖에 겪지 않은 사건도 그 감정적인 강도나 자극적인 성격 때문에 몇 년 뒤에도 다시 떠오를 수 있다. 만일 어떤 사람이 소년 시절에 나폴레옹과 말을 한 적이 있다면, 위대한 인물이나 역사적 사건, 전투나 권좌, 운명의 소용돌이, 혹은 대양의 섬들에 대한 이야기가 나오기만 하면 이 사람의 입에서는 기억에서 절대로 지워지지 않는 그 만남에 관한 말이 반드시 나올 것이다.

생각의 재생을 결정하는 네 번째 요소는 재생된 생각과 우리의 기분 사이의 감정적 일치이다. 똑같은 대상도 우리가 즐거워하고 있는가 우울해하고 있는가에 따라서 서로 다른 연상을 불러낸다. 사실 우리가 정신적으로 우울할 때 유쾌한 이미지의 열차들을 끌어내지 못하는 그 무능력보다 더 두드러진 것은 없다. 폭풍과 암흑, 전쟁, 질병의 이미지들, 빈곤, 죽음, 공포 등은 우울증 환자의 상상력에 끊임없이 영향을 미친다. 그리고 낙천적인 사람들은 자신의 정신이 고조되어 있을 때에는 음울한 생각이나 불길한 예감에 깊이 빠져드는 것이 불가능하다는 사실을 깨닫는다. 한 순간에 연상의 열차가 춤을 추면서 햇빛 쏟아지는 꽃밭으로 향하고, 그러면 봄과 희망의 이미지들이 군무를 추게 된다. 극지 여행이나 아프리카 여행에 관한 똑같은 글을 읽는데도 당시 기분에 따라서 자연에 대한 공포의 생각이 일어나는 때도 있고 인간의 불굴의 의지와 힘을 떠올리게 되는 때도 있다. 뒤마의 '삼총사'만큼 유쾌한 정신으로 넘치는 소설도 드물 것이다. 그럼에도 뱃멀미에 힘들어 하는 독자의 마음에서는 더없이 잔인한 작품으로 읽힐 것이다.

흘러가는 어떤 생각 중에서 흥미로운 부분이 수많은 표상 중에서 유독 어느 한 표상을 자극하게 되는 이유를 모두 모은다면 습관과 최신성, 생생함과 감정적 일치 등이 꼽힌다. 지금 나타나고 있는 표상은 대부분의 경우에 습관적이거나 최신의 일이거나 생생하거나 감정적으로 일치한다고 보면 틀림없을 것이다. 만약에 이 모든 특징들이 서로 결합하여 전혀 새로운 연상을 하나 엮어낸다면, 지금 사라지고 있는 대상이 일으킨 연상이 다음에 올 대상의 중요한 요소를 이룰 것이라고 예측해도 거의 틀리지 않을 것이다. 그러나 표상들의 연속이 철저히 비결정론적인 관점에서 정해지고 또 우리의 과거 경험의 본질에 따라 정해진 일부 특징에 국한된다는 사실에도 불구하고, 우리의 표상들의 연쇄적인 사슬 안에 담겨 있는 무수히 많은 연상들은 정해진 규칙을 따르지 않는다는 점이 인정되어야 한다. 조금 전에 소개한 그 시계의 예를 다시 떠올려보자. 왜 그 보석 가게는 내가 와이셔츠의 장식 단추보다 더 최근에 그곳에서 산 목걸이를 떠올리게 하지 않고 유독 장식 단추를 떠올리게 했을까? 목걸이의 가격이 훨씬 더 비싸고 거기에 얽힌 감정적 연상이 훨씬 더 흥미로운데도 말이다. 독자 여러분도 이와 비슷한 경험을 아주 쉽게 떠올릴 것이다. 그렇기 때문에 우리는 어느 정도까지는 연상이 우연의 문제라는 점을 인정해야 한다. 틀림없이 연상은 뇌의 원인들에 의해 결정된다. 그러나 뇌의 원인들은 우리가 분석하기에는 너무 미묘하고 너무 쉽게 변화한다.

## 유사성에 의한 연합

부분 연합에서, 우리는 사라지고 있는 생각 중에서 흥미로운 그 부분은 상당히 클 것이며 또 그 부분이 그 자체로 구체적인 하나의 대상이 될 만큼 충분히 복잡할 것이라고 가정했다. 예를 들어, 윌리엄 해밀턴은 미국의 벤 로몬도라는 지명에 대해 생각한 뒤에 자신이 프러시아의 교육제도에 대해 생각하고 있다는 사실을 깨달으면서 그 연상의 고리는 벤 로몬도에서 만난 독일 신사였다는 것을 알았다. 그가 경험한 벤 로몬도 중에서 흥미로운 부분은, 그러니까 그의 생각들의 기차를 결정하는 데 영향을 행사한 부분은 어떤 특별한 사람의 복합적인 이미지였다. 그러나 여기서는 그 부분에 쏟는 관심이 더욱 섬세해지면서 흘러가고 있던 대상의 어느 한 부분만을 강조하고 있다고 가정하자. 이 부분은 아주 작아서 더 이상 어떤 구체적인 사물의 이미지는 되지 못하고 추상적인 어떤 특정의 이미지로만 남아 있다. 더 나아가, 이런 식으로 강조된 부분이 그 대상의 다른 부분들이 다 사라진 뒤에도 의식에 남아 있다고(또는 뇌의 용어를 빌린다면, 그것의 뇌 작용이 계속되고 있다고) 가정하자. 이처럼 의식에 살아남은 작은 부분은 우리가 이미 살핀 방법에 따라서 스스로를 자체의 연상들로 둘러쌀 것이다. 새로운 생각의 대상과 희미해진 생각의 대상 사이의 관계는 유사성의 관계일 것이다. 이런 생각들의 짝은 '유사성에 의한 연합'이라 불리는 것의 한 예가 될 것이다.

여기서 서로 연결되거나 마음속에 서로 연달아 떠오르는 비슷한 것들은 합성물처럼 보인다. 우리의 경험에 따르면, 현실 속의 생각은 언제나 이런 식이다. 단순한 관념이나 속성, 특징 자체에는 우리에게 그 비슷한 것을 떠올리게 하는 성향이 전혀 없다. 만일 우리가 몇 가지 청색 계통의 색을 서로 비교하거나 이름을 붙이겠다는 목적을 갖고 있지 않다면, 청색의 어떤 색조에 대한 생각은 청색의 다른 색조에 대한 생각을 떠올리게 하지 않는다.

한 개 또는 여러 개의 특징을 공유하는 2개의 합성물은 서로 비슷해 보인다. 그 외의 다른 특징에는 공통점이 전혀 없을지라도 서로 공유하는 바로 그 특징 때문에 2가지 합성물은 비슷해진다. 달은 가스등과 비슷하게 생겼다. 달은 또한 축구공과도 비슷하게 생겼다. 그러나 가스등과 축구공은 서로 닮지 않았다. 2가지 합성물의 유사성을 주장할 때, 우리는 언제나 그것들이 어떤 점에서 비슷한지에 대해 말해야 한다. 달과 가스등은 그 빛이 비슷하다. 다른 점에서는 비슷한 것이 하나도 없다. 달과 축구공은 그 둥근 모양이 비슷하다. 다른 비슷한 점은 하나도 없다. 축구공과 가스등은 어떤 면에서도 비슷한 점이 없다. 즉 축구공과 가스등은 공통점을 하나도 갖고 있지 않다. 똑같은 특성이 하나도 없는 것이다. 합성물에서 유사성은 부분적 동일성이다. 똑같은 속성이 두 가지 현상에 나타날 때, 그 속성이 그 현상의 유일한 공통점이라 할지라도, 두 가지 현상은 그것 때문에 서로 비슷해 보인다. 여기서 연상된 표상으로 돌아가도록 하자. 만일에 달에 대한 생각에 이어 축구공에 대한 생각이 떠오르고 축구공에 대한 생각에 이어 X 씨의 철도 회사에 대한 생각이 떠오른다면, 그것은 달이 갖고 있는 둥근 특징이 다른 나머지 특징으로부터 떨어져 나와서 스스로를 완전히 새로운 집

합의 특징들로, 말하자면 유연성과 가죽 같은 표면, 인간의 변덕과
잘 어울리는 신속한 이동성 등으로 에워싸기 때문이다. 또 축구공
의 그 특징도 다른 특징들로부터 떨어져 나와서 철도왕과 등락을
거듭하는 주식시장 등의 개념을 이루는 새로운 속성들로 스스로를
에워싸기 때문이다.

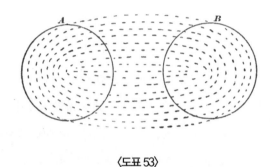

〈도표 53〉

전체 회상에서 부분 회상으로 점진적으로 옮겨가는 과정은 도표
로 쉽게 설명된다. 〈도표 53〉은 전체 회상이고, 〈도표 54〉는 부분
회상이고, 〈도표 55〉는 국부적으로 초점을 맞춘 회상이다.

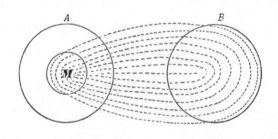

〈도표 54〉

각 도표의 A는 사라지고 있는 생각이고, B는 새롭게 떠오르고 있는 생각이다. '전체 회상'에서 A의 모든 부분들은 B를 불러내는 데 똑같이 이바지하고 있다. '부분 회상'을 보면 A의 대부분은 무력한 모습을 보이고 있다. M 부분만이 떨어져 나와서 B를 자극하고 있다. '어느 국부(局部)에 초점을 맞춘 회상'에서는 M 부분이 그 전의 예보다 훨씬 더 작으며, M 부분은 새로운 연상들을 일깨운 뒤에 스스로 사라지지 않고 이 연상들과 함께 계속 작용하면서 2가지 생각에서 동일한 부분을 형성하고 이 부분들이 당분간 연상들이 서로를 닮도록 만들고 있다.

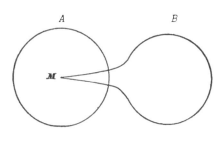

〈도표 55〉

사라지고 있는 생각의 한 부분이 나머지 부분과의 조화를 깨뜨리며 빠져 나와서 제 힘으로 활동하는 가운데 다른 부분들은 무력하게 남아 있는 이유는 아직 우리가 설명해야 할 미스터리로 남아 있다. 신경 작용의 법칙에 대한 통찰이 더욱 깊어지고 정밀해진다면, 언젠가 이 문제도 더욱 명쾌하게 설명될 것이다. 아마 신경의 법칙으로 충분하지 않을 수도 있다. 의식 자체의 능동적인 반응이 일어나는지도 모른다. 그러나 지금 이 문제를 파고들 수는 없다.

## 의지가 실린 생각의 기차들

지금까지 우리는 한 대상이 다른 대상을 암시하는 과정이 저절로 일어날 것이라고 가정했다. 표상의 기차는 제멋대로 돌아다니면서 어떤 때는 습관의 자국을 따라 터벅터벅 걷기도 하고, 또 어떤 때는 폴짝폴짝 뛰기도 하면서 시간과 공간을 이리저리 휘젓고 다닌다. 이것은 공상이고, 우리의 생각의 흐름 중 아주 큰 부분은 이와 매우 다른 것으로 이뤄져 있다. 우리의 생각들은 명백한 목적 또는 의식적인 관심의 안내를 받고 있다. 그래서 우리의 생각이 거치는 길은 '의도적'이라고 할 수 있다.

생리학적으로 고려한다면, 어떤 목적이 있다는 것은 생각의 전체 과정에 명확한 뇌 작용이 일관되게 일어나고 있다는 것을 의미한다. 우리가 가장 흔히 하는 사고는 순수한 공상도 아니고 늘 떠돌기만 하는 생각도 아니다. 그보다는 핵심적인 관심이나 주제를 중심으로 사고가 있어나고 있으며, 이미지의 대부분은 이 관심이나 주제와 관련 있다. 또 잠시 이 관심이나 주제에서 벗어난다 할지라도 우리는 즉시 다시 이 관심과 주제로 돌아간다.

이 관심은 줄기차게 작용하는 뇌 경로들에 의해 더욱 강화된다. 지금까지 우리가 공부한 연합들을 보면, 각 대상 중에서 우리의 사고가 끊임없이 되돌아가는 중심축이 있으며, 이 중심축을 이루는 부분들의 관심은 주로 그때 마음을 끌던 일반적인 관심과의 관계에 의해 결정된다. 만일 우리가 Z를 일반적 관심의 뇌 경로라고 부르고 또 대상 abc가 나타나는데 그 중에서 b가 a나 c보다 Z와 더 많은 연합을 이루었다면, 이때는 b가 그 대상 중에서 관심을 끄는 핵심적인 부분이 될 것이고 자체의 연상들을 독점적으로 불러낼 것이다. 왜냐하면 이 사람의 뇌 경로의 에너지가 Z의 활동으로 인해 증대되고, 이 Z의 활동은 그 전에 Z와 a 사이에, 그리고 Z와 c 사이에 연결이 없었던 까닭에 a나 c에 영향을 미치지 않기 때문이다. 예를 들어 내가 배가 고픈 상황에서 파리라는 도시에 대해 생각하게 된다면, 나는 파리의 레스토랑들이 나의 생각의 중심축이 된다는 사실을 깨달을 것이다.

## 문제

그러나 현실 생활에서뿐만 아니라 이론적인 측면에서도 우리가 지금까지 논한 관심보다 훨씬 더 정교한 관심들이 많다. 그런 관심의 영향 아래에서 일어나는 생각의 기차는 대체로 목적을 성취하는 데 필요한 수단에 관한 생각으로 이뤄져 있다. 만일 목적이 그 자체로 수단을 암시하지 않는다면, 수단을 찾는 것이 하나의 문제가 되고, 그러면 수단을 발견하는 것이 새로운 종류의 목적을, 성격이 완전히 다른 목적을 형성한다. 이 목적은 우리가 성취하길 간절히 바라는 목적임에도 불구하고 그 성격에 대해서는 알려진 것이 전혀 없다.

우리가 망각한 무엇인가를 떠올리려고 노력하거나 우리가 직관적으로 내린 어떤 판단에 대한 이유를 설명하려 할 때, 이와 똑같은 일이 벌어진다. 무엇인가를 생각하고자 하는 욕망이 바짝 긴장하면서 옳다고 느껴지는 방향으로 밀어붙이지만, 그 목적지는 아직 눈에 보이지 않는다. 요약하면, 어떤 아이템의 부재도 아이템의 존재 못지않게 우리의 표상에 결정적인 영향을 미치는 요소이다. 이때 그 간극은 절대로 단순한 공(空)이 아니다. '뭔가를 찾아내려고 안달하는' 공(空)인 것이다. 만약에 잠재적으로만 존재하는 어떤 생각이 효과를 발휘하는 방식에 대해 뇌의 작용을 빌려 설명하기를 원한다면, 우리는 그 생각의 뇌 경로가 최소한의 잠재의식적인 길을 통해서이긴 하지만 그래도 실제로 자극을 받은 상태라고 믿어야 할 것 같다. 예를 들어 지난주에 떠올랐던 어떤 생각을 기억해내려고 골똘히 생각하고 있는 사람의 머릿속에서 벌어지고 있는 일을 상상하려고 노력해보라. 그 생각의 연상들이 머릿속에 있지만, 그 연상들 중 많은 것은 그 생각 자체를 일깨우길 거부하고 있다. 이때 우리는 이 연상들이 뇌 경로를 전혀 건드리지 않을 것이라고 생각해서는 안 된다. 왜냐하면 그 사람의 마음이 그 생각을 발견하기 직전 단계에서 진동을 일으키고 있기 때문이다. 그 생각의 실제 리듬이 그의 귀에 들리는 듯하다. 금방이라도 단어들이 그 리듬을 타고 따라 나올 태세를 취하고 있으면서도 좀처럼 나오지 않고 있다. 망각한 것을 불러일으키려는 노력과 어떤 목적을 이룰 수단을 찾는 노력 사이의 유일한 차이는 전자는 우리의 경험의 일부를 이미 형성한 반면에 후자는 그렇지 못하다는 사실밖에 없다. 망각한 어떤 사물을 되살리려는 노력을 먼저 공부한다면, 우리는 알려지지 않은 것을 의지력으로 찾는 과정을 더 쉽게 이해하게 될 것이다.

## 해답

망각된 어떤 것은 우리에게 확실한 것들 가운데에 생긴 하나의 간극처럼 느껴진다. 우리는 그 일이 마지막으로 일어났을 때 우리가 어디에 있었는지, 그리고 우리가 무엇을 하고 있었는지에 대해 희미하게 알고 있다. 우리는 그 일이 속한 일반적인 주제를 떠올린다. 그러나 이 모든 세부 사항들은 잃어버린 고리 때문에 서로가 하나의 전체를 형성하지 못하고 있다. 그래서 우리는 마음속으로 이 세부적인 것들을 거듭해서 살피면서 불만을 품으며 더욱 큰 무엇인가를 갈망하고 있다. 각각의 세부 사항으로부터 연상의 선(線)들이 나오면서 임시적인 짐작을 많이 엮어내고 있다. 그런데 그 짐작들 중 많은 것이 금방 무관한 것으로 확인되고 관심의 대상이 되지 못한다. 따라서 금방 의식에서 빠져나가 버린다. 다른 짐작들은 다른 세부 사항과 연결되어 있지만 마찬가지로 연결 고리가 빠져 있다. 이런 짐작들이 파도처럼 밀려올 때, 우리는 '따스하다'는 특별한 느낌을 받으며 이런 연상들에 주의를 기울인다. 한 예로 우리는 떠올리려는 일이 마지막으로 일어났던 때에 우리가 저녁 식사를 하며 식탁에 앉아 있었고, 그때 그곳에 우리의 친구 J. D.가 있었고, 그때 대화의 주제는 이런저런 것이었으며, 마지막으로 어떤 일화에 대한 생각을 떠올리며 그것이 프랑스어의 인용과 어떤 관계가 있다는 식으로 연속적으로 과거를 회상한다. 여기서 이 모든 연상들은 우리가 매우 잘 아는 무의식적 과정에 의해서 의지와 무관하게 일어난다. 이 대목에서 의지가 하는 일은 적절해 보이는 것들을 강조하고 깊이 생각하는 한편 나머지를 무시하는 것뿐이다. 간절히 바라고 있는 어떤 대상의 근처에서 이처럼 우리의 주의가 이곳저곳을 옮겨 다니는 동안에, 연상이 아주 많이 축적된다. 따라서 그 연상들의 신경 작용의 긴장이 팽팽해져 빗장을 끊게 되고, 이어 신경파가 그때까지 신경파의 도착을 간절히 기다리고 있던 경로 속으로 쏟아져 들어가게 된다. 그리고 잠재의식에 팽배하던 간절함이 폭발하면서 생생한 느낌으로 충만할 때, 마음은 형용할 수 없을 만큼 큰 위안을 얻는다.

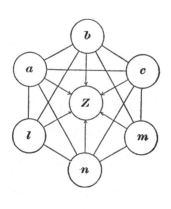

〈도표 56〉

이 과정을 도표로 설명할 수 있다. 망각된 것을 Z라 부르자. 우리가 Z와 관련해서 처음 느끼는 사실들은 a와 b, c이며, 이 세부적인 것들은 다시 l과 m, n을 연상시킨다. 그렇다면 각각의 원은 원칙적으로 원 안에 표시된 사실에 대한 생각을 일으키는 뇌 작용을 나타낼 것이다. Z의 활동은 처음에는 단순한 긴장일 것이다. 그러나 a와 b, c의 활동이 점점 l과 m, n으로 전해지고 또 이 모든 작용들이 다소 Z와 연결되어 있기 때문에, 이 세부 사항들은 합세하여 Z를 완전히 활성화시키는 데 성공한다.

이제는 명확한 어떤 목적을 이룰 수단을 발견하는 문제로 돌아가 보자. 이 경우에 목적은 도표의 a와 b, c에 들어 있다. 그것은 암시를 가리키는 화살표의 출발점이다. 앞의 경우와 마찬가지로 여기서도, 의지가 따르는 우리의 주의가 하는 일은 암시 중에서 수단과 상관없는 것들을 버리고 상관있어 보이는 것을 잡아두는 것뿐이다. 목적과 관계 있을 것 같은 암시는 l과 m, n으로 표시되어 있다. 이 암시들이 마침내 힘을 축적했다가 Z로 방출한다. 이 과정을 자극하는 것은 정신의 영역에서 문제에 대한 해결책을 찾는 것과 똑같다. 이 예와 앞의 예 사이에 유일한 차이가 있다면, 이 경우에는 Z에 잠재의식 같은 것이 전혀 필요하지 않다는 점이다. 어떤 문제를 해결할 경우에, 우리가 미리 알고 있는 것은 문제의 관계들뿐인 것 같다. 그것은 원인일 수도 있고, 결과일 수도 있다. 또 그것은 어떤 속성을 갖고 있을 수도 있고, 하나의 수단일 수도 있고 다른 무엇일 수도 있다. 요약하면, 우리는 해답에 관해 많은 것을 알고 있지만, 그럼에도 불구하고 그 해답을 직접적으로 알지는 못한다. 이때 나타나는 대상들 중 어느 하나가 마침내 우리가 찾던 바로 그것이라는 깨달음은 그 관계들이 우리가 마음에 품고 있던 관계들과 일치한다는 인식에 따른 것이며, 이것은 느리게 이뤄지는 판단 행위이다. 어떤 대상과 다른 일들의 관계가 인식되기 전에 그 대상이 한 동안 우리의 마음에 제시된다는 것을 우리 모두는 잘 알고 있다. 그렇듯이 그 대상이 제시되기 전에 관계들이 먼저 제시될 수도 있을 것이다.

신문의 수수께끼 문제를 푸는 것에서부터 제국의 정책을 수립하는 일에 이르기까지, 이 같은 과정이 아닌 다른 과정은 절대로 없다. 우리는 대뇌가 적절한 생각을 거의 자동적으로 우리에게 제시한다는 점을 믿을 수 있어야 한다. 그러나 적절한 생각이 제시될 때 그것을 정확히 포착하는 것이 문제이다.

여기서 다양한 종류의 정신적 추구를 세부적으로 분석하고 들어가는 것은 나의 목적과 부합하지 않는다. 어떤 과학적 연구에서 우리는 아주 훌륭한 예를 하나 보게 될 것이다. 탐구자는 어떤 사실이나 가설로 연구를 시작하며, 그 사실의 원인을 밝히거나 가설을 입증하려 한다. 어떤 경우가 되었든 탐구자는 습관적이거나 유사한 연상들을 거듭 떠올리면서 그 문제를 마음속에서 요모조모 살피고 있다. 그러다 보면 마침내 그의 필요에 부응하는 어떤 연상이 떠오른다. 그러나 이 과정이 몇 년이 걸릴 수도 있다. 탐구자가 자신이 원하는 결과에 곧장 다가설 수 있게 하는 규칙 같은 것은 절대로 없다. 그러나 이 경우나 기억을 떠올리는 경우나 마찬가지로, 연상을 통한 도움을 받는 외에 일상적인 방법까지 동원한다면 더욱 좋은 결과를 얻을 것이다.

예를 들어, 어떤 생각을 떠올리려고 노력할 때, 우리는 그 생각과 연결될 수 있는 다양한 상황을 두루 살필 것이다. 또 그 생각과 관련 있을 수 있는 장소를 두루 떠올릴 것이다. 그 다음에는 우리가 대화를 나눴던 것으로 기억되는 사람들을 모두 떠올릴 것이다. 아니면 최근에 읽었던 책들을 떠올릴 수도 있다. 만약에 어떤 사람을 떠올리려 애를 쓰고 있다면, 거리 이름이나 직업을 두루 떠올릴 수 있을 것이다. 그러다 보면 리스트의 몇몇 아이템이 우리가 필요로 하는 그 사실을 연상하게 할 수도 있을 것이다. 그런 식으로 체계적인 절차를 거치지 않았다면 그 아이템은 결코 머리에 떠오르지 못했을 수도 있다. 과학적 연구에서 일어나는 이런 연상의 축적은 존 스튜어트 밀에 의해서 '실험적 연구의 4가지 방법'(The Four Methods of Experimental Inquiry)이라는 이름으로 체계적으로 정리되었다. '일치법'과 '차이법', '잔여(殘餘)법' '공변법(共變法)'의 방법을 빌려서, 우리는 연상들을 목록으로 만들 수 있다. 이 목록을 놓고 마음속으로 깊이 생각하다 보면, 우리가 찾는 원인이 나타날 수 있다. 그러나 발견이라는 최종적 행위만은 반드시 직접 행해져야 한다. 발견이 이 목록에 의해 저절로 일어나는 것은 아닌 것이다.

최종적으로, 뇌 경로들이 옳은 방향으로 활성화되어야 한다. 그렇지 않으면 우리는 언제나 어둠 속을 더듬고 있을 것이다. 일부 뇌의 경우에 경로들이 다른 뇌에 비해 정확한 쪽으로 더 자주 활성화되고 있지만, 우리는 그 이유를 모른다. 그렇다고 해서 우리가 이런 종국적인 사실들에 눈을 감아서는 안 될 것이다. 존 스튜어트 밀의 방법에 따라 예들을 리스트로 만드는 동안에도, 우리는 뇌 안에서 유사성에 의해 자동적으로 일어나는 작용에 휘둘리게 된다. 만약에 한 가지 사실이 유사성 연상을 통해서 다른 사실을 신속히 떠올리지 않는다면, 우리가 찾고자 하는 사실을 닮은 많은 사실들이 어떻게 하나의 목록 아래로 모아질 수 있겠는가?

## 유사성은 절대로 기본 법칙이 아니다

그런 것이 내가 제시하는 분석으로, 3가지 주요 유형의 자발적인 생각의 기차들 중 첫 번째이다. 떠올려진 대상은 그것을 연상시킨 사실과는 논리적으로 아무런 관계를 갖지 않을 수도 있다는 사실이 관찰될 것이다. 법칙은 단지 한 가지 조건을 충족시킬 것을 요구하고 있다. 희미해지고 있는 대상은 뇌의 작용 때문에 그렇게 되고 있음에 분명하고, 이 뇌 작용의 일부 요소는 습관적으로 그 다음에 나타날 대상의 뇌 작용의 일부 요소를 자극한다. 이 자극은 유사성 연상에서 인과관계의 동인으로 작용한다. 대상들의 유사성 자체가 우리의 주의가 이 대상에서 저 대상으로 옮겨가는 인과관계 동인인 것은 절대로 아니다. 대상들 사이의 유사성은 단지 하나의 결과일 뿐이다. 평범한 저자들은 마치 대상들의 유사성 그 자체가 하나의 동인인 것처럼 말한다. 이는 말이 되지 않는다. 두 가지 물체의 유사성은 그 두 가지가 모두 거기 있기 전까지는 존재하지 않는다. 그렇기 때문에 두 가지 물체의 유사성에 대해 육체적 영역이나 정신적 영역에서 무엇인가를 끌어낼 수 있는 동인으로 논하는 것은 무의미한 일이다. 유사성은 정신이 그 사실 뒤에 지각하는 어떤 관계이다. 그것은 정신이 어떤 대상과의 연상을 통해 떠올려진 또 다른 대상을 놓고 우월성과 거리, 인과성, 용기(容器)와 내용물, 실질과 우연, 혹은 대조 등의 관계를 파악하는 것이나 마찬가지이다.

## 결론

이제 이 장을 요약할 때이다. 3가지 종류의 연상들 사이의 차이가 간단히 한 가지의 차이로 압축되는 것을 우리는 보고 있다. 바로 신경 경로 중에서, 다가오고 있는 생각을 불러일으키면서 사라지고 있는 생각을 뒷받침하고 있는 부분의 크기에 나타나는 차이로 압축되고 있는 것이다. 그러나 활동적인 이 부분의 작동 방식은 그 크기와 상관없이 똑같다. 새로 나타나고 있는 대상을 이루고 있는 아이템들은 매 순간 일깨워지고 있다. 왜냐하면 이 아이템들의 신경 경로들이 사라지고 있는 중인 대상이나 그 대상 중에서도 여전히 힘을 발휘하고 있는 부분의 신경 경로에 의해 지속적으로 자극을 받기 때문이다. 신경 요소들 사이에 나타나는 이 같은 생리적 습관의 법칙이 생각의 기차를 달리게 하는 바로 그 힘이다.

생각의 기차가 나아가는 길의 방향과 그 기차의 과도적인 형태는 우리가 알지 못하는 미지의 조건들 때문에 나타난다. 이 조건들 때문에 일부 뇌에서는 작용이 좁은 지역으로 집중하는 경향을 보이고 또 일부 뇌에서는 작용이 인내심 있게 넓은 부위를 채우는 경향을 보인다. 뇌 작용을 부위에 따라 다르도록 만드는 조건들이 어떤 것인지를 아는 것은 불가능한 것 같다. 그 조건들이야 어떻든, 바로 그것들이 천재성을 가진 사람과 일상적인 사고와 습관에 만족하는 보통 사람들을 나누는 것 같다. 추론에 대해 논하는 장에서 우리는 다시 이 문제를 더듬게 될 것이다. 지금쯤은 독자 여러분이 우리의 생각의 질서를 보다 깊이 이해하는 길은 뇌 생리학에 있다는 사실을 느낄 것이라고 나는 믿는다. 이미지나 관념의 부활이라는 기본적인 과정은 습관의 법칙에 지나지 않는다. 생리학자들이 정말로 세포 집단을 찾아가면서 우리가 앞에서 이야기한 그 연상의 경로를 일일이 추적하고 나설 날은 한참 멀었을 것이다. 아마 그런 날은 절대로 오지 않을지도 모른다. 우리가 이용한 조직적 체계는 대상을 기본적인 부분들로 분석하는 방법에서 차용해 그 적용을 뇌에까지 확장한 것에 지나지 않는다. 그럼에도 그 체계가 인과관계의 맥락에서 무엇인가를 보여줄 수 있는 것은 그것이 뇌에 적용될 수 있을 때뿐이다. 내가 볼 때, 정신의 재료들이 나타나는 순서가 단지 뇌 생리학에 좌우된다고 말하는 이유도 바로 거기에 있는 것 같다.

어떤 작용이 다른 작용에 비해 우세한 현상은 뇌의 확률 영역에 속하는 것 같다. 뇌의 신경 조직이 그런 불안정성을 필요로 한다 하더라도, 일부 지점들은 다른 지점들에 비해 언제나 더 빨리 또 더 강하게 전류를 방출해야 한다. 그리고 이 같이 우세한 지점들은 우발적인 원인들 때문에 매 순간 바뀔 것이다. 이는 천재성을 가진 사람의 내면에서 유사성에 의한 연상이 변덕스럽게 일어나는 현상에 대한 설명이 될 것이다. 수면 상태인 뇌 안에서는 연상의 경로들이 크게 줄어드는 것 같다.

관심이 수반된 주의와 의지의 효과는 뇌에 남는다. 이런 작용들은 일부 요소에 강하게 집착하는 것 같고, 또 그 요소들을 강조하고 거기에 머묾으로써 그 연상들을 유일하게 자극 받을 연상으로 만드는 것 같다. 이것이 기계론에 반대하는 심리학이 연상을 다룰 때 견지해야 하는 입장이다. 그 외의 다른 것은 뇌의 법칙에 따라 일어나는 것이 거의 확실하다. 능동적인 주의와 정신적 자발성의 문제에 관한 나의 의견은 '주의'를 논하는 장에서 개진되었다. 그러나 정신적 자발성이 있다 하더라도, 그 자발성도 생각을 창조하지 못하며 준비 없이는 생각을 불러내지도 못한다. 정신적 자발성의 힘은 연상 작용이 만들어내는 것들 중에서 선택하는 것에 국한된다. 만약에 정신적 자발성이 이런 식으로 만들어진 생각 중 하나를 0.5초 정도 강조하거나 강화하거나 연장할 수 있다면, 그 자발성은 자유 의지의 옹호자들이 요구하는 모든 것을 할 수 있다. 왜냐하면 그렇게 될 경우에 정신적 자발성이 새로운 연상들의 방향을 결정하고 따라서 그 사람의 사고의 길과 행동을 결정할 수 있기 때문이다.

## Chapter 17

# 시간 감각

감각 가능한 현재는 지속 기간을 갖고 있다. 우리 모두 시간의 현
재 순간에 주의를 기울이도록 하자. 현재를 잡아두라는 말은 아니
다. 그러면 아마 대단히 당황스런 경험이 일어날 것이다. 지금이여,
그대는 지금 어디에 있는가? 우리가 건드리기도 전에 지금은 멀찍
이 달아나 버린다. 허지슨이 인용한 어느 시인이 노래한 것처럼 말
이다. "말을 내뱉는 그 순간은 이미 나에게서 멀어져버리네." 한없
이 짧은 지금이 제대로 이해될 수 있는 때는 지금이 훨씬 더 넓은
시간의 폭을 가진, 살아 움직이는 조직 안으로 들어갈 때뿐이다.
현재는 사실 하나의 관념적인 추상 개념일 뿐이다. 감각으로도 절
대로 깨달아지지 않으며, 철학적 명상에 익숙하지 않은 사람들에
게는 이해조차 되지 않을 것이다. 깊이 생각해보면, 우리는 지금이
존재해야 한다고 결론을 내리게 된다. 그러나 현재가 존재한다는

것은 절대로 즉시적으로 경험할 수 있는 사실이 되지 못한다. 우리가 즉시적으로 경험할 수 있는 유일한 사실은 '겉보기의 현재' (specious present)라 불릴 수 있는 것뿐이다. 그 자체의 시간적 길이를 갖고 있는 일종의 시간의 안장 같은 것이다. 그 안장 위에 앉아서, 우리는 두 방향으로 시간을 본다. 시간에 대한 우리의 지각을 구성하는 단위는 '지속 기간'이다. 말하자면 선수(船首)와 선미(船尾) 같은 것, 즉 앞쪽의 끝과 뒤쪽의 끝이 있다는 뜻이다. 한쪽 끝과 다른 쪽 끝의 연속 관계가 지각되는 것은 단지 이 '지속 기간'의 부분들로서다. 우리는 한쪽 끝을 먼저 느끼고 그 다음에 다른 쪽 끝을 느끼지도 않으며 그 연속적인 지각을 바탕으로 그 사이의 시간적 길이를 추론하지도 않는다. 그러나 우리는 시간의 간격을 두 개의 끝이 있는 하나의 전체로 느끼는 것 같다. 그 경험은 처음부터 단 한 개의 자료가 아니라 통합적인 자료이다. 꽤 민감한 지각에도 시간의 요소들은 분리되지 않는다. 비록 주의를 기울이며 뒤돌아보면 그 경험을 쉽게 분해하고 그 처음과 끝을 구분할 수 있을지라도 말이다.

겨우 몇 초를 넘기는 순간, 시간적 지속에 대한 우리의 의식은 더 이상 즉각적인 지각이 아니고 다소 상징적인 어떤 구조가 되어버린다. 한 시간을 파악하기 위해서도 우리는 '지금! 지금! 지금! 지금! …'이라고 무한정 헤아려야 한다. 각각의 '지금'은 시간의 한 조각에 대한 느낌이며, 그 조각들의 정확한 합계는 우리의 마음에 명확한 인상을 전혀 남기지 못한다. 우리가 더 긴 시간 조각과의 비교에서도 그 길이를 구분하고 동시에 더 짧은 시간 조각과의 비교에서도 그 길이를 구분할 수 있는 '지속 기간'의 조각들 중에서 가장 긴 시간은 12초 정도인 것 같다(분트의 실험실에서 다른 목적으로 실시한 실험들에서 얻은 결과이다). 우리가 시간의 길이로 느낄 수 있는 것 중에서 가장 짧은 길이는 500분의 1초 정도이다. 말하자면, 엑스너는 두 번째 불꽃이 첫 번째 불꽃보다 500분의 1초 정도 뒤에 일어날 때 그 불꽃이 연속적으로 나타나게 된다는 사실을 알아차렸다.

우리에겐 빈 시간에 대한 감각이 전혀 없다. 두 눈을 감고 앉아서 외부 세계로부터 완전히 차단된 채 시간의 흐름에만 주의를 집중해보라. 시에 나오는 것처럼, "한밤중에 시간이 흘러가는 소리를 듣고, 만물이 운명의 새 날 쪽으로 움직이는 소리를" 듣는 사람처럼 신경을 온통 시간에 쏟아보라. 이 같은 상황에서는 우리의 생각의 물질적 내용에는 변화가 전혀 없는 것 같다. 우리가 인지하는 것은 안으로 향하는 우리의 시선 아래로 피어나 자라는, 순수한 시간들의 연속처럼 보인다. 정말로 그럴까? 이 물음이 아주 중요하다. 왜냐하면 그 경험이 대략 그런 식이라면 우리가 순수한 시간에 대한 특별한 감각을 갖고 있기 때문이다. 빈 시간적 길이가 적절한 자극이 될 수 있는 그런 감각 말이다. 그런 한편으로 만약에 그것이 착각이라면, 시간의 흐름에 대한 우리의 지각은 시간을 채우고 있는 행위와 시간이 그 직전에 가졌던 어떤 내용물에 대한 우리의 기억 때문이라는 뜻이 된다.

후자가 진리라는 점을 확인하는 데는 약간의 내성(內省)만 필요할 뿐이다. 우리가 지속 기간을 지각하지 못하는 것은 우리가 감각

가능한 내용물이 전혀 없는 폭(幅)을 지각하지 못하는 것과 똑같다. 눈을 감으면 시커먼 시야가 보이고 그 시야 안에 언제나 기분 나쁜 시커먼 빛이 흐르고 있는 것처럼, 우리는 내적으로 분트가 언젠가 의식의 전반적인 황혼이라고 부른 그런 상태에 깊이 잠겨 있다. 그렇듯, 우리가 외부의 명백한 인상들로부터 완벽하게 차단되는 것은 불가능한 일이다. 우리의 심장 박동과 호흡, 주의, 그리고 우리의 상상 속에 피어나는 단어나 문장의 파편들 등이 분트가 말하는 의식의 황혼을 이루고 있다. 지금 이 모든 작용은 규칙적이며, 우리에겐 그 전체성으로 파악된다. 호흡과 주의는 일어났다가 낮아지기를 반복하면서 일관성을 보인다. 심장 박동도 비슷하다. 시간적 길이만 짧을 뿐이다. 단어들도 분리되지 않고 연결된 집단으로 존재한다. 한마디로 말해, 마음을 비우더라도 어떤 형태의 변화하는 작용이 우리가 느낄 수 있을 정도로 뚜렷하게 남을 것이며 이것까지 몰아내는 것은 불가능하다. 작용과 그 리듬감과 함께, 그 작용이 지속되는 시간의 길이에 대한 느낌이 생겨난다. 따라서 변화에 대한 자각이 시간의 흐름을 지각하는 데 반드시 필요한 조건이다. 그러나 빈 시간 자체의 변화만 있어도 변화에 대한 자각이 충분히 일어날 수 있다고 생각해야 할 이유는 전혀 없다. 변화는 반드시 구체적인 종류의 변화여야 한다.

## 보다 긴 지속 기간에 대한 이해

빈 시간이 흘러가는 것을 지켜보면서, 우리는 그 흐름을 맥박으로 셀 수 있다. 우리는 시간이 흘러가는 것을 느끼면서 '지금! 지

금! 지금!'이라고 말할 수 있다. 지속의 단위들로 이뤄진 이 구조는 시간의 '불연속적 흐름'의 법칙이라 불린다. 그러나 이 불연속성은 단지 시간에 대한 우리의 인지 행위가 불연속적이란 사실 때문에 나타나는 현상이다. 감각은 어느 것이나 똑같이 지속적이다. 지속적인 모든 감각은 박자로 파악될 수 있다. 우리는 감각 중 약간 더 강한 것이 지나가고 있거나 이미 지나갔다는 것을 알아차린다. 허지슨의 이미지를 빌리면, 감각은 줄자와 비슷하고, 지각은 줄자의 눈금을 찍는 기계와 비슷하다. 일정하게 들리는 소리에 귀를 기울일 때, 우리는 그 소리를 인지의 불연속적 펄스로 받아들인다. 그러면서 그 소리를 "하나! 둘! 셋!"이라는 식으로 헤아린다. 시간에 대한 인지도 이와 다를 게 하나도 없다.

몇 차례의 박자가 지나고 나면, 우리가 헤아렸던 양에 대한 인상이 상당히 흐릿해진다. 흐른 시간의 양을 정확히 아는 유일한 길은 헤아리거나 시계를 지켜보거나 아니면 다른 상징적인 개념을 빌리는 것이다. 시간이 몇 시간 혹은 며칠을 넘어서면, 그 개념은 당연히 상징적이게 된다. 우리는 자신이 의미하는 시간적 양에 대해 단지 하나의 '명칭'으로만 생각하거나 그 시간 안에 들어 있는 두드러진 며칠을 훑어보는 식으로 생각한다. 이때 시간의 처음과 끝 사이의 전체 기간을 상상할 생각은 전혀 하지 않는다. 지금과 1세기 사이의 세월이 지금과 10세기 사이의 세월보다 훨씬 더 길었다. 그럼에도 더 긴 그 시간에 대한 지각 같은 것은 누구에게도 없다. 역사학자에겐 훨씬 더 긴 시간적 길이는 추가적인 날짜와 사건들을 의미하고, 따라서 긴 세월은 훨씬 더 광대한 것으로 보이는 것이 사실이다. 그리고 똑같은 이유로 대부분의 사람들도 지난 2주 동안의 시간적 길이가 지난 한 주의 시간적 길이를 초과한다는 사실을 직접 지각한다고 생각할 것이다. 그러나 이런 경우에 적절히 비교하고 나설 만한 '시간 직관' 같은 것이 전혀 없다. 날짜와 사건들은 시간을 대표할 뿐이고, 날짜와 사건들이 많다는 것은 시간의 길이를 상징할 뿐이다. 비교되는 시간들이 겨우 1시간을 넘을 때조차도 이런 현상이 나타난다고 나는 생각한다. 우리가 언제나 숫자로 측정하여 서로 비교하는 거리에서도 똑같은 현상이 벌어진다.

여기서 우리는 자연히 시간적 길이의 계산에 나타나는 특이한 사실들에 주목하지 않을 수 없다. 대체로 보면, 다양하고 재미있는 경험으로 꽉 찬 시간은 눈 깜빡할 사이에 지나가는 것 같은데도 그 시간을 돌이켜보면 아주 길게 느껴진다. 반면에 거의 아무런 경험 없이 무료하게 보내는 시간의 흔적은 지나갈 당시에는 아주 길게 느껴지는데도 나중에 되돌아보면 아주 짧게 느껴진다. 1주일 동안의 여행과 관광은 기억에서는 3주일만큼 길어 보일 수 있다. 병을 앓으면서 보낸 1개월은 단 하루치 이상의 기억을 좀처럼 남기지 못한다. 되돌아보는 시간의 길이는 분명히 그 시간이 제시하는 기억들의 숫자에 크게 좌우된다. 많은 대상과 사건, 변화, 디테일은 우리가 돌아보는 시야를 즉시 넓혀준다. 반면에 공허함과 단조함, 익숙함은 과거를 돌아보는 시야를 좁힌다.

똑같은 시간적 길이도 나이가 들수록 더 짧아 보이는 것 같다. 하루나 달, 해는 나이가 많아질수록 짧게 느껴진다. 시간도 그렇게 느껴지는지는 잘 모르겠다. 그러나 분과 초는 나이가 들어도 똑같이 느껴진다. 노인은 자신의 과거 삶에 대해 소년 시절에 느꼈던 것보다 결코 더 길게 느끼지 않는다. 실제로 보면 그가 그때보다 몇 배 더 오래 살았음에도 불구하고 그런 식으로 느껴진다. 대부분의 사람들을 보면, 성인이 된 후로 겪은 모든 사건들이 서로 매우 비슷하기 때문에 사건들의 개별적인 인상은 그리 오래 지속되지 않는다. 동시에 어린 시절의 사건들은 더 많이 망각된다. 그 결과, 어른의 기억에 분명하게 구분되는 대상은 어린 시절에 비해 조금도 더 많지 않다.

과거를 회상할 때, 시간의 경과도 짧아지는 것이 분명하다. 우리가 시간이 흐르는 것 자체를 느끼지 못할 정도로 아주 알차게 보낼 때마다, 시간의 경과는 짧아진다. 조금도 쉬지 않고 재미난 일로 보내는 하루는 쏜살같이 지나간다고 말한다. 반대로 변화를 기다리며 무료하게 보낸 하루는 짧은 영원처럼 느껴질 것이다. 그런 상태를 표현하는 단어가 바로 권태와 지루함일 것이다.

시간이 흐르는데도 그 시간을 채울 알맹이가 없을 때, 권태가 일어난다. 그런 상황에서 사람들은 시간 자체의 흐름에 주의를 더 많이 기울이게 된다. 새로운 인상이 나타나기를 기다리고 있는데 그런 인상이 나타나지 않을 때, 우리는 새로운 인상 대신에 공허한 시간을 갖게 된다. 그런 경험이 끝없이 반복되면, 사람들은 시간 자체의 길이에 대해 무섭게 생각하게 된다. 두 눈을 감고 누군가가 당신에게 1분이 지났다고 말할 때까지 그냥 기다려보라. 당신이 여가 시간을 그런 식으로 보내는 것은 상상조차 하기 싫을 것이다. 왜냐하면 당신이 시간 자체의 느낌에 주의를 온통 쏟고 있고, 시간에 쏟는 당신의 주의는 세세한 것에 매우 민감하기 때문이다. 전체 경험에 대한 불쾌감은 그 경험의 무미건조함에서 비롯된다. 왜냐하면 어떤 경험에서 쾌감을 느끼기 위해선 반드시 자극이 필요하기 때문이다. 그런데 발가벗은 시간의 느낌이야말로 우리가 할 수 있는 경험 중에서 자극이 가장 약한 경험이 아닌가. 오스트리아 심리학자 폴크만(Wilhelm Fridolin Volkmann)은 권태감을 '완전한 현재'에 대한 항의로 보고 있다.

과거 시간에 대한 느낌은 곧 현재의 느낌이다. 우리가 시간을 의식하는 방식에 대해 곰곰 생각하면서, 우리는 먼저 시간이 이 세상에서 이해가 가장 쉬운 것이라고 생각하는 경향을 보인다. 우리의 내면의 상태들은 서로 연속되고 있다. 내면의 상태들은 스스로에 대해 잘 알고 있다. 그렇다면 당연히 각 내면의 상태는 그 연속에 대해 잘 알아야 한다고 우리는 말한다. 그러나 이 철학은 너무 조잡하다. 왜냐하면 정신 자체의 변화들이 연속적인 것과 변화들의 연속에 대해 아는 것 사이에는 세상 속의 대상과 그것을 인식하는 주체 사이의 간극만큼이나 넓은 간극이 놓여 있기 때문이다. 느낌들의 연속 자체가 연속의 느낌은 아니다. 우리의 연속적인 느낌에다가 그 느낌들이 연속된다는 느낌까지 더해지기 때문에, 그것은 그 자체로 특별한 설명을 요구하는 하나의 추가적인 사실로 다뤄져야 한다.

만약에 우리의 사고의 흐름을 시간별로 구체적으로 가로축으로 나타낸다면, 어느 한 지점을 예로 들 경우에 그 지점에서 그 흐름 속의 생각도 수직축에 표시되고 또 그 길이 속의 각 부분에서 과거와 현재, 미래에 대해 하는 생각도 수직선으로 표시될 것이다. 이 수직선의 길이는 어떤 대상, 즉 내용물을 나타낸다. 이 경우에 내용물은 그 흐름 중에서 수직선이 서 있는 그 순간에 실제로 생각되었던 시간이다.

따라서 거기에는 과거의 대상들을 현재의 의식에 투영하는, 일종의 '원근법적 투영' 같은 것이 일어난다. 넓은 풍경을 카메라 화면에 투영하는 것과 비슷하다.

그리고 앞에서 보았듯이, 명백히 지각할 수 있는 최장의 지속 기간이 겨우 10여 초밖에 되지 않기 때문에, 우리는 이 정도의 지속 기간이라면 뇌 작용의 꽤 지속적인 특징 덕분에 의식의 흐름에 꽤 잘 각인될 것이라고 짐작해야 한다. 뇌 작용의 이 같은 특징이 우리가 그때그때 사실을 지각하게 하는 원인임에 틀림없다. 따라서 안정적으로 지각된 지속 기간이 앞에서 언급한 '겉보기의 현재'보다 긴 경우는 거의 없다. 시간의 내용물은 끊임없이 유입되고 있다. 사건들은 뒤쪽 끝에서 희미해지는 그 속도만큼 빨리 앞쪽 끝을 향해 미끄러져 간다. 그러면서 각각의 사건은 시간적 위치를 '아직'에서 '이제 막 흘러간'이나 '흘러간'으로 바꿔간다. 그 사이에 '겉보기의 현재', 즉 직관적인 지속 기간은, 폭포 위의 무지개처럼, 그 시간에 흘러가고 있는 사건들에 영향을 받지 않은 채 본래의 특성 그대로 서 있다. 각각의 사건은 시간의 흐름을 빠져나가면서 재생될 힘을 얻으며, 재생될 때에는 그 사건이 원래 가졌던 이웃 사건들과 지속 기간과 함께 재생된다. 그러나 어떤 사건이 '겉보기의 현재'의 뒤쪽 끝으로 완전히 빠져나갔다가 다시 재생될 때에는 그 사건이 처음 지각될 때와는 완전히 다른 정신적 사실이라는 점을 명심해야 한다. 어떤 생명체가 재생 기억을 전혀 갖고 있지 않으면서도 시간 감각을 갖고 있을 수 있다. 그러나 이런 경우에 시간 감각은 이제 막 흘러가고 있는 몇 초로 제한될 것이다. 다음 장에서 우리는 시간 감각을 주어진 것으로 여기면서 재생 기억, 즉 흘러간 사건들의 회상에 일어나는 일들을 분석할 것이다.

# Chapter **18**
# 기억

## 기억 현상에 대한 분석

기억은 이미 의식에서 사라진 어떤 정신 상태에 대한 지식을 말한다. 혹은 우리가 당분간 생각하고 있지 않던 어떤 사건 혹은 사실에 대한 지식을 말한다. 이때는 우리가 그것을 예전에 생각하거나 경험했다는 의식이 작용하게 된다.

이런 지식이 수반하는 첫 번째 요소는 마음속으로 원래 사건의 이미지를 떠올리거나 재생시키는 일인 것 같다. 그런 식으로 이미지를 재생하는 것이 원래의 사건에 대한 기억의 전부라는 것이 많은 전문가들의 견해이다. 그러나 기억은 그런 재생이 절대로 아니다. 기억은 또 하나의 사건이다. 첫 번째 사건과는 그저 닮았다는 것 외에는 아무런 관계가 없다.

시계는 오늘도 벨을 울려서 시간을 알린다. 이 시계는 어제도 벨을 울려 시간을 알렸으며, 낡아 없어지는 그 날까지 아마 수백만 번도 더 벨을 울리게 될 것이다. 비는 이번 주에도 내렸다. 비는 지난주에도 내렸으며 아마 영원히 내릴 것이다. 그러나 시계 벨소리와 빗줄기가 반복되고 그 전의 것과 서로 닮았다고 해서, 지금 시계의 벨소리가 과거의 벨소리들을 자각하고 현재의 빗줄기가 과거의 빗줄기를 회상하는가? 절대로 그렇지 않다. 시계의 벨을 울리는 것과 빗줄기가 물리적인 대상이고 정신적인 대상이 아니라서 그렇다는 식으로는 말하지 않도록 하자. 왜냐하면 연속적으로 거듭해서 일어나는 정신적 대상들(예를 들어 감각들)이 거듭된다는 이유만으로 서로를 기억하지는 않을 것이기 때문이다. 시계의 벨소리가 서로의 소리를 기억하지 않는 것과 똑같다.

단순히 다시 일어난다는 사실 자체에는 어떠한 기억도 개입되지 않는다. 어떤 느낌을 연속적으로 복제한 것들은 저마다 그 자체로 하나의 개별적인 사건이다. 각각의 사건은 자신만의 살갗 안에서 안온함을 느낀다. 어제의 느낌은 이미 죽어 묻혔다. 오늘의 느낌이 존재한다는 사실은 어제의 느낌이 오늘의 느낌과 함께 부활했다고 생각할 이유가 전혀 되지 못한다. 현재의 이미지가 과거의 본래 이미지를 의미하는 것으로 여겨지기 위해선, 한 가지 조건이 더 충족되어야 한다.

그 조건이란 바로 이미지로 떠올린 그 사실이 명백히 과거와 관련이 있어야 하고, 과거 속의 일처럼 생각되어야 한다는 것이다. 그러나 우리가 과거에 대해 그 사건과 더불어 생각하지 않고, 또 과거와 그 사건의 관계에 대해 생각하지 않고 어떻게 그 사건을 과거

속에서처럼 생각할 수 있으며 또 과거에 대해 생각할 수 있는가? 시간 지각에 관해 논하는 장에서, 우리는 과거에 대한 우리의 직관적 또는 즉시적인 의식은 우리를 현재로부터 겨우 몇 초 뒤로밖에 데려다 주지 않는다는 것을 알았다. 그보다 더 먼 날짜는 생각되는 것이지 지각되는 것이 아니다. '지난주'나 '1850년' 등의 이름에 의해 상징적으로 알려지는 것일 뿐이다. 아니면 그때 일어난 사건들, 예를 들면 어떤 학교에 다녔다든지 어떤 아픔을 겪었다든지 하는 기억에 의해 생각되는 것이다. 그렇기 때문에 만일에 어떤 구체적인 과거 시대에 대해 생각하기를 원한다면, 우리는 이름이나 다른 상징 혹은 그 시대와 관련 있는 구체적인 다른 사건들에 대해 생각해야 한다. 과거 시대에 대해 제대로 생각하려면, 앞에 이야기한 것들에 대해 생각해야만 한다. 그리고 구체적인 어떤 사실을 과거 시대와 연결시킨다는 것은 그 사실을 그 시대의 특징을 말해줄 명칭이나 사건과 더불어 생각하고, 또 그 사실을 다수의 연상들과 함께 생각하는 것을 말한다.

그러나 이렇게 한다고 해서 그것이 곧 기억이 되는 것은 아니다. 기억은 어떤 사실을 단순히 과거 속에 놓는 그 이상의 것을 요구한다. 기억은 나의 과거 안에 놓여야 한다. 달리 말하면, 내가 그 사건의 발생을 직접적으로 경험하고 있다고 생각할 수 있어야 한다. 기억은 자아를 논하는 장에서 자주 이야기했던 그 '온기'와 '친밀감'을 가져야만 한다.

그렇다면 기억의 모든 대상이 갖춰야 할 요소들은 다음과 같다. 시간적으로 과거로 향하는 느낌이 있어야 하고, 그 방향으로 어떤 구체적인 시점이 제시되어야 하고, 그 시기의 명칭이나 현상적인 내용으로 정의되어야 하고, 또 나 자신의 경험의 일부로 느껴질 수 있어야 한다.

### 보유(保有)와 회상

기억의 현상 혹은 기억의 대상에 대한 분석이 그런 것이라면, 우리가 기억이 일어나고 있다는 것을 어떻게 알 수 있는가? 또 그 기억의 원인을 어떻게 알 수 있는가?

이에 대한 대답을 제시하려면 먼저 2가지 조건이 필요하다. 하나는 기억된 사실이 간직되어 있어야 한다는 것이고, 다른 하나는 그 사실을 회상하고 재생해야 한다는 것이다.

여기서도 관념들의 연합에서와 마찬가지로 보유와 회상의 원인은 신경계의 습관의 법칙이다.

### 연상이 회상을 설명한다

관념연합설을 주장하는 사람들은 오래 전부터 회상을 연상으로 설명해왔다. 제임스 밀이 그것에 대해 설명한다. 그가 쓰는 '관념'이라는 용어를 '생각되고 있는 사물' 혹은 '대상'으로 바꿨으면 좋겠다는 생각이 들 뿐, 그의 설명에 내가 특별히 손을 댈 곳은 없다. 제임스 밀은 이렇게 말한다.

"모든 사람들에게 익숙한 어떤 정신의 상태가 있는데, 이 정신의 상태가 우리가 기억하는 깃으로 여겨진다. 이 상태에서 우리가 떠올리고자 하는 관념은 우리의 정신에 없는 것이 확실하다. 그렇다면 우리가 어떤 노력의 과정을 통해서 그 관념을 마음속으로 끌어들이는 것일까? 그 관념 자체를 갖고 있지는 않다 하더라도, 우리는 그것과 연결된 어떤 관념들을 갖고 있을 것이다. 이 관념들 중 어떤 것이 우리가 찾고 있는 그 관념을 암시할 것이라는 희망에서, 우리는 관념들을 하나하나 훑어볼 것이다. 그러다 어떤 한 관념이 우리가 찾고 있는 그 관념을 암시한다면, 그것은 우리가 찾던 관념을 떠올리게 할 정도로 언제나 밀접히 연결되어 있는 관념이다.

옛날에 알고 지내던 사람을 만났는데, 그 사람의 이름이 떠오르지 않는다. 그래서 나는 이름을 기억하려고 애를 쓰고 있다. 나는 다수의 이름을 더듬어본다. 그 중에 그 사람의 이름을 떠올리게 할 이름이 있지 않을까, 하는 마음에서 말이다. 나는 그가 개입된 모든 상황에 대해 생각한다. 내가 그를 처음 알았던 때와 그를 나에게 소개시켜주었던 사람들, 그가 했던 일들, 혹은 그가 고통을 당했던 일들 등에 대해 생각하려고 노력한다. 그러다 그 이름과 함께 연상되는 어떤 생각이라도 떠오르면, 그 즉시 나는 그 이름을 떠올릴 수 있다. 그렇게 되지 않는다면, 그 노력은 헛되이 끝나고 말 것이다. 또 다른 예들이 있다. 마찬가지로 매우 흔한 예들이지만 이 주제에 매우 중요한 증거를 제시할 수 있다. 우리가 결코 망각하고 싶지 않은 일도 있다. 그렇다면 기억을 간직하기 위해 우리가 할 수 있는 노력은 어떤 것일까? 말하자면 어떤 기억을 우리가 원할 때마다 즉각 끌어낼 수 있는 방법은 없을까?

모든 사람은 틀림없이 똑같은 방편을 이용한다. 기억하려는 일에 대한 생각과 그 일을 떠올리고자 하는 시점을 전후해서 일어날 어떤 감각 또는 관념 사이에 연상을 형성하려고 노력하는 것이다. 만약에 이 같은 연상이 형성되고 이때 형성된 연상이나 생각이 떠오른다면, 그 감각 또는 생각이 기억을 떠올리게 할 것이고, 그러면 그 연상을 형성한 사람의 목표가 성취될 것이다. 아주 흔한 예를 하나 들어보자. 어떤 사람이 친구로부터 커미션을 받은 다음에 그 사실을 잊지 않기 위해 자신의 손수건에 매듭을 만들어놓는다. 그러면 이 같은 사실은 어떤 식으로 설명되는가? 먼저 커미션이라는 생각이 매듭을 만드는 것과 함께 연상된다. 둘째, 손수건이 자주 보게 되는 물건이며 당연히 기억하기를 바라는 사건으로부터 시간적으로도 그리 멀지 않은 때에 보게 될 것이다. 손수건이 보이면 당연히 매듭도 보일 것이고, 이 감각은 커미션을 떠올리게 할 것이다."

요약하면, 우리는 기억 속에서 망각한 어떤 관념을 더듬는다. 잃어버린 물건을 찾을 때 집안을 뒤지는 것과 똑같다. 잊어버린 생각을 찾아내거나 잃은 물건을 찾을 때나 똑같이 우리는 찾고자 하는 것의 이웃으로 여겨지는 곳을 방문할 것이다. 우리는 물건들을 뒤지면서 그 밑이나 그 안, 아니면 그 옆을 살핀다. 만일 찾던 것이 그곳 가까운 곳에 놓여 있다면, 그것은 쉽게 눈에 띌 것이다. 그러나 찾는 것이 정신의 어떤 대상인 경우에는 이런 것들은 그 대상의 연상에 지나지 않는다. 따라서 회상의 절차는 연상의 절차와 똑같으며, 우리가 아는 바와 같이 연상의 절차는 신경 중추들에 작용하는 습관의 법칙에 지나지 않는다.

이는 또한 보유에 대한 설명도 된다. 보유의 복잡한 절차도 똑같은 이 습관의 법칙이다. 보유는 회상하려는 경향을 의미한다. 보유는 그런 성향 외의 다른 것은 아무것도 의미하지 않는다. 보유가 있다는 점을 뒷받침하는 유일한 증거는 회상이 실제로 일어난다는 사실이다. 요약하면 어떤 경험의 보유는 그 경험을 다시 생각할 가능성 혹은 그것을 다시 생각하는 경향을 뜻한다. 어떤 암시가 작용하여 이 경향을 현실로 바꿔놓는다 하더라도, 이 경향 자체의 영원한 바탕은 조직화된 신경 경로들에 있다. 이 경로에 의해서 그 암시는 앞에서 설명한 대로 기억 가능한 경험과 과거의 연상, 자아가 거기에 있었다는 느낌, 그리고 그 모든 것이 정말로 일어났다는 믿음 등을 불러낸다. 그 회상이 준비된 상태일 때, 암시가 나타나는 즉시 기억의 부활이 일어난다. 반면에 회상이 느릴 때, 기억의 부활도 마찬가지로 느리게 이뤄진다. 그러나 회상이 빠르든 느리든, 회상을 가능하게 하는 조건(달리 표현하면 경험의 '보유')은 그 경험과, 회상할 사건과 회상의 분위기를 서로 연결시키는 뇌 경로들 그 이상도 그 이하도 아니다. 활동을 쉬고 있는 동안에, 이 경로들은 보유의 상태에 있다. 활동하고 있는 동안에, 이 경로들은 회상의 상태에 있다.

## 뇌의 음모

아주 간단한 그림이 기억의 전체 과정을 아주 쉽게 설명할 것이다.

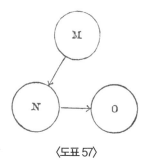

〈도표 57〉

　n을 과거의 어떤 사건이라고, o를 그 사건의 '배경'(이미 설명한
바와 같이 부수적으로 일어난 사항들과 날짜, 자아의 현존감, 온기
와 친밀감 등을 말한다)이라고, m을 기억을 불러내기에 적절한 현
재의 생각이나 사건이라고 생각하자. m과 n, o를 생각할 때 활성
화되는 신경 중추들을 각각 M과 N, O라고 하자. 그렇다면 M과 N,
N과 O 사이의 선으로 상징되는 경로들의 존재는 '기억 안에 사건
n을 보유하고 있다'는 표현에 의해 암시될 것이며, 이 경로들을 따
라 일어나는 뇌의 자극은 사건 n을 실제로 회상하는 데 필요한 조
건이 될 것이다. 그러면 n의 보유가 무의식의 상태에서 어떤 '관념'
을 저장하는 신비로운 일이 절대로 아니라는 사실이 관찰될 것이
다. n을 보유하는 것은 정신적 질서에 관한 어떤 사실이 아니다. 그
것은 순수하게 육체적인 현상이며, 뇌 조직이 편하게 휴식을 취하
는 상태에 있을 때에도 이 경로들이 존재한다는 점을 보여준다. 반
면에 회상은 육체적인 측면과 정신적인 측면이 동시에 작용하는
현상이다. 육체적인 측면은 문제의 경로들을 자극하는 것이고, 정
신적인 측면은 과거의 일을 의식적으로 떠올리고 그 일을 예전에

경험했다고 믿는 것이다.

요약하면, 내적 경험의 사실들로 뒷받침되는 유일한 가설은 원래의 사건에 의해 흥분되었던 뇌 경로들과 그 사건의 회상으로 인해 흥분되는 뇌 경로들은 서로 부분적으로 다르다는 것이다. 만일 우리가 과거의 사건을 어떠한 연상의 도움도 받지 않고 되살릴 수 있다면, 그런 경우에 우리는 기억의 가능성을 배제하면서 그 경험을 마치 처음 겪는 것처럼 꿈을 꿀 것이다. 사실 떠올려진 어떤 사건이 뚜렷한 배경 없이 나타날 때마다, 그 사건을 단순한 환상과 구별하기가 어렵다. 그러나 그 사건의 이미지가 꾸물거리며 떠돌면서 점점 더 분명해지는 연상들을 떠올릴수록, 그 사건은 더욱더 분명하게 기억된 대상으로 자리 잡게 된다.

예를 들어 내가 친구의 방에 들어가면서 벽의 그림을 본다. 그 순간 이상한 느낌을 받는다. '어디서 본 게 틀림없는데…' 하는 생각이 든다. 그러나 언제, 어디서, 어떤 상황에서 그 그림을 보았는지는 도무지 생각나지 않는다. 단지 본 것 같다는 느낌만 들 뿐이다. 그러다 갑자기 내가 "맞아! 피렌체 아카데미에서 본 프라 안젤리코의 그림이야!"라고 외친다. 단지 피렌체 아카데미의 이미지가 떠오를 때에만, 그 그림이 보이면서 기억에서 살아나게 된다.

## 훌륭한 기억의 조건

기억된 사실이 n이고 그 경로가 N이라면, n이 회상될 때 n을 위해 일어나고 또 n을 단순한 상상 그 이상의 것으로 만드는 것이 바로 O이다. 반면에 M과 N을 잇는 경로는 n이 회상되게 할 단서를 제시한다. 이렇듯 기억은 뇌 경로들에 좌우되기 때문에, 개인의 기억력은 부분적으로 이 경로들의 숫자에, 또 부분적으로는 이 경로들의 영속성에 좌우된다.

경로들의 영속성은 개인의 뇌 조직의 생리적 특징인 반면에, 경로들의 숫자는 그 사람의 정신적 경험의 사실들에 좌우된다. 경로들이 가진 영원성의 특징을 타고난 기억력 또는 생리적 보유 능력이라고 부르자. 어릴 때부터 노년기에 이르기까지, 이 기억력은 크게 달라진다. 또 사람에 따라서도 많이 다르다.

어떤 정신들은 마치 종이를 붙이는 풀과 같다. 어떠한 인상이든, 심지어 다른 것들과 연결되어 있지 않은 인상조차도 씻어내지 않는다. 또 다른 정신들은 마치 젤리처럼 온갖 건드림에 진동을 보이지만 보통의 조건에서는 영원한 흔적을 전혀 갖고 있지 않다. 후자에 속하는 정신들은 어떤 사실을 회상할 수 있기 전에 먼저 그 사실을 영원한 지식의 창고 안에 집어넣어야 한다. 그런 정신들은 일관성 없는 기억은 하나도 갖고 있지 않다. 이와 반대로 이름과 날짜, 주소, 일화, 가십, 시, 인용, 그리고 온갖 잡다한 사실들을 담고 있는 사람들은 별다른 노력을 기울이지 않아도 산만한 기억을 대단히 많이 갖게 된다. 그들이 그렇게 자잘한 것을 기억할 수 있는 것은 뇌 경로를 이루는 물질의 특별한 점착력 덕분이다. 생리적 보유 능력이 크지 않고는 어느 누구도 대단히 많은 것을 기억하지 못할 것이다. 이론상으로뿐만 아니라 실용적인 측면에서도, 점착력 덕분에 무엇이든 척척 습득하는 사람은 언제나 성취를 이루고 앞으로 나아가는 사람이다. 반면에 다른 사람들은 한때 알았다가 까먹은 것을 다시 배우느라 시간의 태반을 보내면서 언제나 그 자리를 지킬 뿐이다. 샤를마뉴나 루터, 라이프치히, 월터 스콧 같은 훌륭한 사람들은 생리적으로 놀라운 보유 능력을 가졌을 것이다. 이 보유 능력이 없는 사람도 이 시점 또는 다른 시점에 자신이 맡은 일을 질적인 면에서 탁월하게 처리할 수 있겠지만 엄청난 업적을 이루지는 못할 것이다.

그러나 인생을 살다 보면 우리 모두에게 습득 능력의 면에서 현재 수준을 더 이상 지키지 못하는 때가 반드시 오게 되어 있다. 우리의 뇌에서 옛날의 경로들이 새로 형성되는 경로만큼 빨리 사라지고 또 우리가 일주일 동안에 배운 양 만큼 망각하게 되는 때가 그런 때이다. 이 평형이 몇 년 동안 이어질 것이다. 그러다 나이가 아주 많아지면, 균형은 완전히 거꾸로 뒤집어진다. 망각이 습득보다 월등히 많거나 습득이 전혀 일어나지 않기도 한다. 뇌 경로들은 아주 빨리 사라질 수 있다. 그렇기 때문에 몇 분 안 되는 짧은 대화 시간에도 똑같은 질문이 여러 번 튀어나오고 그에 대한 대답도 대여섯 번은 까먹는다. 그렇다면 어린 시절에 형성된 경로들의 점착력이 탁월한 것이 분명하고, 노망한 늙은이는 인생 후반부의 사실들을 다 망각해도 어린 시절의 사실들만은 여전히 회고할 것이다.

뇌 경로들의 영속성에 대한 설명은 이것으로 충분할 것이다. 이제는 뇌 경로들의 숫자를 보도록 하자.

뇌 속에 M과 N 사이의 경로 같은 것이 많을수록, 정신에 n을 불러낼 신호나 일들이 더 많아져 n의 기억이 더 빨리, 더 확실히 나타날 것이다. 또 그 기억을 자주 떠올릴수록, 거기에 닿는 경로들도 더욱 늘어나게 될 것이다. 심리학 용어를 빌리면, 어떤 한 사실이 마음속에서 연합되는 사실들이 많아질수록, 우리의 기억이 그 사실을 간직할 가능성 또한 더 커진다. 그 사실의 연상들 하나하나는 그 사실이 걸릴 갈고리가 되고, 그 사실이 물 아래에 잠겨 있을 때 낚아 올릴 수단이 된다. 이 연상들은 연결의 네트워크를 형성하며, 네트워크는 이 연결을 통해 우리의 사고의 전체 조직을 엮어낸다. 따라서 '탁월한 기억의 비결'은 곧 우리가 간직하고자 하는 모든 사실들을 갖고 다양한 연상을 많이 만들어내는 것이다. 그러나 어떤 사실을 갖고 연상을 형성한다는 것은 곧 그 사실에 대해 가능한 한 많이 생각한다는 뜻이 아니고 달리 무엇이겠는가?

그렇다면 외적 경험이나 뇌의 타고난 점착성이 똑같은 두 사람 중에서, 자신의 경험에 대해 생각을 많이 하면서 그 경험들을 서로 체계적인 관계로 녹여내는 사람의 기억력이 그렇지 않은 사람보다 더 뛰어날 것이다. 우리는 이런 예를 모든 분야에서 확인하고 있다. 대부분의 사람들은 자신이 추구하는 일과 관련 있는 사실들에 대해서는 훌륭한 기억력을 발휘한다.

공부에는 열등한 대학 운동 선수가 다양한 경기에 걸쳐서 선수들의 '기록'에 관한 지식으로 당신을 놀라게 만들 수 있다. 그 선수는 스포츠 관련 통계에 관한 한 걸어 다니는 백과사전이다. 이유는 그 운동 선수가 관련 통계들을 마음속으로 끊임없이 검토하고 비교하며 각인시키기 때문이다. 그러면 통계들이 이 운동 선수에게 기이한 사실로 다가오지 않고 하나의 개념 체계로 자리 잡게 된다. 따라서 그의 내면에서 통계들은 서로 단단히 연결된다. 그렇듯, 상인은 물건의 가격을 잘 기억하고 정치인은 다른 정치인들의 연설이나 표결을 잘 기억한다. 이들의 탁월한 기억력은 다른 분야의 사람들에게 경탄을 불러일으키지만, 그들이 그 주제에 대해 생각하는 시간적 양으로 쉽게 설명된다. 다윈과 스펜서 같은 인물들이 자신의 책을 통해 보여주는, 사실들에 대한 탁월한 기억력도 중간 정도의 생리적 보유 능력을 가진 뇌로 불가능한 것이 아니다.

어떤 사람이 인생의 초반부터 진화론과 같은 이론을 입증하는 임무에 매진하고 있다고 가정해보자. 그러면 그와 관련 있는 사실들이 금방 그에게 마치 포도송이 매달리듯 주렁주렁 달리게 될 것이다. 이 사실들과 이론의 관계는 사실들을 더욱 단단하게 묶어둘 것이고, 그 사람의 마음이 사실들을 놓고 이론을 뒷받침할 만한 것을 가려내는 일을 많이 할수록 지식도 더욱 깊어질 것이다. 한편, 이 이론가는 산만한 기억은 되도록 적게 간직할 것이다. 이용 불가능한 사실들은 이 이론가의 주목을 끌지 못할 것이며, 따라서 들리는 즉시 망각될 것이다. 그러면 그에게는 박식 못지않은 무지가 넓은 분야에 걸쳐서 나타날 것이다. 말하자면 그의 무지가 박식과 공존하면서 네트워크의 틈에 숨어 있는 것이다. 학자들을 접할 기회가 많은 사람들은 지금 내가 전하는 부류의 예를 언제든 제시할 수 있을 것이다.

하나의 체계 안에서 모든 사실은 사고를 통해서 다른 모든 것들과 연결된다. 그 결과, 각각의 사실은 다른 모든 사실들의 암시 능력에 의해 그 체계 안에 남게 되고 그러면 망각은 거의 불가능해질 것이다.

벼락치기 공부가 좋지 않은 이유는 이제 명백해졌다. 벼락치기 공부란 시험을 앞두고 몇 시간 또는 며칠 동안 집중적으로 준비하는 방식의 공부를 말한다. 이런 식으로 공부하는 학생들은 대체로 시험 전에는 공부를 열심히 하지 않게 된다. 한 가지 목적을 위해 몇 시간 동안 벼락치기로 학습한 것들은 머릿속의 다른 것들과 많은 연상을 형성하지 못한다. 이때 뇌 작용은 많은 뇌 경로를 자극하지 못하며 따라서 훗날 다시 일깨우기도 어려워질 것이다. 이처럼 단순한 방법으로 얻은 기억은 빨리 망각되는 운명을 피하지 못한다. 반면에 똑같은 지식이라도 하루하루 점진적으로 얻어진 지식은 다양한 맥락에서 다시 나타나고 다양한 관계 속에서 고려되고 다양한 외부의 사건들과도 연합되며 거듭해서 생각될 것이기 때문에 지식의 체계 안에 깊이 정착할 것이다. 이런 식으로 습득된 지식은 마음의 조직의 나머지들과도 연결되고 많은 경로에 열려 있을 것이다. 그렇기 때문에 이런 지식은 영원한 소유물이 될 것이다. 지속적으로 응용하는 습관이 교육을 통해 강화되어야 하는 이유도 바로 거기에 있다. 물론 벼락치기 공부에 도덕적으로 비열한 측면은 전혀 없다. 만일 그런 공부로도 지식을 오래도록 간직하려는 목적을 이룰 수 있다면, 어떻게 보면 그것이 최선의 공부 방법일 수 있다. 그러나 벼락치기 공부의 효과는 절대로 그렇지 못하다. 학생들 스스로 그 이유를 이해해야 한다.

타고난 보유 능력을 바꿔놓는 것은 불가능한 일이다. 이제 기억의 모든 향상은 기억할 대상들 하나하나의 연상을 다듬어내는 것에 있다는 사실이 분명하게 느껴질 것이다. 아무리 많은 훈련을 해도 사람의 전반적인 보유 능력을 바꿔놓을 수는 없는 것 같다. 이것은 일종의 생리적인 특성이다. 그 사람의 신체 조직에 영원히 주어진 능력이며, 그걸 바꿔놓기를 바라는 것은 터무니없는 소망인 것 같다. 이 보유 능력도 틀림없이 건강한 상태이냐 아픈 상태이냐에 따라 달라질 것이다. 아프거나 피곤할 때보다 활기차고 건강하게 움직일 때, 보유 능력이 더 우수하다는 사실은 관찰로도 확인된다. 그렇다면 우리는 어떤 사람의 타고난 점착력도 건강 상태에 따라 다소 유동적이며 그 사람의 건강에 좋은 것은 그의 기억에도 좋다고 말할 수 있을 것이다. 심지어 뇌의 전반적인 기분과 영양(營養)에 이바지하는 지적 운동은 전반적인 보유 능력에도 이로울 것이다. 그러나 우리가 이것 이상으로 말할 수 있는 것은 없다. 이것은 대부분의 사람들의 기대에 훨씬 못 미치는 수준의 지식이다.

실제로 보면 체계적으로 되풀이되는 연습이 거기에 포함된 구체적인 사실들에 대한 기억력을 강화할 뿐만 아니라 전반적인 사실들을 기억하는 능력 또한 키워주는 것으로 여겨지고 있다. 이를 뒷받침하는 예로 단어들을 외우는 노력이 제시된다. 단어들을 외우면 다른 새로운 단어들도 마찬가지로 쉽게 배워진다는 주장이다. 만일 이것이 사실이라면, 내가 방금 설명한 내용은 엉터리일 것이며, 기억의 원칙을 '경로들'로 설명하는 이론은 수정되어야 할 것이다. 그러나 나는 단어들을 외우면 새로운 단어들을 외우는 능력도 커진다는 주장은 사실과 다르다고 생각한다. 나는 몇몇 배우들에게 조심스럽게 그 문제에 대해 물어보았다. 그랬더니 배우들은 한결같이 배역을 익히는 연습이 세월이 가도 전혀 쉬워지지 않는다고 대답했다. 배우들에게 도움이 되는 것은 자신이 맡은 역을 체계적으로 공부하는 능력을 키우는 것이다. 배우들의 마음은 과거에 했던 억양이나 강조, 몸짓으로 가득하다. 그들이 맡은 역에 나오는 새로운 단어들은 명백한 암시들을 일깨우며 기존의 네트워크로 스며든다. 이때 새로운 단어들은 상인이 줄줄 외는 가격이나 운동선수가 훤히 꿰뚫고 있는 '기록'이나 마찬가지이다. 이 단어들은 네트워크 안으로 들어가면서 보다 쉽게 떠올릴 수 있게 된다. 타고난 뇌의 점착력은 조금도 더 향상되지 않고 대체로 나이가 들면 오히려 더 떨어짐에도 불구하고, 관록이 쌓인 배우들은 그 네트워크 덕분에 대사를 조금 더 쉽게 외울 수 있게 된다. 이는 사고를 훌륭하게 함으로써 기억을 더 잘 하는 예이다. 마찬가지로 학생들이 연습을 통해서 외우는 능력을 향상시킬 때, 그 향상은 구체적인 지식을 공부하는 방식(보다 큰 관심이나 보다 큰 연상 능력, 보다 강한 주의 등)에서 발견될 것이라고 나는 확신한다. 절대로 보유 능력의 향상 때문은 아닐 것이다.

내가 지금 지적하고 있는 오류를 홀브룩(M. C. Holbrook)의 『기억을 향상시키는 방법』(How to Strength the Memory)은 기억을 강화하는 요령으로 소개하고 있다. 이 책은 이런 내용만 아니라면 아주 유익하고 적절했을 것이다. 홀브룩은 일반적인 생리적 보유 능력과 특별한 사실들의 보유를 구분하지 않는 실수를 저지르면서 이 두 가지가 똑같은 수단에 의해 향상될 수 있는 것처럼 말하고 있다. 그의 글을 보도록 하자. "나는 기억의 상실을 겪고 있는 나이 든 환자를 치료하고 있다. 이 환자는 내가 말해줄 때까지 자신의 기억이 놀라울 만큼 엉터리라는 사실을 모르고 있었다. 그는 기억을 되돌려놓기 위해 많은 노력을 기울이고 있으며, 또 부분적으로 성공을 거두고 있다. 그가 추구하는 방법은 오전과 오후에 각각 한 시간씩, 하루에 두 시간을 내서 이 능력을 연습하는 것이다. 나는 환자에게 자신이 배우는 모든 것에 주의를 집중하라고 부탁한다. 그러면 그가 배우는 것이 그의 마음에 분명히 각인될 것이다. 또 환자에게 매일 밤 그날의 경험과 사실들을 모두 회상하게 하고, 그 다음날 아침에도 그렇게 한다. 환자는 이름이 나올 때마다 기록함으로써 마음에 각인시키고, 일정한 간격을 두고 이름을 외우려 노력한다. 매주 공인들 10명의 이름을 외우게 되어 있다. 시도 외우고 성경 구절도 외운다. 어떤 책이든 재미있는 사실이 기록되어 있는 곳의 쪽수를 외운다. 이런 식의 방법이 점점 무너지고 있는 그의 기억력을 서서히 되살리고 있다."

이처럼 고문과도 같은 방법이 많이 동원되고 있음에도 불구하고, 나는 이 가엾은 노인의 기억력이 조금이라도 나아지고 있을 것이라고 믿지 않는다. 노인이 이런 식으로 노력한 결과 책에 소개된 몇 가지 구체적인 사실들을 할 수 있게 된 것은 분명하지만, 정작 노인의 기억력에는 뚜렷한 향상이 없었을 것이라고 나는 믿는다.

### 기억력 향상

그렇다면 기억력의 향상은 곧 사실들을 습관적으로 각인시키는 방법을 향상시키는 것이다. 그 방법들은 기계적인 방법과 독창적 방법, 합리적인 방법으로 구분된다.

기계적인 방법은 기억할 인상의 강화와 확장, 반복을 강조한다.

아이들에게 칠판에 글을 적어주고 읽게 하는 현대적인 방법은 기계적 기억 방법의 한 예이다. 이런 방법을 택할 경우에 아이들은 각 단어를 4가지 경로, 즉 눈과 귀, 목소리와 손을 통해 받아들이게 된다.

사물들을 기억하는 합리적인 방법은 그 사물들을 이해하여 합리적인 체계 안으로 끌어들이고, 분류하고, 각 부분으로 분석하는 논리적인 방법에 지나지 않는다. 모든 과학이 바로 이 방법을 택하고 있다.

독창적인 방법에 대해 말하자면, 기술적인 기억이라는 이름으로 여러 방법이 발명되었다. 이 방법들을 빌리면, 완전히 별개인 사실들이나 이름의 목록, 숫자를 기억하는 것도 종종 가능해진다. 그 종류가 너무나 다양하여서 자연적인 방법으로는 기억이 도저히 불가능한 것까지도 이 방법을 채택하면 가능해진다. 이 방법은 보통 기계적으로 학습해야 할 어떤 틀을 제시한다. 이 틀을 확고히 익히고 나면 아주 이질적인 정보까지도 기억할 수 있다. 기억하고자 하는 것이면 무엇이든 이 틀의 일부분과 기발한 방식으로 서로 연결될 것이며, 바로 이 연결이 그 후로 그것을 떠올리는 데 도움이 될 것이다. 이 방법 중에서 가장 잘 알려져 있고 또 가장 널리 이용되는 것이 숫자와 알파벳을 연결시키는 방법이다.

## 인지

그러나 만약에 어떤 사건을 아주 다양한 맥락에서 매우 자주 접하게 된다면, 그 사건의 이미지는 비록 머릿속에 남아서 아주 쉽게 재생된다 할지라도 어떤 구체적인 배경과 함께 떠오르지 않을 것이며 따라서 구체적인 과거 어느 때로 투영되지 못할 것이다. 그러면 우리는 그것을 어렴풋이 기억하지만 정확히 기억하지는 못하게 된다. 그 사건의 연상들이 아주 혼돈스런 구름을 이루고 있기 때문이다. 그런 경우에 우리는 그 대상을 이미 보았다고 느끼면서도 언제 어디서 보았는지를 모른다. 우리가 어떤 이름을 기억하려고 애를 쓸 때의 경험에 비춰보면, 대뇌의 자극이 의식에 영향을 미치는 것이 분명하다. 그 이름이 기억의 가장자리에서 가늘게 떨고 있으면서도 튀어나오지 않는다. 완전히 되살아나지 않은 연상들이 그런 식으로 모습을 드러낼듯 말듯 떨고 있는 곳은 어떤 경험을 둘러싸고 있으면서 그 경험이 낯익게 느껴지도록 만드는 인지의 경계영역이다.

누구나 다 하는 신기한 경험이 있다. 현재의 순간이 옛날에 그대로 경험되었다는 느낌을 받은 적이 있을 것이다. 우리가 지금 말하고 있는 말을 언젠가 바로 이곳에서, 바로 이 사람들에게 했다는 느낌이 들기도 한다. 이 '선재(先在)의 감각'은 중요한 미스터리로 다뤄져 왔다. 위건(A. L. Wigan)은 그것을 2개의 뇌 반구들의 작용에 나타나는 분리 때문으로 보았다. 즉 뇌 반구 중 어느 하나가 다른 반구보다 똑같은 사실을 놓고 조금 늦게 의식하기 때문이라는 것이다. 나는 여기서 이 신비에 다소 오점이 묻게 될 것 같다는 점을 고백하지 않을 수 없다. 나는 나 자신의 경험을 통해서 그 현상을 기억의 문제로 풀 수 있었다. 기억들 중에는 분명하게 기억되지 않아서 좀처럼 다시 떠올려지지 않는 것이 있다. 과거 중에서 비슷하지 않은 부분들은 처음에 시기를 분명하게 구분할 정도로 뚜렷이 나타나지 않는다. 그런 경우에 우리가 갖게 되는 것은 현재의 장면과 이 장면과 얽힌 과거의 일반적인 연상뿐이다. 매우 성실한 관찰자인 라자러스(Lazarus) 교수도 이 현상을 나와 똑같이 해석한다. 과거의 맥락이 완전해지고 분명해지는 즉시, 그 경험에서 기묘한 느낌이 사라진다는 점은 주목할 만하다.

## 망각

우리의 지능을 실용적으로 활용하는 차원에서 본다면, 망각도 기억 못지않게 중요한 기능이다. 연상에서 '전체 회상'이 비교적 드물다는 것을 우리는 앞에서 보았다. 만약에 우리가 모든 것을 다 기억한다면, 우리는 아무것도 기억하지 않을 때만큼이나 힘들어 할 것임에 틀림없다. 우리가 어떤 기간을 떠올리는 데도 그 기간만큼의 시간이 걸릴 것이다. 그렇게 되면 우리는 도무지 생각을 하지 못하게 될 것이다. 따라서 회상되는 모든 시간들은 리보가 '단축'이라고 부른 그 과정을 거친다. 이 단축은 시간을 채운 엄청난 사실들의 생략 때문에 일어난다. 리보는 이렇게 말한다. "따라서 우리는 역설적인 결과에 닿는다. 기억의 한 조건이 바로 우리가 망각해야 한다는 사실인 것이다. 엄청나게 많은 의식의 상태들을 완전히 망각하고 또 많은 의식의 상태를 일시적으로 망각하지 않는다면, 우리는 아무것도 기억하지 못할 것이다. 따라서 망각은 일부 경우를 제외하고는 전혀 기억에 나타난 병이 아니고 기억의 건강과 생명의 한 조건이다."

## 병적인 조건들

최면의 대상이 된 사람들은 대체로 최면에 빠진 상태에서 일어난

일 모두를 망각한다. 그러나 또 다시 최면에 빠지게 되면, 그들은 종종 그 전에 최면 상태에서 일어난 일들을 기억할 것이다. 이는 '이중인격'의 경우와 비슷하다. 한 인격에서 일어난 일은 다른 인격에서는 절대로 떠올려지지 않는다. 이중인격을 가진 사람의 경우에는 민감성이 인격마다 달라진다. 이중인격을 앓는 환자는 어느 한 인격일 때 일부 측면에서 민감성이 무감각해진다고 볼 수 있다. 이런 경우에는 기억이 민감성과 함께 나타났다가 사라질 것이다.

자네(Pierre Janet)는 자신의 환자들이 무감각의 상태에서 망각한 것을 감각이 돌아오면 다시 기억한다는 사실을 여러 가지 방법으로 입증했다. 예를 들어, 자네는 전류를 통하게 하여 환자들이 일시적으로 촉각을 회복하게 한 뒤에 열쇠와 연필 같은 다양한 물체들을 다루도록 하거나 십자가 표시를 만드는 등 특별한 운동을 하도록 했다. 다시 무감각의 상태로 돌아가자마자, 환자들은 그 물체나 행동을 기억하지 못했다. '그들은 손으로 아무것도 잡지 않았으며 아무것도 하지 않았다'는 식이었다. 그러나 그 다음날 비슷한 과정을 통해 감각을 다시 회복하게 되자, 그들은 그 상황을 완벽하게 기억해내면서 자신이 만졌거나 한 일을 정확히 말할 수 있었다.

병적인 이 모든 사실들은 우리에게 회상이 가능한 영역은 우리가 생각하는 것보다 훨씬 더 넓을 수 있으며, 어떤 문제의 경우에는 완전히 망각했다고 해서 그것이 다시는 떠오르지 않을 것이라는 보장이 되지 않는다는 점을 말해주고 있다. 그러나 이 사실들이 우리의 경험 중 어떤 부분도 깡그리 망각될 수 없다는 터무니없는 주장을 뒷받침하는 것은 아니다.

# 상상

## 상상이란?

감각들은 한번 경험되기만 하면 반드시 신경 조직을 변화시킨다. 그렇기 때문에 원래의 외부 자극이 사라진 뒤에도 마음에서 감각의 복제가 다시 일어난다. 그러나 외부로부터 직접 자극을 받지 않는 감각의 복제는 절대로 일어날 수 없다.

시각장애인이나 청각장애인도 시각과 청각을 잃은 뒤에도 몇 년 동안 시야를 상상하고 소리를 상상할 수 있다. 그러나 태어날 때부터 청각을 잃은 사람은 소리가 어떤 것인지 상상하지 못한다. 마찬가지로 태어날 때부터 시각을 잃은 사람도 마음속의 시야를 갖지 못한다. 로크의 말을 빌리면, "마음은 저 혼자서는 어떠한 단순 관념도 만들어내지 못한다". 마음에서 일어나는 모든 것의 원형은 밖에서 와야 하다. 공상 혹은 상상은 한 번 느껴진 원본을 복제해내는 능력에 붙여진 이름이다. 그 복제가 그야말로 원형을 복사하는 것일 때, 그 상상은 '재생적'이라 불린다. 이와 달리 다양한 원형들에서 끄집어낸 요소들을 다시 결합시켜 전혀 새로운 완성품을 만들어낼 때, 그 상상은 '창작적'이라 여겨진다.

날짜를 파악할 수 있을 만큼 구체적인 배경과 함께 표현될 때, 이 그림들은 회상이 된다. 조금 전에 우리는 회상의 과정에 대해 공부했다. 마음의 그림들이 서로 자유로이 결합된 자료들이고 또 과거의 결합을 그대로 재생한 것이 아닐 때, 거기선 소위 말하는 상상의 행위들이 일어나고 있다.

사람들의 시각적 상상은 다 다르다. 과거의 감각적 경험에 대한 우리의 생각이나 이미지는 분명하고 적절하거나 흐릿하고 불완전할 것이다. 어떤 경험에 대한 생각이나 이미지의 선명함이 사람에 따라서 다 다르다는 사실은 버클리와 로크가 추상 관념을 놓고 벌인 것과 같은 철학적 논쟁을 불러일으키기도 한다. 로크는 사람들이 '삼각형에 관한 일반적 관념'을 갖고 있다고 말했다. 이에 대해 버클리는 이렇게 말하고 있다. "만약에 어떤 사람이라도 여기 설명한 것과 같은 삼각형에 관한 관념을 마음에 떠올릴 능력을 갖고 있다면, 그가 그런 관념을 갖고 있지 않다고 주장해봐야 아무 소용이 없을 것이고, 나도 그 문제에 대해서는 건드리지 않을 것이다. 내가 바라는 것은 독자들이 그런 관념을 갖고 있는지를 스스로 알기를 원하는 것뿐이다."

얼마 전까지만 해도 철학자들 사이에는 전형적인 인간의 마음이란 것이 있으며, 모든 개인의 마음은 이 전형적인 마음을 닮았다는 것이 정설로 받아들여졌다. 또 '상상'과 같은 능력도 보편적으로 받아들여졌다. 그러나 최근에 이 같은 견해가 엉터리라는 점을 보여주는 새로운 사실들이 많이 공개되었다. 상상이 있긴 하지만 누구에게나 똑같은 상상 같은 것은 없다. 이에 대해 상세하게 공부할 것이다.

프랜시스 골턴은 1880년에 기술(記述) 심리학에 이정표로 통할, 통계를 바탕으로 한 연구를 시작했다. 그는 다수의 사람들에게 마음의 눈으로 어느 날 아침의 식탁 테이블에 대해 묘사해 달라고 부탁했다. 그 결과 묘사에 엄청난 차이가 드러났다. 이상하게 들릴지 모르지만, 탁월한 과학자들의 시각화 능력이 젊거나 보다 덜 중요한 인물들에 비해 뒤떨어지는 것 같다.

독자 여러분은 골턴의 '인간의 능력에 대한 탐구'(Inquiries into Human Faculty)에서 세부적인 내용을 읽을 수 있다. 나 자신도 여러 해 동안 나의 심리학 강의를 듣는 학생들로부터 그들의 상상력을 엿볼 묘사를 받아냈다. 그 결과, 나의 학생들의 묘사에도 골턴이 보고한 차이들이 그대로 나타나는 것으로 확인되었다. 그 예로 나는 그 평가에서 양쪽 끝에 가까운 평가를 받은 2개의 묘사를 발췌해 소개하고자 한다. 여기 소개되는 묘사를 쓴 학생은 탁월한 과학자의 손자로 서로 4촌간이었다. 시각적 능력이 탁월한 학생의 글부터 보자. "오늘 아침 식탁 테이블은 흐릿하기도 하고 밝기도 하다. 내가 시선을 다른 대상에 고정시킨 채 식탁에 대해 생각하려 하면, 식탁은 흐려진다. 그러나 내가 두 눈을 꼭 감은 채 아침 식탁에 대해 생각하면, 식탁은 완벽하게 선명하고 밝아진다. 모든 대상들이 한꺼번에 선명해진다. 그런 상황에서도 내가 어느 한 대상으로 주의를 모으면, 그 대상은 훨씬 더 분명해진다. 다른 어떠한 것보다 색깔이 더 선명하게 떠오른다. 예를 들어 내가 꽃으로 장식된 접시를 떠올리려 하면, 나는 그림을 그리듯 색깔을 정확하게 기억해낼 수 있다. 탁자 위에 놓인 것들의 색깔은 어떤 것이든 아주 생생하다. 나의 이미지의 범위에는 거의 한계가 없는 것 같다. 방의 사면이 다 보이고, 2개, 3개, 4개, 아니 그보다 더 많은 방도 선명하게 볼 수 있다. 그 모습이 아주 분명하기 때문에 구체적인 어떤 장소에 뭐가 있는지를 묻는다면 금방 대답할 수 있다. 예를 들어, 의자가 몇 개인지를 물으면 조금도 머뭇거리지 않고 답할 수 있다."

이젠 시각화 능력이 많이 떨어지는 학생의 글을 보자. "다른 사람들의 시각화 능력에 대해 들은 바를 기준으로 한다면, 마음으로 이미지를 그리는 나의 능력은 많이 부족하고 다소 기이해 보인다. 내가 특별한 어떤 사건을 기억하는 과정은 명백히 구분되는 이미지들이 연속적으로 이어지는 것이 아니라 흐릿한 인상들이 짙은 안개 속으로 비치는 파노라마 같다. 나는 눈을 감으면 어떠한 이미지도 분명하게 떠올리지 못한다. 몇 년 전에는 그렇게 할 수 있었는데도 말이다. 시각화 능력이 갈수록 떨어지는 것 같다."

시각적 상상력이 뛰어난 사람은 그런 능력을 갖지 못한 사람들이 어떻게 생각이란 것을 할 수 있는지 쉽게 이해하지 못한다. 어떤 사람들은 상상이라고 부를 만한 시각적 이미지를 전혀 갖고 있지도 않다. 그런 사람들은 자신의 아침 식탁을 보려 들지도 않고 그저 그 위에 무엇이 있었다고 기억하거나 알고 있다고 말한다. 이들이 '알고' 있는 그 '정신의 내용물'은 전적으로 언어적 이미지들이다. 그러나 만약에 '커피'나 '베이컨' '머핀' '달걀' 같은 단어들이 어떤 사람으로 하여금 자신의 요리사에게 말을 걸게 만들고, 계산서를 지불하게 하고, 또 내일의 식사를 시각적 기억에 따라 정확히 예상하도록 한다면, 커피나 베이컨 같은 것들이 그 실용적 의도와 목적에도 불구하고 생각의 대상으로 아주 좋은 소재가 되지 못하는 이유는 무엇일까? 사실 우리는 그런 것들이 대부분의 목적에 상상적 성격이 보다 강한 다른 단어들보다 더 나은가 하고 의문을 품을 것이다. 관계들의 배열과 결론이 사고에 근본적인 사항이기 때문에, 상상력을 많이 자극하는 정신의 내용물이 그런 목적에 가장 좋을 것이다. 그렇다면 말로 표현되었거나 표현되지 않은 단어들이 우리가 가진 가장 멋진 마음의 요소들이다. 단어들은 매우 빨리 재생될 뿐만 아니라 실제 감각으로도 우리 경험의 다른 어떤 요소들보다 훨씬 더 쉽게 재생될 수 있다. 단어들이 이 같은 강점을 갖고 있지 않다면, 골턴이 영국 왕립학회 회원들을 통해서 확인했듯이, 나이가 많을수록, 또 사상가로서 탁월한 사람일수록 대체로 시각화 능력을 더 많이 잃는 것으로 드러나는 사실이 터무니없이 들릴 것이다.

## 소리의 이미지

소리를 이미지로 떠올리는 능력도 사람에 따라 다르다. 청각적 이미지로 생각을 하는 사람들은 골턴에 의해 '청각형 인간'이라 불린다. 청각형 인간에 대해 비네(Alfred Binet)는 이렇게 설명한다.

"이 유형의 사람은 시각형 인간보다 드문 것 같다. 이 유형의 사람들은 자신이 생각하는 것을 소리의 언어로 상상한다. 어떤 가르침을 기억하기 위해, 그들은 자신의 마음에 그 페이지의 글이 아니라 단어의 소리를 각인시킨다. 그들은 귀로 기억하고 귀로 추론한다. 더하기 속셈을 할 때에는 숫자의 이름을 소리로 되풀이한다. 말하자면 숫자의 생김새에 대해서는 전혀 생각하지 않고 그 소리를 더하는 것이다. 상상도 마찬가지로 청각적인 신호를 취한다. 프랑스 극작가 르구베(Ernest Legouvé)는 역시 극작가인 스크리브(Augustin Eugène Scribe)에게 "어떤 장면을 쓸 때, 나는 듣지만 당신은 본다. 내가 쓰는 각 글귀에서, 그 말을 하는 등장인물의 목소리가 나의 귀를 때린다. 그러나 당신의 눈앞에서는 배우들이 걷고 몸짓을 하고 있다. 나는 청각형이고, 당신은 시각형이다."라고 썼다. 그러자 스크리브는 "정말 맞는 말이다. 당신은 내가 작품을 어디서 쓰는지 아는가? 정원 한가운데에서 쓴다."라고 대답했다. 순수한 청각형 사람들은 자신의 능력들 중에서 오직 한 가지만 발달시키기를 바라면서 순수한 시각형 사람들처럼 놀라운 기억력을 발휘하고 있는 것이 분명하다. 예를 들어 모차르트(Wolfgang Amadeus Mozart)는 시스틴 성당에서 '미제레레'(Miserere)를 단 2번 듣고 그 기억을 바탕으로 악보로 옮겼다. 귀가 들리지 않았던 베토벤(Ludwig van Beethoven)도 작곡을 하면서 많은 교향곡을 속으로 거듭 되풀이했다. 한편 청각형 사람도 시각형 사람처럼 심각한 위험에 노출되어 있다. 왜냐하면 청각적 이미지를 상실하게 될 경우에는 의지할 것이 아무것도 없게 되기 때문이다."

## 근육 감각들의 이미지

이런 유형의 상상력에 특별히 강하고 또 '운동형'이었던 빈의 병리학자 스트리커(Salomon Stricker) 교수는 자신을 면밀히 분석했다. 자신의 운동과 다른 사건들에 대한 그의 회상에는 반드시 운동을 시작하거나 수행할 때 사용하게 되는 신체 부위의 명백한 근육 감각이 수반된다. 예를 들어 행군하는 군인을 상상할 때면, 그는 마치 자신이 군인들의 뒤를 따르고 있는 것처럼 상상한다. 만약에 그가 자신의 다리에 나타나는 교감(交感)의 느낌을 억누르고 모든 주의를 상상 속의 군인에게 집중하면, 다리는 말하자면 마비 상태에 빠진다. 대체로 그의 눈이나 사지에 운동의 느낌이 일어나지 않게 되는 순간, 그의 상상 속의 운동은 그 대상이 어떤 것이든 마비되는 것 같다. 유절(有節) 언어(동물의 울음 소리 등과 달리 음절로 이뤄진 인간의 언어를 말한다/옮긴이)의 운동이 그의 정신생활에서 중요한 부분을 맡고 있다. 그는 이렇게 말한다. "실험을 끝내고 그 실험에 대해 전반적으로 묘사할 때, 나는 먼저 내가 관찰하는 도중에 이미 다양한 디테일에 대한 지각과 연결시켜 놓은 단어들만을 떠올린다. 왜냐하면 언어가 나의 모든 관찰에서 아주 중요한 역할을 하고 있기 때문이다. 그래서 나는 어떤 현상을 관찰하게 되면 그 현상에 가능한 한 빨리 단어들을 입혀준다."

단어들을 어떤 종류의 언어로 상상하는가 하는 질문을 받으면, 대부분의 사람들은 대체로 '청각적인 단어'로 상상한다고 대답할 것이다. 이런 식의 질문을 던지기 전까지, 사람들은 자신의 발음기관과 더 강하게 연결되어 있는 것이 청각적인 이미지인지 아니면 운동 이미지인지를 가리기가 어렵다는 사실을 좀처럼 깨닫지 못할 것이다. 그 어려움을 자각하는 가장 좋은 방법은 스트리커가 제안한 방법이다. 입을 일부만 벌리고 'bubble'과 'toddle' 같이 순음(脣音)이나 치음(齒音)을 가진 단어들을 상상해보라. 이런 조건에서 당신의 이미지는 선명한가? 대부분의 사람들에게 그 이미지는 처음에 분명하지 않을 것이다. 입술을 뗀 상태에서 그런 단어를 발음한다면, 그 소리가 '두껍게' 날 것이기 때문이다. 많은 사람들은 입을 연 상태에서는 그 단어들을 분명하게 상상하지 못한다. 다른 사람들은 몇 차례 연습한 뒤에야 성공할 수 있다. 이 실험은 우리의 언어적 상상이 입술과 혀, 목구멍, 후두 등의 실제 느낌에 크게 좌우된다는 사실을 보여주고 있다. 앨릭잰더 베인 교수는 "억제되고 있는 발음이 사실 우리가 회상해야 할 대상이고, 지적 표현이다."라고 말한다. 청각적 상상이 약한 사람들의 경우에는 발음의 이미지들이 언어적 사고의 전부인 것 같다. 스트리커 교수는 자신의 경우에는 생각하는 단어들에 청각적 이미지가 전혀 들어오지 않는다고 말한다.

## 촉각의 이미지

일부 사람들의 경우에는 촉각의 이미지가 매우 강하다. 자신이 부상을 겨우 모면했거나 다른 사람이 부상당한 것을 볼 때, 촉각의 이미지가 가장 생생하게 나타난다. 그럴 때면 상상만으로도 그 부위가 실제로 얼얼해질 것이다. 상상 때문만이 아닐 수도 있다. 왜냐하면 소름이 돋거나 창백해지거나 붉어지는 등 그 부위에 실제로 근육 수축이 일어난다는 사실을 보여주는 증거가 나타나기 때문이다.

마이어(Herr G. H. Meyer)는 이렇게 말한다. "교육 수준이 높은 어떤 사람이 이런 이야기를 들려주었다. 그가 집으로 들어가려 할 때, 어린 아이의 손가락이 문에 끼었다. 그 순간 그는 자신도 아이의 손가락과 똑같은 손가락에서 엄청난 통증을 느꼈다. 그 통증이 3일이나 갔다고 한다."

로라 브리지먼처럼 듣지도 못하고 보지도 못하는 사람의 상상은 촉각과 운동 감각에만 국한되는 것이 틀림없다. 앞을 보지 못하는 사람들은 '촉각형'과 '운동형'에 속한다. 프란츠(Franz) 박사가 백내장을 제거한 젊은이에게 다양한 기하학 도형을 보여주었을 때, "젊은이는 마치 실제로 그 대상을 만지듯이 손가락으로 자신이 보는 것들의 감각을 지각하기 전까지는 그것들을 보고 있으면서도 사각형과 원의 개념을 형성하지 못했다."고 말했다.

## 병적 차이

실어증에 관한 연구는 최근에 개인들이 상상을 서로 아주 다르게 사용한다는 점을 보여주었다. 습관적인 '사고의 재료'가 어떤 사람들의 경우에는 시각적이고, 또 어떤 사람들의 경우에는 청각적이거나 발음에 관한 것이거나 운동이었다. 아마 대부분의 사람들의 경우에는 그 재료들이 골고루 섞여 있을 것이다. 이런 것들이 프랑스 신경학자 샤르코가 말한 '유형'이다. 뇌의 똑같은 부위가 손상을 입어도 사람에 따라 결과가 달리 나타난다. 어떤 사람의 경우에는 부상을 입은 부위가 자주 사용하던 뇌 경로일 수 있고, 다른 사람의 경우에는 중요하지 않은 부위일 수 있는 것이다.

특별히 많은 것을 암시하는 한 예가 1883년에 샤르코에 의해 발표되었다. 그 환자는 상인으로 큰 성공을 거둔 사람이었다. 그러나 거의 전적으로 시각형 인간이었다. 뇌 손상 때문에, 그는 갑자기 시각적 이미지를 모두 상실했으며 그와 동시에 그의 지적 능력의 상당 부분도 사라졌다. 그러나 다른 능력에는 별다른 변화가 없었다. 그는 곧 감각을 종합적으로 이용하는 새로운 방법으로 기억을 이용함으로써 자신의 일을 수행할 수 있다는 사실을 깨달았다. 그러면서 그는 그 전의 조건과 현재의 조건 사이의 차이를 이렇게 묘사했다. "사업상 자주 들르는 A라는 도시로 갈 때마다, 나는 마치 새로운 도시로 들어가는 것 같다는 느낌을 받는다. 나는 기념탑과 주택, 거리들을 마치 처음 볼 때와 똑같은 놀라움으로 본다. 그 도시의 중요한 공공 장소에 대해 묘사해 달라는 부탁을 받으면 이렇게 대답한다. '나는 그 도시가 거기에 있다는 것을 안다. 그러나 그것을 상상하는 것은 불가능하다. 그래서 나는 그것에 대해 아무것도 말해주지 못한다'고."

그는 자기 아내와 아이들의 얼굴도 더 이상 기억하지 못한다. 그런데 어떻게 A라는 도시를 기억할 수 있겠는가. 아내와 아이들과 함께 있은 뒤에도 그에게는 아내와 아이들이 낯설어 보인다. 그는 자신의 얼굴도 잊고 거울 속의 자기 얼굴을 보고 낯선 사람에게 말하듯 말을 걸기도 했다. 그는 색깔 감각의 상실에 대해 불평하고 있다. "아내의 머리카락 색깔은 검정색이었어요. 틀림없이 그랬어요. 그런데 그 색깔을 더 이상 떠올리지 못하겠어요. 그녀의 생김새도 마찬가지로 떠오르지 않아요." 이 같은 시각적 건망증은 어린 시절의 대상으로까지 확장된다. 아버지의 집도 기억나지 않는다. 시각적 이미지의 상실 외에 다른 기능에는 아무런 혼란이 없다. 이젠 자신이 주고받은 편지의 어떤 내용을 찾으려면, 그는 마치 자신이 아닌 것처럼 그 많은 편지들을 다 뒤져야 한다. 그는 '일리아드'의 첫 몇 구절만 겨우 외울 수 있을 뿐이다. 그리고 호메로스와 베르길리우스, 호라티우스의 작품을 외우려면 정말로 많이 더듬거려야 한다. 그는 청각적 이미지로 자신의 기억을 도와야 한다는 점을 분명히 깨닫고 있다. 그가 회상하는 단어들과 표현들은 지금 그의 귀에서 메아리를 이루면서 그에게 아주 기이한 감각을 전달하는 것 같다. 만일 그가 무엇인가를, 예를 들어 연속적인 문장을 외우기를 원한다면, 그는 귀에 강한 인상을 주기 위해 그것을 큰 소리로 몇 차례 읽어야 한다. 그가 후에 문제가 된 것을 되풀이할 때, 발음에 앞서 청각의 감각이 그의 마음에 일어난다. 이 느낌은 그 전까지 그에게 알려지지 않았던 느낌이다.

이런 사람들은 청각의 이미지가 돌연 파괴된다 하더라도 상대적으로 불편을 덜 겪게 될 것이다.

## 상상하는 동안의 신경 작용

의학 분야의 대부분의 저자들은 상상을 일으키는 뇌의 활동은 감각을 일으키는 곳이 아닌 다른 곳에서 일어난다고 주장한다. 그러나 사실들을 더 쉽게 해석한다면, 똑같은 신경 경로들이 두 가지 작용에 모두 관여한다고 가정하는 것이 더 그럴 듯하다. 우리의 마음의 이미지들은 언제나 연상에 의해 일어난다. 그렇기 때문에 그 전의 어떤 관념이나 감각이 그 이미지들을 자극해야 한다. 연상은 분명히 피질의 이 중추에서 다른 중추로 흘러가는 전류 때문에 일어난다. 이제 이미지와 감각의 본질적 차이를 설명하기 위해 우리가 가정할 것은 이것뿐이다. 대뇌피질 안에서 일어나는 이런 전류들은 세포 안에서 감각 기관들에서 나오는 전류가 일으키는 것만큼 강력한 폭발을 일으키지 못한다는 점이다. 굳이 뇌의 활동이 일어나는 부위가 다르다고 가정할 필요는 없다. 생각의 대상에 '생생함', 즉 존재감이 느껴지는 것은 폭발력의 강도 때문이며, 생각의 대상에 '희미함', 즉 비현실성이 느껴지는 것은 폭발력의 약함 때문이다.

만약에 감각과 상상이 대뇌피질의 같은 부분들의 활동에 의해 일어난다는 점을 인정한다면, 우리는 몇 가지 사항에 대해 매우 훌륭한 목적론적 이유를 제시할 수 있다. 말하자면 감각과 상상이 이 중추들에서 일어나는 불연속적 작용을 따라야 하는 이유, 또 그 대상이 정말로 거기에 있다는 느낌을 주는 작용이 이웃한 피질의 부위에서 오는 전류가 아니라 말초 신경에서 들어오는 전류에 의해서만 자극을 받을 수 있는 이유가 확인되는 것이다. 한마디로 말해, 감각 작용이 아무리 치열하더라도 모든 정상적인 관념 작용과 단절되어야 하는 이유가 확인된다. 왜냐하면 독일 태생의 미국 심리학자 뮌스터베르크가 정확히 관찰했듯이, "이 같은 특별한 배열이 없다면, 우리는 현실과 환상을 구별할 수 없을 것이며 우리의 행동은 우리 자신에 관한 사실들과 부합하지 않아 부적절하고 터무니없어 보일 것이다. 무엇보다 우리 자신이 살아가기 힘들 것이다".

 가끔 예외적으로, 피질 내의 흥분으로도 보다 깊은 폭발이 일어날 수 있다. 청각의 경우 감각이 겨우 지각될 정도로 약할 때에는 감각과 상상을 구별하기가 어렵다. 밤에 아득히 먼 곳의 시계가 시간을 알리는 희미한 소리를 들으면서 우리의 상상은 그 리듬과 소리를 재생한다. 그러면 어느 것이 진짜 시계의 종소리인지를 분간하기가 어려워진다. 집의 먼 곳에서 아이가 울 때에도 그런 현상이 나타난다. 지금도 아기의 울음소리가 들리고 있는지 아니면 상상으로 그 소리를 듣고 있는지가 분명하지 않다. 일부 바이올린 연주자들은 음을 점점 약하게 마무리하는 부분에서 이 같은 현상을 이용한다. 최약음에 이른 뒤에도, 바이올린 연주자들은 마치 연주를 하듯 활을 계속 켜지만 줄을 건드리지 않으려 조심한다. 그러면 청중은 최약음보다 더 약한 음을 상상으로 듣는다. 시각이나 청각에 나타나는 환각도 아주 중요하다. 다음 장에서 이 문제를 다룰 것이다. 나는 몇몇 관찰자들(G. H. Meyer, M. Ch. Féré, Professor Scott of Ann Arbor, T. C. Smith 등)이 마음의 눈으로 상상하던 대상들의 음성(陰性) 잔상을 확인한 것을 아직 제대로 설명되지 않은 하나의 사실로 언급할 것이다. 그것은 마치 망막 자체가 활동에 의해 부분적으로 피곤해진 것이나 비슷하다.

## Chapter20
# 지각

## 지각과 감각

순수한 감각은 성인의 삶에서는 절대로 실현될 수 없는 하나의 추상 개념이다. 우리의 감각 기관에 영향을 주는 것이면 어떤 것이든 순수한 감각 그 이상의 일을 한다. 감각은 뇌 반구들에 작용을 일으키는데, 이 작용은 부분적으로는 과거 경험에 의해 그 기관이 조직화되었기 때문에 일어나며, 이 작용의 결과는 의식에서 그 감각이 암시하는 관념으로 나타난다. 이 관념들 중 첫 번째 관념은 느껴지는 특징을 갖고 있는 사물에 대한 관념이다. 감각에 제시된 특별한 사물들을 의식하는 것이 오늘날 지각으로 불리고 있다. 그런 것들에 대한 의식은 다소 완전할 수 있다. 그 의식은 단지 그 사물의 이름에 관한 것일 수도 있고 그 사물의 다른 기본적인 속성에 관한 것일 수도 있다. 아니면 그 사물의 다양한 관계들에 관한 것일 수도 있다. 다소 속이 빈 의식과 보다 알찬 의식을 명확히 구분하는 것은 불가능하다. 왜냐하면 우리가 최초의 날것 그대로의 감각을 넘어서는 순간, 우리의 모든 의식은 암시되는 것들에 관한 것이고, 다양한 암시들은 점진적으로 서로 녹아들다가 마침내 연합 작용에 의해 똑같아질 것이기 때문이다. 보다 직접적인 의식에서는 연합 작용이 적게 일어나고, 보다 간접적인 의식에서는 연합 작용이 더 많이 일어난다.

그렇다면 감각의 뇌 작용과 재생의 뇌 작용이 서로 결합하여 우리에게 지각의 내용물을 준다고 할 수 있다. 구체적인 모든 사물은 느낄 수 있는 특징들의 집합이고, 우리는 이 특징들과 다양한 시기에 익숙하게 된다. 이 특징 중 일부가 보다 일정하고 흥미롭고 실용적이라는 이유로 우리는 그 특징들을 그 사물의 기본적인 구성 요소로 여긴다. 대체로 그런 구성 요소는 손으로 만져지는 모양과 크기, 부피 등이다. 다른 특성들은 보다 유동적이기 때문에 우리는 그것들을 다소 우연적이거나 비근본적인 구성 요소로 여긴다. 우리는 전자의 특징을 실체라고 부르고, 후자의 특징을 그것의 현상이라고 부른다.

한 예로 내가 어떤 소리를 들으며 '철도 마차'라고 말한다. 그러나 그 소리 자체가 철도 마차인 것은 아니다. 그것은 철도 마차의 별로 중요하지 않은 특징의 하나이다. 진짜 철도 마차는 느낄 수도 있고 또 볼 수도 있는 사물이며, 나의 상상에서 그 소리가 떠올릴 그런 사물이다. 그래서 내가 지금처럼 평행이 아닌 선들이 있고 또 모두 똑같지 않은 각이 있는 갈색의 물체를 마음의 눈으로 보면서 그것을 나의 서재용 책상이라고 부를 때, 그 그림은 그 책상 자체가 아니다. 그 그림은 제대로 보게 될 때 나의 눈에 비칠 책상을 닮지도 않았다. 그것은 내가 마음속으로 지각하고 있는 책상의 4개 면 중 3개의 면이 원근법에 의해 뒤틀려 보이는 그런 그림이다. 책상의 뒤쪽과 네 귀퉁이, 크기, 무게 등은 내가 그 책상의 이름을 떠올림과 거의 동시에 의식하게 되는 특징들이다. 그 이름의 연상은 물론 단순한 관습 때문이다. 뒷면과 크기, 무게, 사각형의 연상도 마찬가지이다.

스코틀랜드 철학자 리드(Thomas Reid)가 말하듯이, 자연은 작용에 인색하다. 그래서 자연은 우리가 경험과 습관을 통해 곧 얻게 될 지식을 굳이 전하기 위해 특별한 본능을 우리에게 주지는 않을 것이다. 아이들의 경우에는 어른들이 지각하는 현실을 지각할 수 있게 되기까지 오랫동안 눈과 귀에 대한 교육을 거쳐야 한다. 이렇듯 모든 지각은 습득된 지각이다.

## 지각하는 정신 상태는 혼합물이 아니다

그러나 지각이 별도의 감각과 관념들의 '융합'을 수반한다고 생각할 이유는 전혀 없다. 지각된 사물은 어떤 독특한 사고 상태의 대상이다. 지각은 틀림없이 부분적으로 감각적 전류 때문에, 또 부분적으로 관념적 전류 때문에 일어난다. 그러나 이 때의 지각은 이 전류들이 따로 일어났을 경우에 일으켰을 그 감각과 이미지와는 완전히 다르다. 우리는 종종 그 차이를 직접적으로 알아차릴 수 있다. 지각 가능한 특징은 바로 우리 눈앞에서도 변화한다.

이미 앞에서 인용한 예 'Pas de lieu Rhône que nous'를 보자. 사람들은 이 프랑스어 단어들을 거듭해서 읽으면서도 그 발음이 'Paddle your own canoe'와 똑같다는 사실을 깨닫지 못할 것이다. 영어의 연상이 일어날 때, 소리 자체가 바뀌는 것처럼 보인다. 언어의 소리들은 대체로 들리는 순간에 그 의미와 함께 지각된다. 그러나 단어들이 단지 청각의 메아리로 귀에 맴돌고 있는 동안에도 연상의 연결이 몇 순간 동안 일어나지 않는 경우가 간혹 있다(정신이 아직 다른 생각에 빠져 있다). 그러다 별안간 단어들의 해석이 일어난다. 그러나 그 순간에 사람은 그 단어의 느낌 자체에 어떤 변화를 감지하고 놀랄 것이다. 우리의 언어조차도 우리가 이해하지 못한 가운데 듣는다면 외국어만큼이나 낯설게 들릴 것이다. 귀에 익지 않은 소리의 높낮이와 낯선 치찰음, 낯선 자음 등은 귀에 들리긴 해도 어떠한 생각도 떠올리게 하지 못할 것이다. 프랑스 사람들은 영어가 마치 새의 지저귐처럼 들린다고 말한다. 영어를 쓰는 사람들은 영어를 들으면서 절대로 그런 인상을 받지 않을 것이다. 영어를 쓰는 사람들 중에서 러시아어의 소리를 듣고 그와 비슷하게 묘사하는 사람들이 많다. 우리 모두는 독일어의 강한 억양과 파열음과 목구멍 소리를 잘 알고 있다. 그럼에도 독일인들 중에는 그런 것을 의식하는 사람이 하나도 없다.

이 같은 현상은 아마 우리가 별도로 인쇄된 단어 하나를 보면서 오랫동안 되풀이해서 읽을 경우에 그 단어가 아주 부자연스런 어떤 양상을 띠게 되는 이유를 설명해줄 것이다. 독자 여러분도 이 페이지의 단어를 어떤 것이든 하나 골라서 실험해보길 바란다. 그러면 금방 그 단어가 평소에 그 뜻으로 써오던 그 단어가 맞나 하는 의심이 들 것이다. 그 단어가 아무런 의미를 지니지 않은 채 의안(義眼)처럼 종이 위에서 독자를 빤히 응시할 것이다. 그 단어의 육체는 거기 있지만 그 영혼은 달아난 것이다. 그 단어는 이런 새로운 방식의 주의 집중에 의해 원래의 감각으로 환원되었다. 우리가 그 단어에 이런 식으로 주의를 기울였던 적은 지금까지 한 번도 없었다. 그 단어를 보는 순간 습관적으로 그 단어에 의미를 부여하면서 재빨리 그 단어에서 문장 속의 다른 단어로 주의를 옮겨갔을 뿐이다. 요약하면, 우리는 연상들의 구름 속에서 그 단어를 이해했다. 또 그런 식으로 지각하면서 우리는 그 단어를 그 단어 하나만 달랑 있을 때 느끼던 것과 사뭇 달리 느꼈다.

우리가 머리를 아래로 거꾸로 늘어뜨린 채 풍경을 볼 때, 잘 알려진 또 다른 변화가 일어난다. 이런 식으로 몸의 자세를 바꾸면, 지각이 어느 정도 혼란을 겪는다. 거리감을 비롯하여 다른 공간 감각이 불확실해진다. 한마디로 말해, 재생 작용 혹은 연합 작용이 감소한다. 이런 작용의 감소와 함께, 색깔들은 더욱 풍요로워지고 다양해지고 빛과 그늘의 대조도 더욱 뚜렷해진다. 그림을 거꾸로 걸어놓아도 똑같은 현상이 나타난다. 우리는 그 그림의 의미 중 많은 부분을 잃을 것이지만, 그 상실을 보상받듯 색조와 음영의 가치를 새롭게 느끼게 된다. 또 그 그림이 원래 갖고 있던 조화와 균형이 깨어지는 것을 느끼게 된다. 우리가 바닥에 누워서 우리 뒤에 서서 말을 하고 있는 사람의 입을 올려다본다면, 거기서도 마찬가지로 그런 현상이 나타날 것이다. 이런 경우엔 그의 아랫입술이 우리의 망막에서 평소에 윗입술이 차지하던 곳에 맺힌다. 따라서 그의 아랫입술은 아주 부자연스럽게 움직이는 모습을 보이게 될 것이다. 이때 아랫입술의 움직임이 부자연스럽게 보이는 이유는 우리가 아랫입술을 '있는 그대로의' 감각으로 받아들이고 익숙한 대상의 일부로 받아들이지 않기 때문이다.

그렇다면 여기서 우리는 다음과 같은 점을 인정해야 하는 것이 아닌가 하는 느낌을 다시 받는다. 어떤 대상의 특징들이 우리의 감각에 인상을 주고 그리하여 우리가 그 대상을 지각하게 될 때, 이런 특징들의 순수한 감각은 그 지각 안에 아직 존재하지 않으며 또 지각의 구성 요소가 되지도 못한다는 점을 말이다. 순수한 감각과 지각은 별개의 것이며, 이 중 어느 것도 다른 것과 동시에 일어나지 않는다. 왜냐하면 순수한 감각과 지각을 일으키는 뇌의 조건이 같지 않기 때문이다. 순수한 감각과 지각은 서로 닮을 수는 있지만, 이 둘은 어느 면으로 보나 똑같은 정신 상태는 아니다.

## 지각은 분명하거나 있음직한 것들에 관한 것이다

지각에 가장 중요한 뇌의 조건은 감각 인상에서 퍼져나가는 옛 연상의 경로들이다. 어떤 인상이 어떤 사물의 속성과 강하게 결합된다면, 우리는 그 인상을 받을 때마다 그 사물을 거의 확실히 지각할 것이다. 이런 예는 우리가 얼핏 보기만 해도 쉽게 알아보는 낯익은 사람과 장소 등이 될 것이다. 그러나 인상이 하나 이상의 실체와 결합되는 곳에서는, 그래서 서로 다른 특성의 집단이 2개 생길 수 있는 곳에서는, 지각은 분명하지 않고 흔들린다. 이때의 지각에 대해 우리는 그런 감각을 줄 법한, 있음직한 어떤 사물에 대한 지각이라고 말할 수 있을 것이다.

이처럼 모호한 경우에도 지각이 실패하는 예가 거의 없다는 사실은 충분히 주목받을 만하다. 어쨌든 그런 경우에도 지각은 일어나기 때문이다. 서로 어긋나는 두 집단의 연상들이 서로를 무력화시키거나 서로 결합하여 흐려지는 경우는 절대로 없다. 우리는 먼저 한 대상을 완전한 모습으로 받고 이어서 다른 대상도 완전한 모습으로 받는다. 달리 말하면, 모든 뇌 작용들은 '형성된 의식'(figured consciousness)이라고 부를 만한 것을 일으킨다. 만약에 뇌 경로들이 분명하다면, 그 경로들은 일관된 체계들 안에서도 분명하고 따라서 명확한 대상에 대한 생각들을 일으키지, 여러 요소들이 뒤죽박죽된 것에 대한 생각을 일으키지 않는다. 심지어 실어증이나 잠에 빠졌을 때와 같이 뇌의 기능들이 반쯤 멈춘 때에도, '형성된 의식'의 법칙은 여전히 유효하다. 큰 소리로 글을 읽고 있는 동안에 갑자기 졸음이 느껴진다면, 그 사람은 글을 엉터리로 읽을 것이다. 그러나 그는 단어를 빼먹지는 않고 'sovereign'을 'supper-time'으로 읽거나 'opposite'를 'overthrow'로 읽을 것이다. 아니면 책에 나오는 단어 대신에 아주 분명한 단어들로 이뤄진 구(句)를 상상 속에서 지어내어 읽을 것이다. 실어증의 경우가 그렇다. 실어증 증세가 약한 경우에 환자는 올바른 단어를 사용하지 않고 완전히 틀린 단어를 사용하는 실수를 저지른다. 실어증 환자가 발음을 아주 서툴게 하는 경우는 장애가 심각해질 때뿐이다. 이 같은 사실들은 연상의 연결이 아주 미묘하다는 점을 잘 보여주고 있다. 또 뇌 경로들 사이의 연결이 아주 섬세하면서도 강하다는 점을 잘 보여주고 있다. 이 뇌 경로들은 한 번 동시에 자극을 받고 나면 그 숫자가 아무리 많더라도 그 뒤로는 하나의 체계적인 전체로 동시에 떨려는 경향을 보이게 된다.

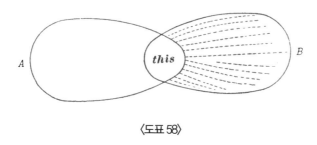

〈도표 58〉

2개의 시스템 A와 B가 공유하고 있는 요소들의 작은 집단인 'this'는 사건이 그 다음 단계를 어떤 식으로 결정하느냐에 따라 A나 B를 건드릴 수 있다. 만일 'this'에서 B로 이어지는 어느 한 지점이 'this'에서 A로 향하는 지점들보다 일시적으로 조금이라도 더 강하게 끌어당기게 된다면, 그 작은 차이가 전체 시스템 B에게 유리한 쪽으로 균형을 깨뜨릴 것이다. 전류들은 먼저 그 지점을 휩쓸듯 통과하고 그 다음에 B의 모든 경로들로 들어갈 것이며, 그런 식의 전진에 따른 가중이 A를 더욱 일어날 수 없는 시스템으로 만들 것이다. 그런 경우에 A와 B와 관련된 생각들은 서로 비슷함에도 다른 대상을 갖게 될 것이다. 그러나 만약에 'this'가 작다면 그 유사성은 매우 제한적인 특성에만 나타날 것이다. 따라서 만약에 아주 희미한 감각도 어떤 명확한 대상을 일으킬 감각을 닮는다면, 그 희미한 감각도 그 명확한 대상을 지각하게 할 수 있다.

## 착각

이젠 〈도표 58〉의 A와 B를 뇌 작용이 아닌 대상을 상징한다고 생각하자. 또 A와 B를 'this'라고 부르는 감각을 자극할 수 있는 대상으로 여기도록 하자. 그러나 이번의 경우엔 실제로 자극을 받는 대상은 B가 아니고 A이다. 만약에 이 경우에 'this'가 B가 아니라 A를 연상시킨다면, 그것은 올바른 지각을 낳는다. 그러나 만약에 'this'가 반대로 B를 연상시키고 A를 연상시키지 않는다면, 그 결과 엉터리 지각이 생길 것이다. 전문적인 표현을 빌리면, 하나의 '착각'이 나타날 것이다. 그러나 지각이 사실이든 엉터리든 불문하고, 그 작용은 똑같다.

모든 착각에서 엉터리인 것은 추론되는 것이지 즉시적으로 주어지는 것이 아니라는 점에 유의해야 한다. 만약에 'this'가 그것 자체로 느껴졌다면, 그것은 제대로 된 지각이 될 것이다. 'this'는 'this'가 암시하는 바로 그것 때문에 오도(誤導)하게 된다. 만약에 'this'가 시각이라면, 그것은 예를 들어 실체가 있는 어떤 대상을 연상시킬 수 있는데 나중에 알고 보니 이 대상이 촉각의 경험을 일으킬 수 있는 것이 전혀 아닌 것으로 드러난다. 고대의 회의론자들이 설명하고자 애를 썼던, 소위 '감각의 오류'는 감각 자체의 오류가 아니다. 그보다는 감각들이 제시하는 것들을 엉터리로 해석하는 이해력의 오류이다.

예비 지식을 어느 정도 쌓았으니 이제는 착각을 조금 더 세밀히 살피도록 하자. 착각은 두 가지 중요한 원인으로 인해 일어난다. 첫째, 이 예에서 보듯 진짜 원인이 아님에도 불구하고 그 엉터리 대상이 'this'를 일으키는, 습관적이고 상습적이고 아주 그럴 듯한 원인으로 여겨지기 때문이고, 둘째, 마음이 일시적으로 그 엉터리 대상에 대한 생각으로 가득한 까닭에 'this'가 바로 그 순간에 그것을 연상시킬 가능성이 특별히 높기 때문이다.

각 원인별로 여러 가지 예를 짧게 제시할 생각이다. 둘 중에는 첫 번째 원인이 더 중요하다. 왜냐하면 모든 사람이 쉽게 겪는 다수의 착각이 거기에 속하고 또 경험을 통해서 그 착각을 물리치는 것이 가능하기 때문이다.

## 첫 번째 유형의 착각

가장 오래된 예의 하나는 아리스토텔레스(Aristotle)의 시대로까지 거슬러 올라간다. 손가락 2개를 〈도표 59〉처럼 교차시키고 그 사이에 콩이나 펜대 같은 작은 물건을 끼우고 돌려보라. 그러면 그것이 이중으로 보일 것이다. 스코틀랜드 철학자 로버트슨(George Croom Robertson) 교수는 이 착각을 아주 명료하게 분석했다. 그의 분석은 이렇다. 만일 그 대상이 먼저 집게손가락에 닿고 그 다음에 가운뎃손가락에 닿는다면, 2개의 접촉점이 공간의 서로 다른 지점처럼 보인다. 집게손가락이 실제로 더 밑에 있음에도 불구하고, 그 접촉점은 더 높아 보인다. 가운뎃손가락은 실제로 더 높은 곳에 있음에도 불구하고 그 접촉점은 더 낮아 보인다. "우리는 접촉 지점을 2곳으로 지각한다. 이유는 우리가 그 접촉점들을 공간

의 서로 다른 2개의 지점으로 생각하기 때문이다." 2개의 손가락이
대상과 접촉하는 면들은 정상적인 경우에 공간에 함께 있지 않으
며, 따라서 같은 물건을 절대로 접촉하지 못하는 것으로 여겨진다.
그러므로 2개의 손가락을 접하고 있는 물건은 두 곳에 있는 것처
럼, 즉 2개인 것처럼 보인다.

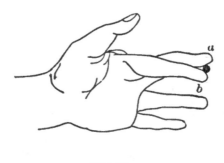

〈도표 59〉

특별한 어떤 대상에 의해 만들어진 시각적 착각임에도 불구하
고, 우리가 정상이라고 해석하는 그런 착각의 예도 많다. 대표적인
예가 입체경이다. 두 눈은 각각 한 장의 사진을 보고 있고, 2개의
사진은 서로 약간 다르다. 오른쪽 눈이 보는 사진은 왼쪽 눈이 보
는 사진을 찍은 곳에서 오른쪽으로 약간 옮긴 지점에서 같은 대상
을 찍은 것이다. 어떤 고체가 두 눈에 비치는 그림들은 이런 식의
불일치를 보인다. 그렇기 때문에 우리는 그 감각에 평소대로 반응
하며 그것을 하나의 고체로 지각한다. 만약에 그 그림들이 바뀐다
면, 우리는 그 고체의 속이 텅 빈 틀을 지각할 것이다. 왜냐하면 속
이 빈 틀이 그런 식으로 서로 불일치하는 그림들을 비출 것이기 때

문이다.

영국 과학자 휘트스톤(Charles Wheatstone)이 개발한 도구, 즉 요철(凹凸)이 거꾸로 보이도록 만든 장치는 우리가 실체가 있는 대상들을 볼 수 있게 함과 동시에 양쪽 눈이 반대편 눈이 보는 그림을 볼 수 있도록 한다. 그러면 우리는 고체인 대상을 속이 빈 것처럼 지각한다. 만약에 그 대상이 속이 빌 수 있는 것이라면 말이다. 그러나 속이 빌 수 없는 것은 절대로 그렇게 지각되지 않는다. 따라서 지각 작용은 자체의 법칙에 충실한데, 그 법칙이란 바로 지각이 감각에 최대한 명확하게, 그리고 허락하는 한도 안에서 최대한 그럴 듯하게 반응한다는 것이다.

예를 들어, 인간의 얼굴은 휘트스톤이 개발한 장치에 절대로 속이 빈 것으로 나타나지 않는다. 왜냐하면 얼굴과 속이 빈 것을 서로 연결시키는 것이 우리의 관습에 반하기 때문이다. 똑같은 이유로 얼굴을 음각으로 주형을 뜨는 것은 매우 쉬운 일이다. 또 두꺼운 판지로 만든 가면의 색칠한 안쪽을 실제 모습처럼 오목하게 보이도록 하지 않고 볼록하게 보이도록 하기도 쉽다.

우리가 의도하지 않은 가운데 안구들이 움직일 때마다, 대상들에서 이상한 운동 착각이 일어난다. 우리는 '운동 감각'을 논하는 장에서 운동의 시각적 느낌은 망막 위를 지나가는 이미지에 의해 만들어진다는 것을 배웠다. 그러나 이 감각은 기본적으로 대상 때문만도 아니고 우리의 눈 때문만도 아니다. 이 감각의 원인은 후에 점점 분명해지며 어떤 단순한 법칙들을 따르고 있다.

한 가지 법칙을 본다면, 망막에 운동의 느낌이 일어날 때마다 우

리는 대상이 움직이고 우리의 눈은 움직이지 않는다고 믿는다. 발
뒤꿈치를 고정시키고 몇 바퀴 회전하다가 멈출 때, 바로 이런 믿음
이 착각을 낳는다. 왜냐하면 대상들이 그 직전에 우리의 몸이 실
제로 돌았던 그 방향으로 계속 돌고 있는 것처럼 보이기 때문이다.
이 같은 현상이 나타나는 이유는 이 조건에서 우리의 두 눈이 안진
(眼震), 즉 눈의 궤도에 무의식적으로 일어나는 요동에 자극을 받
기 때문이다. 이 현상은 몸을 빙빙 돌린 뒤에 어지러움을 느끼는
사람들 누구에게서나 쉽게 관찰된다. 이 운동이 무의식적이기 때
문에, 이 운동이 일으키는 망막의 운동 느낌은 자연히 눈에 보이는
대상 때문인 것으로 여겨진다. 그러다 몇 초가 지나면, 이 같은 현
상은 말끔히 사라진다. 만일 우리가 의도적으로 어느 한 지점에 눈
을 고정시키면, 그 현상은 거기서 멈춘다.

　이와 정반대로 나타나는 운동의 착각도 있다. 기차역에서 누구
나 쉽게 경험하는 착각이다. 우리가 앞으로 움직일 때, 우리의 전체
시야는 망막 위에서 뒤로 미끄러진다. 우리의 움직임이 우리가 타
고 있는, 창이 있는 탈것이나 자동차 혹은 배의 움직임 때문일 때,
창밖으로 보이는 모든 정지한 대상들은 우리에게 반대 방향으로
지나가는 감각을 준다. 따라서 우리가 창밖으로 보이는 모든 대상
들이 한 방향으로 움직이는 감각을 받을 때마다, 우리는 그 감각에
평소 습관대로 반응하며 창밖에 있는 정지된 풍경이 우리의 움직
임에 의해 뒤로 흘러가고 있다고 지각한다. 그래서 역에서 다른 기
차가 우리가 탄 기차 옆으로 와서 창을 가득 채우며 잠시 멈췄다가
다시 미끄러져 나가기 시작할 때, 우리는 움직이는 것이 우리 기차

이고 다른 기차는 정차해 있다고 판단한다. 그러나 만약에 우리가 창문을 통해서나 다른 기차의 객차 사이로 그 역의 일부를 보고 있다면, 우리의 기차가 움직인다는 착각은 그 즉시 사라지고 우리는 다른 기차가 움직이고 있다는 것을 지각한다. 다시 말하지만, 이것은 우리의 감각을 바탕으로 한 추론에 불과하다.

운동에 따른 또 다른 착각은 헬름홀츠에 의해 설명되고 있다. 길가의 모든 대상들, 즉 주택과 나무 등은 빠르게 달리는 기차의 창을 통해 보면 더 작게 보인다. 이것은 우리가 우선 그 대상들을 터무니없을 만큼 가까이 있는 것으로 지각하기 때문에 일어나는 현상이다. 우리가 그 대상들이 아주 가까이 있다고 지각하는 이유는 그것들이 아주 빨리 뒤로 밀려나기 때문이다. 우리가 앞으로 움직일 때, 모든 대상들은 앞서 말한 대로 뒤로 미끄러진다. 이때 가까이 있는 대상일수록, 이동도 더욱 빨라진다. 따라서 대상이 뒤로 이동하는 속도가 거리상의 가까움과 아주 밀접히 연결되게 되었으며, 우리가 속도를 느낄 때 대상들이 가까이 있는 것으로 지각되기에 이르렀다. 그러나 망막에 맺힌 상의 크기가 일정한 경우에는 가까운 대상일수록 실제 크기가 더 작아진다. 그래서 기차 안에서는 기차가 달리는 속도가 빠를수록 나무와 집들이 더 가까이 있는 것처럼 보이고, 가까이 있는 나무나 집일수록 망막에 비치는 상은 더 작게 보인다.

두 눈의 수렴과 조절, 망막에 맺히는 상의 크기 등이 대상의 크기와 거리에 관한 착각을 일으킬 수 있는데, 이 착각 또한 첫 번째 유형의 착각에 속한다.

## 두 번째 유형의 착각

이 유형의 착각에선 우리가 엉뚱한 대상을 지각한다. 왜냐하면 우리의 정신이 당시에 온통 그 대상에 대한 생각으로 꽉 차 있기 때문이다. 이런 정신 상태에서는 그 대상과 조금이라도 연결되는 감각이면 어떤 것이든 이미 출발할 태세를 갖추고 있던 생각의 기차를 쉽게 건드려 움직이게 하며 그 대상이 정말로 우리 눈앞에 있다는 느낌을 준다. 아주 흔한 예를 제시한다.

"만일에 사냥꾼이 숲에 숨어 있는 멧도요를 노리고 있는 중에 멧도요와 비슷한 크기와 색깔의 새가 날아오른다면, 그 사냥꾼은 크기와 색깔이 멧도요와 비슷한 새라는 사실 이상을 확인하고 있을 시간이 없었던 터라 그 즉시 추론으로 멧도요의 다른 특성까지 떠올리며 그게 틀림없다고 생각하고 총을 쏜다. 그러다 나중에 그것이 개똥지빠귀로 밝혀져 사냥꾼의 마음을 상하게 만들 것이다. 나에게도 그런 경험이 있다. 나는 내가 쏜 새가 개똥지빠귀라는 사실을 믿기 어려웠다. 나의 마음이 나의 시각적 지각을 아주 완벽하게 뒷받침하는 것 같았기 때문이다."(Romanes, 'Mental Evolution in Animals')

사냥에서도 이런 일이 일어나듯이, 적과 귀신 등과 관련해서도 이런 일이 일어난다. 어둠 속에 숨어서 어떤 대상을 기다리고 있거나 무서워하고 있는 사람은 돌발적인 감각을 그 대상의 출현을 의미하는 것으로 곧잘 해석할 것이다. 술래잡기를 하는 소년, 추적자를 따돌리고 있는 범죄자, 한밤중에 숲을 가로지르거나 교회의 묘지를 지나치는 사람, 숲에서 길을 잃은 사람, 애인과 밤에 밀회를 약속해놓고 가슴을 두근거리고 있는 소녀 등등. 이들은 모두 소리나 시야의 착각을 일으키기 쉬우며, 이 착각은 사실이 아닌 것으로 드러날 때까지 그들의 가슴을 벌렁거리게 만들 것이다. 연인의 경우에 사랑하는 사람을 만나는 환상에 젖어서 거리를 배회하면서 자기 앞에 걸어가는 여인의 모자를 보고 애인으로 착각하는 경우가 하루에 열두 번도 더 있을 것이다.

### 교정자(校正者)의 착각

보스턴에서 지내던 어느 날 밤에 나는 케임브리지로 가기 위해 '마운트 오번'행 차를 기다리고 있었다. 그런데 내가 탈 때에는 분명히 마운트 오번이라는 글자가 뚜렷하게 보였는데 나중에 알고 보니 '노스 애비뉴'였다. 착각이 너무 엉뚱했기 때문에 나는 나의 눈이 나를 속였다고 믿을 수도 없었다. 그런데 모든 독서는 다소 이런 식으로 이뤄진다.

"만약에 단어들을 지각하기 위해 글자 하나하나를 정확히 봐야 한다면, 소설이나 신문을 읽는 데 아무리 익숙한 독자라 하더라도 아마 그렇게 빨리 읽지 못할 것이다. 그 단어들의 반 이상은 독자의 마음 밖에서 오고 인쇄된 페이지에서 오는 것은 겨우 반밖에 되지 않는다. 이런 식으로 읽지 않고 우리가 글자 하나하나를 지각한다면, 잘 아는 단어들의 오자는 절대로 간과되지 않을 것이다. 아직 단어들을 한 눈에 지각할 만큼 충분한 관념을 쌓지 못한 아이들은 오자가 있는 단어가 있으면 그것을 옳게 바꿔 읽지 않고 오자 있는 단어를 그대로 읽는다. 외국어인 경우에는 그것이 똑같은 글자로 적혀 있더라도 우리는 훨씬 더 천천히 읽는다. 우리가 단어들을 이해하지 못하거나 즉각적으로 지각하지 못하기 때문이다. 그러나 우리는 그만큼 오자를 더 쉽게 잡아낸다. 이런 이유 때문에 라틴어와 고대 그리스어, 히브리어로 쓰인 작품들에 오자가 적게 나타난다. 독일어로 쓴 작품 등에 비하면 그런 어려운 언어로 쓴 작품의 교정이 훨씬 더 정확하기 때문이다."(Lazarus, 'Das Leben d. Seele'(1857))

개인의 신원에 관한 증언에도 비슷한 이유로 오류가 있을 수 있다는 사실은 잘 알려져 있다. 어떤 사람이 신속히 벌어진 범죄나 사고를 목격하고 자신의 마음에 그 이미지를 담아둔다. 나중에 그는 법정에서 어느 죄수를 보면서 자신이 알고 있는 그 이미지에 비춰 지각하면서 그 죄수가 범인이라고 증언한다. 자신이 범죄나 사고 현장 바로 옆에 있지 않았으면서도 이런 식으로 증언할 수 있다. 사기꾼 영매들의 소위 말하는 강신술(降神術)에도 비슷한 현상이 나타난다. 어두운 방에서 사람이 얇은 천을 걸친 어떤 형상을 보고 있는데, 이 형상이 그 사람에게 자기는 그 사람의 여동생이나 어머니, 아내나 아이의 영혼이라고 나직이 속삭이며 그의 목 위로 쓰러진다. 어둠과 야릇한 형식, 기대감이 그 사람의 마음을 예언적인 이미지로 가득 채우고 있기 때문에, 그 사람이 그 형상이 암시하는 것을 지각하는 것은 전혀 놀라운 일이 아니다. 사기성이 농후

한 이런 강신술은 지각의 심리학을 연구하는 데 아주 소중한 자료를 제공한다. 최면 상태에서도 암시된 대상이 감각적으로 지각된다. 일부 사람들에게는 최면에서 풀려난 뒤에도 암시된 대상을 지각하는 현상이 다소 나타난다. 사람이 암시에 취약하게 만드는 조건이 있는 것 같다. 그런 조건 아래에서는 그렇지 않았더라면 절대로 최면에 걸리지 않을 사람도 암시에 약하게 된다.

일부 권위자들이 이처럼 감각의 현재 인상을 왜곡시키는 상상의 힘에 의문을 제기하고 있음에도 불구하고, 이 암시 감응성은 모든 감각에 두루 나타난다. 우리 모두는 후각에서 그런 예를 제시할 수 있다. 우리가 불성실한 배관공이 하수구를 수리하지 않으면서도 수리하는 척 꾸미고 있다는 사실을 눈치 채지 못하고 수리비를 지급할 때, 우리의 지성은 우리의 코가 지금도 똑같이 나고 있는 그 하수구 냄새를 지각하지 못하도록 막고 있다. 아마 그런 식으로 며칠이 지난 다음에야 우리는 그 냄새를 다시 지각하게 될 것이다. 방의 환기나 난방에 관해서라면, 우리는 한동안 자신이 생각한 대로 느끼게 된다. 만약에 송풍기가 닫혀 있다고 믿는다면 우리는 방이 닫혀 있다고 느낀다. 그러다 송풍기가 열려 있다는 사실을 깨닫는 순간, 답답한 느낌이 사라진다.

촉각도 마찬가지이다. 우리 모두는 감각 가능한 특징이 우리의 손 안에서 변화하는 것을 직접 경험했을 것이다. 캄캄한 밤에 축축하거나 털이 많은 무엇인가에 갑자기 닿게 되면 돌연 혐오감이나 공포의 충격을 느꼈다가 서서히 익숙한 그 대상이 무엇인지를 깨닫게 된다. 우리가 빵 부스러기라고 생각하며 식탁보에서 집는 감자 부스러기 같은 아주 작은 것까지도 우리의 공상에는 한 순간 감자 부스러기가 아닌 다른 것으로 보이며 무섭게 느껴진다.

　청각에도 이와 비슷한 실수가 많다. 처음에는 아주 무서운 소리로 들렸는데도 조금 더 생각하자 그 소리의 출처가 달라지면서 소리의 성격 자체가 변하는 경험은 누구에게나 있을 것이다. 일전에 어느 친구가 나의 방에 앉아 있었다. 그때 아주 낮은 소리로 시계가 종을 치기 시작했다. 그러자 그는 "이봐! 정원의 손풍금 소리 좀 들어봐."라고 말했다가 그 소리의 진짜 출처를 발견하고는 크게 놀랐다. 나 자신도 그런 종류의 착각을 한 경험이 있다. 어느 날 밤에 늦은 시간까지 책을 읽으며 앉아 있는데, 갑자기 집의 위쪽에서 무시무시한 소리가 들려왔다. 소리가 다락을 가득 채우고 있는 것 같았다. 그러다 소리가 잠시 멈추더니 다시 시작되었다. 나는 그 소리를 들으러 현관으로 나갔다. 그러자 소리는 더 이상 들리지 않았다. 그러나 방에 돌아와 의자에 앉자마자, 소리가 다시 시작되었다. 홍수 끝에 강물이 차오르고 있는 것 같기도 하고, 무시무시한 광풍의 선봉인 것 같기도 한, 낮고 묵직하고 불안하게 만드는 소리였다. 이제 소리는 사방에서 들려오고 있었다. 꽤 놀란 나는 다시 현관으로 나갔으며, 그러자 다시 소리가 멈췄다. 다시 방으로 돌아온 나는 그것이 바닥에서 자고 있던 작은 테리어 개의 숨소리였다는 사실을 알았다. 여기서 주목할 것은 내가 그 소리의 정체를 알게 되는 순간 그것을 다른 소리로 생각하게 되며 그 이후로는 그 직전에 들었던 소리를 다시 들을 수 없었다는 사실이다.

　시각의 착각에도 재미있는 예들이 많다. 한 가지만 제시할 생각이다. 나 자신의 기억이다. 나는 어느 기선 안에서 침대에 누워 밖에서 선원들이 갑판을 닦는 소리를 듣고 있었다. 그때 창으로 눈길을 돌리자, 그 배의 기관장이 나의 방에 들어와서 창문으로 밖에서 일하는 선원들을 지켜보고 있는 것이 보였다. 그의 침입과 동시에 그의 의도와 부동자세에 깜짝 놀란 나는 그를 지켜보며 그가 언제까지 그러고 있을 것인지 궁금해 하고 있었다. 마침내 내가 말을 걸었다. 그래도 대답이 없기에 나는 침대에서 몸을 일으키면서 내가 기관장으로 착각한 것이 나의 모자와 창문 옆 옷걸이 못에 걸린 나의 코트였다는 사실을 확인했다. 착각은 완벽했다. 기관장은 기묘하게 생긴 사람이었고 나는 그를 틀림없이 보았다. 그러나 착각이 사라지고 난 다음에 나는 그 모자와 코트를 갖고 다시 그의 모습을 그리는 것은 불가능하다는 사실을 깨달았다.

### 통각(統覺)

독일에서 헤르바르트 시대 이후로 심리학은 통각이라 불리는 작용에 대해 많은 이야기를 들려주었다. 우리에게로 들어오는 관념이나 감각은 이미 우리의 마음 안에 있는 관념들의 '집단'에 의해 통각되는 것으로 여겨지고 있다. 이런 면에서 본다면, 우리가 지금까지 지각으로 묘사하고 있는 그 작용은 통각적인 작용이다. 모든 인식과 분류, 명명, 그리고 단순한 암시를 넘어서는 것은 전부 통각이다. 지각 대상에 관한 추가적인 모든 사고도 마찬가지로 통각적인 과정이다.

나 자신은 통각이라는 단어를 사용하지 않았다. 이유는 통각이라는 단어가 철학의 역사에서 다양한 의미로 쓰였기 때문이다. '정신적 반응' '해석' '개념 형성' '동화' 또는 '사고'도 헤르바르트가 넓은 의미에서 사용한 통각의 완벽한 동의어들이다. 게다가 지각의 단계 그 너머의 소위 말하는 통각 작용을 분석하는 것처럼 꾸밀 필요가 없다는 생각이 들기도 한다. 왜냐하면 통각의 정도와 종류도 그야말로 무수히 많기 때문이다. '통각'은 우리가 연상이라고 배운 것들의 효과의 총합을 부르는 이름이다. 그리고 주어진 어떤 경험이 어떤 사람에게 암시하는 것들은 그 사람의 천성과 관념들의 축적, 달리 표현하면 그 사람의 성격과 습관, 기억, 교육, 옛날의 경험과 순간의 기분 등에 좌우되는 것이 분명하다. 이 모든 것들을 '통각하는 전체'라고 불러버리면 여간 편하지 않을 것이다. 그러나 그런 식으로 불러가지고는 우리의 정신이나 뇌 안에서 실제로 일어나고 있는 일들에 대한 통찰을 절대로 얻지 못할 것이다. 대체로 나는 조지 루이스의 '동화' (assimilation)라는 표현이 가장 적절하다고 생각한다.

독일 전문가들에 의해, '통각하는 전체'(apperceiving mass: 새로운 개념이나 사상을 이해하는 데 이용된, 어떤 사람이 그때까지 한 경험 전체를 일컫는다/옮긴이)는 능동적인 요소로, 통각되는 감각은 수동적인 요소로 각각 다뤄지고 있으며, 감각은 마음속의 관념들에 의해 언제나 변화하는 것으로 여겨진다. 통각하는 전체와 통각되는 감각의 상호 작용에서 인지가 나온다. 그러나 독일 철학자 슈타인탈(Heymann Steinthal)이 지적하듯이, 통각하는 전체 자체가 종종 감각에 의해 변화한다. 그의 설명을 들어보자. "'선험'의 순간이 대체로 보다 강력한 것으로 드러나지만, 새로운 관찰이 관념들의 집단을 변화시키거나 풍성하게 하는 그런 통각 작용도 완벽하게 일어날 수 있다. 지금까지 귀퉁이가 4개인 테이블밖에 보지 않은 아이도 둥근 테이블을 하나의 테이블로 통각한다. 이로 인해서 통각하는 전체('테이블'과 관련한 경험)가 더욱 풍성해진다. 아이가 그전에 테이블에 관해 알고 있던 지식에, 테이블이라고 해서 반드시 사각형일 필요가 없으며 둥글 수도 있다는 새로운 특징이 보태진다. 과학의 역사를 보면, 발견이 통각되는 즉시 우리의 지식 체계로 연결되면서 전체 체계를 바꿔놓는 예들이 많다. 그러나 원칙적으로 보면, 선험과 새로운 발견이 똑같이 능동적일 수도 있고 수동적일 수도 있음에도 불구하고, 둘 중에서 선험적 요인이 거의 언제나 더 능동적이라는 점을 우리는 인정해야 한다."(Einleitung in die Psychologie u. Sprachwissenschaft(1881))

## 천재성과 고리타분함

슈타인탈의 이 같은 설명은 심리학의 개념 형성과 논리학에서 개념이라고 불리는 것 사이의 차이를 아주 명료하게 보여주고 있다. 논리학에서 말하는 개념은 변경이 불가능하다. 그러나 일반적으로 '사물들의 개념 형성'이라 불리는 것은 사용함에 따라 변화하게 되어 있다. 과학의 목적은 아주 적절하고 정확한 개념을 형성하는 것이다. 더 이상 변화의 필요가 없는 개념을 만들어내는 것이 과학의 목적인 것이다.

모든 정신 안에서 생각들을 그대로 간직하려는 경향과 생각들을 혁신시키려는 경향 사이에 갈등이 영원히 빚어지고 있다. 우리의 교육은 보수적인 요소들과 진보적인 요소들 사이의 끊임없는 타협이다. 모든 새로운 경험은 기존의 항목으로 분류되어야 한다. 이때 중요한 것은 변화를 최소화하면서 경험을 수용할 수 있는 항목을 찾는 것이다.

폴리네시아 원주민들은 말(馬)을 처음 보면서 그것을 돼지라고 불렀다. 돼지가 말을 포함할 수 있는 가장 가까운 항목이었기 때문이다. 두 살인 나의 아이는 처음 보는 오렌지를 1주일 동안이나 갖고 놀면서 그것을 '볼'이라고 불렀다. 이 아이는 달걀을 처음 보고는 '감자'라고 불렀다. 휴대용 병따개를 보고는 서슴없이 '부러진 가위'라고 불렀다.

새로운 경험이 들어올 때, 우리 모두는 새로운 항목을 쉽게 찾지 못한다. 우리 대부분은 지금까지 익숙했던 개념에 구속을 점점 더 강하게 받게 되며 낡은 방식이 아닌 다른 방식으로 인상을 동화시키는 능력이 점점 떨어진다. 한마디로 요약하면, 고리타분함은 생명이 우리를 몰아붙이는 피할 수 없는 종착역이다. '통각'의 기존 습관에 반하는 대상들은 아무런 이유도 없이 중요한 것으로 여겨지지 않을 것이다. 혹은 우리가 논쟁에 밀려서 그런 대상의 존재를 인정한다 하더라도, 24시간만 지나면 마치 그런 인정 자체가 없었던 것처럼 바뀌면서 동화할 수 없는 진리의 모든 흔적은 우리의 사고에서 사라져버릴 것이다. 따지고 보면 천재성이란 몸에 배지 않은 방법으로 지각할 줄 아는 능력에 지나지 않는다.

한편 어린 시절부터 인생의 종말에 이르기까지, 새로운 것을 낡은 것과 동화시키고, 또 익숙한 개념을 깨뜨리겠다고 위협하는 것이 들어올 때 그것을 직면하면서 그 낯섦을 옛 친구의 우정으로 위장할 줄 아는 능력보다 더 멋진 것은 없다. 이처럼 새로운 것을 멋지게 동화시키는 것이야말로 사실 엄청난 지적 쾌감을 안겨준다. 그 쾌감에 대한 욕망이 바로 과학적 호기심이다. 동화가 이뤄지기 전까지, 새로운 것과 옛 것의 관계는 경이이다. 우리는 설명할 개념이나 평가할 기준이 전혀 없는 일들에 대해서는 호기심을 품지도 않고 경이를 느끼지도 않는다. 다윈의 항해 동안에 푸에고 섬의 사람들은 작은 보트들을 보고는 신기하게 생각했다. 그러나 큰 배에 대해서는 '당연한 것'으로 여겼다. 이미 부분적으로 알려진 것만이 우리의 내면에 더 많은 것을 알고 싶어 하는 욕구를 불러일으킨다. 직물이 정교할수록, 금속 작품이 거대할수록, 우리 대부분에게는 그런 것들이 공기와 물과 땅처럼 느껴진다. 절대적인 존재는 어떠한 생각도 불러일으키지 않는다. 조각이나 동판화가 그 정도의 아름다움을 갖는 것은 당연한 일이다. 그러나 만약에 똑같은 완성도의 펜화가 제시된다면, 그 과업의 어려움에 대한 개인적 공감이 우리로 하여금 즉시 그 솜씨에 대해 경탄을 연발하게 만든다. 학술원 회원의 그림에 놀라던 어느 노부인은 화가에게 "정말 손으로 그리신 것 맞죠?"라고 물었다.

## 지각의 생리적 작용

지각의 일반 법칙을 입증할 수 있을 만큼 많은 것이 제시되었다. 그 법칙이란 바로 이것이다. 우리가 지각하는 것 중 일부는 우리 앞에 있는 대상에서 오고, 또 다른 일부는 우리 자신의 마음에서 온다는 것이다.

사실 이것은 우리의 신경 중추들이 감각 인상에 작용하는 신체 기관들이고, 또 그 작용에 우리의 개인적인 과거 경험이 협력할 수 있도록 특별히 우리에게 뇌의 반구들이 주어졌다는 사실을 보여주는 예에 지나지 않는다. 물론 이런 식의 일반적인 진술은 모호하다. 만약에 그 진술에 정확한 의미를 부여하려 노력한다면, 우리가 당연히 믿어야 할 것이 한 가지 있다. 뇌는 그 전의 경험들이 닦아놓은 경로들을 통해서 반응하고, 이 경로들은 우리로 하여금 '그럴듯한 것'까지, 말하자면 과거에 가장 빈번하게 일깨워졌던 것까지 지각하게 만든다는 점을 말이다. 뇌 반구들의 반응은 외부 세계에서 들어오는 전류가 경로들의 어떤 체계를 일깨우는 것이다. 정신의 면에서 이에 상응하는 것은 생각의 특별한 펄스이다. 이 분석에서 우리는 이 이상으로 더 나아가지 못한다.

## 환각

정상적인 지각과 착각 사이에 어떠한 차이도 없다는 것을 우리는 보았다. 정상적인 지각이나 착각이나 그 작용은 똑같다. 착각을 공부하는 부분에서 마지막으로 고려했던 착각은 어쩌면 환각으로 불리는 것이 더 적절할지 모르겠다. 여기서 우리는 환각이라는 이름으로 더 자주 불리는, 엉터리 지각을 고려해야 한다.

일상적인 어법을 보면, 착각에는 어떤 대상이 있고 환각에는 객관적인 자극이 전혀 없다는 점에서 환각과 착각이 서로 다른 것으로 여겨진다. 지금 우리는 환각에 객관적인 자극이 없다는 주장이 잘못이라는 점을, 그리고 환각은 지각 작용의 극단적인 형태에 지나지 않는 경우가 종종 있다는 점을 확인할 것이다. 환각은 대체로 돌발적으로 나타나며 그 사람에게 강제하는 성격을 갖고 있다. 그럼에도 환각은 다양한 수준의 객관성을 명백히 갖고 있다. 처음부터 한 가지 실수를 저지르지 않도록 조심해야 한다. 환각이 밖으로 잘못 투사된 이미지라는 식의 설명이 자주 들린다. 그러나 환각이 완전하게 일어나는 경우를 보면 그것은 정신적 이미지 그 이상이다. 주관적으로 고려한다면, 환각도 하나의 감각이다. 진짜 대상이 있는 것만큼이나 진정한 감각이다. 어쩌다 대상이 거기에 없을 뿐이다. 그게 전부이다.

약한 수준의 환각은 '가성(假性) 환각'(pseudo-hallucination)이라 불려왔다. 몇 년 전부터 가성 환각과 환각이 구분되고 있다. 가성 환각은 훨씬 더 생생하고, 세세하고, 돌발적이고, 무의식적이라는 점에서 기억과 환상의 평범한 이미지와 다르다. 칸딘스키(Victor Kandinsky) 박사의 환자 중에 아편을 복용한 뒤에 가성 환각과 환각을 아주 많이 겪은 환자가 있었다. 이 환자는 시각화 능력이 탁월하고 교육을 많이 받은 의사였기 때문에, 3가지 종류의 현상이 쉽게 비교될 수 있었다. 외부로 투영되었음에도 불구하고, 가성 환각은 환각이 갖는 객관적인 현실의 성격을 결여했다. 그러나 상상의 그림들과 달리, 가성 환각을 마음대로 엮어내는 것은 거의 불가능했다. 환자들이 듣는 '소리'의 대부분은 가성 환각이다. 비록 소리들의 성격은 환자가 내면적으로 하는 말과 완전히 다를지라도, 그 소리들은 '내면'의 소리로 묘사된다. 나는 그런 내면의 소리를 듣는 사람을 몇 명 알고 있다. 그런데 이 사람들은 차분해지면서 그 소리에 귀를 기울일 때마다 뜻하지 않은 말을 한다. 그들은 망상과 광기로 힘들어 하고 있으며, 그러다 마침내 완전히 외면화된 환각에 시달리게 될 것이다. 환각은 간혹 나타나는데, 환각을 자주 겪는 사람도 더러 있다. 영국 심리학자 거니(Edmund Gurney)가 시작한 '환각 센서스'의 결과에 따르면, 대충 10명 중한 명꼴로 어느 시점에 생생한 환각을 경험하는 것으로 나타난다. 어느 건강한 사람이 들려주는 다음 이야기를 통해서 환각이란 것이 어떤 것인지를 보도록 하자.

"열여덟 살 소녀일 때, 나는 어느 날 밤에 나이 많은 사람과 매우 힘든 토론을 벌였다. 토론 자체가 너무나 고통스러웠기 때문에 나는 응접실 벽난로 주위에 있던, 상아로 만든 뜨개바늘을 집어 들고 그 사람과 말을 하면서 그것을 잘게 쪼갰다. 토론을 벌이던 중에 나는 나와 친하게 지내던 동생의 의견을 듣고 싶은 마음이 아주 간절해졌다. 그래서 내가 몸을 돌리니 동생이 저쪽에 놓인 테이블에 앉아서 팔짱을 끼고 있는 것이 보였다. 그러나 실망스럽게도 나는 빈정거리듯 한 그의 입모양을 보고 그가 나와 의견을 같이하지 않아서 내 편이 되어주지 않을 것 같다는 느낌을 받았다. 그 순간 놀라운 일이 벌어져 나의 정신을 번쩍 들게 했다. 그것으로 토론도 끝이었다.

내가 몇 분 뒤에 동생에게 할 말이 있어 몸을 돌렸을 때, 동생이 그 자리에 없었던 것이다. 후에 나는 동생에게 언제 방을 나갔는지를 물었다. 그러자 방에 있지도 않았다는 대답이 돌아왔다. 도무지 믿기지 않는 일이었다. 나는 그가 잠깐 들어왔다가 나도 몰래 나갔을 것이라고 짐작하고 있었는데. 한 시간 반 뒤에 동생이 다시 나타나서 무슨 문제가 생겨서 그날 밤에는 집 근처에 있지도 않았다고 말해주었다."

고열과 정신 착란을 동반하는 환각은 가성 환각과 환각과 착각이 결합된 형태이다. 아편과 하시시, 벨라도나에 의한 환각은 이 점에서 그런 환각과 닮았다. 가장 흔한 환각은 자기 이름이 큰 소리로 불리는 것을 듣는 것이다. 내가 수집한 케이스의 거의 반이 이런 환각이다.

## 환각과 착각

최면에 걸린 사람에게 말로 암시만 해도 환각이 쉽게 일어난다. 한 예로 종이 위의 한 점을 가리키면서 그것을 '그랜트 장군의 사진'이라고 불러보라. 그러면 최면에 걸린 사람은 점 대신에 그랜트 장군의 사진을 볼 것이다. 그 점은 대상의 출현에 객관성을 부여하고, 그랜트 장군이라는 암시된 인물은 거기에 형태를 부여한다. 그런 다음에 점을 렌즈로 확대하라. 프리즘을 이용하든가 아니면 안구를 돌리든가 하여 그걸 배로 키워라. 그걸 거울에 비추고, 아래위를 돌려놓아라. 아니면 지워버리든지 해보라. 그러면 최면에 걸린 사람은 당신에게 그랜트 장군의 '사진'이 확대되고, 배로 키워지고, 거울에 비치고, 아래위가 바뀌고, 사라졌다고 말할 것이다.

비네의 용어를 빌리면, 그 점은 '지표'(指標)이며 당신의 암시에 객관성을 부여하는 데 필요하다. 이 점이 없으면 당신의 암시는 최면에 걸린 사람의 마음 안에만 이미지를 낳을 것이다. 비네는 그런 주변적인 지표가 여러 곳에 쓰인다는 사실을 보여주었다. 최면을 통한 환각에만 아니라 광인의 환각에도 쓰인다. 광인의 환각은 종종 몸의 한쪽에서만 생긴다. 말하자면 환자는 자신의 몸의 한쪽으로만 소리를 듣고, 눈 중에서도 어느 한쪽을 뜨고 있을 때에만 환각이 보인다. 이런 환자들을 보면 많은 경우에 내이(內耳)의 염증이나 눈의 방수(房水)에 생긴 염증이 문제의 출발점이었다. 이런 식으로 일어나는 환각은 '착각'이다. 그리고 모든 환각은 말초에서 시작함에 틀림없다는 비네의 이론은 환각과 착각을 생리학적 유형으로, 즉 정상적인 지각이 속하는 유형으로 정리하려는 시도로 보일 수 있다. 비네에 따르면, 지각이든 환각이든 착각이든, 우리는 어떤 경우에나 말초 신경에서 오는 전류에 의해 감각적 생생함을 느끼게 된다. 그것은 단순히 전류의 흔적일 수도 있다. 그러나 그 흔적은 세포들 안에서 붕괴의 과정을 일으키고 또 지각된 대상에 외형적 성격을 부여할 만큼은 강하다. 그 대상의 본질이 어떻게 될 것인지는 전적으로 작용이 일어나게 될 경로들의 체계에 좌우된다. 모든 경우에 지각의 일부는 감각 기관에서 오고 나머지는 정신에서 온다. 그러나 우리는 내면을 살피는 것으로는 감각 기관에서 오는 것과 마음에서 오는 것을 구분하지 못한다. 그 결과에 대해 우리가 제시할 수 있는 유일한 설명은 뇌가 그런 결과를 낳는 쪽으로 인상에 반응을 한다는 것이다.

# Chapter 21
# 공간 지각

성인 '사상가'로서 우리는 자신이 몸담고 살며 활동하고 있는 이 세상 속의 사물들의 크기와 모양, 거리에 대한 명확한 지식을 갖고 있다. 또 세상이 돌아가고 있고 또 모든 것이 자리 잡고 있는 진정한 공간의 그 무한한 연속체에 대한 개념도 명확히 갖고 있다. 그럼에도 불구하고, 아이의 세계는 이런 측면에서 보면 모호하고 혼란스러운 것이 분명하다. 그렇다면 공간에 대한 우리의 명확한 지식은 어떤 식으로 성장하는 것일까? 이 장은 아주 짧기 때문에 이 주제를 둘러싸고 내려오고 있는 논쟁에 대해 구체적으로 논할 공간은 없다. 그래서 나는 가장 그럴 듯해 보이는 결론들을 간단히 소개할 것이다.

부피의 특성은 모든 감각 안에 존재한다. 강도(強度)가 그런 것과 똑같다. 우리는 천둥을 동반한 폭풍우의 소리가 석필(石筆)의

가느다란 소리보다 더 크다고 말한다. 또 따뜻한 목욕탕에 들어갈 때면, 우리의 피부에 핀으로 찌를 때와 달리 큰 덩어리 같은 것이 느껴진다. 또 얼굴에 느껴지는, 거미줄만큼 가느다란 신경의 통증은 종기의 욱신거림이나 복통, 요통의 그 불편함보다 덜 넓어 보인다. 그리고 외롭게 홀로 떠 있는 별은 낮의 하늘보다 작다. 근육 감각과 반고리뼈관의 감각은 부피를 갖고 있다. 냄새와 맛 중에 부피감이 없는 것은 없다. 내부 신체 기관에서 오는 감각들에서는 부피감이 상당히 크게 느껴진다.

　포식과 굶주림, 질식, 심장의 고동, 두통이 그런 예들이다. 메스꺼움과 열, 심한 졸음과 피로 등을 느끼는 우리의 일반적 신체 조건에 대한 의식도 공간감에서 이보다 결코 덜하지 않다. 우리의 육체 전체에 느껴지는 감각은 일부 부위의 박동이나 압박 또는 불편에 비해 훨씬 더 넓게 느껴진다. 그러나 공간의 요소가 가장 능동적인 역할을 맡는 신체 기관은 피부와 망막이다. 망막이 느끼게 하는 거대함은 다른 신체 기관들이 느끼게 하는 크기와는 비교도 안 되며, 우리의 주의가 이 거대함을 세분화하면서 그것이 보다 작은 부분들로 구성되어 있다는 사실을 지각할 때 보이는 그 섬세함은 다른 어떤 곳에서도 보이지 않는다. 귀는 피부에 비해 광대한 느낌을 훨씬 더 쉽게 주지만 그 광대함을 세분화하지는 못한다. 더욱이 이 광대함은 한쪽 방향만 아니라 다른 쪽 방향으로도 느껴진다. 그 범위가 워낙 막연하기 때문에 광대함이라는 표현 안에는 깊이와 표면의 개념이 전혀 들어 있지 않다. 그래서 문제의 감각에 대한 명칭으로는 '부피'(volume)가 가장 적절한 것 같다.

440

다양한 종류의 감각들의 부피를 서로 대략적으로 비교하는 것은 가능할 것이다. 앞을 보지 못하는 상태에서 태어난 사람들은 시력을 찾은 뒤에 실제로 보는 사물들의 크기에 크게 놀라는 것으로 알려지고 있다. 프란츠는 백내장 치료를 받은 환자에 대해 이렇게 말한다. "그는 주위의 모든 것들이 촉각을 통해 생각했던 것보다 훨씬 더 크다고 보고 있다. 움직이는 것들, 특히 살아 있는 대상들은 그에게 아주 커보였다." 큰 소리도 거대함의 느낌을 준다. 에발트 헤링이 말하듯이, 작열하는 물체들은 우리에게 "표면에만 빛을 내는 물체에 비하여 공간이 있다는 느낌을 주고, 시뻘건 철은 깊은 속에서 빛을 발하는 것처럼 보인다. 불꽃도 마찬가지이다". 사람의 입 안의 크기도 실제로 볼 때보다 혀를 돌려가며 느낄 때가 훨씬 더 크게 느껴진다. 이빨을 뽑아 패인 부분과 흔들리는 이빨의 움직임도 아주 기괴하게 느껴진다. 귀의 고막 가까운 곳에서 윙윙거리는 작은 벌레는 나비처럼 크게 느껴질 수도 있다. 고실(鼓室)의 공기 압력은 놀랄 정도로 큰 감각을 준다.

느낌의 부피감은 그 느낌을 일으키는 신체 기관의 크기와는 거의 무관한 것 같다. 귀와 눈은 비교적 정밀한 신체 기관인데도 우리에게 엄청난 부피감을 준다. 느낌의 크기와 신체 기관의 크기 사이에 이처럼 균형이 이뤄지지 않고 있는 현상은 구체적인 감각 기관들의 경계 안에서도 그대로 적용되고 있다. 망막의 경우에 중심와에 맺히는 대상보다 바깥 부분에 맺히는 대상이 더 적게 나타난다. 이 사실을 우리도 쉽게 확인할 수 있다. 집게손가락 2개를 서로 2인치 정도 떨어지도록 나란히 놓아라. 그런 다음에 한쪽 눈의 시선을 한 손가락에서 다른 손가락으로 이동시켜 보라. 그러면 똑바로 보지 않는 손가락은 작아지는 것처럼 보일 것이다. 살갗을 통해서도 확인할 수 있다. 뭉툭한 컴퍼스나 가위를 이용하여 살갗에 점을 2개씩 같은 폭으로 찍도록 하라. 그러면 한 쌍의 평행선이 그려질 것이다. 이 선들을 보면 어느 점들은 다른 점들에 비해 더 멀리 떨어진 것처럼 느껴질 것이다. 만일에 이 점들을 얼굴에 찍는다면, 실험 대상이 된 사람은 마치 그 점들이 입 근처에서 점점 벌어지는 타원형처럼 느껴질 것이다.

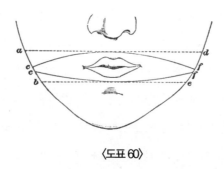

〈도표 60〉

점선은 컴퍼스나 가위로 실제로 찍은 점들을 표시하고, 직선은 컴퍼스
나 가위로 찍은 점들이 느껴지는 위치를 표시하고 있다.

여기서 나의 첫 번째 명제를 제시한다. 비록 공간성이 특별히 발달한 감각이 있음에도 불구하고, 모든 감각에서 느껴지는 공간성은 원래의 공간 감각이며, 우리가 이 공간 감각을 바탕으로 구별과 연상, 선택의 과정을 통해서 공간에 관한 정확한 지식을 얻게 되었다는 것이다.

## 실제 공간의 구축

이제 막 세상을 향해 자신의 감각을 처음 여는 아기에겐, 비록 그 경험이 광대함이나 공간에 관한 것일지라도, 그 공간 안에는 명확한 구분이나 방향, 크기, 거리 같은 것이 아직 하나도 존재하지 않는다. 어쩌면 아기가 태어난 방은 고정되어 있거나 움직일 수 있는 다수의 부분들로 나눠질 수 있고, 어느 시점에나 이 부분들은 서로 명확한 관계를 가지며 또 아기의 신체와도 관계를 갖는다. 또 짐작컨대 하나의 전체로 받아들여지는 이 방은 거기에다가 외부 세계를 이루는 더 먼 곳의 공간들을 덧붙임으로써 사방으로 확장될 것이다. 그러나 실제로 보면 아기에게 먼 곳의 공간들은 느껴지지 않고, 세부적인 것은 구별되지 않는다. 아기가 생후 첫 해 동안에 경험하게 될 교육의 중요한 부분은 먼 곳의 공간들과 세부적인 것과 친숙해지고, 그것들을 인식하고, 세세하게 구분하는 일이 될 것이다. 이 과정은 아기가 광대함에 대해 처음 느꼈던 혼란스런 경험을 바탕으로 '실제 공간을 구축하는 과정'이라 불린다. 말하자면 이 세상을 하나의 대상으로 새롭게 이해해 간다는 뜻이다. 아이가 실제로 존재하는 공간을 하나의 대상으로 이해해가는 과정은 몇 단계를 거친다.

첫째, 주어진 어느 시점에 시야나 느낌의 전체 대상은 그 안에 명확히 구분되는 작은 대상들을 갖고 있다는 사실을 깨달아야 한다.

둘째, 눈으로 보거나 맛이 나는 대상들이 느껴지거나 들리는 대상들과 동일시될 수 있어야 한다. 그 반대도 마찬가지이다. 그래야만 달리 이해되더라도 똑같은 '사물'이라는 것을 확인할 수 있게 된다.

셋째, 어느 한 순간에 느껴지는 전체 범위는 이 세상을 이루면서 그 범위를 둘러싸고 있는 다른 범위들 안에 자리 잡고 있다는 것을 깨달아야 한다.

넷째, 이 대상들은 소위 말하는 3차원에서 명확한 질서에 따라 배열되어 나타난다는 것을 알아야 한다.

다섯째, 이 대상들의 상대적 크기를 지각해야 한다. 달리 말하면, 대상들을 측정해야 한다는 뜻이다.

이 과정들을 차례대로 살펴보자.

## 세분 혹은 구별

이에 관해서라면, 15장 '구별'에서 논한 내용에 특별히 더 더할 것은 그리 많지 않다. 지각의 전체 범위 안에서 움직이는 부분과 예리한 부분, 밝은 부분들이 주의를 잡아끌며, 따라서 그 부분들은 전체 안의 나머지에 둘러싸인 특별한 대상으로 두드러지게 된다. 그런 대상이 따로 식별될 때 그런 식으로 둘러싸인 것처럼 보인다는 점은 더 이상의 설명이 필요하지 않는, 우리 감각의 종국적 사실로 여겨져야 한다. 그 뒤에 이런 특별한 대상들이 차례차례 익숙해지고 식별 가능해지게 되면, 그때부터는 한 가지 이상의 대상들이 동시에 주의를 끌 수 있다. 그러면 우리는 확장된 범위 안에 있는 다수의 뚜렷한 대상들을 서로 나란히 보고 느낄 수 있다. '나란히'라고 했지만 이 표현엔 방향이나 거리감이 전혀 들어 있지 않을 수 있다. 그럼에도 이것 또한 우리의 민감성의 종국적 사실로 여겨져야 한다.

## 다양한 감각들을 하나의 '사물'로 융합하기

2가지 감각이 동시에 나타날 때, 우리는 그 감각의 대상을 하나의 사물로 보는 경향이 있다. 전도체(傳導體)를 살갗 가까이 갖다 대면, 지지지 소리와 불꽃, 찌르는 느낌이 들고, 이 모든 것들이 같은 곳에 있는 것 같고, 또 어떤 한 가지 실체의 다양한 양상처럼 믿어진다. 그 실체란 바로 '전기 방전'이다. 이때 눈에 보인 대상의 공간은 귀에 들린 대상의 공간과 느껴진 대상의 공간과 종국적인 의식의 어떤 법칙에 의해 융합된다. 여기서 말하는 종국적인 의식의 법칙이란 바로 우리가 최대한 단순화하고 통합하고 동일시한다는 것이다. 우리가 주의를 동시에 기울일 수 있는 감각 자료들은 같은 곳에 위치해 있다. 이 감각 자료들이 걸쳐 있는 몇 개의 범위는 하나의 범위처럼 보인다. 각각의 자료가 나타나는 곳은 다른 자료들이 나타나는 곳과 동일한 것으로 여겨진다. 이것은 우리의 세계가 공간적으로 배열될 때 따르는 가장 중요한 '원칙'이다.

이처럼 감각들을 하나의 '사물'로 융합할 때, 융합되는 감각들 중 하나는 바로 그 사물로 여겨지고, 다른 감각들은 그 사물의 다소 부수적인 특성, 즉 외양으로 여겨진다. 기본적으로 그 사물이 될 것으로 선택된 감각은 그 감각들 중에서 가장 중요하다. 대부분 그 감각은 견고함이나 무게의 감각이다. 그러나 견고함이나 무게가 손으로 만져지는 덩어리를 갖지 않는 경우는 절대로 없다. 손 안에서 무엇인가를 느낄 때마다 거기서 그것을 볼 수 있기 때문에, 우리는 느껴지는 부피와 보이는 부피를 동일시하며 그때부터 이 공통의 부피가 그 사물의 핵심으로 여겨지기 쉽다. 종종 생김새도 그런 역할을 하고, 간혹 온도와 맛도 그런 역할을 한다. 그러나 대부분의 경우를 보면 온도와 냄새, 소리, 색깔, 그리고 보거나 느끼는 부피와 동시에 우리에게 생생한 인상을 주는 다른 모든 현상은 부수적인 것에 속한다. 우리가 보지도 못하고 만지지도 못하는 냄새와 소리도 우리에게 강한 인상을 남기는 것이 사실이다. 그러나 냄새와 소리는 우리가 보거나 건드릴 수 있을 때 가장 강하게 다가온다. 그래서 우리는 이 특성들의 원천을 만져지거나 보이는 공간 안에서 찾는 한편, 이 특성들 자체를, 다른 것들로 채워져 있는 공간 속으로 약화된 형식으로 흘러넘쳐 들어가는 것으로 여긴다. 종합하면, 하나의 사물로 융합되는 감각 자료들이 다양한 감각 기관에서 나온다는 사실이 관찰된다. 이 자료들은 서로를 의식에서 배제시키려는 경향을 전혀 보이지 않으며 모두가 동시에 주의를 끌 수 있다. 이 자료들이 서로 조금씩 변하면서 절정의 효과를 내는 경우도 종종 있다. 그러므로 우리는 여기서 정신의 일반 법칙을 하나 제시할 수 있다. 정신은 동시적인 어떤 경험과 관련있는 모든 감각을 따로 느끼면서 서로의 지각을 간섭하지 않는다는 것이다.

## 주변 세계의 감각

같은 감각 기관에 닿는 다양한 인상들은 서로의 지각을 방해하기 때문에 동시에 주의를 골고루 받기가 어렵다. 따라서 우리는 그 인상들을 서로의 공간에서 찾아내지 못하고, 그것들을 각각의 감각이 불러낼 수 있는 것보다 훨씬 더 큰 공간 안에다가 서로의 연관성에 따라서 나란히 배열한다. 우리는 시야에서 없어진 것을 다시 그쪽 방향으로 눈길을 돌림으로써 찾을 수 있다. 눈에 보이는 모든 장면은 언제나 시야를 그쪽으로 돌리기만 하면 보이는, 다른 사물들로 이뤄진 프린지를 갖고 있는 것으로 여겨지게 된 것도 바로 이런 끊임없는 변화를 통해서였다. 한편 다양한 장면이 번갈아 나타나게 하는 그 운동도 느껴지고 기억되며, 또 이런저런 운동은 (연상을 통해) 점진적으로 우리의 사고로 들어와서 새로 소개된 대상의 범위를 암시하게 된다. 또 대상들의 종류가 무한하기 때문에, 우리는 대상들의 몇 가지 본질을 바탕으로 점차적으로 그 대상들의 범위에 대해 생각하게 되고, 그 결과 그 범위 안에서 다양한 운동이 유일하게 지속적으로 연상을 일으키는 요소로 남게 되었다. 따라서 우리는 눈의 운동과 눈에 보이는 범위에 대해서 서로 관계가 깊은 것으로 점점 더 자주 생각하게 된다. 그러다 보면 마침내 우리는 운동과 범위를 똑같은 것으로 여기게 될 것이다. 그렇게 되면 빈 공간은 곧 우리에게 운동을 위한 여지를 의미할 것이다. 만약에 우리가 심리학자라면, 우리는 '운동 감각'에 넓이를 지각하는 중요한 임무를 맡기고 싶은 마음이 간절하겠지만, 그렇게 할 경우에 실수를 저지르는 결과가 될 것이다.

## 위치의 연속적 순서

근육 감각은 보이고 느껴지고 들린 사물들이 있는 위치의 순서를 정하는 것과 관계가 깊다. 구체적으로 보자. 우리가 어떤 점을 본다. 망막의 가장자리 위에 있는 또 다른 점이 우리의 주의를 끈다. 그 즉시 우리는 중심와를 새로운 점에 맞출 것이다. 그러면 그 점의 이미지는 망막의 가장자리에서 중심와까지 연속적으로 점점이 맺힐 것이다. 두 번째 점이 아주 신속히 밟은 그 선 자체가 하나의 시각적 대상이다. 양쪽 끝에 첫 번째 점과 두 번째 점이 있는 그런 대상이다. 이 시각적 대상은 두 점들을 분리시키고, 이 점들은 서로 이 대상의 길이만큼 떨어져 자리 잡게 된다.

만약에 이때 두 번째 점보다 더 변방에 있던 세 번째 점이 주의를 끈다면, 안구의 운동이 더 크게 일어나고 앞의 것과 비슷한 선이 하나 더 생길 것이다. 이제 두 번째 점은 첫 번째 점과 세 번째 점 사이에 나타난다. 우리의 삶의 순간마다, 주변에 놓여 있는 대상들은 이런 식으로 우리의 시야의 중심을 차지하면서 자신과 이제 방금 우리의 주의를 빼앗긴 다른 대상들 사이에 선을 그리고 있다. 망막의 주변부에 있는 점들 하나하나는 이런 식으로 어떤 직선을 암시하게 되며, 이 직선의 끝에서 또 다른 운동에 따라 다른 직선이 연결된다. 그러다 마침내 움직임이 없는 시야가 중심부와 주변부 사이의 가능한 운동에 의해 형성된 어떤 위치 체계를 의미하기에 이른다.

피부와 관절도 마찬가지이다. 손을 대상들 위로 움직이면서, 우리는 방향의 선(線)들을 더듬는다. 그러면 대상들의 끝에서 새로운 인상들이 일어난다. '선들'은 간혹 관절 표면에 있고 가끔은 피부에 있다. 어느 경우든 직선들은 연속적으로 느껴지는 대상들의 배열 순서를 명확히 전한다. 소리와 냄새도 마찬가지이다. 머리를

448

어느 위치에 놓으면, 어떤 소리 혹은 냄새가 거의 분명하게 들리거나 난다. 그런데 머리를 돌리면 이 경험은 흐릿해지고 다른 소리나 냄새가 최대한으로 커지거나 강해진다. 따라서 2개의 소리나 냄새는 머리의 움직임에 의해 분리된다. 이 움직임 자체는 공간 안에서의 신속한 이동에 의해 실현되며, 이동에 대한 확인은 부분적으로 반고리뼈관의 느낌에 의해, 부분적으로 목의 관절연골에 의해, 또 부분적으로 눈에 닿는 인상에 의해 이뤄진다.

이 같은 행동의 일반 원칙들에 의해, 우리가 보고 느끼고 맡고 듣는 모든 것은 실제로 제시되거나 상상된 다른 '부차적인' 것들과의 관계 속에서 다소 명확한 위치를 차지하게 된다. 여기서 내가 '부차적인' 것들이라고 하는 이유는 나 자신이 '3차원'이나 거리 혹은 깊이 등을 고려함으로써 설명을 복잡하게 만들기를 원하지 않기 때문이다.


## 사물들을 서로의 관계 속에서 측정하다

여기서 가장 먼저 분명해지는 것은 우리 인간에겐 다양한 감각들에 의해 드러나는 크기를 서로 정확히 비교할 줄 아는 능력이 없다는 점이다. 입 안의 크기도 손가락이나 눈에 느껴지는 것보다 혀에 훨씬 더 크게 느껴진다. 입술도 허벅지의 같은 넓이보다 훨씬 더 크게 느껴진다. 그렇듯 많은 비교가 즉시적으로 가능하지만, 그 비교는 언제나 모호하다. 그렇기 때문에 정확한 비교를 위해서는 우리는 다른 도움에 의존해야 한다.

한 감각 표면에 의해 느껴진 넓이와 다른 감각 표면에 의해 느껴진 넓이를 서로 비교하는 좋은 방법은 포개 보는 것이다. 한 표면을 다른 표면 위에 포갤 수도 있고, 외부의 무엇인가를 각각의 표면에 포갤 수도 있다.

서로 포개진 2개의 피부 표면은 동시에 느껴지고, 또 조금 전에 논한, 다양한 감각들을 하나의 '사물'로 융합한다는 법칙에 따라서 그 피부 표면들은 똑같은 곳을 차지하고 있는 것으로 여겨진다. 우리의 손이 거기에 내재하는 민감성에 의해 느껴짐과 동시에 눈에 보일 때, 그 손에 대해서도 그렇게 말할 수 있다.

이런 식으로 많은 감각들을 확인하여 그것들을 하나의 대상으로 환원할 때에는 이런 점에 유의해야 한다. 서로 마주하는 2개의 표면의 크기 감각이 서로 충돌할 때, 그 감각 중 어느 하나는 진짜 기준으로 선택되고 다른 하나는 착각으로 여겨진다는 점이다. 따라서 이빨을 뽑은 뒤 움푹 파인 곳은 손가락 끝보다 작은 것으로 믿어진다. 왜냐하면 손가락 끝이 거기에 들어가지 않기 때문이다. 파인 곳이 그보다 더 크게 느껴질지라도 어쨌든 손가락 끝보다는 더 클 수 없다. 그리고 촉진(觸診)의 거의 유일한 신체 기관으로서 손은 대체로 신체의 다른 부위의 크기를 정확히 결정하는 것이 아니라 손가락과 비교하여 대소(大小)의 차이만 전할 뿐이다.

그러나 어느 한 표면을 다른 표면으로 탐구하는 것이 불가능했을지라도, 우리는 똑같은 크기의 어떤 대상을 처음에는 이 표면에, 그 다음에는 다른 표면에 갖다 대는 방법으로 다양한 표면들을 측정할 수 있었다. 얼핏 생각하면 대상 자체가 이곳에서 저곳으로 옮겨가면서 닳거나 약해질 수 있다고 짐작할 수 있다. 그러나 세상을 가능한 한 단순화한다는 원칙이 우리로 하여금 그 같은 짐작을 버리고 보다 편한 가정을 받아들이도록 할 것이다. 말하자면, 대상들은 대체로 똑같은 크기를 유지하고, 우리의 감각의 대부분은 오류의 영향을 받기 마련이라는 점을 인정하게 된다는 뜻이다.

망막에는 망막의 서로 다른 부위에 맺히는 2개의 인상(선(線) 또는 얼룩)의 크기가 실제 크기의 비율에 따라 달라진다고 믿어야 할 이유가 하나도 없다. 그러나 만약에 그 인상들이 똑같은 대상에서 나온 것이라면, 우리는 그 인상들의 크기가 똑같다고 판단할 것이다. 그러나 이것도 대상과 눈의 관계가 대체로 변화하지 않았다고 믿어질 때에만 가능하다. 대상이 움직여서 대상과 눈의 관계를 바꿔놓으면, 망막의 같은 부위에 맺힌 이미지로 인해 흥분되는 감각조차도 심하게 요동하기 때문에 우리는 우리가 받는 망막의 공간 감각에 중요성을 절대로 부여하지 못한다.

이처럼 망막에 맺히는 상의 크기를 무시하는 경향이 워낙 강한 나머지 포개는 실험을 거치지 않은 가운데서는 거리가 서로 다른 대상들의 크기를 비교하는 것은 거의 불가능에 가깝다. 우리는 먼 곳의 나무나 집이 손가락 하나 크기인 경우에 그 집이나 나무의 실제 크기가 얼마인지를 사전에 말하지 못한다. 이와 비슷한 질문, 즉 '달은 얼마나 큰가?' 하는 질문에 마차 바퀴에서 빵까지 다양한 대답이 가능하다는 사실이 이 문제의 어려움을 단적으로 보여주고 있다. 화가 지망생이 가장 어려워하는 부분은 시야에 보이는 다양한 대상들이 망막에 맺는 상의 크기를 직접적으로 느끼는 방법을 배우는 것이다. 이를 위해 화가 지망생은 영국 사회비평가 러스킨

(John Ruskin)이 '눈의 순결'(innocence of the eye)이라 부른 것을 회복해야 한다. 말하자면 색깔의 얼룩을 순전히 그 얼룩 자체로 지각하는 그런 어린이의 눈을, 색깔들이 의미하는 것을 전혀 의식하지 않는 그런 눈을 가져야 한다는 뜻이다.

우리 대부분은 이 순결을 잃어버렸다. 세상에 알려진 대상의 모든 시각적 자료들 중에서 우리는 어느 하나를 '진짜'로 선택하고 나머지는 모두 그 대상의 신호들로 강등시켜 버렸다. 진짜라는 이 자료는 미학적 및 실용적 관심에 의해 결정된다. 이 자료는 그 대상이 디테일을 구분하기에 가장 적절한 거리에 있을 때 우리가 얻는 바로 그것이다. 이 거리는 우리가 조사하려는 무엇인가를 우리의 눈에서 떼어놓는 바로 그 거리이다. 이 거리보다 멀면 대상은 지나치게 작아지고, 이보다 가까우면 대상은 지나치게 커진다. 이 대상을 살피는 과정에 지나치게 크다거나 지나치게 작다는 느낌이 사라지고 나면, 그 대상의 의미가 더욱 중요하게 된다. 저녁식사 테이블을 두루 살필 때, 나는 멀리 있는 접시와 유리잔들이 나의 것보다 훨씬 더 작게 느껴진다는 사실을 간과한다. 왜냐하면 나 자신이 접시와 유리잔들의 크기가 다 똑같다는 사실을 알고 있기 때문이다. 그러면 현재의 감각인, 그 접시와 유리잔들에 대한 느낌은 단지 상상된 감각에 지나지 않는 지식의 빛에 가려져 버린다.

모양에서도 크기에서와 똑같은 현상이 나타난다. 눈에 보이는 사물들의 거의 모든 모양은 '원근 왜곡'이라 불릴 수 있는 현상을 보인다. 사각형 테이블의 윗면은 2개의 예각과 2개의 둔각을 갖고 있다. 우리의 벽지와 카펫, 혹은 종이 위에 그려진 원들은 대체로 타원형으로 보인다. 평행선은 뒤로 갈수록 서로 가까워진다. 인간의 육체들은 축소하여 그려진다. 이처럼 어느 대상을 왜곡하여 그린 형태들을 열거하자면 거의 무한하다. 그러나 그 형태들 중에서도 어느 한 단계가 언제나 두드러져 보인다. 그것이 우리가 어떤 대상을 가장 편하게, 또 가장 잘 볼 수 있는 때의 형태이다. 또 우리의 눈과 대상이 다 같이 '정상적 위치'라 불릴 수 있는 곳에 이르렀을 때의 형태이다. 이 위치에서 우리의 머리는 곧추 서고, 우리의 시축은 평행이나 대칭으로 수렴한다. 만일 선(線)이 많은 대상이라면, 그것은 선들이 시축과 평행을 이루거나 수직을 이루도록 최대한 돌려진다. 이 상황에서, 우리는 모든 모양들을 서로 비교하며, 거기서 모든 정확한 측정과 결정이 이뤄진다.

대부분의 감각은 공간을 더 정확하게 반영하는 다른 감각들을 우리에게 알려주는 신호이다. 우리가 어떤 대상을 보면서 그 대상에 대해 떠올리는 것은 그것이 정상적인 위치에 있을 경우에 우리 눈에 비칠 모습이다. 어떤 대상이 정상적인 위치에 있을 때 우리 눈에 비치는 모습만을 우리는 그 대상의 진짜 모습이라고 믿는다. 다른 위치에 있을 때의 모습은 단지 그렇게 보일 뿐이라고 생각한다. 그러나 경험과 관습이 곧 우리에게 비슷해 보이는 겉모습이 점진적으로 바뀌면서 나중에 진짜 모습이 된다는 것을 가르쳐준다. 더욱이, 경험과 관습은 보이는 것과 실제의 모습이 이상하게도 교체 가능하다는 점을 가르쳐준다. 지금 진짜 원의 겉모양이 타원형으로 바뀔 수도 있다. 이젠 타원형이 똑같은 방향으로 미끄러지면서 겉모양이 원으로 바뀔 수도 있다. 지금 직각을 이룬 십자가가 비스듬한 경사의 십자가가 되고 있다. 이젠 비스듬한 경사의 십자가가 직각의 십자가로 바뀌고 있다.

따라서 비스듬한 각도로 보는 시야 안에 든 형태들은 거의 모두가 '원래' 시야에 있던 형태들의 파생물일 수 있다. 그렇기 때문에 어떤 대상의 겉모습을 얻게 되면 우리는 그것을 적절한 모양으로 해석해야 한다. 우리는 시각적 신호들 중 어느 것이 시각적 '현실'을 가장 잘 반영하는지에 대해 배워야 한다. 이것을 배우고 나면, 우리는 전체 정신생활을 지배하는 경제의 법칙, 즉 단순화를 따르기만 하면 된다. 우리는 전적으로 '현실'에 대해 생각하고 또 의식이 허락하는 한도 안에서 '신호'를 최대한 무시하면 된다. 있음직한 어떤 실물에 관한 신호들은 아주 많은데 반해 그 실물은 하나이고 고정되어 있기 때문에, 우리는 실물을 택하고 신호들을 포기하면서 어떤 정신적 위안을 얻는다. 이때의 정신적 위안은 우리가 명확하고 불변하는 이름을 취하는 대신에 온갖 모호한 성격을 지닌 정신적 이미지들을 포기할 때 받는 위안과 같다. 따라서 우리가 시각적 경험들이 복잡하게 얽혀 있는 정글에서 진짜 모습으로 여길만한 '정상적인' 겉모습을 몇 가지 선택하는 것은 단어로 사고하는 습관과 어느 정도 비슷하다. 그 많은 겉모습들 중에서 정상적인 몇 가지를 선택하는 것이나 단어로 사고하는 것이나 똑같이 복합적이고 애매한 용어들을 단순하고 고정된 용어로 대체한다는 점에서 보면 그렇다.

만약에 어떤 시각적 느낌이 시각의 또 다른 느낌을, 다시 말해 현실에 보다 가까운 느낌을 떠올리게 하는 신호가 될 수 있다면, 틀림없이 어느 감각의 느낌들은 다른 감각의 대상이 되는 실체들을 가리키는 신호가 될 수 있다. 냄새와 맛은 우리로 하여금 눈에 보이는 향수병이나 딸기 혹은 치즈가 거기 있다고 믿도록 만든다. 시각은 촉각의 대상들을 연상시키고, 촉각은 시각의 대상들을 연상시킨다. 이 모든 대체와 암시적 회상에서 유일하게 유효한 법칙은 '사물'이 우리에게 주는 감각들 중에서 가장 흥미로운 것이 대체로 그 사물의 본질을 가장 충실하게 표현하고 있다는 것이다. 이것은 11장 '의식의 흐름'에서 설명한 선택적 작용을 보여주는 예이다.

## 3차원 또는 거리

감각들이 단순한 신호의 역할을 한다는 것은 조지 버클리의 시각 이론에서 처음 소개되었다. 특히 버클리는 신호들이 자연스런 신호들이 아니며 단지 경험을 통해서 대상의 보다 현실적인 측면들과 연합된, 그 대상의 특성들이라는 사실을 강조했다. 어떤 사물이 손에 만져지는 '느낌'과 눈에 비치는 '모양'에는 공통점이 전혀 없다고 버클리는 말한다. 만약에 내가 그 사물을 느끼고 있을 때 그 모양에 대해 생각한다면, 혹은 내가 그 모양을 보고 있을 때 그 느낌에 대해 생각한다면, 그것은 단지 내가 그 전에 2가지 감각을 동시에 가졌던 경우가 많았기 때문이라는 것이다.

예를 들어 우리가 눈을 뜰 때, 우리는 그 대상이 어느 정도 멀리 떨어져 있는지를 본다고 생각한다. 그러나 버클리에 따르면, 이 거리감이 망막의 감각일 수는 절대로 없다. 왜냐하면 외부 공간의 어느 한 점은 우리의 망막에 하나의 점으로만 인상을 줄 수 있으며 이 점은 어느 거리든 똑같기 때문이다. 버클리는 눈으로부터의 거리를 시각적 대상이 아닌 촉각의 대상으로 고려했는데, 촉각을 보여주는 시각적 신호도 많다. 이미지의 크기, '희미함' '혼동' 그리고 눈의 원근 조절과 수렴에 따르는 '긴장'이 그런 신호들이다.

거리가 '촉각'의 대상이라는 것은 곧 거리에 대한 우리의 판단은 팔이나 다리의 근육 운동의 양을 바탕으로 한다는 뜻이다. 물론 대상에 손을 댈 필요가 있을지도 모른다. 대부분의 저자들은 눈이나 다리를 전혀 움직이지 못하는 생명체들은 거리나 3차원에 대한 개념이 전혀 없다는 버클리의 주장에 동의했다.

내가 볼 때에는 이 견해가 이치에 닿지 않는 것 같다. 나는 우리의 모든 감각은 부피에 관한 것이라는 사실을, 그리고 시야가 평평할 수 없다는 사실을 무시하지 못한다. 나는 또한 나 자신이 거리를 볼 때 그것이 순전히 시각적인 느낌이 든다는 사실을 무시하지 못한다. 거리는 버클리가 설명한 모든 시각적 신호들에 의해, 그 외에 휘트스톤의 쌍안경의 불일치와 같은 추가적인 것들에 의해, 그리고 머리를 약간 움직일 때 나타나는 시차(視差) 등에 의해 일깨워진다. 그러나 지각될 때, 거리는 시각적인 것으로 보이고 또 시야의 다른 2개의 차원과 이질적이지 않다.

시야의 아래위와 좌우의 치수를 바탕으로 거리를 짐작하는 데는 굳이 촉각의 경험에 의존하지 않아도 된다. 하나의 안구만을 가진 어떤 존재가 우리 수준의 지적 능력만 갖고 있어도 3차원의 세계를 충분히 지각할 것이다. 왜냐하면 움직이는 똑같은 사물들이 그 사람의 망막의 다양한 부분을 번갈아가며 자극함으로써 시야의 아래위와 좌우 길이의 비례를 결정할 것이고, 이어서 다양한 깊이에 대한 지각을 일으킬 생리적 요소들을 자극함으로써 깊이까지 파악해낼 수 있기 때문이다.

우선, 대상이 일으킨 감각들 중에서 하나가 앞에서 제시한 원칙들에 따라 그 대상의 '진짜' 크기와 모양을 나타내는 것으로 선택될 것이다. 이 감각이 그 '사물'을 측정할 것이고, 그러면 그 '사물'은 다른 감각들을 측정할 것이다. 대상이 그 거리나 앞면을 바꾸지 않는 한, 이에 대해서는 어떠한 설명도 필요하지 않다.

그러나 조금 더 복잡한 경우를 보기 위해 그 대상이 하나의 막대기라고 가정해보자. 처음에는 막대기 전체 길이를 다 보이게 하고, 그 다음에는 한쪽 끝을 고정시킨 채 돌려보라. 이때 고정된 끝을 눈 쪽 가까운 곳에 두도록 하자. 이 운동에서 막대기의 이미지는 점점 더 짧아질 것이다. 눈에서 먼 쪽의 끝부분은 눈에서 가까운 고정된 부분과 갈수록 측면으로 덜 떨어진 것처럼 보일 것이다. 곧 막대기의 이미지는 고정된 끝부분에 의해 가려질 것이고 그러다 반대편에 다시 나타날 것이다. 거기서 이미지는 최종적으로 원래의 길이를 되찾고 있다.

이 대목에서 이 운동이 익숙한 경험이 되고 있다고 가정하자. 그러면 정신은 평소 하던 방식(통합 가능한 자료는 모두 통합한다는 원칙)에 따라 이 운동에 반응하면서 그것을 요동하는 어떤 대상의 변형이 아니라 견고한 어떤 대상의 운동으로 여긴다. 이제 정신이 그런 경험을 하는 동안에 받는 깊이의 감각은 그 대상의 가까운 끝부분보다 먼 쪽의 끝부분에서 더 강하게 일깨워진다. 그러나 깊이는 어느 정도인가? 무엇으로 그 깊이를 측정할 것인가? 물론, 먼 쪽의 끝부분이 가려지려 하는 시점에, 먼 쪽의 끝부분의 거리와 가까운 쪽 끝부분의 거리의 차이는 막대기 전체의 길이와 똑같다고 판단해야 하지만, 그 길이는 이미 폭의 어떤 시각적 감각에 의해 측정되었다. 그래서 우리는 깊이의 시각적 느낌의 크기는 폭의 시각적 느낌의 크기의 신호가 되고 깊이가 폭과 동등하게 되고 있다는 것을 발견한다. 거리의 측정은, 버클리가 말한 그대로, 연상과 경험의 결과이다. 그러나 시각적 경험만으로도 거리를 적절히 측정할 수 있다. 버클리가 이 점을 부정한 것은 실수인 것 같다.

## 지능이 공간 지각에서 하는 역할

시각적 경험만으로는 거리에 대한 지각이 가능하지 않다는 주장을 펴는 실수를 저질렀음에도 불구하고, 버클리는 여러 가지 점에서 심리학에 엄청난 자극을 주었다. 인간의 다양한 감각들이 넓은 범위에 걸쳐서 대단히 일관되지 못하고 또 비교가 아주 어렵다는 점을 보여주었고, 또 아주 빠르게 이뤄지는 우리의 공간 지각이 거의 전부 교육으로 습득되는 것이라는 점을 그가 보여준 것이다. 촉각 공간과 시각 공간은 서로 완전히 다른 세계이다. 이 두 세계는 기본적으로 일치하는 구석이 하나도 없다. 우리는 오직 '관념의 연상'을 통해서만 눈에 보인 어떤 대상이 촉각으로 무엇을 의미하는지를 알 수 있다. 선천성 백내장을 앓는 사람에게 이 세상은 순전히 만져질 수 있는 것만 있는 세상이었다. 그런 그들이 수술을 통해 시력을 되찾자 조금 우스꽝스러운 일이 벌어졌다. 자신의 눈으로 처음으로 직접 보게 된 대상의 이름을 하나도 대지 못한 것이다. 사물의 거리를 파악하는 데 특히 서툰 모습을 보였다. 그러나 이 모든 혼동도 연습을 하자 매우 빨리 사라졌고, 신기하게만 보였던 시각적 감각들 자체가 촉각의 익숙한 언어로 바뀌었다. 이 같은 사실들이 시각적 감각은 공간에 대해서는 아무것도 말해주지 않는다는 점을 뒷받침하는 것은 아니다. 단지 시각적 감각들 중에서 미리 알려진 촉각 경험과 운동 경험이 제시했던 것과 똑같은 공간적 양상과 관계들을 식별해내는 데는 대부분의 사람들이 갖고 있는 그 이상의 유추 능력이 필요하다는 점을 보여줄 뿐이다.

## 결론

이제 이 장을 요약하도록 하자. 한편에 그 자체로 상당할 정도의 공간성을 가진 감각들이 있고 또 다른 한편에 그 감각들을 처리하는 정신에 구별과 선택, 연상의 능력이 있다는 점을 인정한다면, 공간 지각의 전체 역사에 대한 설명이 가능해진다. 시각적 감각들 중 많은 것들의 중요성에 대한 평가가 오락가락하고 또 같은 감각이 크기와 모양, 소재(所在)하는 부위 등과 관련해 모호하게 여겨짐에 따라, 많은 사람들이 이런 속성들은 감각의 결과가 아니라 직관이나 통합 같은 보다 고차원적인 능력에서 비롯된 것이라고 믿기에 이르렀다. 그러나 현재의 어떤 감각이 언제라도 신호가 되거나 현실을 보다 정확히 반영한 대표적 감각이 될 수 있다는 사실만으로도 그 모든 현상을 충분히 설명할 수 있다. 공간성이라는 특징이 정신의 초감각적인 능력의 비(非)공간적 경험에서 창조되었다고 가정할 필요조차도 없는 것이다.

## Chapter 22
# 추론

## 추론이란?

인간을 이성적인 동물이라고 부른다. 전통적인 주지주의 철학은 짐승을 철저히 비이성적인 생명체로 다룬다는 점을 언제나 강조해 왔다. 그럼에도 불구하고, 이성은 어떤 것이라고 딱 꼬집어 밝히는 것은 결코 쉬운 일이 아니다. 혹은 추론이라는 특별한 사고 작용이 비슷한 결과에 닿을 수 있는 다른 사고 절차와 어떻게 다른지를 설명하는 것도 쉽지 않다.

우리의 사고 중 상당 부분은 서로 연합된 이미지들의 기차와, 인간 외의 다른 고등 동물도 충분히 할 수 있을 듯한 일종의 무의식적 공상으로 이뤄져 있다. 그럼에도 이런 종류의 사고는 실용적으로나 이론적으로 합리적인 결론을 끌어낸다. 사고되는 항목들 사이의 연결 고리는 '근접성'이나 '유사성'이며, 이 두 가지가 결합되면 논리가 일관되지 않기가 거의 불가능해진다. 대체로, 이런 식의 사고에서 서로 연결되는 항목들은 추상적 개념이 아니고 경험적 개념이다. 일몰은 내가 지난 여름에 보았던 배의 갑판과 여행의 동반자, 항구에 닿던 때를 떠올리게 할 수 있다. 아니면 일몰은 나로 하여금 태양 신화나 헤라클레스 신화에 대해, 헥토르를 화장할 장작더미에 대해, 호메로스와 그가 어떻게 작품을 쓸 수 있었는지에 대해, 고대 그리스 글자 등에 대해 생각하게 만들 것이다. 만약에 근접성의 지배를 습관적으로 받는 사람이라면, 그 사람은 무미건조한 마음을 갖고 있을 것이다. 그러나 근접성이나 유사성을 좀처럼 보이지 않으면서 행동을 자유롭게 하는 사람이라면, 그 사람은 공상적이고, 시적이고, 재기가 넘칠 것이다.

그러나 사고는 전체로 고려되어야 할 문제이다. 우리는 지금 조금 전과 다른 생각에 빠져 있다. 이 생각에서 저 생각으로 건너뛰고 있는데, 생각이 어떤 식으로 옮겨 다니는지에 대해서는 거의 아무것도 모르고 있다. 만약에 그 과정에 어떤 추상적인 특성이 나타난다면, 그것은 우리의 주의를 끌겠지만 어디까지나 잠깐일 뿐이며 금방 다른 무엇인가의 속으로 사라지며 그 특성은 매우 추상적이지도 않다. 한 예로 태양 신화에 대해 생각하면서, 우리는 원시적인 인간의 순수한 마음에 경탄의 뜻을 품거나 현대의 해석자의 옹졸함에 혐오감을 느낄 수 있다. 그러나 우리는 대체로 특성보다는 구체적인 것들에 대해, 실제로 경험하듯 현실적이거나 가능한 것들에 대해 생각한다.

이 대목에서 우리의 사고는 이성적일 수 있다. 그러나 그렇다고 그 사고가 추론되고 있는 것은 아니며, 엄격한 의미에서 추론이 아니다. 추론할 경우에는, 비록 우리의 결과들이 구체적인 것들로 여겨질지라도, 그 결과들은 생각되는 동안에 단순히 연상적인 사고의 기차에서와 달리 다른 구체적인 것들에 의해 즉각적으로 암시되지 않는다. 그 결과들은 중간 단계를 통해 그보다 앞의 구체적인 개념과 연결되며, 이 중간 단계는 명확히 분석된 추상적인 일반 성격에 의해 만들어진다. 논법에 의해 추론된 것은 그 추론의 바탕이 된 자료의 연상이어야 할 필요도 없고 또 연상과 유사할 필요도 없다. 그것은 우리의 과거 경험에 전혀 알려지지 않은 것, 그러니까 구체적인 연상을 단 하나도 불러일으키지 않을 그 무엇이 될 수도 있다.

단지 서로를 암시하는 과거 경험의 구체적인 대상들을 바탕으로 이뤄지는 보다 단순한 합리적 사고와 명백한 추론의 중요한 차이는 바로 이것이다. 경험적 사고는 단순히 재생적이기만 한 반면에, 추론은 생산적이라는 점이다. 경험주의 사상가, 즉 실제에 근거해 생각하는 사상가는 그 행동이나 연상이 어떤 식으로 전개될 것인지를 잘 모르는 자료로부터는 아무것도 추론해내지 못한다. 그러나 논리적인 사람을 그가 보지도 듣지도 못한 구체적인 대상들 속에 두고 조금 기다려보라. 만약 그 사람이 추론을 아주 잘 이용하는 사람이라면, 그는 자신의 무지에 대해 속죄라도 하듯 그런 대상에서 엄청나게 많은 것을 추론해낼 것이다. 추론은 우리가 전례 없는 상황에서 빠져나올 수 있도록 도와준다. 여기서 말하는 전례 없는 상황이란 바로 우리가 가진 모든 지혜와 우리가 받은 모든 교육이 아무런 힘을 발휘하지 못하는 그런 상황이다.

## 추론에 대한 정확한 정의

새로운 진기한 자료를 다루는 능력을 추론의 본질적 차이로 여기도록 하자. 이 차이만으로도 추론이 연상을 이용하는 사고와 두드러지게 달라 보인다. 우리는 이를 바탕으로 추론의 특성에 대해 구체적으로 논할 것이다.

추론은 분석과 추상(抽象)을 수반한다. 여기에 유사한 것이라곤 아무것도 암시하지 않는 어떤 한 가지 사실이 있다고 가정해보자. 이런 경우에 단지 경험만을 근거로 하는 사상가라면 그 사실을 그 모습 그대로 응시할 것이지만, 추론에 탁월한 사람은 그 사실을 잘게 쪼갠 다음에 그 사실이 지닌 별도의 속성 중 하나에 주목할 것이다. 이 속성을 그 사람은 자신의 앞에 놓인 사실의 근본적인 부분으로 받아들일 것이다. 이 속성은 그때까지 그 사실이 갖고 있는 것으로 알려지지 않은 특성 또는 중요성을 갖고 있다.

여기서 그 사실, 즉 구체적인 자료를 S라고 부르고, 본질적 속성을 M이라고 부르고, 그 속성의 특성을 P라고 부르도록 하자. 그러면 S로부터 추론을 통해 끌어낸 결론 P는 M이라는 매개가 없이는 불가능하다. 따라서 '본질' M은 조금 전에 추론에서 근본적이라고 선언한 바로 그 매개념(媒槪念)(삼단 논법에서 대전제와 소전제 양쪽 모두에 공통적인 개념/옮긴이)이다. 추론에 탁월한 사람은 원래의 구체적인 사실 S를 그것의 추상적 특성 M으로 대체한다. 그 결과 M에 진실인 것은 S에도 진실이고, M과 연결된 것은 S와도 연결된다.

M이 당연히 전체인 S의 부분들 중 하나이기 때문에, 그렇다면 추론은 전체를 부분들과 그 부분들의 함의로 대체하는 것이라고 정의될 수 있을 것이다. 추론하는 사람의 기술은 2개의 단계로 이뤄져 있다.

첫째, '예지'를 발휘하는 단계이다. 자신의 앞에 놓여 있는 하나의 전체인 S를 보고 그 안에 깊숙이 박혀 있는 부분(M)을 발견해내는 능력이 중요한 단계이다.

둘째, '학습'의 단계이다. M이 수반하는 것과 암시하는 것들을 즉시 생각해내는 능력이 중요한 단계이다.

다음과 같은 평범한 삼단 논법을 보도록 하자.


M은 P이다.
S는 M이다.
그러므로 S는 P이다.


그러면 우리는 두 번째 전제, 즉 소전제가 예지를 요구하는 전제이고 첫 번째 전제, 즉 대전제는 학습을 요구하는 전제라는 것을 알 수 있다. 대체로 보면 학습이 예지보다 쉽게 준비된다. 말하자면, 구체적인 사물들을 보면서 참신한 특징을 포착해내는 능력이 옛날의 규칙들을 배우는 능력보다 더 귀하다는 뜻이다. 그렇기 때문에 대부분의 실제 추론을 보면, 소전제, 즉 주제를 이해하는 방식이 사고가 진기한 쪽으로 나아가게 한다. 그러나 다 그렇지만은 않은 것이 확실하다. 왜냐하면 M이 P를 지니고 있다는 것이 제대로 알려지지 않아서 지금 처음으로 공식화될 수도 있기 때문이다.

'S는 M이다'라는 인식은 S를 이해하는 한 방법이다. 'M은 P이다'라는 진술은 하나의 추상 명제이다. 이 둘에 대해서는 설명이 필요하다.

## 이해의 방식이란 무슨 뜻인가?

S에 대해 단순히 M이라고 이해할 때(예를 들면, 단사(丹砂)를 단순히 수은 합성물로만 이해하는 것), 우리는 S가 갖고 있을 수 있는 다른 모든 속성을 무시하고 이 한 가지 속성에만 주의를 쏟는다. 말하자면 우리는 S라는 실체의 완전성을 훼손시킨다. 모든 실체의 특성은 무한히 많다. 당신이 허공에 그리는 직선 같은 아주 간단한 사실조차도 그 형태와 길이, 방향, 위치 등이 고려될 것이다. 이보다 훨씬 더 복잡한 사실에 직면할 때, 우리가 그 사실을 보는 방법은 그야말로 무한할 것이다. 단사(丹砂)는 수은 합성물일 뿐만 아니라 눈부시게 빨갛기도 하고, 강렬하기도 하고, 비싸기도 하고, 중국에서 들여온다. 단사에 관한 사실을 파악하고 들자면 아마 무한할 것이다.

모든 대상은 특징들의 원천이며, 이 특징들은 오직 점진적으로만 우리의 지식으로 흡수된다. 정말이지, 어떤 한 가지 사물을 완벽하게 아는 것은 곧 전체 우주를 아는 것이나 마찬가지일 것이다. 간접적으로나 직접적으로, 그 한 가지는 나머지 모든 것과 연결되어 있다. 그렇기 때문에 그것에 대해 모든 것을 알기 위해선, 그것이 맺고 있는 모든 관계를 다 알 필요가 있다. 그러나 각각의 관계는 그 사물의 속성 중 어느 하나를 형성한다. 누군가는 그 사물에서 한 가지 속성만을 볼 것이다. 그 사물에 대해 그런 식으로 생각하는 사람은 그 사물의 나머지 속성을 다 무시하게 될 것이다.

한 사람의 인간은 대단히 복잡한 하나의 사실이다. 그러나 군대의 병참 요원이 자신의 목적을 근거로 가장 중요한 것으로 꼽는 것은 그 많은 특성 중에서 사람이 하루에 먹는 음식의 양이다. 장군은 장거리를 행군하는 능력을, 의자를 만드는 사람은 디자인 능력을, 웅변가는 이런 저런 감정을 불러일으키는 능력을, 극장 지배인은 저녁 시간을 즐겁게 보내기 위해 기꺼이 돈을 내려 하는 성격을 가장 중요하게 여길지도 모르겠다. 이 사람들은 인간의 모습 중에서 저마다 자신의 관심을 특별히 끄는 부분을 끄집어내고 있다. 그리고 이 측면이 명백히 별도로 생각되기 전까지는, 이 사람들 각자는 실질적인 결론을 내리지 못한다. 그러다 마침내 실질적인 결론이 내려질 때, 그들은 사람의 다른 속성들을 무시할 것이다.

구체적인 어떤 사실에 대해 이해하는 모든 방법은, 만일 그 방법이 진실하다면, 전부가 똑같이 진실하다. 어떤 사물 한 가지에만 절대적으로 본질적인 특성 같은 것은 있을 수 없다. 어떤 경우에 어느 사물의 본질로 여겨지는 똑같은 특징이 다른 경우에는 매우 비본질적인 특성이 된다.

글을 쓰고 있는 지금, 내가 이 원고지를 글을 쓰는 표면으로 생각하는 것은 당연하다. 만약에 내가 지금 원고지에 대해 그런 식으로 생각하지 않는다면, 나는 더 이상 집필 활동을 하지 못하게 될 것이다. 그러나 만약에 내가 불을 붙이길 원하는데 주위에 다른 마땅한 것이 없다면, 종이에 대해 생각하는 근본적인 방법은 불에 타는 물질로 보는 것이다. 그럴 때면 나는 종이의 목적에 대해 다른 것을 생각하지 않아야 한다. 종이에 대해서 말하자면, 연소 가능하고, 글을 쓸 수 있고, 얇고, 가로 세로 8인치와 10인치이고, 미국에서 제조되었다는 등 종이의 특징 또한 거의 무한하다. 종이의 본질을 말해주는 이런 특징들 중 어느 하나를 기준으로 종이를 분류하는 것은 다른 특징들에게는 부당한 짓이다. 그러나 나는 언제나 종이를 이 특징 아니면 저 특징으로 분류하고 있다. 그렇기 때문에 나는 언제나 부당하고, 언제나 편파적이고, 언제나 배타적이다. 나의 변명은 불가피하다. 유한하고 실용적인 나의 천성이 나에게 강요하는 변명인 것이다. 나의 사고는 언제나 나의 행동을 위하고 있으며, 나는 한 번에 한 가지씩밖에 하지 못한다. 이 우주 전체를 한꺼번에 나란히 끌고 가는 어떤 신(神)이 있다면, 그 신은 자신의 활동에 방해를 받지 않고 우주의 모든 부분들을 한꺼번에, 또 특별히 강조하는 부분 없이 두루 볼 수 있을 것이다. 그러나 만약에 인간의 주의가 그런 식으로 퍼지게 내버려둔다면, 우리는 한꺼번에 그 모든 것을 멍하니 응시하면서 어떤 행동을 할 기회를 박탈당하고 말 것이다.

미국의 애디론댁 산맥에 관한 이야기를 보면, 미국 소설가 워너(Charles Dudley Warner)는 곰을 눈이나 심장을 겨냥하지 않고 몸통 전체를 겨냥해 쏘았다. 그러나 우리는 이 우주 전체를 겨냥하지 못한다. 그런 식으로 겨냥한다면, 우리는 사냥감을 놓치고 말 것이다. 우리의 범위는 좁다. 우리는 사물을 조금씩 공격해야 한다. 자연의 요소들이 존재하는 그 사물의 전체는 무시하면서, 하나씩 차례로 실에 꿸 것이다. 그 사물도 시시각각 변화할 것이고, 우리의 관심도 마찬가지로 변할 것이다. 이런 식이라면, 지금 이 순간의 편파성이 다음 순간 다른 종류의 편파성에 의해 부분적으로 상쇄될 것이다. 지금 이 글을 쓰고 있는 나에겐, 강조와 선택이 인간 정신의 본질처럼 보인다. 다른 장에서는 다른 특징들이 심리의 더욱 중요한 부분들처럼 보였고, 앞으로도 다시 그렇게 보일 것이다.

그렇듯 인간들은 편파적인 성향이 아주 깊다. 그렇기 때문에 상식과 스콜라 철학(상식을 명확하게 표현한 것에 지나지 않는다)에도 불구하고, 어떠한 것에도 절대적으로 본질적인 단 하나의 특성 같은 것은 있을 수 없다는 생각 자체가 불가능하다. 독자 여러분은 아마 이런 식으로 불만을 표시할지도 모르겠다. "어떤 사물의 본질이 그 사물을 그런 모습으로 만든다. 배타적인 본질이 없다면, 그 사물은 구체적으로 보면 아무것도 아닐 것이고 이름을 얻지 못할 것이다. 우리는 그것에 대해 저런 것이 아니고 이런 것이라는 식으로 말하지 못할 것이다. 예를 들어, 당신이 지금 글을 적고 있는 그것은 종이이고 다른 것이 아니지 않은가? 연소 가능하다느니 사각형이니 하는 특징이 단지 부수적인 것에 지나지 않는다는 것을 아는 마당에, 왜 종이에 대해 그런 식으로 말해야 하는가?" 이런 식의 불만을 표시하는 독자라면, 당신은 단지 종이의 여러 특징 중에서 자신의 사소한 목적과 부합하는 특징, 즉 그 사물에 이름을 붙여주는 특징만을 주장하고 있을 뿐이다. 아니면 제조업자의 목적, 즉 대중적 수요가 있는 어떤 물품을 제조한다는 목적에 부합하는 특징만을 고집하고 있을 뿐이다. 우리가 평소에 그 사물을 사용하는 목적, 그 사물을 부르는 가장 평범한 이름, 그 이름이 암시하는 특징들은 사실 신성한 것이라곤 아무것도 갖고 있지 않다. 그 목적과 이름과 특징은 그 사물의 특성보다는 우리의 특성을 나타내고 있다. 그러나 우리는 편견에 너무 깊이 빠져 있고 지적으로 지나치게 화석화되어 있는 탓에 사물의 천박한 이름에 영구하고 배타적인 가치를 부여하고 있다.

로크는 이 오류를 타파하려고 노력했다. 그러나 내가 아는 한, 그의 후계자들 중 어느 누구도 이 오류에서 근본적으로 벗어나지 못했거나, 본질의 유일한 의미는 목적에 있으며 분류와 개념 작용은 정신이 목적을 추구하는 데 동원하는 무기들이라는 것을 보지 못했다. 어떤 사물의 본질은 그 사물이 가진 특징 중에서, 나 자신이 아주 중요하게 생각하는 까닭에 나머지 특징을 다 무시해도 좋다고 판단하게 만드는 바로 그 특징이다. 나는 그 사물을 이 중요한 특징을 공유하는 것으로 분류하고, 이 특징에 따라서 이름을 붙인다. 그것을 그런 식으로 분류하고, 이름을 붙이고, 생각하는 사이에 그것에 관한 다른 모든 진실은 나에게 무(無)나 마찬가지가 되어 버린다. 중요한 특징은 사람에 따라서, 또 시간에 따라서 달라진다. 바로 여기서 똑같은 것에 대한 명칭과 생각이 다양해진다. 그러나 종이와 잉크, 버터, 오버코트와 같은 일상의 많은 사물들은 일관되게 중요성을 지니는 특성을 갖고 있으며, 그런 식으로 정형화된 이름을 갖고 있다. 그러다 보니 우리가 그것들을 그런 식으로 생각하는 것만이 그것에 대해 유일하게 진실하게 생각하는 방법이라는 믿음을 갖기에 이르렀다. 그러나 그런 식으로 생각하는 것은 다른 방법에 비해 조금도 더 진실하지 않다. 단지 그 방법은 우리에게 도움을 조금 더 자주 줄 뿐이다.

### 추론은 언제나 주관적 이익을 추구한다

여기서 앞에서 추론의 과정을 간단히 요약한 것을 다시 보도록 하자.

M은 P이다.
S는 M이다.
그러므로 S는 P이다.

M은 당분간 사건이나 현상 혹은 실재인 S의 본질로 여겨진다. 그러나 우리가 사는 이 세계 안에서 M은 불가피하게 P와 결합되어 있다. 그렇기 때문에 우리가 S라는 사실과 결합되어 있을 것으로 기대할 수 있는 그 다음 것은 P이다. 우리는 S가 떠오를 때 우리의 예지가 그 사건의 본질로 식별하기 시작한 M을 매개로 하여 P를 추론하거나 P로 결론을 내릴 것이다.

여기서 만약에 P가 우리에게 어떤 가치나 중요성을 지닌다면, M은 우리의 예지가 와락 달려들며 추상해낼 만큼 매우 훌륭한 성격이라는 점에 주목하자. 반대로 만약에 P가 전혀 중요하지 않다면, 우리에겐 M이 아닌 다른 성격이 더 나은 본질로 여겨졌을 것이다. 심리학적으로 말한다면, 대체로 P가 처음부터 그 과정에 그림자를

470

드리운다. 우리는 P나 P를 닮은 무엇인가를 추구하고 있다. 그러나 S는 우리의 시선에 전체 모습을 고스란히 드러내지 않는다. 그리고 우리를 P로 안내할 수도 있는 S를 파악하기 위해 S 안에 들어 있는 무엇인가를 포착하려고 노력하면서, 우리가 충분히 현명하다면 M을 맞닥뜨리게 될 것이다. 왜냐하면 M이 어쩌다 P와 연결되게 된 바로 그 성격이기 때문이다. 만약에 우리가 P 대신에 Q를 원했는데 N이 Q와 연결된 S의 특징이라면, 우리는 M을 무시하고 N을 알아보면서 전적으로 S를 N의 한 종류로 생각했을 것이다.

추론은 언제나 어떤 구체적인 결론을 얻거나 어떤 특별한 호기심을 만족시키는 것이다. 추론은 앞에 놓인 자료들을 쪼갤 뿐만 아니라 추상적으로도 생각한다. 추론은 또 자료를 정확히 이해해야 한다. 자료를 정확히 이해한다는 것은 곧 어떤 결론에 도달하게 할 그런 구체적인 추상의 방식으로 이해하고 있다는 것을 의미한다. 이때 결론은 추론을 하는 사람의 일시적 이해와 부합하게 된다.

추론의 결과들이 불현듯 생각날 수도 있다. 입체경은 실제로 추론의 결과였다. 그러나 입체경은 사진과 거울을 갖고 놀던 사람이 어쩌다 우연히 생각해낼 수 있는 것이기도 했다. 고양이들도 걸쇠를 잡아당겨 문을 여는 것으로 알려져 있다. 그러나 만약에 그 걸쇠가 고장이 나면, 어떠한 고양이도 그 문을 다시 열지 못한다. 어쩌다 발로 이곳저곳 더듬다가 우연히 문을 열게 되었고, 이어서 자신의 그 움직임과 문이 열리는 현상의 상관관계를 깨닫지 못한다면, 고양이는 다시는 문을 열지 못할 것이다. 그러나 추론하는 인간은 먼저 그 고장을 분석함으로써 문을 열 것이다. 사람은 구체적으로 그 문의 어떤 점이 잘못되었는지까지 분명히 파악할 것이다. 예를 들어, 레버가 걸쇠를 홈으로부터 충분히 올려주지 못할 수도 있다. 이런 경우에는 문을 들어서 경첩 위에 올려놓으면 된다. 아니면 문지방이 지나치게 많이 닳아서 문이 밑으로 내려앉아 버렸을 수도 있다. 그때도 문을 들어 올리면 된다. 그렇다면 아이나 바보도 이 특별한 문을 여는 규칙을 이런 추론을 거치지 않고도 배울 수 있는 것이 분명하다.

이 대목에서 어떤 시계가 생각난다. 약간 앞으로 기울도록 걸지 않으면 작동하지 않던 시계였다. 그런데 이 시계가 앞으로 조금 기울어 걸면 작동한다는 사실을 발견한 사람은 하녀였다. 그녀는 몇 주일 동안 고민하다가 우연히 이 방법을 발견했다. 시계가 멈춘 이유는 시계의 진자가 달린 부분의 마모 때문이었다. 아마 교육을 제대로 받은 사람이라면 5분 안에 밝혀냈을 만한 원인이었다.

나의 책상을 밝히는 등(燈)은 등피를 16분의 1인치 정도 올려주지 않으면 불꽃이 깜빡였다. 나는 오랫동안 머리를 싸맨 끝에 그런 해결책을 찾아냈다. 그 후로 나는 등피를 언제나 자그마한 쐐기 같은 것으로 조금 올려놓고 지낸다. 그러나 나의 사고 과정은 문제가 된 대상과 치유책의 단순한 연결에 지나지 않는다. 의학을 공부한 사람은 질병의 원인을 추상하고 이어서 즉시 그 치유책을 추론해 낼 것이다. 삼각형을 수없이 많이 측정함으로써, 누군가는 삼각형의 넓이는 언제나 높이에 밑변의 반을 곱한 것과 같다는 사실을 발견했을 것이다. 그러나 추론을 하는 사람은 삼각형의 본질은 그 넓이가 높이와 밑변이 같은 사각형의 반이라는 사실을 앎으로써 그 모든 수고를 피한다. 이를 알기 위해 그 사람은 직선을 추가로 몇 개만 그리면 된다. 기하학자도 어떤 도형의 본질적 특징을 찾아내기 위해 그런 선을 자주 그려야 한다. 이때 그 본질은 도형과 새로운 선들의 관계에 있으며, 이 관계는 선들이 다 그려지기 전까지는 절대로 분명하게 드러나지 않는다. 기하학자의 천재성은 새로운 직선들을 상상하는 데 있으며, 그의 예지는 그 관계를 이해하는 데 있다.

따라서 추론에는 중요한 것이 2가지 있다. 첫째, 끌어내어진 성격은 그것의 출처인 그 자료의 전체와 등가인 것으로 여겨진다는 점이다. 둘째, 이런 식으로 추론한 성격은 어떤 결과를 전체 자료보다 더 강하게 암시한다는 점이다. 이를 다시 차례로 보도록 하자.

옷가게의 점원이 나에게 어떤 옷을 보여준다. 이어 내가 "그건 안 살 겁니다. 바랠 것 같아요."라고 말한다고 가정하자. 이는 단순히 그 옷에 관한 무엇인가가 나의 마음에 색이 바랠 것 같다는 생각을 불러일으킨다는 뜻이다. 이때 나의 판단은 옳겠지만, 추론을 거친 것은 아니다. 순전히 경험적인 판단이다. 그러나 만약에 내가 그 말을 구체적인 색깔을 바탕으로 할 수 있다면, 그때 거기엔 어떤 염료가 끼어들게 된다. 염료라면 화학적으로 불안정할 수 있고 따라서 색깔이 바랠 수 있기 때문에, 나의 판단은 추론을 거친 것이다. 옷의 한 부분인 염료라는 개념이 옷과 바랜다는 생각을 연결하는 고리이다. 그렇듯 교육을 받지 않은 사람도 과거의 경험에서 불 가까이 놓았다가 녹은 얼음의 예를, 그리고 볼록 거울로 손가락 끝을 보면 손금이 거칠게 보인다는 예를 기대할 수 있을 것이다.

이 두 가지 예의 경우에는 전체 현상에 대한 사전 지식이 전혀 없어도 그 같은 결과를 충분히 예상할 수 있다.

그러나 열을 운동의 한 형태로 이해하고 액화를 분자들의 증대된 운동과 같은 것으로 이해한 사람이나, 곡면은 광선을 휘게 반사한다는 것을 알고 모든 사물의 크기는 광선들이 눈으로 들어올 때 휘는 정도와 관련 있다는 것을 안 사람은 연구할 대상을 놓고 올바른 추론을 하곤 했다. 그들이 그때까지 그런 것을 구체적으로 경험한 적이 한 번도 없었는데도 말이다. 그 사람들이 그렇게 할 수 있었던 것은 그들이 품고 있었을 것으로 짐작되는 아이디어들이 그들의 마음속에서 그들이 연구하기 시작한 그 현상과 그들이 끌어낸 결론의 중간에서 매개체의 역할을 했기 때문이다. 그러나 이 아이디어들은 모두 단순히 추론해낸 것에 지나지 않는다. 열을 형성하는 운동과 빛의 휨은 대단히 난해한 문제인 것이 사실이다. 앞에 예로 든 시계의 진자는 그보다 덜 난해하고, 문이 문지방에 내려앉은 것은 전혀 어렵지 않다.

이제 두 번째 중요한 사항을 보자. 추론해 낸 것의 연상과 결과와 암시가 전체 현상의 연상과 결과와 암시보다 더 분명한 이유는 무엇인가? 2가지 이유가 있다.

첫째, 추리해낸 성격이 구체적인 성격보다 더 일반적이고, 따라서 우리의 경험을 통해 자주 목격하는 것인 까닭에 우리에게 더 친숙하기 때문이다. 열을 운동으로 생각해보라. 운동에 진리인 것은 열에도 진리일 것이다. 그러나 우리는 열의 종류 하나마다 운동 경험을 백번도 더 할 것이다. 이 렌즈를 통과하고 있는 광선에 대해 수직선 쪽으로 휘어 있는 것으로 생각해보라. 그러면 당신은 비교적 낯선 렌즈를, 어떤 직선의 방향에 나타난 특별한 변화라는, 우리가 일상에서 수없이 목격하는 매우 친숙한 개념으로 대체하게 될 것이다.

추론으로 끌어낸 성격들의 관계가 매우 분명한 또 다른 이유는 그 성격의 특징들이 그 성격의 원천인 전체의 특징들과 비교할 때 그 수가 아주 적기 때문이다. 모든 구체적인 사실 안에는 성격과 그에 따른 결과가 터무니없을 만큼 많다. 그렇기 때문에 우리는 가치 있는 특별한 결과를 알아내기도 전에 결과들 속에 파묻혀 길을 잃고 말 것이다. 그러나 만약에 우리가 적절한 성격을 찾아낼 만큼 운이 좋다면, 우리는 단 한 번의 눈길로도 그 성격이 맺을 수 있는 결과들을 두루 파악할 것이다. 한 예로, 문지방의 마모라는 성격은 극소수의 암시를 갖고 있는데 그 소수의 암시 중에서 문을 들어 올리면 마모가 중단될 것이라는 암시가 아주 두드러져 보인다. 반면에 제대로 열리지 않는 문은 마음에 엄청나게 많은 생각을 떠올리게 한다. 이런 예들이 시시하게 들릴지도 모르지만, 그것들은 아주 정교하고 탁월한 이론화의 본질을 포함하고 있다. 분자의 질량이나 파장(波長) 같이 수학적 성격이 강한 특징을 다룰수록, 물리학이 보다 추론적으로 변하는 이유는 분자의 질량이나 파장의 개념이 예상하게 하는 결과들의 수가 아주 적은 까닭에 우리가 한 눈에 그 결과들을 두루 관찰하면서 우리의 관심을 끄는 것을 즉시적으로 골라낼 수 있기 때문이다.

## 예지

 추론을 하기 위해서 우리는 특성들을 끌어낼 수 있어야 한다. 그것도 아무 특성이나 끌어내는 것이 아니다. 결론에 적절한 특성이어야 한다. 만약에 그릇된 특성을 끌어낸다면, 그 특성은 적절한 결론에 이르지 못할 것이다. 그렇다면 특성을 끌어내는 것이 아주 중요하다. 특성을 어떻게 끌어낼 것인가? 또 수많은 예를 보면 적절한 특성이 빛을 보기 전에 천재의 출현이 필요한 이유는 무엇인가? 모든 사람이 다 추론을 잘 하지는 못하는 이유는 무엇인가? 역제곱의 법칙을 알아내는 데는 왜 뉴턴 같은 사람이 필요하며, 적자생존을 알아내는 데는 왜 다윈 같은 사람이 필요한가? 이 질문들에 대한 대답을 얻기 위해서 우리는 새로운 연구를 시작해야 한다. 사실들에 대한 통찰이 어떤 식으로 자연스럽게 성장하게 되는지를 보아야 하는 것이다.

 우리의 모든 지식은 처음에는 모호하다. 어떤 사물이 모호하다고 할 때, 우리는 그것이 내적으로 세분화가 전혀 되어 있지 않고 외적으로 명확한 한계를 전혀 갖고 있지 않다는 것을 의미한다. 그럼에도 그 사물에 온갖 형태의 사고를 적용할 수 있다. 그 사물은 통일성과 실재, 외형, 범위를 갖고 있을 것이다. 한마디로 말해, 세부적인 것은 하나도 없고 하나의 전체로서만 존재한다고 할 수 있다. 방을 자신의 유모가 아닌 다른 무엇인가로 처음 의식하는 아기에게 아마 방이 그런 모습으로 보일 것이다. 짐작컨대 그 방의 창이 아기의 주의를 별도로 끌지 못한다면, 그 방은 아기의 마음에서 아무런 디테일을 갖지 못할 것이다. 분명히 말하지만, 어른들에게도 모든 새로운 경험은 이처럼 모호해 보인다. 도서관과 박물관, 기계조립 공장은 이 분야에 문외한인 사람들에게는 그냥 혼란스런 덩어리로 보일 것이다. 그러나 기계 기술자와 골동품 전문가와 책벌레는 도서관과 박물관, 기계조립 공장을 절대로 하나의 덩어리로 보지 않을 것이다. 이들은 세세한 것을 들여다보길 원할 것이다.

익숙함이 사람들의 마음에 구별을 일으킨다. '풀'이나 '주형' '고기' 같은 모호한 용어들은 식물학자나 해부학자에게는 존재하지 않는다. 식물학자와 해부학자는 풀이나 근육에 대해 아주 많이 알고 있다. 쐐기벌레를 해부하여 창자까지 보여주는 킹슬리(Charles Kingsley)에게 어떤 사람은 "살점과 체액뿐이네!"라고 말했다. 난파선이나 전쟁터, 혹은 화재 현장에서 보통 사람은 속수무책이다. 그런 사람의 내면에선 경험에 의한 구별이 거의 일어나지 않기 때문에 그 사람의 의식은 복잡한 상황에서 급한 것이 무엇인지를 파악하지 못한다. 그러나 선원과 소방수, 장군은 어느 구석에 무엇이 있는지를 훤히 알고 있다. 그들은 한번 슬쩍 훑어보는 것으로도 상황의 속을 훤히 들여다본다. 상황을 분석한다는 뜻이다. 상황은 조금씩 다른 요소들로 가득하다. 이 요소들은 모두 교육을 통해서 조금씩 그들의 의식으로 들어간다. 그렇기 때문에 초심자는 상황을 보아도 그것이 무엇을 의미하는지 전혀 파악하지 못한다.

이 분석력이 어떻게 생기는지에 대해서는 구별과 주의를 논하는 장에서 살펴보았다. 우리는 원래 모호한 전체에 주의를 쏟으며 조금씩 파악해 감으로써 전체를 이루고 있는 요소들을 서로 분리시킨다. 그러나 우리가 가장 먼저 주의를 기울일 요소를 결정하는 것은 무엇인가? 이에 대한 대답은 2가지이다. 첫째는 실용적이거나 본능적인 우리의 관심이다. 둘째는 우리의 미학적 관심이다. 개는 어떠한 상황에서도 냄새들을 구분해내고, 말은 소리들을 구분해낸다. 왜냐하면 개와 말에겐 냄새와 소리가 실용적 중요성을 지닌 사실들을 알려주기 때문이다. 아기는 촛불이나 창문에 눈길을 주며 방의 나머지는 무시한다. 촛불이나 창문이 아기에게 생생한 즐거움을 주기 때문이다. 그렇듯 시골 소년은 관목과 나무들이 우거진 숲 속에서도 딸기와 밤, 노루밭풀을 그 실용적 쓰임새 때문에 쉽게 분리시킨다. 미개인은 탐험대의 선박이 갖고 온 구슬과 거울에 재미있어 하지만 배 자체의 생김새에는 전혀 관심을 두지 않는다. 이유는 배가 자신의 영역을 크게 벗어나 있기 때문이다. 그렇다면 이런 미학적이고 실용적인 관심은 어떤 특별한 구성 요소를 두드러지게 드러나 보이게 만드는 중요한 요소들이다. 미학적이고 실용적인 관심이 어디로 쏠리고 있는지에 대해 우리는 알고 있다. 그러나 그 관심 자체가 어떤 것인지에 대해서는 알지 못한다. 여기서 우리는 그냥 그런 관심을 우리의 지식이 커가는 방법을 결정하는 종국적 요소로 받아들이는 것으로 만족해야 한다.

그렇다면 본능적인 충동을 거의 갖고 있지 않거나 실용적이거나 미학적인 관심을 거의 갖고 있지 않은 생명체들은 특성들을 거의 분리시키지 못할 것이고 또 추론하는 능력도 제한적일 것이다. 반면에 관심이 매우 다양한 생명체는 추론을 훨씬 더 잘할 것이다. 아주 다양한 본능과 실용적 욕구, 모든 감각이 동원되는 미학적 느낌을 가진 사람은 확실히 다른 동물보다 엄청나게 더 많은 특성을 분리할 것이다. 따라서 우리는 수준이 가장 떨어지는 미개인의 경우에도 수준이 가장 높은 짐승들보다 추론을 월등히 더 잘한다는 사실을 알 수 있다. 다양한 관심도 경험의 다양화를 낳으며, 이 경험의 축적은 15장 '구별'에서 다뤘던, 다양한 부수물의 분리 법칙이 적용될 조건이 된다.

## 유사성 연상의 도움

인간이 유사성 연상에서 탁월한 것이 추론이 보다 높이 비상(飛翔)할 바탕이 되는 성격 구분과 깊은 관계가 있을 가능성이 크다. 성격의 구분이 중요한데도 이에 대해 '구별'을 논한 장에서 아무런 이야기를 하지 않았기 때문에, 여기서 성격의 구분에 대해 조금 깊이 생각해보는 것이 적절할 것 같다.

2개의 대상의 비슷한 점과 다른 점을 보기를 원한다면, 독자 여러분은 어떻게 하는가? 누구나 주의를 이 대상에서 저 대상으로, 앞에서 뒤로 가능한 한 빨리 이동시킬 것이다. 의식의 신속한 변화가 말하자면 일치하는 점이나 차이나는 점을 흔들어 놓는다. 만약에 비교되는 대상들에 대한 의식이 시간적으로 거리를 둔 가운데 일어난다면, 이 차이점이나 일치점은 눈치 채어지지 않은 가운데 영원히 잠자고 있을지도 모른다. 어떤 현상 안에 깊이 박혀 있는 원인이나 법칙을 찾는 과학자는 어떤 노력을 펴는가? 과학자는 그 현상과 조금이라도 닮은 모든 예들을 힘들여 축적하고 또 동시에 자신의 정신을 그 모든 예들로 채움으로써 한 가지 예를 통해서는 절대로 공식화할 수 없는 성격을 분리해내는 데 성공한다. 그런데 이때 분리해낸 성격은 그 사람이 이미 경험했던 것이다. 이 같은 예는 어떤 성격이 어느 시점에 어떤 사람의 경험에 다양한 부수물과 함께 나타난다는 사실만으로는 그 성격을 분리하기에 충분하지 않다는 점을 보여준다. 그 이상의 무엇인가가 필요한 것이다. 바로 그 부수물들이 온갖 다양성을 보이며 한꺼번에 의식 안으로 들어올 필요가 있는 것이다. 그렇게 될 때까지는, 그가 분리해내길 원하는 성격은 다른 부수물과 함께 나타나도 서로 결합하지 않고 홀로 서 있을 것이다. 스튜어트 밀의 『논리학의 체계』(System of Logic)를 공리의 바탕으로 읽은 사람들은 즉시 이를 알아차릴 것이다. 이 책 중에서 '실험적 연구의 4가지 방법'이라는 장에서 그는 일치법과 차이법, 잔여법, 공변법을 제시하고 있다. 각각의 방법은 비슷한 예들의 목록을 제시하고 있는데, 추구하던 어떤 성격이 이 예들 중에서 갑자기 튀어나올 수 있다.

유사성 연상이 매우 발달한 정신은 이와 같은 예들의 목록을 자연스레 만들어내는 그런 정신임이 분명하다. 현재의 어떤 사실 A를 예로 들어보자. 이 사실 안에는 m이라는 특성이 들어 있다. 정신은 처음에는 이 특성 m을 전혀 알아보지 못할 것이다. 그러나 만약에 A가 C와 D, E, F를 불러일으키는데, 이것들이 m을 갖고 있는 A를 닮은 현상이지만 지금 A를 경험하고 있는 동물의 경험 속으로 몇 개월 동안 들어오지 않았다면, 앞에 소개한 과학적 탐구에서 보았듯이, 그런 연상들은 유사한 예들을 체계적으로 고려하도록 함으로써 추상의 방법으로 m을 알아차리게 할 것이다. 연상 작용은 그런 식으로 일어나는 것이 확실하다. 그렇다면 몇 개의 강력한 실용적·미학적 관심을 추구하게 되면 우리가 현상의 특별한 성격을 간파하도록 도움을 주는 것은 바로 이 유사성 연상이라고 단정하는 외에 우리에겐 어떠한 결론도 가능하지 않다. 유사성 연상이 없다면, 정말이지 과학자의 진지한 연구는 아마 불가능할 것이다. 과학자는 비슷한 예들을 절대로 축적하지 못할 것이다. 그러나 천부적 재능을 타고난 사람들의 정신에서는 이러한 과정이 저절로 일어난다. 그런 정신은 특별히 곰곰 생각하지 않아도 비슷한 예들을 수집하고, 공간과 시간의 전체 넓이를 한순간에 통합시키고, 다양한 환경 안에 있는 일치점들을 순간에 파악할 것이다. 이는 근접성 연상의 지배를 받는 정신들은 절대로 도달할 수 없는 경지이다.

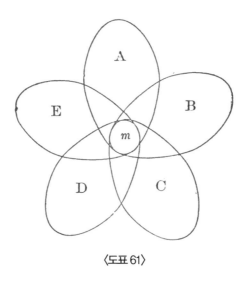

〈도표 61〉

〈도표 61〉이 이를 잘 보여주고 있다. 만일 A 안에 들어 있는 m이 A와 닮은 B와 C, D, E를 연속적으로 불러낸다면, 주변의 그런 다양

한 부수물과 거의 동시에 연결되고 있는 m은 밖으로 두드러지며 우리의 주목을 별도로 끌 것이다.

그렇다면 독자 여러분은 이런 식의 연상이 지배하는 마음이 특성을 추출해낼 기회를 더 많이 가짐에 따라 추론에 가장 적합하다는 점을 인정하게 될 것이다. 반면에 추론이 활발하게 이뤄지지 않는 마음에서는 근접성 연합만 일어날 것이다.

대체로 천재들은 유사성 연합이 비상할 정도로 발달했다는 점에서 일반적인 사람들의 정신과 다른 것으로 여겨지고 있다. 베인 교수의 업적 중 하나가 바로 이 같은 진리를 보여준 것이다. 천재들에게 있어서 유사성 연합은 추론뿐만 아니라 다른 분야에도 적용되고 있다.

### 동물들의 추리 능력

천재와 보통 사람의 관계는 보통 사람들의 마음과 동물의 지능의 관계와 비슷하다. 사람들과 비교한다면, 아마 동물들은 추상적인 특성에도 주의를 기울이지 않고 또 유사성 연상을 하지 않을 것이다. 동물들의 사고는 아마 구체적인 어느 대상에서 구체적인 다른 대상으로 넘어갈 것이고, 그 방식도 인간들보다 훨씬 더 통일되어 있을 것이다. 달리 말하면, 동물들의 관념 연상은 거의 전적으로 근접성에 의해 이뤄진다고 할 수 있다. 그러나 어떤 동물이라도 근접성 연상 대신에 추상적 성격을 통해 생각할 수 있다면, 그 동물은 인간이 말하는 의미에서 추론가로 인정을 받아야 할 것이다.

동물이 이런 사고를 어느 정도 하고 있는지는 불확실하다. 확실한 것은 지능이 뛰어난 동물일수록 추상적인 특성들을 따를 확률이 더 커질 것이라는 점이다. 추상적인 특성들이 그 동물의 마음에서 구분되든 그렇지 않든 불문하고 말이다. 동물은 자신의 계급에 따라 행동한다. 이것은 동물의 정신에서 계급의 본질을 추론하는 과정은 일어나지 않아도 그것을 강조하는 과정은 일어난다는 것을 의미한다. 강조될 성격을 전혀 갖지 않은 어떤 구체적인 개체가 있다는 사실과, 어떤 이름에 의해서 나머지와 뚜렷이 구별되는 속성이 있다는 사실은 완전히 별개의 문제이다. 그러나 어떤 구체적인 개념에 대한 분석이 전혀 없는 상태와 완전한 분석 그 사이에, 그리고 깊이 박힌 어떤 특성을 전혀 끌어내지 못하는 상태와 완전히 끌어낸 상태 그 사이에, 온갖 가능한 중간 등급이 존재하고 있음이 분명하다. 그리고 이 등급들 중 일부는 이름을 얻어야 한다. 왜냐하면 이 등급들이 분명히 정신에 표현되고 있기 때문이다. 막연히 추상되고 일반화된 대상의 등급에 대해 조지 로메인스는 '지각상'(知覺像:recept)이라는 이름을, 영국 심리학자 모건(Lloyd Morgan) 교수는 '복합 심상'(construct)이라는 이름을 각각 제안했다. 명확한 추상 개념을 모건 교수는 '고립 심상'(isolate)이라 부른다. '복합 심상'도 그렇고 '지각상'도 그렇고, 내가 볼 때에는 적절한 단어가 아닌 것 같다. 그러나 두 단어가 부족하긴 하지만 그런대로 심리학에 뚜렷이 기여하는 부분이 있는 것 같아서 여기서 그 단어들을 소개한다. 다음에 인용하는 로메인스의 글에 나오는 '지각상'보다는 '지류'(influent:支流) 같은 단어가 더 적절하지 않을까?

"물새를 보면 땅이나 얼어붙은 호수에 내려앉을 때에는 물에 내려앉을 때와 다소 다른 방법을 택하고 있다. 높은 곳에서 아래로 꽂히듯 물에 내리는 종류의 새들(예를 들면 제비갈매기와 북양가마우지)도 땅이나 얼음을 향해서는 절대로 그렇게 하지 않는다. 이 사실들은 동물들도 딱딱한 표면에 반응하는 지각상과 액체에 반응하는 지각상을 따로 갖고 있다는 점을 증명하고 있다. 마찬가지로 사람도 높은 곳에서 단단한 땅이나 얼음 위로 다이빙을 하지 않을 것이다. 또 물로 뛰어내릴 때에는 단단한 땅 위에서 점프하는 것과 다른 방법을 택할 것이다. 달리 말하면, 물새처럼 사람도 명확히 구분되는 지각상을 2개 갖고 있다. 하나는 단단한 땅에 반응하고, 다른 하나는 저항하지 않는 액체에 반응한다. 그러나 물새와 달리 사람은 이 지각상 각각에 이름을 붙일 수 있고 따라서 그것을 개념의 수준으로까지 끌어올릴 수 있다. 운동의 실용적 목적에 관한 한, 사람이 지각상을 개념의 단계로까지 끌어올리는지 여부는 물론 중요하지 않다. 그러나 … 다른 많은 목적에는 사람이 그렇게 할 수 있다는 것 자체가 아주 중요해진다."('Mental Evolution in Man')


나는 주인이 총으로 잡은 사냥감을 물어오는 훈련을 아주 잘 받은 사냥개를 한 마리 알고 있다. 이 사냥개는 새들을 이빨로 무는 법이 절대로 없다. 그런데 어느 날 새 2마리를 동시에 물고 와야 하는 상황이 벌어졌다. 새들은 분명 날 수 없었지만 그래도 '살아서 꿈틀거리고' 있었다. 그러자 사냥개는 가만 생각하는 듯하다가 그 중 한 마리를 한 번 물어서 죽인 다음에 다른 새를 산 채로 주인에게 먼저 갖다 주었다. 그런 다음에 사냥개는 다시 첫 번째 새를 가지러 돌아갔다. 그렇다면 이 사냥개의 마음에 '이 새가 살아 있구나, 그래서 도망갈 수도 있겠구나, 그렇다면 죽여야지' 하는 생각이 일어나지 않았다고 믿기가 더 어려울 것이다.

이처럼 사태의 특별한 측면에 실용적으로 따르는 것이 추론의 본질이다. 그러나 동물들에게 강한 인상을 안기는 특성들은 매우 드물다. 동물들의 본능적인 관심과 직접적으로 연결된 특성들만이 강한 인상을 줄 것이다. 동물들은 인간과 달리 단순히 추론 행위 자체를 위해 사물에서 특성을 끌어내는 일은 절대로 없다. 이에 대해 인간 마음의 특징인 유사성 연상 같은 것은 동물들에게 거의 존재하지 않는다는 식으로 설명하고 싶은 유혹을 강하게 받을 수 있다. 그러나 그렇지 않다. 동물은 아주 많이 비슷한 것에만 인상을 받고 조금 비슷한 것에는 그다지 인상을 받지 않을 뿐이다. 다양한 부수물과의 분리도 인간의 경우에는 유사성 연상에 근거하여 이뤄지고 있지만 인간보다 열등한 동물의 마음에서는 거의 일어나지 않는다.

하나의 전체 대상은 또 다른 전체 대상을 떠올리게 하고, 그러면 하등 포유류 동물들은 그에 대해 적절히 대처한다. 그러나 이 포유류 동물들은 자신들이 왜 그렇게 행동하는지에 대해서는 전혀 모른다. 동물들의 정신이 가진 근본적인 결점은 관념들을 쪼개어 낯선 상황에 적용시키지 못하는 그 무능력인 것 같다. 동물들은 일상적이고 미리 정해진 사고에 얽매이고 있다. 만약에 인간들 중에서 아주 무미건조한 사람이 어쩌다 자신이 기르는 개의 영혼 속을 들여다보게 된다면, 이 사람은 개의 영혼에 공상이 전혀 없다는 사실을 확인하며 깜짝 놀랄 것이다.

포유류 동물들은 유사한 것조차도 불러내지 못하고 오직 습관적으로 연결되던 생각만을 불러낼 것이다. 일몰은 영웅들의 죽음을 암시하지 않고 저녁 먹을 시간만 암시할 것이다. 인간이 유일하게 형이상학적인 동물인 이유가 바로 여기에 있다. 우주가 왜 지금과 같은 모습이어야 하는지 궁금해 한다는 것은 우주가 달라질 수 있다는 생각을 전제로 하고 있다. 그러나 현실의 일을 상상 속에서 세세하게 분석하지 못하는 동물은 그런 생각 자체를 절대로 품지 못한다. 동물은 단지 세상을 당연한 것으로 여기고 거기에 대해 전혀 의문을 품지 않는다.

# Chapter23
# 의식과 운동

모든 의식은 운동이다. 중추의 흥분이 외향 신경을 통해 방출되는 현상 때문에, 내면에서 일어나는 모든 작용의 최종적 결과는 반드시 어떤 형태의 육체적 활동으로 나타난다는 사실을 독자 여러분은 잊지 않았을 것이다. 생리학적으로 보면, 전체 신경 조직은 자극을 반응으로 바꿔놓는 하나의 기계에 불과하다는 점도 기억하고 있을 것이다. 우리의 삶 중에서 지적인 부분은 이 기계의 작동 중 핵심적인 부분하고만 연결되어 있다. 이제 우리는 기계의 최종적 작동인 육체의 행동과 그 행동에 따른 의식의 형태에 대해 고려할 것이다.

　내향 신경 조직에 작용하는 모든 인상은 우리가 알든 모르든 상관없이 외향 신경에 흥분을 방출한다. 예외를 무시하고 대강만을 말한다면, 모든 가능한 감정은 운동을 낳으며, 이 운동은 유기체 전체의 운동이자 유기체 각 부분들의 운동이다. 번개의 번쩍임이 우리를 놀라게 하거나 누군가가 우리를 간질일 때 분명히 일어나는 일은 우리가 감각을 받을 때마다 똑같이 잠재적으로 일어나고 있다. 우리가 중요하지 않은 감각에 놀람이나 간지럼을 느끼지 않는 유일한 이유는 부분적으로 그 감각이 아주 약하기 때문이고, 또 부분적으로는 우리의 둔감 때문이다. 베인 교수는 오래 전에 이 같은 일반적인 방출 현상에 '방산(放散)의 법칙'(Law of Diffusion)이라는 이름을 붙이고 이와 같이 설명했다. "인상이 감정을 동반함에 따라, 흥분된 전류들은 뇌로 방산되며 이 방산은 내장에도 영향을 미칠 뿐만 아니라 신체 기관을 움직이게도 한다."

모든 인상이 신경 중추를 통해 방산한다는 데는 아마 예외가 전혀 없을 것이다. 그러나 중추들을 통하는 새로운 전류의 효과는 종종 이미 그곳에서 진행되고 있던 작용들과 충돌을 빚을 것이다. 그 충돌의 결과가 외적으로 나타나는 것이 신체가 어떤 운동을 하는 중에 나타나는 망설임일 것이다. 이때 일어나는 일은 아마 어떤 경로를 흐르던 전류가 다른 경로의 전류에 흡수되는 것과 비슷할 것이다. 이를테면 우리가 걷고 있는 중에 어떤 소리나 풍경, 냄새 혹은 생각이 우리의 주의를 끌어 갑자기 걸음을 멈추게 하는 것과 비슷하다. 그러나 말초 기관의 활동이 중지하는 경우도 있는데, 이는 신경 중추들의 방해에 따른 것이 아니고 외향 전류들을 방출하는 신경 중추들이 억지성의 자극을 방출한 때문이다. 예를 들어 우리가 깜짝 놀랄 때마다, 심장은 일시적으로 멈추거나 박동을 늦추었다가 아주 빠른 속도로 쿵쾅거린다. 이때 순간적으로 멈춤이 일어나는 것은 미주신경(迷走神經: 12쌍의 뇌 신경 중 열번째 뇌신경이다. 심장, 폐, 소화관 등의 운동을 조절하는 자율신경계의 부교감 신경 가지를 구성하는 중요한 요소이다/옮긴이)을 따라 외향 전류가 흐르기 때문이다. 이 신경은 자극을 받으면 심장 박동을 멈추게 하거나 느리게 한다. 이 신경이 끊어지면, 놀람에 따르는 특별한 효과가 나타나지 않는다.

그러나 대체로 보면 감각 인상의 자극 효과가 억제 효과보다 더 크다. 그렇기 때문에 우리는 대충 이런 식으로 말할 수 있다. 이 장을 처음 열 때 말한 바와 같이, 방출의 파동이 신체의 모든 부위에 어떤 행동을 일으킨다고 말이다. 우리 몸으로 들어오는 감각의 모든 효과를 추적하는 일을 아직 어느 생리학자도 떠안고 나서지 않고 있다. 그러나 지난 몇 년 동안에 이에 관한 정보가 크게 늘기 시작했다. 그 결과, 지금은 수의근(隨意筋)뿐만 아니라 심장 박동과 혈압, 호흡, 땀샘, 동공, 방광, 창자, 자궁의 상태와 수축도 아주 희미한 감각적 자극의 영향까지 받는다는 것이 실험적으로 증명되고 있다. 한마디로 요약하면, 신경 중추의 어느 한 곳에서 일어나는 작용은 신경 중추 모든 곳으로 전달되며 동시에 전체 유기체에 이런저런 식으로 영향을 미치면서 유기체의 활동을 강화하거나 약화시킨다.

슈나이더는 재치 있게도 동물학적 관점에서 고등 동물들이 하는 모든 특별한 운동은 하등 유기체의 신체 전체가 가담하는 수축과 팽창의 단순 운동과 다르다는 점을 보여주려고 노력했다. 수축의 경향에서 자기 보호적인 모든 충동이 나오고, 또 거기서 훗날 도망 반응을 포함한 다양한 반응이 발달한다. 반대로, 팽창의 경향은 새끼들에게 젖을 먹이고 싸우고 교미하는 등 공격적인 종류의 본능과 충동으로 이어진다. 내가 이에 대해 언급하는 이유는 현실 속의 관찰을 통해 그 존재가 확인되고 있는 확산적인 파동이 반드시 있어야 하는 이유를 진화론적으로 보완하기 위해서이다.

이제 뇌와 정신의 변화에 따라 일어나는 운동의 중요한 종류들을 세세하게 살펴볼 것이다. 그 운동은 1)감정 표현 2)본능적이거나 충동적인 동작 3)의도적인 행동 등으로 구분될 것이다. 각 운동의 종류마다 장을 한 개씩 할애할 것이다.

## Chapter **24**
# 감정

## 감정과 본능

간단히 설명하자면, 환경 안에 어떤 대상이 있을 때, 그것을 보고 느끼려 하는 성향은 감정이고 행동하려는 성향은 본능이다. 그러나 감정에는 육체적 '표현'이 따른다. 이 표현은 강력한 근육의 움직임을 수반할 수 있다(예를 들면, 공포나 화를 느낄 때). 많은 경우를 보면, 같은 대상이 일으킬 수 있는 '감정적' 조건과 '본능적' 반응을 구분하기가 다소 어렵다. 공포는 본능의 장에서 설명되어야 할까, 아니면 감정의 장에서 설명되어야 할까? 호기심과 경쟁은 어느 장에서 다뤄야 할까? 과학적 관점에서 보면 이에 대한 대답은 꽤 자의적이며 실용적 편의에 따라 달라질 것이다. 내면의 정신적 조건으로서 감정은 묘사가 꽤 어렵다. 게다가 그 묘사마저도 불필요할 수 있다. 왜냐하면 독자가 그 감정이 어떤 느낌인지를 알고 있기 때문이다. 감정과 그 감정을 일으키는 대상의 관계, 그리고 감정이 자극하는 반응이 이 책에서 다룰 수 있는 전부이다.

본능을 자극하는 모든 대상은 마찬가지로 감정을 자극한다. 여기서 할 수 있는 유일한 구분은 감정적이라고 불리는 반응은 그것을 느끼는 사람 본인의 육체에서 끝나는 반면에 본능적이라 불리는 반응은 그보다 더 멀리 나아가며 그 반응을 일으키고 있는 대상과의 실질적 관계 속으로까지 들어간다는 점이다. 본능과 감정 모두에서 대상에 대한 단순한 기억 혹은 상상도 흥분을 일으키기에 충분할 것이다. 모욕의 경우에는 당하고 있을 때보다 후에 곰곰 생각할 때 화가 더 나기도 한다. 이 장의 나머지에서 나는 감정을 이야기할 때 '대상'이라는 표현을 물리적으로 현재 있는 것에나 단순히 생각하고 있는 것에나 똑같이 쓸 것이다.

## 감정의 다양성

화와 공포, 사랑, 증오, 기쁨, 슬픔, 수치, 긍지 등과 그 변형들은 '조악한' 감정이라 불릴 수 있다. 이런 감정은 비교적 강한 육체적 흥분을 동반한다. 도덕적, 지적, 미학적 감정은 '섬세한' 감정으로 불릴 수 있으며, 육체적 반응도 대체로 훨씬 덜 강하다. 대상과 환경, 그리고 감정의 다양한 변형에 대한 단순한 설명도 엄청나게 길어질 것이다. 이 감정들의 미세한 차이도 끝이 없으며 부분적으로 언어로도 표현되고 있다. 증오, 반감, 악의, 분개, 혐오, 회피, 적의, 원한, 질색 등의 동의어가 많다는 사실이 이를 뒷받침하고 있다. 심리학 교재뿐만 아니라 동의어 사전도 감정의 미묘한 차이를 구분하고 있다. 사실 독일의 심리학 교재들은 감정을 논하는 장에 관한 한 동의어 사전에 지나지 않는다. 그러나 아주 명백한 것을 바람직한 방향으로 정교하게 다듬는 데도 분명 한계가 있다. 이처럼 용어가 잡다하게 유입된 결과 데카르트(René Decartes) 이후로 단순히 감정을 설명하는 내용이 심리학에서 가장 지루한 부분이 되고 말았다. 감정에 관한 설명은 지루하기도 할 뿐만 아니라 세부적인 구분 자체가 허구이거나 무의미하다는 인상까지 주고 있다. 정확성을 기하려는 노력이라고 보기에도 지나치다는 느낌이 들 정도다.

그러나 불행하게도 감정에 관한 글 자체가 심리학에 드물다. 감정이 우리의 관심을 끄는 것은 터무니없게도 그것이 소설에서 묘사되고 있기 때문이다. 우리는 성장하면서 구체적인 감정과 그것이 나오는 갑작스런 사태에 점점 더 친숙해진다. 소설에 성찰적인 내용이 나오면 우리의 감정도 그에 반응을 일으킨다. 고백하건대 인생을 논하는 철학 작품도 또한 우리의 감정 생활을 들추며 독자에게 단발적인 기쁨을 준다. 그러나 감정의 '과학적 심리학'에 관한 한, 나는 감정에 관한 고전적 작품을 지나치게 많이 읽었다는 생각이 든다. 그래서 나는 그런 책들을 다시 들추며 읽느니 차라리 뉴햄프셔 주 어느 농가에 있는 바위의 생김새를 묘사한 글을 읽는 게 더 나을 것 같다.

감정에 관한 고전들은 핵심적인 관점을 제시하지도 않으며 생산적인 원칙도 제시하지 않는다. 그 책들은 한 차원 높은 논리적 단계로 올라갈 생각은 하지 않고 감정을 무한정 구분하며 세부적으로 파고들려고만 한다. 한편 진정으로 과학적인 모든 저작물의 아름다움은 감정에 대한 논의를 보다 높은 차원으로 끌어올리는 데 있다. 감정의 경우에 이처럼 개인적인 묘사를 뛰어넘을 수 있는 길은 전혀 없단 말인가? 노력만 한다면 분명히 그런 길이 있을 것이라고 나는 믿는다.

## 감정이 다양한 이유

심리학에서 감정을 다룰 때 겪는 어려움은 감정이 절대적으로 개인적인 것으로 여겨지고 있다는 점이다. 감정이 그 옛날에 자연의 역사에서 불변하는 것으로 여겨지던 종(種)들처럼 아주 많은, 영원하고 신성한 정신적 실체로 여겨지는 한, 감정을 갖고 할 수 있는 것이라곤 감정들의 성격이나 효과 등을 엄숙하게 분류하는 작업밖에 없을 것이다. 그러나 만약에 (지금 종(種)들을 유전과 변이의 산물로 여기고 있는 것처럼) 우리가 감정을 보다 일반적인 원인들의 산물로 여긴다면, 단순히 구분하고 분류하는 작업은 부차적인 중요성을 지니게 될 것이다. 황금알을 낳는 거위를 갖고 있다면, 그 거위가 이미 낳은 각각의 알을 묘사하는 것은 사소한 일일 것이다. 나는 다음 몇 페이지를 우리에게 아주 중요한 감정의 일반적인 원인 한 가지를 찾는 데 할애할 것이다. 우선은 조악한 감정이라 불릴 수 있는 것으로만 논의를 국한시킬 것이다.

조악한 감정들의 경우에 그 느낌은 육체적인 표현의 결과이다. 조악한 감정들에 대해 생각하면 자연히 어떤 사실에 대한 정신적 지각이 감정이라 불리는 정신적 성향을 낳고, 후자의 정신 상태가 육체적 표현을 낳는 것으로 여겨진다. 나의 이론은 이와 정반대이다. 눈앞에 보이는 사실에 대한 지각에 뒤이어 육체적 변화가 바로 나타나고, 이 육체적 변화가 나타날 때 그 변화에 대한 느낌이 감정이다. 상식에 따르면, 우리가 먼저 불운을 당하고 그 때문에 슬퍼하며 울고, 곰을 맞닥뜨리면 놀라서 달아나고, 경쟁자에게 모욕을 당하면 분노하고 상대방을 때린다. 여기서 내가 옹호할 가설은 이 순서가 틀렸고, 어느 한 정신 상태가 다른 정신 상태에 의해 즉각적으로 일어나지 않으며, 이 정신 상태와 다른 정신 상태 사이에 육체적 표현이 먼저 끼어들어야 한다고 주장한다. 따라서 보다 합리적인 설명은 우리가 울기 때문에 슬픔을 느끼고, 우리가 상대방을 때리기 때문에 화가 나고, 우리가 몸을 떨기 때문에 무서워진다는 것이다. 얼핏 생각하는 것처럼 우리가 슬퍼서 울거나, 화가 나서 때리거나, 두려워서 떠는 것이 아닌 것이다. 지각에 뒤이은 육체적 상태가 없다면, 지각은 창백하고, 색깔도 없고, 감정적 온기도 전혀 없는, 형태만을 인지하는 선에서 끝날 것이다. 그렇게 되면 우리는 곰을 보고 달아나는 것이 최선의 방책이라고 판단하고, 모욕을 당하고 상대방을 때리는 것이 옳다고 판단하지만 실제로 두려움이나 화를 느끼지는 않을 것이다.

이런 식으로 대략적으로 설명하면, 이 가설은 즉시 반대에 봉착할 것이다. 그럼에도 이 가설의 모순적인 성격을 지우고 그것을 진리로 받아들이도록 만드는 데는 그리 깊은 고찰까지 필요하지도 않다.

먼저, 구체적인 지각은 어떤 감정을 일깨우기 전에, 일종의 즉시적인 육체적 효과를 육체의 넓은 범위에 걸쳐 일으킨다. 시나 드라마, 영웅담을 들으면서 우리는 갑자기 밀려드는 파도처럼 전신에 어떤 떨림이 일어난다는 것을 느끼며 종종 놀란다. 또 막간에 가슴이 벅차오르거나 예기치 않게 눈물이 쏟아져 놀라기도 한다. 음악을 들을 때에는 이런 현상이 더 분명하게 나타난다. 만약에 우리가 숲속에서 시커먼 물체가 움직이는 것을 본다면, 우리의 심장은 박동을 멈추고 그 순간 우리는 숨을 죽인다. 그 다음에 위험하다는 구체적인 생각이 떠오른다. 만일 우리의 친구가 절벽 가장자리로 다가서고 있다면, 우리는 돌연 전신에서 힘이 쫙 빠지는 느낌을 받으며 뒷걸음질을 친다. 그가 안전하고 그의 추락에 대한 상상이 아직 명백히 일어나지 않았는데도 우리는 그런 모습을 보이게 된다. 나도 그런 놀람을 기억하고 있다. 일곱 살인가 여덟 살인가 어린 소년일 때, 나는 말이 피를 쏟는 것을 보고 현기증을 일으켰다. 양동이 가득 피가 담겨 있었다. 거기엔 막대기가 하나 꽂혀 있었다. 기억이 나를 속이지 않는다면, 나는 막대기를 휘저었고 이어 막대기에서 피가 뚝뚝 떨어지는 것을 보고 있었다. 아이다운 호기심 외에는 어떠한 기분도 느껴지지 않았다. 그러다 갑자기 세상이 내 눈앞에서 시커멓게 변해갔다. 귀에는 온통 윙윙거리는 소리밖에 없었다. 그 이상에 대해서는 아는 바가 없다. 나는 그때까지 피를 보면 현기증이나 병이 생길 수 있다는 소리를 듣지 못했다. 나는 피에 대해 혐오감을 거의 느끼지 않았고 위험에 대한 이해도 없었기 때문에 어린 나이에도 한 양동이의 진홍색 액체가 놓여 있다는 사실이 그렇게 무서운 육체적 결과를 낳을 수 있는지 궁금하지 않을 수 없었다.

감정의 직접적 원인이 신경에 미치는 육체적 효과라는 것을 뒷받침하는 최고의 증거는 목적 없이 감정이 일어나는 환자들이다. 내가 제안한 견해의 강점 하나는 그 이론을 바탕으로 하면 병적인 경우와 정상적인 경우를 공통의 틀로 쉽게 공식화할 수 있다는 점이다. 정신병동에 가면 아무 동기가 없는 공포와 화, 우울, 자만심의 예가 많이 보인다. 또 이유 없이 나타나는 무감정의 예도 있다. 전자의 경우에 우리는 신경 계통이 어느 한 가지 감정 쪽으로 지나치게 많이 기울어 있기 때문에 거의 모든 자극이 신경 계통을 그 방향으로 자극시킨다고 짐작해야 한다.

특별한 한 예를 들어보자. 만약에 숨을 깊이 쉬지 못하는 현상과 심장의 두근거림, '불안'으로 인해 느껴지는 복부 위쪽의 변화, 가만히 웅크리고 앉아 있으려고만 드는 태도, 아직 알려지지 않은 내장의 다른 작용 등이 어떤 사람에게 동시에 일어난다면, 이 요소들의 결합에 따른 느낌은 무시무시한 감정으로 나타날 것이고, 그 사람은 공포증으로 알려진 병의 희생자가 될 것이다. 이런 온갖 증상의 결합으로 간혹 힘들어 하는 나의 한 친구는 자신의 경우에는 전체 드라마가 심장 부위와 호흡기에 집중되고 있는 것 같다고 말한다. 그런 공격이 일어나는 동안에 그가 기울이는 노력은 호흡을 통제하고 심장 박동을 늦추는 것이라고 한다. 그가 심호흡을 하고 스스로를 곧추세우는 순간에 공포가 떠나는 것 같다는 설명이다.

여기서 감정은 육체적 상태에 대한 느낌에 지나지 않으며 전적으로 육체적인 원인을 갖고 있다.

그 다음으로 주목해야 할 것은 이것이다. 말하자면, 육체적 변화는 어떤 것이든 일어나는 순간에 예리하게나 희미하게 느껴진다는 점이다. 이 문제에 지금까지 한 번도 관심을 기울이지 않았던 독자라면, 당신은 다양한 감정에 따라 육체의 부위 곳곳에서 정말로 다양한 느낌이 탐지된다는 사실에 크게 놀라면서 흥미를 느끼게 될 것이다. 그렇다고 당신에게 이 같은 흥미로운 분석을 위해 격정의 광풍을 일으키라고 요구하는 것은 지나친 처사일 것이다. 그러나 보다 차분한 상태를 관찰하는 것도 가능하다. 여기서 작은 일에 진리로 통하는 것은 큰 일에도 그대로 진리로 통한다는 사실을 명심하도록 하자.

우리 신체의 전체 능력은 감각적으로 생생하게 살아 있다. 이 능력의 각 조각은 우리 모두가 갖고 있는 자존감에 흐릿하거나, 예리하거나, 유쾌하거나, 고통스럽거나, 모호한 느낌을 끊임없이 안기고 있다. 이런 가운데 아주 사소한 일마저도 그 복잡한 감수성에 어떤 특징이 나타나도록 만든다는 사실은 놀랍지 않을 수 없다. 사소한 문제로 격정을 하게 되면, 누구나 눈과 미간이 찌푸려진다는 사실을 깨닫는다. 순간적으로 당황하게 될 때, 침을 삼키거나 목구멍이 마르거나 잔기침을 하게 되는 것은 인두(咽頭)에 있는 그 무엇 때문이다. 이런 예는 이 외에도 수없이 많다. 이 같은 신체 기관의 변화조차 아주 다양하다는 사실에 비춰보면, 감정에 변화가 나타날 경우에는 언제나 독특한 육체적 반향이 따르게 되어 있다고 짐작할 수 있다. 어떤 감정이 일어날 때, 그 감정의 영향을 받는 육체의 부위는 아주 많다. 바로 이런 사실 때문에 우리가 어떤 감정에 따르는 표현을 자연스럽게 재현하는 것이 그렇게 어려운 것이다. 우리가 수의근을 갖고 표정을 어느 정도 비슷하게 지을 수는 있지만 살갗과 분비기관, 심장, 그리고 다른 내장은 어떻게 하지 못한다. 일부러 재채기를 할 때 현실감이 떨어지는 것처럼, 정상적인 자극이 없는 상태에서 슬픔이나 열정을 흉내 내면 어딘가 엉성하게 느껴질 것이다.

이제 나의 이론 중에서 매우 중요한 부분에 대해 논하려 한다. 바로 이것이다. 만약에 우리가 어떤 강력한 감정을 상상하면서 그 감정에 대한 우리의 자각으로부터 그 감정에 따르는 육체적 징후에 대한 느낌을 모두 추출하려고 노력한다면, 감정이 일어날 '정신의 재료'는 하나도 남지 않고 남는 것이라곤 냉담하고 건조한 지적 지각의 상태뿐이라는 것이다. 대부분의 사람들은 이 같은 나의 주장에 대해 자신의 속을 깊이 들여다보니 그런 것 같다고 말한다. 그러나 일부 사람들은 절대로 그렇지 않다고 말한다. 나의 주장을 제대로 이해하지 못하는 사람이 많다.

당신이 직접 사람들을 대상으로 실험을 한다고 가정해보라. 사람들에게 어떤 대상의 우스꽝스러운 면을 보여주면서 그것이 웃음을 자아내더라도 웃음의 느낌과 웃으려는 경향을 의식에서 다 털어낸다고 상상해달라고 부탁하면 된다. 그런 다음에 우스꽝스러워 보이는 것이 어떻게 느껴지는지를 말해달라고 부탁하라. 그 대상이 '우스운' 부류에 속한다는 지각 그 이상의 느낌을 받는지 알려달라고 부탁하라. 그러면 그들은 그 문제는 대답이 불가능한 문제이며, 자신들은 우스운 대상을 보면 언제나 웃어야 한다고 대답할 것이다. 물론 그들에게 제시한 임무는 웃기는 대상을 보고 웃음이 터지려는 것을 억누르는 그런 실제적인 과제가 아니다. 그것은 충분히 표현된 어떤 감정 상태로부터 감정의 어떤 요소를 끌어낸 다음에 거기에 무엇이 남는지를 확인하는, 순수하게 추론적인 임무이다.

나는 이 문제를 적절히 이해한 사람들은 모두 앞에 제시한 나의 주장에 동의할 것이라고 생각한다. 만약에 빨라진 심장 박동의 느낌도 없고 가쁜 호흡의 느낌도 없고 입술이 떨리거나 다리에 힘이 빠지는 느낌도 없고 소름이나 창자가 뒤틀리는 느낌도 없다면, 어떤 종류의 공포의 감정이 남을까? 나로서는 이런 경우에 공포의 감정이 남는다고 생각하는 것이 불가능하다. 사람이 분노의 상태를 상상하면서 가슴 속의 폭발이나 붉으락푸르락하는 얼굴, 벌름거리는 콧구멍, 악문 이빨, 격한 행동을 하려는 충동을 전혀 떠올리지 않고 대신에 사지의 근육이 안정적이고 호흡도 차분하고 얼굴도 평온한 표정을 떠올릴 수 있을까? 나는 그렇게 하지 못한다. 분노는 소위 분노의 표현에 대한 감각만큼이나 완전히 사라진다. 분노의 자리를 차지하는 것으로 짐작되는 유일한 것은 냉철하고 비판적인 문장이다. 전적으로 지적인 영역에 속하는 문장 말이다. 슬픔에 대해서도 똑같이 말할 수 있다. 눈물이나 흐느낌, 가슴의 먹먹함, 흉골의 격통이 없다면 슬픔은 어떤 모습일까? 어떤 처지가 비통하다는, 아무런 감정이 없는 인식 그 이상은 아니다.

온갖 열정도 똑같은 이야기를 들려준다. 육체를 벗어난 인간의 감정은 그야말로 비(非)실재이다. 여기서 내가 하는 말은 감정이 인간의 육체를 벗어나는 것이 사물들의 본질에 있는 어떤 모순이

500

라거나, 순수한 정신은 필히 무미건조한 지적 삶으로 저주를 받게 되어 있다는 뜻이 아니다. 내가 하고자 하는 말은 모든 육체적 느낌과 분리된 감정은 상상조차 할 수 없다는 것이다. 나 자신의 마음 상태를 면밀히 조사할수록, 내가 품는 '조악한' 감정과 열정은 어떤 것이든 우리가 흔히 감정 표현이라고 부르는 육체적 변화로 이뤄져 있다는 주장이 더욱 절실하게 다가온다. 또 만약에 나의 육체가 무감각한 상태에 빠지게 된다면, 나 자신이 거칠거나 부드러운 감정생활에서 배제되고 단순히 인지적이거나 지적인 형태의 존재만 영위하게 될 것이라는 생각이 점점 더 강해진다. 그런 존재는 고대의 현자들에게는 이상(理想)으로 느껴졌을지 몰라도 몇 세대 전에 감수성에 대한 숭배가 부활된 뒤에 태어난 사람들에게는 지나치게 무미건조하여 환영을 받지 못한다.

앞에 제시한 나의 이론이 맞다면, 각각의 감정은 요소들의 총합의 결과물이며 각각의 요소는 이미 잘 알려진 생리적 작용에 의해 일어난다. 여기서 말하는 요소들은 모두 신체 기관의 변화이며, 각각의 변화는 흥분시키는 대상이 일으키는 반사적 효과이다. 이렇게 말하고 나니 금방 의문들이 일어난다. 이 이론이 없었을 경우에 예상되는 것과는 매우 다른 물음들이다. 분류의 문제이다. "감정이 속할 적절한 속(屬)은 어디이며, 이 속 밑에 속할 종(種)은 어떤 것이 있는가?" 또는 묘사의 문제이다. "각 감정의 특징적인 표현은 무엇인가?" 이제 인과관계의 문제이다. "이 대상은 무슨 변화를 일으키고 저 대상은 무슨 변화를 일으키는가?" "그 대상들이 이 특별한 변화를 자극하고 다른 변화는 자극하지 않는 이유는 무엇인가?" 여기서 우리는 피상적인 질문에서 벗어나 보다 깊은 탐구의 세계로 들어간다. 분류와 묘사는 과학에서 가장 낮은 단계이다. 인과관계의 질문들이 공식화되는 순간, 분류와 묘사는 뒷전으로 밀려나며 그 후로는 인과관계 질문들에 대한 대답을 용이하게 하는 한에서만 중요하게 된다. 어떤 감정이 인과관계로 설명되는 순간, 우리는 이 세상에 존재 가능한 감정의 숫자에 제한이 전혀 없는 이유를, 그리고 개인에 따라 감정이 무한히 다를 수 있는 이유를 보게 될 것이다. 왜냐하면 반사적인 행동에는 영원히 고정된 것은 절대로 있을 수 없기 때문이다. 어떠한 종류의 반사적 효과도 가능하며, 조건 반사는 우리가 아는 바와 같이 무한히 다르다.

요약하면, 감정의 분류는 어떠한 목적에 이바지하는 한 다른 어떤 것과 마찬가지로 진실하고 자연스럽다. "화나 공포의 '전형적' 표현은 어떤 것인가?" 하는 질문은 객관적인 의미를 전혀 갖지 못하는 것 같다. 그런 질문 대신에 우리는 화나 공포의 구체적인 어떤 '표현'이 어떻게 가능한가, 하는 질문을 던져야 한다. 그것은 한편으로 보면 생리적 메커니즘에 대해 묻는 질문이고, 또 한편으로 보면 역사에 관한 질문이기도 하다. 이 질문도 (모든 진정한 질문과 마찬가지로) 대답하기가 무척 어렵긴 하지만 기본적으로 대답은 가능하다. 뒤에서 나는 이 질문에 대한 대답을 찾으려는 노력에 대해 언급할 것이다.

## 검증된 추론

만약에 우리의 이론이 맞다면, 그에 따른 추론은 이래야 한다. 소위 어떤 특별한 감정 표현을 저절로 불러일으키는 것 자체가 우리에게 그 감정을 안겨줌에 틀림없다는 것이다. 검증 가능한 범위 안에서 보면, 경험은 이 추론과 어긋나기보다는 이 추론을 뒷받침하는 것 같다.

달아나면 공포가 더 강화되고, 슬픔이나 화의 징후에 굴복하면 그 감정이 더욱 깊어진다는 것을 우리 모두 알고 있다. 흐느낌을 토할 때마다 슬픔은 더 예리해지며 더 비통한 흐느낌을 끌어낸다. 그러다가 피곤하고 지쳐야만 흐느낌이 멈춰진다. 분노의 경우에 그 감정을 거듭 표현하면 감정이 최고조에 달한다. 말하자면, 분노 스스로가 분노를 극으로 몰아붙이는 것이다.

어떤 격정을 표현하길 거부해보라. 그러면 그 격정은 금방 사라지고 말 것이다. 화를 표출하기 전에 열까지 헤아려보라. 그러면 그 사건 자체가 아주 우스워 보일 것이다. 한편, 하루 종일 침울한 표정으로 한숨을 내쉬며 모든 일에 낙담한 목소리로 대답해보라. 그러면 우울한 기분이 떠나지 않을 것이다. 경험 많은 사람은 모두 잘 알고 있듯이, 도덕 교육에 이보다 더 소중한 가르침은 없다. 만약에 바람직하지 못한 감정적 성향을 극복하길 원한다면, 우리는 배양하고자 하는, 반대되는 성향을 외적으로 표현하도록 끊임없이 노력해야 한다. 끈기 있는 노력에 대한 보상은 반드시 올 것이다. 우울이나 음침함이 사라지고, 그 대신에 쾌활함과 생생함이 나타날 것이다. 그것이 보상이다. 미간을 부드럽게 풀고, 눈을 맑게 반

짝이고, 등을 구부리지 말고 곧게 펴고, 말을 밝게 하고, 따뜻한 감사의 말을 하라. 그렇게 했는데도 녹지 않는다면 당신의 가슴은 정말로 차가운 것임에 분명하다.

이 같은 이론에 대한 반대의 뜻으로, 얼굴과 걸음걸이와 목소리를 통해 감정의 외적 표현을 거의 완벽하게 모방하는 많은 배우들이 그런 감정을 전혀 느끼지 않는다고 말한다는 사실이 자주 거론되고 있다. 그러나 배우들을 대상으로 통계학적 방법을 동원하여 조사한 스코틀랜드 비평가 아처(William Archer)에 따르면, 다른 배우들은 자신들이 연기를 잘할 때마다 배역의 감정에 몰입하게 된다고 말한다. 배우들 사이에 나타나는 이런 불일치에 대한 설명은 아마 간단할 것이다. 표현이 내장이나 다른 신체 기관에 나타나는 것을 잘 억제하는 사람이 있는가 하면 잘 억제하지 못하는 사람이 있다. 감정의 상당 부분이 바로 그런 곳에서 느껴짐에 틀림없다. 그렇다면 감정을 느끼는 배우들은 아마 그 분리를 완벽하게 이루지 못한 사람들이고, 내적으로 냉정함을 유지한 배우들은 그 분리를 이룬 사람들인 것 같다.

## 반대 의견에 대한 대답

나의 이론에 대해 어떤 감정에 대한 표현을 중단하면 감정이 더욱 악화된다는 반대가 제기될 수 있다. 웃는 것이 금지될 때, 재미있는 일은 괴로움을 줄 만큼 더 재미있는 일이 되고, 공포 때문에 억눌러진 분노는 10배나 더 큰 증오로 바뀌지만 감정을 자유롭게 분출시키면 위안을 얻을 수 있다는 식으로 말이다.

이 같은 반대는 그냥 그럴듯해 보일 뿐이다. 감정이 표현되는 동안에는 언제나 그 감정이 느껴진다. 감정이 표현되고 난 뒤에는, 신경 중추들이 흥분을 정상적으로 방출했기 때문에, 우리는 그 감정을 더 이상 느끼지 않는다. 그러나 그 방출 중 얼굴 부분이 억눌러질 때, 가슴과 내장 부분은 그만큼 더 폭력적이고 더 오래 지속될 수도 있다. 웃음을 강제로 참아야 하는 때처럼. 혹은 자극하는 대상과 억압하는 압력의 결합에 의해 원래의 감정이 다른 감정으로 바뀔 수도 있다. 새로 바뀐 감정에서는 다른 신체 기관의 장애가 더 심하게 일어날 것이다. 만일 내가 적을 죽이고 싶어 하면서도 감히 그렇게 하지 못하고 있다면, 그때 나의 감정은 내가 분노를 폭발시켰을 경우에 나를 덮쳤을 감정과 다를 것이다. 따라서 대체로 보면 이 반대는 별다른 의미를 지니지 못한다.

## 미묘한 감정

미학적인 감정의 경우에는 육체적 반향과 느낌이 똑같이 약할 것이다. 권위자들은 예술 작품을 냉정하게 지적으로 평가하며 전율을 전혀 느끼지 않는 경향이 있다. 한편, 예술 작품은 엄청난 감정을 일으킬 수도 있다. 그럴 때마다, 그 경험은 우리의 이론으로 완전히 설명된다. 우리의 이론은 내향 전류가 감정의 바탕이라고 주장한다. 그러나 전류로 인해 신체 기관에 부차적인 반향이 일어나든 안 일어나든, 예술 작품(음악과 장식 등)에 대한 지각은 여하튼 내향 전류로 인해 일어나는 일이다. 작품 자체가 감각의 대상이다. 감각 대상에 대한 지각이 '조악'하거나 생생한 경험이기 때문에, 그 지각에 수반되는 즐거움도 '조악'하거나 생생한 형태를 취할 것이다.

　거기에도 미묘한 즐거움이 있을 수 있다는 점을 나는 부정하지 않는다. 달리 말하면, 거기에도 내향의 전류와 별개로 뇌가 일으키는 순수한 감정이 있을 수 있는 것이다. 도덕적 만족과 감사의 마음, 호기심, 문제 해결에 따른 안심과 같은 느낌이 그런 종류일 것이다. 그러나 육체적 효과와 결합되지 않을 때 이 감정의 얕음과 옅음은 조악한 정서와 두드러진 대조를 이룬다. 감수성이 풍부하고 인상을 잘 받는 사람들의 내면에서 육체적 효과가 감정과 잘 섞인다. 도덕적 진실이 느껴질 때, 목소리가 갈라지고 눈이 촉촉해진다. 환희가 느껴질 때마다, 그 바탕이 아무리 지적이라 하더라도, 우리는 이 같은 부차적인 작용이 따른다는 사실을 깨닫는다. 만약에 우리가 깔끔한 프레젠테이션이나 재담에 웃지 않는다면, 또 만약에 우리가 정의의 실현에 감격을 느끼지 않거나 관대한 행위에 감동을 느끼지 않는다면, 우리의 정신 상태를 놓고 감정이 풍부하다고 말하지 못할 것이다. 실제로 어떤 대상에 대해 깔끔하다거나 옳다거나 재미있다거나 관대하다거나 하는 식으로 평가하는 것은 단순히 지적 지각이다. 이와 같은 판단의 정신 상태는 감정적인 행위보다 인식적인 행위로 분류될 것이다.

## 공포에 대한 묘사

　앞에서 '감정의 다양성'이라는 작은 제목에서 제시한 이유로, 나는 감정의 분류나 그 징후에 대한 묘사는 하지 않을 것이다. 독자 여러분은 이제 감정에 관한 거의 모든 사실들을 손 안에 넣은 것이나 마찬가지이다. 그러나 징후에 관한 설명으로 가장 바람직한 예로, 나는 공포의 징후에 대한 다윈의 설명을 인용한다.

"공포보다 앞서 종종 놀람부터 일어난다. 공포는 놀람과 아주 비슷하다. 둘 다 즉시 시각과 청각을 일깨운다. 공포와 놀람을 느끼면 똑같이 입과 눈이 크게 벌어지고 눈썹이 올라간다. 놀란 사람은 처음에 동상처럼 움직이지도 않고 숨도 쉬지 않고 서 있거나 마치 본능적으로 관찰을 피하려는 듯 몸을 웅크린다. 심장은 빠르고 세게 뛴다. 갈비뼈를 칠 듯하다. 그러나 심장이 전신에 피를 더 많이 공급하기 위해 평소보다 더 효율적으로 작동하는지는 매우 의심스럽다. 왜냐하면 피부가 현기증 초기 단계처럼 즉시 창백해지기 때문이다. 그러나 피부가 이처럼 창백해지는 것은 아마 대부분 혹은 전적으로 혈관 운동 중추가 피부의 소(小)동맥을 수축시키기 때문일 수 있다. 대단한 공포를 느낄 때 살갗이 그 영향을 받는다는 사실을 우리는 특이한 방법으로 알 수 있다. 공포를 느끼는 즉시 살갗에서 땀이 배어나오는 것도 그런 예이다. 그때 살갗이 차갑기 때문에 이 현상은 더욱더 놀랍다. 그래서 이때 나오는 땀은 '식은 땀'이라 불린다. 반면 살갗이 더워질 때에는 땀샘이 자극을 받는다. 살갗의 털도 바짝 서고, 피부 근육이 떨린다. 심장의 불안한 작동 때문에, 호흡이 가빠진다. 침샘의 활동도 불완전해진다. 그래서 입이 마르고 자주 벌어진다. 나는 또한 약한 공포를 느끼는 상황에서는 하품이 잘 일어난다는 것을 알았다. 그래도 가장 두드러진 징후는 전신의 근육이 떨리는 현상이다. 입술부터 떨리기 시작한다. 이 같은 떨림과 입 안의 건조함 때문에 목소리가 탁해지거나 불분명해지거나 나오지 않게 된다. … 두려움이 점점 커져서 공포가 되면, 우리는 아주 맹렬한 감정을 느끼며 온갖 다양한 결과를 목격하게 된다. 심장이 맹렬하게 뛰거나 멈추고, 이어 얼굴이 창백해진다. 죽은 듯 백짓장처럼 보인다. 호흡이 힘들어진다. 콧구멍이 아주 크게 벌어진다. 입술이 실룩거리며 경련을 일으킨다. 뺨이 파르르 떨린다. 목구멍에서 꿀꺽꿀꺽 헛것이 삼켜진다. 앞으로 튀어나올 듯한 눈알은 공포의 대상에 고정되어 있다. 그렇지 않으면 좌우로 끊임없이 움직일 것이다. 이때 눈의 동공이 엄청나게 벌어지는 것으로 알려져 있다. 신체의 모든 근육이 뻣뻣해지거나 발작적인 운동을 할 것이다. 손은 움켜쥐었다가 펴기를 반복할 것이다. 두 팔은 무서운 공포를 밀어내려는 듯 앞으로 내밀거나 머리를 감쌀 것이다."('Origin of the Emotions')

## 감정적 반응의 기원

감정을 일으키는 다양한 대상들이 어떻게 그런 특별하고 다양한 육체적 효과를 내는가? 최근에야 이런 질문이 던져졌지만, 그 전부터 이 질문에 대한 대답을 찾으려는 방향으로 재미있는 주장들이 많이 나오고 있다.

표정의 일부 움직임들은 감정을 경험하는 사람이 그 전에 유익했던(보다 강하게 표현되었을 때) 움직임을 약하게 되풀이하는 것으로 설명될 수 있다. 다른 움직임들도 마찬가지로 다른 조건에서 생리적으로 필요했을 움직임을 약하게 반복하는 것이다. 화와 공포의 상황에서 일어나는 호흡 장애는 후자의 반응에 속하는 예일 것이다. 말하자면 다급하게 달아나고 있는 사람의 헐떡임과 전투적 노력을 벌이는 사람의 거친 호흡을 미리 예상하여 일으키는 반향인 셈이다. 스펜서가 주장하는 것이 바로 이것이며, 그의 주장은 대체로 인정을 받고 있다. 내가 아는 한, 그는 또 화와 공포에 나타나는 다른 움직임들은 그 전에 유익했던 것으로 드러난 행위들의 자극에 의해 설명될 수 있다는 주장을 처음으로 편 인물이다.

스펜서는 이렇게 말한다. "부상을 입을 때 수반되거나 달아날 때 경험하게 되는 그런 심리 상태를 약하게 갖고 있는 것이 바로 우리가 공포를 느끼는 상태이다. 그리고 무엇인가를 잡아서, 죽이고, 먹는 과정이 암시하는 그런 심리 상태를 약하게 갖는다는 것은 곧 잡아서, 죽이고, 먹고 싶어하는 욕망을 갖는 것이다. 어떤 행동을 하려는 성향은 그 행동에 필요한 심리 상태를 자극하는 것에 지나지 않는다는 것은 무의식중에 그런 성향을 표현하는 언어에 의해 증명되고 있다. 공포가 심해지면 외침이나 도망, 심장 박동, 신체의 떨림이 저절로 나타난다. 이런 것들은 공포의 대상에게 당하게 될 때 실제로 수반되는 징후들이다. 파괴적인 격정은 근육이 전반적으로 긴장하고, 이를 악물고, 팔을 뻗고, 눈과 콧구멍이 커지는 현상으로 나타난다. 이것들은 먹잇감을 죽이는 행위에 수반되는 행동이 약한 형태로 나타나는 것이다. 이런 객관적인 증거에 누구나 주관적인 증거를 더할 수 있다. 공포라 불리는 심적 상태는 어떤 고통스런 결과를 정신적으로 표현하고 있으며, 화라 불리는 심적 상태는 어떤 통증을 겪을 때 일어날 수 있는 행동과 인상을 정신적으로 표현하고 있다는 것을 누구나 다 알 수 있다."

감정을 자극하는 대상을 폭력적으로 다뤄야 하는 상황에서 유익했던 반응을 약한 형태로 재현하는 이 원리는 많은 곳에 적용되었다. 윗니를 드러내고 덤비려 하거나 비웃는 것과 같은 사소한 징후도 다윈에 의해 우리 선조들이 공격을 위해 큰 송곳니를 드러내던 (개들이 지금 하는 것처럼) 때부터 내려오는 것으로 설명되고 있다. 마찬가지로, 주의를 집중할 때 눈썹이 올라가고 놀랄 때 입이 벌어지는 것도 다윈에 따르면 극단적인 상황에서 이런 신체적 움직임이 유용하기 때문인 것으로 설명된다. 눈썹을 올리면 자연히 눈이 벌어지고 따라서 환경을 더 잘 살피게 될 것이다. 화가 날 때 콧구멍이 넓어지는 현상에 대해 스펜서는 우리의 선조들이 적들과 싸울 때 포로로 잡은 적을 입으로 물어야 하기 때문에 코로 숨을 쉬기 위한 것이라는 식으로 설명하고 있다. 얼굴과 목이 붉어지는 현상에 대해서는 분트가 심장의 흥분으로 야기된 혈압으로부터 뇌를 보호하기 위한 것이라는 해석을 내놓고 있다. 눈물의 분비도 이 저자들과 다윈에 의해 이와 비슷하게 설명되고 있다. 눈 주위의 근육은 아이가 울 때 피가 눈으로 몰리는 것을 막는 것이 원래 목적인데, 이 근육의 수축은 성인이 되어서도 눈살을 찌푸리는 형태로 남아 있다. 어른은 힘들거나 불쾌한 일이 실제로 일어나거나 떠올려질 때면 즉시 눈살을 찌푸리게 된다. 다윈은 이렇게 말한다.

"아이가 울거나 비명을 지를 때마다 눈썹을 찡그리는 버릇이 무수히 많은 세대를 내려왔다. 그렇기 때문에 이 버릇은 불만스럽거나 불쾌한 감각과 깊이 연결되게 되었다. 따라서 어른이 되어서도 비슷한 상황에 처하면 비명을 지르지 않아도 눈살을 찌푸리는 버릇이 계속되었다. 울음이나 비명은 삶의 초기 단계에서 의지의 힘으로 억제되기 시작하는 반면, 눈살을 찌푸리는 것은 늙을 때까지도 좀처럼 억제되지 않는다."

다윈에게는 그다지 끌리지 않았을지 모르지만, '비슷한 느낌의 자극에는 비슷하게 반응한다'는 원칙도 있다. 다양한 감각 영역의 인상들을 공통적으로 묘사하는 형용사들이 있다. 모든 영역의 경험은 '낯익고', 모든 영역의 인상은 '풍부하고', 모든 영역의 감각은 '예리하다'. 따라서 분트와 피데리트(Theodor Piderit)는 도덕적 명분들에 대한 육체적 반응을 미각 운동을 빌려 상징적으로 설명한다. 달콤하거나 시거나 쓴 느낌과 비슷한 경험이 일어날 때마다, 그 맛의 결과로 나타나는 것과 똑같은 움직임이 일어난다. "시거나 거칠거나 달콤하다는 은유로 표현할 수 있는 정신 상태들은 입의 움직임과 결합된다." 분명, 혐오와 만족의 감정은 맛을 느낄 때와 비슷한 방식으로 표현된다. 혐오는 입술과 코로 우거지상을 짓는 것으로 표현된다. 만족은 이빨을 드러낸 큰 웃음이나 입술의 맛을 보는 움직임을 수반한다. 흔히 머리를 좌우로 돌리는 거부의 몸짓은 원래 아기가 맛없는 것을 입에 넣지 않으려 할 때 보이던 반응이다. 어느 아이 방엘 가도 쉽게 관찰되는 현상이다. 이와 비슷하게 긍정의 뜻으로 고개를 끄덕이는 것은 음식을 입으로 받아들이는 것과 비슷하다.

그러나 우리의 감정적 반응들 중 일부가 앞에서 언급한 2개의 원칙에 의해 설명될 수 있다 하더라도, 아직 전혀 설명되지 않는 반응도 많다. 이런 반응들에 대해선 현재로서는 그 자극의 고유한 효과로 보는 수밖에 없다. 그런 예를 들자면 아주 많다. 내장과 분비기관에 나타나는 효과, 공포를 느낄 때 입 안이 바짝 마르거나 설사를 하거나 메스꺼움을 느끼는 현상, 과도한 격분 끝에 간혹 황달을 일으키는 간의 장애, 쾌활한 자극에 한껏 흥분된 뒤에 오줌을 지리는 현상, 기대가 간절할 때 입을 벌리게 되는 현상, 비탄에 빠져 있을 때 목구멍에 어떤 덩어리 같은 것이 느껴지는 현상, 걱정이 깊을 때 방광이 수축되는 현상, 동공의 변화, 무서운 일을 겪을 때 흐르는 식은땀 등이 그런 예들이다. 공포 외에도 많은 예의 흥분에 나타나는 떨림은 스펜서와 이탈리아 신경학자 만테가차(Paolo Mantegazza)에겐 미안한 말이지만 다소 병적인 현상이다. 공포에 부수되는 다른 강력한 징후도 마찬가지이다. 이 징후들은 본인에게 해를 끼친다. 신경계 같은 복잡한 조직 안에는 개별적으로는 절대로 진화하지 않았을 '부차적인' 반응이 많이 있음에 틀림없다. 뱃멀미, 신경질, 수줍음, 음악 사랑, 다양한 중독성 물질에 대한 사랑, 아니 인간의 미학적 삶 전체가 거꾸로 거슬러 올라가다 보면 이런 우연적 기원에 닿을 것임에 틀림없다. 감정적 반응 중에 이처럼 우연적으로 생겨난 것이 하나도 없다고 주장하는 것은 어리석은 짓이다.

**Chapter 25**

# 본능

## 본능이란?

본능은 대체로 어떤 목적에 대해 아는 바가 전혀 없으면서도, 또 그 행동의 수행에 대해 전혀 교육을 받지 않았으면서도 그 목적을 이루는 방향으로 행동하는 능력으로 정의된다. 본능은 신체의 구조와 기능적으로 연결되어 있다. 그렇다면 어느 신체 기관이든 본래의 쓰임에 맞는 성향을 갖고 있다고 말할 수 있다.

우리가 본능적이라고 하는 행동은 모두 일반적인 반사 작용과 일치한다. 그런 행동은 동물의 신체와의 접촉이나 동물까지의 거리에 의한 감각 자극 때문에 일어난다. 고양이는 쥐를 보면 뒤쫓고, 개 앞에서는 달아나거나 싸울 태세를 취하고, 담이나 나무에서 떨어지지 않으려 하고, 불과 물을 보면 피한다. 고양이가 그렇게 하는 것은 생명이나 죽음, 자아, 혹은 자기 보존에 대한 개념이 있어서가 아니다. 고양이는 각각의 상황에 별도로 행동한다. 단지 그렇게 하지 않을 수 없기 때문에 그렇게 한다. 그런 식으로 원래부터 입력이 되어 있기 때문에 쥐라 불리는 달리는 동물이 시야에 나타나기만 하면 고양이는 무조건 쫓아야 한다. 또 개라 불리는, 짖으며 요란하게 구는 동물이 나타나기만 하면 고양이는 거리가 멀 때는 피하고 가까울 때는 할퀴어야 한다. 고양이의 신경계는 상당 부분 사전에 정해진 그런 반응들의 다발이다. 이 반응들은 살금살금 돌아다니는 것 못지않게 중요하며 그런 반응을 일으키는 대상과 아주밀접한 관련이 있다. 동물학자는 편의를 위해서 이런 반응들을 몇가지 종류로 분류한다. 그럼에도 불구하고, 동물학자는 동물에게그 반응을 불러일으키는 감각이나 지각 또는 이미지가 특별히 있다는 사실을 잊어서는 안 된다.

이 같은 관점을 갖게 되면 먼저 우리는 동물들이 외적 상황을 예상하고 미리 갖추고 있는 특별한 적응의 숫자가 어마어마하게 많다는 사실에 놀랄 것이다. 상호 의존성이 그렇게나 복잡하고 그 정도로 광범위할 수 있을까? 각각의 사물은 특별한 다른 것들과, 그것들하고만 딱 맞도록 태어나는 것일까? 열쇠와 자물쇠처럼 말이다. 분명히 이런 식이라고 믿어야 한다. 우리의 살갗과 내장까지, 창조의 모든 현장엔 그 나름대로 살아 있는 '거주자들'이 있다. 신체 기관들은 그 공간에 딱 맞게 자리 잡고 있으며, 거기서 그곳을거치는 음식물을 삼키고 소화시키고 있으며, 그곳에 숨어 있는 위험을 직시하고 있다. 그 '구조'를 지나는 길에 이런 식으로 보여주는 적응의 정밀성은 그 끝이 없다. 그것만이 아니다. 몇몇 '거주자들'의 행동 방식에 나타나는 적응의 정밀성도 마찬가지로 그 끝이 없다.

본능에 관한 예전의 글들은 사실상 쓰잘데없는 말의 쓰레기이다. 왜냐하면 그런 글의 저자들은 이처럼 명확하면서도 단순한 관점을 보여주지 못하고 인간을 뛰어넘는 동물들의 예언적 능력 운운하거나 신이 특별히 호의를 베풀어 동물에게 그런 재능을 내렸다느니 하면서 모든 것을 모호하게 덮어버렸기 때문이다. 그러나 신은 동물들에게 무엇보다 신경계를 부여했다. 이 같은 사실에 주의를 기울이면, 본능도 생명의 다른 모든 사실보다 조금도 더 경이롭지 못하다는 사실이 확인될 것이다.

모든 본능은 충동이다. 얼굴을 붉히거나 재채기를 하거나 기침을 하거나 미소를 짓거나 몸을 피하거나 음악에 장단을 맞추는 것과 같은 충동을 본능이라 부를 것인지 여부는 단지 용어의 문제에 지나지 않는다. 이런 현상들이 일어나는 과정은 처음부터 끝까지 똑같다. 아주 참신하고 재미있는 책인 『동물의 의지』(Der Thierische Wille)에서, 슈나이더는 충동을 감각 충동과 지각 충동, 관념 충동으로 나누고 있다. 추운 곳에서 몸을 웅크리는 것은 감각 충동이고, 어떤 사람이 수많은 사람들이 어느 한 길로 달리는 것을 보고 자기도 몸을 돌려 그 뒤를 따르는 것은 지각 충동이고, 바람이 불고 비가 내리기 시작할 때 몸을 가릴 것을 찾는 것은 관념 충동이다. 어떤 복합적인 본능적 행동이 일어나기 위해서 이 3가지 충동이 연속적으로 일깨워져야 하는 경우도 있다. 한 예로, 굶주린 사자는 내면에서 욕망과 연결된 상상을 일깨움으로써 먹잇감을 찾아 나선다. 이어 사자는 눈이나 귀, 코를 통해서 먹잇감이 일정 거리에 있다는 인상을 받게 되면 그 뒤를 살금살금 밟기 시작한다. 그러다 사자는 사냥감이 경계하는 자세를 취하거나 달아나려 하거나 거리가 충분히 좁혀졌다 싶을 때면 즉시 먹잇감을 덮친다. 이어서 먹잇감이 발톱이나 송곳니와 접촉했다는 감각이 느껴지는 순간 그것을 찢어 삼킨다. 먹잇감을 찾고, 살금살금 뒤를 밟고, 덮치고, 게걸스레 삼키는 것은 다 다른 종류의 근육 수축이다. 이 근육 수축 중에서 어느 것도 다른 근육 수축의 적절한 자극에 의해 일어나지 않는다.

그렇다면 왜 다양한 동물들이 우리가 보기에 이상한 자극 앞에서 색다른 짓을 하는 것일까? 예를 들어, 만약에 암탉이 알을 품는 데 따를 결과에 대해 아무것도 모른다면, 암탉들이 그저 밋밋하게 생긴 달걀을 품고 지루하게 시간을 보내는 이유가 무엇인가? 이에 대한 유일한 대답은 '인간 중심의 오류'라는 것이다. 우리는 동물들의 본능을 우리가 우리 자신의 본능에 대해 알고 있는 것을 바탕으로 해석할 수 있을 뿐이다. 왜 사람들은 누울 기회가 있을 때마다 언제나 딱딱한 마루보다 부드러운 침대에 누우려 할까? 왜 사람들은 추운 날 난롯가에 앉을까? 왜 사람들은 방 안에서 거의 언제나 얼굴을 벽 쪽이 아닌 가운데 쪽을 보고 앉을까? 왜 사람들은 건빵과 더러운 물보다 양고기 등살과 샴페인을 더 좋아할까? 왜 청년에게는 여인의 모든 것이 이 세상의 다른 어떤 것보다 더 중요하고 의미 있는 것으로 보일까? 이 물음에 대해서는 그것이 인간의 길이라는 것 외에 달리 할 말이 없다. 모든 생명체들은 자신의 길을 좋아하고, 또 그 길을 따르는 것을 당연한 것으로 여긴다는 대답밖에 없다. 과학이 이 모든 것을 고려한 결과 그것들 대부분이 유익하다는 것을 발견할 수도 있다. 그러나 사람이 그것들을 따르는 것은 그 유용성 때문이 아니고 그것들을 따르는 순간에 우리가 그것이 유일하게 적절하고 자연스런 일이라고 느끼기 때문이다. 저녁식사를 하면서 그 유용성에 대해 생각하는 사람은 10억 명 중에서 한 명도 없을 것이다. 사람은 그냥 음식이 맛있고 자신도 원하기 때문에 먹는다. 만일 어떤 사람에게 음식을 더 많이 먹기를 원하는 이유에 대해 묻는다면, 그는 당신을 철학자로 우러러보기는커녕 아마 바보라고 비웃을 것이다. 맛의 감각과 그것이 일깨우는 행동 사이의 연결은 그 사람에게는 어떠한 증거도 필요하지 않는, 하나의 '선험적 결합'이다.

요약하면, 인간의 본능적인 행동에 대한 이유를 묻는 정신은, 버클리가 말한 바와 같이 자연스러운 것을 이상하게 보도록 만드는 과정을 배움으로써 타락하게 된 그런 정신이다. 왜 우리 인간은 즐거울 때 얼굴을 찌푸리지 않고 미소를 지을까? 왜 우리는 군중에게 말을 할 때 친구에게 하듯 그렇게 하지 못할까? 왜 어떤 여인이 우리의 분별력을 완전히 뒤엎어놓는 것일까? 이런 질문은 철학자들에게나 떠오를 것이다. 보통 사람은 이런 질문 앞에서 이런 식으로밖에 대답하지 못할 것이다. "그러면 웃지 않고 웃어? 군중을 마주하고 서면 심장이 뛰니까 당연하지. 당연히 여인을 사랑하기 때문이지. 완벽한 몸매의 아름다운 영혼은 사랑스럽고 영원하니까."

아마 다른 동물도 특별한 대상 앞에 서면 특별히 해야 할 행동을 느낄 것이다. 그 행동도 마찬가지로 선험적 결합이다. 사자에게는 사랑의 느낌을 일으키는 것이 암사자이다. 곰에게는 암컷 곰이 사랑의 느낌을 일으킨다. 알을 품은 암탉에겐 이 세상에 달걀을 보고도 사랑스럽다거나 소중하다는 느낌을 받지 않는 생명체들이 있다는 생각 자체가 괴상하게 여겨질 것이다.

따라서 일부 동물의 본능이 우리에게 이상하게 비치는 것 못지않게 우리 인간의 본능도 다른 동물들에게 이상하게 비칠 것이 확실하다. 여기서 우리는 충동이나 본능을 따르는 동물에게는 그 충동과 본능이 빛을 발하는 순간에는 그것만이 유일하게 적절하고 옳은 행동으로 보인다고 결론을 내릴 수 있다. 그 본능은 전적으로 본능 자체를 위해 수행된다. 파리 한 마리가 이 세상의 그 많은 것들 중에서 자신의 산란관(産卵管)을 자극하여 알을 낳게 할 어떤 특별한 잎이나 썩은 고기 혹은 똥 무더기를 마침내 발견할 때, 어떤 쾌락의 전율이 파리의 몸을 떨게 할까? 이런 경우에 파리에겐 알을 낳는 것이 유일하게 적절한 일이 아닐까? 파리가 미래의 구더기와 그 먹이에 대해 신경을 쓰거나 알아야 할 필요가 있을까?

본능이라고 해서 다 맹목적이거나 불변하는 것은 아니다. 인간은 본능이 거의 부재한다는 점에서 하등 동물과 다르다는 말이 자주 들린다. 또 인간의 경우에 본능의 작용이 '이성'을 따르는 것으로 여겨진다. 용어의 정의에 신경을 쓰는 이론가라면, 이를 놓고도 논쟁을 벌일 것이다. 당연히 우리는 단어들을 둘러싸고 싸움을 벌이는 일은 피해야 한다. 인간의 본능에 관한 사실들은 너무나 명백하다. 인간은 하등 동물보다 훨씬 더 다양한 충동을 갖고 있다. 이 충동들 모두는 그 자체를 놓고 보면 저급한 본능만큼이나 맹목적이다. 그러나 기억과 반성 능력, 추론 능력 덕분에, 인간은 충동에 굴복한 결과를 경험한 다음에는 충동을 미래의 결과와 연결하여 느낄 수 있게 되었다.

이런 조건이라면, 행동으로 나타난 충동은 적어도 부분적으로는 그 같은 결과를 위해 행동으로 옮겨진다는 식으로 말해도 무방하다. 모든 본능적인 행동은 기억력이 있는 동물의 경우에는 한번 되풀이된 다음에는 더 이상 맹목적인 행동이 아닌 것이 분명하다. 틀림없이 '목적'에 대한 통찰이 수반된다. 그 목적이 그 동물의 인지 능력 안에 드는 한에선 그렇다.

알이 부화되는 것을 한 번도 보지 못한 곳에 알을 낳는 곤충은 알 낳는 행위를 언제나 '맹목적'으로 한다. 그러나 이미 한 배의 병아리를 부화한 경험이 있는 암탉은 두 번째로 알을 품을 때에는 철저한 '맹목'의 상태가 아니다. 이와 비슷한 모든 경우엔 결과에 대한 약간의 기대가 일어나게 마련이다. 그리고 이 기대는 좋아하는 것에 대한 것이냐 아니면 혐오하는 것에 대한 것이냐에 따라서 충동을 강화하거나 억제한다. 병아리를 부화할 수 있다는 암탉의 생각은 아마 암탉이 알을 품도록 고무할 것이다. 반면에 덫에서 도망친 쥐의 기억은 그 덫을 떠올리게 하는 물건에 매달린 미끼를 먹고 싶다는 욕망을 죽일 것이다. 어떤 소년이 통통하게 생긴 두꺼비를 본다고 가정하자. 소년은 아마 잔혹하게도(다른 소년들과 함께 있으면 특히 더 그렇게 된다) 바위에 두꺼비를 내려치고 싶은 충동을 느낀다. 이때 우리는 소년이 충동을 맹목적으로 따르고 있다고 말할 수 있다. 그러나 죽어가는 두꺼비의 뒤틀린 손이 그 행위의 야만성을 암시하거나 소년에게 이 두꺼비 같은 동물의 수난에 대한 이야기를 떠올리게 할 수 있다. 일이 이런 식으로 진행된다면, 이 소년은 다음번에 두꺼비를 만날 경우에는 돌을 던지겠다는 생각은 떠올리지 않고 우호적으로 대할 것이다. 어쩌면 두꺼비를 보호하는 운동을 펴면서 자기보다 경솔하게 굴려고 드는 소년들을 타이르고 나설지도 모른다.

그렇다면 어떤 동물이 본능을 아주 잘 타고났다 하더라도 만약에 그 본능이 경험과 결합하고 또 그 동물이 충동 외에 기억과 연상, 추론, 기대 등의 작용을 어느 정도 한다면, 그 동물의 행동은 상당히 많이 바뀌게 될 것이다. 이를 조금 더 쉽게 설명하자. O라는 대상이 있다. 그런데 앞의 소년은 이 대상에 A라는 방식으로 반응하려는 본능적 충동을 보인다. 그러나 시간이 조금 지나는 사이에 O는 이 소년에게 대상 P와 가까움을 보여주는 신호가 되었다. 이 소년은 P에는 A와는 아주 다른 B의 방법으로 반응하고 싶은 충동을 강하게 느낀다. 그렇기 때문에 소년이 O를 다시 만날 때, 그의 마음 안에서 즉시적인 충동 A와 그보다 먼 충동 B가 주도권을 놓고 다툼을 벌이게 될 것이다. 이리하여 소년이 O 앞에서 본능적인 행동의 특징으로 꼽히는 필연성과 통일성을 덜 보이게 되자, 사람들은 이 소년에겐 대상 O와 관련하여 어떠한 본능도 갖고 있지 않다는 식으로 생각하게 되었다. 이보다 더 엉터리 같은 판단이 있을까? O에 관한 본능은 그대로 살아 있다. 연상 작용으로 인해, 그 본능이 P에 관한 또 다른 본능과 갈등을 빚게 되었을 뿐이다.

여기서 우리는 본능의 본질에 대해 생리학적으로 접근하면서 멋진 결실을 수확하고 있다. 만일에 본능이란 것이 단지 생명체의 신경 중추에 '반사궁'(反射弓: 자극에서 반사까지, 흥분이 전달되는 경로를 일컫는다/옮긴이) 같은 것이 미리 존재한다는 이유로 일어나는 반사 행동이라면, 당연히 본능은 반사궁의 모든 법칙을 따라야 한다. 그런 반사궁의 한 가지 성향은 동시에 일어나는 다른 작용들에 의해 활동이 억제된다는 점이다. 반사궁이 태어날 때부터 조직되어 있었느냐 아니면 훗날 저절로 성장하거나 습득되었느냐에 따라, 달라질 것은 아무것도 없다. 반사궁은 다른 모든 반사궁들과 경쟁해야 하고, 그러면서 자신을 통해 전류를 통과시키는 데 가끔 성공하기도 하고 가끔 실패하기도 한다. 본능을 신비한 것으로 보는 관점은 본능을 변화하지 않는 것으로 볼 것이다. 생리학적 관점은 본능이 어느 동물에서든 경우에 따라 불규칙성을 드러낼 것이라고 보고 있으며, 또 개별적인 본능의 수도 엄청나게 많으며 똑같은 자극이 여러 개의 본능을 동시에 일으킬 가능성도 아주 크다고 생각한다. 이런 불규칙성의 예를 모든 고등 동물의 본능은 아주 풍부하게 보여주고 있다.

정신이 식별을 할 수 있을 만큼 높은 수준까지 발달한 곳마다, 또 몇 가지 감각적 요소들이 반사궁을 방전시키기 위해 결합하거나, 어떤 개체가 낯익은 것을 보는 즉시 행동에 돌입하지 않고 시간을 두고 그것이 어떤 종류인지, 그리고 그것이 어떤 상황에서 나타나고 있는지를 파악하려 드는 곳마다, 또 다양한 개체들과 다양한 환경이 함께 작용하면서 어떤 개체가 행동을 달리 하도록 강요하는 곳마다, 본능적인 삶의 기본적인 요소가 가려지게 된다. 인간이 저 능한 야생 동물을 다뤄온 이야기는 그 동물들이 단순히 겉모습을 보고 모든 것을 판단한다는 점을 이용해 동물을 덫에 빠뜨리거나 죽인 역사에 지나지 않는다. 자연은 세상사가 이런 식으로 거칠게 돌아가도록 만들었으며, 또 동물들이 언제나 가장 적절한 쪽으로 행동하도록 만들었다. 세상에는 낚싯바늘에 꽂힌 곤충보다 낚싯바 늘에 꽂히지 않은 곤충이 훨씬 더 많다. 그래서 자연은 물고기들에 게 낚싯바늘에 걸리는 문제는 운에 맡기고 모든 벌레들을 잡으라 고 명령한다.

그러나 자연의 자식들이 위로 올라갈수록 그 생명이 더 소중해 지기 때문에, 자연은 그 위험을 낮춘다. 똑같은 물체로 보이는 것이 진짜 먹이일 수도 있고 미끼일 수도 있기 때문에, 또 집단을 이뤄 사는 종(種) 안에서 각 개체는 환경에 따라서 서로의 친구이거나 경쟁자일 것이기 때문에, 그리고 전혀 모르는 대상은 행복이나 불 행의 씨앗을 안고 있을 것이기 때문에, 자연은 각종 생명체에게 모 순적인 충동을 심어주며 상황에 따라서 적절히 동원하도록 했다. 따라서 조류와 포유류의 경우에도 탐욕과 의심, 호기심과 겁, 수줍 음과 욕망, 소심함과 허영, 사교성과 호전성 등이 서로를 재빨리 억 누를 준비를 갖춘 채 인간의 경우만큼이나 불안한 균형 상태를 유 지하고 있다. 이 모든 것들은 충동이다. 처음에는 맹목적이며 정해 진 행동 반응을 일으킨다. 그렇다면 그것들 각각은 하나의 본능이 다. 그러나 그것들은 서로 모순된다. 본능을 일으켜야 할 구체적 상 황이 벌어질 때마다, 대체로 경험이 어떤 행동 반응을 일으킬지를 결정한다. 이런 상황에 처한 동물은 '본능적인' 태도를 잃고 망설이는 모습을 보이며 선택의 삶을, 말하자면 지적 삶을 영위하는 것처럼 보인다. 그러나 그 동물이 그런 모습을 보이는 것은 본능이 전혀 없어서 그런 것이 아니다. 그보다는 본능이 너무 많은 까닭에 그 본능들이 서로의 길을 방해하고 있기 때문이다.

그렇다면 우리는 이렇게 말할 수 있을 것이다. 환경에 대한 인간의 반응이 하등 동물의 반응에 비해 가끔 대단히 불확실해 보인다 하더라도, 그 불확실성은 인간이 다른 동물이 갖고 있는 행동 원칙을 갖고 있지 않기 때문은 아니다. 반대로 인간은 동물의 모든 충동 외에 다른 충동도 많이 갖고 있다. 달리 말하면, 본능과 이성 사이에 모순되는 것이 하나도 없다. 이성 자체는 어떤 충동도 억제하지 못한다. 어떤 충동을 무효화시키는 유일한 것은 그것과 반대로 작용하는 충동이다. 그러나 이성은 그 충동에 맞설 충동을 발동시킬 상상을 자극할 추론을 할 수 있다. 따라서 이성을 가장 많이 가진 동물이 본능적 충동 또한 가장 많은 동물일지라도, 그 동물은 그저 본능적으로만 움직이는 동물과 달리 자동 기계처럼 보이지는 않을 것이다.

## 불일치의 두 가지 원칙

성숙한 동물의 삶에서 본능은 2가지 원인으로 인해 숨겨질 수 있다. 하나는 습관에 의한 본능의 억제이고, 다른 하나는 본능의 일시성이다.

습관에 의한 본능의 억제는 이렇다. 어떤 종류의 대상들이 어떤 동물로부터 특별한 반응을 끌어낼 때, 이 동물은 자신이 반응한 표본들을 편애하면서 그 후로는 같은 종류의 다른 대상들에게는 반응을 보이지 않는 현상이 종종 나타난다.

자신이 살 특별한 구멍을 선택하거나, 특별한 짝을 선택하거나, 먹이를 구할 특별한 들판을 선택하거나, 먹잇감의 종류를 선택하는 등의 행위, 즉 한마디로 말해 수많은 가능성 중에서 특별한 하나를 선택하는 것은 동물들 사이에 아주 널리 퍼져 있는 성향이다. 아주 하등한 동물에게도 그런 선택이 일어난다. 삿갓조개는 바위의 똑같은 지점으로 돌아올 것이며, 바닷가재는 바다 바닥 중에서 자기가 좋아하는 구석으로 돌아올 것이다. 토끼는 똑같은 구석에 똥을 눌 것이고, 새는 같은 가지에 둥지를 짓는다. 그러나 이 선호는 동시에 다른 가능성에 대한 무감각을 동반한다. 생리학적으로 보면, 이미 형성된 옛 충동의 버릇이 새로운 충동을 억제하는 것으로밖에 묘사할 수 없는 무감각이다.

아내를 얻고 가정을 이루게 되면 우리 인간도 이상할 만큼 다른 사람들의 가정과 아내에 무감각해진다. 음식의 문제에서 모험을 걸려는 사람은 거의 없다. 사실 우리 대부분은 자신이 선택하지 않은 메뉴에는 좋지 않은 무엇인가가 들어 있다고 생각한다. 이방인들을 대할 경우에, 특히 먼 도시에서 온 사람인 경우에 우리는 알아야 할 만한 가치가 없다고 생각하는 경향이 있다. 우리에게 가정과 아내, 음식과 친구를 안겨준 원래의 충동은 그 첫 번째 성취에서 다 소진하면서 새로운 것에 반응할 에너지를 추가로 남겨 놓지 않는 것처럼 보인다. 이런 무감각을 보면서, 인간을 관찰한 이들은 어떤 대상에 대해서 인간이 본능적 성향을 전혀 보이지 않는다고 말할 수도 있을 것이다. 그러나 그건 전혀 사실이 아니다. 그런 본능은 존재한다. 다만 다양한 모습으로 존재하고 있을 뿐이다. 아니면 습관이 형성되기 전까지만 순수하고 단순한 본능으로 존재할 것이다. 어떤 본능적인 성향에 나타난 습관은 그 성향의 범위를 좁히고 우리가 상습적인 대상 외에 다른 대상에는 반응하지 않도록 막는다. 다른 대상들이 먼저 나타났다면, 그 다른 대상이 먼저 선택되었을 수도 있는데 말이다.

본능이 습관에 의해 중단되는 또 다른 예는 같은 종류에 속하는 대상들이 정반대의 본능적 충동을 일으키는 경우이다. 이 경우에 그 종류의 어떤 개체에 처음으로 쏟아졌던 충동이 그 개체가 우리의 내면에서 그와 반대되는 충동을 일으키지 못하도록 막는다. 결국, 그 종류의 다른 모든 동물들은 그 한 개체로 인해 다른 충동의 적용을 받지 않게 된다. 예를 들어, 동물들은 아이의 내면에 두려움과 귀여움의 상반된 충동을 일으킨다. 그러나 만약에 어떤 아이가 처음으로 개를 쓰다듬어 주려다가 개에게 떠밀려 넘어지거나 물린 탓에 두려움의 충동이 강하게 일어났다면, 그 후 몇 년 동안에는 어떠한 개도 그 아이의 내면에 안아주고 싶다는 충동을 일으키지 않을 것이다. 한편, 자연 속에서 서로 앙숙으로 지내는 적들도 어릴 때부터 조심스럽게 서로 알고 지내게 하고 보다 높은 권력자의 감독을 받게 하면 친구들의 '행복한 가족'을 형성할 수 있다. 이런 가족을 우리는 동물원에서 보고 있다. 어린 동물들은 출생 직후에 공포에 대한 본능이 전혀 없으며 자신의 몸을 맡기려는 의존성을 보인다. 그러나 시간이 좀 지나면 이 새끼들도 사나워지고 사람이 자신에게 접근하도록 내버려두지 않을 것이다. 나는 애디론댁 산맥에 사는 농부들에게서 소와 송아지들이 울타리를 벗어나 1주일 가량 발견되지 않으면 매우 심각한 일이 벌어진다는 말을 들었다. 송아지도 야생에서 그 정도 지내고 나면 사나워지고 사슴만큼이나 빨라지기 때문에 폭력을 쓰지 않고는 잡을 수 없게 된다. 그러나 송아지들은 세상에 태어난 첫 며칠 동안에, 말하자면 기대려는 본능이 최고조에 달하는 때에 접촉한 사람들에게는 좀처럼 난폭성을 보이지 않는다. 또 이방인에게도 야생에서 자랄 때만큼 무서움을 느끼지 않는다.

병아리들도 이 같은 법칙을 보여주는 재미있는 예이다. 영국 생물학자 스폴딩(Douglas Spalding)이 본능에 대해 쓴 훌륭한 글이 이 법칙을 뒷받침할 사실들을 제시한다. 병아리들은 애착과 공포의 상반된 본능을 보여준다. 똑같은 대상, 똑같은 사람이 병아리에게 애착을 불러일으키기도 하고 공포를 불러일으키기도 한다. 스폴딩은 이렇게 말한다. "만약에 병아리가 암탉이 없는 가운데서 태어난다면, 그 병아리는 움직이는 대상이면 어느 것이든 따를 것이다. 그리고 시각만 작용하는 상황이라면 병아리는 오리나 사람보다 암탉을 더 따르려는 경향을 조금도 보이지 않는다. 생각이 깊지 않은 사람이라면 태어나고 하루가 된 병아리들이 나의 뒤를 쫓아다니고 그보다 더 오래 된 병아리들이 몇 마일이나 나의 뒤를 따르며 나의 휘파람에 대답하는 것을 지켜보면서 나에게 병아리를 압도하는 어떤 마법의 힘이 있다고 생각할 것이다. 절대로 그렇지 않다. 나는 단지 병아리들이 첫날부터 그냥 나를 따르도록 내버려두었을 뿐이다. 거기에는 따르고자 하는 본능이 작용하고 있다. 그리고 경험에 앞서 귀가 먼저 병아리들로 하여금 적절한 대상을 쫓도록 만든다."(Spalding, Macmillan's Magazine, Feb. 1873, p. 287)

그러나 만약에 병아리의 공포 본능이 최고로 강할 때 어떤 사람이 처음 모습을 드러낸다면, 그 현상은 정반대가 된다. 스폴딩은 병아리 3마리의 머리를 생후 4일이 될 때까지 두건으로 덮어놓았다. 그랬더니 병아리들은 다음과 같은 행태를 보였다. "병아리들 모두는 두건이 벗겨지자마자 나에게 엄청난 두려움을 보였다. 내가 다가서기만 하면 반대 방향으로 내달렸다. 병아리의 두건을 벗겼던 책상은 창 아래에 놓여 있었는데, 병아리들은 교대로 야생의 새처럼 머리로 창문을 박았다. 그러다 한 마리는 책들 뒤로 넘어져 구석에 처박혀 오랫동안 움츠리고 있었다. 이처럼 이상하고 예외적인 난폭성의 의미에 대해 이러저런 짐작을 할 수 있을 것이다. 그러나 이 이상한 사실은 내가 현재 추구하고 있는 목표를 충분히 뒷받침한다. 이 병아리들은 아마 하루 앞서서 두건을 벗었다면 나에게서 달아나지 않고 나에게로 달려왔을 것이다. 병아리의 정신적 특성에 나타난 변화가 무엇을 의미하든, 이 변화가 경험의 효과일 수는 없을 것이다. 그것은 전적으로 병아리들 자체에서 일어나는 구조의 변화에 따른 것임에 틀림없다."(Spalding, Macmillan's Magazine. p. 289)

병아리들의 예는 애디론댁 산맥의 송아지들의 예와 아주 비슷하다. 똑같은 대상을 놓고 정반대의 두 가지 본능이 연달아 생겨난다. 만일 첫 번째 본능이 습관으로 정착한다면, 이 습관이 두 번째 본능이 그 대상에게 자리 잡지 못하게 막을 것이다. 모든 동물들은 태어난 직후에 유순하다. 그 시기에 형성된 습관은 훗날 어떤 야생성의 본능이 일어나든 그 본능의 효과를 제한할 것이다.

이것이 우리를 일시성의 법칙으로 안내하는데, 이 법칙은 이런 것이다. 많은 본능들이 어떤 시기에 성숙한 다음에 점점 사라진다는 것이다. 이 법칙의 결과로, 다음과 같은 현상이 나타난다. 만약에 어떤 본능이 활발한 동안에 그 본능을 일으킬 대상을 만나게 되면, 그 대상에 반응하려는 습관이 형성되고 이 습관은 원래의 본능이 사라진 뒤에도 그대로 남는다. 그러나 만약에 그런 대상을 전혀 만나지 않게 되면, 어떠한 습관도 형성되지 않을 것이다. 그러면 훗날 그 동물은 그 대상을 만나도 아무런 반응을 하지 않게 된다.

틀림없이 이 법칙이 적용되는 범위는 한정되어 있다. 일부 본능은 다른 본능에 비해 일시성이 훨씬 덜하다. 새끼에게 먹이를 먹이는 본능과 자기 보존 본능은 언제나 일시성을 거의 보이지 않는다. 그리고 일부 본능은 한동안 사라졌다가 다시 그 전만큼 강하게 나타난다. 예를 들면, 짝을 짓고 새끼를 기르는 본능이 있다. 그러나 이 법칙은 절대적인 것이 아님에도 불구하고 매우 널리 적용되고 있으며, 몇 가지 예가 이 법칙이 의미하는 바를 잘 보여줄 것이다.

앞에서 설명한 병아리와 송아지의 경우를 보면 다른 존재를 따르며 가까이 다가가려는 본능은 며칠 뒤에 사라지고 도망의 본능이 그 자리를 차지하는 것이 분명하다. 그러면 병아리와 송아지가 사람을 대하는 행동은 그 시기에 습관이 형성되는지 여부에 따라 결정된다. 다른 존재를 따르려는 병아리의 본능의 일시성은 암탉을 대하는 병아리의 태도에 의해서도 증명된다. 스폴딩은 일부 병아리를 부화되고 나서 상당한 기간 동안 주변으로부터 차단시켰다. 이 병아리들에 대해 그는 이런 이야기를 들려주고 있다. "부화된 뒤 8일이나 10일 동안 어미로부터 차단된 상태에서 자란 병아리는 어미의 소리를 들어도 아무런 반응을 보이지 않는다. 여기서 나 자신이 자료를 충분히 많이 제시하지 못하고 있는 것 같아 아쉽다. 그러나 어미에게로 돌려보낼 수 없었던 10일 된 병아리에 관한 설명은 호기심을 자극한다. 암탉이 병아리를 쫓아다니며 자기에게로 데려오려고 갖은 노력을 다 기울였다. 그래도 병아리는 줄기차게 암탉의 곁을 떠나 자기 눈에 띄는 사람이나 집으로 달려갔다. 작은 나뭇가지로 때리고 상당히 괴롭혀도 그 병아리를 어미 품으로 돌려보낼 수 없었다. 밤에 어미 곁에 가져다 놓아도 날이 새면 병아리는 어김없이 어미 곁을 떠났다."

　모든 포유류를 보면 젖을 빠는 본능은 태어날 때 형성되며, 인간 유아의 경우에는 매일 연습을 통해서, 1년 혹은 1년 반까지 연장되는 그런 습관을 낳는다. 그러나 젖을 빠는 본능 자체는 일시적이다. 만일에 어떤 이유로든 아이가 첫 며칠 동안 숟가락으로 떠먹여지고 젖을 빨지 않는 상황에서 자란다면, 그 후에 아기가 젖을 빨게 하는 것이 절대로 쉬운 일이 아니라는 점에서 본다면 그렇다. 송아지의 경우에도 이런 현상이 나타난다. 만약에 송아지의 어미가 죽거나 젖이 말랐거나 하루 이틀 동안 새끼에게 젖을 물리길 거부하는 일이 벌어져 송아지에게 손으로 먹이게 되면, 송아지가 유모 역할을 하고 나서는 어미 소의 젖을 빨도록 하기가 대단히 어려워진다. 젖을 빠는 동물들이 단순히 습관을 버리도록 하거나 새로운 방법으로 음식을 먹도록 함으로써 쉽게 젖을 뗄 수 있다는 사실은 그 본능도 완전히 사라질 수 있다는 점을 보여준다.

분명히, 본능이 과도적이라는 단순한 사실과 훗날의 본능의 효과가 그 전의 본능이 남긴 습관에 의해 바뀔 수 있다는 사실은 본능의 구성이 깨어졌다거나 방해를 받고 있다는 식의 막연한 설명보다 훨씬 더 철학적인 설명을 요구한다.

12월에 외양간 바닥에서 태어나 6주 뒤에 카펫이 깔린 어느 집으로 옮겨간 테리어 개가 4개월이 채 되지 않았을 때 장갑 같은 것을 묻는 것처럼 행동하는 것을 본 적이 있다. 그 개는 지칠 때까지 장갑을 갖고 놀았다. 개는 카펫을 앞발로 긁고 거기에 입으로 그 물건을 떨어뜨린 다음에 주변을 다시 긁고는 그것을 그렇게 내버려두고 갔다. 물론 그 행동은 완전히 쓸모없는 짓이었다. 나는 그 개가 그 나이에 네댓 번 그렇게 하는 것을 본 후로는 그런 행동을 한 번도 보지 못했다. 거기에는 자극이 사라진 뒤에까지도 계속될 습관을 고착시킬 조건이 없었던 것이다. 그러나 장갑 대신에 고기를, 카펫 대신에 흙을, 그리고 몇 시간 뒤에 어김없이 나올 새로운 먹이 대신에 허기의 고통을 가정해보라. 그러면 이 개가 여분의 먹이를 저장하는 버릇을, 평생 이어질 수 있는 버릇을 아주 쉽게 들일 수 있다는 것이 확인될 것이다. 야생의 개과(科) 동물들에게서 보이는 먹이를 묻는 습관 중 엄격히 본능적인 부분이 이 테리어 개의 경우만큼 짧지 않다고 누가 단언할 수 있는가?

이제 열등한 동물들은 옆으로 제쳐두고, 인간의 본능으로 돌아가자. 그러면 우리는 인간의 삶에 나타나는 다양한 관심과 열정에서도 이 일시성의 법칙을 광범위하게 확인할 것이다. 어린 아이에게 인생은 온통 놀이이고 동화이고 사물의 외적 특성을 배우는 곳이다. 청년에게 인생은 보다 체계적인 종류의 육체적 훈련과 현실 세계를 담은 소설들, 동료애와 노래, 우정과 사랑, 자연, 여행과 모험, 과학과 철학 등이다. 어른에겐 인생은 야망과 지혜, 욕심, 타인에 대한 책임, 그리고 삶의 전투에서의 이기적인 열정 등이다. 만약에 소년이 놀이와 스포츠를 즐겨야 할 나이에 홀로 자라면서 구기운동도 하지 않고 보트의 노도 젖지 않고 자전거도 타지 않고 스케이트도 타지 않고 낚시도 하지 않고 사격도 하지 않는다면, 아마 그 아이는 평생 동안 앉아서 지내게 될 것이다. 이 아이에게 훗날 그런 것들을 배울 최선의 기회들이 주어진다 하더라도, 그가 그런 것을 기쁜 마음으로 배울 확률은 거의 제로이다. 성적 열정도 일정 기간이 지나면 사라진다. 그러나 개인별로 나타나는 성적 열정의 특별한 표현은 성적 열정의 초기에 형성된 습관에 거의 전적으로 좌우된다. 나쁜 친구에게 노출된 사람은 평생 동안 느슨하게 살 것이다. 초반에 지켜진 순결은 그 후에도 더 쉽게 지켜진다.

모든 교수법에서 가장 중요한 가르침은 쇠는 시뻘겋게 달궈졌을 때 두드리고 각 주제에 대한 학생들의 관심을 썰물이 시작되기 전에 확실히 잡으라는 것이다. 그렇게 하면 지식이 습득되고 어떤 습관이 생겨날 것이다. 요약하면, 관심의 버릇 같은 것이 확보될 것이고, 그렇게 되면 그 후로 학생은 줄곧 어떤 주제에든 관심을 줄

기차게 보이게 될 것이다. 그림 그리는 기술을 익히고, 마치 해부학자나 식물학자라도 되듯 자연 속에서 채집 활동을 하고, 역학의 조화와 물리와 화학의 법칙의 경이에 눈을 뜨는 행복한 순간이 있다. 이어서 내면을 들여다보게 하는 심리학과 철학 및 종교적 미스터리가 관심을 끈다. 마지막 관심사는 가장 넓은 의미에서 말하는 인간사의 드라마와 세속적 지혜이다.

우리 모두에겐 이 모든 일에서 싫증을 내는 때가 곧 온다. 순전히 지적인 정신의 원동력은 꺼지고, 그렇게 되면 우리의 정신을 지속적으로 붙들어놓을 만큼 급박한 개인적 필요가 있는 주제가 아닌 한, 우리는 균형 상태를 유지하면서 관심이 뚜렷하고 본능적이었을 때 배운 것을 바탕으로, 거기에 더 더하는 것이 없는 상태에서 살아갈 것이다. 사람들은 본업이 아닌 영역에서는 25세 전에 얻은 관념들을 바탕으로 평생 동안 살아갈 것이다. 그런 그들은 새로운 것을 얻지 못한다. 이해관계를 초월한 호기심은 과거의 일이고, 정신적 습관과 경로는 이미 정해져 있고, 동화의 힘은 사라졌다. 어쩌다 완전히 새로운 주제에 대해 뭔가를 배운다면, 우리는 왠지 불안감을 느끼면서 분명한 의견을 개진하길 무서워한다. 그러나 본능적인 호기심이 작동하던 유연한 시기에 배운 것들에 대해서는 우리는 자신이 가장 확실히 알고 있다는 느낌을 절대로 버리지 못한다. 그런 것들에는 동류의식 같은 것이 느껴지고, 친숙한 느낌이 있다. 그래서 우리가 그 주제에 대한 최신 정보로 무장하지 못해 현실을 따라잡지 못하고 있다는 느낌이 들 때조차도, 그 동류의식과 친숙한 느낌은 우리에게 어떤 능력의 느낌을 안겨주며 뒤처지지 않았다는 자신감을 안겨준다.

그렇다면 모든 교육자의 첫 번째 임무는 학생들이 어떤 주제를 배울 준비가 본능적으로 되는 순간을 잘 간파해내는 것이다. 학생들에 대해 말하자면, 만약에 대학생들이 자신의 무한한 지적 잠재력을 덜 믿고 지금 배우고 있는 물리학과 경제학, 철학 등이 평생 동안 자신을 이롭게 할 과목이라는 사실을 깨닫게 된다면, 학생들이 보다 진지한 기질을 가꾸게 될 것이다.

## 인간 본능의 목록

독일에서 활동한 영국 태생의 생리학자 프라이어(William Thierry Preyer)는 『아이의 영혼』(Die Seele des Kindes)에서 "인간의 경우에 본능적인 행동은 그 숫자가 적으며, 성적 열정과 연결된 것을 제외한다면 청년기가 지나면 관찰하기가 어렵다."고 말한다. 그는 이어서 "그런 만큼 우리는 젖을 빠는 신생아와 작은 아이들의 본능적 움직임을 유심히 관찰해야 한다."고 덧붙인다. 본능적인 행동이 어린 시절에 가장 잘 관찰되는 것은 일시성이라는 원칙의 자연스런 결과임과 동시에 습득된 습관들이 억지하는 영향의 결과이다. 그러나 인간의 경우에 본능적인 행동이 수적으로 적다는 주장은 현실과 완전히 다르다.

프라이어 교수는 유아들의 운동을 충동적인 운동과 반사적인 운동, 본능적인 운동으로 나눈다. 그가 말하는 충동적인 운동은 목적이 전혀 없고 지각에 앞서 일어나는, 사지와 육체, 목소리의 무작위적인 운동을 의미한다. 최초의 반사적인 운동 중에는 세상에 태어나면서 공기와 접촉함과 동시에 터뜨리는 울음과 재채기, 기침, 구토, 딸꾹질, 젖을 빠는 행위 등이 포함된다. 여기에다가 물고, 대상들을 움켜쥐고, 그것을 입에 가져가고, 똑바로 일어서고, 기고, 걷는 것이 더해진다. 새의 경우에 나는 행위를 관장하는 중추들이 저절로 성숙하는 것으로 입증되듯, 아이들의 행동 중에서 기고 서고 걷는 것을 관장하는 중추들은 저절로 성숙하는 것 같다. 마치 서고 걷는 것이 도전과 실패를 통해 배우는 것처럼 보이는 이유는 대부분의 아이들의 경우에 그 중추들이 성숙하기 전에 시작되는 연습 때문이다. 아이들은 걷기를 배우는 속도와 방법에서 서로 엄청난 차이를 보인다. 모방하려는 충동에서 중요한 발성의 충동이 태어난다. 이어서 흉내를 내려는 행동이 이어진다. 이때는 아주 도전적인 태도가 보인다.

인간의 삶에서 아주 많은 것이 공감 본능에 의존하고 있음에도 불구하고, 명확한 대상에 대한 두려움이 더 일찍 나타나고 공감은 한참 뒤에 나타난다. 수줍음과 사교성, 놀이, 호기심, 탐욕 등은 삶의 초기에 시작한다. 사냥 본능과 겸손, 사랑, 어버이 본능 등은 나중에 나타난다. 15세나 16세가 되면, 인간 본능의 모든 것이 완성된다. 다른 어떠한 포유류도, 심지어 원숭이까지도 그처럼 많은 본능을 보여주지 않는 것으로 관찰된다. 이 본능 하나하나는 완전히 발달한 상태에서 어떤 대상들을 향해 습관을 형성하기 시작하고, 나머지 다른 대상들을 향해서는 습관을 형성하는 것을 억제할 것이다. 대체로 보면 그렇다.

그러나 문명화된 삶의 편향적인 발달에서는 어떤 종류의 대상을 경험해야 할 시기에 그런 것이 없는 상태로 보내는 일이 일어난다. 그런 상태에서 성장한 개인은 정신적 구조에 틈이 벌어지게 되는데, 이 틈들은 미래의 경험으로는 절대로 채워지지 않는다.

성공을 거둔 신사와 도시의 가난한 기능공이나 상인을 비교해보라. 신사의 경우에 사춘기에 육체적으로나 정신적 성장에 대한 관심이 일깨워진 즉시 그 성장에 적절한 대상들이 제공되었을 것이다. 따라서 그는 어느 측면에서나 이 세상을 맞을 준비를 잘 갖출 것이다. 현실감 나는 것들이 부족하면, 스포츠가 있어서 그를 재미있게 해주고 그의 교육을 완성시킬 것이다. 그는 인생의 모든 면에서 그 본질을 맛보았다. 항해사도 되고, 사냥꾼이나 운동선수, 학자, 전사, 이야기꾼, 멋쟁이도 되어 보았다. 그러나 도시의 가난한 소년의 젊은 시절에는 그런 멋진 기회가 전혀 없었다. 또 성인이 되었을 때에도 그런 것을 이뤄보겠다는 욕망이 전혀 일지 않았다. 그 간극이 그의 본능적인 삶이 낳은 결과에서만 그친다면 그래도 그에겐 다행일 것이다. 부자연스런 성장의 결과가 인생의 실패로 나타나는 경우가 너무나 자주 있다.

## 공포증

한 가지 본능을 길게 논하기 위해, 나는 공포를 예로 들 것이다.

공포는 흉악성을 상기시키는 대상들이 불러일으키는 반응이다. 공포와 흉악성의 상호 작용은 본능에 관한 연구에서 재미있는 소재가 된다. 우리는 우리를 죽일 수 있는 것에 대해 공포를 느낌과 동시에 죽이고 싶은 욕망을 느낀다. 우리가 이 2가지 충동 중에서 어느 것을 따를 것인가 하는 문제는 그때그때 상황에 따라 결정된다. 물론, 이 때문에 반응에 불확실한 측면이 생긴다. 그러나 이것은 사람들뿐만 아니라 다른 고등 동물들에게서도 발견되는 불확실성이며, 그 점을 인간이 다른 동물들보다 덜 본능적이라는 것을 뒷받침하는 증거로 여겨서는 안 된다.

공포는 극도로 격렬한 육체적 표현을 갖고 있으며 욕망과 화와 더불어 인간의 천성이 느끼는 가장 격렬한 감정의 하나로 꼽힌다. 짐승에서 인간으로 진보했다는 사실을 보여주는 가장 두드러진 특징은 공포를 느끼는 횟수가 줄어든다는 점이다. 특히 문명화된 삶에서, 다수의 사람들이 요람에서 무덤까지 공포의 고통을 느끼지 않고 살아가는 것이 마침내 가능하게 되었다. 이제는 정신 질환의 공격을 받지 않고는 공포라는 단어의 진정한 의미를 알지 못하는 상황에 이르렀다. 따라서 맹목적일 만큼 낙관적인 철학과 종교의 가능성이 열리게 되었다. 삶의 가혹함은 '격하고 강한 단어들이 쓰이고 있음에도 거의 아무런 의미를 지니지 못하는 그런 이야기'가 되었다. 따라서 우리는 인간이 정말로 호랑이에게 잡아먹히곤 하던 시절이 있었는지 궁금해 하면서, 우리가 지금 듣고 있는 무서운 이야기는 방의 벽에 걸린, 그림이 그려진 융단에 지나지 않는다고 결론을 짓고 있다.

설령 그렇다 하더라도, 공포는 순수한 본능이며 아이들이 아주 일찍부터 보이는 본능이다. 소음이 공포를 특별히 더 잘 불러일으키는 것 같다. 집 안에서 키워지는 아이에겐 바깥의 소음은 아무런 의미를 지니지 않는다. 소음은 그저 아이들을 놀라게 할 뿐이다. 관찰력이 아주 예리한 페레(Bernard Perez)는 이렇게 말한다. "3개월에서 10개월 사이의 아이들은 시각 인상보다 청각 인상에 더 자주 놀란다. 고양이의 경우에는 생후 15일 이후부터 이와 정반대의 현상이 나타난다. 3개월에서 5개월 사이의 아이는 화재의 혼란 속에서, 삼킬 듯 달려드는 불꽃과 무너진 벽의 잔해 속에서도 놀라움이나 공포를 전혀 보이지 않았으며 유모에게 미소까지 지어 보였다. 그러나 소방차들이 다가오면서 울리는 경적과 자동차 소리는 아이를 놀라게 만들고 울게 만들었다. 이 나이대의 아이 중에서 번개 불빛에 놀라는 아이를 아직 한 번도 보지 못했다. 번개가 아무리 세게 쳐도 아이는 놀라지 않는다. 그러나 천둥소리에는 많은 아이들이 놀라서 운다. … 그렇다면 경험 없는 아이에게 두려움은 눈보다 귀로 온다."(Psychologie de l'Enfant)

소음이 공포를 더욱 키우는 효과는 성인이 된 후에도 매우 분명하게 나타난다. 바다에서든 육지에서든 폭풍이 휘몰아치는 소리는 사람들을 불안에 떨게 만드는 주요 원인이다. 나는 침대에 누워서 밖의 바람소리에 잠을 이루지 못하며 바람이 강하게 몰아칠 때마다 나의 심장이 어떤 식으로 반응하는지 가만히 느껴보곤 한다. 또 우리를 향해 달려드는 개는 으르렁거리는 소리 때문에 더 무섭게 느껴진다.

크든 작든 낯선 동물뿐만 아니라 낯선 사람도 공포를 일으킨다. 그러나 위협적인 태도로 우리를 향해 다가서는 사람이나 동물이 특별히 더 무섭게 느껴진다. 이는 전적으로 경험보다 앞서는 본능적 공포이다. 일부 아이들은 고양이나 개를 처음 보는 순간에 무서워하며 울음을 터뜨릴 것이다. 그리고 나면 몇 주일 동안 아이가 개나 고양이를 쓰다듬게 하는 것은 거의 불가능해진다. 그런 한편 개나 고양이를 보는 순간 껴안으려 드는 아이들도 있다. 어떤 종류의 해로운 동물들, 특히 거미와 뱀도 극복하기 힘든 공포를 불러일으키는 것 같다.

이런 차이 중에서 어느 정도가 본능적이라고 말하는 것은 불가능한 일인 것 같다. 나의 아이들을 근거로 볼 때, 해로운 동물들에 대한 공포는 점진적으로 커지는 것 같다. 나의 아이에게 산 개구리를 생후 6개월에서 8개월 사이에도 줘보고 생후 1년에서 1년 반 사이에도 줘보았다. 첫 번째 예에서 아이는 즉시 개구리를 받아든 다음에 개구리가 버둥거림에도 불구하고 머리를 입에 넣으려 들었다. 이어서 아이는 개구리가 자기 가슴과 얼굴 위로 기어 다니게 내버려두었다. 그러면서도 전혀 공포심을 느끼지 않았다. 그러나 두 번째 예에서는 그 사이에 개구리를 보지도 않고 개구리에 대한 이야기를 듣지도 않았는데도 아이가 개구리를 건드리도록 하는 것은 거의 불가능했다. 또 한 아이는 한 살 때 아주 큰 거미들을 손으로 쥐려고 발버둥을 쳤다. 지금 이 아이는 거미를 무서워하는데 그 사이에 유모를 통해 거미가 무서운 곤충이라는 것을 배웠다. 나의 딸은 태어난 후로 매일 집의 불독을 보며 자랐으며 8개월이 될 때까지 개에 대해 조금의 공포도 보이지 않았다. 그렇다면 공포의 본능은 갑자기 발달하는 것 같고, 그 대상을 아무리 자주 접해도 절대로 누그러지지 않을 정도로 강한 본능이다. 나의 딸은 개가 방으로 들어올 때마다 비명을 질렀고, 몇 개월 동안 개를 건드리는 것조차 무서워했다. 이 아이의 감정 변화가 애완견의 태도와는 아무런 관계가 없다는 사실은 말할 필요조차 없다. 나의 아이들 중 둘은 아기일 때 모피를 무서워했다. 프랑스 생리학자 리셰(Charles Richet)도 이와 비슷한 관찰을 전하고 있다.

윌리엄 프라이어는 바다 가까이만 데려가면 공포에 질려 비명을 지르는 어린 아이에 대한 이야기를 들려준다. 이 아이에게 공포의 무서운 원천은 바로 외로움이다. 이 공포의 목적은 아주 명백하다. 아이가 잠에서 깨어나 자신이 홀로 있다는 사실을 발견할 때 느끼는 절망감의 표현, 즉 울음의 목적과 비슷하다.

시커먼 사물들, 특히 어두운 공간과 구멍, 동굴 등은 이상하게 무서운 공포를 불러일으킨다. 고독의 공포뿐만 아니라 '길을 잃는 데 대한' 공포도 우리 선조들의 경험으로 잘 설명된다. 슈나이더는 이렇게 설명한다.

"사람들, 특히 어린 아이들이 시커먼 동굴이나 음침한 숲속으로 들어가는 것을 무서워하는 것은 사실이다. 이 공포의 느낌은 부분적으로 위험한 짐승이 그 안에 숨어 있을 수 있다는 사실에서 기인한다. 우리가 듣고 읽은 이야기들 때문에 생긴 의심이다. 그러나 다른 한편으로 보면 이 공포는 조상으로부터 직접적으로 물려받은 것이기도 하다. 귀신 이야기를 한 번도 듣지 않고 자란 아이도 어두운 곳으로 데려가면 무서워하며 울음을 터뜨린다. 소리까지 나는 곳이면 특히 더 무서워한다. 어른도 밤에 숲길을 혼자 걸을 때면 무서운 생각이 머리를 떠나지 않는다. 조금의 위험도 없다는 사실을 확실히 알 때에도 그런 현상이 나타난다.

많은 사람들을 보면 이 같은 공포의 감정이 어둠이 내린 뒤에 자기 집에 있을 때에도 일어난다. 물론 컴컴한 동굴이나 숲 속에서 느끼는 공포의 강도가 훨씬 더 세긴 하지만 말이다. 우리 인간의 조상들이 야만의 상태에 살 때 대를 이어가면서 동굴 안에서 위험한 짐승을, 특히 곰을 자주 만났다는 사실을 고려한다면, 그런 본능적인 공포는 아주 쉽게 설명된다. 우리 조상들은 밤이나 숲 속에서 그런 동물의 공격을 자주 받았으며, 따라서 어둠과 동굴과 숲속에 대한 지각과 공포 사이에 끊을 수 없는 연상이 형성되기에 이르렀으며 이것이 후대로 내려왔다."( 'Der Menschliche Wille', p. 224)

높은 장소도 메스꺼움을 일으키는 듯한 이상한 공포를 불러일으킨다. 이 공포도 개인에 따라 차이가 많이 난다. 여기서도 운동 충동의 맹목적인 성격이 잘 드러나고 있다. 그 충동이 거의 언제나 너무나 불합리하기 때문이다. 그러나 이성은 이 충동 앞에서 무력하다. 이 공포가 뱃멀미나 어떤 목적론적 의미도 지니지 않는, 신경계에 나타나는 기이한 현상인 것이 거의 확실하다. 문제의 이 공포는 사람에 따라 아주 많이 다르고 또 해로운 효과가 이점보다 훨씬 더 분명하다. 그렇기 때문에 그것이 선택된 본능인지를 확인하기기 어렵다. 해부학적으로 보면, 인간은 높은 곳에 올라가기에 가장 적합한 동물 중 하나이다. 이 같은 구조에 걸맞은 최고의 정신적 장치는 높은 곳에 오르는 데 대한 두려움이 아니고 냉철한 분별력인 것 같다. 어느 선을 넘었을 때 느끼게 되는 공포의 목적은 분명하다. 어느 정도의 겁은 우리가 이 세상에 제대로 적응하도록 만든다. 그러나 발작 수준의 공포는 본인에게 해롭다.

초자연적인 것에 대한 공포는 공포의 한 변형이다. 초자연적인 것이 진짜 귀신이 아닌 한, 이 공포를 정상적인 대상 때문이라고 보기는 어렵다. 그러나 심령을 연구하는 단체들이 있음에도 불구하고, 과학은 아직 귀신을 연구의 주제로 채택하지 않았다. 그래서 우리는 단지 초자연적인 것에 대한 관념들이 현실의 상황과 결합하여 특별한 종류의 공포를 불러일으킨다고 설명하는 선에서 더 이상 나아가지 못한다. 아마 이 공포는 보다 단순한 두려움들이 복합적으로 작용한 결과로 설명될 수 있을 것이다. 귀신에 대한 두려움이 극대화되려면, 외로움과 어둠, 정체 불명의 무서운 소리, 정체 불명의 움직이는 형체, 그리고 오락가락 종잡을 수 없는 기대 등 무서운 요소들이 결합되어야 한다. 이 중에서 지적인 마지막 요소가 대단히 중요하다. 이 요소가 우리로 하여금 마음속으로 어떤 익숙한 과정이 예사롭지 않은 방향으로 일어나기를 바라도록 만든다. 만약에 의자가 저절로 마루 위를 미끄러져 간다면, 그 순간 거기에 앉은 사람은 심장 박동이 멈출 것이다.

하등 동물도 인간들 못지않게 예외적인 일에 민감한 것 같다. 나의 친구인 동물학자 브룩스(William Keith Brooks)는 자신의 개에게 그 개의 눈에 보이지 않는 실로 묶은 뼈다귀를 던져준 다음에 그것을 마룻바닥 위로 끌었더니 개가 놀라서 간질 증세까지 보이더라는 이야기를 나에게 들려주었다. 다윈과 로메인스도 이와 비슷한 경험을 전한다. 초자연이라는 관념 안에는 일상적인 것은 아무것도 아니라는 생각이 담겨 있다. 마녀와 도깨비 같은 초자연적인 것에는 다른 두려움의 요소들이, 말하자면 동굴과 미끈미끈하고 끈적끈적한 물체, 해로운 동물, 시체 등이 반드시 수반된다. 인간의 시신은 대체로 본능적인 두려움을 불러일으키는 것 같다. 이 두려움은 틀림없이 시신의 불가사의함 때문이며, 시신과 익숙해지다 보면 불가사의하게 느껴지던 감정마저도 점점 사라지게 된다. 그러나 시체와 파충류, 지하에 대한 두려움이 많은 악몽과 온갖 형태의 정신 착란에 큰 영향을 미친다는 사실에 비춰보면, 옛날에는 이런 형태의 무서운 환경이 지금보다 더 정상적인 것으로 여겨지지 않았을까 하고 의문을 품는 것이 당연한 것 같다. 평범한 진화론자는 이런 공포와 그것을 일으키는 장면들을 동굴인의 의식으로, 말하자면 우리의 내면에 훗날 덧씌워진 경험 아래에 자리 잡고 있는 의식으로 돌아가는 것으로 설명하는 데 전혀 어려움을 느끼지 않아야 한다.

이 외에 다른 병적인 공포도 있으며, 일상적인 공포의 표현에도 이상한 점들이 있다. 이런 이상한 것들에 대한 설명도 고대 우리 선조들의 처지에서 찾을 수 있을 것이다. 일상적인 공포의 상황에 처하면 우리는 달아나거나 그 자리에 반쯤 얼어붙을 것이다. 반쯤 얼어붙는 반응은 우리에게 많은 동물이 보여주는, 소위 말하는 '죽은 척 꾸미는 본능'을 떠올리게 한다. 스코틀랜드 동물학자 린제이(William Lindsay)는 『동물들의 마음』(Mind in Animals)에서 이 같은 행동은 상당한 자제력을 요구한다고 말한다. 그러나 실제로 보면 그렇지 않다.

그 같은 본능은 죽음을 가장하는 것도 아니고 자제력을 요구하는 것도 아니다. 그것은 단지 아주 유익하여 유전적으로 내려오게 된, 공포에 따른 마비일 뿐이다. 맹수는 움직이지 않는 새나 벌레 혹은 갑각류를 죽었다고 생각하지 않는다. 맹수는 단지 그런 것들을 보지 못할 뿐이다. 왜냐하면 맹수의 감각도 인간의 감각처럼 정지한 대상보다 움직이는 대상에 자극을 훨씬 더 강하게 받기 때문이다. 소년이 술래잡기를 하다가 술래가 가까이 있을 때 숨을 죽이는 본능과 똑같다. 또 맹수가 먹잇감을 기다리며 움직이지 않고 있거나 먹잇감에 다가가다가 서기를 반복하는 것과 똑같은 본능이다. 우리가 먼 곳에 있는 사람의 주의를 끌려고 폴짝폴짝 뛰고 팔을 흔들거나 배가 난파해 뗏목을 타고 표류하다가 먼 곳의 배를 향해 옷을 흔드는 본능과는 정반대의 본능이다.

그렇다면 우울증 환자가 조각상처럼 미동도 하지 않은 채 모든 것에 겁을 먹으며 꼼짝 않고 웅크리고 앉아 있는 자세도 어떤 식으로든 이 오래된 본능과 연결되어 있지 않을까? 우울증 환자는 자신이 움직이길 두려워하는 데 대해 어떠한 이유도 제시하지 못한다. 그러나 움직이지 않고 있는 것이 우울증 환자로 하여금 보다 안전하고 보다 편안하다고 느끼게 만든다. 그렇다면 이것은 죽은 척 하고 있는 동물의 정신 상태가 아닐까?

여기서 요즘 광장공포증이라는 우스꽝스러운 이름으로 불리는 그 이상한 징후를 보도록 하자. 환자는 혼자서 건너야 하는 열린 공간이나 넓은 거리를 보기만 해도 맥박이 급하게 뛰면서 공포에 사로잡힌다. 그러면 전신이 떨리고 무릎이 꺾인다. 광장이나 넓은 길을 떠올리는 것만으로도 그런 현상이 나타난다. 자제력을 충분히 발휘할 수 있는 경우에 환자는 가끔 다른 사람들 틈에 섞임으로써 넓은 공간을 건너는 데 성공한다. 그러나 대체로 보면 환자는 광장의 가장자리를 길가의 집을 더듬듯 살금살금 걷는다. 이 같은 감정은 문명화된 사람에게는 아무런 도움을 주지 못한다. 그러나 집고양이들이 습관적으로 광장공포증을 보이고 있고 또 많은 야생 동물들, 특히 설치류들이 언제나 숨을 곳을 찾고 아주 절망적인 상황에서만 열린 공간을 건너면서 그때도 온갖 돌이나 잡초 틈에 숨으며 잠시라도 피난처를 구하려 한다는 사실을 고려한다면, 그런 이상한 공포가 인간에게 병으로 나타난 것이 광장공포증이 아닐까?

# Chapter 26
# 의지

## 자발적 행동

욕망과 희망, 의지는 우리 모두가 잘 알고 있는 정신 상태이지만,
그렇다고 해서 그에 대한 정의가 쉬운 것은 절대로 아니다. 우리는
온갖 것들에 대해, 그것들이 느껴지지도 않고 소유되지도 않고 행
해지지도 않는 순간에도 느끼고 갖고 행하기를 원할 수 있다. 만약
에 그런 욕망과 함께 성취 가능하지 않다는 느낌이 수반된다면, 우
리는 단지 바라기만 할 것이다. 그러나 만약에 그 목적이 우리의
능력 안에 있다고 믿는다면, 우리는 느끼거나 소유하거나 행하기
를 원하는 바로 그것을 현실로 구현하려 들 것이다. 우리가 마음먹
은 즉시 성취할 수 있는 유일한 목표는 우리 자신의 육체의 운동인
것 같다. 우리가 느끼는 느낌과 소유하게 되는 것들은 모두 우리가
그 목표를 위해 취하는 예비적 행동의 결과로 나타난다. 이 같은 사

실은 아주 잘 알려져 있기 때문에 설명이 전혀 필요하지 않다. 그래서 우리는 우리의 의지가 외적으로 나타나는 유일한 직접적 효과는 육체적 행동이라는 전제에서 시작할 것이다. 지금 우리가 공부하려 하는 것은 이런 자발적 행동이 일어나는 메커니즘이다.

자발적인 행동은 부차적인 수행이다. 지금까지 우리가 공부한 행동은 자동적이고 반사적이고 행동 주체가 예상하지 않은 그런 행동이었다. 지금 공부하려 하는 행동은 사전에 의도하고 바란 것이다. 그렇기 때문에 우리는 그 행동들이 어떤 것인지를 미리 알고 있다. 따라서 자발적인 행동은 우리의 일차적 기능이 아니고 부차적 기능임에 분명하다. 의지의 심리학에서 가장 먼저 이해해야 할 것이 바로 이 점이다. 반사 행동과 본능적이거나 감정적인 행동은 모두 일차적인 수행이다. 신경 중추들은 어떤 자극이 방아쇠를 당겨야 폭발하도록 조직되어 있다. 그리고 이 폭발 중 하나를 처음으로 경험하는 생명체는 완전히 신기한 경험을 하게 된다.

일전에 나는 어린 아들 녀석과 함께 철도역에 서 있었다. 마침 그때 급행열차가 요란한 소리를 내며 우리 곁을 달렸다. 승강장 가까운 곳에 서 있던 녀석은 화들짝 놀라 얼굴을 찌푸리더니 숨을 헐떡이며 창백한 얼굴로 울음을 터뜨리면서 나에게로 미친 듯 달려와 얼굴을 묻었다. 나는 틀림없이 이 녀석이 기차에 놀란 것 못지않게 자신의 행동에도 놀랐을 것이며 옆에 같이 서 있던 나보다 훨씬 더 크게 놀랐을 것이라고 생각했다. 물론 그런 반응이 여러 번 일어났다면, 우리는 자신이 어떻게 행동할 것이라고 예상할 수 있게 된다. 그래도 이 같은 행동은 여전히 그 전처럼 통제 불가능하고 무의식적으로 일어날 것이다. 그러나 만약에 자발적 행동이라는 표현이 암시하듯이 그 행동이 예상되어야 하는 것이라면, 자연히 예언의 능력을 부여받지 못한 생명체들은 어떠한 행동도 자발적으로 처음 수행하지 못한다는 말이 된다.

우리가 어떤 운동이 우리의 능력에 속하는지를 정확히 예측하지 못하는 것은 우리가 받을 수 있는 감각이 어떤 것인지를 예측하지 못하는 것과 똑같다. 감각과 운동이란 것이 어떤 것인지를 파악하기 위해선, 먼저 우리는 감각들이 우리에게 주어지기를 기다리듯이, 운동들이 먼저 비자발적으로 수행되기를 기다려야 한다. 우리는 경험을 통해서 모든 가능성을 배운다. 어떤 특별한 행동이 무작위적이거나 반사적이거나 무의식적으로 한번 경험되어서 기억에 이미지를 남기게 되면, 그때서야 우리는 간혹 그 행동을 다시 원하기도 하고 의도하기도 한다. 그러나 그런 경험을 거치지 않고 그런 행동을 바라는 것은 있을 수 없는 일이다.

따라서 무의식적 수행의 경험을 통해서 다양한 행동들에 대한 관념을 기억에 가능한 한 많이 축적하는 것이 자발적인 삶에 필요한 첫 번째 조건이다.

## 두 가지 종류의 운동 관념

운동에 관한 관념들은 운동이 일어나는 부위에 내재하거나 멀리 떨어져 있다. 말하자면, 그 관념들은 운동이 일어날 때 움직이는 부위에 느껴지는 운동에 관한 것이거나 아니면 그 운동이 영향을 미치는(예를 들면, 때리거나 누르거나 할퀴는 등) 다른 신체 부위에 느껴지는 운동에 관한 것이다. 움직이는 부위에 내재하는 감각들은 '운동 감각'이라 불리며 그 감각들에 대한 기억들이 운동 감각 관념들이다. 우리가 수동적인 운동, 즉 다른 사람들에 의해 우리의 사지로 전달되는 운동을 의식하는 것은 바로 이 운동 감각을 통해서이다. 만약에 당신이 눈을 감고 누워 있는데 다른 사람이 아무 소리 없이 당신의 팔이나 다리를 자기가 원하는 자세로 바꿔 놓는다면, 당신은 그 자세가 어떻다는 느낌을 받으면서 그 자세를 반대편의 팔이나 다리로 재현할 수 있을 것이다. 마찬가지로 어둠 속에서 갑자기 잠에서 깨어난 사람은 자신이 어떤 식으로 누워 있는지를 금방 알 수 있다. 정상적인 사람인 경우에는 적어도 그런 식으로 자신의 자세를 알아낼 수 있다. 그러나 사지의 다른 모든 느낌뿐만 아니라 수동적인 운동의 느낌까지 상실할 때, 우리는 독일 신경학자 스트림펠(Adolph Strumpell) 교수가 무감각한 소년에 대해 설명하는 것과 같은 결과를 경험하게 된다. 이 소년이 느낄 수 있었던 유일한 부위는 오른쪽 눈과 왼쪽 귀이다.

"수동적인 운동은 환자의 주의를 끌지 않고도 손발에 아주 강하게 가해질 수 있다. 관절, 특히 무릎 관절을 과도하게 늘리는 경우에만, 잡아당긴다는 느낌이 희미하게 느껴진다. 그러나 이때도 그 위치가 정확히 파악되지는 않는다. 우리는 종종 환자의 눈을 가린 다음에 방 안에 있던 테이블 위에 팔과 다리를 이상하게 꼬아서 아주 불편한 자세로 앉게 했다. 그래도 환자는 자신이 그런 자세를 취하고 있다는 사실에 대해 전혀 모르고 있었다. 그의 눈을 가리고 있던 손수건을 제거하는 순간, 그가 자신의 태도를 보고 지은 놀람의 표정은 묘사가 불가능하다. 그는 머리를 아래로 늘어뜨린 다음에야 현기증에 대해 말했지만, 그러면서도 그 원인에 대해서는 아무것도 알지 못했다. 뒤에 그는 자신의 신체를 움직일 때 나는 소리를 바탕으로 자신에게 뭔가 특별한 조작이 이뤄지고 있다는 것을 추론했다. … 그는 근육의 피로도 전혀 느끼지 않았다. 만일에 그가 눈을 감게 한 뒤에 그에게 팔을 들고 있으라고 요구하면, 그는 아무 문제없이 그렇게 할 것이다. 그러나 몇 분 후에 팔이 떨리기 시작하다가 내려올 것이다. 그래도 그는 그 사실에 대해 하나도 모를 것이다. 그는 여전히 팔을 들고 있다고 굳게 믿을 것이다. … 누군가가 그의 손가락을 잡고 있다는 사실도 그에게는 아무런 영향을 미치지 않았다. 그는 자신의 손이 가만히 있는데도 불구하고 손바닥을 폈다 쥐었다 하고 있다고 생각했다."

세 번째 종류의 관념 같은 것은 필요하지도 않다. 그렇다면, 어떤 행동을 수행할 때, 우리는 그 행동이 어떤 특별한 행동이 될 것인지를, 그 행동이 미칠 신체 부위에 일어날 느낌이나 그 행동의 영향을 받을 다른 신체 부위에 일어날 느낌을 바탕으로 생각할 필요가 있다. 이 외에 근육의 수축에 필요한 신경 자극 전달의 양에 대해 고려할 필요도 있다는 주장이 제기되고 있다. 운동 중추로부터 운동 신경으로의 방출이 다른 모든 감각들과 다른 독특한 어떤 감각을 일으키는 것으로 여겨지고 있다. 다른 감각들은 내향 전류를 수반하는 반면, 운동 중추로부터 운동 신경으로의 방출에 의해 일어나는 감각은 외향 전류를 수반하는 것으로 여겨진다. 그리고 만약에 이 느낌에 대한 예상이 우리의 생각에 일어나지 않는다면, 어떤 운동도 우리의 마음 안에서 완벽하게 정의되지 않는다. 운동의 강도와 그 운동의 수행에 필요한 노력은 특별히 신경 자극 전달의 느낌에 의해 드러나게 되어 있다. 많은 전문가들은 신경 자극 전달의 느낌이 존재한다는 것을 부정하고 있으며, 그 느낌의 존재를 뒷받침할 만한 증거들이 불충분한 것은 사실이다.

다양한 저항에 맞서 똑같은 운동을 할 때 실제로 느껴지는 '노력'의 차이는 노력이 클 때마다 거기에 따라 수축되는 우리의 가슴과 턱, 복부와 다른 부위들에서 나오는 감각으로 설명된다. 필요한 외향 전류의 양이 어느 정도인지에 대해서는 의식할 필요가 전혀 없다. 무엇이든 내성(內省)에 뚜렷이 잡히기만 한다면, 운동이 일으키는 힘의 강도는 근육 자체와 그 힘줄, 관절 주변, 그리고 후두와 가슴, 얼굴과 몸통에서 나오는 느낌에 의해 우리에게 전달된다. 다른 것보다는 어떤 특정한 수준의 수축 에너지가 느껴질 때, 일단의 구심성(求心性) 감각들이 우리에게 생각의 재료를 제공하면서 그 순간 행해지고 있는 운동의 강도와 극복해야 할 저항의 크기를 정확히 머릿속에 떠올리게 한다.

여기서 의지를 구체적인 어떤 운동 쪽으로 발동시키도록 노력해 보자. 그러면서 무엇이 그 의지의 방향을 결정하는지를 파악하려고 노력해 보라. 그것은 그 운동이 실행될 때 일으킬 다양한 감각들에 대한 생각 그 이상의 무엇이었는가? 만약에 우리가 이 감각들을 배제하더라도, 의지가 적절한 근육을 적당히 자극하여 엉뚱한 근육 쪽으로 길을 잃지 않도록 이끌 만큼 방향성을 알려줄 수 있는 신호나 원칙 또는 수단이 충분히 남을까? 운동의 결과들을 예상하게 하는 이런 이미지들을 모두 다 벗어던져보라. 그러면 당신은 당신의 의지가 나아갈 방향을 완전히 분류해서 제시하는 것이 아니라 당신의 의식을 절대 진공 상태에 놓이게 할 것이다. 만일 내가 'Paul'이라고 쓰지 않고 'Peter'라고 쓸 뜻을 갖고 있다면, 그것은 나의 펜이 움직이기 전에 일어나는, 어떤 손가락의 감각과 어떤 알파벳 발음, 종이에 나타날 어떤 생김새 등에 관한 생각이지 다른 것은 절대로 아니다. 만일 내가 'Peter'가 아니라 'Paul'이라는 단어를 발음하려 한다면, 그것은 나의 귀에 들리는 나의 목소리와 그 발음을 안내하는 나의 혀와 입술, 발성 기관의 어떤 근육의 감각에 대한 생각이다. 이 모든 것은 내향의 감각들이며, 그 감각들에 대한 생각들 사이에 다른 제3의 종류의 정신 현상이 끼어들 여지는 전혀 없다.

행동을 일으키는 결단은 분명히 있다. 틀림없이, 이런 결단이 나 자신의 마음뿐만 아니라 독자 여러분의 마음에서도 행동의 자발성의 핵심을 이루고 있다. 결단에 대해서는 뒤에서 더 자세히 다룰 것이다. 여기서는 일단 결단을 무시하도록 하자. 왜냐하면 결단이란 것이 모든 자발적 행동에 영향을 미치면서도 그 행동을 두드러지게 하는 데는 아무런 이바지를 하지 않는 상수(常數) 같은 것이기 때문이다. 예를 들어서 어느 누구도 오른팔을 쓰느냐 왼팔을 쓰느냐에 따라 결단의 질이 달라진다고 주장하지 못할 것이다.

그렇다면 어떤 운동의 감각적 결과에 대한 예상과 이 감각적 결과를 현실로 실현하고 말겠다는 결단이 내성을 통해서 자발적 행동의 선구자로 확인되는 유일한 정신 상태이다. 자극의 원심성(遠心性) 방출에 감정이 수반된다는 점을 뒷받침하는 강력한 증거는 전혀 없다. 따라서 우리의 의식, 특히 운동에 대한 의식의 전체 내용물과 재료는 그 외의 다른 모든 것들과 마찬가지로 말초에서 시작되어 말초 신경을 통해 우리에게로 오는 것 같다.

## 운동 신호

정신 안에서 운동의 방출에 앞서 일어나는 마지막 생각을 '운동 신호'라고 부르도록 하자. 그러면 '내재하는' 이미지들이 유일한 운동 신호를 형성하는가, 아니면 멀리 떨어져 있는 이미지들만으로도 충분한가?

두말할 필요 없이, 운동이 일어날 신체 부위의 이미지도 운동 신호가 될 수 있고 먼 부위의 이미지도 운동 신호가 될 수 있다. 비록 어떤 운동을 처음 배우는 단계에서는 운동이 일어날 신체 부위의 느낌들이 우리의 의식 앞에 분명하게 나타나야 하는 것처럼 보일지라도, 그 이후로는 그럴 필요가 없다. 여기에 적용되는 규칙은 사실 이런 것 같다. 운동이 나타나는 부위의 느낌들은 갈수록 의식에서 벗어나려는 경향을 보이고, 또 우리가 어떤 운동에서 연습을 많이 할수록 그 운동의 정신적 신호를 이루는 관념들은 더욱 '멀어지는' 것 같다. 우리가 관심을 쏟는 것들은 우리의 의식에 달라붙는 것들이며, 그 외의 모든 것은 우리에 의해 최대한 빨리 제거된다. 운동이 일어나는 신체 부위에서 느껴지는 운동 느낌 자체는 대체로 우리에게 실질적인 흥미를 안겨주지 못한다. 우리의 관심을 끄는 것은 그 운동이 이루려는 목적이다. 그 목적은 대체로 다른 먼 부위에서 느껴지는 감각, 다시 말하면 그 운동이 눈이나 귀, 혹은 피부와 코와 입천장에 주는 어떤 인상이다. 정신은 적절한 방출에 관한 생각 같은 것을 필요로 하지 않는다. 목적만으로도 충분하다.

그렇다면 목적에 대한 생각이 더욱더 중요해진다. 여하튼 운동 감각에 대한 관념들이 떠올려지기만 하면, 그 관념들이 운동 감각의 생생한 느낌에 푹 젖어서 그 즉시 그 느낌의 지배를 받게 되기 때문에, 우리는 느낌과 관념이 따로 존재한다는 것을 느낄 시간조차 갖지 못한다. 글을 쓰고 있는 지금, 나는 나의 펜에서 흘러나오는 글자들의 모양이나 손가락의 느낌 등에 대해 나의 감각과 명백히 구별되는 것을 아무것도 예상하지 않는다. 내가 글로 적기 전에, 단어들은 나의 마음의 귀에는 울리지만 나의 마음의 눈이나 손에는 울리지 않는다. 이런 현상은 운동이 정신적 자극을 아주 빠른 속도로 따르기 때문에 일어난다. 머릿속에 떠오르는 즉시 동의를 받는 어떤 목적은 그 목적을 성취시킬 연쇄 운동의 첫 번째 운동의 중추를 직접 자극하고, 그리고 나면 8장 '뇌의 기능'에서 설명한 바와 같이 연쇄 운동의 전체 사슬이 철커덕거리며 반(半)반사적으로 풀린다.

독자 여러분은 망설임 없는 모든 자발적 행동을 통해서 이것이 사실이라는 점을 분명히 확인할 것이다. 특별한 결단은 행동을 시작할 단계에만 있다. 어떤 사람이 "옷을 갈아입어야겠어."라고 생각하면 거의 무의식적으로 코트를 벗게 된다. 이때 그의 손가락은 늘 해오던 대로 코트의 단추를 푼다. 아니면 "아래층으로 내려가 야 돼."라고 생각하면 자신도 모르게 벌떡 일어나서 문으로 걸어가 손잡이를 돌리고 있다. 어떤 목적을 떠올리면 동시에 일련의 감각 들이 연속적으로 일어난다. 이때 우리가 그 행동이 어떤 식으로 느 껴지는지 일일이 신경을 쓰게 되면 오히려 목적을 제대로 성취하 지 못할 것이다. 기계 체조에 쓰이는 평균대 위를 걷는다면, 그때는 발의 위치에 대해 생각할 경우에 오히려 제대로 걷지 못하게 된다. 뭔가를 던지거나 잡거나 쏘거나 찍을 때, 우리의 의식이 촉각이나 근육에 덜 의존하고 전적으로 시력에만 의존할수록 결과가 더 나 아진다. 당신의 눈을 목표물에 고정시켜라. 그러면 당신의 손이 그 것을 낚아챌 것이다. 그렇게 하지 않고 당신의 손에 대해 생각한다 면, 당신이 표적을 놓칠 확률은 아주 높아질 것이다.

19장에서 우리는 표상이 개인에 따라서 크게 다르다는 점을 보 았다. 프랑스 저자들이 촉각 상상이라 부른 유형의 상상에서 운동 감각 관념에 대한 설명이 잘 이뤄지고 있다. 우리는 개별적인 설명 에서 통일성을 지나치게 많이 기대해서도 안 되고 또 어떤 설명이 그 작용을 '진정으로' 밝히고 있는가 하는 문제를 놓고 지나치게 다투어서도 안 된다.

이제 나는 어떤 운동이 자발적 운동이 되기 위해서는 '그 운동에 대한 생각'부터 먼저 생겨나야 한다는 점을 분명히 밝혔다고 믿는 다. 행동이 필요로 하는 것은 신경 자극 전달에 관한 생각이 아니 다. 행동이 필요로 하는 것은 그 신체 부위에 나타나거나 먼 부위 에 나타나는, 그 행동의 지각 가능한 효과에 대한 예상이다. 이때 지각 가능한 효과가 정말 아주 먼 곳에 나타나는 경우도 간혹 있다. 이 예상이 우리의 행동이 어떤 모습으로 나타날 것인지를 결정한다. 나는 지금까지 마치 그런 예상이 예상의 내용물까지 결정하는 것처럼 말했다. 틀림없이 이 점이 많은 독자들을 당혹스럽게 만들었을 것이다. 왜냐하면 의지의 많은 예들을 보면 어떤 행동에 대한 생각 외에 특별한 결단이 필요한 것처럼 보이는데, 내가 이 결단에 대한 설명을 완전히 배제했기 때문이다. 이것이 우리를 논의의 다음 단계로 안내한다.

## 관념 운동 행동

문제는 이것이다. 어떤 운동의 지각 가능한 효과에 대한 생각만으로도 운동 신호로 충분한가, 아니면 운동이 일어나기 전에 그것 외에 결단이나 결정, 동의와 같은 정신적 선행이 별도로 필요한가?

이에 대해 나는 이렇게 대답한다. 간혹 생각만으로도 충분하다. 그러나 가끔은 의식적인 요소가 결단이나 명령 혹은 동의의 형태로 개입하면서 행동을 이끌 필요가 있다. 결단이 개입하지 않는 행동의 예들은 비교적 단순하기 때문에 보다 근본적인 종류에 속한다. 다른 행동들은 어떤 특별한 '결합'을 필요로 한다. 이 결합도 적절한 때에 충분히 논의되어야 한다. 지금은 관념 운동 행동에 대해서 논하도록 하자.

어떤 행동이 그 행동에 대한 관념을 아무런 거리낌없이 즉시적으로 따를 때, 그것을 우리는 관념운동 행동이라고 부른다. 그런 행동이 실행될 경우에 우리는 생각과 실행 사이에 아무것도 자각하지 않는다. 물론, 그 사이에 온갖 종류의 신경 근육 작용이 벌어진다. 그러나 우리는 그런 것들에 대해 아무것도 모른다. 우리가 그 행위에 대해 생각하면, 그 행위가 이미 행해지고 있다. 우리가 내성(內省)을 통해서 그 문제에 대해 얻을 수 있는 것은 그게 전부이다. 내가 알기로 관념운동 행동이라는 용어를 처음 사용한 윌리엄 카펜터는 그 같은 행동을 우리 정신생활의 진기한 것들 중 하나로 꼽았다. 진실은 그것이 전혀 진기하지 않다는 점이다. 그것은 단지 가면을 벗어던진 정상적인 작용일 뿐이다. 나는 대화를 방해하지 않고도 먼지를 털거나 핀을 주울 수 있다. 그런 때에는 나는 전혀 아무런 결심을 하지 않는다. 단지 대상에 대한 지각과 그 행동에 대한 일시적 생각이 저절로 행동을 일으키는 것 같다. 마찬가지로, 나는 저녁식사를 끝낸 뒤에 식탁에 그대로 앉아서 나 자신이 간혹 접시에 담긴 호두나 건포도를 먹고 있다는 사실을 깨닫는다. 나의 저녁식사는 적당히 끝나고, 대화의 열기 속에서 나는 나 자신이 하는 행동에 대해 거의 의식하지 않고 있다. 그러나 그 과일에 대한 지각과 그것이 먹는 것이라는 막연한 생각이 그런 행동을 낳는 것 같다. 여기에 명확한 결단 같은 것은 절대로 없다. 우리의 일상을 채우는, 어딜 오가거나 습관적으로 반복하는 일에 결단 같은 것이 전혀 필요없는 것과 똑같다. 그리고 이런 일상의 일들의 경우에는 우리에게로 들어오는 감각들이 워낙 빨리 자극을 일으키기 때문에 자발적인 행동인지 반사적인 행동인지를 결정하기 어려울 때가 종종 있다. 헤르만 로체는 이에 대해 다음과 같이 말하고 있다.

"글쓰기나 피아노 연주에는 매우 빨리 이어지는 복잡한 운동이 다수 있다. 이 운동을 자극하는 표상은 의식 안에 1초도 머물지 않는다. 이는 그저 행동으로 옮기겠다는 일반적인 의지 외의 다른 의지를 일으킬 만큼 충분하지 않다. 우리의 일상의 모든 행동은 이런 식으로 일어난다. 똑바로 서거나 걷거나 말하는 등의 행위는 의지의 충동을 전혀 요구하지 않으며 사고의 흐름에 의해서 그냥 적절히 일어날 뿐이다."( 'Medicinische Psychologie', p. 298)

이 모든 것에서 행동이 주저하지 않고 연속적으로 일어나도록 하는 결정적인 조건은 상충하는 생각의 부재인 것 같다. 마음속에 그 외의 다른 것은 아무것도 없거나, 있다 하더라도 그 행동을 방해하고 나서지 않을 것만 있을 것이다. 우리는 겨울에 난롯불이 꺼진 방에서 침대를 빠져나오는 기분을 잘 알고 있다. 또 우리는 그때 우리 내면의 매우 중요한 생명 원리가 어떤 식으로 그 시련에 항의하는지를 잘 알고 있다.

아마 대부분의 사람들은 잠자리에서 일어나겠다는 결심을 실천하지 못하고 한 시간 가량 침대에 누워 게으름을 피울 것이다. 그럴 때에도 우리는 그렇게 빈둥거리면 하루 일정이 매우 힘들어질 것이라는 사실을 잘 알고 있다. 그래서 우리는 "일어나야 해. 이건 게으름뱅이나 하는 짓이야."라는 식으로 말하지만 아직 따뜻한 침대가 너무 따뜻하고 추운 밖은 너무 잔인하다. 그러자 결심이 눈 녹듯 사라지고 자꾸만 뒤로 미뤄진다. 저항을 물리치고 행동으로 옮겨야 하는 상황인데도 말이다.

그러면 이런 상황에서 우리는 어떻게 침대에서 빠져나올 수 있을까? 나의 경험을 일반화한다면, 우리는 종종 어떤 갈등이나 결심 없이도 잠자리에서 일어난다. 우리는 갑자기 자신이 일어나 있다는 사실을 발견한다. 다행히, 의식의 실패 같은 것이 일어난다. 그래서 우리가 따뜻함과 추위를 모두 망각한다. 일상의 삶과 연결된 공상에 빠지다가 "아니야! 이렇게 누워 있어선 안 돼!"라는 생각이 퍼뜩 드는 것이다. 그 순간에 정말 다행하게도, 모순되거나 행동을 어렵게 만들 다른 연상들을 전혀 일깨우지 않는 그런 생각이다. 따라서 이 생각은 즉시 적절한 운동 효과를 일으킨다. 그 전까지 우리의 행동을 마비시키면서 침대에서 일어나야겠다는 생각을 의지가 아닌 희망사항으로 만들고 있었던 이유는 갈등이 일어나는 동안에 우리의 의식이 따뜻함과 추위에 대해 예리하게 자각하고 있었기 때문이다. 행동을 막고 있던 이런 생각들이 사라지는 순간, 원래의 생각이 효과를 발휘할 수 있게 되었다.

이 예는 의지의 심리학에 필요한 자료를 압축적으로 제공하는 것 같다. 여기서 내가 제시하고 있는 원칙이 진리라고 확신하게 된 것은 사실 나 자신에게 나타나는 현상을 깊이 파고드는 방법을 통해서였다. 여기서 나는 그 예를 추가로 더 제시할 필요성을 느끼지 않는다. 그 원칙이 자명한 진리처럼 보이지 않는 이유는 우리가 행동으로 옮기지 않을 생각들을 너무 많이 품게 되기 때문이다. 그러나 그런 경우에도 생각이 행동으로 옮겨지지 못하는 이유가 동시에 여러 가지 생각이 제시되어 충동의 힘을 잃기 때문이라는 사실이 예외 없이 드러날 것이다. 그러나 이런 때조차도, 그리고 어떤 행동이 모순적인 생각 때문에 완벽하게 일어나지 못할 때에도, 그 행동이 일어나기는 한다.

소위 '마음 읽기' 또는 보다 적절한 표현인 '근육 읽기'가 요즘 아주 큰 인기를 누리고 있는데, 이는 생각이 일어날 때 근육도 거기에 따라 수축한다는 원칙에 근거한 것이다.

그렇다면 어떤 행동에 관한 모든 생각은 그 생각의 대상인 실제 행동을 어느 정도 일깨우며, 또 그 같은 생각이 그때 동시에 떠오르는 정반대의 생각에 의해 저지되지 않을 경우에는 실제의 행동을 아주 강하게 일깨운다고 우리는 확신해도 좋다.

적대시하며 억제하는 생각을 무력화시킬 필요가 있을 때, 단호한 결단이나 행동에 대한 정신적 동의가 필요하다. 그러나 지금쯤은 독자 여러분도 조건이 단순할 때에는 단호한 결단 같은 것이 전혀 필요하지 않다는 것을 알 수 있을 것이다. 그러나 독자들이 '의지력의 발휘'가 따르지 않는 자발적 행동은 '왕자라는 알맹이가 빠진 햄릿'이나 마찬가지라는 흔한 편견을 갖지 않도록 하기 위해, 나는 이 점에 대해 조금 더 설명하고 싶다.

자발적 행위와 그 행위가 단호한 결심 없이도 일어나는 현상을 이해하기 위해 가장 먼저 주목해야 할 점은 의식이란 것은 본래부터 충동적이라는 사실이다. 우리가 감각이나 생각을 먼저 얻은 다음에 어떤 행동을 일으키기 위해 거기에 역동적인 무엇인가를 더하지는 않는다. 우리가 느끼는 느낌의 모든 펄스는 이미 어떤 운동을 자극하려고 나선 일부 신경 활동과 관련이 있다. 우리의 감각과 생각은 말하자면 전류들의 단면도에 지나지 않는데, 이 전류들의 기본적인 효과는 운동으로 나타나며 이 전류들은 어느 한 신경으로 흐르자마자 곧 다른 신경으로 흐를 준비를 끝낸다. 기본적으로 의식이 행동의 선창자가 아니며 행동은 반드시 여러 가지 요소가 결합된 '의지력'의 산물이라는 일반적인 인식은 어떤 행위에 대해 아주 오랫동안 생각하면서도 그걸 결코 행동으로 옮기지 않았던 그런 구체적인 예들에서 끌어낸 매우 자연스런 추론이다. 그러나 이 예들이 표준은 아니다. 이 예들은 상충하는 생각들에 의해 억제되고 있는 그런 예들이다. 이 같은 억제 현상이 풀릴 때, 우리는 마치 내면의 샘을 열어놓은 것 같은 느낌을 받는다. 바로 이 해제가 그 행동이 효과적으로 성공하게 만드는 추가적 충동이나 결단이다. 곧 우리는 이 봉쇄와 해제에 대해 공부할 것이다.

보다 고차원적인 우리의 사고는 이 같은 봉쇄로 가득하다. 그러나 봉쇄가 전혀 없는 곳에서는 당연히 사고 작용과 운동의 방출 사이에 중단이 전혀 없다. 운동은 지각 작용의 자연스럽고 즉시적인 결과이며, 지각의 질(質)과는 아무런 상관이 없다. 반사 행동에도 그렇고, 감정 표현에도 그렇고, 자발적인 삶에도 그렇다. 따라서 관념 운동 행동에는 약화시켜야 하거나 해명해야 할 모순이 하나도 없다. 관념 운동 행동은 모든 의식적 행동의 전형을 따르고 있으며, 특별한 결단이 개입되는 행동에 대한 설명도 관념 운동 행동에서 시작되어야 한다.

어떤 운동에 대한 억제가 결연한 노력이나 명령을 수반하지 않는 것은 그 운동의 실행이 그런 노력이나 명령을 수반하지 않는 것과 똑같다는 점이 강조되어야 한다. 운동의 실행이나 운동에 대한 억제가 결연한 노력이나 명령을 필요로 할 수도 있다. 그러나 단순하고 평범한 예들을 두루 보면, 어느 한 생각의 출현이 어떤 운동을 자극하는 것과 똑같이, 또 다른 생각의 출현은 앞선 생각이 자극한 운동을 억제할 수 있다. 손가락을 쭉 편 상태에서 마치 그걸 구부리고 있는 것처럼 느끼도록 애를 써보라. 한 1분 정도만 지나면 당신의 손가락은 상상 속의 위치 변화 때문에 얼얼해질 것이다. 그럼에도 손가락은 눈에 띌 정도로 움직이지는 않을 것이다. 왜냐하면 손가락이 실제로 움직이지 않는다는 생각이 당신의 마음 한 귀퉁이를 차지하고 있기 때문이다. 이 생각을 버리고, 그냥 단순히 그 운동에 대해서만 생각해보라. 그 외의 다른 것은 생각하지 말고. 그러면 손가락을 구부리는 운동은 아무런 노력을 기울이지 않고도 이뤄질 것이다.

따라서 깨어 있는 어떤 사람의 행동은 언제나 두 가지 상반되는 신경의 힘들이 맞선 결과물이다. 일부 전류들은 그 사람의 뇌 세포와 신경 섬유들 사이에서 상상을 초월할 정도로 정밀하게 그의 운동 신경에 영향을 미치고 있는 한편, 다른 전류들은 첫 번째 전류에 영향을 미치면서 그 전류의 속도나 방향을 바꿔놓고 있다.

결론을 내리자면 이렇다. 전류들은 언제나 일부 운동 신경을 통해서 배출되면서 종말을 맞아야 한다. 그런데 전류들이 어떤 때는 이 운동 신경을 통해 빠져나가다가 또 어떤 때는 다른 운동 신경을 통해 빠져나간다. 그러면서 전류들이 상당히 오랫동안 서로 균형 상태를 유지하기 때문에 피상적인 관찰자는 전류가 전혀 빠져나가지 않는다고 생각할 수 있다. 그러나 그런 관찰자는 생리학적 관점에서 보면 몸짓, 눈썹의 표현 또는 심호흡도 운동이라는 점을 기억해야 한다. 왕(王)의 말 한마디도 암살자의 주먹만큼 강력한 살해의 힘을 발휘하는 법이다. 그리고 우리의 관념들의 흐름이 수반하는 전류들의 분출이 언제나 폭발적이거나 물리적으로 뚜렷이 드러나야 할 필요는 없다.

## 심사숙고한 행동

이제 우리는 심사숙고한 행동은 어떤 식으로 일어나는지를 설명할 수 있는 단계에 이르렀다. 즉 정신이 여러 대상들을 앞에 두고 있는 상황을 들여다볼 수 있게 되었다. 이때 대상들은 서로 호의적으로 연결되어 있거나 적대적으로 연결되어 있다. 이 대상들은 저마다 모두 하나의 행동이 될 수 있다. 각 대상은 그 자체로 하나의 운동을 자극할 것이다. 그러나 추가적인 대상들 또는 고려들 중 일부는 운동의 방출을 봉쇄하는 한편, 다른 것들은 반대로 운동이 일어나도록 부추긴다. 그 결과, 우유부단으로 알려진, 심적 불안 같은 특이한 감정이 생겨난다. 이 감정은 아주 흔해서 설명이 필요하지 않다. 다행한 일이 아닐 수 없다. 왜냐하면 그 감정을 설명하는 것이 불가능하기 때문이다. 다양한 대상에 주의를 기울이는 상황에서 우유부단이 계속된다면, 그런 현상을 놓고 우리는 심사숙고한다고 말한다. 그러다 마침내 원래의 제안이 지배를 하며 그 행동이 일어나게 하거나 이 제안이 반대 세력에 의해 완전히 짓밟히게 될 때, 우리는 그런 상황을 놓고 결정을 내렸다고 말한다. 이런 경우에 대상을 강화하거나 억제하는 것은 이유나 동기라 불리며, 이 이유나 동기를 바탕으로 결정이 내려진다.

심사숙고는 대단히 복잡한 과정이다. 심사숙고가 이뤄지는 동안에 우리의 의식은 매순간 대단히 복잡한 어떤 것을, 즉 동기와 갈등의 집합체를 마주하게 된다. 복잡하기 짝이 없는 이 대상들 중에서 때에 따라 어떤 때는 이 부분이, 또 어떤 때는 다른 부분이 다소 전면으로 부각된다. 이는 우리의 주의가 흔들리고, 우리의 관념들이 연상을 일으킴에 따라 나타나는 현상이다. 그러나 전면으로 부각되는 이유들이 제아무리 강하다 할지라도, 거기엔 언제나 배경이 프린지로서 남아 있으며 이때 프린지의 존재는 돌이킬 수 없는 방출을 견제하는 역할을 맡는다. 심사숙고는 몇 주일 또는 몇 개월 동안 이어질 수 있다. 어제 아주 급박하고 목숨이 걸린 것처럼 여겨지던 동기들이 오늘은 이상하리만큼 약하고 죽은 것처럼 느껴지기도 한다. 그러나 그 문제는 오늘도 어제만큼이나 잘 풀리지 않는다. 무엇인가가 우리에게 이 모든 것이 잠정적이라고, 약해진 이유들이 다시 강해질 것이라고, 평형이 아직 이뤄지지 않았다고, 이유들을 따르는 것보다 그 이유들을 조사하는 것이 더 중요하다고, 그리고 우리의 마음을 영원히 정하기 전에 조금 더 기다려야 한다고 말한다. 이처럼, 처음에 이 미래로 기울다가 그 다음에 또 다른 미래로 기우는 성향은 어떤 물체가 탄력성의 범위 안에서 앞뒤로 동요하는 현상을 많이 닮았다. 거기에 내적 긴장이 있지만, 외적 파열은 전혀 없다. 그리고 이 같은 조건은 물리적인 덩어리 안에서도 정신에서만큼 모호한 상태로 지속될 수 있다. 그러나 만약에 탄력성이 사라지고 댐이 터지고 전류가 지표를 뚫고 폭발하면, 동요가 끝나고 돌이킬 수 없는 결정이 나타난다.

결정은 많은 형태 중 하나로 나타날 것이다. 나는 가장 특징적인 유형의 결정을 간단히 돌아볼 것이다.

## 결정의 다섯 가지 유형

여기서 결정의 형태 자체로 눈을 돌려보자. 그러면 5가지 종류가 있다는 사실이 확인될 것이다. 첫 번째 종류는 아마 합리적인 결정일 것이다. 제시된 어떤 방향을 둘러싸고 찬반 논란이 마음속에서 거의 느껴지지 않을 정도로 점진적으로 진행되면서 한 가지 대안을 지지하는 쪽으로 해결되는 그런 결정이 합리적인 결정에 속한다. 이 대안을 선택하는 데는 별도의 노력이나 억제가 필요하지 않다. 합리적인 균형이 이뤄질 때까지 우리는 아직 증거가 다 수집되지 않았다는 느낌을 받을 것이다. 이 같은 느낌이 최종적 결정을 미루게 만든다. 그러다 어느 날 잠을 깨다 보면 우리가 사태를 제대로 보았으며, 더 미룬다고 해도 그 문제와 관련해 새로 더 나올 것이 없으며, 지금 당장 해결을 보는 게 낫겠다는 느낌이 든다.

이처럼 의심에서 확신으로 넘어가는 과정에 우리는 거의 수동적인 것처럼 보인다. 우리가 결정을 내리도록 하는 이유들이 사태의 본질로부터 저절로 흘러나오는 것 같고, 우리의 의지는 아무런 역할을 하지 않는 것처럼 보인다. 그러나 우리는 완벽하게 자유롭다는 느낌을 갖는다. 우리가 강압의 느낌을 전혀 받지 않는다는 점에서 그렇다.

이런 예들을 보면 우리가 결정을 내리게 하는 결정적인 계기는 그 문제의 종류를 확인하는 것이다. 이것만 확인되면 우리는 이를 바탕으로 늘 해오던 방식대로 조금도 머뭇거리지 않고 익숙하게 행동하게 된다. 일반적으로 심사숙고의 상당 부분은 예상 가능한 온갖 대안을 놓고 이리저리 뒤집어가며 살피는 일이다. 그러다가 우리의 자아의 일부를 이루고 있는 행동 원칙을 적용할 수 있는 어떤 생각이 떠오르는 순간, 우리의 의심 상태는 그것으로 끝이다. 하루에 많은 결정을 내려야 하는 권력자들은 언제나 몇 가지 분류를 염두에 두고 있으며, 이 분류 기준을 바탕으로 새로운 비상사태들을 분류한다. 우리가 당혹감을 느끼고 임무의 막연함에 낙담하는 것은 비상사태가 전례 없는 새로운 종류이고 따라서 미리 결정된 실천 원칙을 적용하지 못하게 되는 때이다. 그러나 어떤 익숙한 분류에 이르는 길을 발견하기만 하면, 우리는 금방 다시 마음의 평안을 얻는다. 그렇다면 추론에서와 마찬가지로 행동에서도 중요한 것은 옳은 개념 형성의 길을 찾는 것이다.

구체적인 딜레마는 등에 레테르를 붙인 상태에서 우리 앞에 나타나지 않는다. 우리는 딜레마마다 적절한 이름을 붙일 것이다. 이 경우에 현명한 사람은 특별한 일에 가장 적합한 이름을 발견하는 데 성공하는 사람이다. '합리적'인 사람은 견실하고 가치 있는 목적들을 많이 갖고 있으면서 어떤 행동이 이 목적들 중 하나에 이로운지 아니면 해로운지를 확실히 파악할 때까지 그 행동에 대해 결정을 내리지 않는 사람이다.

이어 설명할 2가지 종류의 결정의 경우에는 모두 최종적 결단이 증거가 다 입수되기 전에 내려진다. 어느 방향을 취할 것인지를 정할 결정적 이유가 전혀 나타나지 않는 경우가 자주 있다. 어느 방향이나 괜찮아 보인다. 어느 한 방향이 다른 방향에 양보하라고 결정할 심판이 전혀 없다. 우리는 오랜 기간 결정을 내리지 못하는 망설임에 점점 더 지쳐가고, 그러다 보면 나쁜 결정이라도 우유부단한 것보다는 낫겠다는 느낌이 드는 때가 온다. 이런 조건에서 일부 우연적인 상황이 대안들 중 어느 하나에 유리한 쪽으로 균형을 깨뜨리는 경우가 종종 있다. 이렇게 되면 그때 정반대의 결과를 낳을 수 있는 정반대의 사건이 일어나도 우리는 앞의 대안에 강하게 집착하게 된다.

두 번째 종류의 결정을 보자. 이 결정에서는 우리가 외부 환경에 의해 우연적으로 결정된 방향으로 표류하도록 자신을 내맡겨 버린다는 느낌이 강하게 든다. 이때 우리는 이 방향도 다른 방향 못지않게 괜찮을 것이며, 어쨌든 일이 제대로 풀릴 것이라는 확신을 품게 된다.

세 번째 종류의 결정을 보면, 결정이 똑같이 우연적으로 이뤄지는 것 같지만 여기서는 그 결정이 외부 상황이 아니라 내면의 상황에 따라 일어난다. 단호한 원칙의 부재가 당황스럽게 만들고 그 미결 상태가 정신을 어지럽게 만들 때, 우리는 종종 자동적으로 행동하며 마치 우리의 신경의 무의식적 방출에 의해 움직이는 것처럼 딜레마를 향해 나아간다. 그러나 견디기 힘들 만큼 억압된 상태를 겪은 뒤인 까닭에 이 운동의 느낌이 워낙 강하다보니 우리는 그 쪽으로 몸을 완전히 던진다. 그러면서 '전진 앞으로!' '하늘이 무너지더라도!'라고 마음속으로 외친다.

사전에 별로 생각하지 않았던 어떤 에너지를 이런 식으로 무모할 정도로 강력하게 옹호하는 것은 지나치게 돌발적이고 사납기 때문에 냉철한 사람에게는 자주 일어나지 않는다. 그러나 감정이 풍부한 사람이나 불안정하고 우유부단한 성격의 소유자들에게는 이런 결정이 자주 일어난다. 나폴레옹이나 루터처럼 세계를 뒤흔든 사람들이, 말하자면 끓어넘치는 열정과 집요한 행동이 내면에서 결합하는 사람들이 열정의 폭발을 일으킬 때, 그 혁명은 아마 이처럼 재앙의 성격이 강한 쪽으로 흐를 것이다. 홍수가 돌연 댐을 터뜨리고 주변을 물에 잠기게 한다. 역사 속에서 실제로 그런 식의 혁명이 자주 일어났다는 사실은 이런 인물이 그런 숙명적인 기질을 갖기 쉽다는 점을 설명해주고 있다. 그리고 숙명적인 기질 자체는 이제 막 흥분을 방출시킬 경로를 달리기 시작한 에너지의 힘을 확실히 강화시킨다.

이제 네 번째 종류의 결정을 볼 차례이다. 이 결정도 숙고를 세번째 종류만큼이나 갑자기 끝낸다. 우리가 어떤 외부의 경험이나 설명할 수 없는 내부의 변화에 따라 편하고 무심한 기분에서 돌연 격렬한 분위기로 바뀔 때, 이런 결정이 일어난다. 그럴 경우에 우리의 동기와 충동의 가치 체계가 관점 자체가 바뀔 때만큼이나 심하게 흔들린다. 그러면 가장 그럴 듯했던 대안들이 고통과 공포의 대상으로 바뀐다. 아주 환상적일 것 같던 의견이 갑자기 동력을 잃게 되고, 아주 진지했던 의견이 갑자기 동력을 몇 배나 얻게 된다. 그 결과, 그때까지 만지작거리고 있던 사소한 계획들이 버려지고, 대신에 그때까지 우리의 동의를 얻지 못하고 있던, 더욱 엄격하고 진지했던 대안이 선택된다. 많은 사람을 새로운 사람으로 만드는 그런 '마음의 변화'나 '양심의 각성' 같은 것이 이런 종류의 결정으로 분류될 것이다. 갑자기 결정의 성격이 한 단계 상승하고, 그 즉시 심사숙고가 마무리된다.

다섯 번째이자 마지막 유형의 결정에는, 증거가 모두 고려되었고 이성이 그것들을 모두 저울질했다는 느낌이 있을 수도 있고 없을 수도 있다. 그러나 그런 느낌이 있든 없든, 결정을 내릴 때 우리는 마치 우리의 의지가 저울대를 기울게 하고 있다는 느낌을 받는다. 이성이 모든 증거를 저울질했다는 느낌이 드는 경우를 보면, 우리는 행동을 일으킬 만큼 강해 보이지 않는 합리적인 이유에다가 우리의 노력을 더함으로써 이성이 그런 결정을 내렸다는 느낌을 받는다. 한편 이성이 모든 증거를 저울질했다는 느낌이 없는 경우를 보면, 어떤 이유 대신에 창조적인 다른 무엇인가를 내세우면서 이성이 그런 결정을 내렸다는 느낌을 받는다. 이 예들의 경우에는 의지가 느리게 강화되는 느낌이 든다. 이 때문에 이 결정들은 앞의 다른 4가지 종류의 결정과 따로 분류된다. 의지의 고양(高揚)이 형이상학적으로 무엇을 예시하는지, 그리고 그런 노력이 우리로 하여금 동기와는 성격이 확실히 다른 의지력에 관해 무엇을 추론하게 하는지는 아직 우리의 관심을 끄는 문제가 아니다. 이런 종류의 결정에는 앞의 결정에 없는 노력이 수반된다.

아주 면밀히 들여다보면, 이런 종류의 결정과 다른 종류들 사이의 중요한 차이가 바로 다음과 같은 점이라는 사실이 드러날 것이다. 앞에서 설명한 다른 종류의 결정들을 보면 두드러지는 어떤 대안을 결정하는 순간에 마음이 다른 대안을 거의 전적으로 버려버린다. 그러나 다섯 번째 종류의 결정에서는 선택되지 않은 대안들도 여전히 마음에 남아 있으며, 따라서 결정을 내리는 사람은 버려진 대안을 선택하지 않음으로써 자신이 잃게 될 상실이 어느 정도인지를 판단한다. 이런 종류의 결정은 그 사람의 몸 안에 가시 같은 것을 하나 교묘하게 찔러 넣는 것이나 마찬가지이다. 결정에 수반되는, 내면적 노력을 기울이고 있다는 느낌이 바로 이 결정이 다른 종류의 결정들과 달라 보이게 만드는 한 요소이다. 아울러 이 느낌은 다섯 번째 종류의 결정을 아주 특이한 종류의 정신적 현상으로 만든다. 인간이 내리는 결정의 절대 다수는 별다른 노력이 수반되지 않는 결정이다. 대부분의 사람들을 보면 최종 결정에 노력이 수반되는 경우가 아주 드물다. 심사숙고 끝에 결정을 내리는 것이 참으로 힘들다는 느낌 때문에, 우리는 결정은 노력을 요구하는 것이라는 인식을 갖게 되었다. 그러나 이 같은 인식은 결정의 실상과 거리가 먼 것 같다. 결정을 쉽게 내려놓고도 훗날 그때를 떠올리면서 우리는 노력을 많이 기울였다는 식으로 잘못 생각한다.

물론 우리의 의식 안에 노력이 하나의 현상적인 사실로 존재한다는 점에 대해서는 의심할 수도 없고 부정할 수도 없다. 그러나 노력의 의미는 다양한 의견을 낳을 수 있는 문제이다. 정신적 인과관계의 존재나 우주 운명의 예정설 혹은 자유 의지 같은 거대한 문제들은 그 노력의 해석에 크게 좌우된다. 따라서 의지적 노력의 느낌이 수반되는 조건에 대해 더 면밀하게 공부할 필요가 있다.

## 노력의 느낌

앞에서 의식(또는 의식과 함께 이뤄지는 신경 작용)은 본래 충동적이라고 말했을 때, 나는 의식은 아주 강함에 분명하다는 말을 덧붙여야 했다. 의식의 종류에 따라서 운동을 자극하는 힘이 크게 다르다. 어떤 노력의 느낌의 강도는 일상적인 상황에서 실질적으로 운동을 자극할 수 있는 수준에 미달하는가 하면, 또 어떤 노력의 느낌의 강도는 그 수준 이상이다. 이 대목에서 말하는 일상적인 상황이란 습관적인 억제가 작용하는 상황일 수 있다. 우리 모두가 어느 정도의 게으름을 피우게 만드는, 충동적인 동기에 의해서만 극복될 수 있는 안온한 느낌이 그런 예이다. 아니면 일상적인 상황은 운동 중추 자체의 타고난 타성 혹은 내적 저항에 따른 것일 수도 있다. 이런 경우에는 내면의 긴장이 어느 수준을 넘어설 때까지 운동 중추의 폭발이 불가능해진다. 이 조건도 사람에 따라서, 또 같은 사람인 경우에도 시간에 따라서 달라질 수 있다.

신경의 타성도 강해지거나 약해지고, 습관적인 억제도 약해지거나 강해진다. 특별한 사고 작용과 자극의 강도도 별도로 변화할 수 있으며, 연상의 특별한 경로들도 통과가 쉬워지거나 힘들어질 수 있다. 따라서 다른 동기들에 비해서 충동적인 효과가 특별히 더 강한 동기들이 있을 수 있다. 평소에 노력이 필요하지 않던 행동이나 평소에 쉬웠던 자제가 불가능하게 되거나 엄청난 노력을 기울여야만 겨우 가능해지는 것은 평소에 힘이 약했던 동기들이 힘을 얻고 평소에 힘이 강했던 동기들이 힘을 잃는 때이다. 이에 대해서는 설명이 조금 더 필요하다.

## 의지의 건강성

다양한 정신적 대상들의 충동적 힘에는 어떤 정상적인 비율이 있다. 이것이 의지의 건강성을 측정하는 기준이 될 수 있다. 아주 예외적인 시기에나 예외적인 개인들에게서 이 비율이 흐트러진다. 평소에 아주 충동적인 성격을 지닌 정신 상태들은 열정이나 식욕 혹은 감정의 대상들을, 한마디로 본능적인 반응의 대상들을 표현하는 정신 상태이다. 혹은 그런 정신 상태들은 쾌락이나 통증의 느낌이나 관념들, 또는 어떤 이유로든 우리가 익숙하게 된 관념들이다. 그리고 보다 먼 대상들에 대한 관념들과 비교한다면, 이 정신 상태들은 시간과 공간적으로 지금 이곳 아니면 가까운 곳에 있는 대상들에 대한 관념이다. 이런 다양한 대상들과 비교하면, 아득히 먼 것들에 대한 고려나 매우 추상적인 생각, 익숙하지 않은 이유들, 그리고 인간의 본능의 역사와 동떨어진 동기들은 충동의 힘을 거의 혹은 전혀 지니지 못한다. 그런 것들이 지배력을 발휘할 때에는 반드시 노력이 전제되어야 한다. 따라서 비(非)본능적인 동기들이 행동을 일으킬 수 있도록 강화되어야 하는 곳이면 병적인 것과 구별되는 것으로서 정상적인 노력이 반드시 발견된다.

의지의 건강을 확보하려면 결단이나 행동에 앞서 어느 정도의 복잡한 생각이 필요하다. 각 자극이나 관념은 자체의 충동을 일으킴과 동시에 나름의 특징적인 충동을 가진 다른 관념들을 일깨워야 하고, 또 이런 식으로 개입하는 모든 힘들의 결과로서 행동은 최종적으로 너무 느리지도 않고 너무 빠르지도 않게 일어나야 한다. 결정이 꽤 신속히 이뤄질 때조차도, 결단을 내리기 전에 어떤 방향과 어떤 경로가 최선인지에 대한 일종의 예비 조사를 거치는 것이 정상적인 과정이다. 그리고 의지가 건강한 곳에서는 이 예비 조사에서 얻은 통찰도 당연히 옳게 되어 있으며, 행동은 이 통찰의 안내를 따르게 되어 있다.

## 의지의 불건전

따라서 의지의 불건전은 다양한 길로 일어날 수 있다. 행동이 자극이나 관념을 지나치게 빨리 따를 수 있다. 그래서 억제할 연상을 자극할 시간을 전혀 주지 않을 수 있다. 이런 경우에 '경솔한 의지'가 나타난다. 아니면 억제하는 연상이 나타나더라도, 충동적인 힘과 억제적인 힘의 비율이 깨어진 탓에 '괴팍한 의지'가 나타날 수 있다. 이때 괴팍함을 낳는 원인은 많다. 충동의 힘이 지나치게 강하거나 지나치게 약할 수도 있다. 또 타성이 너무 세거나 너무 약할 수도 있다. 아니면 억제의 힘이 지나치게 강하거나 약할 수도 있다. 만약에 밖으로 드러나는 괴팍함의 징후들을 모두 비교한다면, 그 징후들은 두 집단으로 나뉠 것이다. 한 집단의 경우에는 정상적인 행동이 불가능하고, 다른 집단의 경우에는 비정상적인 행동을 누르는 것이 불가능하다. 간단히, 우리는 그것들을 각각 '저지당한 의지'와 '폭발성 강한 의지'라고 부른다.

그러나 여기서는 다음과 같은 사실을 기억하는 것이 중요하다. 행동은 언제나 현재 방해하고 있는 힘들과 폭발하고 있는 힘들의 비율에 따라 결정된다. 그렇기 때문에 우리는 어떤 사람의 의지에 나타나는 괴팍성이 무엇 때문에 나타나는지, 이 요소의 증가 때문인지 아니면 다른 요소의 감소 때문인지를 절대로 정확히 말하지 못한다. 사람은 평소에 제동 장치를 잃을 때에도 충동적인 힘을 더 많이 얻게 될 때와 비슷하게 폭발적일 수 있다. 또 원래의 욕망이 약해질 때에도 길에 사자가 나타났을 때만큼이나 행동이 불가능해질 수 있다. 스코틀랜드 정신과의사 클루스턴(Thomas Clouston)은 이렇게 말한다. "마부가 너무 약해서 말을 통제하지 못할 수도 있고, 아니면 말이 너무 고집이 세서 어떤 마부도 말을 멈추게 하지 못할 수도 있다."

## 불완전한 억제로 인해 폭발성 강해진 의지

예를 들어, 충동이 아주 빨리 행동으로 방출되기 때문에 억제가 일어날 시간을 전혀 갖지 못하는 그런 정상적인 유형의 성격이 있다. 이런 성격은 '저돌적이고' '변덕스런' 기질이다. 생기로 넘치고, 수다스럽다. 슬라브족과 켈트족 사이에서 흔히 보인다. 이들은 냉담하고 생각이 깊은 영국인의 성격과 극적 대조를 보인다. 미국인이나 영국인에게 이들은 유인원처럼 보이는 반면, 이들에게 미국인이나 영국인은 파충류처럼 보인다.

억제되고 있는 어떤 개인과 폭발성 강한 어떤 개인을 놓고 어느 쪽의 생기의 총량이 더 많은지를 판단하는 것은 거의 불가능하다. 지각력과 지능이 탁월하면서도 폭발성 강한 의지를 가진 이탈리아인은, 억제된 의지를 가진 미국인들의 내면에서 잘 보이지 않는 내면적 힘을 바탕으로 완벽하게 멋진 동료가 될 것이다. 이탈리아인은 동료 집단의 왕이 되고, 노래를 부르고, 연설을 하고, 파티를 주도하고, 재미있는 농담을 즐겨 하고, 소녀들과 키스하고, 남자들과 싸우고, 필요하다면 깨어진 희망과 모험까지 추구할 것이다. 그런 모습을 지켜보면서 방관자는 그의 손가락 하나 안에 든 생명력이 사려 깊은 동료의 몸 전체에 들어 있는 생명력보다도 더 큰 것 같다고 생각할 것이다. 그러나 사려 깊은 그 동료를 억제하고 있던 브레이크가 풀리기만 하면, 이 동료도 그 사람 못지않게, 아니 그 이상으로 모든 것을 해낼 수 있을 것이다.

폭발성 강한 의지를 보이는 개인이 그런 운동 에너지와 편안한 태도를 가질 수 있는 것은 바로 양심의 가책에 별로 신경을 쓰지 않고 깊이 고려하지 않고 매순간 정신 작용을 지극히 단순화하기 때문이다. 그의 열정이나 동기 혹은 사고는 치열해야 할 필요가 없다. 정신의 진화가 진행됨에 따라, 인간의 의식도 더욱더 복잡해졌고 아울러 모든 충동에 대한 억제의 힘도 더욱더 커졌다. 영국인들이 진실을 말해야 한다는 의무감 때문에 잃어버린 대화의 자유가 얼마나 크겠는가! 이렇듯 억제가 지배하는 데는 좋은 면뿐만 아니라 나쁜 면도 있다. 그리고 만약에 어떤 사람의 충동이 대체로 즉흥적이면서도 질서정연하고, 또 그 사람이 충동의 결과를 받아들일 용기와 충동을 바탕으로 어떤 목적을 성취해낼 지력을 갖추고 있다면, 그는 민감한 조직에 훨씬 더 적합할 것이다. 역사에서 가장 성공한 군인 및 혁명가들 중 상당수는 이처럼 단순하면서도 기민한 충동형의 의지를 가졌다. 대체로 보면 성찰적이고 억제하는 마음을 가진 사람들에게 문제가 훨씬 더 어렵게 다가온다. 성찰적이고 억제하는 마음을 가진 사람들이 훨씬 더 큰 문제들을 풀 수 있고 또 충동적인 성격의 인물들이 쉽게 저지르는 실수를 피할 수 있는 것은 사실이다. 그러나 충동적인 인물들이 실수를 저지르지 않거나 실수를 해결할 수 있을 때, 그들의 기질이야말로 가장 적극적이고 또 가장 필요한 기질 중 하나가 된다.

특별히 병적인 상태에서뿐만 아니라 유아기나 심신이 고갈된 상태에서도, 억제의 힘이 충동적인 방출의 폭발을 멈추게 하지 못할 수 있다. 그런 경우에는 평소에 상당히 억제하는 유형이던 사람의 내면에서도 일시적으로 폭발적 기질이 생겨난다. 히스테리 환자와 간질 환자, 그리고 프랑스 저자들이 '퇴화한 자들'이라고 부르는, 신경증을 앓는 범죄자들의 경우에는 정신적 기계가 너무 허약한 상태로 태어났기 때문에 억제의 관념이 일어나기도 전에 충동적인 관념이 이미 행동으로 바뀌어 버린다. 건강한 의지를 타고난 사람도 나쁜 습관을 들이면 이 같은 조건이 형성된다.

당신이 아는 주정뱅이들에게 술의 유혹에 그렇게 쉽게 넘어가는 이유를 물어보라. 그러면 대부분이 그 이유를 잘 모르겠다고 대답할 것이다. 그들에게는 일종의 정신적 현기증 같은 증세가 있다. 그들의 신경 중추는 술병과 술잔에 대한 생각이 스치기만 해도 병적으로 슬그머니 풀어진다. 그들은 술에 목말라 있지 않다. 술맛이 오히려 불쾌하게 느껴질 수도 있다. 그들은 또 내일 아침의 후회를 완벽하게 예측하고 있다. 그러나 술에 대해 생각하거나 술을 보기만 하면, 그들은 자기도 모르게 자신이 그것을 마실 준비를 하는 것을 느끼며 스스로를 자제하지 못한다. 주정뱅이들은 술을 마시는 이유를 대지 못한다. 마찬가지로 어떤 남자가 끊임없이 연애와 성적 탐닉에 빠져 살 수도 있다. 그런데 그가 그런 생활을 영위하도록 하는 것이 진정한 열정이나 욕망이 아니고 가능성에 대한 사소한 암시와 생각인 것 같다.

이런 성격들은 너무나 천박하여서 성격이란 단어의 어떤 의미로 보나 나쁘다. 이런 성격의 경우에는 충동의 경로들이 너무나 쉽게 자극을 받기 때문에 신경 자극 전달에 약간의 상승만 있어도 금방 범람을 일으킨다. 이것이 병리학에서 '신경 쇠약'이라고 부르는 병이다. 발생 또는 잠재로 알려진 단계가 신경 섬유들의 흥분에서 너무나 짧기 때문에 신경 섬유들 안에 긴장이 축적될 기회가 전혀 없다. 그 결과, 동요와 활동이 요란하게 일어남에도 불구하고, 거기에 수반되는 진정한 느낌의 크기는 매우 작을 수 있다. 이처럼 불안정한 평형 상태에서는 병적으로 쉽게 흥분하는 기질 자체가 흥분이 일어날 훌륭한 운동장이 되어준다. 이런 병으로 힘들어하는 사람들은 어느 한 순간에 어떤 행동 방식에 대해 대단히 혐오하다가도 다음 순간에 자신이 그 행동 방식의 유혹에 빠져 허우적거리게 된다.

## 과도한 충동으로 인해 폭발성 강해진 의지

한편, 신경 섬유들이 고유의 내향의 어떤 기질을 간직하고 있고 또 억제의 힘이 정상이거나 특별히 큰 곳에서도, 무질서하고 충동적인 행동이 일어날 수 있다. 이런 경우에는 충동적인 관념의 힘이 이상할 정도로 고양되어 있고, 대부분의 사람들에게 어떤 가능성에 대한 일시적인 암시로 받아들여질 것이 이런 사람들에게는 행동을 자극하는 급박한 일이 된다. 광기에 관한 책들은 병적이고 집요한 관념들의 예들로 가득하다. 광기를 보이는 사람들은 이 관념들에 맞서 완강하게 버티려고 노력하지만, 그들의 불행한 영혼은 진땀을 흘리며 고민하다가 결국엔 거기에 휩쓸려 버린다.

알코올이나 아편 중독자들이 술이나 아편에 대해 느끼는 갈망의 힘은 정상적인 사람들의 상상을 초월할 정도로 크다. 중독자들의 입에서 이런 말이 자주 나온다. "방의 한쪽 구석에 럼주 통이 있다. 그리고 방의 다른 한쪽에서 대포가 럼주 통 쪽으로 끊임없이 포탄을 쏘고 있다. 이런 상황에서도 나는 포화를 무릅쓰고 럼주 쪽으로 갈 것이다." 미국 신시내티 주의 머시(Reuben Mussey) 박사는 다음과 같은 이야기를 들려준다.

"몇 년 전에 어느 술꾼이 신시내티 주의 구빈원에 수용되었다. 그리고 며칠 동안 그는 럼주를 구하려는 노력을 다양하게 시도했으나 모두 실패했다. 그러다 마침내 그가 기막힌 아이디어를 떠올렸다. 그는 시설 안의 숲 속으로 들어가서 벽돌 위에 자신의 한쪽 손을 올려놓고 반대편 손으로 도끼를 내리쳐 한 번에 잘라버렸다. 그는 잘린 손을 들고 시설 안으로 들어서면서 '럼주! 럼주! 손이 잘렸어!'라고 외쳤다. 혼란의 와중에 럼주 통이 나왔고, 그는 그 통 안에 피가 줄줄 나는 손을 담근 다음에 통을 들고 마음껏 마신 뒤 '아이고, 이제야 살 것 같네!'라고 외쳤다. 터너(J. E. Turner) 박사는 알코올 중독 치료를 받던 4주 동안에 6개의 표본 단지에 담긴 알코올을 몰래 마신 사람에 대한 이야기를 들려주고 있다. 왜 이런 무시무시한 짓을 저질렀느냐고 묻자, 그 사람은 '나로서는 술에 대한 병적인 욕구를 자제하는 것이 심장 박동을 통제하는 것만큼이나 불가능한 일이오.'라고 대답했다."

집요하게 달라붙는 어떤 생각은 종종 사소하지만 환자의 생명을 고사시킬 수도 있다. 손이 더럽다고 느껴지면, 환자는 손을 씻어야 한다. 그는 자신의 손이 더럽지 않다는 것을 잘 알고 있다. 그럼에도 그는 자신을 괴롭히는 생각을 지우기 위해 손을 씻는다. 그러나 그 생각은 조금 있으면 다시 떠오른다. 지적으로 조금도 속아 넘어가지 않는 이 불행한 환자는 하루 종일 세면대에서 지낼 것이다. 아니면 그가 옷을 제대로 입지 못할 수도 있다. 그는 그 같은 생각을 지우기 위해 옷을 벗고 입기를 반복한다. 옷장에서 두세 시간씩 보내기가 일쑤다. 대부분의 사람들이 이 질병의 가능성을 안고 있다. 침대에 들어간 다음에 현관문을 잠그지 않았거나 가스를 잠그지 않았을지도 모른다는 생각에 다시 침대에서 일어난 경험은 대부분의 사람들에게 있을 것이다. 이때 우리가 침대에서 일어나 현관문과 가스를 다시 단속하는 이유는 우리가 그렇게 하지 않았다고 믿어서라기보다는 마음을 어지럽히는 의심을 지우고 편안하게 잠자리에 들기 위해서이다.

## 억제 당한 의지

억제가 불충분하거나 충동이 과다한 경우와 반대되는 것은 충동이 불충분하거나 억제가 과다한 경우이다. 우리 모두는 8장 '주의'

에 묘사된, 마음이 한 동안 초점을 맞추는 힘을 잃고 주의를 구체적인 사물로 모으지 못하는 조건에 대해 잘 알고 있다. 그런 상황이라면 우리는 그저 멍하니 응시하면서 아무것도 하지 않는다. 의식의 대상들이 신경 중추에 닿지 못하고 있다. 대상들은 거기에 그렇게 있지만 효과를 낼 수준에는 미치지 못하고 있다.

이처럼 일부 대상이 우리의 마음 안에 존재하면서도 효과를 내지 못하는 상태는 지극히 정상적인 조건이다. 대단히 심한 피로를 느끼거나 힘이 고갈된 상태일 때에는 거의 모든 대상들이 우리의 내면에서 그런 조건에 놓인다. 극도의 피로나 고갈의 상태에서 일어나는 현상과 비슷한 무감각은 정신병동에서 '의지 상실'이라는 이름으로 불리며 정신 질환의 한 증상으로 간주되고 있다. 의식이 건강을 지키려면 앞에서 말한 바와 같이 비전도 옳아야 하고 행동도 비전의 안내를 따라야 한다. 그러나 병적인 조건에서는 비전이 나쁜 영향을 전혀 받지 않고 이해력이 멀쩡한데도 행동이 비전을 따르지 못하거나 다른 방향을 따를 수 있다.

이 같은 정신 상태를 가장 잘 표현한 문구는 "어느 것이 더 좋은지를 잘 알면서도 언제나 더 못한 것을 택한다."라는 라틴어 속담이다. 인간의 삶의 도덕적 비극은 거의 전적으로 진리의 비전과 행동을 연결시키는 고리가 끊어지고 또 일부 관념들이 현실의 뒷받침을 받지 못하고 있다는 사실에서 비롯된다. 사람들은 단순히 감정과 개념에 있어서는 서로 크게 다르지 않다. 가능성에 대한 사람들의 생각과 그들의 이상은 그들의 서로 다른 운명만큼 그렇게 멀리 떨어져 있지 않다. 절망에 빠진 실패자와 감상주의자, 주정뱅이,

음모자와 낙오자들 만큼 인생의 길을 걸으면서 높은 길과 낮은 길의 차이를 지속적으로 느낀 부류도 달리 없을 것이다. 그들이야말로 인생 자체가 지식과 행동 사이의 긴 모순이었고 또 이론을 잘 알고 있으면서도 약한 성격을 제대로 세워보지 못한 사람들이지 않는가. 그 어떤 사람도 지혜의 나무의 열매를 그들만큼 많이 먹지 않는다. 그럼에도 그들은 언제나 뒤에서 투덜거리기만 할 뿐 도덕적 지혜의 목소리를 높이는 경우는 절대로 없으며, 그들은 조타 장치를 직접 손에 쥐려고도 하지 않는다. 루소와 레스티프(Restif) 같은 인물들의 내면에서는 저급한 동기들이 충동적 영향을 발휘하는 것 같다. 달려야 할 길이 있는 기차들처럼, 저급한 동기들도 독점적인 길을 갖고 있다. 훨씬 더 이상적인 동기들이 저급한 동기들 옆에 많이 자리 잡고 있지만, 저급한 동기들은 이상적인 동기 쪽으로 방향을 한 번도 바꾸지 않는다. 사람의 품행이 바로 옆에 있는 이상(理想)의 영향을 받지 않는 것은, 특급 열차가 길 옆에 서서 태워 달라고 외치는 나그네의 영향을 받지 않는 것과 똑같다. 저급한 동기들에게 있어서 이상은 이 세상 끝까지 함께할 무력한 부속물이다. 늘 더 나은 것을 보고도 언제나 더 못한 것을 하는 데 따르는 내면적 공허감에 대한 의식은 이 세상을 살아가면서 느낄 수 있는 가장 슬픈 감정 중 하나이다.

노력은 마치 원래 있던 힘처럼 느껴진다. 이제 우리는 노력에 따라 의지가 강화되는 이유를 볼 때이다. 보다 본능적이고 습관적인 충동을 상쇄하기 위해 보다 귀하고 보다 이상적인 충동이 불리어질 때마다, 노력이 의지를 강화하는 효과가 나타난다. 매우 폭발적인 성향이 저지되고 방해하는 성격이 매우 강한 조건이 극복될 때마다, 그런 효과가 나타난다.

유복한 가정에서 태어난 아이는 평생 동안 노력이 별로 필요하지 않다. 반면에 영웅과 신경증을 가진 사람들은 평생 동안 노력을 기울일 필요가 있다. 이런 상황에서 우리는 노력을 동기의 힘을 더욱 키워주는 능동적인 힘으로 봐야 한다. 외부의 힘들이 우리의 육체에 작용할 때, 우리는 그 힘에 따른 운동이 저항이 가장 약한 선(線)이나 견인력이 가장 강한 선을 따른다고 말한다. 그러나 우리의 언어적 표현이 노력을 수반하는 의지에 대해서는 절대로 이런 식으로 말하지 않는다는 사실이 호기심을 불러일으킨다. 만약에 우리가 경험을 바탕으로 그 선을 저항이 가장 약한 선이라고 정의한다면, 당연히 그 물리의 법칙은 정신의 영역에도 그대로 유효해야 한다. 그러나 의지가 수반되는 모든 힘든 경우를 보면, 보다 드물고 보다 이상적인 동기가 작용할 때 우리가 취하는 선은 마치 저항이 가장 강한 선인 것처럼, 그리고 조악한 동기가 취하는 선은 우리가 따르기를 거부하는 바로 그 순간에조차도 더 쉬운 선인 것처럼 느껴진다. 외과 의사의 수술용 칼 밑에서 고통의 신음을 억누르고 있는 사람이나 의무 때문에 사회적 오명을 달게 받는 사람은 마치 자신이 일시적 저항이 가장 센 길을 따르고 있는 것처럼 느낀다. 그런 사람은 자신의 충동과 유혹을 정복하고 극복하는 문제에 대해 말한다.

그러나 게으름뱅이나 술주정뱅이, 겁쟁이들은 자신의 품행에 대해 그런 식으로 절대로 말하지 않으며 또 자신의 에너지에 저항하고 있다거나 맑은 정신을 극복하고 있다거나 용기를 정복하고 있다는 식으로도 말하지 않는다. 만약에 우리가 행동의 모든 원천을 대체로 한편에 성향과 다른 한편에 이상(理想)으로 분류한다면, 호색가는 자신의 행동에 대해 자신의 이상에 대한 승리라는 식으로 절대로 말하지 않는다. 그러나 도덕주의자는 자신의 행동에 대해 언제나 자신의 성향에 대한 승리라는 식으로 말한다. 호색가는 소극적인 뜻의 단어를 즐겨 쓰고, 자신의 이상을 망각했다고 말하고, 의무에 귀를 닫는다. 호색가가 쓰는 용어는 이상적인 동기들 자체가 이유도 없이 그냥 무효화될 수 있고 또 가장 강력한 견인력은 성향의 방향에 있다는 점을 암시하는 것 같다.

이와 비교할 때 이상적인 충동은 인공적으로 강화되어야 하는 아주 작은 목소리처럼 보인다. 이상적인 충동을 강화하는 것이 바로 노력이다. 그렇다면 성향의 힘은 기본적으로 고정된 양인 것 같고, 이상의 힘은 그 크기가 다양한 것 같다. 하지만 노력을 통해서 이상적인 동기가 엄청난 관능적 저항을 누를 때, 이 노력의 크기를 결정하는 것은 무엇인가? 바로 저항 자체의 크기이다. 만일 관능적 성향이 약하다면, 노력도 작을 것이다. 노력은 극복해야 할 적대자의 크기에 따라 달라진다. 그리고 만약에 이상이나 도덕적 행동에 대한 짤막한 정의가 필요하다면, 이것보다 더 적절한 정의는 없을 것이다. '이상은 저항이 가장 큰 노선을 따르는 행위이다.'

이 사실들은 다음과 같이 상징으로 간단히 표현될 수 있다. P는 성향(propensity)을, I는 이상적인 충동(ideal impulse)을, E는 노력(effort)을 각각 나타낸다.

$$I \text{ 자체} \langle P.$$
$$I + E \rangle P.$$

달리 표현하면, 만약에 E가 I에 더해지면, 즉시 P의 저항이 최소가 되는 결과가 나타난다. 그러면 저항에도 불구하고 운동은 일어난다.

그러나 E가 I와 완전히 융합되는 것 같지는 않다. E는 밖에서 더해진 것처럼 보이고 불확실한 것처럼 보인다. 우리는 각자 뜻에 따라 다소의 노력을 기울일 수 있다. 만약에 노력을 충분히 편다면, 우리는 아주 큰 정신적 저항을 아주 약한 저항으로 바꿔놓을 수 있다. 우리가 사실들을 통해 받는 인상은 적어도 그렇다. 그러나 지금 여기서 이 인상이 진실인가 하는 문제에 대해서는 논하지 않을 것이다. 그보다는 세부 사항에 대한 설명을 계속할 것이다.

## 행동의 원천으로서 쾌락과 고통

대상과 대상에 대한 생각이 우리의 행동을 일으킨다. 그러나 행동이 초래하는 쾌락과 고통은 그 행동의 길을 바꿔놓는다. 이어 쾌락과 고통에 대한 생각은 충동의 힘과 억제의 힘을 얻는다. 쾌락에 대한 생각 자체가 하나의 쾌락이 되어야 한다는 말은 아니다. 그와 정반대이다. 단테가 "고통 속에서 행복했던 시절을 떠올리는 것보다 더 큰 고통은 없다."고 한 말 그대로이다. 또 고통에 대한 생각이 하나의 고통이 될 필요도 없다. 왜냐하면 호메로스가 말했듯이 "비탄은 훗날 돌이켜보면 종종 기쁨이 되기" 때문이다. 그러나 현재의 쾌락이 엄청난 강화 요인이고 현재의 고통이 엄청난 억제 요인이듯이, 쾌락과 고통에 대한 생각은 충동의 힘과 억제의 힘이 가장 큰 생각으로 꼽힌다. 따라서 이런 생각들이 다른 생각들과 맺고 있는 관계는 약간의 주의를 요구하는 문제이다.

만약에 어떤 행동이 유쾌한 느낌이 든다면, 우리는 쾌락이 지속되는 한 그 행동을 되풀이한다. 만약에 그 행동이 우리를 해친다면, 그 순간에 우리의 근육 수축은 정지한다. 후자의 경우에 그 억제력이 너무나 크기 때문에 사람이 자신의 몸을 천천히 절단하는 것은 거의 불가능하다. 그의 손이 완강하게 고통을 초래하길 거부하고 나설 것이기 때문이다. 그리고 한번 맛을 들이기만 하면 그 쾌락을 낳는 행동을 계속하지 않을 수 없게 만드는 쾌락도 많다. 쾌락과 고통이 우리의 행동에 미치는 영향이 너무나 광범위하고 날카롭기 때문에 어떤 철학은 쾌락과 고통만이 행동을 일으키는 유일한 자극이라는 결론을 내리기까지 했다.

그러나 이것은 중대한 실수이다. 쾌락과 고통이 우리의 행동에 미치는 영향이 중요하긴 하지만, 그렇다고 그것들이 우리의 유일한 자극은 아니다. 예를 들어, 본능과 감정의 표현은 쾌락이나 고통과 아무런 관계가 없다. 누가 웃는 즐거움을 위해 웃고, 누가 인상을 쓰는 쾌락을 위해 인상을 쓸까? 누가 얼굴을 붉히지 않는 불편에서 벗어나기 위해 얼굴을 붉힐까? 아니면 화나 슬픔 또는 공포를 겪는 사람이 쾌락을 얻기 위해 그런 행동을 할까? 이 모든 경우를 보면 행동은 쾌락이나 고통과 관계없이 일어난다. 우리의 분노와 사랑, 공포, 눈물과 웃음의 대상들은 우리의 감각에 제시되거나 단순히 생각으로 떠오를 때 특별한 충동의 힘을 발휘한다. 정신 상태

584

의 충동적인 성격은 우리가 탐구하지 못하는 속성에 속한다. 정신 상태 중에서도 다른 것들에 비해 충동의 힘이 특히 강한 정신 상태가 있다. 어떤 정신 상태는 이 방향으로 향하는 충동의 힘을 갖고 있고, 또 다른 정신 상태는 저 방향으로 향하는 충동의 힘을 갖고 있다. 쾌락과 고통의 느낌도 충동의 힘을 갖고 있고 사실에 대한 지각과 상상도 그런 힘을 갖고 있지만, 어느 것도 충동의 힘을 독점적으로나 특별히 발휘하지는 않는다. 어떤 종류의 행동을 일으키는 것이 모든 의식(혹은 의식의 바탕에 있는 신경 작용)의 본질이다. 어떤 생명체나 대상의 경우에는 이런 충동을 일으키는데 다른 생명체나 대상의 경우에는 다른 충동을 일으키는 이유는 진화의 역사가 설명할 문제이다.

어떻든, 충동은 실제로 일어나는 그대로 설명되어야 한다. 충동의 모든 예를 쾌락의 은밀한 유혹과 통증에 대한 혐오의 효과로 해석해야 한다고 생각하는 사람들은 놀라울 정도로 편협한 어떤 목적론적 미신을 믿고 있다. 만일 쾌락에 대한 생각이 행동을 하도록 할 수 있다면, 분명히 다른 생각도 그럴 수 있을 것이다. 경험만이 어떤 생각들이 행동을 일으킬 수 있는지를 결정할 수 있다. 본능과 감정을 논한 장들은 우리에게 행동까지 이어지는 생각들의 이름은 그저 다수라는 점을 보여주었다. 사실들의 반 정도를 버릴 위험까지 안고 쓸데없이 단순화하려고 노력할 것이 아니라 이 정도 선에서 만족하는 것이 바람직할 것 같다.

만약에 우리의 첫 번째 행동에서 쾌락과 고통이 아무런 역할을 하지 않는다면, 쾌락과 고통은 우리의 마지막 행동, 즉 습관화된 행동에서도 거의 아무런 역할을 하지 않을 것이다. 일상의 모든 행동들, 예를 들자면 옷을 입거나 벗고, 직장에 출근하거나 퇴근하고, 직장에서 다양한 일을 하는 것 등은 아주 드문 경우를 제외하고는 정신적으로 쾌락과 고통을 떠올리지 않고 행해진다. 그런 것이 관념 운동 행동이다. 나 자신이 호흡의 쾌락을 위해서 숨을 쉬는 것이 아닌데도 숨을 쉬고 있는 것처럼, 나는 글을 적는 행위 자체의 쾌락을 위해 글을 쓰지 않고 단순히 글을 쓰기 시작했으며, 그런 식으로 지적 흥분 상태에 놓여 있기 때문에 지금 글을 쓰고 있다. 식탁 테이블의 나이프를 만지작거리고 있으면서 그렇게 하는 이유가 그런 행동이 주는 쾌락이라거나 그런 행동이 피하게 하는 고통 때문이라고 말할 사람이 과연 있을까? 우리가 이런 행동을 하는 이유는 그 순간에 그것을 하지 않을 수 없기 때문이다. 우리의 신경계는 그런 식으로 작동하도록 만들어졌다. 우리는 순수하게 '불안해하고' 안절부절못하는 행동에 대해서는 전혀 아무런 이유를 대지 못한다.

소규모 파티에 오라는 초청장을 직접 받은, 수줍음이 많고 비사교적인 어떤 사람에 대해 어떻게 설명해야 할까? 그에게는 파티가 아주 질색이다. 그러나 당신이 직접 초청장을 전달한 사실이 그에게 어떤 강제성으로 작용한다. 그는 둘러댈 구실을 전혀 생각해내지 못했기 때문에 초대에 응한다. 그러면서 그렇게 한 자신을 저주한다. 그는 자신의 삶에 지나칠 정도로 철저하려고 노력하며, 따라서 주말을 어색한 파티로 시간을 보내는 것을 아주 싫어한다. 그러면서도 그는 파티의 초대장을 거부하지 못했다. 이처럼 의지의 모

순을 보여주는 예들은 우리의 행동이 모두 쾌락의 효과만은 아니라
는 점을 보여줄 뿐만 아니라 행동이 선(善)한 것만도 아니라는 점을
보여주고 있다.

어떤 행동의 매력은 바로 그 행동의 나쁜 점에 있다. 금지를 해제
시켜보라. 그러면 그 순간 그 행동의 매력이 사라져 버릴 것이다. 내
가 대학교에 다니던 시절에 어떤 학생이 대학 건물의 위층 문에서
투신했다가 겨우 목숨을 살린 적이 있다. 나의 친구였던 또 다른 학
생은 강의실을 드나들 때 그 문을 통과해야 했으며 그때마다 그곳
에서 투신한 학생을 모방하고 싶은 유혹을 경험했다. 가톨릭 신자
였던 나의 친구는 학과장 교수에게 그런 고민을 털어놓았고, 이에
교수가 '괜찮아! 하고 싶다면 해야지. 마음먹은 대로 한 번 해 봐!'
라고 말했는데, 그 순간 그의 자살 욕망이 싹 사라져 버렸다. 이 교
수는 병든 마음을 다루는 법을 잘 알고 있었다. 그러나 그런 것과 비
슷한 불쾌감이나 나쁜 것이 지니는 유혹적인 힘의 예를 제시하는
데는 병적인 마음을 찾을 필요조차도 없다. 상처가 있거나 이빨이
쑤시거나 아픈 곳이 있는 사람은 고통을 확인하기 위해 때때로 그
곳을 눌러볼 것이다. 만약에 새로운 종류의 악취가 난다면, 우리는
단지 그 악취가 어느 정도 고약한지를 확인하기 위해 냄새를 다시
맡아야 한다. 바로 오늘 나는 그 고약한 통속성 때문에 입에서 쉽게
사라지지 않는 어떤 표현을 나 혼자서 몇 번이고 속으로 되풀이하
고 있다. 그 표현을 혐오하면서도 아직 버리지 못하고 있는 것이다.

주의를 끄는 것이 행동을 결정한다. 대상들의 충동적이고 억제
적인 특성에 결정적인 영향을 미치는 조건을 단 하나의 이름으로

불러야 한다면, 대상들에 대한 '관심'이 가장 적절한 표현일 것 같다. '관심'이라는 이름은 즐겁고 고통스러운 일들뿐만 아니라 병적으로 매력적이고, 절대로 잊히지 않고, 습관적인 것들까지 두루 아우른다. '우리가 주의를 쏟는 것'과 '우리의 관심을 끄는 것'은 똑같은 현상을 두고 하는 표현이다. 그렇다면 어떤 관념이 지닌 충동성의 비밀을 찾아야 할 곳은 그 관념이 운동 방출 경로와 맺는 특이한 관계가 아니라 예비적인 현상, 즉 그 관념이 주의를 끌고 의식을 지배하게 하는 긴급성인 것 같다. 그 관념이 그런 식으로 의식을 지배하게 하고, 그 외의 다른 관념이 그 관념을 대체하는 일이 일어나지 않도록 해보라. 그러면 본래부터 그 관념에 속하는 운동 효과가 반드시 나타날 것이다. 우리가 본능과 감정, 관념 운동 행동, 최면 암시, 병적 충동, 의지의 모순 등에서 본 것이 바로 그것이다. 당장 힘을 발휘하는 관념은 단지 관심을 끄는 관념이다. 쾌락과 고통이 운동을 일으키는 자극이 되는 곳에서도 마찬가지이다.

쾌락과 통증은 나름의 특징적인 효과를 유발시킴과 동시에 다른 생각들을 의식에서 몰아낸다. 또한 우리가 앞에서 설명한 5가지 유형의 결정에 있어서 결단의 순간에 일어나는 것도 바로 이런 것이다. 요약하면, 의식을 지속적으로 차지하는 것이 추진력의 첫 번째 조건처럼 보인다. 억지력의 경우에는 더욱 그러한 것 같다. 충동을 따르는 것이 못마땅하다 싶은 이유들을 생각하는 것만으로도 우리의 충동을 저지할 수 있다. 만약에 양심의 가책과 의심, 두려움을 망각할 수만 있다면, 우리는 한동안 에너지를 아주 의기양양하게 발산할 수 있을 것이다.

## 의지는 정신과 정신의 관념들 사이의 한 관계이다

이런 모든 예비적인 단계를 지나서 의지 작용의 보다 깊은 본질에 초점을 맞추면, 우리는 관념이 정신을 지배하게 하는 조건에 대해 더 깊이 생각하게 된다. 어떤 관념이 확고한 하나의 사실로 정신을 지배하게 되면, 의지의 심리학은 거기서 끝난다. 이어지는 행동은 전적으로 생리학적인 현상으로 생리학적 법칙에 따라 관념이 일으키는 신경의 운동을 따른다. 의지의 작용은 그 관념이 지배하게 됨과 동시에 종식된다. 그 다음에 행동이 따르는지 여부는 의지가 개입되는 한에서만 정신적인 문제이다.

내가 글을 쓰기를 원하면 글을 쓰는 행동이 따르게 된다. 재채기의 경우는 다르다. 내가 재채기를 하려 해도 재채기가 나오지 않는다. 먼 곳에 있는 탁자를 내 쪽으로 오도록 만들고 싶지만 탁자가 저절로 오지는 않는다. 나의 의지가 담긴 표현이 나의 재채기 중추를 자극하지 못하는 것은 나의 의지가 담긴 표현이 탁자를 움직이도록 하지 못하는 것과 똑같다. 그러나 두 경우의 의지도 내가 글을 쓰려고 할 때만큼이나 진정한 바람이다. 한마디로 요약하면, 의지는 순수하고 단순한 하나의 정신적 또는 도덕적 사실이며 그 관념의 안정적인 상태가 거기에 있을 때 완벽하게 종결된다. 그 뒤의 행동은 정신 밖에 있는 신경절(神經節)에 좌우되는 다른 현상이다. 신경절이 제대로 작동하면, 행동도 완벽하게 일어날 것이다. 신경절이 작동하긴 하지만 제대로 작동하지 않는다면, 무도병(舞蹈病)과 운동실조증(運動失調症), 운동성 실어증 등이 나타날 수 있다. 만약에 신경절이 전혀 작동하지 않는다면, 운동이 하나도 나타나지 않는다. 흔히 마비되었다고 하는 사람들이 바로 이런 사람들이다. 이런 사람들도 엄청난 노력을 기울이면 신체의 다른 근육을 수축시킬 수 있다. 그러나 마비된 사지는 움직이지 않는다. 그러나 이 모든 경우에도 심리 작용인 의지는 아무런 손상을 입지 않는다.

## 의지가 담긴 노력은 주의의 노력이다

주어진 어떤 행동에 대한 생각이 어떤 정신 작용을 통해서 정신을 지배하게 되는가 하는 물음을 던질 때, 우리는 의지를 탐구하는 노력의 핵심에 닿게 된다. 생각들이 별다른 노력을 기울이지 않고도 정신을 지배하는 곳에서, 우리는 감각과 연상, 주의가 의식 앞에 나타나고 또 의식에 머무는 법칙에 대해 충분히 공부했다. 그래서 그 바탕을 다시 검토하지 않을 것이다. 왜냐하면 관심과 연상이 자체의 가치를 떠나서 우리의 설명에 반드시 필요한 단어들이라는 것을 우리가 알고 있기 때문이다.

한편, 사고의 지배가 노력을 통해서만 가능한 곳을 보면, 상황이 훨씬 덜 분명하다. 주의를 논하는 장에서 우리는 노력이 수반되는 의도적인 주의에 대한 최종적 고려를 뒤로 미루었다. 지금 여기서 우리는 노력이 수반되는 주의가 바로 의지가 암시하는 그것이라는 사실을 확인한다. 요약하면, 의지의 성취에서 가장 근본적인 노력은 어려운 어떤 대상에 주의를 기울이고 그것을 마음 앞에 붙들어 놓는 것이다. 그렇게 하는 것이 바로 결단이다. 그런 식으로 대상에 주의를 기울일 때, 즉시적으로 운동의 결과가 나타나는 것은 단순히 생리적인 일이다.

따라서 의지의 핵심적인 현상이 바로 주의를 기울이려는 노력이다. 독자 여러분은 자신의 경험을 통해서 이 말이 맞다는 것을 알 것이다. 왜냐하면 누구에게나 불같은 열정으로 열병을 앓은 경험이 있을 것이기 때문이다. 현명하지 못한 열정에 사로잡힌 사람이 마치 그 열정이 현명한 것처럼 행동하는 것이 그렇게 어려운 이유는 무엇인가? 물론 거기에는 육체적 어려움은 전혀 없다. 육체적으로 본다면, 싸움을 거는 것도 싸움을 피하는 것만큼이나 쉽고, 돈을 흥청망청 쓰는 것도 돈을 모으는 것만큼이나 쉽고, 정부(情婦)의 집으로 향하는 것도 정부를 멀리하는 것만큼이나 쉽다.

　어려움은 정신적인 것이다. 현명한 행동에 대한 생각이 정신 앞에 머물도록 하는 것이 문제이다. 어떤 강력한 감정 상태에 빠질 때, 그 상태와 일치하는 이미지들만 떠오르는 경향이 있다. 어쩌다 다른 감정 상태가 나타난다 하더라도, 그 상태들은 즉시 가려지고 밀려날 것이다. 마음이 즐거운 상태에서 우리는 우리의 앞길에 많이 놓여 있을 실패의 위험이나 불확실성에 대해 좀처럼 깊이 생각하지 않는다. 마음이 울적한 상태라면, 우리는 새로운 성공이나 여행, 사랑, 환희에 대해 좀처럼 생각하지 못한다. 앙심을 품고 있다면, 우리는 그런 마음을 품게 만든 사람에게 절대로 좋은 생각을 품지 못한다. 한창 열 받은 상태에서 다른 사람에게 듣는 냉철한 충고야말로 인생에서 가장 화나게 만드는 말이다. 우리는 그 충고를 따르지 못한다. 그래서 화가 난다. 왜냐하면 우리의 열정이 가진 일종의 자기 보존 본능 탓에, 냉담한 조언들이 우리의 마음 안에 깊이 자리를 잡기만 하면 우리의 열정에서 생겨난 모든 생명의 불꽃을 얼어붙게 만들고 또 우리의 비현실적인 성(城)을 무너뜨릴 것 같은 느낌이 들기 때문이다. 이성적인 생각이 다른 종류의 생각들에 불가피하게 미치는 효과가 바로 그런 것이다. 이성적인 생각이 주의를 끌게 되면 다른 생각들이 서서히 사라지게 된다. 따라서 열정의 역할은 언제 어디서나 차분하고 낮은 목소리가 들리지 않도록 막는 것이다. "그런 일 따위에 대해선 생각하게 하지 마! 그런 일 따위에 대해선 말하지 마!" 열정에 빠진 사람들은 누군가가 자신의 열정을 식히려 드는 기미가 보이면 예외 없이 이런 소리를 외친다. 다른 사람이 조언이라는 이름으로 던지는 냉탕에는 얼음처럼 차가운 무엇인가가 있다. 말하자면 이성이 시체 같은 손가락을 우리 심장에 대고 "그만! 포기해! 멈춰! 돌아가! 앉아!"라고 말할 때, 그 이성 안에는 우리의 행동에 아주 적대적인 무엇인가가 있는 것이다. 이성이 이런 식으로 나올 때, 대부분의 사람들에게 이성의 진정 효과가 한동안 죽음의 그림자처럼 느껴진다.

그러나 의지가 강한 사람은 차분하고 작은 목소리에 당당하게 귀를 기울이는 사람이고, 또 죽음과도 같은 조언이 나올 때 온갖 자극적인 이미지들이 나타나 그 조언을 쫓아버리려 마음을 어지럽히며 반란을 일으키고 있음에도 불구하고 그 조언을 정면으로 바라보고, 동의하고, 거기에 강하게 매달리는 사람이다. 조언이라는 그 어려운 대상은 이런 식으로 주의(注意)의 단호한 노력의 뒷받침을 받기만 하면 금방 그 사람의 의식의 성향을 크게 바꿔놓음으로써 그 조언과 같은 성격의 말과 연상, 목적을 일깨우기 시작한다. 그러면 그 사람의 행동이 의식으로 인해 변화한다. 왜냐하면 새로운 대상이 그 사람의 생각의 영역을 안정적으로 차지하기만 하면 반드시 자체의 운동 효과를 낳게 되기 때문이다. 어려움은 바로 이 생각의 영역을 차지하는 데 있다. 비록 사고의 무의식적 흐름이 다른 방향을 향하고 있더라도, 주의는 한 가지 대상으로 모아져야 한다. 그러다 보면 대상이 점점 더 커지면서 마침내 아주 쉽게 정신 앞에 머물 수 있게 될 것이다. 이 같은 주의의 긴장이 의지의 근본적인 작용이다. 대부분의 경우를 보면 당연히 환영 받지 못하게 되어 있는 어떤 대상에 대한 생각이 안정적으로 지켜질 수 있게 될 때, 의지의 작용은 끝난다. 이젠 생각과 그 운동 중추들 사이의 신비한 끈이 작용하기 시작하며, 신체 기관들은 우리가 짐작조차 하지 못하는 방식으로 그 작용에 복종한다.

이 모든 과정에서 의지의 노력이 전적으로 정신세계에서 일어난다는 사실이 확인되고 있다. 드라마는 어디까지나 정신세계의 드라마이다. 어려움도 어디까지나 정신세계의 어려움, 즉 우리의 생각이 이상적인 대상을 다루는 데 따르는 어려움이다. 그 이상적인 대상은, 한마디로 요약하면, 우리의 의지가 소중하게 여겨야 할 관념이고, 만약에 가만 내버려둔다면 그냥 흘러가 버리겠지만 우리가 그냥 흘러가게 가만 내버려두지 않을 수도 있는 그런 관념이다. 그 관념이 분열되지 않은 가운데 우리의 정신에 남도록 하는 것, 그것이 바로 노력이 유일하게 이룰 수 있는 성취이다. 노력의 유일한 기능은 이 관념을 마음속에 깊이 새기는 것이다. 그렇게 하는 길은 한 가지밖에 없다. 그 관념이 흔들리지 않고 사라지지 않게 하는 것이다. 그 관념이 정신을 꽉 채울 때까지 그것을 언제나 정신 앞에 제시해야 한다. 하나의 관념에 의해서 정신이 그 관념과 조화를 이루는 연상들로 가득 채워지는 것이 곧 그 관념과 그 관념이 상징하는 사실에 대해 동의하는 것이다. 만약에 그 관념이 우리 자신의 육체적 움직임에 관한 것이라면, 우리는 이런 식으로 어렵게 얻은 동의를 '운동 의지'(motor volition)라고 부른다. 여기서부터 자연은 우리를 뒷받침하면서 나름대로 외적 변화를 통해서 우리의 내적 의지를 밀어준다.

이 장 앞부분에서 '합리적인 유형'의 결정에 대해 설명하는 대목에서, 문제에 대한 개념이 제대로 형성될 때 그런 결정이 내려진다는 것을 보았다. 그러나 올바른 개념 형성이 충동에 반할 때, 그 사람의 지적 독창력은 대체로 그 같은 개념 형성을 배제하는 쪽으로 움직이며 그 순간의 성향이 정당화될 어떤 급박한 명분을 찾을 것이고, 그러면 게으름이나 열정이 억제되지 않고 계속 지배하게 될 것이다. 술주정뱅이가 새로운 유혹에 맞닥뜨릴 때마다 제시하는 변명이 얼마나 다양한가! 새로운 브랜드의 술이니, 술에 지적 관심이 많은 사람으로서 당연히 맛을 봐야 하는 것이 아닌가. 다른 사람들도 다 맛을 보는데 나만 거부하는 것은 야비한 짓이지 않은가. 아니면 잠을 이루기 위해 술을 마실 뿐이다. 또 술을 마시고 싶어서 그런 게 아니라 날씨가 너무 추워서 어쩔 수 없이 마시는 것이다. 크리스마스라서 마신다. 아니면 술을 끊기 전의 마지막 잔으로 마신다. 이 나약한 영혼의 주의 앞에는 자신이 주정꾼이라는 생각은 절대로 머물지 않을 것이다. 그러나 만약에 주정꾼이 자기 자신에 대해 나약한 영혼의 소유자라고 생각하기만 한다면, 그는 주정꾼의 모습을 더 이상 보이지 않으려고 노력할 것이다. 그가 주정꾼이라는 이름을 자신의 정신에 줄기차게 비치게 한 노력이 그를 구해주는 도덕적 행위가 될 것이다.

그렇다면 노력의 역할은 어디서나 다 똑같다고 할 수 있다. 그냥 가만 내버려두면 멀어질 어떤 생각을 끊임없이 채택하고 지지하는 것이 노력의 역할이다. 정신의 무의식적 흐름이 흥분 쪽을 향할 때에는 그 노력이 냉담하고 차분해야 하고, 정신의 무의식적 흐름이 휴식 쪽을 향할 때에는 그 노력이 활발해져야 한다. 전자의 경우에 노력은 폭발을 억제해야 하고, 후자의 경우에 노력은 저지 당하고 있는 의지를 일깨워야 한다.

난파선 잔해에 몸을 의지한 채 지쳐 있는 선원의 의지는 꺾여 있다. 그의 머리를 맴돌고 있는 한 가지 생각은 쓰린 손, 스며든 물을 계속 퍼내는 행위에 따르는 절망, 깊은 잠에 빠질 때의 그 달콤함에 대한 생각이다. 또 다른 생각은 그를 삼키려 드는 바다에 대한 생각이다. 그런 가운데 그는 "어떻게든 살아야 해!"라고 말한다. 그러면 난파선 잔해에 가만히 누워서 누릴 수 있는 편안함이 그의 행동을 억제하고 있음에도 불구하고, 그는 바닷물을 퍼내는 노력을 계속하게 된다. 그래도 잠에 대한 유혹이 다시 떠오를 것이다. 만약에 불면증에 걸린 어떤 환자가 아무것도 생각하지 않거나 성경이나 시구의 글자를 하나씩 차례대로 떠올릴 수 있을 만큼 자신의 생각을 통제할 수 있다면, 그 사람에게 그런 통제에 따른 육체적 효과가 나타나고 금방 잠에 들 것이 거의 틀림없다. 어려운 것은 무미건조하기 마련인 대상들의 기차에 정신을 집중하는 것이다. 충동적인 사람인가 자제력 있는 사람인가, 아니면 정신이 온전한 사람인가 광인인가를 불문하고, 어떤 관념을 떠받치는 것이 유일한 도덕적 행위이다. 대부분의 편집광들은 자신의 생각이 광적이라는 사실을 잘 알고 있으면서도 그 생각이 너무나 강하기 때문에 자신이 도저히 저항하지 못한다고 판단한다. 이런 광적인 생각에 비하면 온건한 진리는 지나치게 명징하고 시체 같이 차갑다. 그렇기 때문에 광인은 진리를 정면으로 보면서 "맞아, 나도 이렇게 되어야 해!"라고 말하지 못한다. 그럼에도 충분한 노력이 수반된다면, 좋은 결과가 나올 수 있다.

요약하면, 의지의 모든 심리적 작용의 종점, 즉 의지가 직접 적용되는 곳은 언제나 하나의 관념이다. 우리가 사고(思考)의 문턱에서 마치 놀란 말(馬)처럼 그 억지력 때문에 피하려 드는 관념이 언제나 있기 마련이다. 우리의 의지가 경험하는 유일한 저항은 그런 관념이 우리의 주의에 맞서는 저항이다. 그런 관념에 주의를 기울이는 것은 의지가 필요한 행위임과 동시에 우리가 내면적으로 수행할 수 있는 유일한 의지의 행위이기도 하다.

## 자유 의지의 문제

이 장에서 이미 설명한 바와 같이, 우리는 자신의 노력에 대해 실제보다 더 많이 하고 있다고 느끼거나 더 적게 하고 있다고 느낀다. 달리 말하면, 노력은 우리에게 저항하고 있는 대상이 우리의 내면에 불러일으키는 고정된 반응이 아니라, 그 예와 우리의 동기, 성격 등 정해진 자료들 사이에 수학자들이 흔히 말하는 '독립 변수' 같은 것으로 나타난다. 만약에 이 말이 맞고 또 우리의 노력의 양이 다른 자료들에 따라 결정되는 함수가 아니라면, 일상의 언어로 말해 우리의 의지는 자유롭다. 그러나 이와 반대로 만약에 노력의 양이 고정 함수이고, 그래서 우리의 의식을 채우고 있는 어떤 대상이든 그 순간에 우리에게 정확한 양의 노력을 강제한다면, 우리의 의지는 자유롭지 않고 우리의 모든 행동은 미리 정해져 있다.

자유 의지를 둘러싼 논란에서 사실의 문제는 이렇듯 아주 간단하다. 자유 의지의 논란은 오직 우리가 어느 시점에 주의를 기울이는 노력의 양에 관한 것일 뿐이다. 그러면 이 노력의 기간과 강도는 그 대상의 고정 함수인가 아니면 고정 함수가 아닌가? 방금 말한 바와 같이, 우리는 당시의 대상에 따라 노력을 더 많이 할 수도 있고 더 적게 할 수도 있는 것 같다. 어떤 사람이 며칠 아니 몇 주일 동안 생각에 생각을 거듭한 끝에 마침내 특별히 소심하거나 비참한 행위로 결말을 맺는다면, 양심의 가책을 느끼고 있을 그 사람에게 생각들을 통제하지 않아서 그랬을 수 있다고 설득시키기가 어렵다. 또 그로 하여금 이 선한 우주가 바로 그 순간에 그렇게 할 것을 요구했으며, 따라서 그 외의 다른 것은 불가능했다고 믿도록 하기도 어렵다. 그러나 한편으로 보면, 노력이 충분히 수반되지 않은 그의 모든 의지는 그의 뇌 구조에 의해 자동적으로 그 강도와 연결이 결정되는 관심과 연상의 결과인 것이 확실하다. 그리고 사건들의 일반적인 연속성과 세상을 보는 일원론적 관점은 우리로 하여금 결정론적인 법칙이 지배하는 상황에서 노력처럼 사소한 것은 예외를 일궈낼 수 없다는 생각을 품도록 만든다. 노력이 수반되지 않는 의지에서조차도, 우리는 다른 대안이 가능하다는 생각을 품고 있다. 이건 분명히 착각이다. 그렇다면 이것이 다른 곳에서는 착각이 아닐까?

자유 의지의 문제는 엄격히 심리학적인 바탕에서는 해결될 수 없는 문제이다. 어떤 생각에 주의 노력을 어느 정도 기울인 뒤, 그 이상의 노력을 기울여야 했는지 아니면 그 이하의 노력을 기울여도 좋았을 것인지에 대해 말하는 것은 가능하지 않다. 그것을 말하기 위해선, 우리는 그 노력을 야기한 요소들까지 거슬러 올라가면서 그것들을 정확히 정의하고 우리가 지금 짐작조차 하지 못하고 있는 어떤 법칙들을 근거로, 우리가 쏟을 수 있는 노력의 유일한 양이 실제로 쏟아진 노력의 양과 일치한다는 점을 입증할 수 있어야 한다.

정신적인 것이든 신경 조직에 관한 것이든 그런 측정은 영원히 인간의 능력 밖에 있을 것이다. 진지한 심리학자나 생리학자라면 누구도 그런 측정을 하겠다고 나서지 않을 것이다. 심리학자는 하나의 과학을 구축하기를 원한다. 과학은 고정된 관계들의 체계이다. 독립 변수들이 있는 곳이면 어디든 과학이 작동하지 않는다. 우리의 의지들이 독립 변수인 한, 과학적 심리학은 그 사실을 무시해야 하고 고정 함수인 한에서만 의지를 다뤄야 한다. 달리 말하면, 과학적 심리학은 의지의 일반 법칙과 관념들의 충동적이거나 억제적인 성격, 주의를 끄는 관념들의 본질, 노력이 일어나는 조건들만을 다뤄야 한다. 노력의 정확한 양을 다뤄서는 안 된다. 왜냐하면 우리의 의지가 자유롭다면 노력의 양을 계산하는 것이 불가능하기 때문이다. 따라서 과학적 심리학은 자유 의지의 존재를 부정할 필요도 없이 자유 의지의 문제에서 물러나야 한다. 그러나 실질적으로 보면 그런 물러남은 거부와 뚜렷이 구별되지 않는다. 실제로 대부분의 심리학자들은 자유 의지가 존재한다는 점을 부정하는 데 조금도 주저하지 않는다.

우리는 자유 의지 논쟁을 형이상학으로 넘길 수 있다. 심리학은 각 개인의 결정을 다루는 문제에 있어서 실제의 사실과 심리학의 과학적 계산 사이의 불일치를 발견해낼 만큼 충분히 다듬어져 있지 않다. 심리학의 예지(銳智)는 개별 비상 사태가 해결되는 방식이 노력에 좌우되는지 여부를 절대로 완벽하게 밝히지 못할 것이다. 자유 의지라는 것이 이 세상에 존재하든 안 하든, 이 세상 안에서 심리학은 언제나처럼 심리학일 것이고 과학은 과학일 것이다.

따라서 우리는 심리학에서 자유 의지 문제를 무시할 수 있다. 앞에서 말한 것처럼, 자유로운 노력이란 것이 존재한다 하더라도 그것의 작용은 어떤 이상적인 대상 혹은 그 대상의 일부가 정신 앞에 조금 더 오래 혹은 조금 더 강하게 머물게 할 수 있을 뿐이다. 그렇게 함으로써 자유로운 노력은 순수한 가능성으로서 정신 앞에 모습을 드러내는 여러 대안들 중에서 이 이상적인 대상을 보다 효과적인 것으로 비치게 만들 것이다. 비록 어떤 관념을 그런 식으로 자극하는 것이 도덕적으로나 역사적으로 중요할 수 있을지라도, 역동적으로 고려한다면 그것은 심리학에서는 무시해야 하는 생리학적 현상에 속할 것이다.

## 노력하는 현상의 윤리적 중요성

노력의 양에 관한 질문을 심리학이 절대로 대답할 수 없는 것으로 배제하는 한편, 나는 노력이 우리 인간에게 지니는 특별히 중요한 성격에 대해 짧게 언급해야 한다. 물론 우리는 자기 자신을 여러 기준으로 측정한다. 우리의 힘과 지능, 부와 심지어 행운까지도 우리의 가슴을 따뜻하게 만들고 동시에 인생에 도전적으로 나서게 만든다. 그러나 그런 모든 것들보다 더 깊고 또 그런 것들이 없어도 스스로 확보할 수 있는 것이 바로 우리가 쏟을 수 있는 노력의 크기이다. 우리의 힘과 지능, 부와 행운은 결국엔 세상의 결실이자 산물이다. 그러나 노력은 이런 것들과 완전히 다른 영역에 속하는 것 같다.

노력은 마치 우리 자신을 이루는 실질적인 알맹이인 것 같고, 앞에서 말한 것들은 우리가 갖고 다니는 외관인 것 같다. 만약에 우리의 용기와 자제력을 추구하는 것이 인간 드라마의 목적이라면, 가장 앞세워야 할 것은 우리 스스로 펼 수 있는 노력인 것 같다. 아무런 노력을 기울이지 않는 사람은 그림자나 마찬가지이고, 많은 노력을 기울이는 사람은 영웅이다. 우리를 에워싸고 있는 이 거대한 세계는 우리에게 온갖 종류의 질문을 다 던지고 온갖 방법으로 우리를 시험한다. 우리는 일부 시험에 쉬운 행동으로 대응하고, 일부 질문에 매우 공식적인 대답을 내놓는다. 그러나 가장 심오한 질문은 우리로 하여금 의지를 돌아보게 만들고 각오를 다지게 할 뿐 어떠한 대답도 허용하지 않는다. 어떤 무서운 대상이 나타나거나 삶이 대체로 심연 같은 어두운 면을 보여줄 때, 우리들 중에서 보잘것없는 사람들은 상황에 대한 장악력을 완전히 잃어버리고 주의를 다른 곳으로 돌리며 그 난국에서 도망치거나 그렇게 할 수 없을 경우에는 푸념과 공포의 늪으로 빠져든다. 그런 대상에 맞서거나 동의하는 데 필요한 노력은 그런 사람들의 능력 밖이다.

그러나 영웅적인 정신은 이와 다르게 대응한다. 영웅적인 정신에도 그 대상들은 마찬가지로 불길하고, 무섭고, 싫다. 그러나 영웅적인 정신은 필요하다면 그런 대상을 직면할 수 있다. 그 대상 때문에 삶의 나머지에 대한 장악력을 잃는 일도 벌어지지 않는다. 따라서 세상은 영웅적인 사람에게서 가치 있는 덕목을 발견한다.

영웅적인 사람이 스스로를 다스리고 가슴이 동요하지 않도록 하기 위해 쏟는 노력이 바로 그의 가치와 능력을 직접적으로 말해준다. 영웅적인 사람은 이 우주 앞에 똑바로 설 수 있다. 그는 우주를 직면하고, 또 약한 동료들이 쉽게 굴복하는 그런 일들 앞에서도 우주에 대한 믿음을 지켜나갈 수 있다. 그러면서 그는 우주 안에서 '타조의 망각'을 통해서가 아니라 억제하려 드는 대상들이 가득한 우주를 직면하겠다는 의지를 통해서 어떤 열정을 발견할 수 있다. 그것으로 그는 스스로를 인생의 주인으로 만든다. 이제부터 그는 중요한 존재가 될 것임에 틀림없다. 그는 인류의 운명의 한 부분을 이룬다.

이론적인 영역에서나 실용적인 영역에서, 우리는 위험을 감수할 뜻이 전혀 없는 사람이나 아슬아슬한 가장자리를 혐오하는 사람을 별로 좋아하지 않거나 그런 사람에게 도움을 청하려 하지 않는다. 우리의 종교 생활은 위험한 가장자리에 과거보다 더 위태하게 걸려 있고, 우리의 현실 생활은 과거보다 덜 위태하게 걸려 있다. 그러나 용기가 또 다른 용기의 결과일 때가 종종 있듯이, 우리의 믿음 또한 또 다른 무엇인가의 믿음에 대한 믿음이 되기 쉽다.

우리는 영웅적인 예에서 새로운 활력을 끌어낸다. 예언자는 쓴 잔을 어느 누구보다 더 깊이 들이켰지만 그의 표정은 매우 침착하고 그가 쓰는 단어는 힘이 넘친다. 그래서 그의 의지는 우리의 의지가 되고, 우리의 삶은 그의 삶에 자극을 받는다.

따라서 종교가 신중한 것인 한, 우리의 도덕뿐만 아니라 우리의 종교도 우리의 노력에 좌우된다. 우리가 듣는 질문 중에서 가장 엄격한 질문은 "그것을 그냥 둘 것인가, 아니면 달리 바꿀 것인가?"라는 것이다. 우리는 매시간 이 질문을 받는다. 아주 중대한 일이나 아주 사소한 일에 대해서도, 또 아주 이론적인 일이나 아주 실용적인 일에 대해서도 이 질문을 받는다. 그렇다. 우리는 이에 대해 동의나 반대로 대답하지 말로 대답하지 않는다. 이 무언의 대답들이 세상사의 본질과 통하는 깊은 소통 기관처럼 보이니, 이 얼마나 경이로운 일인가! 세상사가 요구하는 노력이 인간으로서 우리의 가치를 보여준다니, 이 또한 얼마나 경이로운 일인가! 우리가 쏟는 노력의 양이 바로 우리가 세상을 이롭게 하는 독창적인 기여라니, 이것 또한 경이로운 일이 아닌가!

에필로그

# 심리학과 철학

## 형이상학이란 단어의 의미

마지막 장에서 우리는 자유 의지의 문제를 '형이상학'으로 넘겼다. 진정으로 말하지만, 자유 의지의 문제를 전적으로 심리학의 범위 안에서 해결하려 드는 것은 경솔한 짓이다. 심리학이 과학적 목적을 위해 결정론을 주장하고 나설 수 있다는 점을 인정하도록 하자. 그래도 아무도 비난하지 않을 것이다. 만약에 훗날 그 주장이 오직 상대적인 목적만을 갖고 있는 것으로 드러나고 또 반대 주장에 의해 힘을 잃게 된다면, 조정을 거치면 될 것이다.

지금 윤리학이 반대 주장을 제기하고 있다. 이 책의 저자는 우선 윤리학의 반대 주장이 더 설득력 있다는 점을 인정하고 또 우리 인간의 의지가 '자유롭다'고 추정하는 데 조금도 망설이지 않는다. 그렇다면 나에게 있어서 심리학의 결정론적인 주장은 오직 잠정적이고 방법론적인 것일 뿐이다.

이 책은 윤리적인 주장을 펼치는 곳이 절대로 아니다. 그래서 나는 서로 구별되는 이 학문들이 엄연히 존재하는 어떤 진리의 실체에 접근하는 방편으로 서로의 필요 때문에 미래에 수정될 수 있는 결과와 주장들을 가질 수밖에 없다는 점을 보여주기 위해 심리학과 윤리학의 갈등에 대해 언급할 뿐이다. 이 학문들이 논의를 벌이고 있는 광장은 형이상학이라 불린다. 형이상학은 오직 명쾌하고 일관되게 사고하려는 집요한 시도를 의미한다. 심리학과 윤리학은 모두 모호함과 모순이 가득한 자료를 다루고 있다. 그러나 각 학문의 제한적인 목표라는 관점에서 본다면, 이 단점들을 그냥 보아 넘길 수 있다. 따라서 형이상학이라는 이름이 폄하하는 듯한 투로 널리 쓰이게 되었다. 제한적인 목적을 가진 사람에겐 자신의 목적에 비해 지나치게 난해한 논쟁이면 무엇이든 '형이상학적'인 것으로 여겨진다. 지질학자의 목표들은 시간 자체에 대한 이해가 부족하다. 기계 전문가는 작용과 반작용이 어떻게 가능한지에 대해서는 전혀 알 필요가 없다. 심리학자는 자기 자신과 자신이 연구하는 정신이 똑같은 외부 세계를 어떤 식으로 알게 되는지에 대해 궁금해하지 않아도 할 일이 충분히 많다.

그러나 어느 한 관점에서 보면 아무런 관련이 없는 문제도 다른 관점에서 보면 근본적인 문제일 수 있다. 그리고 학문의 목적이 하나의 전체로서의 이 세상에 대한 통찰을 최고 수준으로 끌어올리는 것이 되자마자, 형이상학적 수수께끼들이 가장 중요한 문제가 되었다. 심리학은 일반 철학에 충분히 많은 것을 기여하고 있다. 나는 마지막 장에서 심리학의 기여 중에서 가장 중요한 것들을 짧게 제시할 생각이다.

## 의식과 뇌의 관계

심리학이 하나의 자연 과학으로 다뤄질 때, '정신 상태'는 당연히 경험에서 즉시적으로 얻을 수 있는 자료로 여겨진다. 이때 심리학이 받아들이고 있는 가설은 어느 순간이든 유일한 정신 상태는 언제나 뇌의 상태와 '일치한다'는 경험적인 법칙이다. 우리가 형이상학 쪽으로 눈을 돌리면서 스스로에게 '일치한다'는 단어가 의미하는 바가 무엇인지를 묻기 전까지, 이 가설은 매우 잘 통한다. 그러나 우리가 이 가설을 단순히 뇌의 상태와 정신의 상태를 나란히 놓는 그 이상의 깊은 무엇인가로 해석하려 드는 순간, 이 가설은 그만 어둠 속에 묻히고 만다. 어떤 사람들은 정신의 상태와 뇌의 상태를 각각 '똑같은 실재'의 내적 측면과 외적 측면이라고 부름으로써 이 의견을 더 명료하게 전달할 수 있다고 생각한다. 또 다른 사람들은 정신 상태를 단일한 존재인 영혼이 뇌의 다양한 활동에 대해 반응하는 것으로 보고 있다. 또 다른 사람들은 뇌 세포 하나하나가 개별적으로 다 의식적이라고 생각하고 또 경험을 통해 확인되는 정신 상태를 수많은 작은 의식들이 하나의 큰 의식으로 뭉쳐서 나타나는 것으로 여김으로써 그 미스터리를 더욱 세분화하고 있다.

우리는 이 3가지 형이상학적 시도들을 각각 일원론적 이론, 정신주의적 이론, 원자론적 이론이라고 부른다. 각 이론은 나름의 문제를 안고 있는데, 내가 볼 때에는 정신주의적 이론의 문제가 논리적으로 가장 덜 심각하다. 그러나 정신주의적 이론은 다수의 의식, 다중 인격 같은 사실들과 가장 동떨어져 있다. 이런 것들은 자연스럽게 원자론적인 공식을 뒷받침하게 된다. 왜냐하면 하나의 영혼이 전체적으로 반응하다가 서로 별개인 몇 가지의 동시적 반응으로 세분화된다는 식의 생각보다는, 다수의 미세한 의식들이 하나의 보다 큰 의식의 덩어리를 이루다가 다시 보다 작은 의식으로 갈라진다고 생각하는 것이 훨씬 더 그럴듯하기 때문이다. 뇌 기능이 부위별로 분산되어 있는 것도 원자론적 관점을 뒷받침한다. 예를 들어, 내가 종(鐘)을 경험한다고 가정하자. 종을 보는 기능은 나의 후두엽에 있고, 종소리를 듣는 기능은 측두엽에 있다. 이런 경우에 후두엽이 종을 보고 측두엽이 종을 듣고 그 다음에 '각각의 정보를 결합한다'고 말하는 것보다 더 자연스러운 방법이 있을까? 어떤 대상의 부분들이 어느 순간에든 의식에 나타나는 것은 그때 활성화된 뇌의 부분들에 좌우된다는 잘 알려진 사실을 그런 식으로 표현하는 방법이 대단히 자연스런 까닭에, 의식의 부분들이 결합할 수 있다는 개념에 반대하는 것은 원자론 철학자에 의해 억지스럽고, 비현실적이고, '형이상학적인' 것으로 부정당할 것이다. 원자론 철학자의 '목적'은 사물들을 자연스럽고 쉬운 방법으로 통합할 공식을 얻는 것이며, 그런 목적을 위해서 원자론적 이론이 별다른 힘을 들이지 않고 만들어졌을 것이다.

그러나 '일치' 문제의 어려움은 비단 그 문제를 푸는 것에만 있는 것이 아니라 문제 자체를 기본적인 용어로 표현하는 데에도 있다. 생각이 뇌의 어떤 변화와 일치할 때 거기에 어떤 일이 벌어지고 있는지를 알려면, 우리는 먼저 벌어지고 있는 일들의 주제들을 알아야 한다. 우리는 어떤 종류의 정신적 사실과 어떤 종류의 뇌의 사실이 말하자면 즉시적으로 병렬되는지를 알아야 한다. 또 뇌의 사실과 직접 연결되어 있는 최소한의 정신적 사실을 발견해야 한다. 마찬가지로 정신과 연결된 최소한의 뇌의 사건도 찾아내야 한다. 이런 식으로 발견한 정신적 최소치와 육체적 최소치 사이에는 어떤 직접적인 관계가 있을 것이다. 만일 이 관계를 찾아낸다면, 그것을 나타낸 것이 정신물리학의 기본 법칙이 될 것이다.

우리의 공식은 복합적인 어떤 대상의 전체 사고를 그 대상이 정신적 측면에서 다룰 수 있는 최소한의 것으로 보고, 전체 뇌를 그 대상이 육체적인 측면에서 다룰 수 있는 최소한의 것으로 봄으로써 정신적 원자라는 초(超)경험적인 가정을 피했다. 그러나 '전체 뇌'는 절대로 육체적인 사실이 아니다. 그것은 어떤 상태로 배열되어 있는 십억 개의 분자들이 우리의 감각에 영향을 미치는 방식에 대해 붙인 이름에 지나지 않는다. 입자 이론에 따라, 유일한 실재는 별개의 분자들이며 기껏 커봐야 세포들이다. 분자들이 뭉쳐서 '뇌'를 이룬다는 것은 대중적인 언어의 픽션이다. 그런 식으로 꾸며낸 것은 정신 상태의 진정한 짝이 되지 못한다. 오직 순수하게 육체적인 사실만이 정신 상태의 진정한 짝이 될 수 있으며, 분자와 관련 있는 사실이 유일하게 육체적인 사실이다. 그래서 만일 정신물리학의 기본 법칙을 갖기를 원한다면, 우리는 정신 원자 이론과 같은 무엇인가에 의존해야 할 것이다. 왜냐하면 분자와 관련있는 사실이 '뇌'의 한 요소인 까닭에 자연히 전체 생각들이 아니라 생각의 요소들과 일치하는 것처럼 보이기 때문이다. 따라서 정신에 실재하는 것이 물리적 현상에 실재하지 않는 것과 '일치'하는 것처럼 보인다. 그 반대도 마찬가지이다. 당혹스럽지 않을 수 없다.

## 정신 상태들과 그 대상들의 관계

의식의 상태들이 인식할 수 있다는 우리의 가설(1장 '서론'과 2장 '감각 일반' 참고)에 대해 생각할 때에도, 당혹감은 누그러지지 않는다. (모든 자연 과학들의 관점인) 상식의 관점에서 보면, 지식은 2개의 외적 존재인 인식의 주체와 인식의 대상 사이의 종국적 관계이다. 세상이 먼저 존재하고, 그 다음에 정신 상태가 존재한다. 이 정신 상태는 점점 완벽해지는 세상을 인식한다. 그러나 이처럼 단순한 이원론을 계속 밀고나가기가 어렵다. 왜냐하면 관념론적 성찰이 개입하고 나설 것이기 때문이다.

순수 감각들이라 불리는 마음의 상태를, 예를 들어 청색에 대한 정신 상태를 예로 들어보자. 맑은 날 창공을 올려다볼 때 얻을 수 있는 정신 상태이다. 그러면 청색은 느낌 자체를 묘사한 것인가, 아니면 느낌의 대상을 묘사한 것인가? 그 경험을 우리의 느낌의 한 특성으로 설명해야 할까, 아니면 특성에 대한 우리의 느낌으로 설명해야 할까? 일상의 언어를 보면 이 문제와 관련해서 끊임없이 동요하는 모습을 보이고 있다. 어떤 결정을 회피하기 위해 최근에 '콘텐트'(content)라는 모호한 단어가 만들어져 '대상'(object)이라는 단어 대신에 쓰이게 되었다. '콘텐트'가 어떤 결정을 회피할 수 있는 이유는 그것이 정확히 느낌의 밖에 있는 무엇인가를 암시하지도 않고, 또 느낌이 여전히 용기(容器) 또는 그릇을 암시하는 것으로 남아 있기에 느낌과 똑같지도 않기 때문이다. 그럼에도 콘텐트와 별개인 용기로서의 우리의 느낌에 대해 우리는 전혀 명확한 개념을 갖고 있지 않다.

사실 청색과 같은 경험은 즉시적으로 주어지는 것이기 때문에 '현상'과 같은 가치 중립적인 이름으로만 불릴 수 있다. 청색은 즉시 두 가지 실체, 즉 정신적 실체와 물리적 실체의 관계로 우리에게 다가오지 않는다. 청색이 두 가지 방향으로 발달하는 것은 우리가 청색에 대해 똑같은 청색이라고 생각하면서 그것과 다른 것들의 관계를 추적할 때에야 시작된다. 청색은 일부 연상과 연결되면서 물리적 특징을 나타내는 한편으로 다른 연상들과 연결되면서 마음의 어떤 느낌을 나타낸다.

한편, 우리의 비(非)감각적 정신 상태 또는 관념적인 정신 상태는 다른 법칙을 따르는 것 같다. 비감각적 정신 상태들은 즉시 그 이상의 것을 표현한다. 비록 비감각적 정신 상태들도 즉시적으로 주어지는 '콘텐트'를 갖지만, 그것들은 그것 너머의 프린지를 가지며 그 외의 무엇인가를 나타낸다. 예를 들어 우리가 앞에서 말한 '청색'은 엄밀히 따지면 하나의 단어였다. 그러나 그것은 어떤 의미를 지니는 단어였다. 청색이라는 특색은 생각의 대상이었고, 청색이라는 단어 자체는 생각의 '콘텐트'였다. 요약하면, 정신 상태는 감각들만큼 자립적이지 못하지만 당초 의도한 그 이상의 것을 명백히 나타낸다.

그러나 감각에서처럼 대상과 의식적 상태가 똑같은 사실을 달리 고려하는 것으로 보이는 순간, 정신 상태가 부분들로 이뤄져 있다는 점을 부정하기가 어려워진다. 물리적으로 고려한다면, 푸른 하늘은 외적인 부분들의 총합이다. 그런데 감각의 콘텐트로 고려할 때, 푸른 하늘이 그런 총합이 아니어야 할 이유가 있을까?

이 모든 것들을 통해서 명백해지는 유일한 결과는 알려지는 대상과 인식하는 주체의 관계는 무한히 복잡하고, 그 관계를 공식화하는 방법으로는 대중과학이 충분하지 않을 것이라는 점이다. 그 관계들을 이해하는 유일한 길은 형이상학적 예지(叡智)에 의존하는 것이다. 생각들이 사물들을 '안다'는 자연 과학의 가설이 점점 더 분명해지기 전에, 관념론과 인식론은 각자 할말을 해야 한다.

## 의식의 변화하는 특성

의식의 변화하는 특성이 또 하나의 수수께끼를 던지고 있다. 우리는 처음에는 의식의 '상태들'이 심리학이 다룰 단위라고 말해놓고는 그 다음에 의식은 끊임없이 변화한다고 말했다. 그렇지만 어떠한 상태든 효과를 발휘하기 위해서는 어느 정도의 시간적 길이를 가져야 한다. 100분의 1초만 지속되는 통증이라면 실제로는 아무런 고통을 안겨주지 못할 것이다. 그러면 이런 의문이 생긴다. 하나의 상태가 어느 정도 오랫동안 지속되어야 상태로 다뤄질 수 있을까? 예를 들어 시간 지각에서 만약에 알려지는 대상으로서의 '현재'(앞에서 '겉보기의 현재'라고 불렀다)가 12초 정도의 길이라면, 인식의 주체로서의 현재는 얼마나 길어야 할까? 말하자면, 그 12초를 바로 직전의 과거로 인지될 수 있게 만드는 의식의 최소의 시간적 길이는 얼마일까? 시간 속에서 한 과정으로서의 의식은 모든 지속적 변화에서 발견되는 그 역설을 보인다. 지속적으로 변화하는 것에 '상태'가 있을 수 없는 것은 원에 면(面)이 있을 수 없고 날아가는 화살에 머무는 곳이 없는 것과 마찬가지이다. 기억의 어느 순간에라도 과거를 '돌출하도록' 표현한 시간 선 위의 수직선은 단지 하나의 이상적인 구조일 뿐이다. 그럼에도 그 수직선보다 넓은 것은 어느 것이든 현재가 아니다. 왜냐하면 실제의 현재는 단지 과거와 미래 사이의 결합이고 그 자체의 폭을 전혀 갖고 있지 않기 때문이다. 모든 것이 변화이고 과정인 곳에서, 우리가 어떻게 '상태'에 대해 논할 수 있겠는가? 그렇지만 우리가 '상태'를 전제로 하지 않고 어떻게 우리의 지식의 매체가 어떻다는 식으로 논할 수 있겠는가?

## 의식의 상태 자체는 검증 가능한 사실이 아니다

그러나 '더 나쁜 일은 뒤에 남는다'고 했다. 상식도 심리학도 지금까지 의식의 상태들이 경험의 직접적 자료라는 데에 전혀 의문을 품지 않았다. '사물들'은 의심의 대상이 되었지만, 생각과 감각에 대해서는 절대로 의심을 품지 않았다. 외부 세계는 부정당했지만, 내면의 세계는 절대로 부정당하지 않았다. 모두가 자신의 내면을 살피면서 사고 활동을 직접적으로 잘 파악하고 있다고 생각하고 또 자신의 의식을 내면적인 무엇인가로, 그리고 의식이 아는 외부의 대상과 대조되는 것으로 잘 알고 있다고 생각한다. 그럼에도 나 자신의 경우에는 이 같은 결론에 동의하지 못한다는 점을 고백해야 한다. 나의 사고 활동을 있는 그대로 느껴보려고 노력할 때마다, 내가 잡아내는 것은 육체적인 사실이다. 예를 들면, 나의 얼굴이나 머리 혹은 목구멍이나 코에서 비롯된 어떤 인상이다. 마치 내면의 한 활동으로서 의식은 감각적으로 주어지는 어떤 사실이기보다는 하나의 선결 요건처럼 보인다. 말하자면, 의식이 이 모든 알려진 것들과 상관 관계가 있는 인식자의 선결 요건처럼 보인다는 뜻이다. 이런 의식을 표현하는 단어로는 'sciousness'(윌리엄 제임스가 만든 용어로, 자아 의식에서 의식만을 분리시킨 것을 뜻한다. 순수 경험 정도로 해석하면 될 것 같다/옮긴이)가 더 적절할 것 같다. 그러나 '하나의 가설로 제시된 sciousness'는 실제로 보면 '내면의 감각에 의해 절대적으로 확실히 파악되는 의식의 상태들'과 많이 다르다. 한 가지 다른 점을 든다면, '가설로 제시된 sciousness'는 '인식의 주체란 진정 어떤 존재인가?'라는 문제를 다시 던지고, 동시에 12장 끝 부분에서 이 질문에 대해 내놓았던 대답을 편향된 대중적 관점에서 제시한 잠정적 진술로 만들어 버린다.

## 아직도 변화하고 있는 심리학

그렇다면 '자연 과학으로서의 심리학'에 대해 논할 때, 우리는 그것이 마침내 단단한 땅을 딛고 선 그런 종류의 심리학을 의미한다는 생각을 갖지 말아야 한다. 자연 과학으로서의 심리학은 이와 정반대를 의미한다. 그것은 아주 허약한 심리학을 의미한다. 이 심리학 안으로 형이상학적 비판의 물이 틈마다 스며들고 있다. 이 심리학의 기본적인 가설과 자료들은 보다 넓은 연결 속에서 다시 고려되고 다른 언어로 옮겨져야 한다. 요약하면, 자연 과학으로서의 심리학이라는 용어는 오만의 표현이 아니고 자신 없음의 표현이다. 심리학이 다루는 요소들과 힘들에 대한 명확한 통찰조차 존재하지 않는 상황에서, 사람들이 '새로운 심리학'에 대해 의기양양하게 떠들거나 '심리학의 역사'에 대해 쓰겠다고 나서는 것은 정말 이상하다. 심리학엔 날것 그대로의 일련의 사실들과 의견들을 둘러싼 논쟁과 약간의 험담, 설명의 수준에서 이뤄진 약간의 분류와 일반화, 그리고 우리가 마음의 상태를 갖고 있고 또 뇌가 그 상태를 결정한다는 강력한 편견이 있을 뿐이다. 물리학이 보여주는 수준의 법칙 같은 것은 아직 하나도 없다. 이건 절대로 과학이 아니다. 단지 어떤 과학의 희망일 뿐이다. 우리 앞엔 과학의 문제가 놓여 있다. 어떤 'sciousness'가 어떤 뇌 상태와 일치할 때, 결정적인 어떤 일이 벌어진다. 이 일이 무엇인지를 들여다보는 것이 과학적 성취가 될 것이다. 그것 앞에서는 과거의 모든 성취가 빛을 잃을 것이다. 그러나 현재의 심리학은 갈릴레오 갈릴레이(Galileo Galilei)와 운동 법칙 이전의 물리학의 상황과 라부아지에(Antoine Lavoisier)와 질량 보존의 법칙 이전의 화학의 상황과 비슷하다. 심리학에도 갈릴레오와 라부아지에 같은 인물이 나타나면, 그들도 반드시 유명해질 것이다. 그런 인물들이 언젠간 반드시 나타나겠지만, 과거의 성공이 미래의 성공을 말해주는 지표가 될 수는 없다. 그러나 그런 인물이 심리학에 나타난다면, 그들은 문제의 성격 때문에 '형이상학적' 접근을 보일 것이다. 그 사이에 우리가 그들의 등장을 쉽게 하기 위해 할 수 있는 최선의 길은 우리가 지금 더듬고 있는 이 어둠이 얼마나 캄캄한지를 이해하고, 우리가 처음 출발할 때 제시한 자연 과학적 가정들은 잠정적이고 언제든 수정 가능한 것이라는 사실을 절대로 망각하지 않는 것이다.

인명찾기